Ad. E. Jensen:
Mythos und Kult bei Naturvölkern
Religionswissenschaftliche Betrachtungen

Mit einem Geleitwort von Eike Haberland

Deutscher
Taschenbuch
Verlag

Die erste Auflage des vorliegenden Werkes erschien 1951, die
zweite, leicht erweiterte Auflage 1960 als Band 10 der ›Studien
zur Kulturkunde‹ (begründet von Leo Frobenius, herausgege-
ben von Ad. E. Jensen) im Franz Steiner Verlag, Wiesbaden.

Februar 1992
Deutscher Taschenbuch Verlag GmbH & Co. KG,
München
© 1991 Deutscher Taschenbuch Verlag
Umschlaggestaltung: Celestino Piatti
Vorlage: Kultfigur, flache Tonplastik aus dem Cauca Tal,
Kolumbien (Rautenstrauch-Joest-Museum, Köln)
Gesamtherstellung: C. H. Beck'sche Buchdruckerei,
Nördlingen
Printed in Germany · ISBN 3-423-04567-1

Das Buch

Die vorherrschenden Auffassungen über die Religion der Vorzeit und der Naturvölker sind häufig durch ein Zerrbild von der
geistigen Beschaffenheit »primitiver« Menschen geprägt, deren
mythische Vorstellungen als unzulängliche Vorläufer einer
späteren wissenschaftlichen und daher »richtigen« Weltbetrachtung angesehen werden. Der Autor des vorliegenden Werkes
setzt sich mit dieser überheblichen Betrachtungsweise kritisch
auseinander und korrigiert sie. An zahlreichen Beispielen aus
verschiedenen Kulturen zeigt er, daß es eine authentische andere, eine unmittelbare Anschauung von der Wirklichkeit ist, die
in den Erkenntnissen der Naturvölker ihren Ausdruck gefunden hat und in sinnvollen Kulten wie im Totemismus, im Opfer, im Totenkult etc. »gelebt« und tradiert wird.
Dieser umfassende Beitrag eines Völkerkundlers zur allgemeinen Religionsphilosophie ist zugleich ein Lehrbuch der Religionsethnologie, ja überhaupt der allgemeinen Ethnologie; es
erfaßt und deutet systematisch die Erscheinungsformen des
Mythos und des Kults in zahlreichen Kulturen und setzt sich
dabei kritisch mit den Theorien anderer Kultur- und Religions-
wissenschaftler auseinander.

Der Autor

Ad. E. Jensen, geb. 1899 in Kiel, gest. 1965 in Frankfurt, war
Professor für Ethnologie und als Nachfolger von Leo Frobenius
Direktor des Frobenius-Instituts und des Völkerkunde-Mu-
seums in Frankfurt a. M. Er war ein wichtiger Vertreter der
Kulturmorphologischen Schule. Zahlreiche Veröffentlichun-
gen, u.a. Expeditionsberichte von den Molukken, von Neu-
Guinea und Äthiopien.
Prof. Dr. Eike Haberland ist wiederum der Nachfolger des Au-
tors Ad. E. Jensen.

Inhalt

Zum Geleit

Als ADOLF ELLEGARD JENSEN am 1. Januar 1923 – an seinem 23. Geburtstag – das »Institut für Kulturmorphologie« in München betrat, das zwei Jahre später nach Frankfurt am Main umziehen und das nach 1945 den Namen Frobenius-Institut annehmen sollte, ahnte er nicht, wie dieser Entschluß sein Schicksal und seine wissenschaftliche Entwicklung beeinflussen würde. Nach den Überlieferungen des Instituts soll er als wichtigstes Gepäckstück sein Cello im Arm gehalten haben. Der Sohn eines jütländischen Schmiedes und einer Kieler Handwerkertochter hatte in Kiel eine glückliche frühe Jugend erlebt – sieht man von den Schatten ab, die der Erste Weltkrieg auch auf diese vom Weltgeschehen scheinbar ferne Stadt warf. Die Weite der norddeutschen Landschaft hat ihn geprägt, und obwohl er kaum je wieder seine Heimat besucht hat, sprach er doch mit einer gewissen Nostalgie von seiner Jugend in einer stillen, halb dörflichen Umgebung am Rande der Stadt, von dem unendlichen blauen Himmel mit den großen, weißen Sommerwolken und den bunten Bauerngärten. Die Spannung zwischen zwei Polen – musische Begabung und Betätigung, Cello-Spiel und eine starke Liebe zur deutschen Literatur, vor allem zur Klassik und Romantik, auf der einen und das starke naturwissenschaftliche Interesse in seinen Studien, verbunden mit einem anscheinend leidenschaftslosen, nüchternen Wesen auf der anderen Seite – hat sein Leben bestimmt. Das sind auch die beiden Komponenten, die später seine ethnologischen Veröffentlichungen – wie diese, die hier vor uns liegt – kennzeichnen: kongeniales, ja fast schwärmerisches Verständnis für das Wesen fremder Kulturen und eine fast leidenschaftliche Parteinahme für ihre Sache und der im besten Sinne aufklärerische Versuch, ihre Andersartigkeit einem europäischen Publikum des 20. Jahrhunderts wissenschaftlich verständlich zu machen. Das kennzeichnete auch sein ganzes Wesen: Konnte er im kleinen Kreise bei der Erinnerung an Erlebnisse in fremden Ländern fast ins Schwärmen geraten, so wirkte er auf Fremde und ihm nicht Vertraute spröde und distanziert. »Ein kühler Norddeutscher«, der einen Schutzwall um sich aufbaute.

1917 wurde er, fast noch ein Kind, unmittelbar nach dem

Abitur Soldat. 1919 begann er an seiner heimatlichen Universität das Studium der Mathematik, Philosophie und der allgemeinen Naturwissenschaften. Schon 1922 – waren die Wissenschaften damals übersehbarer? – promovierte er in Kiel mit einer höchst interessanten Arbeit über den naturphilosophischen Inhalt der Schriften von ERNST MACH und MAX PLANCK. Vermutlich hätte er versucht, in einem naturwissenschaftlichen Fach einer Universität Fuß zu fassen und die akademische Laufbahn zu beschreiten, denn als Lehrer taugte er nach seiner Selbsteinschätzung – sehr zu Unrecht übrigens – gar nicht. Sein Lebensweg nahm aber eine ganz unerwartete Richtung, als er fast zufällig in Hamburg LEO FROBENIUS mit einem Vortrag über afrikanische Kulturgeschichte hörte. Dessen charismatische, bezaubernde und verzaubernde Persönlichkeit faszinierte ihn sofort so, daß er nach dem Vortrag zu ihm ging und ihm Herz und Hand anbot.

Wer war Leo Frobenius? Es bedürfte für die Leserin oder den Leser, denen er kein Begriff ist, eigentlich eines besonderen Aufsatzes, um den vielen Facetten dieses Mannes gerecht zu werden. Fassen wir es in wenigen Worten zusammen, so schwankt sein Charakterbild im Urteil der Geschichte. Ohne akademische Weihen erlangt zu haben – seine Dissertation wurde von einer deutschen Fakultät verworfen –, gründete er bereits mit 25 Jahren 1898 sein eigenes Afrika-Institut, das er über zwanzig Jahre lang mit Mitteln unterhielt, die er buchstäblich aus dem Nichts schuf. Er »entdeckte« auf vielen Forschungsreisen die Größe und die Kraft des Schwarzen Kontinents und schrieb darüber für ein staunendes Europa viele bemerkenswerte Bücher. Zu einer Zeit, als bedeutende Wissenschaftler von der Urdummheit und der Unlogik des Afrikaners sprachen, als der Kolonialismus seinen Höhepunkt erreicht hatte, trat er für die Bedeutung Afrikas ein und sprach von seiner Ebenbürtigkeit mit anderen Erdteilen. »Er hat Afrika seine Würde wiedergegeben«, sagte einer seiner großen Verehrer, der senegalesische Staatspräsident und Dichter LEOPOLD SENGHOR einmal. Neutral konnte man Frobenius nicht gegenüberstehen. Sein Freund und Kollege KARL REINHARD, Ordinarius für klassische Philologie an der Universität Frankfurt, hat ihn in unvergleichlicher Weise geschildert: »Von heut auf morgen immer wieder fast bankrott, verloren, und von einem unerwarteten Erfolg emporgetragen, immer planend, Geist im Materiellen zu verankern, bald Prophet, bald testgläubiger Völkerkundler, als Entzifferer der Felsbilder fast beides in einem, als Begründer der Kulturkreislehre einer der für ihre Zeit charakteristischen Intuitionisten in der Wissenschaft und unter ihnen wohl einer der größten – als sein größtes Werk erscheint mir die Sammlung seiner Afrikanischen Märchen –, nicht zu denken ohne eine auf ihn schwörende Gefolgschaft seines Instituts als dessen selbsternannter Präsident, durch schlechte kultur-theoretische Propaganda-Vorträge oft sich selbst zum Schaden, seinen Freunden zur Verzweiflung, nach akademischen Begriffen hart am Abenteurer, und doch wieder der Erwecker eines wissenschaftlichen exakten Geistes, der sein Institut zuletzt selbst über Deutschlands größte Niederlage hat erhalten sollen – uns, Walter F. Otto und mir, war er ein Freund, der, ohne daß man auch schon viel dazu zu tun brauchte, in uns gewaltig Platz griff.«

In noch stärkerer Weise griff Leo Frobenius im Herzen des jungen Jensen Platz, der von ihm ganz entscheidende Impulse erhalten und sein getreuer Adlatus, Mitarbeiter, Kronprinz und später auch Nachfolger und Fortführer seines Werkes werden sollte. Auf Jensens Schreibtisch standen zwei Fotografien: die seines leiblichen und die seines geistigen Vaters – nämlich Frobenius.

Da Frobenius Jensen zunächst nicht anders unterbringen konnte, setzte er ihn zum Buchhalter und Geschäftsführer des Instituts ein – er hatte ja Mathematik studiert! In dieser Eigenschaft ist Jensen denn auch viele Jahre ein guter Geist des Hauses gewesen und hat nach Kräften versucht, der genialischen, aber auch chaotischen Finanzgebung seines Meisters zu steuern. Erst allmählich wurde er auch mit wissenschaftlichen Aufgaben betraut und arbeitete sich in das ihm noch ziemlich fremde Feld der Ethnologie ein, auf dem er bald Großes und Bedeutendes leisten sollte. Ein besonderer Meister wurde er bald auf dem Gebiet der vergleichenden Religionswissenschaften, für die er sich auch weiterhin stets am meisten interessiert hat. Dann folgte eine Reihe von längeren und kürzeren Forschungsreisen: 1928–1930 nach Südafrika, 1932 nach Libyen, 1934–1935 nach Südäthiopien und 1937 auf die Molukkeninsel Ceram. Überall bewährte er sich als hervorragender Feldforscher, der nicht nur reiches Material aufnahm und nach Hause brachte und es erstaunlich schnell veröffentlichte, sondern der es verstand, das Vertrauen der Menschen, mit denen er zusammenarbeitete, zu erringen und der einen tiefen Eindruck auf sie machte. Ich habe das selbst 1955 bei den *Konso* in Südäthiopien erfahren, bei denen in den zwanzig Jahren, seit er sie das erste Mal besuchte, ein wahrer Mythenkranz um ihn gewachsen war. So berichtete man von seinen Prophezeiungen, die er damals ausgesprochen haben soll und die alle eingetroffen waren. Auch hieß es, er habe die Tomate in Südäthiopien eingeführt!

Während sein wissenschaftlicher Ruhm ebenso wie die Zahl seiner Veröffentlichungen wuchs, verschlechterten sich die Verhältnisse in Deutschland – für alle, für das Institut und für ihn besonders. Er war mit einer Frau jüdischer Herkunft verheiratet und galt den Machthabern deswegen und auch wegen seiner politischen und wissenschaftlichen Gesinnung als »nicht tragbar«. Noch hielten die dem Institut befreundeten konservativen und liberalen Persönlichkeiten in den Berliner Ministerien und auch der Frankfurter Oberbürgermeister ihre Hand schützend über Frobenius, obwohl er öffentlich erklärt hatte, Rasse habe nichts mit Kultur zu tun. Aber nach seinem Tod im Jahre 1938 verdüsterte sich die Situation immer stärker. Zwar konnte sich der radikale Gauleiter Sprenger nicht durchsetzen, dessen Herzenswunsch die Schließung des Instituts war. Immerhin erreichte er, daß Jensen, der vom Kuratorium zum Nachfolger von Frobenius ernannt worden war, dieses Amt nicht offiziell antreten durfte. Trotzdem gelang es ihm, die Geschicke des Instituts maßgebend zu beeinflussen. Er versuchte nach Kräften, das schwankende Schiff durch die Klippen zu steuern und das Schlimmste abzuwenden. Schließlich wurde ihm 1940 – seit 1932 habilitiert – die Lehrfähigkeit abgesprochen, er wurde aus der Universität ausgeschlossen und als nicht mehr junger Mann für die letzten beiden Jahre des Krieges zur Wehrmacht eingezogen.

Wie um ihn für seine Standhaftigkeit und die Treue zu seinen Idealen zu belohnen, war das letzte Drittel seines Lebens eine Zeit der Erfolge und Triumphe. Er wurde endlich Direktor des Frobenius-Instituts, das nun – zum ersten Male in seiner Existenz – eine ordentliche Verfassung und eine geregelte Finanzierung erhielt, er wurde Inhaber des neugegründeten Lehrstuhls für Ethnologie und Direktor des Seminars für Völkerkunde der Universität Frankfurt und des dortigen Städtischen Museums für Völkerkunde. Es entsprach seiner zutiefst vornehmen und noblen Gesinnung, daß er, der doch unter den Nazis zu leiden hatte, sich nicht an der allgemeinen Hexenjagd auf die Mitläufer – heute würde man Wendehälse sagen – beteiligte, sondern unmittelbar nach 1945 einer der ersten war, der zu Versöhnung und zum Verzeihen der läßlichen Sünden aufrief. Er hatte zwar – wie eingangs gesagt – kein großes Zutrauen zu seinen pädagogischen Fähigkeiten, aber er war doch ein beeindruckender und auch – trotz seiner Sprödigkeit – sehr beliebter Lehrer, dessen Schüler und Habilitanden später wichtige Positionen in der Völkerkunde übernehmen sollten.

Zwei bedeutende Bücher, ›Das religiöse Weltbild einer frühen Kultur‹ und ›Mythos und Kult bei Naturvölkern‹, die bald nach Kriegsende erschienen, machten ihn – für einen Deutschen und noch dazu in der Nachkriegszeit war das selten – zu einem der angesehensten Völkerkundler in Europa. Mit der Wiederaufnahme der Forschungen in Südäthiopien (1950–1952 und 1954 bis 1956) gab er künftigen Unternehmungen des Instituts einen wichtigen Anstoß, förderte aber auch andere Forschungsreisen des Frobenius-Instituts nach Indien, Süd- und Mittelamerika, Australien und Neuguinea. Als er wenige Wochen nach seiner Emeritierung am 20. Mai 1965 für immer die Augen schloß, hatte sich ein reiches, tapferes und vorbildliches Leben erfüllt.

Ich habe mich so lange mit den äußeren Umständen von Jensens Leben und Werk aufgehalten, weil ich den Leser gern etwas mit dieser bemerkenswerten Persönlichkeit vertraut machen wollte und auch weil sein wissenschaftliches Werk und gerade dieses Buch erst durch die Kenntnis seines Lebens und Charakters ganz verständlich werden. Aber was war sein wissenschaftliches Anliegen? Jensen war sehr stark den Theorien von Frobenius verpflichtet. Beide waren späte Kinder der deutschen Romantik. Kulturen waren für beide lebendige, sich entwickelnde und verschiedene Lebensphasen durchlaufende Organismen, die vom Menschen Besitz ergreifen und sich seiner als Instrument zu ihrer Verwirklichung bedienen. Eine Kultur, die weltweit verbreitet sein kann, entsteht in schöpferischen Epochen, sie ist immer Ausdruck eines seelischen Erlebens und einer bestimmten geistigen Haltung. Das Wesen der Kulturen der sogenannten Naturvölker – wir kennen leider keinen besseren Ausdruck – zu schildern und dem Europäer nahezubringen, für das Verständnis dieser uns scheinbar so fremden Phänomene zu werben, zu zeigen und zu erklären, daß sie zwar andersartig sind, aber doch von Menschen wie du und ich getragen werden, und daß die Äußerungen dieser Kulturen in ihrem Zusammenhang sinnvoll und vernünftig sind – das ist, in wenige Worte gefaßt, das Hauptanliegen der Arbeiten von Ad. E. Jensen. Er meint in dem ganz bemerkenswerten Vorwort, das sein Credo ist, daß die heutigen Naturvölker (das Buch wurde 1950 geschrieben) noch vielfach religiöse Ausdrucksformen bewahren, »die ihren schöpferischen Ursprung in Zeiten hatten, die lange vor der Entstehung der Hochkulturen liegen. Sie treten uns zwar heute in sehr erstarrten Formen entgegen – und das bildet die eigentliche Schwierigkeit, sie richtig zu ›verstehen‹ –, aber sie waren zu der Zeit ihrer Entstehung zweifellos gewaltige geistige Schöpfungen der Menschheit. Keine noch so ›hoch entwickelte Kultur‹ späterer Zeit konnte ihre geistigen Leistungen hervorbringen, ohne an diese Errungenschaften anzuknüpfen. Viele dieser Leistungen auf dem Gebiete der Religion sind überhaupt nur zu verstehen, wenn man ihre naturvölkischen Vorläufer kennt. Gelegentlich aber – und das scheint uns sehr wichtig – finden sich im Kulturbestand der Hochkulturen Erscheinungen, die offensichtlich aus vorhergehenden Kulturstadien übernommen wurden, ohne sich in das neue Weltbild sinnvoll einzugliedern. Sie sind nur als mißverstandene und sinnentleerte Überbleibsel zu begreifen.«

Und noch einmal mit seinen Worten: »Treibend war (für mich) der Wunsch, die religiösen Phänomene der nicht-abendländischen Welt besser zu ›verstehen‹, als uns dies meines Erachtens bisher gelungen ist. Daß wir, um zu diesem Ziele zu gelangen, ganz andere Wege beschreiten müssen, war mir seit langem deutlich.« Aber sich damit auseinanderzusetzen sei dem Leser überlassen.

Es ist ein schönes Buch, das reife Werk eines Mannes, der die völkerkundliche und religionswissenschaftliche Literatur seiner Zeit überblickte und beherrschte und der viele Völker in Afrika und Asien kennen und lieben gelernt hatte und der von seiner Mission erfüllt war. Es ist ein romantisches Buch und ein aufklärerisches zugleich. Wenn man ein Zitat, ein Motto an seinen Anfang stellen müßte, so würde das wohl am besten in Abwandlung einer Zeile aus Schillers Ode an die Freude so lauten: »Alle Menschen sind Brüder«. Es ist unsere Dummheit und Voreingenommenheit, daß wir sie nicht besser verstehen.

Jensen nimmt den Leser an die Hand und führt ihn auf einer Wanderung durch die unterschiedlichsten Aspekte der Religiosität: Über das Verhältnis der Menschen zur Wirklichkeit, über

14

Gottheiten, Opfer und Ethos, über die Magie und über Seelen, Ahnenkult und Geister. Auch wenn über vierzig Jahre seit der Niederschrift vergangen sind, so ist das Buch doch – nimmt man einige Abschnitte einer damals wichtigen, heute fast vergessenen Diskussion mit anderen Religionswissenschaftlern aus – von außerordentlicher Aktualität. Was damals gesagt wurde, hat heute, in einer klein gewordenen Welt, noch viel mehr Gewicht.

Frankfurt am Main, im Herbst 1991

Eike Haberland

Die erste Auflage dieses Buches (1951) erschien bedauerlicherweise ohne das Vorwort, das ihm vorangestellt werden sollte, ein Versehen, das sich, da der Beginn der Drucklegung mit meiner Ausreise zu einer Expedition nach Südäthiopien zusammenfiel, im Trubel des Aufbruchs eingeschlichen haben muß. Bei diesem Vorwort hatte mir vor allem am Herzen gelegen, der beiden großen Gelehrten zu gedenken, denen ich mich für die entscheidenden Anregungen zu dem in diesem Buch eingeschlagenen Wege verpflichtet fühle: LEO FROBENIUS und WALTER F. OTTO. Ihrer sei daher als erstes in dieser Neuauflage in Dankbarkeit und Verehrung gedacht.

In den Besprechungen der ersten Auflage dieses Buches hat es neben Zustimmung nicht an Widerspruch gefehlt. Vor allem sind die hier dargebotenen Auffassungen vom blutigen Opfer und von der Magie bei namhaften Vertretern unseres Faches auf Ablehnung gestoßen. Ich hatte das nicht anders erwartet. Bei der Neuauflage habe ich davon abgesehen, das Buch mit notwendigerweise sehr weitläufigen Entgegnungen auf die einzelnen Argumente zu belasten, da abweichende oder auch direkt entgegengesetzte Meinungen letztlich auf eine Verschiedenheit der Grundauffassung vom Wesen des Schöpferischen zurückgehen. Es hat mich jedoch keiner der Einwände in meiner damals formulierten Auffassung wankend gemacht. Auch auf Auseinandersetzungen mit einzelnen Thesen gehe ich nur gelegentlich ein.

Ein Mißverständnis, das sich, wie ich aus der Kritik ersehe, beim Leser einstellen kann, möchte ich jedoch hier beseitigen. Ich habe in diesem Buch darzulegen versucht, daß Mythen und Kulte ihren Ursprung einem zweckfreien schöpferischen Akt verdanken. Ihre Anwendung zur Erreichung bestimmter Zwekke hingegen halte ich für sekundär. Dabei denke ich jedoch nicht an eine einmalige schöpferische Periode im Frühstadium der Menschheitsgeschichte, von der alle nachfolgenden Epochen epigonenhaft gezehrt haben. Ich gehe im Gegenteil davon aus, daß der Mensch zu allen Zeiten schöpferische Fähigkeiten besessen hat. Eine andere Auffassung vertrüge sich auch schwerlich mit dem hier zugrunde gelegten Bild vom Wesen des

17

Menschen. Im Laufe der Geschichte sind es immer wieder andere Aspekte der Wirklichkeit, die sich dem Menschen enthüllen und damit seine schöpferischen Fähigkeiten wachrufen, die neugewonnenen Erkenntnisse in neuen Gestaltungen zum Ausdruck zu bringen. Und zu allen Zeiten auch unterliegen diese Gestaltungen dem Degenerationsgesetz, dem »Ablauf vom Ausdruck zur Anwendung«.

Herzlich danken möchte ich vor allem Frau Dr. HILDEGARD KLEIN, Assistentin am Frobenius-Institut an der Johann Wolfgang Goethe-Universität, für ihre verständnisvolle und sorgfältige Mitarbeit bei der Überarbeitung des Buches.

Frankfurt am Main, im Oktober 1959

Ad. E. Jensen

Einleitung

Wenn man sich in der neueren Literatur um ein Verständnis für die vorgeschichtlichen oder naturvölkischen Lebensäußerungen bemüht, so tauchen die sonderbarsten Behauptungen auf, deren Widersinnigkeiten jedem Menschen eigentlich sofort auffallen müßten, und die doch hingenommen und immer wieder aufgestellt werden, weil man offenbar auch den krassesten Widersinn in Verbindung mit den nicht-abendländischen Kulturen für möglich und für gegeben erachtet. In einer neueren Arbeit (1949) über Psychologie und Prähistorie kann man beispielsweise folgenden Satz lesen: »Wenn der Jäger das abgebildete Jagdwild beschwört [gemeint sind die prähistorischen Felsbilder], so tut er das nicht, weil das Bild ein Symbol von der Wirklichkeit ist, sondern weil Bild und Objekt der Vorstellung vollkommen identisch sind. Es gibt also keine Unterschiede zwischen Bild und Wirklichkeit.« Solche Sätze erscheinen nicht vereinzelt oder in nicht ernstzunehmenden Betrachtungen. Sie kehren überall wieder, und zwar gerade in Arbeiten, die sich auf den Gebieten konkreter Forschung oft durch hervorragende Ergebnisse auszeichnen.

Was aber soll man sich unter solchen Behauptungen vernünftigerweise vorstellen? Soll man etwa glauben, der Jäger habe völlig vergessen, daß er mit Farbe ein Bild auf Stein gemalt hat und halte dieses Bild nun für ein wirkliches Tier? Man denke sich nur die Konsequenzen einer solchen Behauptung aus. Ein so gearteter Jäger müßte doch das Bedürfnis haben, das Bild wie ein wirkliches Tier zu verspeisen, ihm das Fell abzuziehen und seine Knochen zu verarbeiten. Welche Enttäuschungen müssen diese armen Jäger tagtäglich erlebt haben, wenn ihre Bilder ihnen kein Fleisch lieferten. Wenn diese Konsequenz aber in die Behauptung nicht eingeschlossen sein soll, was bedeutet dann der einfältige Ausdruck von der »vollkommenen Identität« von Bild und Tier und dem absoluten Fehlen eines vorstellungsmäßigen Unterschiedes zwischen Bild und Wirklichkeit? Wenn der Jäger nicht den Versuch unternimmt, das gemalte Tier zu verspeisen, so muß er wohl doch einen Unterschied zwischen seinem Bild und dem wirklichen Tier, das er sehr genau kannte, gemacht haben. Dann aber sollte man aufhören, solche verallgemeinernden Behauptungen aufzustellen, unter denen man sich vernünftigerweise nichts vorstellen kann.

Sie sind keineswegs die einzige Entstellung, die wir uns selbst in sehr guten wissenschaftlichen Arbeiten immer noch gefallen lassen müssen. Die zahlreichen Versuche, Eigentümlichkeiten früher Gesellschaftsformen mit dem sogenannten Kollektivbewußtsein und dem Fehlen eines individuellen Lebensgefühls zu erklären, oder der weite Bereich dessen, was man im allgemeinen als »magische Bräuche« bezeichnet, bieten Hunderte von Beispielen dafür, wie grotesk man sich die Fähigkeiten oder besser die Unfähigkeit des frühen Menschen vorstellt, und wie man an den absurdesten Behauptungen darüber keinerlei Anstoß nimmt.

Am nachdrücklichsten ist die religionswissenschaftliche Literatur durch dieses Zerrbild von der Natur des frühen Menschen beeinflußt worden. Auf den Gebieten der Wirtschaft und der Technik hat man längst einsehen müssen, daß die sogenannte primitive Menschheit erstaunliche Leistungen hervorgebracht hat. Man hat sich deshalb angewöhnt, sie auf diesen Gebieten mit dem Maßstab zu messen, den man auch bei anderen vernünftigen Menschen anlegt. In anderen Bereichen aber – wir werden im Laufe unserer Untersuchungen darlegen, daß es die ihrer geistigen Leistungen sind, das heißt die der Kunst und vor allem die der Religion – sollen sie bar aller Vernunft gewesen sein. Die Theorien, die uns diese Ausdrucksformen zu erklären versuchen, müssen dabei ein Wesen Mensch zugrunde legen, dem wir diesen Namen mit Fug und Recht nicht beilegen dürften. Die krasseste Formulierung fand diese Auffassung bei K. Th. Preuss, der die menschliche Geistesverfassung, die zur Entstehung der frühen Religionsformen führte, als »Urdummheit« bezeichnet hat. Am bedauerlichsten und folgenschwersten ist es, daß auch die Feldforschung bei den Eingeborenen fremder Erdteile noch immer weitgehend von diesen Theorien ausgeht. Dadurch wird das eigentliche Grundlagenmaterial, auf dem alle ethnologische Arbeit beruht, von vornherein entstellt oder gar verfälscht, zum mindesten aber nicht rein phänomenologisch dargeboten. Das ist um so gefährlicher, als sehr wahrscheinlich die nächsten Jahrzehnte die letzte Möglichkeit bieten werden, gutes und echtes ethnographisches Feldforschungsmaterial hereinzubringen, von dessen Qualität alle Forschung über die frühe Menschheitsgeschichte in Zukunft abhängen wird.

Die historische Situation, in der sich die heutige ethnologische Religionswissenschaft befindet, ist weitgehend durch drei umfassende Theorien gekennzeichnet. Alle drei erhoben oder erheben den Anspruch, den eigentlichen Ursprung der Religion aufgedeckt zu haben. Die älteste ist die sogenannte animistische Theorie EDWARD B. TYLORS (1872), die sich im besonderen mit den Seelenvorstellungen der Naturvölker befaßt (vgl. Kap. XIII). Um die Jahrhundertwende traten gegen sie oder neben sie zwei neue Theorien: die sogenannte präanimistische Zaubertheorie (vgl. Kap. X) und der sogenannte Urmonotheismus (vgl. Kap. IV). Da dieses Buch gegen alle drei Theorien grundsätzliche Bedenken zu erheben beabsichtigt, ist eine eingehende Auseinandersetzung mit ihnen unerläßlich. Deshalb beschränken wir uns hier auf ihre Erwähnung; sie mag genügen, um die eigene Aufgabe näher zu umreißen.

Es könnte als eine undankbare Aufgabe erscheinen, sich mit Theorien auseinanderzusetzen, deren Ursprung mehr als ein halbes Jahrhundert zurückliegt. Das wäre auch zweifellos der Fall, wenn es neuere Theorien gäbe, die die Wirkung der älteren abgeschwächt oder beseitigt hätten. Erstaunlicherweise ist dies nicht der Fall. Zwar erschienen, besonders um die Zeit des Ersten Weltkrieges und danach, eine Reihe von religionswissenschaftlich sehr beachtlichen Werken, jedoch sind sie überwiegend von Nicht-Ethnologen verfaßt und haben deshalb die ethnologischen Theorien niemals ganz entkräften können. Ich erwähne nur das Buch von RUDOLF OTTO, ›Das Heilige‹, dessen gewaltige Wirkung auf weite Kreise sich schon durch seine zahlreichen Auflagen kundtut, das aber trotz seines bedeutenden Inhaltes den von Ethnologen aufgestellten Theorien nicht entgegenzuwirken vermochte, weil es so gut wie nichts Ethnologisches enthält. Auch religionswissenschaftliche Autoren, die ethnologisches Material in bedeutenderem Umfange heranzogen, oder Ethnologen, die sich überwiegend darauf stützten, haben nur Modifikationen jener drei Theorien erbracht, nicht aber eine grundsätzlich andere Betrachtungsweise an ihre Stelle gesetzt. Erst in neuester Zeit beginnt sich dieses Bild zu ändern, wie wir an den Veröffentlichungen von MIRCEA ELIADE und WERNER MÜLLER beobachten können.

Wie sehr die erwähnten Theorien nicht nur dem Ethnologen die Erklärung für Tatsachen liefern, sondern auch die Geisteswissenschaften von ihnen beherrscht werden oder doch mindestens merklich von ihnen beeinflußt sind, zeigt schon eine flüchtige Betrachtung der Literatur. Es ist fast unmöglich, alle Arbeiten auf germanistischem, altphilologischem, indologischem oder prähistorischem Gebiet aufzuzählen, die diese Feststellung rechtfertigen.

Auf kaum einem anderen Gebiet hat aber die Ethnologie so entscheidend mitzureden wie auf dem der Religionswissenschaft. Ihre Bedeutung für jede grundsätzliche religionswissenschaftliche Erörterung ergibt sich schon aus der Tatsache, daß die heutigen Naturvölker noch vielfach religiöse Ausdrucksformen bewahren, die ihren schöpferischen Ursprung in Zeiten hatten, die lange vor der Entstehung der Hochkulturen liegen. Sie treten uns zwar heute in sehr erstarrten Formen entgegen – und das bildet die eigentliche Schwierigkeit, sie richtig zu »verstehen« –, aber sie waren zu der Zeit ihrer Entstehung zweifellos gewaltige geistige Schöpfungen der Menschheit. Keine noch so »hoch entwickelte Kultur« späterer Zeit konnte ihre geistigen Leistungen hervorbringen, ohne an diese Errungenschaften anzuknüpfen. Viele dieser Leistungen auf dem Gebiet der Religion sind überhaupt nur zu verstehen, wenn man ihre naturvölkischen Vorläufer kennt. Gelegentlich aber – und das scheint uns sehr wichtig – finden sich im Kulturbestand der Hochkulturen Erscheinungen, die offensichtlich aus vorhergehenden Kulturstadien übernommen wurden, ohne sich in das neue Weltbild sinnvoll einzugliedern. Sie sind nur als mißverstandene und sinnentleerte Überlebsel zu begreifen (vgl. Kap. VIII).

Die Aufgabe dieses Buches besteht also zu einem Teil in einer kritischen Auseinandersetzung mit den drei herrschenden religionswissenschaftlichen Theorien. Die schwersten Bedenken richten sich gegen die jenen Theorien zugrunde liegende Auffassung von dem Wesen Mensch, wie sie uns nicht nur in Verbindung mit den eingangs erwähnten angeblichen Tierbeschwörungen der Jäger entgegentritt, sondern mehr oder weniger alle theoretischen Betrachtungen durchzieht. Darum war es unerläßlich, ausführliche theoretische Erörterungen über das geistige Verhalten des Menschen sowohl in naturvölkischen Kulturen als auch in unserer abendländischen Welt anzustellen, die den ersten Teil der folgenden Darlegungen einnehmen. Unter anderem müßte es uns beispielsweise interessieren, ob das gemalte Felsbild für den Jäger etwas anderes bedeutet als für uns, inwiefern wir über diese Frage überhaupt etwas aussagen können, und, wenn ein Unterschied wirklich feststellbar ist, auf welche Weise er beschrieben werden könnte.

Diese kritische Aufgabe wird unserer Wissenschaft jedoch nur durch die historische Situation aufgedrängt. Treibend war der Wunsch, die religiösen Phänomene der nicht-abendländischen Welt besser zu »verstehen«, als uns dies bisher gelungen ist. Daß wir, um zu diesem Ziel zu gelangen, ganz andere Wege beschreiten müssen, war mir seit langem deutlich. Aber zwischen solcher Erkenntnis und dem Auffinden dieser Wege pflegt meist ein tiefer Abgrund zu liegen.

Wenn die meisten Kulturerscheinungen uns heute in einem Zustand begegnen, der nicht ursprünglich ist und deshalb nur bedingt zu Schlüssen über das Stadium ihrer Entstehung berechtigt, so hängt natürlich alles davon ab, ob es möglich ist, den ursprünglichen Zustand zu rekonstruieren. Es ist eines der vielen Verdienste von LEO FROBENIUS, auf diesen Tatbestand immer wieder mit Nachdruck hingewiesen zu haben. Er hat die Aufmerksamkeit auf den kulturschöpferischen Akt gelenkt, der stets eine ganz besondere menschliche Situation zur Voraussetzung gehabt haben muß, die er mit der »Ergriffenheit« des Menschen von seiner Umwelt zu kennzeichnen suchte. Schöpferische Vorgänge spielen sich in der Tat ganz anders ab, als wir sie darzustellen pflegen. Dies gilt nicht nur für die Frühzeit des Menschen, auch wissenschaftliche Erkenntnisse beispielsweise, sofern sie auf schöpferische Akte zurückgehen, sind niemals so entstanden, wie sie später in Abhandlungen niedergelegt werden. Die »Begründungen«, die zu ihrer überzeugenden Weitergabe unerläßlich sind, entstammen immer erst sekundären Gedankengängen, während das Aufleuchten einer Erkenntnis, das heißt der eigentlich schöpferische Akt, ganz unabhängig von ihnen aus unkontrollierbaren seelischen Vorgängen stammt, in denen keine Begründungen und keine vorgestellten Zwecke enthalten sind.

Wenn uns als Außenstehenden der schöpferische Prozeß selbst auch schwer zugänglich ist und die Kennzeichnung des zu ihm gehörenden seelischen Vorganges als Ergriffenheit nur eine Umschreibung ist, so kennen wir doch in den kulturellen Gestaltungen die Ergebnisse dieses Prozesses. In ihrem Ursprung müssen sie ein mehr oder weniger vollkommener Ausdruck des Ergriffenheitszustandes gewesen sein. Hat sich dem Menschen ein neuer Aspekt der Wirklichkeit auf diese Weise enthüllt, so beginnt die daraus resultierende kulturelle Gestaltung ein historisches Eigenleben, und zwar hauptsächlich deshalb, weil der Impuls, der zu ihrer Entstehung führte, vergangen und an der Erhaltung und »Anwendung« dieser spezifischen Gestalt nicht mehr beteiligt ist. Jede Kulturerscheinung, die einmal durch einen schöpferischen Akt hervorgebracht wurde, wird lehrend weitergegeben. Sie wird stets ein um so lebendigerer Bestandteil einer Kultur sein, je mehr sowohl in den Lehrenden wie in den Empfangenden noch etwas von den ursprünglichen schöpferischen Akten lebendig ist. Und umgekehrt gilt das gleiche: Wenn der Glanz des schöpferischen Vorganges erloschen ist, begegnen uns die Gestaltungen meist nur noch als erstarrte und sinnentleerte Bestandteile eines kulturellen Gefüges.

Ausnahmslos jede Kulturerscheinung unterliegt diesem Wandel vom »Ausdruck« zur »Anwendung«. Gerade diese Situation macht das Verständnis der religiösen Äußerungen der Naturvölker schwierig, aber nicht hoffnungslos. Die wichtigste Aufgabe dieses Buches sehe ich in dem Versuch, an einer Reihe von Beispielen zu zeigen, daß es unter bestimmten Umständen doch möglich ist, etwas über den ursprünglichen, schöpferischen Akt, der zu einer bestimmten Erscheinung geführt hat, auszusagen und damit ihren echten Sinn zu begreifen. Eine Erscheinung verstehen heißt nämlich, den schöpferischen Kräften, die zu ihrer Entstehung geführt haben, nachzuspüren. Dies sei nur an einem Beispiel erläutert: Wenn ein afrikanischer Bauer sagt, daß eine bestimmte Zeremonie deshalb ausgeführt werde, damit seine Felder mehr Frucht tragen oder weil sie bei Unterlassung überhaupt keine Frucht bringen würden, so weiß man aus dieser Angabe über den ursprünglichen Sinn der Zeremonie nur wenig. Ähnlich sagt etwa ein europäischer Christ, er mache eine Wallfahrt zu einem heiligen Ort, weil er sich davon Kindersegen verspreche. Die beiden Erscheinungen treten uns also im Anwendungsstadium entgegen. Der religiöse Brauch wird zur Erreichung eines Zweckes »angewendet«. Mit der Angabe dieses Pseudozweckes kann der Ethnologe sich nicht zufriedengeben. Er wird entweder aus den Begleitumständen bei Zeremonie und Wallfahrt auf einen von dem Gewährsmann nicht angegebenen Sinn rückschließen oder er wird aus Parallelerscheinungen an anderen Orten, wo ähnliche Vorgänge mit deutlicher greifbaren Sinnzusammenhängen bekannt sind, auch den Ursprung der unverstandenen Zeremonie erklären. Beide Verfahren bieten große Schwierigkeiten und dürfen nur mit Vorsicht angewendet werden, doch bleibt uns häufig kein anderes übrig, wenn überhaupt wir einem »Verstehen« näherkommen wollen.

Im naturvölkischen Bereich treten uns nun die verschiedenen kulturellen Gestaltungen fast niemals in ihren Ausdrucksstadien entgegen. Gerade darin äußert sich der erstarrte Zustand jener Kulturen. Das abendländische wissenschaftliche Weltbild als zentraler Ausdruck für eine lebendige Kultur kann von zahlreichen Mitgliedern der Kulturgemeinschaft auf sein Woher und Warum beschrieben werden. Die Naturvölker antworten auf die Frage nach dem Warum meistens mit dem lakonischen Satz: Unsere Väter haben es so getan. Dies aber ist tatsächlich das einzige Motiv für viele menschliche Handlungen. Auch in unserer lebendigen Kultur gibt es unzählige Bräuche, an denen wir unbeirrt festhalten, einzig und allein, weil es unsere Väter schon so taten. Dies gilt u. a. für die meisten unserer Bräuche bei feierlichen Anlässen, zum Beispiel bei Hochzeiten, Trauerfällen usw. In den seltensten Fällen haben wir noch eine Beziehung zum ursprünglichen Sinn der Bräuche. Warum zum Beispiel ist schwarz die Farbe der Trauer? (In China ist sie weiß!) Warum Brautführer, Brautjungfern und Brautstrauß? Wenn auch in vielen Fällen die Volkskunde eine Antwort weiß, so ist sie doch dem Durchschnittsmenschen unbekannt und – dies ist gerade für den Vergleich mit den Naturvölkern wichtig – der Durchschnittsmensch verfällt auch gar nicht darauf, die Frage nach dem ursprünglichen Sinn zu stellen. Die Berufung auf die Tradition wird auch von uns als ausreichende Begründung empfunden.

Daß man in diesen Bereichen »nach der Sitte der Väter« verfährt, ist immerhin noch sinnvoll. Der feierliche Anlaß erfordert ein feierliches Verhalten, und dieser Forderung vermögen die als Vermächtnis aus der Vergangenheit ehrwürdigen Bräuche auch dann immer noch zu entsprechen, wenn ihr ursprünglicher Sinn nicht mehr bewußt ist. Indessen beharren wir auch auf zahllosen Gepflogenheiten, für deren Weiterbestehen sich keine derartige Rechtfertigung findet. Warum zum Beispiel wird die Herrenkleidung nach rechts geknöpft und die Damenkleidung nach links? Vorschriften wie diese werden ausschließlich beibehalten, »weil die Väter es so taten«. Werden wir auf solchen Gebieten plötzlich auf die Warum-Frage gestoßen, die uns sonst noch nie bewegt hat, so tun wir wohl dasselbe, was die Naturvölker dem sie befragenden Forscher gegenüber tun: Wir wie sie nennen dann eine handgreifliche oder vermeintliche Begründung, von der aber keineswegs erwiesen ist, daß sie mit dem Ursprung der Sitte das Geringste zu tun hat. So ist zum Beispiel bei uns der Abscheu, Pferdefleisch zu essen, weit verbreitet, und es werden mit voller Überzeugung alle möglichen Begründungen dafür gegeben: es sei ungesund, es schmecke widerlich, zum Pferd stehe der Mensch in einem ganz anderen und viel näheren Verhältnis als zu den anderen Haustieren, und daher sei es abscheulich, es zu essen, usw. Nun wissen wir in diesem Fall aber, daß die Wurzel dieser Aversion an ganz anderer Stelle zu suchen ist. Die Verpöntheit des Pferdefleisches reicht weit bis ins Mittelalter zurück. Damals galt Pferdefleisch essen als ein Zeichen verstockten Verharrens im Heidentum und seinen Zeremonialhandlungen, bei denen das Fleisch rituell getöteter Pferde gegessen wurde. Die Kirche hat einen heftigen Kampf dagegen geführt (STELLER). Es war also zutiefst anrüchig, Pferdefleisch zu essen. Diese Vorstellung hat sich durch die Generationen bis heute überliefert und wird nun mit solchen Pseudomotivierungen gerechtfertigt.

Hieraus folgern wir, daß wir den diesbezüglichen Angaben in den Beschreibungen der Naturvölker außerordentlich skeptisch gegenübertreten müssen und uns besser nach anderen Möglichkeiten umsehen, die uns zu einem Verständnis der Erscheinungen führen könnten. Eine dieser Möglichkeiten ist der Mythenschatz, überhaupt das Erzählgut der Naturvölker, das in dieser Richtung bisher viel zu wenig ausgewertet wurde. In den folgenden Darlegungen wird von dieser Möglichkeit weitgehend Gebrauch gemacht. Über den Wert der Mythen für die Aufgabe des Verstehens und die methodischen Schwierigkeiten, sie dazu heranzuziehen, soll noch ausführlicher gehandelt werden.

Auch für die Mythen gilt naturgemäß das Gesetz des Ablaufes vom Ausdruck zur Anwendung, und da wir den Anwendungsformen nur einen sehr beschränkten Wert für die Beantwortung der Sinnfragen zugebilligt haben, wird man naturgemäß fordern, daß objektive Kriterien dafür genannt werden, wie der jeweilige Zustand des Ausdrucks oder der Anwendung bei einer Kulturerscheinung festgestellt werden kann. Darüber wird ebenfalls noch ausführlicher zu handeln sein, aber es sei schon hier erwähnt, daß es solche objektiven Kriterien nicht gibt und wahrscheinlich auch gar nicht geben kann. Wo die subjektive Erlebnisfähigkeit die einzige Grundlage für ein wertendes Urteil bildet und der Wert nicht quantitativ meßbar ist, da ist die »Verständigung« zwischen den Menschen eingeschränkt und nur bei gleicher subjektiver Erlebnisfähigkeit möglich. Wer die Größe eines Shakespeareschen Dramas nacherlebt, kann sich über dieses Erlebnis nicht mit jemandem verständigen, der die gleiche Erlebnisfähigkeit nicht besitzt. Das Gleiche gilt für alle Gebiete der Kunst, für die Musik, für die bildende Kunst, aber es gilt gerade auch für die religiösen Ausdrucksformen. Es war eine der größten Leistungen der frühen Menschheit, mit den damals viel stärker im Vordergrund stehenden Kulthandlungen ein Verständigungsmittel »erfunden« zu haben, das die Verständigung zwischen den Mitgliedern der gleichen Kulturgemeinschaft über bestimmte Formen der Wirklichkeitserkenntnis viel besser herzustellen vermochte als etwa die Sprache (vgl. Kap. II, 2).

Das Fehlen objektiver Kriterien und die Eingeschränktheit mindestens der sprachlichen Verständigung sind wichtige Kennzeichen desjenigen Bereiches menschlicher Geistesgeschichte, zu dem auch die religiösen Ausdrucksformen gehören. Auch WILHELM DILTHEY, der sich wie kaum ein anderer Philosoph bemüht hat, das Verstehen als die wichtigste Aufgabe der Geschichtswissenschaft aufzuzeigen, scheint keinen Versuch unternommen zu haben, objektive Kriterien für die Grundlagen des Verstehens aufzustellen. Wie wichtig aber gerade für Dilthey – obgleich von ganz anderem Material und von ganz anderen Interessen ausgehend – die auch hier vertretene Grundhaltung zu den Phänomenen der Geschichte war, zeigt sich an folgenden Sätzen aus der Rede zu seinem 70. Geburtstag (S. 222): »Die Weltanschauungen sind gegründet in der Natur des Universums und dem Verhältnis des endlichen auffassenden Geistes zu demselben. So drückt jede derselben in unseren Denkgrenzen eine Seite des Universums aus. Jede ist hierin wahr. Jede aber ist einseitig . . .«

Die hier vorgelegte Arbeit will keine systematische Behandlung der Religionswissenschaft sein. Sie will vielmehr einen neuen Weg suchen, die geistigen Schöpfungen der nicht-abendländischen Menschheit besser zu verstehen. Da das Verständnis nur auf einem geistigen Umweg der Rekonstruktion schöpferischer Prozesse zu gewinnen ist, bleiben die meisten Versuche, die hier unternommen werden, zunächst durchaus hypothetisch. Eine kritische Auseinandersetzung mit den herrschenden religionswissenschaftlichen Theorien wird aber zeigen, daß es sich auch bei ihnen durchaus um hypothetische Konstruktionen handelt. Die Frage wird dann eben sein, ob es nicht viel natürlichere und näherliegende Erklärungen für die religiösen Erscheinungsformen der Naturvölker gibt als die von den erwähnten Theorien gebotenen. Das aber wird entscheidend davon abhängen, welches Bild vom Menschen wir für richtig halten. Wir – unsererseits – gehen davon aus, daß der Mensch der Frühzeit im wesentlichen der gleiche war, der er noch heute ist (vgl. Kap. I). Die religiösen Ausdrucksformen können jedenfalls nur von Menschen gestaltet worden sein, deren Geistesgaben der Größe des Objektes entsprachen. Gottesvorstellungen können sich nach der hier vorzutragenden Ansicht nicht aus Begriffen entwickelt haben, die mit dem Göttlichen nichts zu tun hatten – so wenig wie sich aus dem Stein eine Blume »entwickeln« kann.

Es soll allerdings auch hier nicht verkannt werden, daß es so etwas wie eine »Urdummheit« gibt, die indessen nicht an eine Phase der Menschheitsentwicklung gebunden ist, sondern in allen Kulturstadien ihre Vertreter hat. Es ist überdies das Kennzeichen dieser Urdummheit, daß sie niemals etwas »hervorgebracht« hat, was wir als eine geistige Schöpfung ansprechen würden. Das ist heute so, und es ist nicht einzusehen, warum es nicht früher auch so gewesen sein soll. Die so charakterisierte Geistesverfassung hat sich vielmehr immer nur in den Bereichen der »Anwendung« bewegt, und in den meisten Fällen ist sie maßgebend daran beteiligt, daß ursprünglich sinnvolle Kulturerscheinungen zu sinnentleerten Routinehandlungen degenerierten. Wir werden uns noch öfter mit ihr zu befassen haben. Diese Handlungen hat vor allem die präanimistische Zaubertheorie in den Mittelpunkt ihrer Betrachtung gestellt und aus ihnen einen Ursprung der Religion rekonstruiert, der einer der verhängnisvollsten Irrwege der Wissenschaft war – verhängnisvoll deshalb, weil er so viel Anklang gefunden hat.

Es sei noch auf eine weitere Beschränkung hingewiesen, der die hier vorgelegte Arbeit unterworfen ist. Da es sich nicht um eine systematische Behandlung der Religionswissenschaft handelt, haben die jeweils einer Betrachtung unterworfenen religiösen Phänomene nur den Charakter von Beispielen, an denen die besondere kulturmorphologische Art der Annäherung an sie dargelegt werden soll. An der Auswahl dieser Beispiele wird der Sachkenner sicherlich eine gewisse Einseitigkeit feststellen, da sie überwiegend den altpflanzerischen Kulturen entstammen. Dies hat seinen hauptsächlichen Grund darin, daß der Verfasser dieser Arbeit sich seit Jahren bevorzugt mit den religionswissenschaftlichen Phänomenen gerade dieser Kulturschicht befaßt und deshalb besser vorbereitet ist, über sie Aussagen zu machen als über die entsprechenden Erscheinungen etwa in den älteren Jägerkulturen oder in den jüngeren Hochkulturen. Es versteht sich von selbst, daß das keine grundsätzliche Einschränkung sein soll. Sie ergibt sich vielmehr ganz von selbst aus der Tatsache, daß wir zum wahren Verständnis solcher Erscheinungen nur dann beitragen können, wenn wir über ein bestimmtes Phänomen umfangreiches Material zur Verfügung haben und uns lange und eingehend damit beschäftigt haben.

Über die Frage nach dem Ursprung der Religion, die von allen Theorien bisher in den Mittelpunkt gestellt wurde, wird hier nicht gehandelt, in der Überzeugung, daß es mit unseren bisherigen Mitteln überhaupt nicht möglich ist, über die Glaubensinhalte der ersten Religionsform etwas auszusagen, wie es inbesondere von der urmonotheistischen Theorie versucht wird. Es erscheint uns vielmehr wichtiger, zunächst einmal die Grundfragen richtig zu erkennen, mit denen sich die jeweiligen Glaubensformen auseinandersetzen; denn die religiösen Gestaltungen sind ihrem Wesen nach Antworten auf solche Grundfragen der Existenz, auf die es andersartige Antworten, durch die sie ersetzt werden könnten, gar nicht gibt. Es wird sich dann aber zeigen, daß es im Laufe der Menschheitsgeschichte eine Fülle solcher gestellten und beantworteten Grundfragen gegeben hat, die wir vielleicht in eine relative Zeitfolge zueinander einzuordnen vermögen, von denen wir aber vorläufig bestimmt nicht sagen können, daß eine von ihnen die absolut älteste und erste religiöse Gestaltung gewesen sei.

Zu dieser letzten Frage gehört der Hinweis auf eine weitere Einschränkung, der die folgenden Darlegungen unterworfen sind: Die augenblickliche geschichtliche Situation der völkerkundlichen Wissenschaft läßt sich am besten durch zwei Grundfragen charakterisieren, die aller Arbeit an der Erforschung der Naturvölker in den letzten Jahrzehnten zugrunde liegen. Die eine fragt nach dem Sinn der uns entgegentretenden

Erscheinungen und bemüht sich also letzten Endes um das schon gekennzeichnete Verständnis für sie. Nur dieser Frage sind die folgenden Ausführungen gewidmet. Die andere fragt historisch nach dem Ablauf der Kulturen und bemüht sich mindestens um eine relative, möglichst auch um eine absolute Chronologie derjenigen Kulturschichten, die man mit den verschiedensten Hilfsmitteln festgestellt zu haben glaubt. Als ausgesprochener Kulturhistoriker bekenne ich mich ausdrücklich zur Bejahung der außerordentlichen Wichtigkeit dieser Frage. Die Bemühung um eine Antwort auf sie ist aber nicht der Gegenstand dieser Untersuchung. Gelegentliche Versuche in dieser Richtung werden zwar von Zeit zu Zeit angedeutet, sind aber sicherlich noch hypothetischer als die Bemühungen um ein Verständnis bestimmter Erscheinungen und wollen jedenfalls nicht als Ergebnisse gewertet werden, sondern in Einzelfällen der größeren Anschaulichkeit dienen.

Erster Teil
Über das Verhältnis des Menschen zur Wirklichkeit

Kapitel I
Die Fremdartigkeit kultureller Gestaltungen der Naturvölker

Jedem unbefangenen Betrachter der Lebensformen der Naturvölker drängt sich unweigerlich als erstes der Eindruck auf, daß jene Völker durch eine tiefe Kluft von uns getrennt sind und daß es deshalb nicht ohne weiteres möglich ist, ihr fremdartiges Tun von unserer Welt her zu verstehen. Das gilt ebenso für ihr künstlerisches Schaffen wie für die Fülle der Vorschriften und Sitten, durch die ihr Leben geregelt ist. Eine afrikanische Plastik mutet uns ebenso fremd an wie der weitverbreitete Brauch, die für den Menschen so wichtigen Schneidezähne gewaltsam zu entfernen. Die Züge der Fremdartigkeit in einer primitiven Kultur sind so zahlreich und drängen sich so stark in den Vordergrund, daß wir darüber oft vergessen, daß es eine Fülle von Verhaltensweisen bei Naturvölkern gibt, die uns durchaus vernünftig und auch von unserer Welt her begreiflich erscheinen. Bei ihren handwerklichen Betätigungen, beispielsweise beim Hausbau oder bei der Feldarbeit, verfahren sie durchaus in einer Weise, die uns für das jeweilige Kulturniveau angemessen und richtig erscheint, weil sie dem klar erkennbaren Zweck untergeordnet sind. Schon daran zeigt sich, daß sich die Fremdartigkeit des naturvölkischen Verhaltens nicht auf alle Lebensformen erstreckt, sondern nur für einige Bereiche gilt.

Wenn wir diese Bereiche näher bestimmen wollen, so ist gerade die Frage nach dem Zweck einer Handlung ein brauchbares Unterscheidungsmerkmal. Alle praktischen Betätigungen im Wirtschaftsleben der Menschen sind offenbar bei allen Primitiven von Gesetzmäßigkeiten beherrscht, die uns nicht fremdartig anmuten. Zwar gibt es auch bei allen Tätigkeiten dieser Art, wie Jagd, Haus- und Feldbau, Speisebereitung usw., eine Fülle von uns fremdartigen Handlungen, aber sie erscheinen uns nur von sekundärer Bedeutung, insofern sie nach unserer Meinung gut fehlen könnten, ohne daß das Wirtschaftsleben davon betroffen wäre. Die Eingeborenen machen zwar den Erfolg der Jagd und das Gelingen vieler anderer Betätigungen von dem richtigen Abhalten jener fremdartigen Zeremonien abhängig, aber sie versäumen doch nicht, tatsächlich Fallen zu stellen oder mit dem Speer oder Pfeil und Bogen das Tier zu erlegen.

Hingegen erscheinen uns fast alle jene Handlungen vollkommen fremdartig, bei denen sich – in unserer Betrachtung – kein vernünftiger Zweck für ihr Tun angeben läßt. Wir fragen nach dem Zweck für das Ausschlagen der Schneidezähne, für die Beschneidung, für bestimmte Heiratsverbote, für das Auftreten von Masken usw. Daß es nicht leicht ist, einen solchen Zweck anzugeben, zeigt sich schon an der Tatsache, daß es zu jeder solchen Frage meist eine ganze Serie von Theorien gibt, die den Zweck jeweils in irgendeinem indirekten Zusammenhang gefunden zu haben glauben, ohne daß eine Theorie überzeugender wäre als die andere. Sehr selten aber ist die Frage aufgeworfen (und in der wissenschaftlichen Praxis jedenfalls bisher nicht weiter verfolgt) worden, ob jene fremdartigen Handlungen überhaupt einen Zweck in dem gesuchten Sinne haben müssen, ob ihre Motive nicht vielmehr in anderen Bereichen des Menschlichen zu suchen sind. Auf die Unzweckmäßigkeit dieser Zwecksuche werden wir deshalb auch in unseren Betrachtungen immer wieder zurückkommen. Im besonderen aber soll uns die Frage beschäftigen, worin die Fremdartigkeit bestimmter naturvölkischer Verhaltensweisen ihren Grund hat.

1. Das Zerrbild vom frühen Menschen

Die eben genannten Theorien zur Erklärung irgendwelcher fremdartigen Erscheinungen bei Naturvölkern haben bei aller Verschiedenartigkeit der Ergebnisse etwas sehr Charakteristisches gemeinsam. Dieses Gemeinsame liegt in der Beurteilung des Menschen, die der theoretischen Betrachtung zugrunde gelegt wird. Jede forschende Betrachtung hat naturgemäß ein ganz bestimmtes Bild vom Menschen, dessen Bedeutung für die kulturwissenschaftliche Arbeit gar nicht überschätzt werden kann. Schon die Darstellung irgendwelcher naturvölkischer Gegebenheiten ist meistens ganz unbewußt und daher unkontrolliert von diesem Bild vom Menschen beeinflußt und enthält deshalb des öfteren bereits Deutungen, die nicht in den Erscheinungen selbst gegeben sind. Noch sehr viel stärker ist die Wirkung des zugrundeliegenden Menschenbildes naturgemäß in den rein theoretischen Erörterungen. Die sogenannte präanimistische Zaubertheorie etwa, die es unternimmt, für die meisten fremdartigen Erscheinungen im religiösen Leben der Naturvölker eine für uns begreifliche Erklärung zu finden, nimmt an, daß der Mensch am Beginn seiner Geschichte nur sehr geringe intellektuelle Fähigkeiten besessen habe. Die Assoziationen in Raum und Zeit hätten zu völlig falschen Schlüssen über Ursache und Wirkung geführt. Das Streben nach Wohlergehen habe den frühen Menschen verführt, diese falschen Anschauungen über die Natur in eigentümliche Handlungen umzusetzen. So habe er Aufgaben zu lösen versucht, die in Wahrheit außerhalb seiner Möglichkeiten lagen und unzulängliche – eben zauberische Mittel – dafür eingesetzt, die nur als das Ergebnis falscher Denkprozesse zu erklären seien. Die Entstehung der frühen Religionen sei zum Beispiel lediglich das Ergebnis der mangelhaften intellektuellen Fähigkeiten der urzeitlichen Menschheit, die an dem heutigen Primitiven noch studiert werden könnte. Die unvermeidliche Folge eines solchen Bildes der frühen Menschheit ist ein außerordentlich geringschätziges Urteil über ihr geistiges Leben, dessen Ausdrucksformen in einer Arbeit von WILLY HELLPACH (Magethos, S. 19) als »Hokuspokus« bezeichnet werden.

Die hauptsächlichen Kennzeichen dieses Bildes vom Menschen sind folgende:

1. Der Mensch wird ausschließlich als ein auf praktische Zwecke ausgerichtetes Wesen angesehen. Es wird die Tatsache vernachlässigt, daß der Mensch – so weit wir sein Dasein zurückverfolgen können, und deshalb wahrscheinlich zu allen Zeiten – eine große Zahl von Handlungen ausführt, für die sich ein Zweck in diesem Sinne nicht angeben läßt. Man denke in unserer eigenen Kultur etwa an die Bedeutung des Theaters oder anderer Zweige der Kunst, die keinerlei praktischen Zweck haben und doch von größter Bedeutung für das kulturelle Leben der Gemeinschaft sind.

2. Es werden fast ausschließlich die intellektuellen Fähigkeiten des Menschen beachtet. Immer wieder begegnen wir dem Hinweis, daß der Mensch der Vorzeit mit wissenschaftlichem Interesse nach der Beherrschung der Natur gestrebt habe. Es wird also die Tatsache vernachlässigt, daß die Idee des nach Ursachen forschenden Menschen, wie er in unserer Zeit durch den Typ des rein rational verfahrenden Wissenschaftlers gegeben ist, nur eine Abstraktion ist. Es hätte doch die Frage erörtert werden müssen, ob die fremdartigen Äußerungen des frühmenschlichen Geistes nicht einer ganz andersartigen Seite des in Wahrheit viel mannigfaltigeren Wesens Mensch entstammen.

3. Die Fremdartigkeit der zu behandelnden Erscheinungen läßt sich, sofern sie nur als das Ergebnis von Denkprozessen betrachtet werden, lediglich dadurch verständlich machen, daß man der frühen Menschheit mangelhafte intellektuelle Fähigkeiten und infolgedessen falsche Denkprozesse unterstellt.

4. Die zwangsläufige Folge einer solchen Betrachtung muß die negative Bewertung aller uns nicht ohne weiteres verständlichen Geistesäußerungen der primitiven Menschen sein.

Diese Kennzeichnung beschränkt sich nicht allein auf die genannte Zaubertheorie, auch die anderen in der wissenschaftlichen Literatur ausgesprochen oder unausgesprochen zugrunde gelegten Theorien haben im wesentlichen das gleiche Bild vom Menschen. Die animistische Theorie etwa sieht im Menschen ebenfalls lediglich ein ursachenforschendes Wesen, das infolge der Unkenntnis der wirklichen Zusammenhänge zu falschen Schlüssen gelangte – nämlich zu dem Glauben an die Existenz selbständiger, vom Körper zu trennender Seelen – und in seinen Handlungen auf die Erreichung von Zwecken ausgerichtet sei, die mit den angewendeten Mitteln in Wirklichkeit nicht erreicht werden können. So ist auch nach EDWARD B. TYLORS Ansicht die Religion als der zentrale Ausdruck des frühmenschlichen geistigen Lebens ein nur negativ zu wertendes Ergebnis falscher Denkprozesse.

Von diesen Auffassungen unterscheidet sich deutlich nur die sogenannte urmonotheistische Theorie; jedoch mit einer entscheidenden Einschränkung. Die von ANDREW LANG und WILHELM SCHMIDT vertretene Theorie vom Glauben an ein Höchstes Wesen am Beginn der Menschheitsgeschichte enthält keineswegs eine Ablehnung der beiden oben genannten Theorien. Beide bleiben im wesentlichen gültig. Es wird lediglich bestritten, daß die in diesen Theorien behandelten Äußerungen des menschlichen Geistes am Anfang der Menschheitsgeschichte stehen. Sie werden vielmehr in spätere Stadien verlegt und als eine Degeneration des vernünftigen Verhaltens der Menschheit am Anfang ihrer Geschichte bezeichnet. Zwar gilt auch für diese Theorie die Ansicht, daß der frühzeitliche Mensch fast ausschließlich nach seinen intellektuellen Fähigkeiten beurteilt wird, jedoch werden die geistigen Äußerungen dieser allerersten Frühzeit nicht negativ bewertet. Da aber der größte Teil der uns fremdartig anmutenden naturvölkischen Erscheinungen nach dieser Theorie nicht zu dem rationalen und begreifbaren ersten

Stadium der Menschheitsgeschichte gehört, sondern erst in jenen späteren Zeiten aufgetreten sein soll, die durch Zaubertheorie und Animismus hinreichend erklärt werden, liegt auch dieser Theorie das oben geschilderte Bild vom Menschen zugrunde – wenigstens in dem darin enthaltenen zweiten und dritten Stadium der frühmenschlichen Geschichte. Ein anderes Urteil über die geistigen Fähigkeiten der Naturvölker findet sich unter den Vertretern der urmonotheistischen Theorie jedoch bei PAUL RADIN (Philosopher), der mit Nachdruck die auch im folgenden zugrunde gelegte und unseres Erachtens viel natürlichere Auffassung vertritt, daß die sogenannten Primitiven ebenso sehr Menschen sind, wie wir es zu sein für uns beanspruchen und daß die Unterschiede zwischen ihren und unseren Fähigkeiten nicht durch das jeweilige menschliche Wesen, sondern durch die jeweilige kulturhistorische Situation bedingt sind.

Es war unausbleiblich, daß dieses unausgesprochen zugrunde liegende Bild vom Menschen seine wissenschaftlich fundierte Ausgestaltung erfahren mußte. Der französische Forscher LUCIEN LÉVY-BRUHL hat sich dieser Aufgabe gewidmet und in mehreren Werken hauptsächlich solche Verhaltensweisen der Naturvölker untersucht, die uns als besonders fremdartig erscheinen mußten. Das Ergebnis seiner Forschungen, die mit viel Scharfsinn und einer feinen Sonde unternommen wurden, weicht in mancher Hinsicht von den unausgesprochenen Annahmen der oben erwähnten Theorien ab. Er hält den Menschen der Vorzeit und den heutigen Primitiven nicht für einen »frühen Wissenschaftler«, dem Fehlschlüsse unterlaufen sind, sondern sieht in ihm eine andere Art Mensch, dessen Geistesleben völlig anders sei als das unsere. Die besondere Aufmerksamkeit widmet auch er den Denkprozessen, von denen er annimmt, daß sie bei den Primitiven anderen Gesetzen unterworfen sind als bei uns. Die Gesetze unserer Logik hätten für sie keine Gültigkeit. Um das ganz Andersartige zu kennzeichnen, spricht er deshalb von einer prälogischen Geistesart. Eine der grundlegenden Gesetzmäßigkeiten sei eine sogenannte *loi de participation*, die auf mystische Weise zwischen den Dingen dieser Welt Beziehungen herstelle, die zum mindesten in unserem wissenschaftlichen Denken keinen Platz mehr haben.

Die Fremdartigkeit vieler Erscheinungen, die uns hier beschäftigt, erklärt Lévy-Bruhl im wesentlichen damit, daß die ihnen zugrunde liegenden Denkprozesse von anderer Art sind als die unseren. Die Fremdartigkeit wird also geradezu zum Ausgangspunkt der Betrachtungen gemacht und an den einzelnen Erscheinungen selbst nach den Gesetzmäßigkeiten des geistigen Funktionierens gesucht, die zu ihrer Entstehung geführt haben. Es ist nun zweifellos eine entscheidende Frage für alle kulturwissenschaftlichen Betrachtungen, ob wir uns mit der Fremdartigkeit und dem Nichtverstehen dieser Erscheinungen ein für allemal abfinden müssen, oder ob wir einen anderen Standort für unsere Betrachtungen gewinnen können, von dem aus sich die Schwierigkeiten auf andere Weise lösen.

Wenn wir im folgenden Lévy-Bruhl als den hervorragendsten Vertreter jener Auffassungen von der Andersartigkeit des frühen Menschen zitieren, so könnte dagegen eingewandt werden, daß durch die Veröffentlichung seiner nachgelassenen Tagebücher (Carnets) seine in den früheren Werken niedergelegte Theorie keine Gültigkeit mehr habe. Demgegenüber ist festzustellen, daß die Wirkungen der nun einmal fest gegründeten Theorie auf andere Wissenschaftszweige durch die Veröffentlichung dieser Tagebücher nicht aus der Welt geschafft werden. Auch nach der Veröffentlichung dieser Tagebücher bleibt Lévy-Bruhl der eigentliche Theoretiker auf völkerpsychologischem Gebiet für jene religionswissenschaftlichen Anschauungen, die hier einer kritischen Behandlung unterworfen werden.

2. Einwände gegen dieses Bild

Die uns fremdartig anmutenden Kulturerscheinungen werden also in jedem Fall auf wesentliche Unterschiede in den Verhaltensweisen der Naturvölker gegenüber den unseren zurückgeführt, entweder auf die andersartige prälogische Denkungsart oder auf das noch nicht voll entwickelte, zu falschen Kombinationen neigende Denkvermögen der Primitiven. Wir gehen hingegen von einem entgegengesetzten Standort aus und leugnen solche grundsätzlichen Unterschiede. Hierin bestärkt uns die Betrachtung der rein physischen Gegebenheiten; denn die Menschheit, wie sie seit dem Jung-Paläolithikum die Erde bevölkert, wird nach allgemeiner Ansicht als ein einheitlicher Typ, als homo sapiens, anderen älteren Vertretern des Menschen gegenüber zusammengefaßt. Unterschiede zwischen den verschiedenen Menschenrassen berechtigen keinesfalls zu der Annahme, daß die grundlegenden menschlichen Fähigkeiten im einen Falle anders wären als im anderen. Verschiedenartige Lebensformen und damit unterschiedliche Verhaltensweisen finden wir auch in verwandten, unmittelbar benachbarten Kulturräumen – innerhalb der abendländischen Kulturgemeinschaft aber niemals so starke Abweichungen, daß die Fremdartigkeit zu einem Nicht-mehr-verstehen-können führt. Die Berufung auf den einheitlichen menschlichen Typus bezieht sich also nur auf die grundlegenden menschlichen Fähigkeiten und soll keineswegs bedeuten, daß im Hinblick auf die Befähigung zur Lösung bestimmter Aufgaben alle Völker gleich seien. Sie sind dies ganz offensichtlich ebenso wenig wie es die individuellen Mitglieder eines Volkes in dieser Hinsicht sind.

Was das verstehende Verhältnis zu den Erscheinungen unserer eigenen Kultur, das heißt die Nicht-Fremdartigkeit dieser Erscheinungen anbetrifft, so muß hier eine Ausnahme erwähnt werden: Im Rahmen unserer eigenen kulturellen Äußerungen finden wir vor allem innerhalb der sogenannten Volksbräuche, aber auch im Bereich des Aberglaubens eine Reihe von Handlungen, von denen wir – obgleich wir sie selbst aus spielerischer Neigung oder auch mit einer gewissen ernst gemeinten Betonung ausführen – nicht angeben können, weshalb sie geschehen. Wir klopfen dreimal auf Holz, wenn wir »unberufen« sagen, wir heben beim Schwur drei Finger in die Höhe, im Theater drücken wir unseren Beifall durch Klatschen und unser Mißfallen durch Pfeifen aus, wir trinken »auf jemandes Gesundheit« usw. Die Beispiele ließen sich beliebig vermehren. In allen Fällen besteht zwischen der Handlung und dem dafür angegebenen Zweck kein vernünftiger Zusammenhang. EDWARD B. TYLOR hat für solche Erscheinungen die Bezeichnung »Survivals« eingeführt. Für sie gilt das gleiche Merkmal der Fremdartigkeit wie für die zu behandelnden naturvölkischen Erscheinungen. Wir wissen von ihnen, daß sie nicht in unserer heutigen Kultur entstanden sind, sondern aus älteren Schichten stammen. Die Frage nach ihrem ursprünglichen Sinn kann also nur aus jenen älteren Kulturzusammenhängen beantwortet werden. Tylor (Bd. 1, S. 20) zeigt uns an einem Beispiel, wie eine Bestimmung des damaligen englischen Erbrechts für die vaterrechtlichen Zustände des 19. Jahrhunderts sinnwidrigen Charakter hatte, während sie für die Verhältnisse der erobernden Normannen, von denen sie ihren Ursprung genommen hatte, durchaus sinnvoll war. Er fordert deshalb eine historische Betrachtungsweise für solche Survivals. Die meisten von ihnen aber – und zwar ganz besonders die uns am fremdartigsten anmutenden – gehen offensichtlich in eine so frühe Zeit der Menschheitsgeschichte zurück, daß keine historische Betrachtung – historische Betrachtung hier als Geschichte im engeren Sinne verstanden – ihren ursprünglichen Sinn mehr aufzuspüren vermag. Von ihnen wird deshalb meistens angenommen, daß die Sinnlosigkeit von Anfang an zu ihnen gehört habe oder daß sie eben ein Rest aus jener Zeit prälogischen Denkens seien.

Man muß aber mindestens mit der Möglichkeit rechnen, daß wir es dabei mit Handlungen zu tun haben, die ursprünglich – in der Zeit ihrer Entstehung – ebenso vernünftig waren wie die kulturellen Gestaltungen unserer Zeit, und daß ihre heutige Unvernünftigkeit nur darin ihren Grund hat, daß sie in einer kulturellen Umgebung weiter existieren, in der die zu ihr gehörigen, sinngebenden Vorstellungen durch andere verdrängt und ersetzt wurden. Eine solche Betrachtung der Survival-Erscheinungen schließt zwei grundsätzliche Urteile über das Wesen von kulturellen Gestaltungen ein, die einige neue Fragen aufwerfen. Wenn nämlich einmal behauptet wird, daß eine scheinbar sinnlose Handlung im Zusammenhang mit anderen Vorstellungen sinnvoll und vernünftig gewesen sei, so wäre zu fragen, wodurch eine Kulturerscheinung überhaupt den Charakter des Sinnvollen erhält und wieso ein und dieselbe Handlung in einer Kultur sinnvoll, in einer anderen aber, in der sie nur als Survival auftritt, sinnlos erscheinen kann, ohne daß man zwangsläufig der einen der beiden Kulturen die Vernünftigkeit absprechen muß.

Zum anderen aber setzt eine solche Betrachtung die Annahme voraus, daß eine kulturelle Gestaltung in einer ganz anderen kulturellen Umgebung weiter existieren kann. Es müßte sodann nach den besonderen Gesetzen dieser Weiterexistenz gefragt werden. Diese zweite Frage soll uns hier nicht besonders beschäftigen, da sie mit unserer Grundfrage nach der Fremdartigkeit der naturvölkischen Erscheinungen nur sekundär zusammenhängt. Nur soviel sei erwähnt, daß in der Kulturgeschichte in der Tat dem Trägheitsgesetz, dem zähen Haften am einmal Gestalteten eine erstaunlich wichtige Rolle zukommt, so daß sich dem Betrachter die Unproduktivität des menschlichen Geistes immer wieder als ein vorherrschendes Phänomen aufdrängt.

Die erste Frage aber, die sich auf jene Merkmale bezieht, durch die eine kulturelle Gestaltung überhaupt den Charakter des Sinnvollen erhält, ist für unsere Betrachtung von vordringlicher Bedeutung. Auch die zu behandelnden Erscheinungen treten uns bei einem großen Teil der Naturvölker als Survivals entgegen. Ebenso wie dies bei den Survivals in unserer Kultur der Fall ist, können uns die heutigen Eingeborenen im allgemeinen keine vernünftigen Angaben darüber machen, warum die in Frage stehenden Handlungen von ihnen ausgeführt werden. Wenn sie uns aber einen Grund dafür angeben, so steht dieser meist in keiner sinnerfüllten Beziehung zur Handlung selbst.

Wenn zum Beispiel die hinterindischen *Meau* (HUGO ADOLF BERNATZIK Bd. 1, S. 186) behaupten, daß es weiteren Jagderfolg bringe, wenn man die Jagdwaffen mit dem Blut der letzten Beutetiere beschmiert habe, oder wenn die *Eskimo* sagen, daß ein krankes Kind nicht gesund wird, wenn der Vater sich nicht aller Arbeit enthält (KNUD RASMUSSEN, Iglulik, S. 197), so ist es eine häufige Schlußfolgerung, daß die jeweils angenommenen Zusammenhänge von Ursache und Wirkung nicht bestehen und daß die Völker, die daran glauben, einem Irrtum zum Opfer gefallen sind oder auf eine Art und Weise denken, die von der unseren völlig verschieden ist. Diese Urteile gehen davon aus, daß solche Angaben ohne weiteres sinnvoll sein müßten. Dagegen sollte nach Anhaltspunkten dafür gesucht werden, ob die berichteten Handlungen nicht ursprünglich ein Ausdruck für ganz bestimmte Erlebnisinhalte gewesen sein könnten, die in sich sinnvoll waren und von denen aus auch diese Handlungen einen vernünftigen Sinn bekamen.

In anderen Bereichen – zum Beispiel in dialektischen Auseinandersetzungen mit Europäern über irgendein strittiges Thema – ist die scharfsinnige Logik der Eingeborenen von Feldforschern oft hervorgehoben worden. Man lese nur einmal das von DAVID LIVINGSTONE (Bd. 1, S. 29ff.) berichtete Gespräch mit einem sogenannten Regenzauberer der *Betschuanen* (einen Ausschnitt daraus geben wir in Kap. XII,1 wieder), das er selbst mit der Bemerkung abschließend charakterisiert: »Vorstehendes ist nur ein Beispiel von der Art und Weise, wie sie raisonieren; wenn man ihrer Sprache recht mächtig ist, so bemerkt man deutlich, daß sie hierin besonders scharfsinnig und spitzfindig sind.«

Mit der Beseitigung der Auffassung von den prälogischen oder falschen Denkprozessen der Naturvölker würde auch die geringschätzige Beurteilung ihres geistigen Lebens weichen. Eine solche, den theoretischen Erörterungen entgegengesetzte Haltung findet sich bereits in vielen Werken ernsthafter Feldforscher, die sehr wohl den heiligen Ernst bemerkt haben, mit dem die meisten fremdartigen Verhaltensweisen der Eingeborenen verbunden sind.

3. Die Pseudozwecke

Die Theorie von dem prälogischen oder sonst unvernünftigen Verhalten der Naturvölker hat den Vorzug, sich auf entsprechende Angaben der Eingeborenen berufen zu können. Die hier darzulegende Betrachtungsweise hat dagegen keine direkten Zeugnisse zur Verfügung. Hätten wir sie, so hätten die oben charakterisierten Theorien niemals entstehen können. Es erhebt sich also die Vorfrage, welche Bedeutung diesen direkten Aussagen der Eingeborenen zukommt. Es ist stets am anschaulichsten, sich die bei den Naturvölkern in Frage stehenden Erscheinungen an Parallelen in der eigenen kulturellen Umwelt klar zu machen. Das katholische Brauchtum zum Beispiel bietet zahlreiche Vergleichsmöglichkeiten. Wir wollen eine kleine Episode, die uns berichtet wurde, als Beispiel herausgreifen: Die vom Papst gesegneten Rosenkränze sind begehrter als gewöhnliche. Ein Besucher des Petersplatzes fand dort eine große Menschenmenge versammelt, um den Segen des Papstes in Empfang zu nehmen. In der Menge befand sich ein Mann, der vor seinem Hut kniete, den er mit Rosenkränzen gefüllt hatte. Während der Segenshandlung rührte er mit der Hand in dem Inhalt des Hutes, um die unten liegenden Kränze nach oben zu bringen, offensichtlich in der rührend naiven Vorstellung, den Segen wie eine wirksame chemische Substanz mit dem ganzen Inhalt seines Hutes in Berührung bringen zu müssen.

Es ist kein Zweifel, daß das Verhalten dieses Mannes mit zahllosen ähnlichen Handlungen bei den Naturvölkern vergleichbar ist. Der sicherlich unbewußt zugrunde liegende Denkprozeß zielt auf die Erreichung eines handfesten Zweckes, nämlich die Rosenkränze begehrenswerter zu machen und damit der so handelnden Person unmittelbar einen Gewinn einzubringen. In dem päpstlichen Segen sieht er offenbar eine auf magische Weise wirksame Kraft, die substantiell übertragen werden kann. Offensichtlich hat sein Denken wenig mit logischen Prinzipien zu tun. Jedenfalls charakterisiert eine »mystische Partizipation« seinen Gedankengang besser. Von der Warte eines aufgeklärten, wissenschaftlich denkenden Menschen aus wird man sein Verhalten nicht vernünftig finden.

Damit wären wir zu einem Urteil über eine Erscheinung in unserer eigenen kulturellen Umgebung gekommen, das genau jener Beurteilung entspricht, die die fremdartigen naturvölkischen Erscheinungen in den oben erwähnten wissenschaftlichen Theorien gefunden haben. Nun ist das Verhalten dieses Italieners zweifellos keine einzelne Erscheinung. Ganz ähnliche Verhaltensweisen, für die jedenfalls die gleichen entscheidenden, eben aufgezählten Merkmale gelten, können wir bei allen Völkern des abendländischen Kulturkreises in bäuerlichen und städtischen Verhältnissen in Hülle und Fülle beobachten. Wir können in ihnen Ergebnisse einer prälogischen Denkweise oder der »Urdummheit« der Menschen sehen. Wir müssen dann eine große Zahl von menschlichen Handlungen aus allen Zeiten, den frühesten ebenso wie den heutigen, bei Naturvölkern ebenso wie bei uns, zu ihnen rechnen. Wir lassen in diesem Zusammenhang die Frage offen, ob alle diese Handlungen durch jene Merkmale hinreichend geklärt sind. Es fehlt beispielsweise ein entscheidendes Merkmal dabei, nämlich die Tatsache, daß der Rosenkranzverkäufer wahrscheinlich eine innige Gläubigkeit mit seinem Verhalten verbindet, deren Wurzeln aus der obigen Charakterisierung nicht abzulesen sind.

Unsere eigentliche Frage aber war auf das »Verstehen« wichtiger Kulturerscheinungen gerichtet. In dem eben erwähnten Beispiel steht zweifellos die Bedeutung des Segens im Mittelpunkt. Es würde über die Aufgabe, die wir uns gestellt haben, hinausgehen, hier den ursprünglichen Sinn des Segens und verwandter Erscheinungen zu erörtern. Für unseren Zusammenhang genügt es festzustellen, daß wir mit Sicherheit diesen Sinn keinesfalls aus den Handlungen des Rosenkranzverkäufers erschließen können. Das aber ist gerade das, was ganz unbefangen bei der Erforschung der Naturvölker unentwegt geschieht. Es sei unbestritten, daß das Verhalten jenes Mannes natürlich mit Sinn und Bedeutung des Segens zusammenhängt – vielleicht sogar mit seiner ursprünglichen Bedeutung. Auch bei den parallelen naturvölkischen Erscheinungen sind solche indirekten Beziehungen zu den schöpferischen Vorgängen und ihren Ergebnissen stets vorhanden, und deshalb können sie nicht übergangen werden. Aber die zentrale Kulturerscheinung selbst, die immer nur das Ergebnis eines schöpferischen Vorganges gewesen sein kann, ist niemals aus solchen Handlungen prälogischer Art zu erklären. Diese sind vielmehr erst möglich, wenn es eine solche wesentliche Erscheinung – wie in unserem Beispiel den Segen – bereits gibt. (Diese prälogische Umdeutung des Segens ist schon in einer alten Quelle in ganz ähnlichem Sinne belegt. Die Methode, wie Jakob den seinem älteren Bruder zugedachten väterlichen Segen erwirbt, verrät die gleiche substantielle Auffassung von der Wirksamkeit des Segens.)

In bezug auf die Naturvölker muß mit ganz besonderem Nachdruck hervorgehoben werden, daß die uns zur Verfügung stehenden Quellen in erster Linie auf den Auskünften solcher Rosenkranzverkäufer beruhen. So wenig wir es im Hinblick auf die geistigen Gestaltungen unserer eigenen Kultur zulassen wollen, daß ihr Sinn aus den im Beispiel erwähnten Handlungen erschlossen wird, so wenig sollten wir uns berechtigt fühlen, das geistige Leben der Naturvölker nach diesen direkten Angaben oder unter ausschließlicher Beachtung des von den Eingeborenen angegebenen Zweckes zu deuten und zu erklären. Es zeigt sich also an diesem Beispiel mit aller Deutlichkeit, daß die direkten Angaben der Eingeborenen für die wissenschaftliche Erforschung der fremdartig anmutenden Geistesäußerungen der Naturvölker nur von indirektem Wert und nur mit größter Vorsicht als methodische Hilfsmittel zu verwenden sind.

In welchem Maße solche Angaben bereits eine Umdeutung des eigentlichen Sinnes enthalten, zeigt sich auch, wenn wir eine andere Quelle zur Beurteilung des geistigen Lebens der Naturvölker heranziehen. Diese andere Quelle sind die Mythen, die oft ganz andersartige Aussagen über die gleichen geistigen Erscheinungen enthalten, als die angeblich nur der Erreichung profaner Zwecke dienenden Riten. In den Mythen ist von sehr ernsthaftem Tun der Götter und Menschen die Rede, und angesichts ihrer Großartigkeit verflüchtigt sich der Eindruck angeblich prälogischen Verhaltens, wenn auch ihre Fremdartigkeit unserem unmittelbaren Verstehen die gleichen Schwierigkeiten bietet wie die dazu gehörigen Handlungen.

Von der irrigen Voraussetzung der Zweckhaftigkeit aller Handlungen wurde am Beginn dieses Kapitels schon gesprochen. Hier sei lediglich wiederholt, daß es ein durch nichts gerechtfertigtes Vorurteil modernen Denkens ist, solche Zwekke stets als gegeben anzunehmen und ihnen für die Erklärung der Erscheinungen eine so große Bedeutung beizulegen. Die von den Eingeborenen selbst angegebenen Pseudozwecke liegen ausschließlich auf der gleichen Ebene wie jenes Verhalten des Rosenkranzverkäufers, das über den ursprünglichen Sinn des Segens höchstens sekundär etwas Aufklärendes enthält. Die geistigen Gestaltungen in unserer abendländischen Kultur – die religiösen Kulte, die Werke der hohen Kunst und der Geisteswissenschaften zum Beispiel – kennen solche praktischen Zwecke nicht. Es gibt keinen vernünftigen Grund für die Behauptung, daß das in frühen Kulturen anders gewesen sein müßte.

4. Die mythischen Aussagen sind nicht durch wissenschaftliche zu ersetzen

Dem Kern unserer Frage, worin die Verschiedenartigkeit im Verhalten der Naturvölker und der Abendländer ihre eigentliche Wurzel hat, kommen wir sehr viel näher, wenn wir den Denkprozessen selbst unsere Aufmerksamkeit zuwenden, die nach der Meinung der erwähnten Theorien den fremdartigen Erscheinungen bei den Naturvölkern zugrundeliegen sollen. Nach der Auffassung der erwähnten Theoretiker soll sie gerade darin liegen, daß jene sich mit den Ergebnissen des logischen Denkens nicht zufrieden geben wollen, sondern auf Grund ihrer besonderen Geistesveranlagung neben den empirisch feststellbaren Ursachen stets noch nach anderen mystischen Zusammenhängen fahnden. In diesem Bestreben soll sich ein prälogisches Verhältnis zur Wirklichkeit offenbaren. Viele Belege für diese Ansicht finden sich beispielsweise in den Werken von LUCIEN LÉVY-BRUHL. Eines davon sei zur genaueren Betrachtung erwähnt: In seinem Buch ›Die geistige Welt der Primitiven‹ befaßt sich Lévy-Bruhl (S. 344 ff.) auch mit der in der ethnologischen Literatur überreichlich behandelten Frage, wie sich die Naturvölker, besonders die Australier, die Ursache der Schwangerschaft vorstellen. Bekanntlich hatten BALDWIN SPENCER und F. J. GILLEN von den Zentralaustraliern berichtet, daß ihnen der Zusammenhang zwischen Sexualakt und Schwangerschaft nicht bekannt sei. Wie bei den meisten Australiern wird die Ursache der Schwangerschaft vielmehr darin gesehen, daß Geistwesen, sogenannte *spirit-children,* in die Frau eingehen. An sich liegt die Feststellung von Spencer und Gillen natürlich durchaus im Bereich des Möglichen. Daß sie aber nicht richtig ist und offensichtlich ein Mißverständnis darstellt, ergibt sich aus der Mitteilung von CARL STREHLOW (Bd. 2, S. 52, Anm. 7; Bd. 3, 1, S. XI), daß die erwähnten Stämme den Zusammenhang zwischen Begattung und Nachkommenschaft bei den Tieren kennen.

Lévy-Bruhl äußert sich deshalb auch über diese und ähnliche Berichte folgendermaßen: »Man darf daraus nicht schließen, daß sie (die primitive Mentalität) die Rolle des Geschlechtsaktes nicht kennt, sondern vielmehr, daß sie trotz ihrer mehr oder minder unbestimmten Kenntnis nicht glaubt, daß von ihm wirklich die Empfängnis abhängt.« Er sieht die Erklärung für den Glauben an Geist-Kinder vielmehr in einem durch nichts aufzuhaltenden Suchen nach Ursachen mystischer Art. »Wenn sie auch bemerkt hätten, daß ein Kind nur zur Welt kommt, wenn die Befruchtung stattgefunden hat, so würden sie daraus nicht die uns natürlich scheinende Folgerung ziehen. Sie würden fortfahren, zu denken, daß eine Frau schwanger wird, weil ein Geist ... in sie eingegangen ist.«

Den Unterschied aber zwischen den Naturvölkern und uns formuliert er wie folgt: »Keine auf Naturerscheinungen bezügliche Frage stellt sich ihnen darum ebenso wie uns dar. Wenn wir eine solche Erscheinung erklären wollen, suchen wir in den Reihen der Phänomene selbst nach den notwendigen und genügenden Bedingungen. Wenn es uns glückt, sie zu bestimmen, so verlangen wir nichts weiter. *Die Kenntnis des Naturgesetzes genügt uns.*«[*] Die Haltung des Primitiven aber sei ganz anders, insofern als er die »wirkliche Ursache« immer in der Welt der unsichtbaren Mächte suche.

Durch dieses Beispiel – das wie gesagt nur als eines für viele steht – ergeben sich für unseren Gedankengang eine Reihe von Erwägungen. Daß wir uns angeblich mit der Kenntnis des Naturgesetzes begnügen, ist eine außerordentlich einseitige Kennzeichnung des abendländischen Geistes. Das hier herangezogene Naturgesetz erklärt noch nicht einmal die Erscheinung, daß nicht jeder Sexualakt zur Schwangerschaft führt und daß er es

[*] Von mir hervorgehoben.

bei unfruchtbaren Menschen niemals tut. Der nach Ursachen forschende Mensch dürfte sich mithin auch im wissenschaftlichen Denken niemals mit der einfachen Feststellung des Zusammenhanges zwischen Zeugungsakt und Schwangerschaft zufriedengeben, sondern müßte unbedingt nach weiteren Ursachen forschen, die zu finden bekanntlich auch unter Anwendung höchst raffinierter technischer Mittel für die wissenschaftliche Betrachtung nicht ganz leicht ist. Aber selbst wenn diese hinzukommenden Ursachen befriedigend festgestellt wären, was würde uns dann das ganze Denkergebnis über das eigentlich in Frage stehende Phänomen ausgesagt haben? Es ist doch ein ganz unerhörter Vorgang, daß durch einen Zeugungsakt die Schwangerschaft und damit die Geburt eines Menschen, eines lebendigen Wesens, hervorgerufen wird. Ist denn das durch jene Feststellungen in irgendeiner Weise erklärt, mit der sich der Mensch zufriedengeben könnte? »Wenn in den Augen der Primitiven der Tod niemals ›natürlich‹ ist, so versteht es sich von selbst, daß die Geburt es ebenso wenig sein kann ...« (Lévy-Bruhl, Geistige Welt, S. 345). Wer von uns aber hätte jemals erfahren, daß das wissenschaftliche Denken über den Tod oder über die Geburt eines Menschen etwas aussagt, das ein geistiges Wesen, das nach dem Sinn solcher Erscheinungen fragt, befriedigen könnte!

Wenn wir der Frage nach dem wirklichen Unterschied zwischen den Naturvölkern und uns genauer nachgehen wollen, so müssen wir sie etwa folgendermaßen zerlegen: Auf welche Lebensbereiche beziehen sich die fremdartigen Erscheinungen bei Naturvölkern? Ließen sich die Vorstellungen, auf denen das fremdartige Verhalten beruht, durch solche ersetzen, die das Ergebnis eines wissenschaftlich-logischen Denkvorganges sind? Ist erwiesen, daß die Naturvölker dieses vernünftige Denken meiden, um »mystische Unvernunft« an seine Stelle zu setzen? Ist es wirklich so, daß wir in unserer Kultur das logische Denken in allen Lebensbereichen anwenden?

Das eben erwähnte Beispiel bezieht sich auf die Geburt, von Lévy-Bruhl selbst mit dem Verhältnis zum Tode gleichgesetzt. Beide Erscheinungen sind auch für uns Grenzsituationen, die den Charakter des Geheimnisvollen niemals verloren haben und über die auch die intensivste wissenschaftliche Forschung nichts zutage gebracht hat, das sich durch höhere Vernunft von den Aussagen der Eingeborenen unterscheidet. Es gibt viele solche

Gebiete sowohl im menschlichen Leben wie in der den Menschen umgebenden Wirklichkeit. Das Wachstum des Menschen, der Stoffwechsel oder die weitgehende Veränderung seines ganzen Wesens während des Prozesses der geschlechtlichen Reife sind solche Erscheinungen. Die Frage nach dem Gewordensein der Welt und damit nach ihrer Erschaffung, das Verhältnis von unbelebten und belebten Teilen dieser Welt zueinander, die Beziehungen zwischen Pflanze, Tier und Mensch sind weitere. Gerade auf diesen Gebieten aber begegnet uns ein wesentlicher Teil jener Erscheinungen, die uns fremdartig und nicht verstehbar erscheinen. Sie alle sind durch zwei entscheidende Gemeinsamkeiten verbunden: Es sind gerade jene Gebiete, die an die Grundfragen unserer Existenz rühren, nach deren Sinn zu suchen es dem Menschen niemals Ruhe gelassen hat. Andererseits sind gerade sie es, auf die es noch niemals eine über alle Kulturgebundenheit hinaus geltende Antwort gegeben hat, die das Ergebnis eines Denkprozesses sein könnte.

Es ist hier keine vollständige Aufzählung der Lebensbereiche erstrebt, zu denen die fremdartigen Verhaltensweisen der Naturvölker in Beziehung stehen. Die Zahl der Fragen, auf die bis jetzt kein logisches Denken eine befriedigende Antwort fand, ist ungeahnt groß und durchzieht wie ein feines Netz von Adern unser gesamtes Leben. Wer vermöchte beispielsweise auf irgendeine wissenschaftliche Weise die Tatsache zu erklären, daß es unter den Menschen solche gibt, die »Glück haben«, denen vieles von dem gelingt, was anderen versagt bleibt, obgleich kein »vernünftiger« Grund dafür anzugeben ist etwa derart, daß bessere Geschicklichkeit oder höhere Intelligenz die Ursache des Gelingens sei. Solch vernünftig zu erklärendes besseres Gelingen gibt es natürlich auch. Aber kein unbefangen empfindender Mensch wird deshalb leugnen, daß es ein besonderes Glückhaben gibt, durch das bestimmte, »begnadete« Menschen ausgezeichnet sind. Solche Erscheinungen, die vernünftig nicht zu erklären sind, beachtet das wissenschaftliche Denken meist nicht oder es leugnet einfach ihre Existenz. Unter den Dichtern aber haben viele das Phänomen sehr wohl erkannt. Goethe nennt es das »natürliche« oder »angeborene Verdienst«. Auch die Naturvölker, durch keinerlei Voreingenommenheit genötigt, über eine solche Erscheinung hinwegzusehen, haben sich sehr viel und eingehend mit ihr beschäftigt. Das so oft behandelte »Mana« und seine zahlreichen Parallelerscheinungen deuten meines Erachtens wenigstens mit einer ihrer Wurzeln auf jene Frage nach dem Sinn des Glückhaften.

Diese kurzen Andeutungen geben bereits eine Antwort auf einige der oben gestellten Fragen. Die Lebensbereiche, in denen uns die fremdartigen Erscheinungen bei Naturvölkern begegnen, sind überwiegend von solcher Art, daß es über sie keine befriedigenden Aussagen des logischen Denkens gibt. Das sogenannte prälogische Verhalten könnte also in den meisten Fällen gar nicht durch ein sogenanntes logisches ersetzt werden. Diese Erkenntnis hebt jedoch die Fremdartigkeit des naturvölkischen Verhaltens nicht auf. Wenn die Eingeborenen nämlich auf die Grundfragen des menschlichen Seins oder auf Fragen aus anderen Gebieten unseres Lebens, die mit einem rein kausal-logischen Denkakt nicht vernünftig erklärbar sind, Antworten gefunden haben, die nicht durch logische Ursachenforschung ersetzt werden können, so könnten diese Antworten trotzdem unvernünftig sein und sich eben dadurch von unseren vernünftigen unterscheiden.

Diese Möglichkeit lenkt uns auf die letzte der eben aufgeworfenen Fragen: Wendet der Mensch unserer Kultur das logische Denken in allen Lebensbereichen an? Wir wiederholen zunächst noch einmal, daß es zweifellos viele unvernünftige Verhaltensweisen gibt, die sich durch vernünftige ersetzen lassen. Das Entscheidende für unsere Frage ist jedoch, daß diese keineswegs auf die Naturvölker beschränkt sind, sondern sich zweifellos ebenso zahlreich in unserer Kultur finden. Das Verhalten des Rosenkranzverkäufers und seiner zahlreichen Entsprechungen in allen Völkern und allen Kulturen ist zu allen Zeiten durch eine Nichtbeachtung möglicher vernünftiger Verhaltensweisen gekennzeichnet. Die Aussage eines gestellten Horoskops ist wahrscheinlich in unserer heutigen Kultur nicht durch eine entsprechende Aussage zu ersetzen, die durch logische Ursachenforschung gewonnen wurde, denn die Deutung von Horoskopen hat ihren Ursprung in der Zeit der Astralmythologie, in der die Menschen sich entsprechend diesen Mythen verhielten. Der Glaube an die Richtigkeit einer Horoskopaussage in einer Zeit, in der die ihr zugrundeliegenden Astralmythen keinen Glaubenswert mehr besitzen, zeigt die Unvernünftigkeit der Horoskopanhänger. Sie und ihre Vorläufer bei den Naturvölkern sind jedoch nicht Gegenstand unserer Betrachtung, sondern jene Mitglieder einer Kulturgemeinschaft, die eine lebendige Beziehung zu den wesentlichen Schöpfungen ihrer Kultur haben. In unserer eigenen Kultur können wir diese beiden Gruppen zwar sehr viel leichter voneinander scheiden als in den längst erstarrten naturvölkischen Kulturen. Aber wir müssen sie auch dort zu unterscheiden lernen, wenn ethnologische Kulturwissenschaft überhaupt einen Sinn haben soll. Die methodischen Mittel für eine solche Unterscheidung brauchen uns hier nicht zu beschäftigen. Gewisse fremdartige Verhaltensweisen – eben diejenigen des Rosenkranzverkäufers und des Horoskopgläubigen – lassen sich tatsächlich nicht, oder wenigstens nicht so leicht, durch eine andersartige Betrachtung der Kulturerscheinung verstehen, weil in ihnen jene Unvernünftigkeit ihren Ausdruck findet, die wir in der Einleitung bereits als die eigentliche »Urdummheit« charakterisiert haben. Wir hatten erklärt, daß sie niemals schöpferische Gestaltungen hervorgebracht haben kann, sondern sich immer bereits vorhandener Gestaltungen bemächtigt und häufig dazu beiträgt, deren Sinn zu verfälschen. Die Beispiele des Rosenkranzverkäufers und des Horoskopgläubigen zeigen diese Kriterien auf das deutlichste.

5. Der nur im Wesen der Kultur begründete Unterschied

Damit nähern wir uns der zu Beginn des vorigen Abschnitts formulierten Frage: Besteht ein grundsätzlicher Unterschied zwischen dem geistigen Verhalten der Naturvölker und dem unseren? Wir erläutern sie zunächst durch ein Beispiel, in dem uns ein sehr fremdartiges Verhalten eines Eingeborenen näher beschrieben wird. Es stammt von T. AMAURY TALBOT (S. 31 f.), einem englischen Beamten in Nigeria. Er berichtet über die Verwandtschaftsbeziehungen zwischen Menschen und Bäumen bei dem westafrikanischen Stamm der *Ekoi* und schildert das folgende persönliche Erlebnis: Ein *Ibo-Mann*, namens Oji, der fern seiner Heimat in der Polizei unter Talbot diente, bekam eines Sonntags abends eine Art Wahnsinnsanfall, indem er nach dem Zapfenstreich in großer Erregung dem Quartier entlief, um in den Wald zu entkommen. Der Korporal und fünf Polizisten versuchten, ihn aufzuhalten, wogegen er sich heftig zur Wehr setzte. Bei Talbots Erscheinen bat er um die Erlaubnis, sofort weggehen zu dürfen, weil sein Baum ihn rufe.

Auf weitere Fragen erklärte er, daß es in seiner Heimat sogenannte Oji-Bäume gebe, von denen zu bestimmten Zeiten des Jahres ein Ruf ausgehe an alle, die – wie er selbst – den Namen Oji trügen. »Wenn wir das Rufen unserer Bäume hören, wo immer wir sind, bei Tag oder bei Nacht, so müssen wir sofort aufbrechen und laufen, bis wir zu dem Platz kommen, wo sie wachsen.« Als er an diesem Abend sehr müde ins Bett gegangen sei, habe er im Schlaf den Ruf des Baumes gehört: Oji, Oji! Beim Aufwachen habe er ihn immer noch gehört. Da sei er davongelaufen in die Nacht. Als aber jene Männer ihn zu halten gesucht hätten, da sei der Ruf des Baumes lauter und lauter geworden. So habe er sich frei zu machen versucht, um zu seinem Baum zu gelangen.

Ein Mitglied unserer Kulturgemeinschaft, das diese Handlungen mit diesen Begründungen beginge, müßte vermutlich damit rechnen, als ein Geisteskranker behandelt zu werden. So wenigstens glauben wir auf den ersten Blick. Und doch dürfte uns das alles gar nicht so fremd sein, wenn wir an die Aussage unserer Dichter denken, die sehr oft von dem Ruf eines Baumes oder von der Identität eines Menschen mit einem Baum oder Tier sprechen.

Es ist kein Zweifel, daß ein als wahr erlebtes Gedicht eine Aussage über die Wirklichkeit enthält, die nicht durch eine kausal-logische Betrachtung erfahrbar ist. Das aber gerade ist der Kern solcher Verständigungsmittel zwischen den Menschen, wie sie von den Dichtern in unsere Hände gegeben werden.

Wir können es uns nicht deutlich genug machen, in welchem Grade der Mensch von sehr verschiedenartigen Ausdrucksmitteln abhängig ist, wenn er sich über alle Aspekte der Wirklichkeit, die seiner Erfahrbarkeit zugänglich sind, mit seinesgleichen verständigen will. Gerade diese Beziehung zwischen Pflanze, Tier und Mensch, die in der Aussage des Dichters wiederkehrt, ist der Inhalt sehr vieler kultureller Gestaltungen bei Naturvölkern. Wie fremdartig wirkt das Verhalten des Ibo-Mannes, wenn wir es nur als Tatbestand zur Kenntnis nehmen und infolgedessen mit den Maßstäben unserer alltäglichen Welt der Zwecke und der kausal-logischen Zusammenhänge messen. Nur durch diese unsere völlig falsche Einordnung des Geschehens kommt die Fremdartigkeit zustande. Besinnen wir uns darauf, daß wir in unserer Kultur ebenfalls über andere Verständigungsmittel verfügen als nur die kausal-logischen Aussagen über die Wirklichkeit, so entfällt ein wesentlicher Teil der

Fremdartigkeit jenes Verhaltens, und es werden Bereiche unseres Wesens angesprochen, in denen uns die Erlebnisse des Ibo-Mannes nicht mehr durch einen tiefen Abgrund von den unseren geschieden erscheinen.

Wir müssen uns diesen Gedankengang, der den Kern unseres Problems berührt, weiter verdeutlichen: Auch darin ist das Verhalten des Eingeborenen nicht grundsätzlich verschieden von dem unseren, daß er die in der jeweiligen Gestalt ausgedrückten Wirklichkeitsbeziehungen nicht deutlich gegenüber anderen Wirklichkeitsaspekten zu unterscheiden vermag. Dafür gibt es zahlreiche Zeugnisse. Auf die Wichtigkeit der Unterscheidung solcher Wirklichkeitsbetrachtungen bei den Naturvölkern hat S. M. SHIROKOGOROFF (S. 179) hingewiesen. Er berichtet von den *Tungusen*, daß Verwandtschafts-Beziehungen zwischen Menschen und Tieren zu den häufig erwähnten Vorstellungen gehören und daß viele Erzählungen auch ganz konkret von der Gefangennahme von menschlichen Frauen durch Tiere, besonders Bären und Tiger, handeln. So könnte man zu der Annahme verführt werden, daß im Denken der Tungusen die Stammvaterschaft ganz biologisch wissenschaftlich verstanden werde und mithin – so wird im allgemeinen gefolgert – ein Zeugnis für die völlige Verkennung des biologisch Möglichen, das heißt für das falsche Kausaldenken der Naturvölker sei. Demgegenüber weist Shirokogoroff darauf hin, daß die Geschichten als unwahr betrachtet werden oder daß die Bären und Tiger eigentlich Menschen waren, die die Gestalt dieser Tiere angenommen hatten. »Thus they are not real and common animals.« Nach seiner Kenntnis der Ansichten der Tungusen hält er es für unwahrscheinlich, daß sie die Möglichkeit der Schwängerung von menschlichen Frauen durch Tiere zugeben würden, ebenso wie ihnen die Kenntnis geläufig ist, daß weibliche Tiere nicht durch einen Geschlechtsakt mit Menschen befruchtet werden können.[*]

Allzu gern hat man – gerade um das prälogische Verhalten daraus erklären zu können – jede diesbezügliche Mitteilung über die Naturvölker möglichst buchstäblich genommen. Man übersah dabei die zahlreichen Berichte, die beweisen, daß die Haltung der Naturvölker in vielen Fällen genau wie die unsere

---

[*] Den Hinweis auf diese Stelle verdanke ich einem Gespräch mit Herrn Prof. Dr. Hentze.

ist, so zum Beispiel, wenn wir uns in einer Aufführung des Macbeth zum leidenschaftlichsten Miterleben hinreißen lassen, obgleich wir in einer anderen Sphäre unserer Erlebnisfähigkeiten durchaus wissen, daß dort nur »getan wird als ob«. Es ist uns von Talbot nicht berichtet, aber ich könnte mir nach meinen persönlichen Erfahrungen mit Eingeborenen sehr gut folgenden Verlauf einer weiteren Unterredung mit dem Ibo-Mann vorstellen. Würde man ihn gefragt haben, ob er das Rufen des Baumes so gehört habe, wie man eine menschliche Stimme höre, so könnte seine Antwort etwa in dem Sinne lauten: Nicht so wie die Stimme eines anderen Menschen, denn dann hätte ich annehmen müssen, daß einer meiner Kameraden mich ruft. Das Rufen war anders, und ich wußte, daß es der Baum war, der rief. Auch in unserer Welt hebt kein Dichter es ausdrücklich hervor, daß seine Ausdrucksform nicht wörtlich genommen werden dürfe. Das weiß jeder. Warum sollten die Naturvölker bei ihren mythischen Aussagen jedesmal ausdrücklich hinzufügen, daß sie nicht wörtlich – das heißt in der alltäglichen Bedeutung des Wortes – gemeint seien, daß zum Beispiel unter dem tierischen Stammvater nicht ein gewöhnliches Tier, sondern ein Geist-Tier, das heißt ein göttliches Tier oder ein Gott in Tiergestalt oder was auch immer zu verstehen sei. Ich habe an anderer Stelle schon einmal ausgeführt, wie auch das Verhalten der Eingeborenen gegenüber den Masken nur aus diesem seelischen Zwischenreich zu verstehen ist, in dem die Dinge so erlebt werden, wie sie ihrer darstellerischen Absicht nach sein sollen, obwohl man gleichzeitig weiß, mit welchen Mitteln die Wirkung der Darstellung zustande kommt (vgl. auch Kap. II, 3a).

Es ließe sich einwenden, daß von uns niemals jemand auf solchen Ruf hin in die Nacht hinauslaufen würde und daß insofern doch ein grundsätzlicher Unterschied zwischen jenen und uns festzustellen sei. Aber auch dieser Unterschied ist letzten Endes nicht im menschlichen Wesen begründet.

Wenn ein Abendländer sich auf solche Weise angerufen fühlte und er empfände das Verlangen, diesem Ruf zu folgen, so wirken auf ihn Kräfte ein, die genau in entgegengesetzter Richtung drängen wie die bei dem Ibo-Mann. Unsere Kultur erzieht uns von Kindesbeinen an zu einer anderen Wertskala, mit der wir die verschiedenen Regungen und Sehnsüchte in uns messen. Bei uns besitzen die kausal-logischen Beziehungen zwischen den Dingen der Welt und zwischen uns und der Wirklichkeit den

Vorrang vor anderen. Wenn es bei einzelnen nicht so ist – und diese einzelnen finden sich verhältnismäßig zahlreich zum Beispiel unter den Künstlern –, so werden sie auch nicht als typische Mitglieder der Kulturgemeinschaft angesehen. Ein Mensch also, der auf ein solches Ruferlebnis hin eine ähnliche Kette von Handlungen in Szene setzen wollte wie der Ibo-Mann, stempelt sich damit selbst zum Außenseiter, und jeder Einfluß, der von Mitmenschen auf ihn ausgeübt wird, würde einen Widerstand gegen sein Vorhaben bedeuten. Der Ibo-Mann aber gehört zu einer Kultur, die ihn bereits von früh an dazu erzogen hat, solche Rufe eines Baumes für wichtiger anzusehen als alles andere und ihnen zu folgen. Talbot schildert anschaulich, wie der Vorfall bei den Anwesenden entsprechend ihrer Kulturzugehörigkeit verschieden beurteilt wurde. Die Männer des Joruba-Stammes, die diese Baumrufe nicht kennen, fanden das Verhalten töricht, wie auch wir es finden würden. Die anwesenden Ekoi aber bestätigten eifrig, diesem Rufe müsse man sofort Folge leisten; auch in ihrem Lande gebe es solche Bäume.

So wäre also in der Tat doch ein wichtiger Unterschied zwischen uns und den Naturvölkern festgestellt worden. Er liegt indessen – dies sei nachdrücklich unterstrichen – nicht in der menschlichen Geistesart, die einmal »logisch« und zum anderen »prälogisch« ist, sondern in dem verschiedenartigen Wesen der Kulturen, denen einmal wir und zum anderen die Naturvölker angehören. Jede Kultur bildet eine Wertskala aus, mit der die verschiedenen Erlebnisinhalte nach ihrer Vorrangstellung gemessen werden. Für unser Beispiel aber bedeutet dies, daß der Eingeborene jenen Aspekten der Welt, die bei uns ihren Ausdruck in den Werken der Dichter gewinnen, weil sie auf logisch-kausale Weise nicht erfahren werden können, eine größere Aufmerksamkeit zuwendet als den allgemein zur wissenschaftlichen Erlebnissphäre gerechneten Bereichen. Eine solche Charakterisierung läßt mithin die Gestaltungen seiner Kultur als von denen der unseren verschieden erscheinen, nicht aber in der Form, daß seine Geistesart von der unseren deshalb grundsätzlich verschieden sei.

Zum Abschluß dieser Betrachtung über das fremdartige Gebaren des Ibo-Mannes sei noch auf eine besondere Schwierigkeit hingewiesen, die unserem Verstehen des naturvölkischen Verhaltens entgegensteht. Wir hatten die einzelnen Elemente betrachtet, aus denen sich das gesamte – auch für den Berichterstatter Talbot durchaus aufregende – Ereignis zusammensetzt, und festgestellt, daß uns keines der Elemente in unserer eigenen Erlebniswelt unbekannt ist, wenn wir von der unzulässigen Voraussetzung abgehen, wir seien ausschließlich kausal-logisch funktionierende Wesen und – was noch schlimmer ist – alle Dinge der Welt müßten mit kausal-logischem Denken zu erfassen sein. Das wissenschaftliche Verhalten ist in Wahrheit nur eine Seite der menschlichen Möglichkeiten; es wird in unserer Kultur (wahrscheinlich über Gebühr und zu unserem Unglück) sehr wichtig genommen. Bei den Naturvölkern ist es zwar durchaus vorhanden, wird aber nicht so hoch gewertet. Den Typ des ausschließlich wissenschaftlich funktionierenden Menschen gibt es in der Wirklichkeit nirgends; er ist eine reine Abstraktion.

Das von Talbot beschriebene Erlebnis mit dem afrikanischen Eingeborenen gehört zu einer Gruppe von Kulturerscheinungen, die wir als Totemismus oder als Nagualismus zu bezeichnen pflegen. Die individuelle Totembeziehung besteht hier zwischen einem Menschen und einem Baum, die sehr betont durch die Namensgleichheit unterstrichen wird. Die engen Bindungen zwischen dem Menschen einerseits und einem Tier, einem Baum oder irgendeiner Naturspezies andererseits, die in dem Glauben vieler Völker einen wichtigen Platz einnehmen, sollen uns noch eingehender beschäftigen (vgl. Kap. VII, 2). Es wird dabei für uns kein Zweifel bestehen, daß sie in ihrer Gesamtheit auf Erlebnisse zurückgehen, die in dem Verhältnis zwischen Mensch und Wirklichkeit ihre durchaus vernünftige Grundlage haben. Es gibt eben wirkliche Bindungen zwischen Menschen und Bäumen, und wo diese beachtet wurden, das heißt wo der Mensch von ihnen ergriffen wurde, da haben sie auch ihren kulturell gestalteten Ausdruck gefunden. Auch bei dem Erlebnis des Ibo-Mannes handelt es sich im Grunde nicht um den einzelnen Fall, der bestimmt niemals eingetreten wäre, wenn der Eingeborene nicht zu einem Volk gehört hätte, das ihm in der Erziehung die Glaubensinhalte mitgab, die die Grundlage seiner Handlungen abgaben. Das psychologische Problem, das uns durch das Verhalten des Mannes gestellt wird, ist also in seinem tieferen Grunde ein kulturhistorisches, das uns hier nur deshalb nicht beschäftigt hat, weil gerade am Einzelfall die psychologisch greifbaren Unterschiede zwischen den Naturvölkern und uns behandelt werden sollten.

Die unüberhörbare Deutlichkeit der Rufe des Baumes mit der Nennung des Namens Oji, Oji! liegt auf einer Ebene mit den so oft berichteten Erlebnissen der Eingeborenen mit Geistern, die sie genau beschreiben können, die sie auch bei Tage sehen und mit denen sie sich unterhalten. Wir pflegen solche Erscheinungen als Halluzinationen zu bezeichnen. Das gleiche aber gilt für einige der erhabensten Erlebnisse, die uns aus dem Ablauf der Menschheitsgeschichte überliefert sind. Man denke daran, wie Moses die Aufträge von Gott bekam, wie Jakob mit dem Engel rang, wie Apollo oder Athene den griechischen Helden erschienen sind – alle diese Überlieferungen gehören in die gleiche Sphäre und geben uns dasselbe Rätsel auf. Auf der anderen Seite gibt es nur ein sicheres Mittel gegen die Möglichkeit solcher Erlebnisse. Je mehr sich der Mensch denjenigen Aspekten des Lebens hingibt, die ausschließlich unter der Herrschaft der Zwecke stehen, um so mehr ist er gegen Erlebnisse geschützt, die sich nicht allein als Ursache und Wirkung beschreiben lassen. Das häufige oder seltene Vorkommen von Halluzinationen ist vermutlich auch durch die jeweilige kulturgeschichtliche Situation bedingt. Auf jeden Fall aber ist der Inhalt einer Halluzination davon abhängig, denn ein Mensch kann Halluzinationen nur von solchen Dingen und Vorgängen haben, die in irgendeiner Weise schon zu seinem Bestand an Vorstellungen gehörten; dieser aber ist kulturgebunden. Mit der Halluzination selbst als einem rein psychologischen Problem wollen wir uns hier nicht beschäftigen. Jedoch interessieren uns ihre vorstellungsmäßigen Voraussetzungen, soweit sie in kulturellen Gestaltungen ihren Niederschlag gefunden haben.

6. Die Fremdartigkeit auch bei intellektuell gewonnenen Einsichten

Unsere Ausführungen hatten sich bisher mit zwei voneinander zu trennenden Gruppen beschäftigt, als die uns die fremdartigen Erscheinungen bei Naturvölkern begegnen. Die eine umfaßt die große Zahl jener in der breiten Masse des Volkes umgebildeten kulturellen Gestaltungen, die wir am Beispiel des Rosenkranzverkäufers erläutert haben. Ihr ursprünglicher Sinn ist schwer zu fassen. Auf eine der psychischen Voraussetzungen, die an der Entstehung solcher Erscheinungen teilhaben, nämlich den Hang des Menschen zur Substantialisierung spiritueller Gegebenheiten, kommen wir noch ausführlich zurück (vgl. Kap. XIV). Die andere Gruppe besteht aus den unzähligen Handlungen, die uns als Riten oder Bestandteile von Kulten und Zeremonien begegnen. Es gehört zu den wichtigsten Aufgaben dieses Buches, zu zeigen, daß die Fremdartigkeit, mit der sie uns entgegentreten, auflösbar ist, wenn wir sie richtig mit den wirklich entsprechenden Erscheinungen in unserer Kultur vergleichen. In diesem Zusammenhang aber müssen wir uns noch mit einer dritten, weniger zahlreich vertretenen Gruppe von Erscheinungen beschäftigen, die offensichtlich sehr wohl der bisher abgelehnten intellektualistischen Betrachtung zugänglich sind und doch gleichzeitig das Merkmal der Fremdartigkeit aufweisen. Wir hatten schon mehrfach hervorgehoben, daß die Naturvölker in bestimmten Bereichen – vor allem in denen des Praktischen und Zweckdienlichen – durchaus nach den Gesetzen der Vernunft verfahren. Meist erscheint das, was an ihrem Kulturbestand das Ergebnis rationalen Denkens ist, uns auch ohne weiteres einleuchtend. In manchen Fällen jedoch stehen wir auch hier vor Rätseln. Wir denken zum Beispiel an die uns oft sehr fremdartig anmutenden Vorstellungen über die Zeit oder den Raum. Sie sollen Gegenstand der folgenden Betrachtung sein, die dem Anteil des Intellekts an den kulturschöpferischen Vorgängen mehr Aufmerksamkeit widmen muß, als es bisher geschehen ist.

Wenn nämlich in dem bisherigen Gedankengang die Bedeutung des ausschließlich rationalen Verhältnisses zur Wirklichkeit ganz erheblich eingeschränkt wurde, so sollte das keineswegs bedeuten, daß den Denkvorgängen kein Anteil an den schöpferischen Vorgang im Kulturwerden zuzubilligen sei. Vielmehr ist es vermutlich so, daß überhaupt kein wesentlicher schöpferischer Prozeß vor sich gehen kann, ohne die Beteiligung aller im Menschen angelegten Fähigkeiten, also auch der intellektuellen. Die Trennung der dichterischen von den wissenschaftlichen Kategorien sollte lediglich dartun, daß die übliche Einordnung bekannter Erscheinungen in den Bereich des Nur-Denkens dem Inhalt dieser Erscheinungen meist nicht gerecht wird, denn der Intellekt ist einem Aspekt der Wirklichkeit zugewendet, der die Naturvölker nicht im entferntesten so interessiert hat wie uns. Diese Wirklichkeit wurde durch den Physiker MAX PLANCK in dessen Rektoratsrede durch die Meßbarkeit gekennzeichnet. Wenn eine solche Charakterisierung der Wirklichkeit für bestimmte Naturwissenschaften Gültigkeit hat oder gehabt hat, so kann das für einen lebendigen Menschen nur den Sinn haben: Als Physiker interessiert mich lediglich jener Aspekt der Wirklichkeit, der meßbar ist. Andere Aspekte derselben Wirklichkeit, mit der der Mensch sich auseinandersetzen muß – zum Beispiel derjenige, der unter den Begriff der Schönheit fällt –, bleiben bei solcher Definierung der physikalischen Wirklichkeit völlig außerhalb der Betrachtung; denn Schönheit ist nicht meßbar.

Derselbe Physiker hat in seinen frühen wissenschaftlichen Schriften, die sich mit ERNST MACH auseinandersetzen, den geschichtlichen Weg der menschlichen Erkenntnis durch die sogenannte Entanthropomorphisierung gekennzeichnet. Er sieht das Hindernis für eine richtige Erkenntnis der Wirklichkeit in der Unfähigkeit der frühen Menschheit, sich selbst von der zu erkennenden Wirklichkeit zu trennen. In einem langsamen historischen Prozeß sei diese Trennung – eben die Entanthropomorphisierung – mehr und mehr durchgeführt und damit der Weg für eine objektive Erkenntnis freigemacht worden. Nun ist es ganz unbezweifelbar, daß die rein wissenschaftliche – insbesondere die naturwissenschaftliche – Erkenntnis eines Aspektes der Wirklichkeit erstaunliche Ergebnisse gezeitigt hat, durch die sich die abendländische Kultur ganz wesentlich von den älteren Stadien der Menschheitsgeschichte unterscheidet.

Hier sei eine kurze Abschweifung gestattet, die letzten Endes jedoch für unseren Gedankengang wichtig ist. Es erhebt sich nämlich im Zusammenhang mit der Beachtung der Entanthropomorphisierung die methodisch allein entscheidende Frage, ob die Emanzipierung von den menschlichen Bedingtheiten (auch diese Bezeichnung stammt von Planck) bis zur Absolutheit durchführbar ist, ob also eine bestimmte Beschreibung der Wirklichkeit – unter Nichtbeachtung aller anderen möglichen – bis zur uneingeschränkten Vollkommenheit durchführbar ist. Planck hat offenbar an die Möglichkeit eines solchen vollkommenen Bildes in nicht allzu ferner Zukunft geglaubt (es war die Zeit des naturwissenschaftlichen Optimismus), sonst wären gewisse Formulierungen bei ihm nicht möglich. »Setzen wir einmal den Fall voraus, es sei ein physikalisches Weltbild gefunden worden, das allen zu machenden Ansprüchen genügt, das also alle empirisch gefundenen Naturgesetze vollkommen genau darzustellen vermag.« (S. 78) Als das wesentliche Merkmal eines solchen Idealbildes sieht er die Einheit an: »Die Einheit in Bezug auf alle Einzelzüge des Bildes, die Einheit in Bezug auf alle Orte und Zeiten, die Einheit in Bezug auf alle Forscher, alle Nationen, alle Kulturen« (S. 28). Die physikalische Realität aber ist so von allen anthropomorphen Bestandteilen gereinigt, daß auf die sie kennzeichnenden Konstanten »auch die Marsbewohner und überhaupt alle in unserer Natur vorhandenen Intelligenzen notwendig einmal ... stoßen müssen – wenn sie nicht schon darauf gestoßen sind« (S. 25).

Diesen Optimismus teilt die neuere Physik offensichtlich nicht mehr. Daß alle Messungen letzten Endes durch die menschlichen Sinne gehen, glaubte Planck in jenem idealen Zukunftsbild völlig eliminieren zu können (siehe den Hinweis auf die Marsbewohner). In Wahrheit aber setzen auch die fortgeschrittensten Methoden des Experiments immer noch den Experimentator voraus, woran die Absolutheit einer rein quantitativen Beschreibung stets scheitern muß. Die Abwendung von dem physikalischen Optimismus hatte jedoch noch zahlreiche andere Gründe. In der Anwendung der naturwissenschaftlichen Methode stießen die nichtphysikalischen Wissenschaften – besonders die Biologie – viel früher auf Hindernisse, und zwar aus Gründen, die für die Kulturwissenschaft von wesentlicher Bedeutung sind, weil nämlich das Phänomen des Lebens dem Ziele der vollkommenen quantitativen Beschreibung eine unübersteigbare Grenze setzt (vgl. hierzu die Arbeit von Jacob von Uexküll, Der Sinn des Lebens, insbesondere den ›Ausblick‹ von Thure von Uexküll S. 79 ff.).

Eines der wesentlichsten Merkmale aller rein intellektualistischen Erkenntnisse in ihrer historischen Bedingtheit hat jedoch Planck zweifellos richtig in der »Entanthropomorphisierung« erkannt. Wir wenden uns damit wiederum den naturvölkischen Verhältnissen zu und einer Betrachtung andersartiger Erscheinungen, die ebenfalls – und diesmal mit mehr Recht als bisher – zur Unterscheidung ihrer und unserer kulturellen Gegebenheiten herangezogen wurden. Es ist eine verbreitete Ansicht, daß die Naturvölker im Gegensatz zu den Hochkulturen geschichtslose Völker seien. Der Ausdruck ist offenbar nachlässig gewählt, da es eine Ungeheuerlichkeit wäre anzunehmen, geschichtliche Ereignisse – also etwa Völkerwanderungen, Kriege, Wandel in den kulturellen Gestaltungen – hätte es erst von dem

Zeitpunkt an gegeben, von dem an sie auch aufgezeichnet wurden. Gemeint ist offenbar das geschichtliche Bewußtsein der jeweiligen Menschen. In einer neueren Arbeit, mit der wir uns später noch ausführlicher befassen werden (vgl. Kap. X, 2c), macht CARL HEINZ RATSCHOW (S. 88f.) das Erwachen der Menschheit zur historischen Bewußtheit verantwortlich für den Zusammenbruch des magischen Lebensgefühls des vorgeschichtlichen Menschen, das durch das religiöse Lebensgefühl des Menschen der geschichtlichen Zeit abgelöst wird. Der Unterschied zwischen beiden wird auch hier als grundsätzlich – vielleicht nicht ganz so abgrundtief wie bei der Trennung des logischen vom prälogischen Denken – angesehen.

Das Verhältnis des Menschen zur Zeit in frühen und späteren Kulturen mag deshalb (ebenso wie anschließend das Verhältnis zum Raum) noch Gegenstand einer sehr abgekürzten Erörterung sein. Es ließen sich fast unbeschränkt viele Beispiele von Naturvölkern aufzählen, in denen die naturvölkische Auffassung über die Dauer der Zeit vom Anfang der Dinge an einen ähnlichen Ausdruck findet, wie in der folgenden Auskunft eines *Totela-Mannes* vom Sambesi in Südafrika, die bereits von JAMES GEORGE FRAZER und K.TH. PREUSS (Mythen, S. 13) zitiert wurde: »Ja, es war vor langer Zeit. So lange war es her, daß damals noch kein weißer Mann hier ins Land gekommen war. Es war vor meines Vaters Tagen, sogar vor den Tagen von dessen Vater, und beide starben als alte Männer. Ja, so lange war es her, daß jetzt nur die alten Leute von diesen vergangenen Zeiten sprechen. Es war damals, als die Menschen nicht alt wurden und starben.« So malt sich in der Vorstellungswelt eines Eingeborenen die längst vergangene Zeit, die den Tod erstmalig in die Welt brachte.

Einen abendländischen Menschen mit sogenanntem historischen Bewußtsein mag diese Auffassung mit Recht sehr kindlich anmuten. Sie zeugt nämlich weder für Dummheit noch für eine wesensverschiedene Art des Geistes, sondern lediglich für kindliche Unwissenheit – und zwar dessen, was Menschen späterer Kulturzugehörigkeit interessiert hat und worüber sie Aussagen gemacht haben, während die Menschen früher Kulturen offenbar dieser Seite des Wißbaren nichts abgewonnen haben. Das Verhältnis des Eingeborenen zur Zeit ist absolut anschaulich. Die Anschauung führt den Menschen bis zum Großvater, vielleicht bis zum Urgroßvater und in der anderen

Richtung entsprechend bis zu den Enkeln bzw. Urenkeln. In diesem Rahmen vermag er das Verhältnis zur Zeit noch mit anschaulichen Größen zu füllen. Alles darüber Hinausgehende kann nur durch Einsatz unanschaulicher Mittel wißbar werden. Hierzu wird der Mensch auf dem Wege des Kulturwandels nur dann geführt, wenn die auf kulturellem Hintergrund erwachsenen Wertungen seine Aufmerksamkeit auf solche Gebiete lenken.

Das unanschauliche Verhältnis zur Zeit, das unser historisches Bewußtsein kennzeichnet, ist nur durch die Entstehung und Ausbildung schriftlicher Aufzeichnungen entstanden. In sozialen Schichten der abendländischen Kultur, in denen die Beschäftigung mit Geschriebenem und Gedrucktem keine wichtige Rolle spielt, finden wir ein ganz ähnliches anschauliches Verhältnis zur Zeit wie bei den Naturvölkern. Lediglich eine blasse Erinnerung an das Schulwissen verhindert eine gleiche Ausdrucksweise wie bei dem Totela-Mann. Das tatsächlich nachweisbare historische Bewußtsein ist aber in diesen abendländischen Schichten noch geringer als bei durchschnittlichen Naturvölkern. Bei diesen gibt es nämlich wenigstens eine kleine Gruppe von historisch interessierten Individuen, die auch ohne Schrift eine hervorragende Technik der mündlichen Überlieferung entwickelt haben, die in entscheidenden Teilen oft eine staunenswerte Genauigkeit der Tatsachenweitergabe über lange Zeiträume erkennen läßt. Das gilt nicht nur für die erst lange Zeit nach den Ereignissen aufgezeichneten Island-Sagas, sondern auch für viele ähnliche naturvölkische Berichte. Wie kurzlebig demgegenüber das historische Gedächtnis der nicht geschulten Abendländer ist, zeigt ein Bericht, den FELIX VON LUSCHAN (S. 22) aus eigener Erfahrung wiedergibt: Schon um 1870 war in den kärntnerischen Dörfern jegliche Erinnerung an die französische Herrschaft von 1809 bis 1814 erloschen, obgleich noch genügend Leute lebten, die selbst als »citoyens« und unter dem Code Napoléon zur Welt gekommen waren.

Unanschauliche Erkenntnisse können niemals Ausgangspunkt ältester Kulturzustände gewesen sein; denn der Mensch kann nur von der Anschauung ausgehen. Man stelle sich das Robinson-Problem nur einmal in der Form abgewandelt vor, daß durch irgendeine Katastrophe im abendländischen Kulturkreis alle Menschen plötzlich vernichtet würden mit Ausnahme von Kindern im Alter von etwa einem Jahr – jedenfalls vor aller kulturellen Erziehung. Wer würde bezweifeln, daß diese Kinder dieselben menschlichen Fähigkeiten besitzen wie ihre vernichteten Eltern abendländischer Kulturzugehörigkeit. Und doch würden ihnen sämtliche Bücher aller Bibliotheken nichts nützen, weil sie sie nicht lesen könnten. Vor allen Rätseln dieser Welt würden sie genau so unvoreingenommen stehen wie die Mitglieder der ältesten Kulturgemeinschaft. Ausgangspunkt aller ihrer kulturellen Gestaltungen würde die Anschauung sein. Das Verhältnis zur Zeit würde für sie und ihre Nachkommen zweifellos nicht anders sein als für den Totela-Mann am Sambesi.

Damit kehren wir zu den Ausführungen von Max Planck zurück. Der historische Weg der intellektuellen Erkenntnis ist zweifellos der vom Anschaulichen zum Unanschaulichen – die Entanthropomorphisierung. Da die abendländische Kultur am bisherigen Endpunkt dieses Weges steht, ist sie gegenüber den Naturvölkern am weitesten »fortgeschritten«. Es kann keiner an diesen Punkt des Weges gelangen, dessen Ahnenkette nicht bis zu jenem anschaulichen Ausgangspunkt ohne Lücke zurückreicht. Mit andern Worten: Es gibt Unterschiede zwischen unserer Kultur und der der frühen Völker, die durch einen historischen Ablauf bedingt sind; nichts berechtigt uns aber dazu, daraus auf eine wesensfremde Geistesart bei den Naturvölkern zu schließen.

Wir wollen uns mit der Erwähnung früher Formen des historischen Bewußtseins, wie sie beispielsweise in den Königslisten staatsbildender jüngerer Naturvölker gegeben sind, nicht aufhalten, weil sie nichts Grundsätzliches zu dem Problem beitragen. Hingegen bietet uns das Verhältnis der frühen Völker zum geographischen Raum die Möglichkeit, das Fortschreiten der intellektuellen Erkenntnis vom Anschaulichen zum Unanschaulichen innerhalb der naturvölkischen Kulturen selbst festzustellen. Die Orientierung im Raum ist überwiegend durch eine intellektuelle Tätigkeit des Menschen bedingt. Unsere eigenen Vorstellungen auf diesem Gebiet haben zweifellos kaum noch irgendeine Beziehung zur unmittelbaren Anschauung; unsere theoretischen Ansichten stehen sogar in direktem Widerspruch zur Anschauung. Anschaulich betrachtet ziehen Sonne, Mond und Sterne ihre Bahnen über uns hinweg von Ost nach West, denn von der Bewegung der Erde können wir auch bei gespanntester Aufmerksamkeit kein anschauliches Erlebnis haben. Wenn wir behaupten, daß die entgegengesetzten Ansichten des ptolemäischen Weltbildes falsch sind, so werden wir doch keinen Augenblick auf den Gedanken verfallen, der Mensch habe bis zu Kopernikus hin nicht richtig denken können und sei deshalb als prälogisch zu bezeichnen. Wir werden im Gegenteil damit rechnen, daß irgendeine spätere Zeit unser eigenes Weltbild für fundamental falsch hält, ohne daß uns deshalb in unserem Lebensgefühl das Nicht-Wissen von etwas an sich Wißbarem, von etwas, das spätere Generationen vermutlich wissen werden, im geringsten beängstigt.

Eine altertümliche Schicht von pflanzenanbauenden Naturvölkern kennt nicht einmal die Orientierung nach dem Lauf der Gestirne. Sie vermag sich in der Welt völlig zufriedenstellend zurechtzufinden, indem sie den Lauf der Flüsse, die Lage des Meeres oder der Berge – kurzum Gegebenheiten ihrer unmittelbaren Umwelt beachtet (vgl. AD. E. JENSEN, Wettkampf-Parteien, S. 38 ff.). Da sie beispielsweise den Aufgang der Sonne durchaus nicht als in einer feststehenden Richtung, sondern als an jedem Ort verschieden ansieht – was der unmittelbaren Anschauung nach auch tatsächlich so ist –, kommt sie zu völlig andersartigen Vorstellungen von der Beschaffenheit der Welt, die uns zunächst sehr fremdartig anmuten. Aber auch diese Fremdartigkeit entstammt lediglich der Tatsache, daß alle intellektuelle Erkenntnistätigkeit des Menschen nur von der unmittelbaren Anschauung ausgehen kann. Das Ergebnis ihres orientierenden Denkens – ihr geographisches Weltbild – mögen wir für falsch halten. Nichts aber berechtigt uns, den Denkprozeß selbst als falsch oder prälogisch zu bezeichnen.

An diesem Beispiel läßt sich eindeutig zeigen, daß auch die Naturvölker selbst – also vor aller Schrift – bereits auf dem Weg der intellektuellen Erkenntnis vom Anschaulichen zum Unanschaulichen »fortgeschritten« sind. Denn die überwiegende Zahl der Naturvölker benutzt den Lauf der Gestirne zu ihrer Orientierung. Völker jüngerer Kulturen sind also bereits zu der unanschaulichen Erkenntnis gekommen, daß die Sonne nicht zum unmittelbaren Lebensbereich der Menschen gehört, sondern ihre Bahn in so großer Ferne zieht, daß ihr jeweiliger Stand eine feststehende Richtung bezeichnet, gleichgültig an welchem Punkt der weiteren Umwelt der Mensch sich befindet. Dies entspricht durchaus nicht der Anschauung und kann nur »erkannt« worden sein. Von da an muß es aber auch wie alles »Wissen« lückenlos weitergegeben worden sein, das heißt, es gehörte zu dem Erlernbaren einer Kultur. Mithin sind auch die Naturvölker mit »richtigem Denken« zu neuen intellektuellen Erkenntnissen »fortgeschritten«. Die Fremdartigkeit aber, mit der uns einige ihrer Erkenntnisse entgegentreten, stammt nicht aus der andersartigen Geistigkeit, sondern zeigt uns nur stärker an die Anschaulichkeit angelehnte Denkergebnisse, die sich in jeder Kulturepoche von der vorhergehenden unterscheiden, und zwar immer durch das gleiche Merkmal des »Fortschreitens« auf dem Wege zur Unanschaulichkeit.

7. Der Begriff des Fortschritts

Der letzte Teil unserer Betrachtungen hatte uns die Sonderstellung deutlich gemacht, die den intellektuellen Erkenntnissen innerhalb der kulturhistorischen Fragestellungen zukommt. Hier drängt sich die für die Kulturgeschichte so wichtig gewordene Bezeichnung »Fortschritt« auf. Wir denken bei dem Wort an eine Vorwärtsbewegung auf einem Weg, wobei es ungewiß bleiben mag, ob dieser Weg zu einem Ende, zu einem Ziel führt. »Fortschreiten« heißt zunächst nur, sich von einem bis dahin innegehabten Standort fortzubegeben. In diesem wörtlichen Sinne ist der Fortschritt in der Tat ein geeignetes Bild für jenen einlinigen Weg, auf dem die Menschheit sich fortzubewegen scheint – jeweils fort von dem Orte, an dem sie vorher war.

Es bestand schon längst kein Zweifel mehr daran, daß mit der Feststellung dieses Fortschrittes nur einseitige Aussagen über die Kulturgeschichte der Menschheit – und offenbar nicht einmal die wichtigsten – zu machen waren. Wer würde bei einem Vergleich zwischen dem Werk Beethovens und dem von Bach oder von Corelli die Bezeichnung Fortschritt anwenden? Wenn das geschähe, so doch nur im Hinblick auf die Instrumentaltechnik oder irgendein anderes technisches Mittel der Kunst – sicher aber niemals mit Bezug auf den eigentlichen Gehalt jener Werke. Die physikalische Beschreibung der Wirklichkeit ist aber zweifellos von Newton über Helmholtz bis Planck fortgeschritten und wird es vermutlich auch weiterhin tun. Jede Kultur ist mit dem jeweiligen Stand ihrer intellektuellen Erkenntnis vollkommen zufrieden. Sollte ein Grieche der klassischen Zeit in seiner Lebensgestaltung in irgendeiner Hinsicht beunruhigt oder unbefriedigt gewesen sein, weil er in seiner Schule Wissensinhalte nicht gelernt hat, die heute in unseren Schulen gelehrt werden? Wir brauchen nur die gleiche Frage an uns selbst zu richten, um zu wissen, daß es eine solche Beunruhigung nicht gibt. Auch für die Naturvölker kann es sie nicht gegeben haben, solange sie von den Wissensinhalten der abendländischen Kultur nichts erfuhren. Auch nachdem sie davon erfahren haben, braucht ein Wandel in dieser Hinsicht nicht unbedingt erfolgt sein. Wenn ein Michelangelo leben konnte ohne Kenntnis der Wissensinhalte des 20. Jahrhunderts und trotzdem etwas für alle Zeiten Gültiges auszudrücken vermochte, so kann das Wesen des Menschen und ebenso das Wesentliche einer Kulturepoche schwerlich in diesen Wissensinhalten gesucht werden.

Die Auflehnung gegen den Fortschrittsgedanken und seine Anwendbarkeit in der menschlichen Kulturgeschichte brauchte daher nur auf die andersartigen kulturellen Bereiche hinzuweisen, in denen keine quantitativen Vergleiche möglich sind. Ein aus dem Jungpaläolithikum erhalten gebliebenes Tierbild kann als Qualität neben den künstlerischen Schöpfungen aller späteren Kulturepochen bis in unsere Zeit bestehen. Der Begriff des Fortschritts kann höchstens auf die technischen Mittel und andere quantitativ beschreibbare Fakten angewandt werden, niemals aber auf das Wesen der kulturellen »Gestaltungen« selbst. Die Gestalt besteht nicht aus einer Summe von Elementen und ist deshalb auch niemals in solche zerlegbar. Ein historischer Vergleich kann bei einer Betrachtung der intellektuellen Erkenntnisse nach der Quantität der Wissensinhalte und nach dem Grad der »Entanthropomorphisierung« fragen. Der durch nichts aufzuhebende Eigenwert einer Kultur, der keinerlei wertenden Vergleich mit einer anderen Kultur zuläßt, ist aber nicht wesentlich, jedenfalls nicht allein, durch die Summe und die Eigenart der intellektuellen Erkenntnisse bestimmt, sondern durch die echten schöpferischen Gestaltungen, die niemals deshalb wahrer, schöner oder besser sind als andere, weil sie einer fortgeschritteneren Zeit angehören; sie verdanken vielmehr ihre Wahrheit, Schönheit und Güte allein dem schöpferischen Quell, der sie hervorgebracht hat.

Diese schöpferischen Gestaltungen in den naturvölkischen Kulturen müßten jedoch den eigentlichen Gegenstand einer kulturwissenschaftlichen Betrachtung darstellen, die sich um das Verstehen einer Kultur bemüht. Die Geschichte des Fortschritts, das heißt der quantitativ feststellbaren Veränderungen im kulturellen Bestand, wird ihren eigentlichen Sinn immer erst durch die Lösung jener schwierigen Aufgabe erhalten. Die Fremdartigkeit, mit der uns die echten schöpferischen Gestaltungen des menschlichen Geistes oft entgegentreten, wird in den meisten Theorien, von denen die Ethnologie beherrscht wird, zum Ausgangspunkt einer Deutung genommen, die deshalb nach einer andersartigen (oder einer in der Entwicklung völlig zurückgebliebenen, und infolgedessen ebenfalls andersartigen) Mentalität suchen mußte, um mit ihrer Hilfe das scheinbar Unverständliche auf einem Umweg doch zu verstehen. Demgegenüber wurde in dieser Betrachtung darzulegen versucht, daß das Verständnis für die naturvölkischen Kulturerscheinungen für immer verbaut wird, wenn wir sie lediglich als intellektuelle Erkenntnisse ansehen und mit dem methodischen Denken abendländischen Wissens vergleichen. Sehen wir jedoch in ihnen schöpferische Gestaltungen der oben beschriebenen Art und vergleichen wir sie mit analogen Gestaltungen in unserer Kultur, so ergibt sich wenigstens die Möglichkeit, ihre Fremdartigkeit aufzuheben und damit zu einem wirklichen historischen Verstehen zu gelangen. Das setzt naturgemäß voraus, daß die früheste Menschheit ebenso wie die heute noch lebenden Naturvölker im wesentlichen die gleichen Erlebnisfähigkeiten besaßen und besitzen wie wir. Erst wenn wir uns darauf besinnen, daß auch für uns etwa der Baum nicht nur ein Gegenstand naturwissenschaftlicher Betrachtung ist, sondern als eine lebendige Wesenheit eine Wirkung auf uns auszuüben vermag, die zu intellektuell nicht faßbaren, kulturellen Gestaltungen führen kann – erst dann haben wir in uns selbst jene Erlebnisgrundlage freigelegt, die uns zum »Verstehen« der entsprechenden naturvölkischen Erscheinungen befähigt. In den zahlreichen Fällen, in denen ein solches echtes Verstehen im Augenblick nicht zu verwirklichen ist, sollte man vorläufig besser ganz darauf verzichten, sie zu deuten, als sie durch fragwürdige Theorien zu vergewaltigen, durch die für ein Verständnis nichts gewonnen, aber viel geschadet wird.

Der Kernpunkt unserer Betrachtung liegt also in der sehr grundsätzlichen Unterscheidung zwischen ganz verschiedenartigen Erlebnisgrundlagen in den kulturellen Gestaltungen. Im Hinblick auf die intellektuellen Erkenntnisse hatten wir uns Plancks Gedankengang zu eigen gemacht, daß der Fortschritt in der Tat mit einer immer weiter gehenden Entanthropomorphisierung verbunden erscheint, der das abendländische naturwissenschaftliche Weltbild offenbar seine Bewunderung erregende Großartigkeit verdankt – mit der Einschränkung lediglich, daß wir seinen Optimismus nicht teilen konnten, der ein Fortschreiten der Entanthropomorphisierung bis zur Absolutheit und der naturwissenschaftlichen Beschreibung der Wirklichkeit bis zur uneingeschränkten Vollkommenheit erwartet. Bei den nicht-intellektuellen »Erkenntnissen« der Wirklichkeit – ihrer durch kein Mittel zerlegbaren qualitativen Erscheinungsformen und Gestalten – gibt es in ihrem historischen Wandel das Merkmal der Entanthropomorphisierung nicht. Das Erlebnis des »Baumhaften« als eines besonderen Lebensphänomens, an dem der Mensch teilhaben kann, mit dem er sich als verwandt zu empfinden vermag, ist durch kein Instrument zu messen; und zwar nicht deshalb, weil ein solches Instrument »noch nicht« erfunden worden ist, sondern weil es dem Wesen der Sache nach ein solches Instrument niemals geben kann. Hier ist die Entanthropomorphisierung das Ende des Menschseins selbst. Für das Verstehen solcher kulturellen Gestaltungen gibt es ebensowenig ein objektives Maß wie etwa für Schönheit. Hier ist anstelle einer »Methode« die subjektive Erlebnisfähigkeit das einzige Mittel, einem Verstehen näherzukommen.

Nur wenn wir dem modernen Menschen die Fähigkeit absprechen wollen, solche qualitativen Aspekte der Wirklichkeit erleben und ihnen in kulturellen Gestaltungen Ausdruck verleihen zu können, dürften wir die Behauptung von der völlig andersartigen Mentalität der Primitiven aufrecht erhalten. Daß die Primitiven diese Fähigkeit besitzen, können wir schwerlich leugnen, da ein großer Teil ihrer kulturellen Gestaltungen nur als Ausdrucksform besonderer Qualitäten der Wirklichkeit und als Verständigungsmittel darüber verstehbar wird. Wer aber wollte im Ernst glauben, daß der Abendländer unfähig sei, solche Erlebnisse zu haben und ihnen Gestalt zu geben?

Da aber solche Gestaltungen Aussagen über die Wirklichkeit enthalten, deren Wahrheitsgehalt für die Menschen von Wichtigkeit ist, mag es unbedenklich erscheinen, sie gleichfalls »Erkenntnisse« zu nennen, die allerdings in der Methode ihrer Gewinnung wie in der Methode der Prüfung ihrer Wahrheit verschieden von den wissenschaftlichen Erkenntnissen sind. Die Frage nach der Wahrheit etwa einer dichterischen Aussage über die Wirklichkeit ist fast gleichbedeutend mit der nach dem Ursprung der Autorität, die bestimmten hervorgehobenen Persönlichkeiten von den Mitgliedern einer Kulturgemeinschaft zuerkannt wird; denn diese – nämlich die Autorität – kann nur auf jener – das heißt auf der Wahrheit der Aussagen – beruhen. Wie schwierig es aber ist, objektive Kriterien für diese Art von Wahrheit aufzuweisen, ergibt sich schon aus der Feststellung, daß es innerhalb jeder Kulturgemeinschaft immer einige Personenkreise gibt, die bereit sind, einem jeden eine entsprechende Autorität zuzubilligen und seine Behauptungen als Wahrheit anzuerkennen, wenn er nur Anspruch darauf erhebt. Man denke etwa an die bereits erwähnten Horoskopgläubigen oder ähnliche »Gemeinden« in unserer Kulturgemeinschaft und vergegenwärtige sich die Unmöglichkeit, mit ihnen über den Wahrheitsgehalt ihrer jeweiligen Glaubensvorstellungen zu diskutieren. Die gleiche Unmöglichkeit einer rationalen Argumentation besteht aber auch gegenüber der Frage, wie Shakespeare oder Goethe zu der Autorität gelangt sind, die ihnen tatsächlich in der abendländischen Kulturgemeinschaft eingeräumt wird. Auch die Philosophie hat – so weit ich sehe – zu einer sogenannten wissenschaftlichen Lösung dieser Frage nichts beigetragen. Für unsere Betrachtung muß es deshalb genügen, daß wir uns auf die für alle Kulturen gültige Feststellung berufen, daß die Wahrheit der sie jeweils beherrschenden Ideen von den eigentlichen Repräsentanten einer Kulturgemeinschaft anerkannt wird.

Unsere Ausgangsfrage hatte gelautet: Wodurch erhält eine Kulturerscheinung überhaupt den Charakter des Sinnvollen? Unter Zusammenfassung des bisher Aufgeführten müßte unsere Antwort lauten: Jede echte und wesentliche Kulturerscheinung enthält in ihrem ursprünglichen Zustand eine oder mehrere Aussagen über die Wirklichkeit, und sie ist ein Verständigungsmittel über den Inhalt der Aussagen, wobei die Bezeichnungen »Aussage« und »Verständigungsmittel« so weit und allgemein wie möglich zu fassen sind. Wir hatten zu zeigen versucht, daß die wesentlichen Aussagen in den frühen kulturellen Äußerungen weder kausal-logisch gewonnene Erkenntnisse sind, noch durch solche ersetzt werden können. Sinnvoll ist eine solche Kulturerscheinung dann, wenn die darin enthaltene Aussage wahr ist. Für diesen Gedankengang bedeutet das lediglich, daß die schöpferischen Träger der kulturellen Gemeinschaft Wirklichkeitserlebnisse kannten oder kennen, die ein entsprechendes Verhalten der Menschen rechtfertigen.

Darüber hinaus aber hängt das Sinnvolle einer Kulturerscheinung oft ab von ihren Beziehungen zu anderen Aussagen über die Wirklichkeit innerhalb derselben Kultur. Jede Kultur ist gekennzeichnet durch ein ganzes System solcher Aussagen, aus dem eine einzelne Kulturerscheinung nicht willkürlich herausgelöst werden kann. Die widerspruchsfreie Einordnung einer Kulturerscheinung in dieses, eine Kultur kennzeichnende System von Aussagen ist das zweite hauptsächliche Merkmal dafür, daß sie uns sinnvoll erscheint. Das Fehlen dieses zweiten Merkmals ist das Kennzeichen der Survivals, denn sie reichen mit ihren Wurzeln meist in frühere Kulturschichten, deren geistige Welt und damit die in ihr gültigen Aussagen über die Wirklichkeit nicht mehr als wahr erlebt werden. Selbst wenn sie dann noch verstehbar sind, stehen sie doch oft zu den zentralen Ideen des neuen Weltbildes im Widerspruch.

Unsere zweite Frage war darauf gerichtet, den Unterschied zu charakterisieren, der zwischen den frühen Kulturen und unserer eigenen besteht. Wir hatten zu zeigen versucht, daß der sogenannte Fortschrittsgedanke nur auf bestimmte, meist intellektuell begründete Kulturerscheinungen anwendbar ist. Das herangezogene Beispiel vom heutigen Menschen, der ohne jede kulturelle Erziehung »wie die ersten Menschen« der Wirklichkeit gegenübergestellt wäre, sollte uns zeigen, daß alles »Wißbare« nur von der Anschauung ausgehen kann und zum Unanschaulichen »fortschreitet«. In dieser Hinsicht ist der Unterschied zwischen den ältesten Kulturen und der unseren der einer weniger fortgeschrittenen gegenüber einer (bisher) am weitesten fortgeschrittenen Kultur. Wir hatten jedoch weiter zu zeigen versucht, daß dieser Unterschied sich wenigstens im Hinblick auf die frühen Kulturen (nach unserer Meinung allerdings auch im Hinblick auf die abendländische Kultur) nicht auf den eigentlichen Kern der Kulturgeschichte bezieht. Völlig unabhängig von allem sogenannten Fortschritt ist der Mensch offenbar vom Anfang seiner Geschichte an – wenigstens in dem Zeitraum, über den uns Zeugnisse vorliegen – zu jenen ganz besonderen qualitativen Erkenntnissen der Wirklichkeit befähigt gewesen, in denen sich das eigentliche Wesen einer Kultur offenbart. Die Unterschiede zwischen den frühen Kulturen und der unseren sind in dieser Hinsicht weder mit einem Fortschrittsmaßstab zu messen, noch lassen sie sich auf völlig verschiedenartige geistige Grundlagen (zum Beispiel prälogischer und logischer Art) zurückführen. Sie sind vielmehr lediglich von den Inhalten der kulturellen Gestaltungen her gegeben. Diese Inhalte hängen von so vielen Faktoren ab, daß sie für eine kulturgeschichtliche Betrachtung kaum aufzählbar sind. Für unsere grundsätzliche Erwägung ist lediglich die Feststellung von Wichtigkeit, daß »der Mensch« von jeher die Größe und Erhabenheit der Welt zu erleben und darzustellen vermochte. Der Wert oder Unwert dieser Darstellung hängt nicht von den dabei herangezogenen technischen Mitteln ab, in denen sich Unterschiede zwischen älteren und jüngeren Kulturen – ähnlich dem des Grades der Fortgeschrittenheit – feststellen lassen, sondern allein von der Größe und Erhabenheit der gestalteten und gestaltenden Erlebnisse. In dieser Hinsicht aber gibt es keinen Unterschied zwischen älteren und jüngeren Kulturen. Die Geschichte des Kulturwandels ist unter diesem Blickpunkt eine Geschichte der Weltsicht, weil der Mensch die Grundfragen seiner Existenz immer aufs neue gestellt hat, die Antworten in stets wechselnden Bereichen der ihn umgebenden Wirklichkeit zu finden suchte und in den immer aufs neue hervorgebrachten Gestaltungen die Dokumente der menschlichen Kulturgeschichte schuf, die zugleich ein Sich-Verwirklichen des schöpferischen Urgrundes sind.

Lag das Hauptgewicht unserer bisherigen Darlegungen auf der Feststellung, daß das Wesen Mensch im Laufe seiner langen Geschichte von dem Augenblick an, wo der Name Mensch berechtigt war, in seinen wesentlichen Grundanlagen gleich geblieben ist und daß die feststellbaren Unterschiede sich auf den Inhalt der kulturellen Gestaltungen beziehen, so müßte jetzt eben dieser Inhalt und die Art der Welterkenntnis näher beschrieben werden, wie sie für die frühen Zeiten noch aus den heutigen Verhältnissen bei den Naturvölkern erschlossen werden können. Auf dem Gebiet der religiösen Äußerungen stehen zweifelsfrei Mythen und Kulte im Vordergrund einer solchen Betrachtung, wenn es auch offensichtlich zu allen Zeiten religiöse Ideen gegeben hat, die keinen oder nur geringen Anlaß zu mythischen Aussagen und kultischen Handlungen gegeben haben, wie wir bei der Behandlung der Gottesvorstellung eines sogenannten Höchsten Wesens (Kap. IV) noch sehen werden.

1. Mythe und Kult als gestaltete Welterkenntnis

Der enge Zusammenhang zwischen Mythe und Kult ist ein wesentliches Kennzeichen der meisten frühen Religionsformen. Die mythische Welterkenntnis hat alle Lebensformen des Menschen entscheidend beeinflußt. Wir finden sie deshalb als wichtige geistige Grundlage nicht nur in den Kulten im engeren Sinne wieder, sondern es sind auch viele andere Bereiche menschlicher Lebensgestaltung, die wir nicht als Kulte ansprechen, inhaltlich und formal von den mythischen Anschauungsformen her bestimmt. Als erläuterndes Beispiel hierfür sei nur auf die oft sehr komplizierten Sozialorganisationen bei Naturvölkern hingewiesen, die niemals zur Erreichung praktischer Zwecke erfunden wurden, sondern in gleicher Sinnbezogenheit wie die religiösen Kulthandlungen als heilige Pflicht empfundene Reaktionen des Menschen auf mythische Wirklichkeitserfahrungen sind. Die sogenannten Dualsysteme beispielsweise, bei denen der soziale Verband in zwei exogame Hälften zerfällt, werden des öfteren auf ein göttliches Zwillingspaar zurückgeführt, das seinerseits in mythischer Form die Polarität der Welt, die Gegensätze von Tag und Nacht, Mann und Frau, rechts und links, Tier und Pflanze und viele andere polare Phänomene widerspiegelt (vgl. Kap. VII, 1).

Ähnliches gilt für den Hausbau, die Siedlungsform oder die wirtschaftliche Betätigung, um weitere Beispiele nur anzudeuten. Immer findet sich die Verbindlichkeit der Mythe und der in ihr enthaltenen Welterkenntnis mit ganz ähnlicher Gesetzlichkeit sowohl im Kult wie in anderen Lebensbereichen.

Was hier über die beiden religiösen Ausdrucksformen – die Mythe und den Kult – gesagt wird, gilt mithin noch viel allgemeiner und umschließt die verschiedensten Formen menschlicher Lebensgestaltung. Als eine nicht zu trennende Einheit sind Mythe und Kult schon lange erkannt worden, wenn auch sehr oft die Folgerungen aus dieser Erkenntnis nicht gezogen wurden. So hat K. Th. Preuss diesen Zusammenhang in seinen späteren Arbeiten – besonders in der Schrift über den religiösen Gehalt der Mythen – deutlich gesehen, durch zahlreiche Beispiele belegt und bemerkenswerte Gedanken daran geknüpft, indessen ohne die daraus zu folgernde Haltlosigkeit der von ihm vertretenen Zaubertheorie zu bemerken (vgl. Kap. X, 1). Den bedeutendsten Beitrag zum Thema Mythe und Kult verdanken wir Walter F. Otto, der in der Einleitung zu seinem Buch über Dionysos in einer gedankenreichen Betrachtung eine Auffassung dieser Phänomene entwickelt, die gleicherweise der Natur des Menschen wie der Erhabenheit des Gegenstandes gerecht wird. Auch er legt in überzeugender Weise dar, daß Mythe und Kult eine Einheit sind (vgl. auch Karl Kerényi: ›Was ist Mythologie?‹ und ›Einführung in das Wesen der Mythologie‹ oder Mircea Eliade: ›Mythus der ewigen Wiederkehr‹).

In den naturvölkischen Religionen gibt es so viele Belege für die enge Zusammengehörigkeit der beiden Ausdrucksmöglichkeiten, daß die Tatsache als solche wohl kaum noch bestritten werden kann. Manchmal sind die Kulthandlungen nur dramatische Aufführungen der in den entsprechenden Mythen beschriebenen Vorgänge. Auf Beispiele solcher Art werden wir noch des öfteren zu sprechen kommen. Selbst das Erzählen der Mythen ist bisweilen eine ausgesprochene Kulthandlung. Beim Ballspiel der *Uitoto* (Südamerika) beispielsweise steht es im

Mittelpunkt der festlichen Vorgänge und füllt die Nächte der langen Festzeit aus, während der man tagsüber Ball spielt (Preuß, Der religiöse Gehalt der Mythen, S. 644–656). »Wir tanzen also nicht ausschließlich«, sagen die Uitoto, »obwohl Ihr sagt: sie tanzen nur immer. Wir erzählen vielmehr an unseren Festen die Geschichten.« Es werden Fragen gestellt und durch die Erzählung einer Mythe beantwortet, und erst daraufhin wird getanzt und Ball gespielt, denn »die Geschichte tut kund, daß wir nicht ohne Grund tanzen«. So bringt etwa eine Gruppe der Festteilnehmer dem »Herrn des Festes« rote Vacuri-Früchte, trägt einen alt-überlieferten Gesang vor und fragt nach der Entstehung des Vacuri-Baumes. Der »Herr des Festes« – er hat diese Funktion, weil er »sehr kenntnisreich ist« – »schaut immer (auf die Früchte) hin, erläutert den Gesang und erzählt von der Entstehung (des Vacuri-Baumes) ...« Dann wird bis zum Tagesanbruch getanzt. So erzählt der »Herr des Festes«, »ohne zu ermüden«, die Geschichte von der Entstehung zahlreicher Früchte, von der des Balles und auch von der Entstehung der Menschen.

An dieser hervorgehobenen Bedeutung der Mythe bei den kultischen Festen offenbart sich sehr eindrucksvoll das Verhältnis jener Menschen zu ihr. Es wäre abwegig, den Vorgang des Mythenerzählens wegen der äußeren Ähnlichkeit mit unserem Märchenerzählen vergleichen zu wollen. Eher ließe es sich mit der Verlesung des Evangeliums an den hohen christlichen Festtagen in Parallele setzen, bei der die das Fest begründenden Vorgänge in der gläubigen Gemeinde wachgerufen werden. Bei den Uitoto begeht die Stammesgemeinschaft ein Fest, bei dem ihre Mitglieder die wichtigsten und wesentlichen Inhalte ihres Lebens feiern wollen, und sie empfinden die Mythe – daran kann kein Zweifel sein – als eine befriedigende, also auch wahre Antwort auf jene Fragen, die ihnen als die wichtigsten erscheinen. Der festliche Charakter des Geschehens ist dabei von wesentlicher Bedeutung; denn die Erlebnisinhalte bei einem Fest sind verschieden von den alltäglichen. Die mythischen Wahrheiten sind von solcher Art, daß sie sich nur in festlicher Atmosphäre offenbaren. Ihre Betrachtung in einer nicht festlichen Welt, zum Beispiel ihre Übersetzung in die wissenschaftliche Sprache, beraubt sie jenes Glanzes, der ihr eigentliches Leben ausmacht. Wir werden uns mit diesem auf das Festliche bezogenen Charakter der Mythe noch beschäftigen. In den folgenden

Betrachtungen gehen wir stets von dem Wahrheitsgehalt der echten Mythe aus und sind der Meinung, daß wir sie nur dann »verstehen«, wenn wir in uns selbst jene festliche Situation der Naturvölker anklingen lassen können, die ihnen die mythischen Antworten als vernünftige Aussagen erscheinen läßt.

Wie wir gesehen haben, strahlt die mythische Welterfahrung auf die mannigfaltigsten menschlichen Lebensformen aus, am unmittelbarsten aber ist sie mit jenen Handlungen verbunden, die wir als Kulte oder Zeremonien ansprechen. Sie unterscheiden sich nicht grundsätzlich von anderen Formen des menschlichen Verhaltens, sofern diese ihre Prägung von der mythischen Weltbetrachtung empfingen. Ihnen allen ist die religiös-sittliche Haltung gemeinsam, die das menschliche Wesen darin zu verwirklichen trachtet, daß es sich seiner göttlichen Herkunft und seiner Teilhaftigkeit am Göttlichen bewußt ist (vgl. Kap. IX). In den Kulten findet dieses Bestreben seinen gesteigerten Ausdruck. In ihnen wird dem elementaren Bedürfnis des Menschen Genüge getan, das, was er als einen wesentlichen Lebensinhalt empfindet, von Zeit zu Zeit herausgehoben aus der Sphäre des Alltäglichen, in festlichen Begehungen in den Mittelpunkt zu stellen und damit von der Wichtigkeit des Faktums ausdrücklich vor sich selbst und vor der Gemeinschaft Zeugnis abzulegen. Die Bedeutung dieser psychischen Gegebenheit kann nicht genug betont werden. Man kann die Bezogenheit auf die mythischen Vorbilder bei Kulturerscheinungen wie Sozialordnung, Siedlungsform und dergleichen als eine Anpassung an die erkannte Weltordnung ansprechen. Die Kulte aber sind weitgehend eine Demonstration dieser Ordnung. In ihnen wird sich die Gemeinschaft dieser Ordnung in erhöhtem Maße bewußt. Das Bedürfnis, den als wichtig erkannten Lebensinhalten bei gegebenem Anlaß die Beachtung zuzuwenden, die ihnen zukommt, sie als eine Sache für sich zum »Ausdruck« zu bringen, das heißt »darzustellen«, ist nicht nur das Agens bei der Entstehung von Kulten – wie bei schöpferischen Vorgängen überhaupt –, sondern auch ein wesentliches Motiv für ihr Fortbestehen als regelmäßig wiederholter Brauch. Jedes Zeremoniell, jede feierliche Handlung lebt davon. Wir könnten das auch an vielen Beispielen aus unserer Umwelt erläutern: Bei einem Familienfest etwa will sich die Familie ausdrücklich als solche empfinden und dokumentiert das in vielen Einzelheiten, in denen sich das Bedürfnis offenbart, das Gefüge der Familie und ihre Zusammengehörigkeit einmal vor sich selbst »darzustellen«. Auch im öffentlichen Leben bieten sich die Beispiele auf Schritt und Tritt an. Man denke allein an die Staatsfeierlichkeiten mit ihrem mannigfaltigen Zeremoniell.

In allen Fällen besteht die dargestellte Ordnung ohnehin und jeder kennt sie und seine Rolle in ihr, aber es wird als notwendig empfunden, sie einmal in erhöhtem Maße und als eine Sache für sich zum Bewußtsein zu bringen. Diese innere Nötigung kann zur Entstehung neuer Ausdrucksformen führen; sind sie aber einmal geschaffen, so ist es nur natürlich, sich ihrer zu bedienen. Daß der Mensch diese Nötigung zum Ausdruck erst recht gegenüber seinen wesentlichsten Lebensinhalten, die sein Verhältnis zum Göttlichen betreffen, empfindet, braucht nicht weiter dargelegt zu werden. Die Kulte der Hohen Religionen legen beredtes Zeugnis dafür ab. Im gleichen Maße aber gilt dies auch für die Kulte der Naturvölker.

2. Kult als Verständigungsmittel

Von den Wesenszügen der naturvölkischen Kulte wollen wir hier nur zwei herausgreifen, von denen das zunächst zu behandelnde Merkmal bisher wenig Beachtung fand.

Da der Mensch in der Gemeinschaft mit anderen Menschen lebt, bedarf er der Verständigungsmittel, durch die er sich in allen ihm wichtigen Fragen mitteilen kann. Bei uns übernimmt diese Funktion in erstaunlicher Einseitigkeit fast ausschließlich die Sprache, obgleich wir durchaus darum wissen, daß es viele andere Formen der Verständigung gibt und gelegentlich auch von ihnen Gebrauch machen. Ein Gesichtsausdruck, eine Geste, ein Blick können oft mehr ausdrücken als Worte. Wenn jemand an einem anderen Menschen in irgendeiner Situation einen ganz besonderen Ausdruck beobachtet, so sagt er etwa: Ich kann es mit Worten nicht ausdrücken, was ich bemerkte, aber ich verstand, was der Ausdruck besagte. Dies ist eine sehr charakteristische Situation, und sie zeigt uns, daß es Erlebnisinhalte gibt, die sich in der Sprache nicht ausdrücken lassen. So bevorzugen wir auch oft – nicht nur bei »zeremoniellen« Anlässen, sondern auch bei alltäglichen – zur Verständigung die Geste oder die Handlung gegenüber dem Wort als Ausdrucksmittel.

Nun ist natürlich auch bei den heutigen Naturvölkern – und sicherlich war sie es ebenso in den prähistorischen Kulturen – die Sprache ein wichtiges, wahrscheinlich ebenfalls das wichtigste Verständigungsmittel. Schon die große Bedeutung der Mythen, die sich ja der Sprache bedienen, zeigt dies sehr deutlich. Aber trotzdem haben andere Formen der Mitteilung bei ihnen eine weit größere Bedeutung als bei uns. Auf dem Gebiet der religiösen Äußerungen stehen die Kulte im Vordergrund. Sie waren die große religiöse »Sprache« der Frühzeit, deren Bedeutung im Laufe der Menschheitsgeschichte immer mehr zurückgegangen ist. Nur im Zustand der »Anwendung« hat sich dieses Verständigungsmittel bis in spätere Kulturen erhalten, wenn es darum ging, große Volksversammlungen zu Gemeinschaftserlebnissen zu vereinigen. Gemeinschaftsverbände durch gemeinsame Handlungen zu einer eng verbundenen Einheit, zu einem Kollektiv zusammenzuschließen, ist daran das hervorstechendste Merkmal auch schon in den frühesten Zeiten der Menschheitsgeschichte. Alle altertümlichen Völker kennen bis heute so gut wie keine soziale Schichtung. Diese Tatsache hat oft dazu verführt, das Kollektive an ihnen viel zu sehr zu verallgemeinern. Man ist sogar so weit gegangen, diesen Altvölkern jede individuelle Erlebnismöglichkeit abzusprechen und eine Kollektivseele auch für alle kulturellen Gestaltungen – insbesondere für die Kulte – verantwortlich zu machen. Nun ist eine solche Kollektivseele sehr schwer vorstellbar; es sei denn, man versteht darunter nur die Abhängigkeit des einzelnen von den in der Gemeinschaft anerkannten Grundsätzen, wie sie für die Lebensformen der Menschen zu allen Zeiten bestanden hat und besteht. Jedenfalls gibt es aus dem naturvölkischen Bereich genügend Beispiele dafür, daß auch bei den kulturgeschichtlich ältesten Völkern die individuelle Persönlichkeit selbst für die Lebensformen des Kollektivs von ausschlaggebender Bedeutung ist. Die Rolle der Schamanen (vgl. Kap. XI) in der Gemeinschaft spricht hier eine deutliche Sprache, aber noch betonter heben es die Mythen hervor, daß für alles wichtige Geschehen einzelne große Persönlichkeiten verantwortlich waren.

Der Kult aber – dies ist eine seiner wichtigen Funktionen in der Frühzeit – war das bevorzugte Verständigungsmittel der sozial nicht geschichteten und deshalb kulturell homogenen Gemeinschaft, ohne daß wir ihn damit als die Schöpfung einer Kollektivseele kennzeichnen wollen. Was die Naturvölker selbst über seine Entstehung sagen, spricht jedenfalls mehr für die Annahme, daß er das Werk hervorgehobener Persönlichkeiten war, deren Wirken sie in die »Urzeit« verlegen. Bei manchen Völkern beherrscht der Kult das religiöse Leben ausschließlich, während die dazu gehörigen Mythen anscheinend in Vergessenheit geraten sind. Sehr oft jedenfalls besitzen wir zwar ausführliche Beschreibungen des Zeremoniallebens, aber keinerlei Andeutungen über die mythischen Zusammenhänge, die uns jene Handlungen vielleicht erst verständlich machen würden. Bei anderen Völkern wiederum herrschen die Mythen vor. Wahrscheinlich ist es kein Zufall, daß selbst ein so altertümliches Volk wie die südamerikanischen *Uitoto* auch in seinen kultischen Festen dem Erzählen der Mythe einen solchen Vorrang vor anderen Ausdrucksformen einräumt; denn nach den Beschreibungen von K. TH. PREUSS hat dieses Volk eine auffällige Neigung zu spekulativ-philosophischen Betrachtungen, durch die es sich von Völkern ähnlicher Kulturzugehörigkeit unterscheidet. Hierin liegt möglicherweise auch der Grund dafür, daß es die sprachliche Mitteilung bevorzugt. Einschränkend allerdings ist hervorzuheben, daß die Ethnologie in ihrem Material besonders stark von den individuellen Neigungen und Interessen der betreffenden Feldforscher abhängig ist und daß zweifellos das Fehlen von Mythenaufzeichnungen ebenso wie die Unzulänglichkeit mancher Kultbeschreibungen meist auf diese Fehlerquelle zurückgeführt werden muß.

Wenn es die alle Lebensgebiete umfassende Verständigung zwischen den Menschen und insbesondere zwischen den Generationen nicht gäbe, so gäbe es auch keine Kulturgeschichte. Gerade für die Weitergabe der wesentlichsten Welterkenntnisse an die heranwachsende Jugend ist die gemeinsame Handlung im Kult von entscheidender Bedeutung. Hierfür legen die weitverbreiteten Reifezeremonien Zeugnis ab, die letzten Endes keinen anderen Sinn haben, als die Jugend in die in der jeweiligen Gemeinschaft geltende Ordnung einzuweihen und damit zu vollwertigen Stammesmitgliedern zu machen. Insbesondere gilt das von der Einweihung in die Männergeheimkulte bei den Pflanzervölkern. Wir wollen im folgenden an einem Beispiel erläutern, auf welche Weise bei ihnen der Kulthandlung die Funktion eines Verständigungsmittels zukommt. Hierzu müssen wir zunächst kurz einige wichtige Züge des mythischen Weltbildes erwähnen, das der Kultur der meisten dieser Pflanzervölker zugrunde liegt. Danach ging dem heutigen Zustand der Welt ein völlig andersartiger voraus. Unter anderem hatten die Menschen noch nicht die heutige Seinsform, und es gab noch keine Nahrungsmittel. Durch ein erregendes Geschehen, in dessen Mittelpunkt die Tötung einer Gottheit steht und damit verbunden die Entstehung der Nahrungspflanzen, wurde die Urzeit beendet und die heutige Form alles Seienden – unter anderem auch die Sterblichkeit und Fortpflanzungsfähigkeit des Menschen – begründet. Das getötete göttliche Wesen wird dabei vielfach mit dem Mond identifiziert oder mit ihm in Beziehung gesetzt. Wir müssen uns hier auf diese zusammenhanglos anmutenden Einzelheiten beschränken. Sie gehören in ein ganzes System von Vorstellungen, deren Sinnverbundenheit ich an anderer Stelle darzulegen versucht habe (Jensen, Weltbild; vgl. auch Kap. VIII, 3).

Bei den *Konso*, einem Pflanzervolk in Südäthiopien, werden einige Tage vor dem großen Stammesfest, das – abgesehen von einigen Zwischenfesten – nur alle 18 Jahre gefeiert wird, die inzwischen herangewachsenen, erstmalig in die Kult-Geheimnisse einzuweihenden Jünglinge ohne alle Nahrung in den unbewohnten Busch entsandt, um einen Hasen zu töten. Wir möchten diese Phase der Zeremonie folgendermaßen interpretieren: Die Jünglinge erleben auf diese Weise an sich selbst die Nahrungslosigkeit der Urzeit, und sie selbst wiederholen den ersten Tötungsakt, der an jener Gottheit vollzogen wurde, indem sie einen Hasen – ein Tier, das in der afrikanischen Mythologie fast allgemein mit dem Mond in Beziehung gesetzt wird – töten und damit die erste Nahrung gewinnen. Erst nachdem sie dies vollbracht haben, können sie an den Zeremonien teilnehmen, und erst dadurch werden sie zeugungsfähig, das heißt nun erst sind sie eigentliche Menschen und vollwertige Stammesmitglieder. Selbst ein verheirateter Mann, der diesen kultischen Wiederholungsakt des mythischen Geschehens nicht darstellend miterlebt hat, kann – nach ihrem Glauben – keine Kinder zeugen; denn sein Same ist wie Wasser. So gering werden von ihnen die zweifellos bekannten biologischen Tatsachen gewertet und so stark ist der Glaube an den ordnungschaffenden mythischen Urzeitvorgang.

Dieses südäthiopische Beispiel habe ich zur Erläuterung gewählt, obgleich uns von dem Volk der Konso der entsprechende erklärende Mythus fehlt und nur die erwähnten kultischen

Handlungen bekannt sind. Ich habe es sogar gerade deshalb gewählt; denn es gibt genügend andere Völker, von denen uns sowohl die Mythen wie die Kulte zugleich mit ihrer Bezogenheit untereinander bekannt sind. Wenn uns aber von einem Volk – wie zum Beispiel hier von den Konso – nur ein Zeremonialverlauf mit seinen verschiedenen Handlungen bekannt ist, so ist man im allgemeinen sehr schnell mit theoretischen Erklärungsversuchen bei der Hand, die bedenkenlos das Unverständliche der Handlungen zum Ausgangspunkt der Erklärung nehmen und meist jede einzelne davon als einen Zauber zur Erreichung praktischer Zwecke deuten. Die hier gegebene Erklärung der unverständlichen Handlungen durch Hinweis auf einen mythischen Hintergrund, der in diesem Falle nicht überliefert ist, bleibt natürlich durchaus hypothetisch. Aber das sind die sogenannten Zaubererklärungen im gleichen Umfang. Wenn aber schon hypothetische Erklärungen, dann wenigstens solche, die uns dem Verstehen der Erscheinung als einer menschlich vernünftigen Handlung näher bringen. Mit anderen Worten: Es wird hier der Zusammenhang zwischen mythischer Welterfahrung und an sich meist unverständlichen Kulthandlungen als so weithin geltend angenommen, daß wir auch dann nach den mythischen Erklärungen für sie suchen müssen, wenn solche Mythen nicht aufgezeichnet sind. Daß solche Hinweise auf mythische Hintergründe nicht frei erfunden werden können, versteht sich von selbst. Es kommt eben darauf an, daß es uns in größerem Umfang als bisher gelingt, große geschlossene mythische Weltbilder aus den Gegebenheiten herauszuarbeiten. Dann werden viele jetzt völlig unverständliche oder mißdeutete Handlungen der Naturvölker sich ganz von selbst als sinnvolle kultische Bezugnahmen auf mythische Ereignisse erklären.

Wir werden auf die Deutung unverstandener Kulte durch Bezugnahme auf mythische Berichte noch häufiger zurückkommen (beispielsweise Kap. XI, 4). Hier interessierte uns besonders die Verständigungsfunktion der Kulte. Die jahrelange Spannung der jungen Konso zum Beispiel vor dem Fest, die großen Ereignisse während der langen Festzeit, die unmittelbar daran anschließende Heirat (im Konsoland wird nur anläßlich dieses Festes – also nur alle 18 Jahre – geheiratet und dann von allen gleichzeitig, die eine bestimmte Stufe im Altersklassensystem erreicht haben), das alles macht die Teilnahme am Kult zu weit mehr, als es eine lediglich mündliche Unterweisung jemals sein kann. Die Neulinge werden nicht über die Weltordnung »belehrt«, sondern sie *erleben* sie mit größter Intensität.

3. Kult als Spiel

Wir gehen nun zu einem anderen Wesenszug der Kulte über, den wir hier zu ausführlicher Betrachtung herausgreifen wollen: Die Kulte sind Spiele. Am anschaulichsten ist das von JOHAN HUIZINGA in seinem Buch ›Homo Ludens‹ entwickelt worden. Dieses geistreiche und lebendige Werk legt in überzeugender Weise dar, in welchem Maße das Spiel ein wesentlicher Faktor in allen Kulturgestaltungen ist und behandelt hierbei auch ausführlich die Kulte. Es scheint besonders sinnvoll, sich hier eingehend mit diesen Darlegungen Huizingas über den Spielcharakter der Kulte auseinanderzusetzen, einmal weil sie in unübertrefflicher Weise Wesentliches darüber aussagen, zum anderen aber auch, weil gerade an diesem Buch offenbar wird, daß es zu keinem voll befriedigenden Ergebnis führen kann, wenn man überwiegend die äußerlichen und formalen Elemente einer wichtigen Kulturerscheinung beachtet und nicht davon ausgeht, daß das Verhalten des Menschen primär immer von geistig-schöpferischen Welterkenntnissen bestimmt wird.

a. Huizingas Spielbegriff

Einige Gedanken über das Wesen des Spiels mögen zunächst den Standort erkennen lassen, von dem Huizinga ausgeht: »Wer den Blick auf die Funktion des Spiels richtet – nicht wie sie im Tierleben und im Leben des Kindes, sondern in der Kultur sich äußert –, der hat das Recht, den Spielbegriff dort anzupacken, wo die Biologie und die Psychologie mit ihm fertig sind. Er findet das Spiel in der Kultur als eine gegebene Größe vor, die vor der Kultur selbst da ist und sie von Anbeginn an bis zu der Phase, die er selbst erlebt, begleitet und durchzieht. Überall tritt ihm das Spiel als eine bestimmte Qualität des Handelns entgegen, die sich vom ›gewöhnlichen‹ Leben unterscheidet. Er kann es dahingestellt sein lassen, inwieweit es der wissenschaftlichen Analyse glückt, diese Qualität auf quantitative Faktoren zurückzuführen. Ihm kommt es gerade auf jene Qualität an, wie er sie als der Lebensform eigentümlich vorfindet, die er Spiel nennt.« (S. 6) »Er will ihr Wirken im Spiel selbst beobachten und damit das Spiel als Faktor des Kulturlebens zu begreifen versuchen.« (S. 7) Es liegt dem Verfasser an der Feststellung des Spielelementes in vielen Kulturerscheinungen, besonders aber in den kultischen Handlungen oder richtiger, an der Zurückführung dieser Handlungen auf das Spiel.

Huizinga untersucht dann den Begriff des Spiels und stellt folgende Hauptmerkmale fest: Vor allem ist Spielen freies Handeln. »Befohlenes Spiel ist kein Spiel mehr.« »Das Kind und das Tier spielen, weil sie Vergnügen daran haben, und eben darin liegt ihre Freiheit.« »Das Spiel ist überflüssig.« »Es wird nicht durch physische Notwendigkeit auferlegt und noch viel weniger durch sittliche Pflicht.« (S. 12) Wir werden später (Kap. IX) zu zeigen versuchen, daß die Ausübung von Spielen – sofern es sich dabei um Kulte handelt – ausschließlich auf eine religiös-sittliche Verpflichtung zurückgeht. Mit dieser Freiheit hängt eng zusammen, daß Spiel »nicht das ›gewöhnliche‹ oder das ›eigentliche‹ Leben ist. Es ist vielmehr das Heraustreten aus ihm in eine zeitweilige Sphäre von Aktivität mit einer eigenen Tendenz.« (S. 13) Ein sehr schönes Beispiel zeigt diese eigene Welt des Spiels: Ein Vater hätschelt sein vierjähriges Söhnchen, das Eisenbahn spielt. Das Kind sagt: »Vater, du darfst die Lokomotive nicht küssen, sonst denken die Wagen, es wäre nicht echt.« (S. 13) Dieses Wissen um die Andersartigkeit der Spielwelt ist eines der wichtigsten Kennzeichen für alle Spielenden: »Wir spielen und wissen, daß wir spielen, also sind wir mehr als bloß vernünftige Wesen, denn Spiel ist unvernünftig.« (S. 6) Dieses Wissen um das »bloß so tun« im Spiel schließt nicht aus, »daß dies bloße Spielen mit dem größten Ernst vor sich gehen kann, ja mit einer Hingabe, die in Begeisterung übergeht …« (S. 13) Das Spiel »kann sich auf Höhen der Schönheit und Heiligkeit erheben, wo es den Ernst weit unter sich läßt« (S. 14). Ferner ist das Spiel stets zweckfrei. Es seht »außerhalb des Prozesses der unmittelbaren Befriedigung von Notwendigkeiten und Begierden«. Es schiebt sich zwischen diesen Prozeß »als eine zeitweilige Handlung ein« (S. 14). Dieser uninteressierte Charakter des Spiels ist das eigentliche Kernstück der Gedanken von Huizinga. Hier liegt die Brücke, über die der Weg vom Spiel zu allen jenen menschlichen Handlungen führt, die sich den immer wieder an sie herangetragenen biologischen Erklärungsweisen so zäh widersetzen. Kulte und Mythen liegen ebenso »außerhalb des Bereiches der direkt materiellen Interessen oder der individuellen Befriedung von Lebensnotwendigkeiten« wie das Spiel, und sie gehören schon deshalb in die gleiche Lebenssphäre. »In Mythus und Kult aber haben die großen Triebkräfte des Kulturlebens ihren Ursprung: Recht und Ordnung, Verkehr, Erwerb, Handwerk und Kunst, Dichtung, Gelehrsamkeit und Wissenschaft. Auch diese wurzeln somit sämtlich im Boden des spielerischen Handelns.« (S. 7/8)

Ein weiteres Kennzeichen des Spiels ist seine räumliche Begrenzung. Es bewegt sich »innerhalb seines Spielraums, seines Spielplatzes, der materiell oder nur ideell, absichtlich oder wie selbstverständlich, im voraus abgesteckt worden ist« (S. 16). Auch dieses Merkmal ist ein wichtiges Bindeglied zu den heiligen Handlungen. Der geweihte Platz ist formal nicht von einem Spielplatz zu unterscheiden. »Die Arena, der Spieltisch, der Zauberkreis, der Tempel, die Bühne, die Filmleinwand, der Gerichtshof, sie sind allesamt der Form und der Funktion nach Spielplätze, das heißt geweihter Boden, abgesondertes, umzäuntes, geheiligtes Gebiet, in dem besondere eigene Regeln gelten.« (S. 16) Das Spiel schafft Ordnung und ist Ordnung. Als weitere Elemente des Spiels erwähnt er unter anderem die Spannung, die Neigung zur Klubbildung und das Bedürfnis nach Geheimnistuerei und Vermummung. In der Spannung liegt die Ungewißheit, die Chance. »Mit einer gewissen Anspannung muß etwas ›glücken‹.« (S. 17) »Der Klub gehört zum Spiel wie der Hut zum Kopf.« (S. 20) »Die Ausnahme- und Sonderstellung des Spiels wird in bezeichnender Weise darin offenbar, daß es sich so gern mit einem Geheimnis umgibt.« (S. 20) »Das Anderssein und das Geheime des Spiels findet seinen sichtbarsten Ausdruck in der Vermummung. Der Verkleidete oder Maskierte ›spielt‹ ein anderes Wesen. Er ›ist‹ ein anderes Wesen.« (S. 21)

Diese Merkmale faßt Huizinga (S. 21 f.) wie folgt zusammen: »Der Form nach betrachtet kann man das Spiel also ... eine freie Handlung nennen, die als ›nicht so gemeint‹ und außerhalb des gewöhnlichen Lebens stehend empfunden wird und trotzdem den Spieler völlig in Beschlag nehmen kann, an die kein materielles Interesse geknüpft ist und mit der kein Nutzen erworben wird, die sich innerhalb einer eigens bestimmten Zeit und eines eigens bestimmten Raumes vollzieht, die nach bestimmten Regeln ordnungsgemäß verläuft und Gemeinschaftsverbände ins Leben ruft, die ihrerseits sich gern mit einem Geheimnis umgeben oder durch Verkleidung als anders als die gewöhnliche Welt herausheben.«

Es ist gar keine Frage, daß es Huizinga hervorragend gelungen ist, mit einer solchen Charakterisierung des Spiels wesentliche kulturwissenschaftliche Ergebnisse zu gewinnen. Für unseren Zusammenhang ist es wichtig, daß er alle diese Wesensmerkmale des Spiels in den Kulten wiederfindet. Daß ein großer Teil der heiligen Handlungen in allen Religionen sich in den Formen des Spiels bewegt, war auch schon früher von Ethnologen hervorgehoben worden, und Huizinga selbst zitiert eine Reihe solcher Bemerkungen. (Natürlich sind hier nicht jene in der völkerkundlichen Literatur immer wieder auftauchenden Äußerungen gemeint, die mit dem billigen Hinweis auf einen Spieltrieb alles erklären wollen, was man sonst nicht unterbringen kann.) Sogar in den Äußerungen von Eingeborenen findet sich diese Verbindung zwischen heiliger Handlung und Spiel. Huizinga beruft sich gar auf Plato als höchste Autorität, dem »diese Identität von Spiel und heiliger Handlung ohne Vorbehalt gegeben« (S. 30) war. War mithin der Zusammenhang zwischen Kult und Spiel schon vielfach erkannt worden, so ist er von Huizinga zu einem System erweitert worden. Niemals ist so gründlich der Nachweis erbracht worden, daß dem Spiel eine so umfangreiche und bedeutende Funktion innerhalb der Kulturgeschichte zukommt. Lassen wir zum Abschluß dieser einleitenden Darlegungen noch einmal Huizinga selbst sprechen und seine Stufenfolge des Spiels bis zum heiligen Kultspiel begründen. »Wir bewegen uns hier in Sphären, zu denen man mit den Erkenntnismitteln der Psychologie und auch mit der Theorie unseres Erkenntnisvermögens selbst kaum hindurchdringt. Die hier aufkommenden Fragen rühren an den tiefsten Grund unseres Bewußtseins. Kult ist höchster und heiligster Ernst. Kann er trotzdem zugleich Spiel sein?« (S. 29) »Unser Folgern wird hier mehr oder minder durch die Starrheit unserer formulierten Begriffe behindert. Wir sind gewöhnt, den Gegensatz von Spiel und Ernst als einen unbedingten anzusehen. Allem Anschein nach geht er aber nicht bis zum tiefsten Grunde hinunter.« (S. 30) »Man überdenke einmal einen Augenblick die folgende Stufenfolge. Das Kind spielt in vollkommenem – man kann mit vollem Recht sagen – heiligem Ernst. Aber es spielt und weiß, daß es spielt. Der Sportsmann spielt mit hingebendem Ernst und mit dem Mut der Begeisterung. Er spielt und weiß, daß er spielt. Der Schauspieler geht in seinem Spiel auf. Trotzdem spielt er und ist sich bewußt, daß er spielt. Der Geiger erlebt heiligste Erregung, er erlebt eine Welt außerhalb und über der gewöhnlichen, und dennoch bleibt sein Tun ein Spiel. Der Spielcharakter kann den erhabensten Handlungen eigen bleiben. Kann man nun die Linie bis zur Kulthandlung weiterziehen und behaupten, daß auch der Opferpriester, indem er sein Ritual vollzieht, ein Spielender bleibt? Wer dieses von einer einzigen Religion zugibt, gibt es von allen zu. Die Begriffe Ritus, Magie, Liturgie, Sakrament und Mysterium würden dann alle in den Geltungsbereich des Begriffs Spiel kommen ... Der Form nach ist sie [die heilige Handlung] es in jeder Hinsicht [Spiel] und dem Wesen nach ist sie es, insoweit sie die Teilnehmer in eine andere Welt versetzt.« (S. 30) Ich glaube, daß für die Ethnologie nicht das geringste Bedenken besteht, Huizinga in seinem Gedankengang zu folgen. Die heiligsten Handlungen sind Spiele. »Das Spiel ist ein Kampf um etwas oder eine Darstellung von etwas.« (S. 22) Dies sind die beiden wesentlichen Aspekte, unter denen sich die Kulthandlungen als Spiel beschreiben lassen.

b. Kult als Fest

Im folgenden soll nun versucht werden, ein Merkmal des Spiels herauszuheben, das von Huizinga ausdrücklich abgelehnt wird, das uns aber doch für die Beurteilung der Frage nach dem Wesen der Kulthandlungen sehr bedeutungsvoll zu sein scheint. Wir waren ihm ohne Zögern in seinem Gedankengang gefolgt bis zu dem Satz, daß alle Kulthandlungen Spiele seien. Wie steht es nun aber mit der Umkehrung dieses Satzes? Sind auch alle Spiele Kulthandlungen? Zweifellos nicht. Denn es wird keinen Menschen geben, der ein Kartenspiel oder ein Fußballspiel mit einer heiligen Handlung gleichsetzt. Dies gilt ebensosehr für den Eingeborenen wie für den Europäer. (Es ist uns aus dem Buch von Huizinga nicht ganz klar geworden, ob er selbst auch diese Umkehrung des Satzes gelten lassen will oder nicht. An einigen Stellen scheint das eindeutig nicht der Fall zu sein, bei anderen Ausführungen bleibt es unklar.)

Wenn aber die Umkehrung nicht gilt, welches ist dann der Unterschied zwischen Spielen schlechthin und heiligen Spielen?

Es müßte sich doch dann ein Merkmal angeben lassen, wodurch diese eindeutig von jenen unterschieden sind. Und dieses Merkmal müßte von größter Bedeutung für die Kulturwissenschaft sein, weil es das eigentliche Merkmal der kultischen Handlung sein und uns deshalb etwas über das Wesen dieser Handlungen aussagen müßte. An einer Stelle seines Buches hebt Huizinga diese schwerwiegende Frage selbst ausdrücklich hervor. Er sagt: »Geht man nun vom Kinderspiel zu geweihten Schaustellungen im Kult archaischer Kulturen über, dann findet man, daß im Vergleich zum Kinderspiel ein geistiges Element mehr ›im Spiele‹ ist, das sich nur sehr schwer genau beschreiben läßt. Die heilige Schaustellung ist mehr als eine Scheinverwirklichung, mehr auch als eine symbolische, sie ist eine mystische Verwirklichung. Etwas Unsichtbares und Unausgedrücktes nimmt in ihr schöne, wesenhafte, heilige Form an. Die Teilnehmer am Kult sind überzeugt, daß die Handlung ein gewisses Heil verwirklicht und eine Ordnung der Dinge zustande bringt, die höher ist als die, in der sie gewöhnlich leben. Trotzdem trägt die Verwirklichung durch Darstellung auch weiterhin in jeder Hinsicht die formalen Kennzeichen eines Spiels.« (S. 23) Daß die kultischen Handlungen alle »formalen Kennzeichen eines Spiels« tragen, darüber bestand Einigkeit. Welches aber ist dieses eine »geistige Element mehr«, das bei den kultischen Handlungen im Spiele ist und das sich »nur sehr schwer genau beschreiben« läßt? Nach Huizinga ist es eine mystische Verwirklichung, aber er führt nichts Näheres darüber aus, und wir bleiben in bezug auf diese für die Kulturwissenschaft eigentlich entscheidende Frage ohne eine befriedigende Antwort. Er äußert sich – soviel ich sehe – auch nur an dieser Stelle seines Buches über dieses besondere geistige Element, das die heiligen Spiele charakterisiert. Schon wenig später sagt er, sie seien ih rem »Wesen nach nichts anderes als eine höhere Form des im Grunde ganz gleichwertigen Kinderspiels oder gar des Tierspiels« (S. 28). Was aber hier »höhere Form« bedeutet, das erfahren wir nicht. Nach vielen anderen Stellen des Buches müssen wir annehmen, daß der Unterschied zwischen den höheren und einfacheren Formen des Spiels in keiner Weise grundsätzlicher Natur ist. Es ist auch gar keine Frage, daß Huizinga diesem »geistigen Element mehr«, das die kultischen Handlungen gegenüber den einfachen Spielen auszeichnen soll, keine besondere Bedeutung zukommen läßt. Wir greifen nur eine Stelle aus dem Buch heraus, die besonders deutlich seine Einstellung zu dieser Frage zeigt und in der er den Weg vom Spiel zum Kult zu beschreiben versucht: »Die archaische Gemeinschaft spielt so, wie das Kind spielt und wie die Tiere spielen. Das Spiel ist von Anfang an erfüllt von den Elementen, die dem Spiel eigen sind: es ist voll von Ordnung, Spannung, Bewegung, Feierlichkeit und Begeisterung.« (Es scheint mir allerdings fraglich, ob man bei Tierspielen und bei jenen Kinderspielen, die diesen verwandt sind, die Elemente der Ordnung und Feierlichkeit ohne weiteres annehmen darf; vielmehr scheinen mir diese nur zu den traditionellen Spielen zu gehören. Wir werden weiter unten noch auf die Notwendigkeit, verschiedene Gattungen des Spiels zu unterscheiden, näher eingehen.)

»*Erst in einer späteren Phase der Gesellschaft**[*] verbindet sich mit diesem Spiel die Vorstellung vom Leben. Was einmal wortloses Spiel war, nimmt nun dichterische Form an. In der Form und in der Funktion des Spiels, das eine selbständige Qualität ist, findet das Gefühl des Eingebettetseins des Menschen im Kosmos seinen ersten, höchsten und heiligsten Ausdruck. *Nach und nach dringt die Bedeutung einer heiligen Handlung in das Spiel ein. Der Kult pfropft sich auf das Spiel auf, das Spielen an sich aber war das Primäre.*«[*] (S. 29) Dies ist die entscheidende Aussage, gegen die sich ernste Einwände erheben, und die uns daher im folgenden länger beschäftigen wird. Man kann sich des Gefühls nicht erwehren, daß hier das Werden der Kulte als etwas völlig Gleichgültiges, Nebensächliches erscheint, »das sich in einer späteren Phase der Gesellschaft« mit dem primären Spiel verbindet. Die Tatsache, daß durch diese Vorgänge, die hier so nebenbei erwähnt werden, aus Spielen heilige Handlungen werden, die das Wesen der ganzen Menschheitsgeschichte ausmachen, bleibt für Huizinga, wie es scheint, von sekundärer Bedeutung, während sie für den Kulturwissenschaftler doch immer das Haupt- und Kernstück bilden wird. Nach Huizinga kann sich theoretisch offenbar ein Kult auf jedes Spiel aufpfropfen. Uns dagegen scheint es, als ob ihm an dieser Stelle eine außerordentlich wesentliche Gedankenverbindung entgangen ist, obgleich ihm das hier gemeinte Problem durchaus begegnet ist; denn er setzt sich sehr ausführlich mit den von Leo Frobenius darüber geäußerten Ansichten auseinander (S. 25 ff.). Es

***

[*] Von mir hervorgehoben.

lohnt sich deshalb besonders, gerade auf diese Frage näher einzugehen. Jedoch lassen wir zunächst eine Arbeit von KARL KE-
RÉNYI über das Wesen des Festes sprechen, die sich mit derselben Grundfrage beschäftigt und die Huizinga ebenfalls erwähnt, ohne allerdings auf ihre Ergebnisse genauer einzugehen.

Huizinga betont mit Recht (S. 35 f.) die vielen Gemeinsamkeiten in seinen Feststellungen über das Spiel mit denen von
Kerényi über das Fest. Ebenso wie das Spiel ist das Fest von
primärer Selbständigkeit und eine nicht weiter zurückführbare
Qualität. »Die Ausschaltung des gewöhnlichen Lebens, der
überwiegend, wenn auch nicht notwendig fröhliche Ton der
Handlung – auch das Fest kann ernst sein –, die zeitliche und
räumliche Begrenztheit, das Zusammengehen von strenger Bestimmtheit und echter Freiheit, das sind die hauptsächlichsten
gemeinsamen Züge von Spiel und Fest. Im Tanz scheinen die
beiden Begriffe die innigste Verbindung einzugehen. Die Cora-
Indianer an der pazifischen Küste von Mexiko nennen ihre heiligen Feste des jungen Maiskolbens und des Maisröstens ein
›Spiel‹ ihres höchsten Gottes (S. 36). Es ist keine Frage, die Feste
sind Spiele, und Kerényi selbst hat dies bereits mit aller Deutlichkeit ausgesprochen.« (S. 65, 72 f.)

Aber uns scheint, daß Kerényi sehr viel mehr ausgesprochen
hat als dies. Alle Kulthandlungen sind Feste und alle Feste sind
Spiele. Aber das, was jene von diesen doch wieder unterscheidet, ist »ein geistiges Element mehr«, das sich durch die ganze
genannte Arbeit hindurchzieht und das genauer zu beschreiben
eben die Absicht des Verfassers war. Um aus den menschlichen
Bemühungen ein Fest werden zu lassen, muß »etwas Göttliches
hinzukommen, wodurch das sonst Unmögliche möglich wird.
Man wird auf eine Ebene erhoben, wo alles ist, ›wie am ersten
Tage‹, ›leuchtend‹, neu und ›erstmalig‹, wo man mit Göttern
zusammen ist, ja selbst göttlich wird, wo Schöpfungsodem weht
und man an der Schöpfung teilnimmt. Das ist das Wesen des
Festes, und das schließt die Wiederholung nicht aus. Im Gegenteil: sobald man durch Zeichen der Natur, durch Tradition und
durch Gewohnheit daran erinnert wird, ist man immer wieder
fähig, an einem ungewöhnlichen Sein und Schaffen teilzuneh-
men. Zeit und Mensch werden festlich.« (Kerényi, S. 70) »Im
Hintergrunde des Maisfestes steht – einerlei, ob als erstmalig
diese Idee hervorrufend oder an sie immer wieder nur erin-
nernd – die Wirklichkeit des Maisschicksals. Warum entsteht

aus jener Wirklichkeit in den Menschen, die in derselben Lebenseinheit mit dem Mais existieren, warum entsteht daraus gerade in den ›hohen Zeiten‹ des Maises die Idee jenes Schicksals als des Schicksals eines göttlichen Wesens: das wäre eine müßige Frage. Aus etwas Gegenwärtigem ist etwas noch mehr Gegenwärtiges entstanden, aus einer Wirklichkeit eine höhere Wirklichkeit.« (Kerényi, S. 71) »Zwischen Ernstem und Spielerischem, streng Gebundenem und willkürlich Freiem schwebt die festliche Atmosphäre. Diese Paradoxie löst sich nur, wenn wir sie von der Kernseite her, von der Idee aus betrachten. Eine Wirklichkeit der Welt wird für uns seelische Realität, sie leuchtet in uns als völlig überzeugende Idee auf.« (Kerényi, S. 73) »Die Idee ist in diesem Falle die zur seelischen Realität gewordene und in der menschlichen Substanz – in diesem von Furcht und Begierde getrübten Stoff – etwas entstellte objektive Wirklichkeit.« (Kerényi, S. 70) Das, was also diese heiligen Feste von anderen Spielen unterscheidet, ist zweierlei: Einmal ein tieferes und wesentlicheres Verhältnis zur Wirklichkeit und zum anderen ein dazu gehöriger besonderer seelischer Zustand, das Festlichkeitsgefühl, ohne die schöpferische Vorgänge überhaupt nicht möglich sind. Das Fest verbindet die Menschen nach ihrem eigenen Glauben mit den Göttern auf eine ganz besonders innige Weise. Sie erleben die Urzeit aufs neue, und gerade jene schöpferischen Vorgänge in der Urzeit, in denen göttliche Wesen oder Menschen, die Göttern gleich waren, die Welt so schufen, wie sie heute ist. Im Kult wird also nicht irgendeine Ordnung gespielt, sondern die eigentliche Ordnung der Welt – eben jene Ordnung, in der die Menschen selbst leben und die ihr Wirklichkeitsbild beherrscht. Zwar ist ihr Fest eine der unzähligen Wiederholungen, die nach ihrem eigenen Glauben seit der Urzeit in festen Abständen immer wieder gespielt worden sind. Aber es ist durchströmt von dem schöpferischen Geiste der Urzeit, sonst wäre es kein Fest. »Solches ›Sich-wieder-Erschaffen‹ ist natürlich eine Wiederholung. Die Primitiven wissen es, sie wiederholen bewußt und genau die religiösen Taten ihrer Vorfahren: das ist der Grundsatz ihrer Religion. Durch Wiederholen verliert das Leben an Kraft, verliert das Lebendige gerade an Leben. Es bleibt aber bei jeder Wiederholung eines religiösen Aktes ein Element des Schöpferischen übrig, das nicht mehr wiederzubringen ist, wenn der Akt aufgehört hat, wiederholt zu werden.« (Kerényi, S. 61)

Hier wird also zweifellos etwas über dieses »geistige Element mehr« ausgesagt, durch das sich heilige Handlungen von Spielen unterscheiden und das Huizinga zunächst selbst erwähnt, dann aber wieder ganz vernachlässigt. Er streicht es sogar ganz bewußt wieder aus, wo er sich mit dem von Frobenius so oft herangezogenen Worte »Ergriffenheit« beschäftigt. Mit Ergriffenheit aber sind gerade jene beiden Merkmale gemeint, die wir eben erwähnten. »Ergriffensein« ist (auch nach dem üblichen Sprachgebrauch) ein seelischer Zustand, der den Menschen aus dem gewöhnlichen Leben heraushebt, ein Festgefühl, das in besonderem Maße auch das Kennzeichen schöpferischer Zeiten im Leben des Menschen ist. »Von etwas ergriffen sein« deutet auf eine Wirklichkeit, auf die der Mensch gerichtet ist. Der Mensch wurde vom Wesen der Dinge ergriffen, sagte Frobenius. Man könnte auch sagen, in begnadeten Zeiten gewann der Mensch eine tiefere Erkenntnis der Welt, ihm offenbarte sich die Ordnung der Wirklichkeit oder – das Göttliche in den Dingen.

c. Wirklichkeitsbezogenheit und Spielcharakter

Wir hatten eben nach Kerényi gesagt, daß das Festliche der Kulthandlungen daher stamme, daß auch noch in der spätesten Wiederholung »ein Element des Schöpferischen« übrigbleibt als Rest und als Erinnerung an jenen urzeitlichen Vorgang, der zur Einsetzung des Festes führte. Demgegenüber weist Huizinga darauf hin, daß sich jener Prozeß, der zur Einsetzung eines Festes führt, »ganz und gar unserer Beobachtung« entzieht. »Frobenius und Jensen nähern sich ihr nur mit einer phantastischen Metapher. Von der Funktion, die in dem Prozeß des Bildwerdens wirksam ist, kann man höchstens sagen, daß sie eine dichterische Funktion ist, und man bezeichnet sie noch am besten, wenn man sie eine spielhafte Funktion nennt.« (S. 41) Danach wäre es also ganz abwegig, sich mit jenem schöpferischen Vorgang zu beschäftigen, weil er sich – wie Huizinga durchaus richtig feststellt – unserer direkten Beobachtung entzieht. Dem stehen aber eine Reihe von Tatsachen gegenüber, die uns sehr wohl direkt zugänglich sind.

Zunächst haben wir die Angaben, die die Eingeborenen selbst über ihr Tun machen. Niemand wird bezweifeln, daß sich ein Mensch jener Kulturen beim Brettspiel etwa in einer völlig anderen Seelenlage befindet, als wenn er an einem der zeremoniellen Stammesfeste teilnimmt. Wir wissen, daß auch Huizinga dies zugibt; aber uns geht es darum zu zeigen, daß es sich dabei um mehr handelt, als nur um »höhere Formen« des Spiels. Die Heiligkeit der Feste wird von den Naturvölkern immer wieder mit dem Hinweis auf jene Urzeit-Vorgänge begründet, die sich unserer direkten Beobachtung entziehen. K. Th. Preuss (Religiöser Gehalt der Mythen) hat dies in überzeugender Weise dargetan. Wir wollen kurz ein weiteres Beispiel dafür anführen. Marcel Griaule (Dieu d'eau, S. 233 f.) berichtet, daß bei den *Dogon,* einem Volk im französischen Westsudan, jedes Jahr nach der Ernte der mythische Diebstahl des Feuers kultisch dargestellt wird. Die Mythe berichtet, daß der himmlische Schmied ein Stück von der Sonne abbrach, um es in einen Speicher auf die Erde zu bringen. Auf seiner Flucht verlor er von dem Feuer und hob es mit seinem Krummstock wieder auf. Dreimal lief er um den Speicher herum, bis er endlich in seiner Angst den Eingang zum Speicher fand, wo er die Glut versteckte. Der Himmelsgeist, böse über den Diebstahl, schleuderte zwei Blitze hinter ihm her, die ihn aber nicht erreichten. Bei dem kultischen Fest wiederholt sich dieser Vorgang folgendermaßen: Ein Fackelträger stellt den Dieb dar und läuft über die Felder, hier und da das Gras anzündend, so wie der Dieb aus dem Himmel Feuer verlor und es wieder aufnahm. Die beiden Blitze werden von zwei Maskenträgern gespielt, die in der Hand ein Messer schwingen und den Flüchtigen verfolgen. Dreimal wiederholt sich dieses Spiel, bis der Fackelträger den heiligen Kultort erreicht, denn auch der himmlische Dieb war ja dreimal um seinen Speicher gelaufen, ehe er den Eingang fand. Belege für solche Bezogenheit der Kulthandlung auf die Mythe finden sich in großer Zahl. Es sei hier nur auf die Aussagen der *Uitoto* (Südamerika) über die Einsetzung des Ballspielfestes und der Tänze verwiesen, auf die wir noch eingehen werden (vgl. Kap. III, 1). Wenn Kerényi im Festerlebnis einen Abglanz jener schöpferischen Vorgänge in der Urzeit sieht, so wird diese Behauptung durch die Eingeborenen ausdrücklich vielfach bestätigt.

Wir brauchen jedoch nicht einmal auf die Naturvölker zurückzugreifen. In unserer Welt ist es nicht anders. Das Abendmahl beispielsweise erhält seinen heiligen Charakter nur durch den Hinweis auf jene Situation, die zu seiner Einsetzung führte.

Es ist also in demselben Maße Wiederholung und Erinnerung an etwas, was in der Sprache der Naturvölker ein Urzeitvorgang genannt wird, der durch die Wiedererweckung in einer neuen Darstellung auch die Erlebnisgrundlage in den Menschen wieder hervorruft. Diese enge Verknüpfung der kultischen Wiederholungen mit ihren schöpferischen Vorbildern in dem Bewußtsein der handelnden Menschen zwingt uns zur Beschäftigung mit jenen Urzeitvorgängen, auch wenn sie sich unserer direkten Beobachtung entziehen. Wir wissen doch wenigstens von ihnen, daß es sie gegeben haben muß. Wenn wir nicht annehmen, daß der Mensch vom Beginn aller Zeiten an da war und so gewesen ist, wie er später in die Geschichte eintritt (und wer würde das annehmen), so muß mit Bestimmtheit jede Kulturerscheinung einmal zuerst aufgetreten sein. Diese erste Gestaltung ist in der eigentlich kulturschöpferischen Zeit geschehen, und ihr muß sich schon deshalb unser regstes Interesse zuwenden. Wenn wir das Schöpferische an diesen Vorgängen zugeben müssen, so wissen wir doch dieses von ihnen und haben als Anhaltspunkt, daß wir sie nur mit solchen Merkmalen kennzeichnen können, die zum Schöpferischen gehören.

Jedoch ist es immer nur ein Aspekt der Wirklichkeit, der die Menschen in irgendeiner schöpferischen Periode so stark ergriffen hat, daß andere darüber in undurchdringliches Dunkel versanken. Es wird von anderen Wirklichkeiten abstrahiert; sie gelangen innerhalb jener Sphäre nicht zur Verwirklichung. Das ist durchaus nicht nur ein Kennzeichen sogenannter primitiver Geistigkeit. Jedes moderne Gesetz etwa enthält einen bestimmten Aspekt der Wirklichkeit. Die Härte der allem Gedachten innewohnenden eigenen Logik führt in extremen Fällen stets zu Konflikten mit anderen Wirklichkeiten. Denken wir nur an unsere jüngste abendländische Geschichte und die Grausamkeit, mit der beispielsweise über Familienbande, Heimatgefühle und andere tief menschliche Werte hinweggegangen wurde, um andere für notwendig gehaltene Gesetzlichkeiten zu verwirklichen. Die Abstraktion von anderen Wirklichkeiten ist sogar ein Wesensmerkmal aller Erkenntnis, und auch die archaischen, aus Ergriffenheit entstandenen Gestaltungen und Handlungen sind Erkenntnisse. Für uns sind mithin beispielsweise die Reifezeremonien weder aus dem von den Eingeborenen angegebenen Zweck zu erklären, noch sind sie Ausdruck einer nicht mehr faßbaren andersartigen Geistigkeit. Auch kann man sich ihre

Entstehung schwerlich als ein Spiel vorstellen, das so gespielt wurde, wie Kinder und Tiere spielen, und dem sich erst in einer späteren Phase der Gesellschaft ein spielfremder Sinn aufpfropfte, der das Spiel zum Kult machte. Vielmehr müssen wir in ihnen die Gestaltung einer Wirklichkeitserkenntnis sehen. Tod und Zeugung gehören nicht nur in einen logischen Zusammenhang, sondern ihre enge Verbundenheit ist ein wesentliches Merkmal allen Lebens, das sich den Menschen in einem schöpferischen Urzeitvorgang offenbarte und zur Gestaltung von Mythen und heiligen Handlungen führte. Es wird in den Reifezeremonien etwas über das Wesen der männlichen Zeugungsfähigkeit ausgedrückt. Sie stellen eine in der menschlichen Welt »erkannte« Ordnung dar. Wie bei allen Kulthandlungen wird also auch hier nicht irgendeine Ordnung gespielt, sondern eine bestimmte »wirkliche« Ordnung, und darum ist die Zeremonie mehr als »Nur-Spiel«. Die Wirklichkeitsbezogenheit eines Kultes darf also unter keinen Umständen mit einem Zweck als Erklärungsgrund für den Kult verwechselt werden. Daß der Mensch von »kosmischen Tatsachen« oder anderen Wirklichkeiten ergriffen wird, daß er sie darstellt und in menschlicher Gestaltung noch einmal verwirklicht, daß er eine Ordnung der Welt erkennt und sie als menschliche Ordnung spielt, ist an sich ein ebenso zweckfreies Tun wie die Aufführung eines Dramas in unserer Zeit. Es geschieht mit der gleichen Freiheit des Handelns, die Huizinga als wesentliches Merkmal der Spiele feststellte – und auch mit der gleichen Unfreiheit, wenn man auf das zur Tat Zwingende gerichtet ist, das darin liegt, daß der Mensch von Natur ein darstellendes Wesen ist (vgl. Kap. IX).

d. Der Unterschied zwischen Kultspielen und anderen Spielgattungen

Eine andere Schwierigkeit besteht für Huizinga in der Kluft zwischen den Handlungen, die vor einer solchen Wirklichkeitserkenntnis liegen, und solchen, die eine erkannte Ordnung zum Ausdruck bringen oder darstellen. Er fragt: »Wie verläuft der Prozeß, der mit einer nicht zum Ausdruck gekommenen Erfahrung kosmischer Tatsachen beginnt und auf eine spielbare Ausbildung dieser Tatsachen hinausläuft?« (S. 26) Die Frage klingt schwieriger als sie in Wirklichkeit ist. Auch wir kennen sehr gut den Unterschied zwischen einer nicht zum Ausdruck gekommenen Erfahrung und ihrer vollbewußten Ausbildung. Am deutlichsten zeigt sich dieser Unterschied im Lebenslauf eines jeden Kindes. Ein Kind bewegt sich und lebt in einer Welt, deren Ordnung es erst nach und nach, Stück um Stück, ja in genau feststellbaren Stufen begreift. Und trotzdem schaltet und waltet es mit vielen Dingen in dieser Welt in einer nicht zum Ausdruck gekommenen Erfahrung. Ebenso müssen wir uns das Werden der Kultur vorstellen. Der Mensch hat (um bei dem Beispiel der Reifezeremonien zu bleiben) gezeugt und sich vermehrt, ehe ihm irgendetwas von dem Wesen dieses Vorganges bewußt geworden ist. Er hat in einer nicht zum Ausdruck gekommenen Erfahrung gehandelt. Einmal ist er aber von diesen Vorgängen »ergriffen« worden. Ihr Wesen ist ihm bewußt geworden. »Aus etwas an sich Gegenwärtigem ist ihm etwas noch mehr Gegenwärtiges geworden.« (Kerényi) Über den Prozeß selbst aber, der von einem zum andern führt, wissen wir so wenig (oder auch so viel), wie wir über schöpferische Vorgänge überhaupt wissen. Sicher wissen wir jedenfalls, daß es sie gibt und daß es sie auch in der archaischen Gesellschaft gab und daß die durch sie herbeigeführten Gestaltungen alle formalen Kennzeichen des Spiels tragen. Wenn man bedenkt, daß Kinder durch Erwachsene und eigens dafür angestellte Lehrmeister in die für uns gültige Ordnung der Welt eingeführt werden, daß diese zum Bestand unserer Kultur gehörenden Bewußtseinsinhalte aber in weit zurückliegenden Zeiten einmal von Menschen ohne Lehrmeister »entdeckt« worden sein müssen, so zeigt sich darin schon der Reichtum an schöpferischen Kräften, der auch jene frühen Zeiten ebenso wie spätere ausgezeichnet haben muß. Es müssen jeweils wahrhaft Hohe Zeiten gewesen sein, in denen wir uns die Entstehung der heiligen Handlungen vorzustellen haben, und eben darum kommt der Begriff des Festes mit allen seinen Merkmalen diesen Vorgängen am nächsten.

Demgegenüber glaubt Huizinga, wie gesagt, daß diese Spiele ihrem Wesen nach nichts anderes »als eine höhere Form des im Grunde ganz gleichwertigen Kinderspiels oder gar des Tierspiels« seien (S. 28), und seine Gedanken vom Werden der Kultur gipfeln darin, daß sich der Kult »in einer späteren Phase der Gesellschaft« dem Spiel aufgepfropft habe.

Hiergegen haben wir sehr ernste Bedenken erheben müssen. Der geistige Inhalt der heiligen Handlungen verfliegt, es bleibt nur das Formale des Spiels. Man muß annehmen, daß sich jeder

Art von Spiel ein Kult verbinden kann. Dann verliert dieser aber jeglichen Sinn, und wir sind wieder da, von wo wir mit aller Kraft geflüchtet sind. Von der Sinnlosigkeit aller heiligen Handlungen scheint uns Huizinga kaum weiter entfernt als jene religionswissenschaftlichen Theorien, in deren Ablehnung er sich mit Frobenius einig war.

Die Voraussetzung, von der Huizinga zu diesem Schluß kommt, erscheint uns jedoch nicht bewiesen. Das Spiel soll deshalb das Primäre, vor aller Kultur Vorhandene sein, »weil die Tiere … nicht auf den Menschen gewartet haben, um von ihm erst das Spielen zu lernen«. (S. 1) Kultur soll aber immer mit dem Menschen verbunden sein. Wenn man Tier- und Kinderspiele gleichsetzen will, was in begrenztem Umfang berechtigt sein mag, so ist es unerläßlich, verschiedene Arten von Kinderspielen zu unterscheiden. Gewiß balgen sich Kinder, wie Hunde das tun können, und diese Art zu spielen ist tatsächlich den Tierspielen vergleichbar, aber auch ausschließlich diese. Von solchen vorwiegend dem biologischen Bereich zugehörigen Spielen führt indessen keine direkte Verbindung zu den Kultspielen. Zwei andere Gattungen von Kinderspielen jedoch sind in dieser Hinsicht von Wichtigkeit.

Fragen wir beispielsweise nach dem Inhalt des Kinderspiels, nach dem, was von Kindern gespielt wird, so lassen sich diese beiden Arten von Spielen deutlich unterscheiden. Einmal sind es die vorwiegend improvisierten, von denen die kindliche Phantasie einen unübersehbaren Reichtum immer aufs neue hervorzuzaubert. Das ihnen allen Gemeinsame ist aber gerade ihre Wirklichkeitsbezogenheit. Ob Mutter und Kind, Eisenbahn, Dampfschiff, Verkleiden, Verkaufen, Kochen, Indianer, Räuber oder was immer gespielt wird, in jedem einzelnen Fall ist es die sie umgebende Welt, die ihnen noch fremdartige Wirklichkeit des ernsten Tuns der Erwachsenen, die von Kindern gespielt wird. Das genaue Nachahmen aller jener Züge der Wirklichkeit, die sich ihnen als wesentlich offenbart haben, die sie von anderen abstrahiert haben, ist sogar das Hauptmerkmal aller dieser Spiele. Kinder spielen die Ordnung der Welt, so wie sie sie erkennen, und damit erobern sie sich die Wirklichkeit, stellen sie dar und verleiben sie sich ein, in zweckfreiem, nutzlosem Tun – genau wie in den Kultspielen die archaische Gesellschaft die Wirklichkeit erkannt und dargestellt hat.

Diese improvisierten Spiele sind also ebenso wie die Kultspiele eine besondere Art des Ausdrucks vom Gewahrwerden der Dinge in der Welt. Sie allein zeigen die schöpferische Natur des Menschen; denn zweifellos ist es ein höchst schöpferischer Vorgang beim Kind, wenn es sich in erstaunlich kurzer Zeit das gesamte Weltbild seiner Zeit aneignet. Daß dies auf dem Wege des Spielens geschieht, ist ganz besonders charakteristisch, weil es mit allen seinen Merkmalen der Freiheit des Handelns, der Loslösung von allem Zweck und Nutzen und der Spannung auf das Gelingen die echte Form für das wahrhaft schöpferische Verhalten des Menschen ist. Auch der oft so spielfeindliche Schulunterricht wird sein Ziel am besten, schnellsten und gründlichsten erreichen, wenn er sich in diesem Sinne dem Kind als Spiel darbietet.

Und doch besteht zwischen Kinderspielen und heiligen Handlungen ein entscheidender Unterschied. Kinder spielen eine von Menschen bereits realisierte Ordnung der Welt. Sie verhalten sich zu kulturellen Gestaltungen, die ihnen in festen – von Menschen bereits geschaffenen – Formen dargeboten werden. Das Schöpferische an ihrem Verhalten muß an einer entscheidenden Stelle eingeschränkt werden, ohne daß es allerdings dadurch aufgehoben wird; denn auch das wahre Nachempfinden ist als solches ein schöpferischer Vorgang, ist ohne ihn gar nicht möglich. Es ist nun zwar völlig richtig, daß auch jede heutige Kulturgemeinschaft ebenso wie das Kind ihre Vorstellungen als traditionellen Stoff fertig vorgeführt bekommt (Huizinga, S. 41). Insofern ist der eigentlich schöpferische Gehalt der heiligen Handlungen natürlich ebenfalls sekundär. Seinen heiligen Charakter erhält das Kultspiel aber gerade dadurch, daß es Erinnerung an einen elementaren Vorgang in der Urzeit und eine Wiedererweckung jener Ergriffenheit ist. In jener schöpferischen Urzeit aber (ebenso wie in jeder anderen schöpferischen Periode der Geschichte) muß sich dem Menschen die wirkliche Welt selbst oder jener Teil von ihr offenbart haben, dessen Wesen er in heiligen Handlungen darstellte, und nicht eine von Menschen bereits gestaltete Ordnung. Solange das daraus gewonnene Weltbild Gültigkeit hat, wird auch in der spätesten Wiederholung noch ein Rest jenes Schöpferischen mitklingen, und gerade dieser Rest ist das Hauptmerkmal des heiligen Spiels, das »geistige Element mehr«, das es von den »Nur-Spielen« unterscheidet.

Die zweite Gruppe der im Hinblick auf die Kulte interessanten Spiele umfaßt die traditionellen Kinderspiele, wie Schaukeln, Rundlauf, Kreisel schlagen, Drachen steigen lassen, Stelzen laufen usw. Sie sind von Generation zu Generation als fester Kulturbestand vererbt und auf jeden Fall vom Kinde nicht erfunden. Mit ihnen wollen wir uns im nächsten Kapitel näher befassen, um darzulegen, daß sie als »survivals« von Kultspielen aufzufassen sind.

Mit dem Satz von JOHAN HUIZINGA, daß sich die Kulte den
Spielen aufgepfropft hätten, haben wir den wichtigsten Gegenstand der nun folgenden Betrachtung. Wir behaupten allerdings, daß die auf die Wirklichkeit bezogenen Kulturerscheinungen eben wegen dieses Bezogenseins sinnerfüllt sind und
daß diese sinnbezogenen Formen unbedingt die älteren und vor
allem die ursprünglicheren sein müssen, während die traditionellen Spiele spätere Erscheinungen sind, in denen die einmal
hervorgebrachten Gestaltungen ohne irgendeinen Sinnzusammenhang weiter existieren. Eine weit verbreitete Anschauung
ist indessen, daß es nicht nur ebenso gut umgekehrt sein könne,
sondern daß der Prozeß tatsächlich in entgegengesetztem Sinne
verlaufen sein müsse. Nun gibt es für die Entscheidung über
diese Frage schwerlich eindeutiges Beweismaterial, und zwar
weder in der einen noch in der anderen Richtung. Es ist jedoch
keineswegs so, daß die allgemein verbreiteten Ansichten die
natürlichen wären. Mir erscheinen sie im Gegenteil als die unna-
türlichsten, weil auch ihnen wieder jenes Zerrbild von der Geistesart des frühen Menschen zugrunde liegt. Auf jeden Fall aber
sind sie rein hypothetisch, und schon deshalb ist es unerläßlich,
andere Möglichkeiten genauestens auf ihre eventuelle Berechtigung hin zu prüfen.

Nun ist Huizinga[*] beileibe kein Vertreter der hier kritisch
behandelten religionswissenschaftlichen Theorien. Seine Absichten gehen sicherlich in entgegengesetzter Richtung. Da er
aber die Wirklichkeitsbezogenheit einer Kulturerscheinung bereits als ein spielfremdes Zweckelement ansieht, in dem er eine
Gefährdung für das ihm am Herzen liegende Wesen des reinen

---

[*] Es bedarf vielleicht der Erwähnung, daß ich von Huizinga während des
Krieges nach dem Erscheinen einer ausführlichen Besprechung seines Buches (in
der Zeitschrift Paideuma, Bd. II, S. 124) eine schriftliche Mitteilung erhielt, daß er
in den entscheidenden Fragen mit viel einiger sei, als ich in der Besprechung
angenommen habe. Er hoffe, sich später in ruhigen Zeiten mit mir darüber verständigen zu können, wozu es dann leider durch den vorzeitigen Tod des bedeutenden Gelehrten nicht mehr gekommen ist. (Das Schreiben ist bei einem Bom-
benangriff verbrannt.)

Spiels sieht, kommt er zu Schlüssen, die nicht befriedigen können.

1. Nur-Spiele als Survivals von Kultspielen

In unserer Kultur kennen wir diese Spiele – wir haben sie die traditionellen genannt –, die lediglich als »Nur-Spiele«, zum Vergnügen oder, wie beispielsweise viele Ballspiele, als Sport und Wettkampf betrieben werden. Die meisten dieser Spiele, wenn nicht alle, kommen indessen in anderen Kulturen als Bestandteile von Kulthandlungen vor. Sehen wir uns nur wenige Beispiele davon etwas näher an, um dann zur Frage zurückzukehren, ob sich hier dem Spiel ein Kult aufgepfropft hat oder ob nicht vielmehr diese Spiele ganz elementar zum Wesen jener Kulte gehören und von dorther ihren Weg der allmählichen Sinnentleerung zum Nur-Spiel der Kinder und zu unseren Sportarten genommen haben.

Bei dem Stamm der *Canelos*-Indianer in Ecuador gibt es ein Würfelspiel, das RAFAEL KARSTEN (Head Hunters, S. 478 ff.) sehr genau beschrieben hat. Der Name *Huayru* ist ein *Kechua*-Wort; vermutlich ist also das Spiel von dorther eingeführt. Es wird bei den Canelos nur während der nächtlichen Totenwache nach dem Tode des Hausherrn gespielt. Frauen und männliche Familienangehörige beteiligen sich nicht daran, sondern nur die geladenen männlichen Gäste, die sich in zwei Reihen diesseits und jenseits der Leiche aufstellen, die in der Mitte der Hütte aufgebahrt ist. Der dabei benutzte Würfel ist aus den Beinknochen eines Lamas geschnitzt, etwa 6 bis 8 cm lang und hat vier unebene Seiten, die mit unterschiedlich vielen Marken versehen sind. Der Würfel wird vom ersten Mann der einen Partei über die Leiche hinweg zum ersten Mann der Gegenpartei geworfen, von dort wieder zurück zum zweiten Mann der ersten Partei und so fort. Die Spielregeln sind lokal verschieden. Man kann nach Punkten siegen oder auch durch einen einzigen glücklichen Wurf, wenn der Würfel senkrecht stehen bleibt. Der Sieger hat dann jeweils eines der Haustiere des Verstorbenen gewonnen, das sofort geschlachtet, von den Frauen zubereitet und von allen gemeinsam verzehrt wird.

Dem Verstorbenen werden dabei Schüsseln mit den leckersten Gerichten hingestellt, da er die Hauptperson der Zeremonie ist und vollkommen anwesend wirkt. Ein besonders glückhafter Spieler gilt als dem Toten nahestehend, während ein Pechvogel als dem Verstorbenen unsympathisch angesehen wird. Wenn längere Zeit ungünstige Würfe aufeinander folgen, wird angenommen, daß der Tote dies verursache. Alle verhüllen das Haupt, und ein anwesender Amtsträger vollführt eine Zeremonie, in deren Verlauf er sich mit dem Verstorbenen unterhält und ihn bittet, er möge den Gästen doch nicht so abhold sein.

Wichtig ist, daß alle Anwesenden die ganze Nacht hindurch wach bleiben; einschlafen gilt als sehr gefährlich und wird nur bei kleinsten Kindern geduldet. Auf diese Weise wird das ganze lebendige Inventar des Verstorbenen verspielt bis auf einige Tiere, die der Aufzucht dienen sollen. Die Tiere werden dabei offenbar in irgendeiner Hinsicht mit dem Toten identifiziert; denn das übriggebliebene Schaf oder Schwein wird von der Witwe besonders zärtlich behandelt. Sie nimmt es sogar mit sich ins Bett, umarmt es und bringt dabei zum Ausdruck, daß sie auf diese Weise ihren verstorbenen Gatten umarmt.

Nun ist es sicherlich außerordentlich schwierig und vorläufig jedenfalls unmöglich, den ursprünglichen Sinn einer solchen Spielzeremonie eindeutig aufzuhellen. Dieser Versuch soll hier gar nicht gewagt werden. Eine Fülle von ganz verschiedenartigen Vorstellungen, die alle mit der besonderen Weltbetrachtung dieses Volkes zusammenhängen, müssen zu der Entstehung dieser besonderen Gestalt eines Kultspieles beigetragen haben, und wir müßten sie alle in ihren Zusammenhängen untereinander und ihrer Bezogenheit auf die Wirklichkeit kennen und »verstehen«, wenn wir eine sinnvolle Aufklärung geben wollten. Wir kennen sie aber alle nicht, und solange ist es entschieden besser, auf eine theoretische Deutung ganz zu verzichten.

Aber was uns hier interessiert, läßt sich als höchst wahrscheinlich feststellen: Die Zeremonie, obgleich unseren Glücksspielen im äußeren Ablauf völlig gleich, gehört hier untrennbar zum Totenkult. Es ist unvorstellbar, daß das Glücksspiel für sich allein den eigentlichen Sinn enthält und daß der Totenkult »sich ihm nur aufgepfropft« habe oder daß mit dem Totenkult lediglich »ein geistiges Element mehr« »im Spiele« wäre. Dagegen spricht schon die eindeutige Angabe, daß das Spiel nur während der Totenwache gespielt wird. (Karsten erwähnt übrigens ähnliche Spiele aus dem Gran Chaco, wo sie nur zur Zeit der Reife der Algarobbafrucht gespielt werden.) Wenn das Spiel für sich ganz allein die eigentlich sinnvolle Erscheinung gewesen sein soll, so wäre die Kombinierung mit dem Totenkult nur dann als sinnvoll zu begreifen, wenn in dem Spiel ein wesentliches Element bereits vorhanden war, das diese Kombinierung geradezu herausforderte oder wenigstens als sinnvoll erscheinen ließ. Wenn das aber der Fall war, so heißt das nichts anderes, als daß es eben seinen eigentlichen Sinn im Zusammenhang mit dem Totenkult hatte. Bei unserer Art von Glücksspielen würde wohl kaum jemand auf die Idee kommen, sie gerade bei einer Totenfeier zu spielen, womit nur gesagt sein soll, daß diese Verbindung in dem Wesen dieser Spiele als Nur-Spiel wohl kaum angelegt ist.

Auch sonst begegnen uns bei den Naturvölkern Spiele als Wesensbestandteil eines Kultes noch so lebendig als Ausdruck der zentralen religiösen Vorstellungen, daß die Verbindung mit dem Kult unbedingt ursprünglich erscheint und es auch dem Skeptiker unmöglich sein dürfte, dieses Spiel als spätere Zutat zum Kult oder den Kult als eine gesteigerte Form dieses Spieles anzusprechen. Für das Ballspiel geht das in überzeugender Weise aus dem einzigartigen Material von K. Th. Preuss über die *Uitoto* hervor. Wir müssen es uns versagen, die religiösen Vorstellungen der Uitoto hier in der Ausführlichkeit zu erörtern, die allein sie verständlich machen könnte. Zur Andeutung der Sinnzusammenhänge seien aber wenigstens einige Einzelheiten angeführt: Das Ballspiel ist mit dem jährlichen Fest anläßlich der Fruchternte verbunden, das auch seinen Namen trägt (S. 26). Bei diesem Fest offenbart sich der Urvater in den Früchten (S. 131). Auch der Ball – er besteht aus dem Saft des Kautschukbaumes – wird, wie sich aus seinem Namen erschließen läßt, als eine Frucht, nämlich als die des Kautschukbaumes, aufgefaßt (S. 133) und zugleich als Verwirklichung des Göttlichen (als Offenbarung der Seele des Vaters, S. 29, 134, 135). Für die Heiligkeit, die die Uitoto dem Ballspiel beimessen, mag eine ihrer Aussagen Zeugnis ablegen: »Infolgedessen gab uns unser Vater den Ball und erzählte uns das gute Wort, das man nicht schelten darf, das Wort von unserem Kautschukball. Die Worte vergessen wir nicht, ... mit Hilfe dieser Worte spielen wir Ball. – Wenn wir Ball spielen, treiben wir nicht Mutwillen, denn das gute Wort ist eine heilige Sache, und wer mit ihr sein Spiel treibt, den züchtigt der Herr des Ballspiels, denn er beobachtet die Spieler und weiß, wenn einer es schädigt.« Das Ballspiel kann hier nur – zusammen mit den anderen kultischen Gestaltungen – als homogene Einheit entstanden sein. Wenn aber jene Vorstellungen, aus denen es entstand, bei den Uitoto ihre Gültigkeit verlieren, wird es sehr wahrscheinlich als Nur-Spiel und Volksbelustigung weiter bestehen bleiben. Es wird vom Stadium des Ausdrucks in das der Anwendung übergehen.

Als ein weiteres Beispiel können wir das Stelzenlaufen heranziehen. Es ist bei uns als ein Nur-Spiel bekannt, das Kinder betreiben, und zwar ausschließlich zum Vergnügen. Als solches kommt es auch bei Naturvölkern vor, in Afrika beispielsweise bei den *Pangwe* (GÜNTER TESSMANN, Pangwe, Bd. 2, S. 294) und den *Bena Lulua* (H. WISSMANN, S. 80). Als nützliches Gerät scheinen Stelzen bei den *Nyamnyam* in Zentralafrika in Gebrauch zu sein. Ihre Feldwächter sollen sich ihrer bedienen, um die Felder überblicken zu können (KARL LANG, S. 276). Gleichzeitig aber werden bei zahlreichen afrikanischen Völkern Stelzen beim Kult verwendet. So ist bei den *Tschokwe* im südlichen Zentralafrika die Stelze das Symbol eines Schutzgeistes *Mbongo,* der das Dorf bewacht. Eine Pfahlplastik, die ihn darstellt, steht am Dorfeingang, zuweilen auch an ihrer Stelle ein Paar Stelzen. Man glaubt nämlich, daß die Mbongo in der Dunkelheit riesengroß werden und bis in die Wolken zu *Kalunga,* dem Herrn des Himmels, reichen. Außerdem spielt das Stelzenlaufen in gewissen geheimen Männerweihen, deren Sinn nicht genau zu ermitteln ist, eine wesentliche Rolle. Die Novizen lernen während dieser mehrere Tage währenden Zeremonie vor allem den Stelzenlauf (HERMANN BAUMANN, Lunda, S. 120, 203 f.). Von den *Kaonde* (weiter östlich) berichtet ein anderer Autor (FRANK H. MELLAND, S. 176) über ein Mbongi genanntes Stelzentanzfest: Bei wichtigen Todesfällen, bevor der Nachfolger erwählt ist, wird bei Mondlicht eine Trommel in den Wald getragen und ein Tanz beginnt. Nackte Männer auf hohen Stelzen, von Kopf bis Fuß weiß bemalt, erscheinen zwischen den Bäumen und huschen zwischen den Zweigen »wie die Geister der Toten« umher. Viele der Zuschauer fliehen vor Schreck in das Dorf, obwohl man weiß, daß die Zeremonie eine Aufführung ist, die die Verstorbenen erfreuen soll.

Wenn uns hier auch nicht wie beim Ballspiel der Uitoto Aussagen der Eingeborenen zur Verfügung stehen, die die Entstehung des Spieles mythisch begründen, so ist es uns doch nicht zweifelhaft, daß der Sinnzusammenhang, in dem wir das Stelzenlaufen bei den Tschokwe und ihren Nachbarn finden, gegenüber dem nur spielerischen, den es bei den anderen oben erwähnten Völkern hat, der ältere ist, und daß wir hier den Vorstellungen, die zur Entstehung des Spieles führten, am nächsten sind. Der Brauch, im Kult einen Wächtergeist auf Stelzen einhergehend darzustellen, kann sehr wohl, wenn die damit verbundenen Glaubensvorstellungen verblassen, im profanen Leben darin fortleben, die Feldwächter mit – für sie sehr zweckmäßigen – Stelzen auszurüsten, wodurch ihrem an sich nützlichen Amt möglicherweise eine Art Zwischenstellung zukommt zwischen einem Feldwächter und einem dargestellten Wächter-»Geist«. Eine Zeremonie, deren aufregende und schreckende Wirkung sich im Kult erwiesen hat, kann sehr wohl als Volksbelustigung weiter existieren. Der umgekehrte Vorgang aber, daß der Feldwächter zu einem Wächtergeist, das Stelzenspiel zu einer Zeremonie, in der Verstorbene auftreten, »gesteigert« wird, hat demgegenüber wenig Wahrscheinlichkeit. Zu diesem Ergebnis kommt auch K. G. LINDBLOM in seiner Untersuchung über die Stelzen, obgleich er – wie er selbst betont – nicht zu jenen gehört, die die kultische Bedeutung naturvölkischen Tuns im allgemeinen für das Primäre halten (S. 31). Er war im Gegenteil anfänglich von der Auffassung ausgegangen, daß der Ursprung der Stelzen in praktischen Zwecken gesucht werden müsse. Das Material jedoch hat ihn – besonders im Hinblick auf Afrika – vom Gegenteil überzeugt, so daß er die gelegentliche Verwendung der Stelzen als Kinderspielzeug als ein Survival deutet (S. 27).

Ebenso ist das Kreiselschlagen bei manchen Völkern mit dem Kult verbunden. Bei den *Kayjan* auf Borneo, die schwere, 30 cm hohe Holzkreisel verwenden, wird es ausschließlich während des großen Saatfestes gespielt und nur von Männern (A. W. NIEUWENHUIS, Borneo, Bd. 1, S. 330 f.). Auch bei den *Naga*-Stämmen in Hinterindien ist es ein Männerspiel und nur zu bestimmten Zeiten erlaubt. Während der Reis wächst ist es zum Beispiel verboten, »weil die Erde schwanger ist« (J. P. MILLS, Ao, S. 150). An bestimmten Feiertagen, an denen sich die Dorfgemeinschaft in einer Art Tabu-Zustand befindet – man darf nicht arbeiten, das Dorf nicht verlassen usw. –, spielen die männlichen Dorfbewohner Kreisel (S. 220, 221). Bei einer mythisch überlieferten Dorfgründungszeremonie wird darauf angespielt, daß die künftigen Dorfbewohner Kreisel schlagen werden (Mills, Rengma, S. 45, 123). Bei einigen Stämmen gehört der Kreisel zu den Bestattungsbeigaben des Kriegers (J. H. HUTTON, Sema, S. 244). Wenn der ursprüngliche Sinn des Spiels aus diesen einzelnen Vorschriften und Bräuchen auch nicht zu erschließen ist, so ist doch unverkennbar, daß es bei diesen Völkern einmal mit ernsten Glaubensvorstellungen verbunden war. Wir sind der Ansicht, daß es auch nur aus solchen Vorstellungen entstanden sein kann. Dies gilt für alle traditionellen Nur-Spiele, von denen in der abendländischen Welt wohl kaum eines bekannt ist, das bei den Naturvölkern nicht im Rahmen von heiligen Handlungen vorkäme. Die Bedeutung der Fadenspiele beispielsweise für die Fruchtbarkeits-Zeremonie hat GEORG HÖLTKER aufgezeigt.

Ebensowenig wie der Hinweis auf den Spieltrieb zur Erklärung für die traditionellen Spiele, genügt der Hinweis auf die menschliche Lust an geordneter Bewegung, um die gestalteten Tänze zu erklären. Wie die Naturvölker selbst ihre Tänze auffassen, kann uns wieder ein Ausspruch der Uitoto deutlich machen: »Das (die Mythen) sind die Worte unseres Vaters, seine eigenen Worte. Vermittels dieser Worte tanzen wir, und es wäre kein Tanz, wenn er sie uns nicht gegeben hätte.« (Preuß, S. 625) Alle echten Tänze, seien es Tier-Tänze, Labyrinth-Tänze oder sonstige »darstellende« Bewegungen, wollen einen wesentlichen Zug aus dem menschlichen Bild von der Wirklichkeit zum Ausdruck bringen. Alle unsere sportlichen Wettspiele finden sich bei Naturvölkern, und zwar auch hier als Wettspiele (vgl. dazu KARL MEULI, Olympische Spiele), aber niemals ausschließlich, um ein Wettspiel zu veranstalten, sondern immer nur als Bestandteil von Zeremonien, bei denen sie deshalb stattfinden müssen, weil sie zur Darstellung der mythisch erkannten Weltordnung gehören (vgl. AD. E. JENSEN, Wettkampfparteien).

In dem Wesen dieser Spiele ist nichts gegeben, das ihre Entwicklung zum Kult einschlösse. Sie sind vielmehr sprechende Beispiele dafür, in welchem Maße die Gestaltung des Kultes einerseits Darstellungen von Erkenntnissen über die Wirklichkeit und andererseits Ausdrucksmöglichkeiten für menschliche Wesen sind. Gerade deshalb, weil die Kulthandlungen in hohem Maße auch dieses zweite Merkmal aufweisen, daß sie dem menschlichen Wesen und seinen Anlagen entsprechen, haben die einmal Gestalt gewordenen Erscheinungen ein so zähes Eigenleben und werden auch dann noch von den Menschen späterer Epochen weitergepflegt, wenn jene Wirklichkeitserkenntnisse, die zu ihrer Entstehung führten, schon lange durch andere abgelöst wurden und deshalb die ursprüngliche Sinnbezogenheit völlig verloren gegangen ist.

2. Die ätiologische Mythe

Im besonderen Maße gilt das bisher Gesagte für die Kunst. Sie läßt sich nicht als reines Spiel und mit dem Schlagwort *l'art pour l'art* charakterisieren, sondern sie ist in allen frühen Formen Darstellungsmittel gesteigerter Welterfahrung. Über die prähistorische Felsbilderkunst wissen wir in dieser Hinsicht nichts Gesichertes, aber über die Plastik, den Tanz und die Mythe, als die früheste Form der Erzählkunst, wissen wir, daß sie keineswegs nur Plastik, Tanz oder Erzählung sein wollen, sondern daß sie erkannte Wirklichkeit darstellen und daß darin ihre große Bedeutung für die Menschheit liegt. Die Kunst ist einer der wenigen Lebensbereiche, die auch unsere Kulturepoche noch durch die gleichen Ausdrucksmittel mit der frühen Menschheit verbindet. Darin liegt ihre bedeutsame Sonderstellung, die sie durch alle menschheitsgeschichtlichen Perioden hindurch behalten hat, solange es dem Menschen wichtig war, den göttlichen Aspekt der Welt zu erfahren und darzustellen. Jedoch hat das keineswegs verhindert, daß auch ihre Schöpfungen – wie alle Kulturerscheinungen – innerhalb jeder der großen Epochen der Geschichte den Degenerationsprozeß vom Ausdruck zur sinnentleerten Anwendung durchlaufen haben. Im folgenden soll der gleiche Verlauf an der mythischen Erzählungsgattung beispielhaft dargelegt werden. In den ernsten, großartigen Mythen, die wir im eigentlichen Sinne als Ausdruck des mythischen Erlebens begreifen, wird uns das Wesen der Welt auf ganz besondere Art erklärt, nahe gebracht und anschaulich gemacht. Neben vielen anderen Merkmalen gehört – ausgesprochen oder unausgesprochen – stets zu ihnen, daß das in ihnen geschilderte Geschehen in der Urzeit vor sich ging. Wie sollte es anders sein! Die Beschaffenheit der Welt zeigt sich in einer Ordnung, die von jeher war; von jeher, das heißt, solange es Menschen gibt und solange die menschliche Erfahrung zurückreicht. Aber der mythische Gedanke setzt stets voraus, daß alles Bestehende ein Gewordenes ist, ein Werk schöpferischer Kräfte, die aus der

Unordnung – oder aus der andersartigen, nicht richtigen Ordnung – die bestehende Ordnung, aus dem Andersartig-Bestehenden das Jetzt-Bestehende schufen. Es ist erstaunlich, daß dieser, auch der Wissenschaft geläufige Gedanke das menschliche Bewußtsein bereits in einer Zeit beherrschte, als weder erdgeschichtliche noch paläontologische oder prähistorische Forschungen den Gedanken durch konkrete Funde stützten. Das mythische Bewußtsein von dem Gewordensein der Dinge ist indessen auch von ganz anderer Art: Hier werden keine Entwicklungsstufen oder stetiges Fortschreiten von den Urelementen bis zur endgültigen Gestalt gesucht, sondern das Hervortreten der Erscheinung ist fast immer ein einmaliger Akt, ein großartiges Geschehen in der Urzeit, dessen Ergebnis eben die heute gültige Form der Erscheinung ist.

Diese mythische Idee von dem Gewordensein der Dinge ist keineswegs selbstverständlich, wie man leicht anzunehmen geneigt ist. Man vergegenwärtige sich nur, wie leicht ganze Systeme von andersartigen Aussagen über die Wirklichkeit denkbar sind, in denen sie als von Anfang an bestehend gelten und die Frage ihres Gewordenseins keines Gedankens gewürdigt wird. Es muß ein unerhörter Vorgang in der Kulturgeschichte der Menschheit gewesen sein, der diese Art der Weltbetrachtung hervorgebracht hat. Sie kann nur auf der tiefen Erkenntnis beruhen, daß der Entstehung einer Erscheinung, ihrem Eintreten in die Wirklichkeit als etwas Neues, eine hohe Bedeutung zukommt. Jedes erstmalige Geschehen unterscheidet sich von allen späteren, vergleichbaren Wiederholungen durch ein besonderes, das wir das Schöpferische nennen und das die Aufmerksamkeit der frühen Menschheit bereits sehr in Anspruch genommen haben muß. Nur aus der Erfahrung des besonderen Wesens der schöpferischen Vorgänge kann die Frage nach dem Gewordensein hervorgegangen sein. Das legt den Gedanken nahe – der sich allerdings auch aus einer Betrachtung der Mythen schon von selbst ergibt –, daß die Menschen, die als die Gestalter dieser mythischen Welt vorausgesetzt werden müssen, selbst schöpferische Persönlichkeiten waren, die die Bedeutung der schöpferischen Vorgänge erlebnismäßig erfahren haben.

Zweifellos gibt es eine mythische Wahrheit. Wie hätten die Mythen sonst bei den Menschen Glauben finden können? Wie konnten sie zur heiligen Überzeugung werden, die die Menschen befähigte, die oft harten, ja unmenschlichen Konsequenzen jener Glaubensvorstellungen auf sich zu nehmen – wie wäre dies möglich, wenn sie *nicht* eine für diese Menschen gültige Wahrheit enthielten? Die Wahrheit einer Aussage kann nur an den Grundlagen geprüft werden, denen sie ihre Entstehung verdankt, und an dem Wege, auf dem der Mensch zu ihr geführt wurde. Die mythische Aussage über die Entstehung einer Erscheinung basiert auf dem besonderen Wesen dieser Erscheinung selbst; und der Weg zu ihrer Formulierung ist das anschauliche und ganz spontane Erlebnis dieser Besonderheit, das die schöpferische Kraft, die das So-Sein einer Erscheinung hervorgebracht hat, in dieser selbst noch gegenwärtig sieht. So wird etwa die Sterblichkeit aller lebendigen Kreatur auf ein Urzeitgeschehen zurückgeführt, das im Grunde nur alle jene Besonderheiten der wirklichen Gegebenheiten umschreibt, die das Lebendige nicht anders als sterblich denkbar erscheinen lassen. Die Wahrheit der Beschreibung des Urzeitvorganges beruht auf der wahren Erkenntnis des Wesens der lebendigen Wirklichkeit, die in unmittelbarer Anschauung gewonnen ist.

Um den religiösen Urgrund der mythischen Aussage stärker zu betonen, könnte man auch sagen, sie sei die Gestaltung der Offenbarung, die der Mensch aus der unmittelbaren Anschauung der Wirklichkeit unter bestimmten Erlebnisvoraussetzungen gewinnen kann; einer Offenbarung der schöpferischen Gewalten, die sich in den Erscheinungen der Welt so, und nur so, verwirklicht haben und in der heutigen Seinsordnung das Wesen der Erscheinung ausmachen. Deshalb kann dieses Wesen und damit der schöpferische Geist aus der Erscheinung selbst, ohne konkrete Urzeitforschung, abgelesen werden, sofern der Mensch ihrer Offenbarung zugänglich ist. Die Mythe geht darum stets von einem Zustand aus, in dem diese bestimmte Erscheinung noch nicht Gestalt geworden, die schöpferische Idee aber bereits vorhanden ist, die sich auf Grund der mythischen Handlung sodann endgültig in einer Erscheinung verwirklicht.

Dies gilt für alle großartigen und echten Mythen, deren Wahrheitsgehalt wir auch dann annehmen müssen, wenn er sich unseren Betrachtungen auf keine Weise erschließen will. Jedoch gibt uns schon ihre Existenz und ihre Gültigkeit für eine mehr oder minder große Gruppe von Menschen Anlaß, einen solchen Wahrheitsgehalt zu vermuten.

Dies trifft natürlich auch für einzelne Züge der Mythen zu. So finden wir in der sehr eindrucksvollen Mythe von *Sedna,* der wichtigsten Gottheit der *Zentraleskimo,* die Angabe, daß dieser als der »Mutter der Seetiere«, die auf dem Meeresgrund haust, die Landtiere aufs tiefste verhaßt sind. Unter Berufung darauf werden nun tatsächlich eine Unzahl von Vorschriften und Verboten, die der strengen Trennung zwischen Land- und Seetieren gelten, von den Eskimo auf das gewissenhafteste beobachtet, obwohl sie ihren ohnehin harten Daseinskampf – die Eskimo sind auf Gedeih und Verderb gleichermaßen auf Land- und auf Seetiere angewiesen – beträchtlich erschweren (KNUD RASMUSSEN, Iglulik, S. 67, 183 f., 190 ff.). Es ist unverkennbar, daß die Eskimo an diesen Wesenszug ihrer Gottheit als an eine wichtige Wahrheit fest glauben. Zweifellos ist darin ein Symptom dafür zu sehen, daß der Vorstellung eine Erkenntnis vom Wesen der Wirklichkeit zugrunde liegt, und wir müssen auf dieser Annahme auch dann beharren, wenn unser Bemühen sie aufzuspüren vergeblich bleibt.

Im Erzählgut der Naturvölker findet sich indessen eine Fülle von Geschichten, denen offensichtlich ein solcher Wahrheitsgehalt fehlt, während sie äußerlich der echten Mythe insofern ähnlich sind, als auch sie eine Erklärung für irgendwelche Erscheinungen geben wollen, indem sie sie auf ein Geschehen in einer mythischen Urzeit zurückführen. In Nordwestaustralien bei den *Ungarinyin* beispielsweise gibt es eine Erzählung, die die »Begründung« für die exogame Dualordnung dieses Stammes enthält: Banar und Kuranguli sind die Urzeitwesen, auf die jene exogame Ordnung zurückgeführt wird. Damals heirateten die Menschen sich noch wahllos. Eines Tages kehrte Banar mit einem Mädchen aus dem Busch zurück, mit dem er das Camp teilte. Kuranguli tat das gleiche. Im Gegensatz zu den anderen Menschen aber hatten diese beiden das richtige getan: Banar, der selbst zum »grauen Känguruh« gehörte, hatte eine Frau vom »roten Känguruh« genommen, und bei Kuranguli war beides umgekehrt. Als sie Kinder bekommen hatten, machte es aber Banar falsch; er verkehrte mit seiner Tochter und wollte sie sogar seinem Sohne zur Frau geben. Kuranguli aber machte es richtig und schlug Banar vor, ihm die Tochter für seinen Sohn zu geben. Umgekehrt verlangte Banar die Tochter von Kuranguli für seinen Sohn. Und so geschah es seitdem (HELMUT PETRI, Sterbende Welt, S. 132). Man sieht deutlich, daß diese Erzählung nur eine Aussage macht, die wir als mythisch bezeichnen können, nämlich die Nennung der Namen der Urzeitwesen, die zum ersten Mal die »richtige« Art des Heiratens ausführten. Im übrigen enthält sie nur eine Auskunft darüber, wie die Heiratsklassenordnung bei diesem Volk beschaffen ist. Aber das Denken bedient sich so ausschließlich der Technik der mythischen Erzählung, daß auch die einfache Aussage: »Die exogame Dualordnung ist richtig« in die Form der Mythe gekleidet wird. Eine echte Mythe aber wäre es nur dann, wenn die Erzählung außer den Namen der Urzeitwesen auch noch etwas enthielte, was uns über den Sinn dieser Ordnung aufklären könnte. Das ist bei anderen Mythen über die Entstehung des Dualsystems sehr oft der Fall. Wir erinnern an jene Sozialordnungen, in denen die beiden Begründer mit Sonne und Mond verbunden werden und die Polarität, die die eigentliche geistige Grundlage dieses Systems ist, als ein Wesensbestandteil der Welt an den Anfang der Dinge gesetzt wird. In diesen Fällen wird also auch etwas über das Wesen einer Erscheinung ausgesagt, das tatsächlich mit ihrem schöpferischen Ursprung zusammenhängt (vgl. Kap. VII, 1).

Es ist natürlich nicht nur die einfache Neigung, in der Form der Mythe zu berichten, die solche Erzählungen hervorruft. Die Urzeit als die Zeit des göttlichen Wirkens hat heiligende und sanktionierende Macht. Es besteht deshalb die Tendenz, über gewisse Lebensbereiche, die der konservativen menschlichen Haltung von Wichtigkeit sind, überhaupt nicht zu sprechen, ohne den Zusammenhang mit der Urzeit zu erwähnen. Darum haben wir im naturvölkischen Bereich außerordentlich viele Angaben, daß bestimmte Bräuche – wie beispielsweise das Haarschneiden als Trauerzeremonie – von einer bestimmten Gottheit in der Urzeit zum ersten Mal eingeführt wurden, ohne daß irgendein Grund angegeben wird, warum die Gottheit das tat. Diese Tendenz, längst zur unverstandenen Sitte erstarrtes Brauchtum durch Verankerung in der Urzeit zu sanktionieren, findet sich auch in den späten Hochkulturen bis in unsere Tage. Die Aufzählung aller zum Gesetz erstarrten Bräuche im Alten Testament (Mose V, 16–29) ohne irgendeine Sinnbegründung bietet ein Beispiel dafür, wie wichtig diese Urzeitverankerung genommen wird, in der richtigen Annahme, daß dem Menschen der Hinweis darauf, daß »die Väter es so taten«, schon eine hinreichende Begründung ist. Diejenigen kulturschöpferischen Zeiten aber, in denen gerade dieses Brauchtum hervorgebracht wurde, können jene bequemen Begründungen nicht gehabt haben. Damals muß man sich noch etwas dabei gedacht haben. Gelingt es uns nicht, dies herauszufinden – und wie selten nur kann es gelingen! –, so haben wir keinen Schlüssel zum Verständnis der Erscheinungen.

Im folgenden soll uns eine weitere Gruppe von Erzählungen ausführlicher beschäftigen, die wir unter der Bezeichnung der ätiologischen oder explanatorischen Mythen von den echten Mythen abzutrennen pflegen. Schon auf den ersten Blick erscheint eine solche Trennung berechtigt, da bei diesem Erzählungstyp lediglich eine äußere Ähnlichkeit mit den echten Mythen besteht, während ihm die wesentlichen Merkmale, vor allem der religiöse Gehalt und das Kriterium der geglaubten Wahrheit, fehlen.

Verdeutlichen wir uns zunächst den Typ an einem Beispiel: In einer Erzählung der *Barotse* in Südafrika heißt es von dem Flußpferd, daß bei einem bestimmten Ereignis in der Urzeit sein langhaariger Pelz Feuer fing und das Tier daraufhin in den Fluß sprang, um das Feuer zu löschen. Diese Erzählung geht ebenfalls – wie die echte Mythe – von einem Anders-Sein in einem früheren Zustand aus. Das Tier hatte damals noch einen langhaarigen Pelz und lebte auf dem Lande, wohin die Säugetiere nach der heutigen Seinsordnung eigentlich gehören. Wenn das beim Flußpferd anders ist, so bedarf es einer Erklärung, die in der Erzählung angeboten wird. Die Wahrheit einer solchen mythischen Aussage basiert aber offenbar ebensowenig auf einer Offenbarung vom Wesen des Flußpferdes, wie auf einer wissenschaftlich forschenden Erkenntnis von dem besonderen Verhalten des Tieres. Die Erzählung ist eine Episode in einem umfangreichen Mythos (vgl. AD. E. JENSEN, Barotse, S. 75), in dem wohl von göttlichem Geschehen die Rede ist, indessen ohne daß ein Glanz davon auf diese Episode fällt. Sie erklärt lediglich eine Erscheinung, die aus dem sonst Bekannten herausfällt, – es wird eine Antwort auf die sehr rationale Frage: wie kommt es, daß ...? gegeben. Die Erklärung denkt daran, daß es jedenfalls für ein brennendes Tier nützlich sei, ins Wasser zu springen, wobei es eigentlich natürlich wäre, daß das Tier wieder aufs Land zurückkehrt, wenn das Feuer gelöscht ist. Zur Erhöhung der Glaubhaftigkeit hätte also mindestens noch ein Motiv dafür angegeben werden müssen, warum es nun für alle Zeiten im Wasser verblieb. Daß es eines solchen Motives nicht bedarf, ist rein formal gleichfalls ein mythenhafter Zug der Erzählung. Denn im echten Mythos würde es sich bei jenem Urzeitgeschehen um einen ordnungschaffenden Akt schöpferischer Kräfte handeln, der keiner anderen Motivierung bedarf als der, aus dem Wesen der Erscheinung selbst abgeleitet zu sein.

So betrachtet, erscheint die ätiologische Mythe als nur der Form nach mythenhaft, während ihr sowohl die religiöse Grundlage wie der Wahrheitsgehalt zu fehlen scheinen. Wir hatten früher festgestellt, daß die mythische Aussage sich auf Fragen und Gebiete bezieht, auf denen sie gar nicht durch eine andere, wahrhaftigere Aussage ersetzt werden kann. Das gilt zwar weitgehend auch noch für diese ätiologisch beantwortete Frage; denn es dürfte schwer sein, mit den wissenschaftlichen Mitteln etwas Einleuchtendes über die Ursache der amphibischen Lebensform des Flußpferdes auszusagen. Und doch zeigt sich ein deutlicher Unterschied gegenüber der echten Mythe; denn gerade der kausale Charakter der Erklärung verschiebt auch die Frage nach der Wahrheit dieser Aussage auf das kausale Gebiet. Damit aber unterwirft sich die Erzählung einer Prüfbarkeit ihres Wahrheitsgehaltes, der sie nicht gewachsen ist.

Es ist jedoch angebracht, die unterscheidenden Merkmale zwischen beiden Arten von Mythen genauer zu präzisieren. Ich wähle dafür ein anderes Beispiel, das die Verbindung mit echten Mythen deutlich werden läßt. Die Geschichte stammt von den *Wemale* auf Ceram in Ostindonesien (AD. E. JENSEN, Hainuwele, S. 125). Sie erzählt, wie der Hahn zu seinem geschmückten Aussehen gekommen ist, eine Frage, die schon deshalb ein Volk dieser Art interessieren muß, weil das Schmücken des Körpers, besonders aus festlichem Anlaß, in diesen Kulturen sehr wichtig genommen wird. Der Festschmuck der Männer – er besteht hauptsächlich aus farbigen Federn – erinnert sogar an den Schmuck des Hahnes, und dieses Tier spielt auch sonst im mythischen Schatz dieses Volkes eine sehr betonte Rolle. Ein schmuckloser Vogel des Waldes, der sogenannte Ulisale, soll früher den Hahnenschmuck getragen haben. Als ein noch schmuckloser Hahn des Dorfes ihn eines Tages bei einem Bambusbaum erblickt, ist er über diesen Anblick sehr betroffen und läuft zunächst ins Dorf zurück. Am nächsten Tag aber begibt er sich wieder zu jener Stelle, um den Ulisale zu treffen und fragt ihn: Warum wohnst du mit deinen schönen Kleidern hier im Unkraut, warum gehst du nicht ins Dorf? Erst als der Ulisale sich hierzu nicht geneigt zeigt, beginnt die richtige Handlung. Der Hahn bietet ihm seine Freundschaft an und geht zur Bekräftigung dieser Abmachung mit ihm zur Palme, um tüchtig Palmwein zu trinken, bis der Ulisale betrunken ist. Dann bittet er ihn um leihweise Überlassung des Kammes, des roten Lappens und des prächtigen Schwanzes, um sich damit im Dorf zeigen zu können. Nach drei Tagen will er alles zurückbringen. Der mißtrauische Ulisale wird schließlich überredet, der Hahn zieht die prächtigen Kleider an und gibt seine schmucklosen dem Ulisale. Dann – dies ist die reizendste Stelle in der sehr anmutigen und drolligen Erzählung – tanzt der Hahn vor Freude und fragt: Bin ich jetzt schön oder nicht? Und der Ulisale sagt: Du bist schön. Ins Dorf zurückkehrend, weit genug entfernt, ruft der Hahn dem Waldvogel zu: Ich habe dich betrogen, von jetzt an trage ich deine Kleider. Da weinte der Ulisale, und er rief einen großen Raubvogel, damit er mit den Hühnern Krieg anfange und ihn fortführe bis in alle Ewigkeit.

Durch diesen Schlußsatz wird mit der Geschichte eine Erklärung für ein weiteres Faktum verflochten, nämlich für das feindselige Verhältnis zwischen Raubvogel und Huhn, rein explanatorisch, und nicht sehr verschieden von der Erzählung über das Flußpferd. Das Schwergewicht aber liegt auf dem prächtigen Schmuck des Hahnes, und in diesem Teil der Erzählung steckt zweifellos der Rest eines echten mythischen Elementes. Das Wesen des Hahnes und das Wesen des Ulisale sind wichtige Bestandteile der erklärenden Geschichte. Wenn es tatsächlich umgekehrt wäre, wenn der Ulisale den prächtigen Schmuck trüge und der Hahn schmucklos wäre, welche Sinnlosigkeit! Wer in der Welt wird seinen prächtigen Festschmuck anlegen, wenn er sich allein in der Wildnis bewegt. Nein, Schmuck gehört zum Wesen der Geselligkeit, gehört zum Dorf, und wenn der Ulisale sein Festgewand nicht an der richtigen Stelle, im Dorfe, tragen will, dann ist es richtig, daß ihm der Schmuck genommen wird von dem, der die rechte Verwendung dafür hat. Erst so hat die Kleiderordnung ihren vernünftigen Sinn. Deshalb setzt die Geschichte ganz richtig voraus, daß der Hahn sofort ein mächtiges Verlangen nach dem hat, was so ganz zu seinem Wesen gehört. Man könnte sagen, daß der Hahn erst durch die Erreichung seines Zweckes ganz das wird, was zu sein in seinem Wesen schon vorher bestimmt war. Insofern könnte es sich beinahe um eine echte Mythe handeln. Bei genauerer

Betrachtung aber zeigt sich, daß nicht so sehr das Wesen des Hahnes in der Erzählung gemeint ist, als vielmehr das menschliche Verhältnis zum Festkleid, worauf noch zurückzukommen ist.

Hier möchten wir eine kurze Abschweifung einschalten. Es gäbe zweifellos viele erzählerische Möglichkeiten, um den Austausch der Kleider zwischen den beiden plausibel zu machen. Es bräuchte nicht unbedingt eine List, ein gemeiner Betrug, ein Verrat an der gerade geschlossenen und bekräftigten Freundschaft den Fortgang der Erzählung gewährleisten zu müssen. Man könnte sich denken, daß ein ernsthafter Streit zwischen den beiden entstände, vielleicht sogar vom Ulisale verschuldet, und daß der Hahn im ehrlichen Zweikampf die Beute erwürbe. Ein heroisches Zeitalter würde einen solchen Fortgang der Erzählung zweifellos bevorzugt haben. Aber die Einführung der List ist sicher kein Zufall. Dafür ist ihr Vorkommen in der gesamten Erzählkunst der kulturgeschichtlich alten Völker viel zu häufig. So belanglos heroische Elemente für diese frühe Kunst sind, so wichtig, ja geradezu charakteristisch ist für sie die List. Es scheint, als ob der Mensch sich seiner intellektuellen Überlegenheit über alle Kreatur in der Anwendung der List bewußt geworden sei. Der Erfolg des Jägers beruht ganz wesentlich auf der Überlistung des Tieres. Aber auch sonst gehören List und Erfolg zusammen wie intellektuelle Unfähigkeit und Mißerfolg. Sofern der Erfolg in einer Kultur als etwas Erstrebenswertes gilt, erscheint die List als ein unentbehrlicher Bestandteil im menschlichen Handeln.

Diese starke Betonung der List in der Erzählung könnte zu der Vermutung Anlaß geben, daß es sich schon allein aus diesem Grunde nicht um eine echte Mythe, ja vielleicht nicht einmal um eine degenerierte Mythe handeln könne, sondern um eine Erzählung, die zu einer anderen Kunstgattung gerechnet werden müsse, weil die List nicht in die religiöse Sphäre paßt, in die doch die Mythe eigentlich gehört. So fremdartig uns das gegenseitige Überlisten bei Göttern etwa in der griechischen Welt anmuten mag, so ist doch kein Zweifel, daß das häufige Vorkommen der List in der Mythe der frühen Völker nicht ein Merkmal der Degeneration zu sein braucht. Es gehört so elementar zu den entscheidenden Vorgängen in manchen Mythen, daß man sich einen anderen ursprünglichen Ablauf gar nicht vorzustellen vermag. Ich denke dabei etwa an die weit verbreitete Mythe von dem Diebstahl der Körnerfrucht im Himmel durch eine Gottheit. Zwischen der Himmelsgottheit und ihrem göttlichen Gegenspieler entsteht dabei die gleiche Siutation wie zwischen Zeus und Prometheus. Die überlegene Macht des Himmelsgottes wird in den Erzählungen vorausgesetzt, und doch triumphiert der »Heilbringer«, der das herbeiführt, was heute tatsächlich Bestandteil der Weltordnung ist.

Die sittlichen Wertungen, die dabei gelegentlich anklingen, brauchen nicht ursprünglich mit den entsprechenden Mythen verbunden gewesen zu sein; denn sie sind keineswegs eindeutig gegen den Dieb oder gegen den Bestohlenen gerichtet. Es stehen sich vielmehr zwei verschiedene Gottheiten gegenüber, von denen die eine der anderen durch List etwas abtrotzt – die Situation ist also die gleiche wie in unserer Erzählung, in der sich Hahn und Ulisale in dieser Weise gegenüberstehen. Zugunsten des Listigen spricht hierbei, daß er einen Zustand herstellt, der erwünscht und richtig ist; denn er bleibt fortan bestehen. Allerdings folgt eine »Strafe« für den listigen Raub, sie besteht indessen nicht in einer Aufhebung, sondern nur in einer Minderung des Segens. Der Himmelsgott kann beispielsweise die Mäuseplage senden, um die Siegesfreude der Menschen zu mindern, oder der Ulisale kann den Raubvogel auffordern, dem Hahn das Leben zu erschweren; aber das Festkleid bleibt deshalb doch beim Hahn, so wie die Menschen die Körnerfrucht behalten. Auch zeigt sich in den verschiedenen Formen der echten Mythe gelegentlich eine sittliche Wertung ausschließlich zugunsten des Diebes, insbesondere darin, daß kein echtes Motiv für die Zurückhaltung der Körnerfrucht durch den Himmelsgott angegeben und der Gedanke nahegelegt wird, daß er lediglich aus Neid und Mißgunst den Menschen etwas vorenthält, was ihnen dem Sinn der Weltordnung nach zusteht (vgl. Kap. IV, 8).

Mit diesen Bemerkungen ist das schwierige Thema der List sicherlich nicht erschöpft. Aber es interessierte uns hieran nur, daß das Vorkommen des Listmotives allein nicht genügt, um einer mythischen Erzählung den Charakter der Echtheit abzusprechen. Tatsächlich gehört für alle Zeiten die List als ein wichtiger Bestandteil zur menschlichen Lebensform, ohne irgendein sittliches Werturteil herauszufordern. Man kann das ohne weiteres feststellen, wenn man das menschliche Verhalten einmal daraufhin beobachtet. Die allgemein menschliche Fähigkeit beispielsweise, sich auf andere Menschen »einzustellen«, ihnen auf bestimmte Weise – wenn auch durchaus wahrheitsgetreu – etwas darzustellen, um sie zu überzeugen, enthält stets das Element der List in demselben Sinne, wie der Jäger das Tier überlistet; denn der Jäger geht dabei von seiner genauen Kenntnis des Tieres und seiner Gepflogenheiten aus und fängt es mit den Mitteln, die sein Scharfsinn ihm als die zweckmäßigsten erscheinen läßt. Das Überzeugen eines Verhandlungs- oder Gesprächspartners basiert in den meisten Fällen auf den gleichen Mitteln. Die Überlegenheit zeigt sich nicht selten in der Anwendung der List, die von einer genauen Kenntnis der Reaktion des Partners Gebrauch macht, ohne daß irgendeine sittliche Wertung des Vorganges herausgefordert würde. Man überzeugt einen primitiveren Partner mit anderen Argumenten als einen gleichwertigen. So steckt auch List in aller Pädagogik. Bis in die kleinsten Einzelheiten ist die menschliche Lebensform von solcher Anwendung der List durchsetzt. Ähnelt schon die Situation zwischen Hahn und Ulisale durch das Listmotiv derjenigen zwischen Gottheiten, die uns in zweifellos echten Mythen berichtet werden, so kommt unsere Erzählung auch in manchen anderen Zügen den echten Mythen außerordentlich nahe: Sie spielt in der Urzeit, als die Dinge der Welt noch nicht so waren wie sie heute sind. Das mythische Geschehen nimmt Bezug auf das Wesen der beteiligten »Personen« und bejaht die in der Handlung der Erzählung begründete neue Ordnung. Es wird sogar die andere Möglichkeit erwogen, daß der Ulisale ins Dorf geht und die Rolle des Hahnes spielt. Aber seinem Wesen nach ist der Ulisale dafür offenbar nicht geeignet, und erst dadurch erscheint es richtig, daß ihm der Schmuck genommen oder auch abgelistet wird.

Und doch sind wir nicht bereit, diese Mythe zu den echten Mythen zu rechnen. Dazu fehlt ihr ganz entscheidend die Großartigkeit. Das liegt bereits im Gegenstand begründet. Es geht um das Festkleid, eine menschliche Angelegenheit, der, wenn sie auch in diesem Bereich nicht ganz unwichtig ist, eben doch jeder erhabene Aspekt fehlt. Sicherlich ist es keine Grundfrage der menschlichen Existenz wie das Sterben oder die Geburt oder die Nahrung. Für den Hahn könnte die Frage seines Gewandes von ganz anderer Bedeutung sein, und es ließe sich durchaus eine echte Mythe denken, die das Thema von dieser Seite her gestalten würde. Es war zweifellos auch der Naturerfahrung früher Völker offenbar, daß das prächtige Kleid des

Hahnes gar nichts mit seiner Domestizierung zu tun hat und daß sich darin zwar verwandte, aber viel elementarere Kräfte offenbaren als die putzhafte Eitelkeit im Rahmen der Geselligkeitstriebe. Gerade jene elementaren Kräfte sind vielfach Gegenstand mythischer Gestaltungen geworden. Eine echte Mythe hätte zweifellos das Männliche, das sich im Hahn so auffallend manifestiert, in den Mittelpunkt des Geschehens gestellt. Aber unsere Erzählung achtet dessen nicht. Sie nimmt vielmehr das Problem von der menschlichen Seite und sieht in dem Gewand des Hahnes lediglich einen Schmuck, an dem man sich freut und mit dem man prahlt. In erster Linie wegen dieser Belanglosigkeit des Gegenstandes ist die Erzählung ätiologisch. Religiöse Ideen entzünden sich nicht an belanglosen Fragen, denn der schöpferische, göttliche Geist offenbart sich nur sehr bedingt in ihnen.

So liegt der Unterschied zwischen den echten und den ätiologischen Mythen nicht in der Form, sondern im Thema, noch viel mehr aber in der Art der Durchführung des Themas. So wenig es eine definierbare Grenze zwischen erhabenen und alltäglichen Gegenständen in der Welt gibt, so wenig gibt es eine definierbare Grenze zwischen echten und ätiologischen Mythen. Die Nahrung beispielsweise kann ein sehr alltägliches Thema sein, und sie kann zum anderen zu den Grundfragen unserer Existenz gehören. In den Themenstellungen der großartigen Mythen der alten Pflanzerschicht tritt sie überwiegend in diesem existenzbedingenden Sinne hervor. Aber daneben steht eine große Zahl von explanatorischen Mythen, in denen beispielsweise für die Form oder die Farbe eines Nahrungsmittels eine rationale Erklärung gegeben wird analog jener in der erwähnten Erzählung vom Flußpferd.

Entscheidend für das Verhältnis zwischen ätiologischen und echten Mythen ist die Formgleichheit. Es ist derselbe Typ der Erzählkunst, der uns in beiden entgegentritt. Dadurch ist es bedingt, daß keine scharfe Grenze zwischen ihnen bestehen kann. An welchen Platz einer gleitenden Bewertungsskala eine Mythe jeweils einzureihen wäre, ergibt sich nur aus einer gewissermaßen analysierenden Betrachtung der einzelnen Mythe. Es gibt kosmogonische Mythen, die trotz des gewaltigen und weltumspannenden Themas überwiegend explanatorisch sind. Demgegenüber wäre – um auf unser Beispiel zurückzugreifen – eine Erzählung über den Hahnenschmuck denkbar, die das

Hahnenhafte in ganz anderer Weise vor uns hingestellt hätte und deren Gestalt uns nicht zögern lassen würde, sie als eine echte Mythe anzusprechen.

Die ätiologischen Mythen sind unserem Verstehen sehr viel leichter zugänglich als die echten. Die darin gegebenen Erklärungen sind meist völlig durchsichtig und beruhen auf Assoziationen, die in spielerischer Absicht (um eines künstlerischen Erzähleffektes willen) kombiniert werden. Insofern sind sie typische Volkskunst, das heißt nicht Produkte einzelner großer Dichterpersönlichkeiten, ohne deren entscheidende Mitwirkung die Entstehung der echten Mythen gar nicht denkbar ist, sondern das Werk einer ausspinnenden Phantasie, die sich des Schemas bedient, das die echte Mythe geschaffen hat. Auch die echte Mythe will eine Erklärung für das Sosein der Welt vermitteln, ist also ihrem Wesen nach auch explanatorisch, aber sie ist auf Wesenserkenntnisse gerichtet und bedient sich nie rein assoziativer Gedankengänge. Insofern diese in den echten Mythen auftreten, sind sie wohl überwiegend spätere Einfügungen und tragen zum wesentlichen Gedankengang der Mythe nichts bei.

Gelegentlich ist die ätiologische Mythe als das älteste Erzählungsgut in der Menschheitsgeschichte schlechthin angesprochen worden mit dem Argument, daß sie nach dem Warum, nach der Ursache einer besonderen Erscheinung frage. Man machte hierbei vor allem geltend, daß diese Fragestellung so untrennbar zum Wesen des Menschen gehöre, daß sie sich am Beginn der menschlichen Geschichte schon bemerkbar gemacht haben müsse (ROBERT LEHMANN-NITSCHE, S. V). So unbedingt diese letzte Behauptung als möglich, sogar als wahrscheinlich bezeichnet werden muß, so bedenklich sind die Konsequenzen in der Deutung der ätiologischen Mythen. Die Warum-Frage ist zweifellos ihr Kernstück, aber wie sieht es mit der Antwort aus? Die oft sehr anmutige und lebensnahe Darstellung in den ätiologischen Mythen kann nicht darüber hinwegtäuschen, daß die in ihnen gegebene explanatorische Antwort völlig sinnlos ist. Es ist schlechterdings nicht vorstellbar, daß zu irgendeiner Zeit Menschen geglaubt haben sollen, das Flußpferd lebe aus dem oben angegebenen Grund im Wasser und nicht auf dem Lande wie die anderen Säugetiere. Gerade das aber wird von jenen Theoretikern behauptet, die diese explanatorischen Gedankengänge für phantastisch und primitiv genug halten, um sie einer frühen Menschheit zutrauen zu können.

Die ätiologischen Mythen entbehren jeglicher Wahrheit sowohl der mythischen wie jeder anderen. Ihre Existenz haben wir von jeher nicht einer irgendwie für wahr gehaltenen Erkenntnis zu verdanken, mindestens besteht keinerlei vernünftiger Grund, dies für die frühen Zeiten anders anzusehen als für die heutigen. Ihre Existenz verdanken die ätiologischen Mythen vielmehr zweifellos dem erzählerischen Reiz, der für uns ebenso greifbar ist wie für die Naturvölker. Ist es aber denkbar, daß sie diesem Charme auch ihre Entstehung verdanken, daß sie also ganz unabhängig von den Mythen und vor diesen entstanden sein könnten? Die Antwort auf diese Frage kann nicht an der Formgleichheit der beiden Erzählungsarten vorübergehen. Irgendwann, vielleicht zu einem sehr frühen Zeitpunkt der menschlichen Geschichte, ist die mythische Erzählung entstanden, die alle Dinge der Welt als etwas Gewordenes sieht und den Werdeprozeß selbst als Ablauf einer Handlung beschreibt. Als dieser Erzählungstyp entstand, muß er sinnvoll gewesen sein, das heißt, es muß sich um eine »wahre« Geschichte gehandelt haben. Es soll damit nicht gesagt werden, daß der Mensch sich nicht auch sinnlos verhalten könne, aber bei den ernst zu nehmenden großen Schöpfungen des menschlichen Geistes hat niemals die Sinnlosigkeit, sondern stets der tiefe Sinn Pate gestanden. Für die Zeit der mythischen Schöpfungen gilt dies in ganz besonderem Maße. Wir leben jetzt in einem Zeitalter, in dem man gerade wieder beginnt, Mythen lesen zu können und für ihren tiefen Sinn geöffnet zu sein, nachdem sie allen rationalistischen Versuchen zu ihrer Entschlüsselung einen so langen und erfolgreichen Widerstand entgegengesetzt haben.

Für die extrem ätiologischen Mythen gilt das Wahrheitskriterium hingegen nicht. Ihre selbständige Entstehung unabhängig von den echten Mythen und zeitlich vor ihnen würde bedeuten, daß aus dem Sinnlosen etwas geboren wäre, das erst nachträglich einen ganz bestimmten Sinn bekommen habe. Ein solcher Vorgang erscheint uns unmöglich. Wohl aber ist es möglich – wir haben schon eine Anzahl Beispiele dafür aufgeführt –, daß eine sinnvolle Erscheinung ihren eigentlichen Sinn verliert und doch nicht aufhört zu existieren, weil sie nicht allen Sinn verloren hat. Aus der Fülle der sinnvollen Bezogenheiten, die in jeder echten Kulturschöpfung eingeschlossen sind, ist sozusagen nur ein Kernstück (oder auch mehrere) herausgebrochen, aber es genügen die immer noch verbleibenden, um ihr ein oft außerordentlich zähes Weiterleben zu ermöglichen.

Das Verhältnis der echten zur ätiologischen Mythe ist ähnlich dem der Kultspiele zu den Kinderspielen. Hatte die echte Mythe einmal in sinnvoller Weise den Erzählungstyp geprägt, der unter anderem auch auf die Warum-Frage eine Antwort gibt, und hierbei einen ganz bestimmten Stil und ein spezifisches Erzählungsschema geschaffen, so war damit eine Kunstform entstanden, die auch unabhängig von ihren wahren Aussagen über das Sein, gewissermaßen als künstlerische Spielform, eine Daseinsberechtigung behielt. Die Warum-Frage und die explanatorische Antwort sind bei dieser Erzählungsgattung nur noch ein Vorwand, um den Charme der Darstellung, der allein ihr eigentliches Leben ausmacht, entfalten zu können.

Die explanatorische Mythe ist nicht die einzige Degenerationsform der echte Mythe. Alle kulturgeschichtlich jüngeren Erzählungsarten gehen zweifellos letzten Endes auf die echte Mythe zurück. Das gilt für die weit verbreiteten Abenteuergeschichten ebenso wie für das Märchen, die überdies meist auch ihre Motive von der Mythe erborgt haben.

3. Der Prozeß der Sinnentleerung

Um unseren Gedankengang über den Degenerationsprozeß vor allem auf dem Gebiet der religiösen Ausdrucksformen abzuschließen, sei noch die Frage gestreift, welche Faktoren auf diesen Ablauf Einfluß gehabt haben. Wir hatten bereits einige davon erwähnt, ohne im geringsten dabei eine Vollständigkeit zu erstreben. Die ständige Wiederholung – obwohl sie zum Wesen der religiösen Ausdrucksformen gehört und durch nichts zu ersetzen ist – macht es unvermeidlich, daß etwa die Kulthandlungen, ebenso wie das Gebet oder auch die Mythe an Lebendigkeit einbüßen. Die Wiederholung des einmal geschaffenen Kultes allein indessen macht die Handlung nicht sinnlos. Solange das in ihr gestaltete Weltbild Gültigkeit hat, ihre Wirklichkeit nicht durch eine andere Wirklichkeit, ihre Ordnung nicht durch eine andere Ordnung verdrängt oder ergänzt wurden, bleibt auch in der spätesten Wiederholung noch ein Bestandteil von dem ursprünglich schöpferischen Vorgang und damit der

Charakter des Heiligen bewahrt. Der eigentlich entscheidende Vorgang, der zur Sinnentleerung führt, ist die Wandlung des Weltbildes, die Hinwendung des Menschen zu anderen Gehalten der Wirklichkeit und zu anderen Möglichkeiten, sie zum Ausdruck zu bringen. Die Kulturgeschichte der Menschheit würde sich uns ganz anders darbieten, wenn mit dem Erlöschen eines Weltbildes, mit seinem »Ungültigwerden«, auch alle gestalteten Erscheinungen dieser Epoche ausgelöscht würden oder ihrerseits einen lebendigen, neuen Sinn erhielten in der Form, daß die Erscheinung mit allen Gestaltungen des neuen Bildes von der Welt in neue sinnreiche Beziehung träten. Das erste ist aber fast nie, das zweite nur selten der Fall. In der Regel schleppt jede Kultur einen beträchtlichen Ballast an Survivals aus früheren Epochen mit sich, deren Zählebigkeit in eigentümlichem Kontrast zu ihrer Sinnentleertheit steht. Wir sahen bereits, daß für das Weiterleben vieler dieser Erscheinungen das Spielelement von Bedeutung ist und daß bei zahlreichen Bräuchen allein der Umstand, daß sie »von den Vätern überliefert« sind, als hinreichender Grund empfunden wird, sie ehrfürchtig weiter zu pflegen. Aber auch ohne Motive dieser Art pflegen überlebte Kulturerscheinungen weiter zu bestehen, lediglich weil auch sie dem Trägheitsgesetz unterliegen. Ohne besonderen Anstoß verfällt der Mensch nicht darauf, am Bestehenden zu rütteln oder es auf seine geistigen Grundlagen hin erneut zu prüfen.

Man möchte geradezu behaupten, daß keine Kulturerscheinung, die ihren Sinn verloren hat, eines natürlichen Todes stirbt. Wenn sie nicht durch eine neue Sinngebung neues Leben gewinnt oder durch Einwirkung von Gegenkräften beseitigt wird, wird sie trotz ihrer Sinnentleertheit weiter bestehen.

Was im besonderen die religiösen Erscheinungsformen anbetrifft, so ist ihnen der Keim für ihre Entartung meist von vornherein mitgegeben. Es ist die allgemein menschliche Heilserwartung, die Hoffnung auf Glück oder Belohnung, die der Mensch mit jeder Tat verbindet und die dem echten Sinn einer religiösen Handlung oft feindlich in den Weg tritt. Wie später noch zu zeigen sein wird (vgl. Kap. IX), bezieht sich das echte religiöse Ethos nicht in erster Linie auf den zwischenmenschlichen Verkehr, wie wir meist anzunehmen geneigt sind. Die sittlichen Bindungen solcher Art finden sich schon in den ältesten menschlichen Gesellschaften, ohne eine besondere Begrün-

dung religiöser Art nötig zu haben. Die primäre religiös-sittliche Forderung in den naturvölkischen Religionen bindet vielmehr den Menschen, sich stets des göttlichen Ursprungs der
Welt und der Teilhaberschaft des Menschen am Göttlichen bewußt zu sein. Deshalb ist die echteste Form religiösen Verhaltens das Bewußtmachen und das Lebendigerhalten eines besonderen »Wissens« vom Wesen der Wirklichkeit. Ihm dienen die
Riten und Zeremonien. In ihrem Ursprunge haben alle religiösen Feste ihren Sinn nur in der Er-Innerung und der Vergegenwärtigung des mythisch erkannten Seins und seiner Ordnungen. Wir haben dies bereits am Beispiel der Reifezeremonien
dargelegt (Kap. II), die nicht etwa magische Mittel sind, um die
Fruchtbarkeit günstig zu beeinflussen, sondern ihrem Ursprung
nach Feste, bei denen sich die Gemeinschaft aus Anlaß der Reife
der herangewachsenen Jugend jene mythischen Vorgänge vergegenwärtigt, durch die nach ihrem Glauben der Mensch zu einem sich fortpflanzenden und sterblichen Wesen wurde. Frommes Handeln ist also in erster Linie eine Besinnungstat. Un-
fromm und ohne religiöse Sittlichkeit ist derjenige, der nicht das
besondere »Wissen« hat und der nicht bereit ist, sich darauf zu
besinnen. Dieses Verhalten ist heillos, nicht weil die Gottheit es
bestrafen wird, sondern weil sich ein solcher Mensch außerhalb
des eigentlichen Menschseins stellt, denn erst durch die Besinnung auf den göttlichen Urgrund aller Erscheinungen wird der
Mensch ganz das, was zu sein in seinem Wesen angelegt ist.
Einen Menschen ohne Heil braucht die Gottheit nicht zu strafen; er kann ohnehin niemals das Heil gewinnen; denn dies ist ja
eben in jener Besinnung mitgegeben. Daß Zeremonien und andere religiöse Ordnungen nur diesen echten und ursprünglichen
Sinn haben, soll im folgenden immer wieder zu zeigen versucht
werden.

Ein schönes Beispiel dafür, wie die Naturvölker es empfinden, wenn jemand sich nicht an den Zeremonien beteiligt oder
gar darüber spottet, ist in einer Erzählung enthalten, die mir die
Baka in Südäthiopien berichteten, um zu begründen, warum
einer ihrer Klane mit dem Affen verwandt sei: Ein Mann dieses
Klans hatte einmal seine Familie versammelt, um ein Schaf zu
opfern, eine im religiösen Leben der Baka wichtige Zeremonie,
die geraume Zeit erfordert. Einer seiner Söhne wurde ungedul-
dig. Er bezeichnete die heilige Handlung als unnötiges Getue
und forderte, ohne ihr Ende abzuwarten, seinen Anteil am

Fleisch des Schafes. Der alte Vater wurde zornig. Er wies mit seinem Stock auf den Sohn und befahl ihm, die Opferstätte zu verlassen. Er solle in die Wildnis gehen, wo er hingehöre. Da verwandelte sich der Sohn in einen Affen und lief in den Wald. Bei aller Kunstlosigkeit verrät diese Erzählung, daß es im Denken dieser Völker erst das religiöse Empfinden und die fromme Vollziehung der Zeremonien sind, die den Menschen von den wilden Tieren unterscheiden.

Wenn aber die Eingeborenen sagen – und das ist, wie wir bereits sahen (Kap. II) nicht nur bei den *Konso*, sondern überhaupt nach den meisten Berichten der Fall –, daß die Reifezeremonie deshalb abgehalten werden müsse, weil sonst die Zeugungsfähigkeit nicht erlangt werden könne oder weil die Gottheit einen Verstoß gegen die von ihr gesetzte Ordnung an der ganzen Gemeinschaft strafen werde (wobei man bezeichnenderweise gar nicht darauf verfällt, nach dem Sinn zu fragen, der die Gottheit zu solcher Strafe veranlassen könnte), so ist das zweifellos ein deutliches Zeichen für den beginnenden Prozeß der Sinnentleerung; denn ein nützlicher Zweck oder eine Angst vor göttlicher Strafe können nicht mit dem Ursprung einer religiösen Zeremonie verbunden sein.

Es ist in diesen Fällen nicht schwer festzustellen, wie es gerade zu diesen Umdeutungen gekommen ist, weil wir ähnliche Prozesse sehr oft in der Geschichte von Gedanken und Ideen beobachten können. Zunächst werden Heil oder Unheil, die ursprünglich dem religiösen Besinnungsakt innewohnen, mit dem äußeren Ablauf der Handlung als deren Folge verknüpft. Die eigentliche Bedeutung wird also von dem inneren Vorgang in das äußerlich sichtbare Geschehen verlegt, ein Prozeß, den wir auch in unserer Umwelt oft beobachten können. Ich erinnere nur an jenen Rosenkranzhändler (Kap. I), der die segnende Gebärde in eine substantiell wirkende Kraft umdeutet. Das Abhalten der Zeremonie verwirklicht jetzt nicht mehr die eigentliche menschliche Seinsform (der das Heil immanent ist), sondern es bewirkt als *Folge* des frommen Tuns ein erwartetes Heil. Die logische Umkehrung dieses Zustandes ist das Unheil, das als *Folge* eines unfrommen Verhaltens – nämlich des Unterlassens der frommen Handlung – eintritt.

Diese besondere Art der Heilserwartung, das heißt ihre *kausale* Verknüpfung mit einer Zeremonie, noch dazu lediglich mit deren äußerem Ablauf, bedingt die meisten Entartungserscheinungen auf religiösem Gebiet. Ihr Vorhandensein hat zum Beispiel die präanimistische Zaubertheorie überhaupt erst möglich gemacht, weil sie ihr das Material für ihre These an die Hand gab, der Mensch der Frühzeit sei so töricht gewesen zu glauben, er könne Naturvorgänge durch Zeremonien beeinflussen. Dabei faßte man mit Vorliebe solche Zeremonien der Eingeborenen ins Auge, die – wie der sogenannte Analogie-Zauber – eine solche Deutung glaubhaft machen konnten (vgl. Kap. XII, 8). Man übersah aber, daß uns bei den Naturvölkern eine große Fülle von Zeremonialhandlungen begegnet, die durch eine solche Deutung überhaupt nicht verständlich werden und die ihre viel natürlichere Erklärung in der Annahme eines ursprünglich schöpferischen Verhaltens und einer erst viel späteren Degenerierung zu Nutz- und Zweckhandlungen finden.

Wir hoffen, mit diesen Darlegungen den Ablauf deutlich gemacht zu haben, der die ursprünglich echten Mythen und sinnerfüllten Kulte in jenes Stadium absinken ließ, in dem sie uns heute meist entgegentreten. Wenn wir sie verstehen wollen, müssen wir versuchen, uns an jene Phase heranzutasten, in der der ursprüngliche Sinn noch lebendig war. In dieser Abhandlung wird die Ansicht vertreten und zu belegen versucht, daß es in einem gewissen Umfang möglich ist, zu den lebendigen Quellen vorzudringen, wenn wir an die geistigen Schöpfungen der Frühzeit nur mit der nötigen Ehrfurcht herantreten und hinter ihnen ein Wesen Mensch vermuten, das diesen Namen wirklich verdient und das grundsätzlich mit denselben Fähigkeiten zur Welterkenntnis und ihrer Gestaltung begabt war wie der Mensch der höheren Kulturen.

Zweiter Teil
Gottheit, Opfer und Ethos

Die Behauptung, daß es absolut religionslose Völker gebe, wurde bekanntlich bis vor gar nicht langer Zeit immer wieder aufgestellt. Heute ist es um diese Frage, die oft genug Gegenstand heftiger Auseinandersetzungen war, still geworden. Aber die Behauptung, daß irgendein Volk von Göttern nichts wisse und daß seine Religion nur aus den verschiedensten zeremoniellen Praktiken bestehe (was manchmal fast gleichbedeutend ist mit der Feststellung der Religionslosigkeit), findet sich noch oft in der ethnologischen Literatur. Besonders im Hinblick auf die Kultur der alten Pflanzervölker wird häufig behauptet, daß in ihr keine Vorstellung von einer Gottheit feststellbar sei, sondern daß nur die Geister gefürchtet und die Ahnen verehrt würden. Nun ist aber gerade diese für die gesamte Menschheitsgeschichte außerordentlich wichtige Kulturschicht recht einheitlich über die ganze Erde verbreitet, und es ist von so vielen ihrer typischen Vertreter eindeutig belegt, daß sie sehr bestimmte Gottesvorstellungen haben, daß die hartnäckig wiederkehrende Behauptung, einzelne ihrer Gruppen seien gottlos, sehr geringe Wahrscheinlichkeit besitzt. Da aber die Ethnologie in ihren theoretischen Betrachtungen nun einmal auf das sehr unterschiedliche Feldforschungsmaterial angewiesen ist, bleibt nichts anderes übrig, als in jedem einzelnen Fall solcher Behauptung zu hoffen, daß spätere Berichte die wahrscheinlich falsche Nachricht korrigieren.

Von den drei in der ethnologischen Religionswissenschaft vorherrschenden Theorien, die in Kapitel I erwähnt wurden und mit denen wir uns kritisch auseinanderzusetzen haben, hat nur die sogenannte urmonotheistische Theorie[*] die Gottesvorstellung bei den Naturvölkern in den Mittelpunkt ihres Systems gestellt.

Sie hat das große Verdienst, die Wichtigkeit der Gottesvorstellung für jede religionswissenschaftliche Betrachtung in der

---

[*] Diese Bezeichnung für die Theorie ist zwar allgemein üblich, wird aber von den Vertretern der »Wiener Schule« nicht gebraucht und sogar abgelehnt. Da sie aber durchaus den Sachverhalt trifft, wird sie im folgenden der Einfachheit wegen beibehalten.

Ethnologie erst richtig entdeckt zu haben. Daß die urmonotheistische Theorie den Widerspruch in weit geringerem Maße herausfordert, hat indessen auch folgenden Grund: Sie beschränkt sich ausschließlich auf die Feststellung und Herausarbeitung einer einzigen Gottesvorstellung, deren höchstes kulturgeschichtliches Alter sie zu beweisen versucht. Von einem ihrer Vertreter, nämlich MARTIN GUSINDE, wird der ganze weite Bereich der religiösen Äußerungsformen, um deren Verständnis sich die Ethnologie bemüht, einfach nicht zum Gebiet der Religion gerechnet (vgl. Abschn. 5). Man bemüht sich also gar nicht um alle jene Phänomene, die den Gegenstand dieser Erörterung bilden. Man betrachtet sie als Degenerationsformen, und im wesentlichen ist WILHELM SCHMIDT der Meinung, daß die animistische und die Zaubertheorie diese jüngeren Entwicklungsformen auf dem Gebiet der Religion hinreichend geklärt haben. Wir werden uns also mit dieser Theorie nur im Bereiche der Gottesvorstellungen zu beschäftigen haben, da sie auf allen anderen Gebieten von sich aus nichts beizutragen hat. So sehr auch der Bereich der Religion in sicherlich ungerechtfertigter Weise von der urmonotheistischen Theorie eingeengt wurde, so unbestritten bleibt doch das schon hervorgehobene Verdienst, die Aufmerksamkeit auf die Vorstellungen vom Göttlichen auch bei den Naturvölkern gelenkt zu haben; denn daß auch die allerältesten unserer Forschung zugänglichen Völker eine Idee vom Göttlichen haben, das hat die urmonotheistische Theorie durch ein sehr umfangreiches Material zur kaum noch bezweifelten Tatsache werden lassen. Wenn trotzdem von so vielen Völkern – besonders der pflanzerischen Schicht – noch behauptet wird, sie seien gottlos, so kann das vielerlei Ursachen haben. Für die Naturvölker gilt weitgehend das auch für uns bestehende Gesetz, daß man den Namen des Gottes nicht alltäglich im Munde führen dürfe; das gehört zum Wesen aller Vorstellungen vom Göttlichen.

Aber diese ganz sinngemäßen Hemmungen bilden nicht den einzigen Grund dafür, daß uns so oft nichts über die Gottesvorstellungen berichtet wird. Nicht selten ist auch die Idee von einer Gottheit tatsächlich ganz in den Hintergrund gerückt, und die Handlungen an sich – ursprünglich auf die Gottheit bezogen – stehen dafür im Vordergrunde und sind manchmal das einzige, was im religiösen Bereich noch ernst und wichtig genommen wird. Schließlich aber – und dieser Grund ist nur zu oft zutreffend – kann ein Reisender alle diese Handlungen genauestens beobachten, ohne überhaupt auf eine Gottesvorstellung zu stoßen, selbst wenn diese zum Beispiel in den Mythen durchaus noch lebendig ist. Diese Art von oft sehr genauer Beschreibung der äußeren Abläufe ohne eine Beschäftigung mit den geistigen Inhalten, die ihnen zugrunde liegen, überwiegt heute in den ethnologischen Berichten immer noch.

Wenn wir im folgenden einige Gottesvorstellungen bei Naturvölkern eingehender behandeln, so sei noch einmal betont, daß dabei nicht nach Vollständigkeit getrachtet wurde. Die Unvollständigkeit wird sich besonders bei der zu behandelnden spezifisch alt-pflanzerischen Gottesidee zeigen. Unter dem Namen der Heilbringer oder Kulturheroen verbergen sich sehr verschiedenartige Gestalten. Nicht anders als in den Hochkulturen hat auch bei den Naturvölkern im Grunde jedes Volk seine eigenen Gottesideen wenn nicht hervorgebracht, so doch in spezifischer Weise ausgestaltet. Typisierungen sind also Vergewaltigungen dieser Ideen; dennoch können wir nicht auf sie verzichten, wenn wir die geistigen Grundlagen verstehen wollen, die in einer Kulturepoche zu bestimmten Gestaltungen der Gottesidee geführt haben. Nur auf dem Gebiet der Hochgottvorstellungen gibt es sehr umfangreiche Vorarbeiten, die wir den Vertretern der urmonotheistischen Theorie verdanken. Wir wollen sie hier gemeinsam mit einer anderen Gottesvorstellung behandeln, die ich »Dema-Gottheit« nennen möchte und die in allem Entscheidenden von dem Hochgott verschieden ist und aus anderen seelischen Bereichen des Menschen stammt. Aus dieser Gegenüberstellung dürften die typischen Züge beider Gottesvorstellungen und ihre grundsätzliche Verschiedenheit am klarsten hervorgehen. Zunächst wollen wir uns der Hochgottvorstellung, dem »Höchsten Wesen«, zuwenden.

1. Die urmonotheistische Theorie

Die Behauptung, daß am Anfang der Religionsgeschichte der Glaube an ein allgütiges, allmächtiges Höchstes Wesen stehe, wurde – basierend auf ethnologischem Material – zuerst von ANDREW LANG (1898) ausgesprochen. Eine breitere Ausgestaltung erfuhr die Theorie jedoch erst durch WILHELM SCHMIDT,

der ein gewaltig angelegtes Werk (›Der Ursprung der Gottesidee‹) in 12 Bänden darüber vorgelegt hat.

Eine der Grundthesen Wilhelm Schmidts lautet, daß es gerade
die ethnologisch ältesten Völker sind, bei denen der Glaube an
ein Höchstes Wesen im Himmel am reinsten und leuchtendsten
anzutreffen sei. Damit soll der Beweis erbracht werden, daß es
sich bei der Konzeption dieser Gottesidee tatsächlich um die
älteste in der Menschheitsgeschichte handelt. Durch seinen
Schüler A. GAHS wurde auch prähistorisches Material zur Stützung dieser These herangezogen. Altpaläolithische Funde wurden durch Vergleich mit ethnologischem Material als Opfer an
den Hochgott gedeutet (vgl. hierzu die Kritik von KARL MEULI,
Opferbräuche, S. 283 ff.). Nicht eine dieser sehr bestimmten
Materialdeutungen ist unwidersprochen geblieben. Es wäre jedoch eine undankbare Aufgabe, alle diese oft recht polemischen
Auseinandersetzungen erneut gegeneinander abzuwägen. Ebenso unbefriedigend ist es allerdings, diese These vom hohen oder
höchsten Alter des Eingott-Glaubens lediglich mit der Feststellung abzutun, daß sie möglicherweise richtig, keinesfalls aber
überzeugend bewiesen sei. Wir können jedoch in diesem Rahmen die Berechtigung des Zweifels nur mit wenigen Hinweisen
andeuten. Wer könnte etwa den Versuch unternehmen, eine
überzeugende Darstellung der ursprünglichen Religion eines
dieser Altvölker, wie beispielsweise der Buschmänner in Südafrika, zu geben im Hinblick auf die außerordentlich dürftigen
Quellen, die uns für die Beurteilung dieser Frage zur Verfügung
stehen!

Die einzige, wirklich gute, ausführliche und unbefangene
Quelle sind die Mythenaufzeichnungen von W. H. J. BLEEK. In
ihnen ist indessen (auch nach Wilhelm Schmidt) nichts enthalten, das auf diesen Hochgott-Glauben schließen ließe. Alle anderen Quellen sind mehr als dürftig und zeigen durch die einander widersprechenden Angaben höchstens, daß die Religion der
Buschmänner ein sehr komplexes Gebilde war, in dem möglicherweise auch ein Höchstes Wesen eine Rolle spielte.

Dieselbe Komplexität findet sich, wie schon A. R. BROWN
dargelegt hat, in der Religion der Andamanesen, eines anderen
typischen Altvolkes. Wir haben meines Erachtens schlechterdings keine methodische Möglichkeit, die sehr verschiedenartigen Angaben über die von den einzelnen Gruppen auf den An-
damanen verehrten *Puluga*-Gottheiten in ein historisches

Nacheinander zu gliedern und zu beweisen, daß der Glaube an ein einziges männlich gedachtes Puluga-Wesen an den Anfang zu setzen sei, wie Wilhelm Schmidt glaubhaft zu machen versucht. Ein weiteres Kernstück in Schmidts Beweisführung bilden die Südostaustralier, wie sie uns A. W. Howitt beschrieben hat. Aber auch bei Howitt erscheint keineswegs der Glaube an ein Höchstes Wesen als einziger Ausdruck religiösen Erlebens. Die Fülle der sogenannten magischen Bräuche findet sich dort in echt australischen Formen ebenso wie die Initiation. Die Ähnlichkeit der Hochgötter bei den Südostvölkern mit den nicht als Hochgott angesprochenen Geistwesen der zentralaustralischen Initiationsriten wurde meines Erachtens von Baldwin Spencer und F. J. Gillen (S. 492 f.) sehr mit Recht hervorgehoben.

All diese Zweifel bewegen sich nur in Andeutungen und können infolgedessen kaum überzeugend wirken. Aber auch eine ausführliche Erörterung des Für und Wider in den Argumentationen von Wilhelm Schmidt und seinen jeweiligen Kritikern könnte keine definitive Klärung bringen, weil es gerade in dieser Frage nach der Religion der ethnologisch ältesten Völker weit mehr Unsicherheitsfaktoren gibt als in irgendeiner anderen (vgl. Ernesto De Martino, S. 185 ff.). Wir besitzen kaum eine Schilderung, die uns in wirklich überzeugender Weise ein so vollständiges Bild von den religiösen Äußerungen dieser Altvölker entwirft, daß wir berechtigt wären, von einer einheitlichen Religion in den verschiedenen Teilen der Erde zu sprechen. Alle Angaben sind so bruchstückhaft, daß sich nur mühsam einige übereinstimmende Vorstellungen herausschälen lassen; am deutlichsten zeigen sie sich auf dem Gebiet der sogenannten Busch- und Wildgeister in der Vorstellung von einem »Herrn der Tiere« (vgl. Kap. VI). Aber selbst wenn zu diesen gemeinsamen Vorstellungen auch ein Höchstes Wesen im Himmel gehören sollte, so müßten doch noch ernste Zweifel an Schmidts These geäußert werden, nach der sich die Vorstellung von diesem Höchsten Wesen um so reiner feststellen lasse, je höher das kulturgeschichtliche Alter der fraglichen Völker anzusetzen sei. Nur ein Blick auf die Religionsformen beispielsweise der afrikanischen Völker zeigt, daß die Himmelsgötter der viehzüchterischen Kulturwelle, die ich mit den *Niloten* in Zusammenhang bringe, viel eindeutiger und klarer hervortreten und deren gesamte religiöse Gestaltungen viel stärker beherrschen, als das bei irgendeinem wildbeuterischen Altvolk der Fall ist. Das einzige heidnisch gebliebene Viehzüchtervolk mit hamitischer Sprache, die *Galla* in Nordostafrika, hat den Glauben an einen Himmelsgott *Waq,* der in allem, was wir darüber wissen, an alttestamentliche Glaubensformen erinnert. Um die Vorstellung von diesem Himmelsgott bei einem afrikanischen Viehzüchtervolk durch ein kurzes Beispiel zu veranschaulichen, zitiere ich eines von den an Waq gerichteten Gebeten der Galla, die Ph. Paulitschke (Nordost-Afrika, Bd. 2, S. 42 f.) aufgezeichnet hat: »O Gott! Du hast mich den Tag in Frieden verleben lassen, laß mich auch die Nacht in Frieden verbringen, o Herr, der Du keinen Herrn über Dir hast! Es gibt keine Stärke, außer in Dir, Du allein hast keinerlei Verpflichtung. In Deiner Hand verbringe ich den Tag, in Deiner Hand verbringe ich die Nacht, Du bist meine Mutter, Du bist mein Vater.«

Es ist nun allerdings auch die Religion der Galla – wie aller Viehzüchtervölker in Nordostafrika – in neueren Arbeiten erheblich anders dargestellt worden, als dies früher geschah, aber die auffällige Ähnlichkeit der religiösen Anschauungen – insbesondere der Galla – mit denen der Völker des Alten Testaments ist dabei doch bestehen geblieben. Die geographische Nähe zwischen Nordostafrika und Palästina legt für diesen Fall einen unmittelbaren Zusammenhang nahe, wobei wir offen lassen, ob er auf Kontakt oder auf Übernahme aus einer beiden Gruppen gemeinsamen Substratkultur beruht. Wenn auch nicht alle afrikanischen Hochgötter auf die kontinentale Ausbreitung der Viehzüchterkulturen zurückgeführt werden können, so bleibt doch die ganz besondere Lebendigkeit gerade dieser Gottesvorstellung bei ihnen eine sehr auffällige Tatsache. Jedenfalls entspricht die Gottesvorstellung etwa der Galla dem Hochgott, wie ihn die urmonotheistische Theorie charakterisiert, sehr viel vollkommener (vgl. Wilhelm Schmidt, Bd. VII), als dies bei irgendeinem kulturgeschichtlich älteren Volk der Fall ist.

Andeutungsweise sei lediglich erwähnt, daß sich auch in Indonesien ähnliche Verhältnisse aufzeigen lassen. Die Vorstellungen von einem Himmelsgott, der Rückkehr der Toten in den Himmel und von mythischen Himmelsreisen sind ein wesentlicher Teil der Religion bei Völkern einer mittelmalaiischen Schicht, während sich bei den älteren Pflanzervölkern andere Gottesvorstellungen finden, von denen sogleich die Rede sein soll. Auch jene mittelmalaiische Schicht, die vermutlich auch für die vorindische Ausbreitung des Wasserbüffels in Indonesien verantwortlich ist, gehört zum Typ der jüngeren ethnologischen Kulturen, auf die wir noch zurückkommen (vgl. Abschn. 8). Auch in Amerika zeigt sich uns dieses Bild, daß der Himmelsgott am deutlichsten in den jüngeren Kulturschichten greifbar ist. Als Beispiel sei nur auf die Gebete der *Kwakiutl* hingewiesen, die trotz ihrer aneignenden Wirtschaftsform zu den jüngsten Kulturen in Nordamerika zählen. FRANZ BOAS berichtet uns unter anderem das folgende Morgengebet: »Willkommen, Großer Häuptling, Vater, da Du kommst und Dich selbst an diesem Morgen zeigst. Wir kommen und leben. Schütze mich, daß mir nichts Böses zustößt an diesem Tage, Häuptling, Großer Vater.« (Zitiert nach WERNER MÜLLER, Kwakiutl, S. 16 f.)

Diese Andeutungen sollen lediglich auf die Tatsache hinweisen, daß sich die außerordentliche Betonung des Hochgottes am ausgeprägtesten bei den jüngeren Völkern findet und daß er – neben anderen Gottesvorstellungen – eine gewisse hervorgehobene Bedeutung hauptsächlich bei den Getreidebauern und Viehzüchtern hat, die wir als die große Masse der jüngeren naturvölkischen Kulturen in vielen Erdteilen antreffen. Später soll die Frage noch einmal gestreift werden, inwiefern die Idee von einem Höchsten Wesen dennoch auf ältere Konzeptionen zurückgehen könnte. Zunächst sei die Aufmerksamkeit auf jene andere Gottesvorstellung gelenkt, die wir hier dem Hochgott gegenüberstellen wollen. Wir werden sie unter dem Namen *Dema-Gottheit* kennenlernen und werden für diese neue Benennung im nächsten Abschnitt eine Begründung geben.

2. Die Dema-Gottheit

Schon ANDREW LANG mußte sich mit dem Phänomen befassen, daß es zweifellos naturvölkische Religionsformen gibt, in denen die Vorstellung von einem Höchsten Wesen überhaupt nicht vorkommt oder völlig bedeutungslos ist. Da es sich bei dem Glauben an ein Höchstes Wesen um die älteste Glaubensform handeln sollte, so mußten die kulturgeschichtlich jüngeren Völker, die sie nicht aufwiesen, die einmal entwickelte hohe Religionsform wieder verloren haben. Lang und WILHELM SCHMIDT sind darin einig, daß sich diese Tatsache nur durch eine Verkümmerung der geistigen Fähigkeiten des Menschengeschlechtes erklären lasse. Nach Lang (S. 281 f.) war es die Bequemlichkeit des Menschen, die es ihm als eine leichtere Lebensform erscheinen ließ, mit »bestechlichen und korrupten Geistern« zu verkehren, als nach den strengen Gesetzen eines Hochgottes zu leben. So habe der Mensch die »niedere Mythologie« entwickelt, und die Herrschaft jener Geisterwesen habe eingesetzt, die von der animistischen Theorie für die erste Stufe der Religion in Anspruch genommen wurden. Bei einer genaueren Betrachtung jener Religionsformen, die Lang hier im Auge hat, bleibt es völlig unverständlich, wie er zu dieser Behauptung hat kommen können. Wenn der Mensch wirklich nur Vorteile von jenen niederen Geistgöttern erwartet haben soll, so hat er sich die Erwerbung dieser Vorteile allerdings denkbar schwer gemacht – so schwer, daß man sich fragen muß, ob der Einsatz noch mit dem zu erwartenden Gewinn in vernünftigem Einklang steht. Jedenfalls erfordern die hier gemeinten Kulte den höchsten Einsatz des Menschen, nicht selten sein Leben.

Es erscheint mir durchaus fraglich, ob nicht – wenn man die Frage überhaupt einmal unter solchem Gesichtspunkt betrachtet – der Mensch ein schlechtes Geschäft machte, als er die Lebensform nach den Gesetzen eines Hochgottes mit den uns so grausam anmutenden Kulten einer anderen Religion vertauschte. Diese Ansicht wird auch von K. TH. PREUSS (Entwicklung, S. 247) vertreten, der annimmt, daß die Kultreligionen durch reine Gebetreligionen verdrängt worden sind, weil die Kulte zu große Anforderungen an den Menschen gestellt hätten. Dadurch sei die Vorstellung von einem Hochgott, der lediglich Gebete forderte, in den Vordergrund getreten. Da wir unsere Auffassung von der Entstehung religiöser Ausdrucksformen schon ausführlich dargelegt haben, erübrigt es sich hier, näher darauf einzugehen, daß Motive dieser Art unmöglich im Spiel gewesen sein können.

Im großen gesehen handelt es sich bei der von Lang als Degenerationsform angesprochenen Religion hauptsächlich um die Glaubensinhalte der frühen Pflanzervölker, die uns weit besser bekannt sind als etwa die der wildbeuterischen Altvölker. Unter diesen »frühen« oder »alten« Pflanzern ist eine noch heute über fast alle tropischen Gebiete der Erde verbreitete Kulturschicht zu verstehen, in der der mit Brandrodungsverfahren betriebene Knollenbau zusammen mit der Nutzung der Baumfrüchte die wesentliche Wirtschaftsgrundlage bildet. Großviehzucht, Pflug, Düngung und Megalithwesen sowie vermutlich auch der Anbau von Körnerfrüchten gehören noch nicht zum Kulturbestand. Wir haben es hier also mit der ältesten Form des tropischen Pflanzertums zu tun. Die Träger dieser Kultur stimmen nicht nur in wichtigen Zügen der materiellen, sondern gerade auch in solchen der geistigen Kultur überein. Eine geschlossene Darstellung ihrer Religionsform habe ich an anderer Stelle versucht (vgl. AD. E. JENSEN, Weltbild). Besonders im nächsten Kapitel wird des öfteren darauf Bezug genommen. Die animistische Theorie hat sich so gut wie gar nicht mit der Gottesvorstellung dieser Kultur befaßt, sondern das Augenmerk nur auf den Geisterglauben und die Ahnenverehrung gerichtet, Glaubensinhalte, die tatsächlich bei den Völkern dieser Kultur – aber nicht nur bei ihnen – von eminenter Wichtigkeit sind.

Die allzu starke Beachtung der Geister und der Ahnen in den Beschreibungen der europäischen Reisenden hat meist übersehen lassen, daß die Religion dieser Völker ebenfalls von sehr bestimmten Gottesvorstellungen durchdrungen ist, die die eigentlich beherrschenden Gestalten der großen Kultfeste sind. Diese göttlichen Gestalten werden auch deutlich von den Geistern und den Ahnen unterschieden – sehr oft sogar durch entsprechende andere Bezeichnungen.

Geister und Ahnen sollen uns hier zunächst nicht beschäftigen. Nur soviel sei erwähnt, daß sie ganz offensichtlich nicht die primären Gestalten dieser Religionsform sind, wie die animistische Theorie annahm und wie es in den meisten Beschreibungen dargestellt wird, sondern daß sie ihre Bedeutung erst von den eigentlichen göttlichen Gestalten und deren besonderem Wesen erhalten haben (vgl. Kap. XIV, XVI). Die verhältnismäßig häufige Angabe in Beschreibungen von Völkern dieser Kultur, daß sie keinerlei Gottesidee hätten, sondern nur die Geister fürchteten und ihre Ahnen verehrten, ist mit größtem Mißtrauen aufzunehmen und erklärt sich vermutlich einmal aus der schon erwähnten Wichtigkeit des Geister- und Ahnenglaubens besonders im alltäglichen Leben dieser Völker, zum anderen aber aus der mangelnden Kenntnis des mythischen Gedankengutes. Kennt man nämlich auch die Mythen, die, wie wir schon dargelegt haben (Kap. II), als die geistige Grundlage der Zeremonien anzusehen sind, so drängen sich die göttlichen Gestalten in den Vordergrund, durch deren Art und Wesen sich die mannigfaltigen Glaubensvorstellungen erst als eine Religion enthüllen. Sie sind es, die in einer mythischen Urzeit auf Erden lebten und die heutige Seinsordnung und die Entstehung der lebenswichtigen Dinge bewirkten.

Um auf Beispiele von solchen göttlichen Gestalten der Pflanzervölker hinweisen zu können, beziehe ich mich auf die oben erwähnte zusammenfassende Darstellung. Bei den *Wemale* auf der Molukkeninsel Ceram (Indonesien) ragen aus dem Kreis der mythischen Gestalten drei weibliche Gottheiten dieser Art hervor: *Satene, Rabie* und *Hainuwele* (Weltbild, S. 34 ff.). Daß die göttlichen Personen ausschließlich weiblichen Geschlechtes sind, ist keinesfalls überall die Regel. In den Mythen der *Marind-anim* und der *Kiwai* – beide an der Südküste von Neuguinea wohnend – findet sich eine große Zahl solcher Gestalten sowohl männlichen wie weiblichen Geschlechtes: So bei den Marind-anim *Jawi,* der den ersten Tod erlitt und aus dessen Kopf die erste Kokospalme entstand (S. 46 f.), und die »Mutter des Kultes«, als deren Repräsentantin bei dem jährlichen Fruchtbarkeitsfest ein Mädchen getötet und verzehrt wird (S. 49), oder bei den Kiwai die überragende Gestalt des *Marunogere,* durch den Tod und Zeugung auf Erden eingeführt wurden (S. 60 f.), und seine Tochter *Pekai,* aus deren zerstückelter Leiche die Nutzpflanzen entstanden (S. 59), um nur einige von ihnen und verschiedene ihrer wesentlichen Merkmale zu nennen. Bei den *Uitoto* in Südamerika treten uns der Urvater und Schöpfer *Moma* und die verwandte Gestalt des *Husiniamui* (S. 109 f.) entgegen, bei den südkalifornischen Indianern vor allem *Wyot* (S. 93 ff.). Die Aufzählung solcher Gottheiten ließe sich noch weiterführen, besonders durch die Erwähnung melanesischer Beispiele. Aber auch in Zentralafrika begegnen uns solche Gestalten – insbesondere die *Kakaschi-Kakullu* – in der Mythologie des südlichen Kongobeckens (Leo Frobenius, Atlantis 12, S. 74 ff.). Wir haben uns in der erwähnten Darstellung lediglich deshalb auf diese Beispiele beschränkt, weil wir von ihnen hinreichend genaue Beschreibungen besitzen – die in anderen Fällen leider oft fehlen –, um das Wesen dieser Gottheiten deutlich darstellen zu können.

Wenn wir bis jetzt schlechthin von einer Gottheit sprachen, so melden sich nunmehr Bedenken gegen diese Bezeichnung an – nicht etwa deshalb, weil uns ihr göttlicher Charakter zweifelhaft erscheint. Dieser ist vielmehr durch die mythischen Aussagen über sie völlig gesichert. Aber unsere Vorstellung von Gott und Göttern – hervorgegangen aus der Kenntnis der Hochkulturen und unserer christlichen Erziehung – ist doch so bestimmt, daß jene ganz andersartigen Gottheiten nicht recht dazu passen wollen. Um sie in ihrer Besonderheit gegenüber den uns geläufigen Vorstellungen abzuheben, hat man sie bisher meist als Stammes- oder Kulturheroen, als Transformer oder dergleichen bezeichnet. Diese Namen treffen meines Erachtens nicht die Großartigkeit der Erscheinung. Es ist angemessen, auch in der Bezeichnung die Göttlichkeit hervorzuheben und sie durch einen gemeinsamen Namen abzugrenzen, wie wir von indischen oder griechischen Göttern, vom alttestamentlichen oder vom islamischen Gott sprechen und damit konkrete Vorstellungen verbinden. Die Marind-anim in Neuguinea haben einen gemeinsamen Namen für die Gesamtheit der Urzeitwesen und für die göttlich-schöpferischen Gestalten unter ihnen. Sie nennen sie *Dema* und der Name Dema-Gottheit als gemeinsame Bezeichnung für sie erscheint mir zweckmäßig unter der Voraussetzung, daß es gelungen sein sollte, die Einheitlichkeit der Gottesidee darzutun, die einen gemeinsamen Namen rechtfertigen muß.

Die erste Frage müßte lauten: Welches ist das hauptsächliche Merkmal, durch das sich die Dema-Gottheit von den uns geläufigen Gottesvorstellungen unterscheidet? Das auffälligste Merkmal liegt meines Erachtens in der zeitlichen Wirksamkeit der Gottheiten. Wir kennen eine allgegenwärtige Gottheit, die das Schicksal der Welt lenkt, und zu der sich der Mensch durch Gebet, Opfer und gottesfürchtige Haltung in Beziehung setzen kann. Die Dema-Gottheit hingegen ist nicht auf diese Weise – etwa im Himmel oder auf dem Olymp – gegenwärtig, sondern ihre Gegenwärtigkeit ist von ganz anderer Art. Ihre einzige aktive Wirksamkeit liegt in der längst vergangenen Urzeit – oder besser am Ende der Urzeit. Wir hatten schon gesehen, daß die Mythen darauf gerichtet sind, alles Bestehende als etwas Gewordenes darzustellen und daher notwendig einen vorhergehenden andersartigen Zustand der Welt voraussetzen müssen (vgl. Kap. III, 2). Die beherrschenden Wesen dieser Urzeit sind die Dema, die bald als menschengestaltig, bald als tier- oder pflanzengestaltig beschrieben werden. Unter ihnen sind es die Dema-Gottheiten, die durch ihr schöpferisches Wirken das Seiende und die Seinsordnung hervorrufen und damit gleichzeitig schließlich die Urzeit beenden.

Der schöpferische Prozeß ist ebenfalls grundverschieden von den uns aus dem Bereich der Hochgott-Vorstellungen bekannten Vorgängen. Nichts Seiendes wird auf handwerkliche Art »gemacht« und dann mit Leben beseelt. Unter den verschiedenartigen mythischen Beschreibungen, wie Seiendes entsteht, ist es ein zunächst befremdend anmutendes Mythologem, das uns immer wieder in vielfältigen Abwandlungen entgegentritt und als die Grundkonzeption des altpflanzerischen Weltbildes überhaupt angesprochen werden muß: Der entscheidende Vorgang, durch den die wichtigen Erscheinungen der Welt entstehen, ist die Tötung der Dema-Gottheit durch die Dema. Der religionsphilosophische Hintergrund dieser mythischen Gott-Tötung soll noch Gegenstand eingehender Erörterung sein (vgl. Kap. VIII). Es besteht jedenfalls kein Zweifel, daß es sich dabei – wie bei allen echten großen Mythen – um eine wahre Aussage über das Wesen des Seins und der Seinsordnung handelt. Wichtig für diesen Gedankengang ist ferner, daß das Mythologem von der Tötung der Dema-Gottheit eine echt religiöse, das heißt auf göttlich-schöpferische Wirksamkeit zurückgeführte Beschreibung der Lebenssituation von Mensch, Tier und Pflanze ist. Mit dem Ende der Urzeit hört das Dema-Dasein auf. An Stelle der Unsterblichkeit tritt sterbliches irdisches Leben, aber auch die Fortpflanzungsfähigkeit, die Nahrungsbedürftigkeit und die lebenvernichtende Seinsform. Die getötete Dema-Gottheit verwandelt sich selbst in die Nutzpflanzen, aber sie tritt auch die erste Totenreise an und verwandelt sich selbst ins Totenreich, dessen Abbild das Kulthaus auf Erden ist. Daneben kehrt die Angabe wieder, daß sie als Mond an den Himmel geht und durch das Vergehen und Wieder-neu-Erstehen als ein Symbol des sich immer wieder erneuernden Lebens erscheint.

Eine solche Gottheit ist nicht gegenwärtig, und es wäre beispielsweise ganz sinnlos, zu ihr zu beten. Sie lenkt nicht das irdische Schicksal, sondern sie hat das Seiende, dem sich das menschliche Interesse zuwandte, in seiner bestehenden Ordnung hervorgerufen, und in den Grenzen dieser Ordnung läuft das Geschehende ab. Die religiöse Haltung des Menschen besteht im wesentlichen darin, daß er sich des göttlichen Ursprungs dieser Ordnung bewußt bleibt, und das kultische Leben ist deshalb vorwiegend eine dramatische Aufführung der Urzeitvorgänge selbst. Als solche sind vor allem die zahlreichen rituellen Tötungen zu verstehen, die wir von den Völkern dieser

Kulturzugehörigkeit kennen, aber auch viele andere Kultformen, die wir erst im Hinblick auf dieses Mythologem richtig verstehen.

3. Urzeitwirksamkeit und Gegenwärtigkeit

Wenn wir bisher übermäßig betont haben, daß die *Dema*-Gottheit nur am Ende der Urzeit wirksam war und daß sie im Unterschied zu anderen Göttern keine Gegenwärtigkeit habe, so bedarf dies doch gewisser Einschränkungen. Aber auch wenn diese dargelegt sind, wird sich zeigen, daß die Gegenwärtigkeit von ganz anderer Art ist, als es den uns geläufigen Vorstellungen entspricht. Wir hatten bereits erwähnt, daß die getötete Dema-Gottheit auf verschiedene Art fortexistiert, in den Nutzpflanzen und im Totenreich.

Darum sind das nicht-alltägliche Essen der Frucht in den Zeremonien oder der sogenannten Opfertiere, die in Wahrheit nur die Repräsentanten der Gottheit sind, oder – als besonders drastische Darstellung – das kannibalistische Mahl Formen der Vergegenwärtigung des göttlichen Urzeitgeschehens. Darum aber auch kann eine Kokospalme oder eine Feldfrucht unmittelbare Gegenwärtigkeit der Gottheit vermitteln, und sie tun es bei den großen religiösen Festen, wo die Dema als jene Erscheinungen auftreten, die durch sie geworden sind, und wo die Darsteller der Gottheiten durch Masken oder phantastische Verkleidungen den Kokos-Dema, den Bananen-Dema und andere mythische Personen mit den Attributen ihrer Wirksamkeit veranschaulichen.

Noch unmittelbarer aber ist die Gegenwärtigkeit der Dema in den Menschen selbst, denn sie sind am Ende der Urzeit aus den Dema hervorgegangen. Die lange Kette der Ahnen verbindet die heute Lebenden mit den Urzeit-Dema, und durch den Tod hat der Mensch die Möglichkeit, wieder für immer in die Gemeinschaft der Dema aufgenommen zu werden. Hier liegt – wie oben angedeutet – die eigentliche Wurzel der Ahnenverehrung, die ein so wichtiger Bestandteil dieser pflanzerischen Religionsform ist (vgl. Kap. XV, 1). Auch die Welt der Geister ist in diesen fest geformten Vorstellungen verankert. Sie sind – wie eine Form der Mythe deutlich aussagt – ebenso wie die Tiere, mit denen sie vielfach gleichgesetzt werden, aus jenen Dema geworden, die am Ende der Urzeit eine von der Gottheit verlangte Probe nicht zu bestehen vermochten und deshalb nicht die menschliche Seinsform erlangten (vgl. Kap. XVI).

Diese Proben sind bei den einzelnen Völkern verschieden. Nach einem weit verbreiteten Glauben werden auch heute noch jene Verstorbenen zu Geistern und gelangen nicht ins Totenreich, die eine Aufgabe des Totenwächters nicht zu lösen vermögen. Der religionsphilosophische Gedankengang – dies sei nur angedeutet – ist dabei auf die grundlegende sittliche Forderung gerichtet, daß sich der Mensch des göttlichen Ursprungs der Seinsordnung bewußt sein muß; denn die religiösen Zeremonien sind Vorbereitungen auf die Totenreise und letzten Endes haben sie nur diesen auf die Erfüllung der sittlichen Forderung gerichteten Sinn (vgl. Kap. IX). Die Tätowierungszeichen gelten beispielsweise bei den *Kayan* auf Borneo als eine Art Paßvisum, das den Eintritt ins Totenreich erleichtert, da sie beweisen, daß der Verstorbene erfolgreich an Kopfjagden teilgenommen hat (Ch. Hose und W. McDougall, S. 41). Insbesondere die weitverbreiteten Labyrinth-Tänze hängen ebenfalls mit jener besonderen Prüfung zusammen, die mit dem Eintritt in das Totenreich verbunden ist. Eine besondere Form der Vergegenwärtigung der Dema-Gottheiten stellen oft verschiedene Musikinstrumente dar, in deren Tönen sich die Stimme der Gottheit offenbart. Meistens sind es Trommeln, Schwirrhölzer und Flöten, die, als Kultinstrumente allem profanen Gebrauch entzogen, ausdrücklich in mythischen Berichten auf die Urzeit-Gottheit bezogen sind – gelegentlich in der Form, daß die Instrumente aus dem Holz desjenigen Baumes verfertigt werden, in den sich die Dema-Gottheit nach ihrer Tötung verwandelte. Eine sehr schöne und anschauliche Mythe dieser Art stammt von den *Yahuna* in Westbrasilien und ist von Theodor Koch-Grünberg (Zwei Jahre, S. 386 f.) aufgezeichnet. Es ist dort von einem Knaben, Milomaki, die Rede, der so wunderschön sang, daß viele Leute herbeieilten, um ihn zu hören. Zum Jüngling aufgewachsen, verbrannte man ihn auf einem Scheiterhaufen. Er sang noch immer in herrlichen Tönen, als sein Leib zerplatzte. Aus seiner Asche erwuchs die erste Paschiubapalme, aus deren Holz man große Flöten schnitzt, die die wunderschönen Weisen wiedergeben, die einst Milomaki sang. Frauen und Kinder dürfen diese Flöten nicht sehen, die bei den sogenannten *Yurupari-Festen in Aktion* treten, wo man zu Ehren von Milomaki tanzt, der alle Früchte geschaffen hat.

Diese Art der Gegenwärtigkeit der Dema-Gottheiten hat EGON SCHADEN (S. 164) insbesondere im Auge, wenn er in einer sorgfältigen Untersuchung über südamerikanische Indianer feststellt, daß die »Geister« ihrer mythischen Urzeit-»Heroen« – es handelt sich dabei um typische Dema – als etwas durchaus Wirkliches lebendig sind. »Sie leben in den Ornamenten, die sie darstellen, und in den Musikinstrumenten, die ihre Stimmen wiedergeben.«

Vergleichen wir die bisher charakterisierte Dema-Gottheit der frühen Pflanzer mit dem Höchsten Wesen der urmonotheistischen Theorie, so drängen sich die Unterschiedlichkeiten schon in den äußeren Merkmalen auf. Die heutigen Kultstätten gelten meist als die Plätze, auf denen sich die Urzeitvorgänge ereigneten. Das Totenreich liegt nach der Vorstellung dieser Völker fast ausnahmslos unter der Erde. Die Allgegenwärtigkeit der Dema-Gottheiten kann höchstens so verstanden werden, daß sie in den Menschen, Tieren, Pflanzen und selbst in den Kulturgeräten gegenwärtig sind, in die sie sich verwandelt haben. Diese Gegenwärtigkeit aber wird nicht im Alltag empfunden, sondern nur bei besonderen, am deutlichsten bei kultischfestlichen Anlässen. Auch von jenem der urmonotheistischen Theorie sehr wichtigen Wesenszug des Hochgottes, der Güte, kann bei der Dema-Gottheit nur in einem ganz anderen Sinne die Rede sein; denn die von den Dema hervorgerufene Ordnung schließt alle Aspekte der Wirklichkeit ein, die feindlichen wie die freundlichen, die Sterblichkeit wie die Fortpflanzungsfähigkeit. Die religiöse Gläubigkeit und die ständige kultische Wiederholung der schöpferischen Urzeitvorgänge lassen auf eine wesentlich optimistische Lebensauffassung schließen. Das So-Sein der Welt wird in seiner Gesamtheit als Ergebnis göttlichen Wirkens gepriesen. Es fehlt jener Gedanke, der die dem Menschen unfreundlichen Gegebenheiten der Welt auf die Wirksamkeit teuflischer Gegenspieler zurückzuführen trachtet oder als göttliche Strafe für sündhaftes Verhalten der Menschen auffaßt. Das Wesen der Dema ist jenseits von Gut und Böse. Auffällig ist ferner, daß sich das pflanzerische Mythologem fast nie mit der Entstehung der Erde befaßt, während sie in die Schöpfungen des Hochgottes meist einbezogen ist. Sie wird im allgemeinen als existent vorausgesetzt. Das Interesse ist vorwiegend auf die Entstehung der Lebewesen und vor allem der Lebensordnungen gerichtet.

Alle diese Merkmale lassen die beiden Gottesvorstellungen als grundverschieden voneinander erscheinen. Ist es möglich, das religiöse Weltbild der Pflanzer als eine Verfallserscheinung innerhalb der menschheitsgeschichtlichen Religionsformen anzusehen? Die Frage kann unseres Erachtens nur verneint werden. Auch wenn wir uns gestatten würden, unsere abendländischen Empfindungen des Abscheus vor Kulten, in denen Menschenopfer, Kopfjagden und Kannibalismus vorkommen, zu verallgemeinern und als schlechthin edleres Menschentum zu preisen, so könnten wir uns auch dann der Großartigkeit der religiösen Konzeption nicht verschließen. Wir müßten zugeben, daß hier Erlebnisinhalte eine kulturelle Gestaltung erfahren haben, die ihre Rechtfertigung in sich selbst trägt. Es ist deshalb auch nicht verwunderlich, daß die Glaubensinhalte, die ihre lebendigste Ausgestaltung bei jenen altertümlichen Pflanzervölkern fanden, wie wir noch sehen werden, in späteren Religionsformen bis in die Hochkulturen hinein immer wieder durchgedrungen sind und ihren festen Platz auch im Rahmen ganz andersartiger Religionssysteme behauptet haben.

Wir werden uns noch eingehend mit der Frage zu beschäftigen haben, welche innigen Verbindungen zwischen den Dema-Gottheiten und den polytheistischen Göttern der Hochkulturen bestehen. Hier mag nur ein einziger Hinweis auf eine Arbeit von KARL KERÉNYI (Kore, S. 341ff.) genügen, um zu unterstreichen, wie selbst die Gestalten der Demeter und der Persephone in der griechischen Mythologie und die Kulte in Eleusis den gleichen mythischen Grundgedanken wiedergeben, der das pflanzerische Weltbild so ausschließlich beherrscht.

Wie alle kulturellen Gestaltungen, so hat natürlich auch das auf der Gottesidee der Dema basierende religiöse Weltbild zu Dekadenzerscheinungen geführt, die sich beispielsweise in den noch zu behandelnden Massenschlachtungen von Menschen und Tieren deutlich greifen lassen. Es ist aber unmöglich, den Hochgott-Glauben als eine erhabene Religionsform an den Anfang der Menschheitsgeschichte zu stellen und alle späteren Gestaltungen, sofern sie nicht ausdrücklich auf jenem Glauben basieren, als Verfallserscheinungen darzustellen. Beide Gottesvorstellungen haben vielmehr in den ihnen zugewandten schöpferischen Epochen jeweils ihren erhabenen Ausdruck gefunden und in Zeiten der Kulturverarmung auch Formen der Degenerierung gezeigt.

4. Mono- und Polytheismus

Die wichtigste Frage für das Verhältnis von Dema-Gottheit und Himmelsgott müßte – wenigstens unter dem Gesichtspunkt abendländischer Theoriebildungen – diejenige nach der Ein- oder Vielzahl der verehrten Götter sein. Altes Testament, Christentum und Islam haben die Überlegenheit ihrer Religion unter anderem mit der Einzahl ihrer Gottheit begründet. ANDREW LANG und WILHELM SCHMIDT glauben, daß die Einzigartigkeit bereits ein wesentliches Merkmal der Gottesvorstellung in der Urkultur gewesen sei. Es mag zunächst dahingestellt bleiben, ob das Monon in den Glaubensinhalten der frühen Menschheit jemals von so beachteter Wichtigkeit gewesen ist wie etwa im Alten Testament. Meines Wissens gibt es keine direkte Aussage dieser Art. Auch steht der Himmelsgott etwa der afrikanischen Viehzüchter nur selten ganz allein. Gelegentlich ist es ein Götterpaar wie bei den *Masai* und *Hottentotten,* häufiger stehen andersartige göttliche Gestalten neben dem Himmelsgott. Aber die überragende Bedeutung einer bestimmten göttlichen Gestalt mag immerhin den Gedanken an einen natürlichen Monotheismus nahe legen, ohne daß das Monon zum Prinzip erhoben oder der isolierten Stellung eine besondere Wichtigkeit beigemessen wurde. Es muß ferner eingeräumt werden, daß die bestimmte Gottesidee, wie sie uns im Höchsten Wesen entgegentritt, noch auf besondere Weise den Gedanken an einen einzigen Gott nahelegt. Schon der ihm zuerkannte Name »Höchstes Wesen«, der in den meisten Fällen durchaus den Sachverhalt trifft, wie auch der besondere Charakter einer prima causa, der dieser Gottesidee eignet, heben ihre Einzigartigkeit hervor.

Demgegenüber stehen die Dema-Gottheiten fast nie allein, so daß sich auch nach diesem mehr äußerlichen Merkmal eine gewisse Verwandtschaft mit dem Polytheismus der Hochkulturen aufdrängt. Aber gerade dieser Vergleich zeigt einen sehr wichtigen Unterschied. Die unter verschiedenen Namen in verschiedenen Mythen auftretenden göttlichen Dema-Gestalten bei ein und demselben Volk sind einander so ähnlich, daß man sich nicht des Eindrucks erwehren kann, daß sie nur Variationen über ein und dasselbe Thema darstellen. Durch wieviele Fäden die drei weiblichen Gottheiten der *Wemale* in Westceram miteinander verbunden sind, wie sie nur verschiedene Aspekte ein und derselben Wirklichkeit spiegeln, wie eine für die andere eintreten kann und selbst Namensverbindungen vorkommen, habe ich an anderer Stelle ausgeführt (Hainuwele, S. 11 ff., 32 ff.). Dieselbe Einheitlichkeit läßt sich an den recht zahlreichen Dema-Gestalten der *Marind-anim* zeigen. Bei ihnen offenbart sich die Einheitlichkeit der verschiedenen Vorstellungskomplexe noch stärker in den Kulten, deren es ebenfalls eine größere Zahl gibt und die jeweils der Dramatisierung einer bestimmten Mythe dienen. Der Ablauf der Zeremonien zeigt aber eine so enge Verwandtschaft der zugrunde liegenden Vorstellungen, daß man geneigt ist, für den Ursprung nur eine einzige Zeremonie anzunehmen, aus der dann erst im Laufe einer langen Zeit mehrere verschiedene, aber einander sehr ähnliche Kulte geworden sind (vgl. etwa den *Rapa-*, *Imo-* und *Majo-Kult*, Weltbild, S. 49 ff.). Bei den *Kiwai* handelt es sich im wesentlichen nur um einen Kult, aber hier treten in den dazu gehörigen Mythen eine größere Zahl von Dema-Gottheiten auf, die untereinander wiederum so viele Ähnlichkeiten haben, daß vielfach die gleichen Begebenheiten in verschiedenen Mythen wiederkehren (vgl. *Sido, Soido* und *Marunogere,* Weltbild, S. 58 ff.). Die mannigfaltigen Mythen und die verschiedenen Kulte der *Uitoto* in Südamerika hat K. Th. Preuss, also der Feldforscher selbst, der uns die Mythen berichtet hat, mehrfach als Variationen über ein und dasselbe Thema, nämlich die Tötung einer Mond-Gottheit, gedeutet (I, S. 144).

Es erhebt sich die Frage, wie es zu solchen Variationen hat kommen können, wenn man eine fest geformte Mythe und einen dazu gehörigen Kult für den Ursprung annimmt. Ich halte es nicht für schwierig, sich kulturgeschichtliche Abläufe vorzustellen, die zu solchen Variationen führten, besonders bei schriftlosen Völkern, die nur durch mündliche Überlieferung das einmal Gestaltete bewahrten. Wir wissen aus Erfahrung, wie schnell bei der mündlichen Weitergabe eine Variation der ursprünglichen Mitteilung entsteht. Eine an den Ausgangspunkt zurückwandernde Variation kann dann leicht so weit von der ursprünglichen Fassung entfernt sein, daß sie sich in ihrer selbständigen, wenn auch ähnlichen Gestalt neben der ursprünglichen zu halten vermag.

Wenn aber die Mythen von den Dema-Gottheiten auf nur eine ursprüngliche Fassung zurückgehen, so würde das bedeuten, daß es ursprünglich vielleicht auch nur eine Dema-Gottheit gab. Das wird sich schwerlich eindeutig beweisen lassen; aber ich neige auf Grund der Kenntnis des Materials zu dieser Auffassung. Indessen, schon die Tatsache, daß die mythischen Variationen bedenkenlos nebeneinander gestellt wurden und oft verschiedene – wenn auch ähnliche – Kulte nebeneinander stehen, zeigt, daß das Monon den Menschen jener Kultur nicht von irgendwelcher Wichtigkeit war. Daß das tatsächlich vor dem Alten Testament bei Naturvölkern niemals der Fall war, dafür sprechen meines Erachtens alle uns verfügbaren Quellen, einschließlich derjenigen über den Himmelsgott.

Das der urmonotheistischen Theorie so wichtige Merkmal der Singularität des Höchsten Wesens ist also möglicherweise nicht nur mit der Vorstellung von einem Höchsten Wesen verknüpft, sondern vielleicht ein natürliches Kennzeichen früher Religionsformen. Auch die göttliche Idee vom »Herrn der Tiere« bei jägerischen Völkern (vgl. Kap. VI) kann durchaus dieses Merkmal gehabt haben. Nirgends aber tritt es uns vor dem Zeugnis des Alten Testaments als ein unabdingbares Prinzip entgegen.

Jede Betonung eines Prinzips schließt ein gewisses Quantum von Intoleranz ein. Das Nebeneinander-Bestehen von sehr verschiedenartigen Gottesideen bei den meisten Naturvölkern ist die tolerante Anerkennung der Tatsache, daß es viele Wege zum Gotterlebnis gibt. Wenn auch die Uridee von der Dema-Gottheit durchaus mit einem natürlichen Monotheismus verbunden gewesen sein mag, so gibt es doch einen Typ von Dema-Gottheiten, der schon in seiner ursprünglichen Konzeption von der Zweiheit ausgeht. Dies sind die mythischen Zwillinge oder Heroenpaare, die in ihrem Wesen die Polarität der Welt widerspiegeln und die deshalb oft mit Sonne und Mond, aber auch mit vielen anderen Gegensatzpaaren in der Wirklichkeit in Verbindung gesetzt werden. Sie scheinen einer ganz bestimmten Kulturschicht zuzugehören und werden sehr oft als die Begründer von sozialen Dualorganisationen betrachtet, mit denen wir uns noch beschäftigen werden (vgl. Kap. VII, 1). Hier könnte man statt von einem natürlichen Monotheismus von einem ebenfalls natürlichen Dualismus sprechen, der in jener frühen Schicht seinen reinsten kultischen Ausdruck – denn als solchen müssen

wir, wie bereits dargelegt (Kap. II, 1), die sozialen Dualorganisationen auffassen – gefunden hat.

Es ist sicherlich nicht abwegig, die in den Religionen späterer
Kulturen auftretenden Gegensatzpaare, die sich kurz auf die
Formel von Gott und Teufel reduzieren lassen, mit jenem älteren Denken in Dualformen in einen kulturgenetischen Zusammenhang zu bringen. Es ist aber schwierig, wenn nicht gar unmöglich, die zarathustrische Lehre von der Zweiteilung der
Welt etwa als eine Sublimierung oder »Entwicklung« der älteren »primitiven« Ideen darzustellen. Die Lehre von dem guten
Gott, dem der teuflische Gegenspieler die Schöpfung verdirbt,
hält sich letzten Endes an ein recht problematisches Unterscheidungsmerkmal; sie teilt nämlich die Welt in die für den Menschen günstigen und die für ihn ungünstigen Faktoren ein, und
man kann nicht sagen, daß dieses Einteilungsprinzip dem Wesen der Dinge Gerechtigkeit angedeihen läßt. Rein phänomenologisch aber beruhen auch die späteren Götterpaare auf dem
Denken in Dualismen.

5. Der verschiedene geistesgeschichtliche Ursprung

Auch wenn die Idee von den *Dema* ursprünglich auf eine einzige Gottheit zurückgeführt werden könnte und sich darin
eine äußerliche Ähnlichkeit mit dem einen Hochgott zeigen
sollte, so muß doch die ursprünglich grundsätzliche Verschiedenheit der beiden Gottesvorstellungen immer wieder unterstrichen werden. Beide entstammen ganz verschiedenartigen
Haltungen im menschlichen Wesen, wie sich in einigermaßen
klaren Kulturverhältnissen deutlich zeigen läßt. Die pointierte
Verschiedenartigkeit der beiden Gottesvorstellungen zeigt sich
besonders deutlich in dem ungestörten Nebeneinanderbestehen
beider bei ein und demselben Volk, wofür sich viele Beispiele
anführen ließen. Nur eines davon sei erwähnt, das von einem
Anhänger der urmonotheistischen Theorie selbst berichtet
wurde.

MARTIN GUSINDE gibt uns eine ausführliche Darstellung der
Kultur des sehr altertümlichen Volkes der *Selknam* (oder *Ona*)
auf den Feuerlandinseln an der Südspitze von Südamerika.
Nach Gusinde steht im Mittelpunkt der Religion dieses jägerischen Volkes die Gestalt eines Höchsten Wesens mit dem Na-

men Temaukel. »Nur diese Persönlichkeit und die ihm gezollte Verehrung machen die Selknam-Religion im eigentlichen Wortsinne aus ...« (S. 495). Temaukel wohnt im Himmel; niemand kann ihn jemals sehen. Er hat keinen Körper. Er hat auch nicht Weiber und Kinder. Er war immer da und er stirbt nicht. Er kommt niemals auf die Erde. Er sieht alles, was auf der Erde geschieht, und kennt selbst die verborgensten Gedanken. Auch schöpferische Leistungen werden ihm zugedacht, »so gering an Zahl sie auch sein mögen« (S. 501). Die Ausgestaltung der sinnfälligen Welt einschließlich des Sternenzeltes aber ist das Werk anderer schöpferischer Gestalten, und so bleibt für Temaukel nur übrig, daß er den »sternenleeren Himmel und die formlose Erde« geschaffen hat.

Zu dieser der urmonotheistischen Theorie ganz entsprechenden Schilderung paßt die fast völlige Beziehungslosigkeit zwischen Gott und Mensch. Das Höchste Wesen beschäftigt sich nicht »mit den näheren Lebensverhältnissen des einzelnen Menschen, es hält sich sozusagen teilnahmslos in einer unerreichbaren Abgeschlossenheit« (S. 504). Die einzige religiöse Haltung der Menschen äußert sich in der Ehrfurcht besonders beim Aussprechen seines Namens, was aus Scheu meist vermieden wird. »Bittgebete fehlen fast vollständig.« Es gibt »weder Tempel noch öffentliche religiöse Feiern, weder Idole noch Kultstätten irgendwelcher Art« (S. 508). Die von Gusinde festgestellten Opfer (S. 512) sind sehr zweifelhaft, auf jeden Fall aber in dieser Form – das heißt als Opfer – sinnlos. Neben dieser recht abstrakten Gestalt des Temaukel gibt es nach dem Glauben der Selknam einige »bedeutende Persönlichkeiten«, die in der Urzeit als erste Wesen in Feuerland lebten und noch nicht die heutigen Menschen waren. Unter ihnen ragt am lebendigsten die Gestalt des *Kenos* hervor, der von Temaukel auf die Erde gesandt wurde. Er formte aus Erdklumpen ein männliches und ein weibliches Geschlechtsteil, aus deren Vereinigung die ersten Menschen entstanden, die aber auch noch keine heutigen Menschen, sondern vielmehr Dema-Wesen waren, da es viele Gegebenheiten der menschlichen Seinsform, wie zum Beispiel den Tod, noch nicht gab. Kenos hob den Himmel höher, der damals noch dicht über der Erde lag. Er lehrte die Menschen sprechen. Wenn die Menschen alt wurden, so starben sie nicht, sondern erwachten verjüngt aus tiefem Schlaf, um aufs neue zu altern. Nur wenn sie nicht mehr aufstehen wollten, so wurden sie zu einem Berg oder Vogel, einem Winde oder einem Seetier, zu einem Felsen oder einem Stern wie Kenos selbst, der nach all seinen schöpferischen Wirksamkeiten als Stern an den Himmel ging (S. 571 ff.). Auch das für die Menschen gültige Sittengesetz stammt von Kenos.

Gusinde legt sehr großen Wert auf die Feststellung, daß Kenos seine segensreichen Wirksamkeiten im Auftrage von Temaukel ausführte. Aber das ist für unsere Betrachtung belanglos, da es lediglich eine Aussage ist, die das Wirken des Kenos mit der Existenz des Temaukel verbindet und noch einmal den prima causa-Charakter des Höchsten Wesens unterstreicht. Kenos aber und die ihm verwandten »bedeutenden Persönlichkeiten« sind typische Dema-Gottheiten, von denen nicht nur alle Dinge der Wirklichkeit herstammen, sondern auch die sittlichen Lebensordnungen, innerhalb derer sich die Menschen bewegen. Bezeichnenderweise ist die schöpferische Wirksamkeit der Dema die der Verwandlung in die Erscheinungen, die dadurch zum ersten Mal ins Leben treten. Die eigentlichen Ahnen (das heißt Kenos und seine Artverwandten) führen ja ihr Dasein in der Gestalt eines Naturdinges weiter (S. 579). Das Ende der Urzeitordnung wird mit der Einführung des Todes durch einen anderen Dema herbeigeführt.

Alle diese Schilderungen zeigen uns sehr deutlich das Nebeneinander zweier ganz verschiedener Gottesideen. (Ich übergehe dabei die Tatsache, daß Gusinde den »bedeutenden Persönlichkeiten« offensichtlich keinerlei göttlichen Charakter, nicht einmal irgendeinen religiösen Erlebnisinhalt zusprechen möchte. Seine eigenen Schilderungen sind schwerlich mit dieser Ansicht zu vereinigen.) Temaukel wird von Gusinde selbst als typisches Höchstes Wesen angesprochen. Kenos und seinesgleichen sind typische Dema-Gottheiten, obgleich die von ihren Taten handelnden Mythen nicht zu den besten und lebendigsten Beispielen dieser Art gehören. Die einzige Verknüpfung zwischen beiden ist, wie erwähnt, die Angabe, daß Kenos im Auftrag von Temaukel handelte, ohne daß diese Kausalverbindung die völlige Verschiedenartigkeit und auch die tatsächliche Zusammenhanglosigkeit zwischen beiden aufheben könnte.

Bei alledem lassen wir die Frage völlig außerhalb der Betrachtung, ob diese Dema-Gottheiten zum ursprünglichen religiösen Gedankengut der Feuerländer gehören oder ob sie in späterer Zeit von Völkern anderer Kulturzugehörigkeit übernommen wurden. Ich halte dies letztere (ebenso wie Gusinde), trotz der relativen Lebendigkeit der Glaubensinhalte, für wahrscheinlich. Dieselbe Frage wäre natürlich auch im Hinblick auf die Gestalt des Höchsten Wesens zu stellen. Aber nicht darauf kommt es hier an, sondern nur auf das tatsächliche Nebeneinander-Bestehen der beiden Gottesvorstellungen, die sich gegenseitig gar nicht zu stören scheinen und auch wenig Neigung haben, sich miteinander zu verbinden. Das Beispiel der Feuerländer sollte als eines von vielen dafür stehen, daß dieses ungestörte Nebeneinander nur durch die grundlegende Verschiedenheit der beiden Ideen möglich ist. Daß diese Möglichkeit nicht immer gegeben war, das zeigen die vielen Mischformen und gegenseitigen Beeinflussungen, von denen im nächsten Abschnitt die Rede sein soll.

6. Die *prima causa*

Bei einem Vergleich der beiden Gottesvorstellungen erschien uns nicht die Singularität des Höchsten Wesens als das hauptsächliche unterscheidende Merkmal, sondern die andere Art der Wirksamkeit des Himmelsgottes und seine ständige Gegenwärtigkeit als individuelle und handelnde Person, als Lenker des irdischen Schicksals, der meist auch strafend und belohnend das menschliche Los bestimmt, wie WILHELM SCHMIDT ihn uns schildert. Oft allerdings wird uns der Hochgott auch als *otios* geschildert, der zu hoch und zu fern ist, um sich um die Angelegenheiten der Menschen zu kümmern. Diese Otiosität hängt mit dem zweiten Unterscheidungsmerkmal zwischen dem Höchsten Wesen und den *Dema* zusammen. Die Himmelsgottheit ist ein akultisches Wesen, was vermutlich mit der besonderen Art von Mythen zusammenhängt, die über sie erzählt werden. Diese beziehen sich nämlich meistens auf die Erschaffung des Himmels und der Erde. Die *Dema-Gottheit* hingegen befaßt sich schöpferisch fast nur mit dem Lebendigen und im besonderen mit der menschlichen Seinsform, während die Erde meistens schon vorhanden ist, jedenfalls nach ihrer Entstehung in den Mythen nicht gefragt wird. Demgegenüber ist die schöpferische Tätigkeit des Himmelsgottes von völlig anderer Art. Wenn »Gott spricht: ›es werde Licht!‹ und es ward Licht«, so entspringt der Schöpfungsakt seiner Allmacht. Die Beschreibung des Vorganges enthält aber keinerlei mythisches Element. Menschen und Tiere werden auf handwerkliche Art geformt. Gott selbst bleibt außerhalb seiner Schöpfung als der große Verursacher.

Auch die Dema sind die Verursacher ihrer Schöpfungen. Aber sie verwandeln sich selbst in die Erscheinungen, in denen sie auf besondere Art fortexistieren. Der Vorgang aber ist echt mythischer Art, weil in ihm Aussagen enthalten sind, die das Wesen der gewordenen Erscheinung auf eine Weise erklären, die nur durch die Mythe erfahrbar ist. Mythologisch gesehen ist das Höchste Wesen ein Deus ex machina, dessen Wille allein ohne jede Motivierung die Erscheinungen hervorrufen kann.

Jede von Menschen gestaltete Gottesidee muß ihre Entsprechungen in der menschlichen Veranlagung, in den psychischen Gegebenheiten des Menschen haben. Es liegt nahe, die beiden verschiedenartigen Gottesvorstellungen mit ganz verschiedenen Bereichen in der menschlichen Wirklichkeit zu verknüpfen. Die psychischen Möglichkeiten, die zur Konzeption der Dema-Gottheit gehören, sind die menschliche Fähigkeit, den göttlichen Aspekt in den Erscheinungen der Welt selbst zu erleben. Das pflanzerische Weltbild ist im wesentlichen eine Darstellung der Welt als ein durch göttliche Verwirklichung Gewordenes. Im Mittelpunkt der Darstellung steht die menschliche Seinsform, die sich in ihren erregendsten Situationen, in den Erscheinungen des Todes, der Zeugung, des Tötens und der Nahrungsbedürftigkeit in ihrem göttlichen Gehalt geoffenbart hat.

Demgegenüber basiert die Erscheinung des Höchsten Wesens viel stärker auf den intellektuellen Fähigkeiten des Menschen. Die der Herausbildung der Dema-Gottheit zugrunde liegenden Erlebnisinhalte sind weit mehr der unmittelbaren Anschauung verhaftet. Fragen, wie die nach dem Ursprung aller Dinge und nach dem Sinn allen – auch des gegenwärtigen – Geschehens, führten zu der Vorstellung von einem Verursacher, einer prima causa und von einem über allem Schicksal wachenden Gotte. Man könnte voll Besorgnis fragen, wie sich eine Menschheit mit einer Gottesvorstellung zufrieden geben konnte, die in solchem Maße nur das Ergebnis von Denkvorgängen war. Hier erhebt sich die Gegenfrage, ob sich die Menschheit jemals in ihren religiösen Gestaltungen mit dieser Gottesidee allein zufrieden gegeben hat. Entschieden ist dies jedenfalls nicht im Christentum der Fall, das in der Gestalt des getöteten Gottessohnes eine

148

durchaus mythische Gottesidee neben die des Höchsten Wesens stellte. Der Kult als die echteste und tiefste Ausdrucksform religiösen Erlebens konnte sich an der Himmelsgottheit nicht entzünden. Hier bleibt allein das Gebet als lebendige Beziehung zwischen Gott und Mensch. (Ich erwähne absichtlich das blutige Opfer nicht, weil es in der uns überlieferten Form ein Survival ist, eine mißverstandene und sinnlos gewordene Fortführung der rituellen Tötungen, worauf wir noch ausführlich zurückkommen; vgl. Kap. VIII). Der christliche Kult bezieht sich deshalb fast ganz auf das göttliche Leben und Wirken von Christus selbst.

Wilhelm Schmidt erörtert ebenfalls die Frage, wie es zur Konzeption der Idee des Höchsten Wesens hat kommen können. Die einzige Meinungsverschiedenheit zwischen ihm und ANDREW LANG besteht in der Frage der Uroffenbarung. Lang hatte es abgelehnt, diese zur Erklärung der Entstehung der Gottesidee heranzuziehen. Schmidt ist hierüber – wie mir scheint mit Recht – anderer Meinung, aber es ist von besonderem Interesse, die Darstellung (Schmidt, Bd. 1, S. 185 ff.) zu lesen, wie es auch nach seiner Meinung schon vor der Uroffenbarung im frühesten Stadium der Menschheitsgeschichte auf rein rationalem Wege zur Konzeption des Höchsten Wesens hat kommen können. Im Hinblick auf diese abstrakte Gottesidee schließe ich mich weitgehend seiner Auffassung an.

Damit möchte ich noch einmal auf die zu Beginn erwähnte Frage nach dem Alter der Idee eines Höchsten Wesens zurückkommen. Ohne einen der dort aufgeführten Zweifel fallen zu lassen, erscheint mir doch die These Schmidts von dem höchsten Alter der Idee des Himmelsgottes, als des Schöpfers der Welt und des Lenkers der Schicksale, unter rein psychologischem Gesichtspunkt durchaus möglich. ROBERT LEHMANN-NITSCHE hat einmal gesagt, daß die Frage nach dem Warum die älteste menschliche Frage überhaupt sei. Unter diesem Gesichtspunkt ist die Feststellung von Wilhelm Schmidt sicherlich zu bejahen, daß die frühe Menschheit nach den bei ihr vorauszusetzenden Geistesgaben wohl in der Lage gewesen sei, eine solche Gottesidee zu gestalten. Wenn von ethnologisch sehr altertümlichen Völkern Angaben gemacht werden, die auf das Vorhandensein dieser Gottesidee schließen lassen, so soll die Möglichkeit durchaus zugegeben werden, daß es sich dabei um eine ursprüngliche Vorstellung handeln mag. Um so größeren

Wert aber legen wir auf die beiden früher gemachten Feststellungen, daß diese Gottesvorstellung bei den ethnologisch ältesten Völkern niemals allein vorkommt und daß sie niemals den eigentlichen Kern der religiösen Lebensformen ausmacht.

Hatten wir oben aus MARTIN GUSINDES Bericht über die Feuerländer eines von vielen Beispielen dafür kennengelernt, daß die beiden Gottesvorstellungen bei ein und demselben Volk ungestört nebeneinander bestehen, so ist es andererseits nur natürlich, nach gegenseitigen Beeinflussungen der Ideen zu fragen. Den entscheidenden Einfluß der Hochgottidee auf die Vorstellung von den Dema sehe ich in einem kulturgeschichtlich höchst bedeutsamen Prozeß, bei dem sich die Wandlung der Urzeitgottheiten in die gegenwärtig gedachten polytheistischen Götter vollzog. Es mag sein, daß dieser Einfluß nur einer von vielen dabei wirksamen Faktoren war; aber als solcher wird er kaum zu übersehen sein (vgl. Kap. VIII, 4).

Von nicht so großer kulturgeschichtlicher Bedeutung sind gelegentliche Verschmelzungen der beiden Ideen. So hat die schon erwähnte Gestalt des *Moma* bei den *Uitoto* trotz des vorherrschenden Dema-Charakters gewisse Züge eines Höchsten Wesens. Sehr häufig ist bei den polaren Doppelgestalten der Dema-Gottheiten diejenige von ihnen, die mit der Sonne in Verbindung gebracht wird, zu einem Hochgott erhöht. Ein sehr deutliches Beispiel dafür findet sich bei den *Apinayé* (vgl. Kap. V, 2). In den Mythen sind hier Sonne und Mond die typischen Dema-Gottheiten dualistischer Art. Im täglichen Leben aber tritt in Gebet und Verehrung »Sonne« allein als oberste Gottheit in Erscheinung.

Umgekehrt hat zweifellos auch die Idee von den Dema die Hochgottvorstellung beeinflußt. Es liegt nach den bisherigen Ausführungen nahe, folgende, oft belegte Züge des Hochgottes auf diesen Einfluß zurückzuführen: 1. Die Otiosität des Himmelsgottes, in die er sehr oft in solchem Grade zurücktritt, daß er völlig bedeutungslos für die Menschen wird. Sie paßt jedenfalls nicht zu dem strafend und belohnend eingreifenden Lenker des Schicksals, steht aber in deutlicher Parallelität zu dem Aufhören der Wirksamkeit der Dema am Ende der Urzeit. 2. Wenn der Hochgott auch als Stammvater der Menschen angesehen wird, so trägt er charakteristische Merkmale der Dema, von denen sich die Menschen meist in direkter Abstammung ableiten, während die handwerkliche Formung der ersten Menschen im Schöpfungsvorgang, wie er so häufig mit der Hochgottvorstellung verbunden ist, diese direkte Abstammung nicht einschließt. 3. Das letzte Merkmal schließlich muß uns etwas ausführlicher beschäftigen. Es bezieht sich auf ein ebenfalls in die Urzeit verlegtes Wirken des Hochgottes während des paradiesischen Zustandes auf der Erde.

7. Urzeit und Paradies

Die pflanzerischen Urzeitmythen sind gelegentlich als Abwandlungen der Paradieserzählung bezeichnet worden (zum Beispiel H. Th. Fischer, S. 204 ff.). Dabei geht man von der Annahme aus, daß die uns geläufige Bezeichnung Paradies hinreichend geklärt sei, um sie zur Erklärung des zunächst Unbekannten heranzuziehen. Man geht dabei – wie so oft – den historisch rückläufigen Weg von den vertrauten Hochkulturen zu den fremdartigen Altvölkern. Es läßt sich aber nicht selten zeigen, daß dieser Weg keineswegs das Verständnis erleichtert; denn die uns geläufigen Vorstellungen sind durchaus nicht immer die sinnbezogenen, und oft erschließt sich uns ein wirklicher Sinn der Kulturerscheinungen nur, wenn wir den umgekehrten Weg, nämlich historisch vorwärts, von den Primitiven zu den Hochkulturen, schreiten.

Wir hatten schon einmal darauf hingewiesen, daß die echten naturvölkischen Mythen fast ausnahmslos von einem andersartigen Zustand in der Urzeit ausgehen, der dann beendet und durch die heutige Seinsform abgelöst wurde. Was liegt näher, als an die paradiesische Daseinsform der ersten alttestamentlichen Menschen zu denken? Man hat denn auch die Bezeichnung der Paradieserzählungen für sie eingeführt und sie damit in einen altvertrauten Rahmen eingefügt, natürlich mit der Einschränkung, daß sie Abwandlungen oder primitive Vorformen jener vollendeten Erzählung des Alten Testamentes seien. Mit dem Begriff Paradies verbinden wir eine Fülle von Vorstellungen, vor allem den Gedanken an den Sündenfall und an die als Strafe dafür erfolgte Austreibung aus dem Paradies, womit dann ebenfalls die heutige Seinsform beginnt, die ein elendes, sündenvolles und bejammernswertes Dasein ist im Vergleich mit dem paradiesischen Zustand. Es konnte nicht schwerfallen, die Parallelität mit den naturvölkischen Mythen bis in kleinste Einzelheiten festzustellen. Der Sündenfall ist der Mord an der Dema-Gottheit oder gelegentlich auch der erste Geschlechtsverkehr, der – wie wir gesehen haben – auf das engste mit der Tötung verbunden ist, denn gleichzeitig mit der Sterblichkeit des Menschen wurde die Zeugungsfähigkeit zu seinem Schicksal. So läßt sich vom Altvertrauten her das Unverständliche begreifen, und die Mythe wird zum harmlosen Märchen.

Es liegt uns jedoch daran, trotz der unleugbaren Ähnlichkeit zwischen den Erzähltypen die grundlegenden Unterschiede nicht zu verwischen. Wir können uns auf wenige wichtige Punkte beschränken. Schon die Frage, ob die alten Pflanzervölker von der Urzeit die Vorstellung eines paradiesischen Zustandes hatten, müssen wir verneinen. Die mythische Betrachtung geht ganz zweifellos von dem Wesen des heutigen Daseins aus, und es ist ihr im Interesse der Erzähltechnik lediglich darum zu tun, einen andersartigen, möglichst entgegengesetzten Zustand an den Anfang zu setzen. Die Betonung liegt in dem echten Mythologem nicht auf der Beschreibung der Urzeit selbst, sondern nur auf der Schilderung ihrer Schlußphase, deren Geschehnisse den Beginn des Soseins in der Welt und die Anfangszeit des irdischen Lebens herbeiführten. Die inhaltliche Beschreibung des Urzeitdaseins ist deshalb im wesentlichen ätiologisch und nicht echt-mythisch.

Überhaupt verzichtet das pflanzerische Weltbild ganz und gar auf eine solche wertende Gegenüberstellung von wirklicher Welt und Urzeit. Das Alte Testament verweilt bei dem Verlust des Paradieses auf der Betonung der negativen Seiten des Lebens: Mit Schmerzen soll Eva die Kinder gebären, und Dornen und Disteln soll der Acker tragen. Die Auffassung, die uns im Weltbild der alten Pflanzer entgegentritt, ließe sich dagegen viel eher so ausdrücken: Der Mensch gewann mit dem Ende der Urzeit das eigentliche Leben; ist er auch lebenvernichtend und sterblich, so ist er doch zeugend und sich fortpflanzend; braucht er fortan die Nahrung, so hat sich die Gottheit doch selbst in diese verwandelt.

Das Alte Testament hat nicht das Töten, sondern das Essen in den Mittelpunkt der Ereignisse am Ende der Urzeit gestellt, während das Töten in das spätere Geschehen um Kain und Abel verlegt wird. Das ist erzähltechnisch im Grunde eine Erschwerung; denn das Essen als Sünde hinzustellen, die die Sterblichkeit als Strafe zur Folge hat, bedarf wieder zusätzlicher Erklärungen, wie das vorangegangene göttliche Verbot, wobei man versucht ist, zu fragen, warum denn der Baum gerade dorthin gestellt wurde, wo Adam und Eva sich aufhielten, wenn sie doch nicht von ihm essen sollten. Alle solche Einzelzüge zeigen deutlich, daß es sich nicht um eine echte Mythe handelt, daß zwar die mythische Erzähltechnik übernommen und beibehalten wurde, daß aber die explanatorischen und märchenhaften Züge überwiegen, verwoben mit philosophisch-allegorischen Spekulationen, die einem ganz anderen Weltbild entstammen. Die Echtheit und unleugbare Großartigkeit dieses anderen Weltbildes in ihrem eigentlichen und unmittelbaren Gehalt aufzuzeigen, liegt außerhalb der hier gestellten Aufgabe. Mir liegt lediglich daran, an einigen Inhalten zu zeigen, daß das, was aus dem älteren religiösen Weltbild übernommen wurde – und das ist nicht wenig –, in vielen Fällen jegliche Großartigkeit und selbst jede Sinnbezogenheit eingebüßt hat.

Auf die Frage, ob die erste Tötung in der Urzeitmythe den Sündencharakter hat oder nicht, ließe sich manches dafür und noch mehr dagegen aufzählen. Ich will mich auf ein Argument beschränken. Die Tatsache allein, daß das mythische Ereignis von den Menschen in kultischen Tötungen wiederholt werden muß, zeigt, daß wir es nicht mit einer Sündenfallerzählung zu tun haben können. Wäre die Tötung ein verwerfliches und zu verurteilendes Tun gewesen, so wäre es völlig sinnlos, diese Missetat freiwillig zu wiederholen und damit aufs neue die Strafe herauszufordern. Sündengefühle sind sicherlich allgemein menschlich und pflegen mit besonderer Heftigkeit gerade im Zusammenhang mit den hier behandelten Erscheinungen des Tötens und der Zeugung aufzutreten, aber immer erst nach der Tat. Waren sie bereits vorher mit den nötigen Heftigkeitsgraden vorhanden, so würden die genannten Handlungen wahrscheinlich niemals ausgeführt. Hiermit stehen vermutlich die vielen Bräuche in Verbindung, die den erfolgreichen Kopfjäger nach seiner Tat angeblich vor der Rache seines Opfers schützen sollen, während er vor dieser mindestens ebensoviele Vorschriften beachten muß, die dem Erfolg seines Vorhabens dienen sollen.

Der Vergleich des pflanzerischen Mythologems mit der Paradieserzählung ist in allen entscheidenden Fragen undurchführbar. Nur der ganz bestimmte Typ der Erzählkunst verbindet beide, und dieser gehört zweifellos seinem Ursprung nach in die ältere Kulturepoche.

Die märchenhafte Paradieserzählung, die einige philosophische Spekulationen enthält, hat niemals den Charakter einer besonderen religiösen Verpflichtung gehabt. Psychologisch ist sie zweifellos nur denkbar als Ausfluß einer relativ pessimistischen Weltbetrachtung. Hierin steht sie in deutlichem Gegensatz zum pflanzerischen Mythologem. Bei Naturvölkern finden wir oft paradiesisch anmutende Beschreibungen des Totenlandes. Aber auch in diesen Fällen scheint die gleiche psychologische Voraussetzung gegeben zu sein, daß eine pessimistische, ja verzweifelte Beurteilung der Lebenssituation die Grundlage bildet. Ein geradezu ergreifendes Beispiel für dieses seelische Bedürfnis nach Ausgleich schildert uns Vincenzo Petrullo von dem aussterbenden Restvolk der nomadisierenden *Yaruro* im Orinocostromgebiet. Die Tätigkeit des in seinem priesterlichen Amte sehr hervorgehobenen Schamanen scheint hier ausschließlich in Prophezeiungen einer paradiesischen Zukunft zu bestehen. Er besucht auf seinen imaginären Jenseitsreisen die oberste weibliche Gottheit und verkündet dann seinen Stammesbrüdern deren tröstliche Verheißungen von einem paradiesischen Dasein nach dem Tode (vgl. Kap. XII, 2).

8. Kulturhistorische Fragen

Die Umwandlung der Urzeitmythen in Paradieserzählungen ist also einerseits ein kulturhistorischer Prozeß, bei dem die Mythe durch die stärkere Betonung märchenhafter Züge ihren ursprünglichen Sinn verliert. Andererseits gibt es zweifellos kulturpsychologische Situationen, in denen paradiesähnliche Vorstellungen ganz unabhängig voneinander zur Befriedigung menschlicher Sehnsüchte und als Abwehr gegen eine hoffnungslose Lebenslage entwickelt werden. Darüber hinaus aber scheint den Paradiesbeschreibungen – wenn wir von den christlichen Vorstellungen über das himmlische Dasein absehen – niemals eine wichtigere religionshistorische Bedeutung zugekommen zu sein. Ein viel bedeutsamerer Umwandlungsprozeß rein kulturhistorischer Art hat sich im Hinblick auf die Vorstellung von den Dema-Gottheiten vollzogen, wobei gleichzeitig die ursprünglichen Tötungsrituale zu dem wurden, was wir im allgemeinen blutige Opfer nennen. Eine spekulative Betrachtung über diesen Vorgang soll erst später (Kap. VIII, 4) vorgenommen werden. Hier sei lediglich die dort ausgesprochene Vermutung in ihrer allgemeinsten Bedeutung vorweg genommen, um unseren Gedankengang über das Verhältnis zwischen Hochgott und Dema weiterführen zu können.

Wir hatten mehrfach betont, daß die Vorstellung von einem Hochgott – selbst wenn ihre Entstehung auf ältere Zeiten zurückgehen sollte – ihre deutlichste Ausprägung in den Viehzüchterkulturen erfahren hat. Demgegenüber fehlt sie in der ältesten Pflanzerschicht so gut wie ganz. Dies hat bereits WILHELM SCHMIDT (Bd. 1, S. 469) festgestellt: »Die Zweiklassen-Kultur läßt keinerlei Höchstes Wesen erkennen.« Eine gewisse Bedeutung aber hat sie wiederum in den jüngeren ethnologischen Kulturen, wo sie meist neben den Vorstellungen von Dema-Gottheiten, Geistern und Ahnen anzutreffen ist. In diesen jüngeren naturvölkischen Kulturen ist ein kulturhistorisch bedeutsamer Umbruch gegenüber dem altpflanzerischen Weltbild festzustellen, den man bisher meist auf den »Einbruch der Steppe« zurückzuführen pflegte. So einleuchtend und bestechend diese Theorie ist – erklärt sie doch vor allem die Tatsache, daß die ethnologisch jüngeren Völker in der Alten Welt durchweg die Großviehzucht kennen –, so erheben sich doch in neuerer Zeit von seiten der Archäologie schwere Bedenken gegen sie (vgl. KARL JETTMAR). Aber auch wenn es nicht reine Viehzüchtervölker waren, die den kulturellen Umbruch verursacht haben, so bleibt doch auf jeden Fall als offensichtlich einzig mögliche Erklärung, daß rassisch fremde Elemente eine grundlegende Veränderung der alten Pflanzerkulturen herbeiführten.

Besonders gut greifbar ist dieser Vorgang in Afrika in der sogenannten nilotischen Kultur, die wir bei Völkern am oberen Nil bis hinunter zu den *Masai* in Tanganjika vorfinden. Diese Völker bilden sprachlich, rassisch und auch kulturell weitgehend eine Einheit. Fast alle bauen Körnerfrüchte (mehrere Hirsearten) an und betreiben vor allem sehr intensive Rinderzucht. Ihre enge Bindung an das Vieh drückt sich am stärksten in dem sogenannten Viehzüchterkomplex aus, der – ein ganz bestimmtes Verhältnis zwischen Mensch und Rind widerspiegelnd – eine Reihe zu beachtender Vorschriften umfaßt. Wir finden diesen Viehzüchterkomplex auch bei vielen Völkern in Ost-, Südost- und Südwestafrika wieder, die nicht der nilotischen Sprachgemeinschaft angehören. Da alle diese Völker gleichzeitig einen fremdartigen Rasseeinschlag zeigen, der sehr wohl auf nilotische Einflüsse zurückgeführt werden könnte, ist anzunehmen, daß die *Niloten* auf weiten Wanderungen sowohl für die Verbreitung des Rindes als auch der Körnerfrucht verantwortlich sind. Die Ähnlichkeiten zwischen den *Herero* im früheren Deutsch Südwestafrika einerseits und den Niloten in Nordostafrika andererseits sind jedenfalls sehr verblüffend.

Zum anderen lebt als älteres Substrat – meist in verachteten Kasten – unter vielen Nilotenvölkern noch deutlich sichtbar die bisher vor allem behandelte alte Pflanzerkultur. (Da wir dieses kulturhistorische Problem, weil nicht zum eigentlichen Thema gehörend, hier nicht ausführlicher behandeln können, sei für die näheren Einzelheiten auf meinen Aufsatz in der Radin-Festschrift verwiesen.)

In Nordostafrika wird nun eine ganz andersartige Mythe über den Ursprung der Nahrungspflanzen berichtet, als wir sie bisher im Rahmen der altpflanzerischen Mythologie und ihren Dema-Gottheiten kennengelernt haben. Hier handelt es sich in der mythischen Erzählung um die Körnerfrüchte, die aus dem Himmel geholt oder meistens gegen den Willen der Gottheit gestohlen werden. Bei fast allen Völkern wird die Knollenfrucht hiervon ausdrücklich ausgenommen, über ihren Ursprung wissen die nordostafrikanischen Völker nichts oder sie geben an, daß sie sie von Anfang an gehabt hätten. Meistens hat die Körnerdiebstahlsgeschichte in Nordostafrika die Form, daß die Menschen die ersten Getreidesamen durch eine Maus erhalten, die am Spinnenfaden in den Himmel klettert, dort heimlich von der im Überfluß wachsenden Körnerfrucht frißt und wieder zur Erde zurückkehrt.

Auch außerhalb des nordostafrikanischen Bereiches findet sich in Afrika die Mythe vom Diebstahl der Körnerfrucht im Himmel. Bei den *Dogon* ist es ein urzeitlicher Schmied, der die Körner von dem Himmelsgott stahl und sie in seinem Hammer verborgen auf die Erde brachte (Marcel Griaule, Masques, S. 48, Anm. 4). Von den *Wa-Tawa*, die im Südwesten des Tanganjikasees wohnen, berichtet P. A. Janssens (S. 552 f.), daß der erste Mann aus dem Himmel kam und die Saatfrucht in seinem Haar auf die Erde brachte. Es wird zwar in der abgekürzten Mythe nichts von einem Raub im Himmel berichtet, aber die Tatsache, daß er die Saat im Haar trug, legt die Vermutung nahe, daß es sich dabei um ein Versteck für die gestohlene Frucht handelt. Bei den *Gula* und *Kulfa* im Zentralsudan ist in bezug auf die Hirse wieder eindeutig von einem Diebstahl gegen den Willen der Gottheit die Rede. Ein weiblicher Geist drückt Bienenwachs unter seine Füße, in dem die von der Himmelsgottheit ausgebreiteten Körner haften bleiben (Griaule, Notes, S. 94f.). Dieses Motiv kehrt in ganz ähnlicher Form mehrfach in Indonesien wieder.

In Indonesien findet sich auch ein deutliches Beispiel für diese jüngere Schicht, die mit der Verbreitung der Viehzucht und Körnerfrucht verbunden werden muß, in der schon häufiger erwähnten mittelmalaiischen Kultur, die den Wasserbüffel bereits besitzt, ohne ihn wirtschaftlich zu nutzen. Auf Celebes und auf den Philippinen zum Beispiel wird er lediglich für den Zweck des sogenannten blutigen Opfers bei Totenfesten oder anderen Feierlichkeiten gehalten. Die mittelmalaiische Schicht hebt sich dadurch deutlich von der jungmalaiischen ab, in der – zum Beispiel auf Java – der Wasserbüffel als Zugtier genutzt wird.

Eine andere grundsätzliche Neuerung der mittelmalaiischen gegenüber der älteren Schicht der frühen Pflanzer ist die bereits erwähnte völlig andersartige mythische Begründung für die Entstehung der Körnerfrucht. In Südostasien sind die beiden Mythologeme gut gegeneinander abzugrenzen, indem der Reis im Himmel gestohlen wird, die Knollenfrucht hingegen aus der getöteten Gottheit entsteht. Trotz mancher Überschneidungen der beiden Mythologeme läßt sich in der Mehrzahl der Fälle dieser Unterschied doch deutlich machen, auf den LEO FROBENIUS aufmerksam geworden war. Er hatte das entsprechende Beweismaterial kurz vor seinem Tode gesammelt, hat aber eine geplante Arbeit darüber nicht mehr veröffentlicht.

In Polynesien findet sich nun gerade umgekehrt die Mythe, die den Himmelsursprung der Knollenfrüchte begründet. Um nur ein Beispiel zu erwähnen, sei auf die Mythensammlung von O. STUEBEL (S. 142f.) hingewiesen, wonach der Taro auf die in Indonesien weitverbreitete Weise gestohlen wird, indem er von einem Mann in seinem Penis versteckt wird, was man sich von einem Reiskorn gut, von einer Taroknolle aber kaum vorstellen kann. Diese Mythenform ist vermutlich darauf zurückzuführen, daß in der polynesischen Kultur trotz ihres kulturhistorisch jungen Ursprungs merkwürdigerweise keine Körnerfrucht bekannt ist. Es ist aber anzunehmen, daß die Polynesier in den Räumen, in denen sie vorher gelebt haben, die Körnerfrucht bereits lange Zeit gekannt und sie lediglich auf ihrer Wanderung nach Polynesien verloren haben (ROBERT HEINE-GELDERN, S. 607). Mit der Kenntnis der Körnerfrucht war ihnen vermutlich auch der Mythos vom Körnerdiebstahl vertraut, den sie in ihrer späteren Heimat auf die Knollenfrüchte übertragen haben. Im übrigen spielen in der gesamten polynesischen Mythologie der Himmel und eine Himmelsgottheit eine bedeutende Rolle, und das ist die Voraussetzung für eine Mythe, die die Hauptnahrungsfrucht aus dem Himmel kommen läßt.

Die unterschiedliche mythische Begründung für Körnerfrucht einerseits und Knollenfrucht andererseits findet sich sogar gelegentlich auch in Amerika, wo zum Beispiel bei den *Chami,* einem Unterstamm der *Choco* in Westcolumbien, der Mais im Himmel gestohlen wird (MILCIADES CHAVES, S. 150). Auch von den *Taulipang* berichtet uns THEODOR KOCH-GRÜNBERG (Roroima, Bd. 2, S. 90) das Mythologem von dem Diebstahl eines Maiskornes im Himmel, wodurch der Mais den Menschen auf der Erde zum ersten Mal bekannt wurde. Dabei ist zu bedenken, daß bei den Taulipang wie bei allen südamerikanischen Waldvölkern die Maniokwurzel die hauptsächliche Nahrungspflanze darstellt und der Mais nur eine geringe Bedeutung hat. Die Entstehung von Yams und Taro, seltener von Maniok, der als jüngere Frucht oft mit dem Mais zusammen genannt wird, und von anderen Baum- und Knollenfrüchten wird in weiter Verbreitung auch in Südamerika meist durch das pflanzerische Mythologem von der Tötung einer Dema-Gottheit und der Verwandlung ihres Leichnams in die Nutzpflanze erklärt. Es ist also sehr auffällig, daß mitunter der Mais als Körnerfrucht mit einer ganz anderen Ursprungsmythe verbunden wird – genau wie in Afrika, Südostasien und Indonesien. Auch von den *Chané* im westlichen Gran Chaco wird uns berichtet, daß der sogenannte Fuchsgott ein kleines Samenkorn der Algarobofrucht, das er gegen den Willen einer Wächter-Alten stiehlt, im hohlen Zahn verbirgt und in einer offenen Ebene aussät (ERIK NORDENSKIÖLD, Indianerleben, S. 261).

Ein weiteres Beispiel aus Südamerika stammt von den *Kàgaba,* ist aber insofern nicht eindeutig für unseren Gedankengang heranzuziehen, als es sich dabei nicht ausgesprochen um eine Körnerfrucht oder gar den Mais handelt, sondern um alle Arten von Samen, »die der Hirsch frißt«, wobei es sich insbesondere um den Samen der Canchifrucht handelt, die anscheinend eine

Baumfrucht ist. Auch die Verbreitung dieser Frucht auf der Erde geschieht nach der Mythe ausschließlich durch Diebstahl, da ein Volk sie jeweils dem Nachbarvolk stiehlt (K. Th. Preuss, Kàgaba, S. 174 ff.). Die Kultur- und Sprachverwandtschaft der Kàgaba mit den *Chibcha* und die kulturhistorisch jüngeren Formen, die wir gerade bei diesen Völkern antreffen, geben der Vermutung eine gewisse Wahrscheinlichkeit, daß es sich ursprünglich bei dieser Mythe auch um den Maisdiebstahl im Himmel gehandelt haben kann und daß die Einbeziehung anderer Arten von Samen sekundär ist.

Dies sind nur wenige Beispiele aus Südamerika für die eigentümlich unterschiedliche Entstehung der verschiedenen Nutzpflanzen in den Mythen. Aber ein einziges Beispiel schon für sich allein beweist den kulturgeschichtlichen Zusammenhang zwischen der Neuen und der Alten Welt ebenso überzeugend wie etwa die Feststellung von Botanikern über die mögliche Verwandtschaft der Pflanzengattungen. Wie sollten die Menschen unabhängig voneinander auf die gleiche Art dieser eigentümlichen mythischen Erklärung verfallen sein, obgleich im Wesen der verschiedenen Nutzpflanzen nichts mitgegeben ist, was solche Erklärung natürlich erscheinen ließe und ihre selbständige Entstehung in verschiedenen Erdteilen begreiflich machen könnte! Die gleiche Auffassung vertritt auch Gudmund Hatt in einer Arbeit über die Kornmutter (S. 904 ff.).

Diese mythischen Angaben zeigen gegenüber dem früher behandelten altpflanzerischen Mythologem eine ganz andersartige Denkweise, die sicherlich nur durch einen verschiedenartigen kulturhistorischen Ursprung der Körner- und der Knollenfrüchte erklärt werden kann. Außerdem zeigen die Mythen deutlich, daß die Kulturschicht, der die Körnerfrucht ursprünglich entstammte, von der Vorstellung eines Himmelsgottes, diejenige der Knollenbauern aber von der einer Dema-Gottheit beherrscht wurden. Jedoch nicht nur die Gottesvorstellungen sind unterschiedlich, auch die Art der Schöpfung ist grundsätzlich verschieden: hier die ursprüngliche Vorenthaltung einer im Himmel bereits vorhandenen Frucht, dort die biologische Form der Hervorbringung durch Zeugung oder durch Verwandlung des Leichnams.[*]

---

[*] Vgl. dazu Ad. E. Jensen, Das Mythologem vom halben Menschen. In: Paideuma 5 (1950).

Gegen die obigen entwickelten Gedankengänge hat WALTER DOSTAL in einer Arbeit über das religiöse Weltbild der frühesten Bodenbauer Vorderasiens Stellung genommen (S. 78 f.). Für ihn ist der Körnerbau die älteste Form des Bodenbaus aus dem einfachen Grunde, weil er in Vorderasien prähistorisch greifbar ist, der Knollenbau hingegen nicht. Das ist zweifellos richtig. Aber was besagt das? Doch wohl nur etwas über die zeitliche Entstehung des Körnerbaus, aber nichts über das höhere oder geringere Alter des Knollenbaus, das leider vorläufig überhaupt nicht von der Vorgeschichte aufgeklärt werden kann. Darum hatte ich eine ethnologische Wahrscheinlichkeit des höheren Alters der Knollenfrüchte unter Heranziehung der Mythen glaubhaft zu machen versucht, auf die Dostal leider gar nicht eingeht. Statt dessen konstruiert er einen angeblichen Gegensatz zwischen den in diesem Buche dargelegten Ansichten und meinen früheren Arbeiten, der in Wahrheit ganz sicher nicht besteht.

Doch kehren wir zu den Mythen zurück. Es offenbart sich in den Mythen über den Diebstahl der Körnerfrucht im Himmel ein sehr eigenartiges Verhältnis zwischen Mensch und Gottheit. Es ist der prometheische Mensch, der dem Gotte trotzt, seinen Willen durch List zunichte macht und sich seiner Tat rühmt. Bei den Dogon wird in bestimmten Krankheitsfällen der Schmied zu Hilfe gerufen. Dieser schlägt mit seinem Hammer (in dem nach der Mythe das Saatkorn verborgen war) gegen einen Felsen. Dabei bezeichnet er sich in einer Rede als den ältesten der Dogon, der vom Himmel herabgestiegen sei. »C'est moi qui leur ai donné la nourriture. Il faut pardonner à la famille du malade ...«[*] (GERMAINE DIETERLEN, S. 172). Der jeweilige Schmied identifiziert sich also mit dem prometheushaften Urschmied und beruft sich auf dessen Tat. Eine solche Form des Verhältnisses zwischen Gottheit und Mensch ist im Rahmen der auf die Dema bezogenen Glaubensinhalte schwer vorstellbar. Sie gehört offenbar zu einer jüngeren Schicht, mit der vermutlich auch erst die Verbreitung der Körnerfrucht eingesetzt hat.

Auch diese dem Prometheus ähnlichen Gestalten (der Schmied der Dogon hat auch das Feuer vom Himmel auf die Erde gebracht) werden in der ethnologischen Literatur meist als

---

[*] »Ich bin es, der ihnen die Nahrung gegeben hat. Der Familie des Kranken muß verziehen werden ...«

Heilbringer oder Kulturheroen bezeichnet. Der grundlegende Unterschied gegenüber jenen Kulturheroen, die wir als Dema-Gottheiten beschrieben haben, dürfte ohne weitere Erklärung deutlich werden. Vor allem fehlt den altpflanzerischen Dema der trotzige Aspekt, der die Kulturheroen der jüngeren Schicht auszeichnet. Das Verhältnis zwischen Mensch und Gott wird durch ein neues religiöses Weltbild ganz anders gezeichnet als in der älteren Schicht: Ein im Himmel thronender Gott will den Menschen wichtige Kulturgüter vorenthalten wie das Feuer, die Körnerfrucht oder in Afrika zuweilen auch das Schaf! Ein menschen- oder tiergestaltiger Kulturheros unternimmt das schwierige Wagnis, sie trotzdem mit List dem Gott zu entwenden. Wir lassen jedoch in diesem Zusammenhang die Frage unerörtert, woher dieser neue Kulturimpuls gekommen ist. Wichtig ist uns hier nur, daß er das altpflanzerische Weltbild keineswegs ausgelöscht hat. Im Gegenteil: Es ist mit allen entscheidenden Zügen in der Kultur der jüngeren neolithischen Völker greifbar, aber es sind neben den wirtschaftlichen Veränderungen auch erhebliche Bedeutungsverschiebungen in den religiösen Vorstellungen feststellbar. Wir sind überzeugt davon, daß die Dema der alten Pflanzer sehr viel später eine Wiederauferstehung in den polytheistischen Religionen der archaischen Hochkulturen erlebt haben (Kap. VIII, 4). Ein wesentliches Unterscheidungsmerkmal der Götter gegenüber den Dema ist ihre Gegenwärtigkeit, die wir bisher auch als ein Merkmal der Hochgottidee festgestellt haben. Es liegt deshalb die Vermutung nahe, daß die stärkere Beachtung des Himmelsgottes in der jüngeren Kulturschicht wenigstens ein Faktor ist, der bei der Umwandlung der Dema zu Göttern eine Rolle gespielt hat.

9. Die Heilserwartung

Man könnte gegen einen solchen Gedankengang mit scheinbarem Recht einwenden, daß er sich einer zu stofflichen Auffassung von kulturgeschichtlichen Vorgängen bedient. Kulturelle Gestaltungen sind schließlich keine chemischen Elemente, die man nur in eine gemeinsame Retorte zu bringen braucht, damit sie sich auf bestimmte Weise miteinander verbinden. Wenn im kulturgeschichtlichen Ablauf eine ausgestaltete Idee bei der Berührung mit einer ganz andersartigen von dieser beeinflußt oder gar ganz umgestaltet wird, so ist dies sicherlich nur unter bestimmten Voraussetzungen möglich. Ist eine Idee ihren Kulturträgern noch in ihrer ganzen Sinnfülle gegenwärtig, so wäre ihre Umwandlung in ein Mischprodukt kaum vorstellbar. Daß aber sehr oft solche Mischprodukte in der Kulturgeschichte tatsächlich entstanden sind, daran kann kein Zweifel sein. Im naturvölkischen Bereich sind etwa die Religion der *Herero* oder der Südost-*Bantu* eindeutige Beispiele dafür.

Wenn man sich den vorausgehenden Prozeß deutlich zu machen versucht, der eine solche Mischung glaubhaft erscheinen läßt, so sei auch hier noch einmal auf den bereits charakterisierten Ablauf vom »Ausdruck« zur »Anwendung« hingewiesen und vor allem auf jenes Moment, das diesen Prozeß, wie wir schon sahen, gerade bei den religiösen Gestaltungen so stark zu fördern vermag: Die Heilserwartung (vgl. Kap. III, 3). Wir sahen, daß im Stadium des Ausdrucks frommes Tun und Heil zusammenfallen und daß sich hieraus sehr leicht, wenn die echtreligiöse Gesinnung des Entstehungsstadiums zu erlöschen beginnt, die Auffassung entwickeln kann, das Heil lasse sich durch frommes Tun – und natürlich vor allem durch dessen äußeren Vorgang – herbeiführen und »bezwecken«.

Es ist eines der Verdienste von Paul Radin (Primitive Religion), daß er gerade dieses Heilstreben im Bereich des Religiösen deutlich gemacht hat, ohne darin allerdings einen degenerierenden Faktor zu sehen.

Wie jede Religion hat auch die der alten Pflanzer eine Fülle von Bindungen hervorgebracht, die zunächst nur Ausdrucksformen des Wissens sind. Sie sind in jenen Kulturen sogar besonders zahlreich; wir können es uns kaum vorstellen, in welchem Maße der Lebenslauf jener Menschen von rituellen Geboten, Tabus und Begehungen begleitet ist, durch die sie der erkannten Weltordnung Ausdruck zu verleihen trachten. Wie sollten aber Heilserwartungen befriedigt werden durch Gottheiten, die wie die *Dema*-Gottheiten nur einmal – am Anfang der Dinge – ihre große Wirksamkeit ausübten und eine Ordnung schufen, in deren Bahnen nun alles Geschehen verläuft, schicksalhaft und unabänderlich? Hier liegt meines Erachtens die erste Einbruchsmöglichkeit für die Veränderung der Gottesidee von einer nur in der Urzeit tätigen zu einer irgendwie noch gegenwärtigen Gottheit.

Diese Wandlung der Gottesidee zeigt sich deutlich in den

zahlreichen Mythen von einer Wanderung ins Reich der Toten. Dort existieren die Dema-Gottheiten noch heute, und die verstorbenen Ahnen leben in inniger Gemeinschaft mit ihnen. Dort ist also auch der Ort, wo eine Heilserwartung unmittelbar befriedigt werden kann. Darum haben fast alle diese Mythen denselben Ausgangspunkt: Der Held will entweder einem bereits vorhandenen oder einem drohenden Unheil durch Hilfe aus dem Totenreich entgehen, oder er benötigt ein besonderes Heil, um eine außergewöhnliche Tat zu vollbringen. Eines der schönsten Beispiele für dieses zweite Motiv berichtet uns die ›Kalewala‹, das Nationalepos der Finnen, wo im 16. und 17. Gesang zwei verschiedene Variationen der Reise ins Totenreich berichtet werden, von denen die zweite die ältere, der pflanzerischen Ideenwelt näherstehende Version darstellt.

Gleichzeitig liegt in diesen Totenreichvorstellungen auch eine Wurzel des Ahnenkultes. Die menschlichen Ahnen konnten nur Heilsvermittler werden, weil sie in Gemeinschaft mit den Urzeitgottheiten leben, wodurch das Totenreich zum »Ort des Heils« wurde, worauf wir im vierten Teil dieses Buches noch ausführlich zurückkommen. Die Gegenwärtigkeit der Ahnen bei den Festen, die auf sehr mannigfaltige und drastische Art dargestellt wird, ersetzt oft die fehlende Gegenwärtigkeit der Dema. Wenn nämlich die Reisenden berichten, daß in den Masken die Ahnen dargestellt werden, so ist dies oft nur ein verallgemeinernder Ausdruck, der die göttlichen Dema mit einschließt, wie sich aus vielen Berichten ergibt, die genauere Angaben über das in den Masken Dargestellte enthalten. Man vergleiche etwa, was PAUL WIRZ über die Maskenverkleidungen der *Marind-anim* sagt oder die anschauliche Episode in einem Text der *Kàgaba*, den K. TH. PREUSS (S. 142 f.) aufgezeichnet hat, und in dem berichtet wird, daß die demahaften Urzeit-Priester am Ende ihrer ordnungschaffenden Tätigkeit ihre Gesichter abnahmen, damit die sterblichen Menschen sie als Masken tragen konnten, um auf diese Weise ihre für die Erhaltung der Ordnung wichtigen Zeremonien ausführen zu können. Eines der wenigen Völker, von denen wir wissen, daß es einen deutlichen Unterschied zwischen den unsterblichen Dema und den späteren sterblichen Ahnen macht, sind die *Dogon* in Westafrika (GERMAINE DIETERLEN, S. V). Nach MARCEL GRIAULE (Masques, S. 38) muß man bei ihnen vier Arten von Kulthandlungen unterscheiden, von denen zwei auf die unsterblichen

Dema, die anderen beiden auf die sterblichen Ahnen bezogen sind.

Je stärker aber die Heilserwartung das echte religiöse Erlebnis der Erinnerung durchsetzte oder gar verdrängte, desto mehr mußte sich die Idee von einer sich in den Urzeitereignissen verwirklichenden zu einer »gegenwärtigen«, in das Geschehen eingreifenden Gottheit wandeln. Wie sehr der Ahnenkult hierbei ein vermittelndes Element gewesen ist, zeigt sich auch an den echten Darbringungsopfern. Die Gabe von Speise und Trank an menschliche Wesen ist jedenfalls sehr viel sinnerfüllter als die an göttliche; hat man sie doch meistens vor ihrem Tode als alte und hilfsbedürftige Menschen noch gekannt, die dankbar für die liebende Gebärde waren. Nach unserer Auffassung allerdings bedürfen die Verstorbenen nicht mehr der Gaben. So wenig wir aber auch wirklich Gesichertes über die Vorstellungen vom Tod bei den alten Pflanzervölkern wissen, so können wir doch mit Gewißheit sagen, daß ihre Gedanken darüber von den unseren verschieden waren. Die Weiterexistenz der Verstorbenen in ganz konkretem Sinne, wenigstens für eine beschränkte Zeit, und die Möglichkeit ihrer immateriellen Gegenwärtigkeit dürfen wir wohl als gesicherte Merkmale dieser Vorstellungswelt annehmen.

In der immer stärker werdenden Hinwendung zur Befriedigung der Heilserwartung und in einem wahrscheinlich damit verbundenen Anwachsen der Bedeutung des Ahnenkultes möchte ich den Prozeß vermuten, der der eigentlichen Kulturmischung mit der Idee des gegenwärtig gedachten Höchsten Wesens vorausging, so daß aus den in der Urzeit wirksamen Dema die gegenwärtig gedachten, Heil spendenden, polytheistischen Götter werden konnten (vgl. Kap. VIII, 4).

Kapitel V
Kulturheroen und Astralgottheiten als Dema

Wir haben bereits gesehen, daß der göttliche Charakter der im vorigen Kapitel beschriebenen *Dema* in den ethnologischen Beschreibungen im allgemeinen nicht zum Ausdruck gebracht wird. Wir hatten die Vermutung ausgesprochen, daß sich hinter den Gestalten der naturvölkischen Mythen weit häufiger der Typ der Dema-Gottheiten verbirgt, als wir im allgemeinen annehmen. Im folgenden wollen wir zwei Erscheinungen herausgreifen, die uns im religionswissenschaftlichen Material häufig begegnen, und sie auf ihre Zusammenhänge mit den bisher behandelten Gottesideen betrachten. Einerseits handelt es sich dabei um ein Beispiel für die mythischen Stammesheroen Australiens, die uns eindeutig zum Typ der *Dema*-Gottheiten zu gehören scheinen, andererseits um die sogenannten Astralgötter, wobei unsere Frage lauten wird, ob es im naturvölkischen Bereich eine Gottesvorstellung gibt, die man sinnvoll als Sonnen- oder Mondgott bezeichnen kann.

1. Die Wondjina der Nordwestaustralier

Die *Dema*-Gottheit wurde in unseren bisherigen Betrachtungen nur an den in der pflanzerischen Kultur vorherrschenden göttlichen Gestalten demonstriert. Dort hat sie zweifellos auch ihre lebendigste Verwirklichung gefunden. Wenn auch gelegentlich neben ihr Hochgötter auftreten, so sind diese doch für die Gesamtheit des religiösen Lebens auffällig bedeutungslos. Die wesentlichen Beziehungen zwischen Mensch und Wirklichkeit sind jedenfalls so gut wie ausschließlich in der Gottesidee von den Dema gestaltet worden, und neben Ahnenkult und Geisterglauben, die ihrerseits mit dieser Gottesidee auf das engste zusammenhängen, sind die religiösen Ausdrucksformen ganz von den mythischen Aussagen über das Wirken der Dema beherrscht.

Nun findet sich diese typische Gottesidee aber auch außerhalb der pflanzerischen Kulturschicht und wahrscheinlich sogar mit anderen Formen der Wirklichkeitserkenntnis verknüpft.

Als ein Beispiel solcher Art seien die göttlichen Gestalten der Nordwestaustralier behandelt; dies sind Völker, die eine rein aneignende Wirtschaft haben und deshalb im allgemeinen als kulturgeschichtlich besonders altertümlich angesehen werden. Die Unterlagen dafür entnehme ich einer Arbeit von HELMUT PETRI (Sterbende Welt, S. 97 ff.), die auf einer Expedition in den Jahren 1938/39 gesammeltes Material enthält. Es handelt sich dabei hauptsächlich um das früher sehr große Volk der *Ungarinyin* in den zentralen Kimberleys, aber auch um benachbarte Stämme, bei denen sich oft ganz ähnliche Verhältnisse finden.

Ich zitiere im folgenden einige Absätze aus der Publikation von Petri, weil kaum anschaulicher dargelegt werden kann, wie sich diesen australischen Menschen die Welt darstellt, und worin das Wesen der geistigen Auseinandersetzung der Ungarinyin mit der Wirklichkeit liegt. »Es ist die Vorstellung von einer Urzeit, einer sagenhaften Vergangenheit, in der die Erde von Gestalten bevölkert wurde, die schöpferische und das heutige Dasein bestimmende Handlungen vollbrachten. Nach dem Glauben der Eingeborenen waren sie tüchtiger als die Menschen der Gegenwart. Sie durchwanderten die damals noch formlose flache Welt, gaben dem heutigen Landschaftsbild sein Gepräge, erfanden sämtliche Dinge des täglichen Gebrauches und riefen die kultischen und sozialen Einrichtungen des Stammes ins Leben. Um es kurz zu sagen, sie gestalteten die Welt und das Leben so, wie sich beides dem Schwarzen der Jetztzeit darbietet. Ein Ungarinyin-Mann am Sale River in den Zentral-Kimberleys sagte einmal, die *Wondjina* – und das ist der Terminus für diese Heroen der Urzeit – hätten einst soviel vermocht, wie heute nur noch die *Banmen*, das heißt die Medizinmänner, vermögen.

Es präsentiert sich also hier die Struktur einer Urzeit-Überlieferung, wie wir sie von der Mehrzahl der australischen Stämme kennen. Demnach wären geistige Welt und mythisch-historische Traditionen der Ungarinyin nichts Neues, wären eine allgemein australische Erscheinung, die wir vielleicht mit einer Betrachtung genereller Natur abtun könnten. So einfach liegen die Dinge aber nicht. Die Urzeit-Überlieferung dieses Kimberley-Volkes hat Ausdrucksformen, die sie von den mythischen Traditionen anderer australischer Stämme ganz wesentlich unterscheidet, und das mag ihre ausführliche Darlegung rechtfertigen.

Eine unter den Ungarinyin für die mythische Urzeit geläufige Bezeichnung ist *Lalan*. ... Beispielsweise pflegten unsere Gewährsleute Felsbilder, Steinsetzungen, Corroborees, Schwirrhölzer und andere Phänomene, an die sich Urzeitüberlieferungen anknüpfen, oft als »Lalan-nanga«, das heißt »zur mythischen Epoche gehörig« zu benennen ...

Der unter den Ungarinyin weit häufigere Begriff für die mythische Zeit der Heroen ist *Ungud* oder richtiger *Ungur* ... Noch eine dritte, allerdings weniger gangbare Benennung der Urzeit wurde von meinen Kollegen und mir festgestellt. Es war *Ya-yari*, ein Wort, das sich vielleicht aus *yari*, dem Ungarinyin-Begriff für Traum, Traumerleben, visionärer Zustand, aber auch Traum-Totem ableiten läßt. Im engeren Sinne versteht der Eingeborene unter ya-yari seine eigene Lebenskraft, also eine Substanz seines physisch-psychischen Daseins. Ya-yari ist in seinem Innern das, was ihn fühlen, denken und erleben läßt. Es scheint aber auch seine sexuelle Potenz zu sein, denn der geschlechtliche Erregungszustand des Mannes wurde uns als ya-yari bezeichnet. Vor allem aber ist ya-yari die Kraft, die den Menschen zu dem, in seinem geistigen und kultischen Leben so wichtigen Zustand des Traumes und Entrücktseins, also zu »yari«, befähigt. Allein in einer solchen seelischen Verfassung vermag er die wesentlichen und jenseits der Alltagserfahrungen liegenden Dinge, die Welt der Geister und die großen Kultfeste zu erleben. Demnach dürfen wir vielleicht ya-yari als eine innere Verknüpfung zwischen dem einzelnen Menschen, der Urzeit, ihren Heroen und ihrem schöpferischen Geschehen ansehen. In diesem Sinne verstehen wir auch, daß ya-yari im Denken der Schwarzen zu einem Synonym für Ungur und Lalan werden kann. Am Sale River sagte mir ein intelligenter und sich selbst als Medizinmann betrachtender Eingeborener: »Ya-yari ist der Ungurteil in mir.«

Am Anfang der Lalan- oder Ungur-Zeit steht die Weltschöpfung; Leben, Natur und menschliches Dasein in ihren gegenwärtigen Formen stehen an ihrem Ende. Zumindest sehen wir das so mit unseren Augen. Kaum dürfte aber der Schwarze derartig genaue Bestimmungen treffen, denn sein Zeitbegriff läßt sich mit dem unseren nur schwer in Einklang bringen. Zwar werden wir immer hören, daß die Ungur-Epoche ›long, long time ago‹, also ›Lalan‹ sei, daß damals die Wondjina-Heroen ›alles machten‹, und zwar alles gut und vollkommen machten. Mit anderen Worten besagt das, sie schufen etwas Endgültiges, etwas, das keiner Verbesserung mehr bedarf. Andererseits aber betrachtet er die Erscheinungen seiner Umwelt und die Kategorien seines geistigen Lebens, wie beispielsweise das Landschaftsbild, die Dinge des täglichen Gebrauches, die Gesetze, vor allem aber die Kultgeräte, mythischen Überlieferungen und geheiligten Plätze als ›Ungur‹ oder ›Lalan‹. Das alles wurde in der großen Ungur-Zeit geschaffen und schlägt Brücken zwischen Vergangenheit und Gegenwart. Schließlich dürfen wir nicht vergessen, daß der Eingeborene bei seinen Kultfeiern durch *Corroborees* und Gesänge die Heroen der Urzeit mit ihren Taten und Worten in dramatischer Form neu erstehen läßt, daß er Traum und Vision als den Zustand der Ungur-Zeit, als einen wirklichen und wahrhaft schöpferischen Zustand empfindet. Damit wird die Urzeit zu etwas ewigem, zu einer der normalen Unterscheidung von Vergangenheit, Gegenwart und Zukunft entrückten Größe. ELKIN prägte hierfür die Bezeichnung »Eternal Dream-Time«, die ewige Traumzeit.

Die Vorstellung einer Evolution ist dem Ungarinyin wie jedem australischen Schwarzen fremd. Einmalige und endgültige Schöpfungsakte bestimmen das Wesen der Urzeit. Alles Spätere bleibt nur das unveränderte Ergebnis dieser Epoche, ihre ewig sich gleichbleibende Wiederholung. So muß es auch sein, wenn nicht das Leben seinen Sinn verlieren und Katastrophen der Existenz des Individuums und des Volkes eine Ende bereiten sollen. Die Gesetze der Urzeit, das ›Black-Fellow-Law‹, sichern Harmonie und Prosperität; mißachtet man diese Gesetze, dann kommen Fluten oder Dürren, und das Gleichgewicht des Lebens ist dahin.

In der Urzeit wurde alles so wie es heute ist und niemals wäre ein Lebender imstande, das Geschaffene, das heißt ›Ungur‹, aus sich heraus zu verbessern oder zu vervollkommnen. Ein *banman* (Medizinmann) oder ein würdiger Greis vermögen wohl, geringe Änderungen herbeizuführen oder auch neue ›Gesetze‹ ins Dasein zu rufen, solches aber erhält nachträglich seine mythische Sanktionierung und wird daher nicht als ein Bruch mit der Ungur-Zeit empfunden. Wir müssen bedenken, daß die Medizinmänner und alten Männer, wenn sie Persönlichkeiten sind und Einfluß auf ihre Gemeinschaft ausüben, als Menschen angesehen werden, in denen die Urzeit besonders lebendig ist, in denen sich die großen Heroen und Kulturbringer wiederholen, und die eine innere Verbindung zwischen mythischer Vergangenheit und Gegenwart aufrechterhalten. So kann man es als eine erlaubte Neuerung betrachten, wenn beispielsweise ein alter ›Boss‹ den vorgeschriebenen Verlauf eines traditionellen Corroborees etwas modifiziert oder wenn ein Medizinmann einen neuen Corroboree dichtet und inszeniert. Beide verwirklichen nur das, was sie in der Vision, im Traum, also im Ungur-Zustande erschaut haben, das heißt, sie erfüllen die Gesetze der Urzeit.«

So weit das wörtliche Zitat aus der Arbeit von Petri. Es sei nur nebenbei erwähnt, daß sich die Vorstellungen vom Göttlichen nicht auf die Gestalten dieser Wondjina beschränken. Sie werden von den Eingeborenen auf nicht ganz deutliche Weise von der Regenbogenschlange Ungud unterschieden, die nach der Weltschöpfungsmythe aus den Tiefen des Weltmeeres auftauchte und durch das Werfen eines Bumerangs das Land aus dem Meere hervorbrachte. Andererseits werden auch die Wondjina in den zahlreichen Mythen, die sich auf lokale Gegebenheiten beziehen, oft zu Regenbogenschlangen, und auf Befragen wird meist erklärt, Ungud und Wondjina seien »dasselbe«, gelegentlich mit der Einschränkung, daß Ungud noch mächtiger gewesen sei als die Wondjina. Nach einer mythischen Version sind die Wondjina aus Eiern entstanden, die Ungud auf die noch weiche Erde gelegt hatte. Demnach hätte sich also die mächtigere Schöpfungskraft der Ungud auch auf die Hervorbringung der Wondjina erstreckt. Nach anderen Versionen »haben sich die Wondjina selbst gemacht« oder sind aus der Erde gekommen.

Eine weitere für sich bestehende Gestalt ist *Walanganda,* von dem zwar gesagt wird, daß er nur einer der Wondjina gewesen sei. Aber seine Stellung ist doch in zweierlei Hinsicht hervorgehoben: Einmal hat er besonders wichtige Dinge in die Welt eingeführt, nämlich die Technik und die Ordnung der Jagd, wie sie noch heute bei den Eingeborenen bestehen, und – von ganz besonderer Wichtigkeit – die Initiations-Riten, die mit allen Einzelheiten von ihm eingesetzt wurden; zum anderen hat er zweifellos eine betontere Gegenwärtigkeit; denn trotz seiner Entrückung in den Himmel, wo er in der Milchstraße zu sehen ist, greift er gelegentlich noch heute in den Ablauf einer Jagd ein. Petri ist der Meinung, daß er nicht mit dem Höchsten Wesen der urmonotheistischen Theorie gleichgesetzt werden könne, aber zweifellos ist er jener Gottesidee – ebenso wie die weltschöpfende Regenbogenschlange – mindestens durch einige Züge enger verwandt als die Wondjina. Wir wollen uns hier jedoch auf die Behandlung der Wondjina beschränken.

Ihr ausgesprochener Dema-Charakter erscheint unbezweifelbar, wenn wir ihr ordnungschaffendes Wirken in der Urzeit, ihr Verschwinden, das heißt ihre – wenigstens in dieser persönlichen Gestalt – nicht mehr aufweisbare Gegenwärtigkeit, und die menschlich-sittliche Verpflichtung der Besinnung auf ihr göttliches Wirken als die wesentlichen Züge dieser Gottesidee ansehen. Wir hatten bei der Schilderung der Dema als wichtigen Wesenszug hervorgehoben, daß sie zwar als göttliche Personen seit dem Ende der Urzeit nicht mehr auftreten, daß sie aber in den Erscheinungen der Welt und vor allem in der von ihnen den Menschen gesetzten Ordnung weiter wirksam sind. Dies gilt in vollem Umfange auch für die Wondjina. Da sie die totemistischen Ahnen der heute lebenden Ungarinyin sind, hat jeder Clan seine eigene lokale Mythe, in der das Wirken eines bestimmten Wondjina beschrieben wird. Ihre Hauptwirksamkeit bestand in der Formung des Landschaftsbildes. In der Urzeit war die Erde noch schlammig, flach und öde. Erst durch die umherwandernden Wondjina gewann sie ihre heutige Gestalt, denn auf ihren Wegen entstanden Flüsse, Wasserlöcher, Felsen und viele andere geographische Besonderheiten, die für ein bestimmtes Gebiet charakteristisch sind. Sie alle sind durch irgendwelche Taten eines bestimmten Wondjina hervorgerufen worden. Auch hier ist – wie bei den Dema der Pflanzer – die Art der »Hervorbringung« überwiegend biologisch, also durch Urinieren, Blut abzapfen oder ähnliche Handlungen. Das Ende der Geschichte schildert meistens, daß der Wondjina in die Erde einging. Aber unmittelbar vorher vollbrachte er die für das Zeremonialleben wichtigste Tat: Er hinterließ seinen »Schatten« oder – wie die Eingeborenen auch zu sagen pflegen – seinen »Abdruck« an einer Felswand. Diese Bilder, die sich allenthalben im Lande der Ungarinyin finden, sind also eine urzeitliche Hinterlassenschaft der Wondjina, und eine der wichtigsten kultischen Aufgaben der Lebenden besteht darin, diese Bilder in gewissen Zeitabständen – besonders vor der Regenzeit – zu »berühren«, das heißt sie mit frischer Farbe zu übermalen. Hier gibt es also noch eine ganz lebendige Kunst der Felsmalerei, die allerdings in Stil und Inhalt des Dargestellten nicht den sonst bekannten prähistorischen Felsmalereien Europas oder Afrikas vergleichbar ist (vgl. AGNES S. SCHULZ).

Die Gestalt der Wondjina ist zwar sowohl in den Felsmalereien wie in den mythischen Schilderungen überwiegend anthropomorph, aber außerordentlich oft hinüberwechselnd zu irgendwelchen tierischen Formen, unter denen die der Schlange wohl am häufigsten vorkommt. Als menschliches Wesen sind sie ohne Mund gedacht und sind auch auf den Bildern mundlos dargestellt, eine Eigentümlichkeit, für die es mythische Begründungen gibt. Andere Züge sind uns bereits aus den pflanzerischen Kulturen durchaus vertraut. Auch dort, zum Beispiel bei den *Wemale* (Ceram), zogen die Dema als Schlangen über das Land und riefen dadurch die Flüsse hervor oder ließen auf irgendeine Weise sonderbar geformte Felsen entstehen und dergleichen mehr. Das sind überwiegend ätiologische Züge und insofern für eine auf »Verstehen« gerichtete Analyse unergiebig. Auch die Mythen, in denen die Wondjina als Erfinder und Gestalter von Waffen und Geräten geschildert werden, sind nicht viel aufschlußreicher. Die Tatsache, daß die Mythen so überwiegend auf die geographischen Gegebenheiten und auf ihre ätiologische Erklärung eingehen, könnte die Vermutung stützen, daß es sich bei allen diesen Beschreibungen um nachträgliche Begründungen handelt, die uns wenig Aufschluß über das ursprüngliche Weltbild der Ungarinyin geben können. Tatsächlich ist es auch sehr schwer, etwas über den ursprünglichen Sinn dieser mythisch-kultischen Erscheinungen aufzuspüren.

Dieses wenige aber, das sich erschließen läßt, hängt entscheidend mit der heiligen Stätte zusammen, an der ein bestimmter Wondjina in die Erde einging und an der er seinen Abdruck zurückließ. Dieser Ort ist das lokale Kultzentrum einer Gruppe, die sich auf diesen Wondjina als ihren Ahnen zurückführt. Hierdurch erhalten wir einigen Aufschluß über das Verhältnis der Menschen zu den Wondjina. Zunächst müssen gegenüber der pflanzerischen Konzeption einige Unterschiede festgestellt werden: Es fehlt in allen Wondjina-Beschreibungen jede Erwähnung von der Wichtigkeit einer Tötung der Gottheit. Die Wondjina gingen vielmehr in die Erde ein, und obgleich es – neben anderen – auch die Vorstellung von einem unterirdischen Totenreich gibt, so wird doch nichts über ein Fortleben der Wondjina im Totenreich erwähnt. Auch spielen in den sehr konkreten Vorstellungen von den verschiedenen Totenreichen nach Petris Feststellungen die Wondjina keine Rolle, ebenso wenig wie sie in den Beschreibungen über die Totenreise vorkommen. Auch sind sie nicht in der Form die Vorfahren der Menschen, daß diese auf biologische Weise von ihnen abstammen, wie es bei den Pflanzervölkern meist der Fall ist, wo die einst unsterblichen Dema zu sterblichen Menschen werden und in direkter Fortpflanzung durch die lange Kette der Ahnen hindurch mit den Lebenden verbunden sind. Die besondere Art ihrer Ahnherrenschaft soll uns gleich beschäftigen.

Diese Unterschiede gegenüber dem pflanzerischen Weltbild sind von grundsätzlicher Art. Wenn es nämlich richtig ist, daß die Pflanzervölker in den Mittelpunkt ihrer Weltbetrachtung das Problem des Lebens stellten, daß ihre wesentlichen Gedanken um das menschliche Schicksal als eines sterblichen und sich fortpflanzenden kreisten, also um den Zusammenhang von Tod und Zeugung bei aller lebendigen Kreatur –, so scheint dies in Nordwestaustralien trotz der großen Ähnlichkeit in den Gottesideen und trotz des deutlichen Anklingens ähnlicher Gedankengänge grundlegend anders zu sein. Der pflanzerische Mythos von der getöteten Gottheit findet sich im nördlichen Zentralaustralien bei den *Warramunga*. BALDWIN SPENCER und F. J. GILLEN (S. 279, 434) berichten eine Mythe von einem Urzeitwesen, das aus der Erde gekommen sich nur damit beschäftigt, Zeremonien auszuführen und dazu ein Geräusch mit dem Mund zu machen, das dem Tönen der heutigen Schwirrhölzer entspricht. Zwei riesige Hunde, ebenfalls Urzeitwesen, die überall »Geistkinder« zurücklassen, werden von dem Geräusch angezogen, zerbeißen den Mann in Stücke und schleudern die Fleischteile durch die Luft, wobei auch diese das Schwirrholzgeräusch machen. Dort wo die Fleischstücke die Erde berühren, entstehen Bäume, aus deren Holz heute die Schwirrhölzer gemacht werden. Dieses Motiv von der Entstehung der Musikinstrumente aus Hölzern, die direkt von der Dema-Gottheit stammen, und die Gleichsetzung der Stimme des Instrumentes mit der Stimme der Gottheit ist zwar eine außerordentlich typische Form der pflanzerischen Mythe, die aber, wie ihr nur gelegentliches Vorkommen und einige Einflüsse im Zeremonialleben zeigen, das Weltbild der Australier nur sekundär beeinflußt zu haben scheint.

Die dem pflanzerischen Weltbild ähnlichen Gedankengänge zeigen sich bei den Ungarinyin hauptsächlich in vielen kultischen Handlungen, die – ähnlich wie in ganz Australien – auf den Regen und auf die Fruchtbarkeit in der Natur gerichtet sind. Der zentrale Gedanke ist dabei aber nicht, daß zur Zeugung der Tod gehört, daß sozusagen getötet und gestorben werden muß, damit neues Leben entstehen kann, sondern hier scheinen die Gedanken ausschließlich um die spirituellen Parallelvorgänge zu den natürlichen Fortpflanzungserscheinungen zu kreisen.

Wie es auch aus anderen Gegenden Australiens bekannt ist, sehen die Ungarinyin den entscheidenden Vorgang für die Entstehung neuen Lebens sowohl bei Menschen wie bei Tieren und Pflanzen nicht in den jeweiligen biologischen Prozessen, sondern in dem »Finden von Geistkindern«. Diese aber stammen von den göttlichen Gestalten Ungud und Wondjina, die sie entweder an den heiligen Plätzen, die das Ende ihrer irdischen Laufbahn bezeichnen, zurückgelassen haben oder dort noch heute aufs neue hervorbringen. Der künftige Vater »findet« ein solches Geistkind im Traum oder während eines besonderen Erlebnisses, durch das er sich mit der Urzeit verbunden fühlt. Er gibt dieses Geistkind weiter an seine Frau, die ihrerseits einen ähnlichen Konzeptionstraum hat, durch den das Geistkind in ihren Körper eindringt, um sich dort wie neues Leben aus einem Ei zu einem menschlichen Kind zu entwickeln. Es wird während des Lebens der wichtigste Bestandteil des neuen Menschen, seine eigentliche Lebenssubstanz, um sich nach dessen Tod an seinen Ursprungsort zurückzugeben. So geisthaft im wesentlichen diese Vorstellung auch ist, so gibt es doch sehr konkrete Beschreibungen vom Aussehen eines Geistkindes: Wenn es »gefunden« wird, sei es hellhäutig wie ein Mischling, als Lebenssubstanz sitze es als kleine Schlange im Herzen des Menschen. Das »Finden eines Geistkindes« braucht nicht unmittelbar die Schwangerschaft der Frau herbeizuführen. Ein Vater kann es lange Zeit unsichtbar bei sich tragen. Auch unverheiratete Männer finden gelegentlich solche Geistkinder und behalten sie entweder bis zu ihrer Heirat, überlassen sie zuweilen auch der Schwägerin oder geben sie den Wondjina wieder zurück.

Diese in Australien weit verbreitete Vorstellung bildet offenbar den Mittelpunkt der Gedankenwelt, die sich um die Gottesvorstellung von den Wondjina bewegt. Wir können es nicht unterlassen, nach dem Gehalt der Wirklichkeitserkenntnis zu fragen, die ihr zugrunde liegt. Zunächst müssen wir dabei – wie bei allen echten mythischen Erkenntnissen – feststellen, daß es sich um einen Gegenstand der Erkenntnis handelt, über den eine andersartige kausal-logische oder sonstwie wissenschaftlich-quantitative Aussage bis heute nicht zur Verfügung steht, die etwa an die Stelle der mythischen Konzeption gesetzt werden könnte oder auf die jene Eingeborenen selbst an Stelle ihres mythischen Verhaltens hätten kommen können. Der Zusammenhang zwischen dem Geschlechtsakt und der Entstehung eines neuen Lebewesens ist ihnen selbstverständlich bekannt (vgl. hierzu Kap. I, 4). Diese Kenntnis aber vermag nicht das Phänomen zu erklären, um das es hier offensichtlich geht: Das Wunder der Entstehung neuen Lebens. Hier treten nun die göttlichen Urzeitmächte selbst in die Lücke. Es ist ein Teil von ihnen, der im Menschen lebt, und gerade dieser Teil ist das Wichtige. Er verbindet den lebenden Menschen mit der schöpferischen Urzeit. Wie bereits hervorgehoben, sagte ein Eingeborener zu Petri: »Ya-yari ist die Urzeit in mir« und brachte damit zum Ausdruck, daß er durch einen Teil seines eigenen Wesens mit den göttlichen schöpferischen Kräften verbunden ist. Diese weit verbreitete Anschauung soll uns später noch eingehend beschäftigen (vgl. Kap. XIV, 1). So hat der Mensch am Göttlichen teil. Wenn es nicht so wäre, wenn im Wesen des Menschen dieser Anteil am Göttlichen nicht inbegriffen wäre, wie sollte er in der Lage sein, das Göttliche zu erkennen? Darum weiß der Ungarinyin, daß die Urzeit in ihm ist, »denn wär' das Aug' nicht sonnenhaft, wie könnt' es Sonnenhaftes schauen?«

Die Philosophie der Ungarinyin über den eigentlichen und geistigen Prozeß bei der Entstehung neuen Lebens ist also keineswegs so abwegig, wie es in der Ethnologie meist hingestellt wird. Es ist eine auch für uns diskutable Aussage über ein geheimnisvolles Sosein in der Welt. Diese Konzeption scheint nun ebenfalls der Mittelpunkt der kultischen Begehungen zu sein, wenn sie uns heute auch in einer Form entgegentreten, die ihnen die Bezeichnung von »Vermehrungsriten« eingetragen hat. Die Eingeborenen sagen natürlich, daß die Zeremonien abgehalten werden müßten, damit Tiere und Pflanzen sich vermehren könnten, und dadurch ist der Gang der entsprechenden Erklärungsversuche bereits vorgezeichnet: Der Wunsch nach reichlicherer Nahrung ist das eigentliche Motiv, und die Handlungen beruhen auf menschlichen Irrtümern über den Weg, auf dem sich dieser Wunsch erfüllen läßt. Unser Versuch, zu einem Verständnis zu gelangen, bewegt sich naturgemäß entsprechend den früheren Ausführungen in umgekehrter Richtung, obgleich wir dabei auf Vermutungen angewiesen sind, weil die entsprechenden mythischen Aufklärungen fehlen. Wie schon des öfteren muß aber auch hierbei wieder betont werden, daß die zauberische Deutung der Riten in genau dem gleichen Umfang nur auf Vermutungen beruht.

Die sogenannten Vermehrungsriten enthalten die Heilserwartung, daß sowohl Regen (als ganz natürliche Voraussetzung der Fruchtbarkeit im pflanzlichen Bereich, die also durchaus richtig erkannt ist) wie auch direkte Vermehrung der Naturspezies die Folge seien, bzw. daß eine Unterlassung der Handlungen Dürre und Unfruchtbarkeit herbeiführen würde. Eine der am meisten verbreiteten Formen des Ritus ist das Reiben an megalithischen Steinsetzungen, die als eine Verkörperung oder als ein Ergebnis der schöpferischen Tätigkeit der Wondjina angesehen werden. Dabei entsteht ein feiner Steinstaub, der zur Ausbreitung fortgeblasen wird und den man offenbar mit den Geistkindern von Tieren und Pflanzen gleichsetzt. Genaue mythische Angaben darüber fehlen, warum gerade diese Art des Ritus eine Wiederholung von Urzeitvorgängen darstellt, als die wir sie ansprechen möchten. Interessanterweise aber wird auch das Nachmalen der Felsbilder, der Abdrücke der Wondjina, als »Reiben« der Bilder bezeichnet, obgleich bei der Tätigkeit von Reiben keine Rede sein kann. Das Reiben der Steine scheint also die primäre Vorstellung von dem Fruchtbarkeit schaffenden Akt der Urzeitwesen zu enthalten, und da auch das Malen an den Felsbildern die gleiche Bedeutung der Wiederholung eines wichtigen Urzeitvorganges hat, ist die Bezeichnung »Reiben«, obwohl sie nicht paßt, auf die dabei ausgeübte Tätigkeit übertragen worden.

Es gibt eine Fülle von Begehungen an den auf die Wondjina bezogenen Kultplätzen und eine ebenso große Fülle von anderen Beziehungen zwischen dem menschlichen Leben und der Wirksamkeit der Urzeitwesen, besonders auf soziologischem Gebiet. So erfährt der Vater in dem Traum, der ihm das Geistkind zuführt, auch dessen Namen. Dieser Name ist identisch mit dem der Ungud oder des Wondjina, die das Geistkind einst hervorbrachten. Er gehört zur Urzeit und wird dem Kind erst bei den Reifefeiern mitgeteilt; bis dahin kennt es nur seinen gewöhnlichen Rufnamen. Tatsächlich ist die ganze Welt der

Ungarinyin von dem Wirken der Gottheiten her mit Fäden durchzogen, die alle Einzelheiten miteinander verbinden. Wir können sie hier nicht behandeln (vgl. dazu Arbeiten von Helmut Petri, die im Literaturverzeichnis aufgeführt sind). Hier sollte nur gezeigt werden, daß die Idee von einer Dema-Gottheit nicht nur das pflanzerische Weltbild beherrscht hat und von dort mit deutlich greifbaren Zügen bis in die Hochkulturen hinein spürbar ist, sondern daß sie sich auch mit den gleichen Grundzügen in einer andersartigen und vermutlich älteren Kultur aufzeigen läßt.

Von einer anderen Kultur sprechen wir bei den Ungarinyin deshalb, weil ihr trotz mancher Ähnlichkeiten eine andere Art der Wirklichkeitserkenntnis zugrunde liegt. Hier ist es der geistige Prozeß, ohne den die Entstehung neuen Lebens nicht begreifbar ist, der die Menschen bewegt hat, und der sie zur Gestaltung einer großartigen Konzeption über das enge Band zwischen aller lebendigen Kreatur und den göttlichen Urzeitwesen geführt hat – eine Idee, die lange in der Menschheitsgeschichte weitergewirkt hat, wenn wir ihren Ursprung in einer Kulturschicht annehmen dürfen, der auch die Ungarinyin zugehörten. Die Wichtigkeit dieser menschheitsgeschichtlichen Idee von der Bedeutung eines spirituellen Vorganges bei der Entstehung neuen Lebens und der dadurch gegebenen Verbindung des Menschen mit göttlichen Mächten ergibt sich am eindrucksvollsten bei der Betrachtung des schier unübersehbaren Materials über naturvölkische Vorstellungen von »Seelen«, die in zahllosen Berichten wiederkehren und die theoretische Ethnologie seit Edward B. Tylor in Verwirrung gebracht haben. Wir werden uns später mit den Seelenvorstellungen zu beschäftigen haben (Kap. XIII, 1) und dabei sehen, daß ein wesentlicher Teil des Materials Spätformen von der hier beschriebenen menschlichen Uridee bietet. Vor allem die oben schon erwähnte Tendenz, die Geistkinder durch den Steinstaub substantiell darzustellen, das allgemein menschliche Streben im volkstümlichen Bereich, spirituelle Vorgänge mit sehr konkreter und handfester Dinglichkeit zu unterbauen, hat die Entwicklung zu dem umfangreichen Seelenbrauchtum kräftig unterstützt (vgl. Kap. XIV).

Das relative Alter einer solchen Kulturschicht ist nach den australischen Verhältnissen schwerlich zu bestimmen. Bei einem Vergleich mit der alten Pflanzerkultur, wie wir sie in Melanesien, Neuguinea und als altertümliche Grundschicht in Indonesien antreffen, sprechen die meisten Wahrscheinlichkeiten für ein höheres Alter der hier beschriebenen australischen Gegebenheiten; vor allem sprechen auch rassische und wirtschaftliche Faktoren dafür. Andererseits bestehen große Ähnlichkeiten zwischen der geistigen Welt der Australier und der der Pflanzervölker, die sich noch stärker auf dem Gebiete der Initiationen zeigen, die wir hier nicht behandelt haben. Es wäre also nicht abwegig, an einen sekundären Einfluß der Pflanzerkultur auf Australien zu denken.

Was aber die hier geschilderte geistige Welt mit dem im Mittelpunkt stehenden Wirken der Wondjina betrifft, so scheint mir die größere Wahrscheinlichkeit doch für ein relativ höheres Alter zu sprechen; denn die Gesamtheit der von Petri festgestellten Tatsachen, die wiederum sehr eng mit den entsprechenden Erscheinungen in anderen Teilen Australiens zusammenhängen, zeigt ein so lebendiges und in sich geschlossenes Bild von dem Verhältnis zwischen Mensch und Wirklichkeit, daß es kaum möglich ist, dieses abgerundete Bild als einen Abklatsch des pflanzerischen Weltbildes anzusprechen.

Gegen die kulturhistorische Methode einer relativen chronologischen Einordnung der einzelnen Erscheinungen sind (mit Recht) sehr viele Einwände geltend gemacht worden. Form-, Quantitäts- und die verschiedenen Hilfskriterien scheinen auch mir keine hinreichende methodologische Rechtfertigung zu enthalten. Gestalt und Sinn geschlossener Kulturkomplexe bedingen meines Erachtens ganz andersartige Voruntersuchungen, ehe kulturhistorische Fragen beantwortet werden können. Aber andererseits hat es sich die Kritik zweifellos zu leicht gemacht, wenn sie die kulturhistorische Fragestellung für müßig und sinnlos erklärt, weil sie nicht beantwortbar sei.

Am extremsten hat dies WILHELM MÜHLMANN (S. 201) ausgesprochen mit der Feststellung, die kulturhistorische Forschung gehe von der unwahrscheinlichsten Annahme aus, die überhaupt denkbar sei, nämlich, daß sich frühe Kulturen nicht mehr geändert hätten. Nun wird kein Mensch bezweifeln, daß es zum Wesen der Kultur sicherlich von Anfang an gehört, daß sie sich ständig ändert, aber es ist dabei auch nicht zu übersehen, was zahllose Einzeltatsachen uns zeigen, daß der menschliche Geist bemerkenswert träge ist und daß es jeweils gewaltiger Anstöße bedarf, um eine Kultur wirklich zu ändern, das heißt nicht irgendein Gerät durch ein anderes zu ersetzen oder ein weiteres Mythenmotiv den bereits vorhandenen hinzuzufügen, sondern die grundlegende Weltbetrachtung eines Volkes, seine Art, sich mit der Wirklichkeit auseinanderzusetzen, durch ein anderes Weltbild abzulösen.

Die Angaben über die Ungarinyin beispielsweise zeigen fast in jedem Satz, daß eine so ausgewogene Kultur überhaupt keinen Anlaß hat, die grundlegende Haltung zur Welt zu ändern. Im Gegenteil. Nur die genaueste Beachtung der althergebrachten Formen, die ihrerseits in der göttlichen Wirklichkeit der Urzeit verankert sind, kann den Menschen ein erträgliches Leben bieten. Gewaltige Anstöße von außen braucht es in diesen dürftigen Räumen seit Jahrtausenden nicht gegeben zu haben. Der einzige derartige Vorstoß der abendländischen Kultur, den wir historisch beobachten können, hat alles mögliche im äußeren Kulturbild verändert, aber die grundlegende Haltung zur Welt hat er unberührt gelassen, wenn wir das Aussterben dieser Völker als die entscheidendste Veränderung im Augenblick unberücksichtigt lassen.

Die Nordwestaustralier, die uns zahlreiche Beweise ihrer ganz überlegenen Fähigkeit zu philosophischer Anschauungsweise geliefert haben, versuchen, das Phänomen ihrer konservativen gegenüber der aktiven abendländischen Kultur selbst zu klären. Sie bringen es – wie nicht anders zu erwarten – mit den göttlichen Gestalten ihrer Wondjina in Verbindung. Diese besitzen in ihrer anthropomorphen Gestalt – wie erwähnt – keinen Mund. Zur Erklärung dieses Tatbestandes gibt es verschiedene Versionen. Nach einer davon besaßen die Wondjina während der Zeit ihres Wirkens wohl einen Mund, sprachen in der Sprache der Ungarinyin und gaben allen Dingen ihre Namen. Am Ende der Urzeit, als alles in der Welt so eingerichtet war, wie man es heute kennt, verschloß Ungud den Wondjina den Mund. Wäre das nicht geschehen – so fügte Petris Gewährsmann hinzu –, so wäre die Welt der Schwarzen genau so reich an wunderbaren Dingen wie jene der Weißen.

2. Das Verhältnis der Dema-Gottheit zu Naturmächten

Daß die beiden größten Gestirne besonders in der mythischen Vorstellungswelt der Menschen schon früh eine wichtige Rolle gespielt haben, ist schon lange erkannt worden. Dabei ist jedoch in erster Linie zu unterscheiden zwischen tatsächlich belegten Angaben, daß Beziehungen zwischen mythischen Personen und den Gestirnen bestehen, und den viel zahlreicheren Deutungen, die auf vorgefaßten Theorien von der Wichtigkeit dieser Verbindungen beruhen; wollte man doch den Ursprung aller Religionen aus der Anschauung solcher Naturphänomene ableiten. Mit den rein spekulativen Konstruktionen, wie sie noch bis in jüngst vergangene Zeiten üblich waren, ist aber für das Verständnis sowohl der Mythen wie auch der dazu gehörigen göttlichen Gestalten nichts gewonnen. So zahlreich sich auch in den naturmythologischen Arbeiten Gedankengänge finden, die einen Zusammenhang zwischen mythischen Helden und den Gestirnen durchaus wahrscheinlich machen, so grotesk muten doch oft die daraus abgeleiteten Deutungen an, die die mythische Gestalt nun sogleich bedenkenlos zum Sonnengott oder Mondgott erklären. Wenn man von diesen »wilden« Deutungen absieht, so bleibt indessen auch im Bereich der naturvölkischen Mythen eine Fülle von direkt bezeugten Angaben, daß bestimmte mythische Gestalten mit den beiden Gestirnen eng verbunden werden, sei es, daß sie am Ende der Erzählung als Sonne oder Mond an den Himmel gehen oder daß sie von vornherein als die in Menschengestalt auf Erden wandelnden Himmelskörper bezeichnet werden. Nun ist das Material zu dieser Frage derartig umfangreich, daß es unmöglich ist, im Rahmen dieser Arbeit eine aus dem Material abzuleitende Antwort auf die Frage zu geben, ob es sich bei den entsprechenden mythischen Helden um Persönlichkeiten handelt, die man sinnvoll als Sonnen- oder Mondgötter bezeichnen könnte. Es soll vielmehr nur eine Behauptung aufgestellt werden, die durch einige Beispiele veranschaulicht wird.

Aus der Kenntnis der naturvölkischen Mythen kann man meines Erachtens diese Frage nur auf das entschiedenste verneinen. Mit anderen Worten: Die mythischen Persönlichkeiten – ich spreche nur vom naturvölkischen Bereich, nicht von den Hochkulturen –, bei denen deutlich belegte Verbindungen zu Sonne und Mond bestehen, sind nicht durch diesen Bezug als eine besondere Art von Gottheit hervorgehoben, sondern sie tragen stets den gleichen Charakter wie andere, hier bereits behandelte Gottesvorstellungen, sind also ihrem Wesen nach überwiegend Höchstes Wesen, *Dema*-Gottheit, Herr der Tiere, oder sie gehören zu irgendeiner andersartigen Gottesidee, deren

Wesen hier – da eine erschöpfende Darstellung der naturvölkischen Gottesvorstellungen keineswegs angestrebt wurde – nicht behandelt wurde. Es gibt auch weder eine Sonnenmythologie noch eine Mondmythologie; denn solche Namen wären nur dann sinnvoll, wenn wirklich der Mythenschatz einer Kulturgemeinschaft entweder ausschließlich oder doch deutlich überwiegend von der Betrachtung von Sonnen- oder Mondwesen beherrscht wäre, so daß alles andere nur als nebensächliche Zutat erscheint. Tatsächlich aber ist es umgekehrt. Der Mittelpunkt der mythischen Welt im naturvölkischen Bereich ist immer durch andere, grundlegende Probleme gegeben und die Bezüge zu Sonne oder Mond mögen bei einem Volk wichtiger, bei einem anderen weniger wichtig sein, immer aber sind sie begleitende Züge, die nicht den Kern des eigentlichen mythischen Problems berühren.

Um dies nur beispielhaft zu erläutern, sei auf einen Bericht von CURT NIMUENDAJÚ über die *Apinayé* hingewiesen, aus dem man – wenn überhaupt – noch am leichtesten auf die Existenz eines Sonnengottes schließen könnte. Es handelt sich um eines der *Ge*-Völker der ostbrasilianischen Kulturprovinz, bei denen Sonne als Erschaffer und Vater der Menschen gilt, der die Menschen seine Kinder nennt und von ihnen »mein Vater« angesprochen wird. Man betet auch zu ihm außerhalb des Dorfes, der Sonne zugewandt, nicht mit feststehendem Wortlaut, aber indem man ihn um die Erfüllung bestimmter Wünsche bittet. Es gibt keine eigentlichen Bilder von der Sonne, jedoch wird die kreisförmige Dorfanlage mit radialen Pfaden zu den Häusern ebenso wie eine oft bei Zeremonien verspeiste Fleischpaste in runder Form als eine Versinnbildlichung der Sonne bezeichnet. Es gibt Sonnenzeremonien und Sonnenlieder. Welch lebendige Vorstellung die Apinayé von jenem »Vater Sonne« haben, ergibt sich am deutlichsten aus der Schilderung einiger Visionen, die ein Dorfhäuptling hatte und in denen ihm der Sonnenvater erschien. Eine davon lautet:

»I was hunting near the sources of the Botica creek. All along the journey there I had been agitated and was constantly startled without knowing why.

Suddenly I saw him standing under the drooping branches of a big steppe tree. He was standing there erect. His club was braced against the ground beside him, his hand he held on the hilt. He was tall and light-skinned, and his hair nearly descended to the ground behind him. His whole body was painted and on the outer side of his legs were broad red stripes. His eyes were exactly like two stars. He was very handsome.

I recognized at once that it was he. Then I lost all courage. My hair stood on end, and my knees were trembling. I put my gun aside, for I thought to myself that I should have to address him. But I could not utter a sound because he was looking at me unwaveringly. Then I lowered my head in order to get hold of myself and stood thus for a long time. When I had grown somewhat calmer, I raised my head. He was still standing and looking at me. Then I pulled myself together and walked several steps toward him, then I could not go any further for my knees gave way. I again remained standing for a long time, then lowered my head, and tried again to regain composure. When I raised my eyes again, he had already turned away and was slowly walking through the steppe.

Then I grew very sad. I kept standing there for a long time after he had vanished, then I walked under the tree where he had stood. I saw his footprints, painted red with urucu at the edges; beside them was the print of his club-head. I picked up my gun and returned to the village. On the way I managed to kill two deer, which approached me without the least shyness. At home I told my father everything. Then all scolded me for not having had the courage to talk to him.

At night while I was asleep he reappeared to me. I addressed him, and he said he had been waiting for me in the steppe to talk to me, but since I had not approached he had gone away. He led me some distance behind the house and there showed me a spot on the ground where, he said, something was lying in storage for me. Then he vanished.

The next morning I immediately went there and touched the ground with the tip of my foot, perceiving something hard buried there. But others came to call me to go hunting. I was ashamed to stay behind and joined them. When we returned I at once went back to the site he had shown me, but did not find anything any more.

Today I know that I was very stupid then. I should certainly have received from him great self-assurance (segurança) if I had been able to talk to him. But I was still very young then; today I should act quite differently.« (S. 136 f.)

Diese ausführliche Schilderung ist zweifellos sehr eindrucksvoll. Wie tief verwurzelt muß eine solche Gottesvorstellung sein, wenn sie solche Erlebnisse ermöglicht. Jedenfalls legen alle diese Beschreibungen die Vermutung nahe, daß in der Religion der Apinayé ein Sonnengott die zentrale Erscheinung ist. Betrachtet man aber die – leider nur sehr wenigen – Mythen, die Nimuendajú aufgezeichnet hat, so ändert sich das Bild bemerkenswert. Der Forscher hat auch keineswegs von einer Sonnenreligion bei diesem Volk gesprochen, sondern hebt hervor, daß die beiden überragenden Gestalten Sonne und Mond sind. Die Mythen schildern die beiden Gestirne als anthropomorphe Wesen, die in der Urzeit auf Erden wandeln. Ihre Taten erinnern außerordentlich an die Zwillingsmythe, wobei Sonne der Überlegene, Mond der Dummkopf ist. Wir werden noch darauf zurückkommen, wie sie die Menschen entstehen lassen und wie die heutige Dualorganisation der Apinayé auf die beiden Menschengruppen zurückgeführt wird, die einerseits von Sonne, andererseits von Mond hervorgebracht wurden (vgl. Kap. VII, 1). Auch die Mehrzahl der Kulte nimmt auf die mythischen Ereignisse Bezug, die um beide Gestalten kreisen. In diesen Mythen und Kulten erscheinen beide als Dema-Gottheiten, die durch ihr schöpferisches Wirken in der Urzeit die Lebensordnung begründeten, die von der heutigen Menschheit nachgelebt wird.

Nun ist die Gleichsetzung zweier solcher Urzeit-Dema mit den beiden großen Gestirnen keine Seltenheit. Besonders in Amerika findet sich das außerordentlich häufig. So schildert uns K. Th. Preuss ein Brüderpaar in der Mythologie der *Uitoto*, das nach einigen bedeutungsvollen Abenteuern schließlich als Sonne und Mond an den Himmel geht (vgl. ferner Alfred Métraux, Twin Heroes). Auch die überlegene Stellung des älteren Bruders kehrt in diesem Mythentyp überall wieder, wie auch diejenige Gruppe von Menschen, die sich auf diesen Dema zurückführt, oft eine unbestrittene Vorrangstellung beansprucht. Mit dem Mythologem vom »Heroenpaar« muß sich also bei den Apinayé eine ganz andere Vorstellungswelt verbunden haben, die dem einen der beiden Dema jene – den vorherrschenden Mythen und Kulten nicht entsprechende – Sonderstellung eingebracht hat. Die Anrede »mein Vater« nur an den Sonnen-Mann, obgleich auch Mond eine Gruppe von Menschen hervorgebracht hat, die Gebete an ihn, die Möglichkeit einer derartigen Vision, wie wir sie wiedergegeben haben, – alles das sind Züge, die nicht aus dem Dema-Charakter dieser Gottheit abzuleiten sind. Aus ihnen wird vielmehr deutlich, daß sich die Vorstellung von einem Hochgott mit dem Sonnen-Mann verbunden hat. Aber auch dieser Hochgott hat im Grunde nichts mit der Sonne zu tun. Nur die rote Bemalung des in der Vision erscheinenden Gottes mag daran erinnern. Im wesentlichen aber ist es der anthropomorphe Vater-Gott, dessen Identifizierung mit der Sonne zweifellos nur durch die mythischen Gegebenheiten eines ganz andersartigen religiösen Bereiches nahegelegt wurde.

Dies ist sicherlich eine auf andere Art zustande gekommene Verbindung zwischen dem Höchsten Wesen und der Sonne, als wir sie sonst meistens finden. Das Höchste Wesen ist sehr oft – jedoch keineswegs immer – eine Gottheit, die im Himmel thront. Daß bei dieser Lokalisierung im Himmel die Sonne als das Auge des Gottes oder auch als sein Haus bezeichnet wird, ist eine naheliegende Ausschmückung dieser Vorstellung, eine rein anschauliche und kaum sehr bedeutungsvolle Assoziation zwischen Hochgott und Sonne. Nach dieser Deutung ist also nicht ein Sonnen-Gott die zentrale Gestalt der Religion der Apinayé, sondern Sonne und Mond sind Assoziationen zu einem Dema-Heroenpaar. Der eine dieser Dema – und zwar Sonne – ist mit der ganz andersartigen Gottesidee eines Höchsten Wesens sekundär verschmolzen.

Viel schwieriger für ein echtes Verständnis sind die zahlreichen Berichte, nach denen in den altjägerischen Kulturen die Sonne eine wichtige Rolle im Jagdzeremonial spielt. Gelegentlich erinnern ihre Funktionen dabei an die des »Herrn der Tiere«, und es ist auch durchaus möglich, daß es gewisse Verknüpfungen zwischen diesem göttlichen Tierbeschützer und der Sonne gibt. Wegen ihrer das Verständnis erschwerenden Undurchsichtigkeit soll diese Frage hier nicht behandelt werden. Für unseren Gedankengang aber ist die Feststellung wichtig, daß auch in den diesbezüglichen Angaben nichts enthalten ist, woraus eine für sich bestehende Vorstellung von einem Sonnen-Gott abgeleitet werden könnte.

Kann man also feststellen, daß sowohl die Vorstellungen von einem Höchsten Wesen wie die von Dema-Gottheiten und vielleicht auch die von einem Herrn der Tiere Verbindungen zur Sonne eingegangen sind, so ist vom Mond hervorzuheben, daß er in der Mythologie eine kaum zu überschätzende Wichtigkeit besitzt. Kommen sowohl Sonne wie Mond in den altjägerischen

Mythen vor und ist etwa noch bei den nordwestaustralischen Dema-Gestalten keine Bevorzugung des Mondes in den Mythen festzustellen, so ist dies in der pflanzerischen Kulturschicht ganz anders. Die Dema-Gottheit dieser Kultur ist so sehr mit dem Mond verbunden, daß sogar Mythen, in denen ausdrücklich von einem Sonnen-Mann die Rede ist, Taten berichten und Motive enthalten, die man auch bei größter Zurückhaltung gegenüber Mythendeutungen als typisch lunarmythologisch ansprechen muß (vgl. AD. E. JENSEN, Hainuwele, S. 29, 195 f.). Das ist an sich nicht verwunderlich, wenn man sich vor Augen hält, daß das mythische Objekt par excellence in dieser Kultur die Frage nach dem Stirb und Werde ist, die ihre Antwort in einem großartigen Weltbild gefunden hat, in dem der Zusammenhang von Tod und Zeugung im Mittelpunkt des mythischen Erlebens steht. Der Mond aber mit seinem ständigen Wechsel von Entstehen und Vergehen mußte einer solchen Weltauffassung als Symbol ihrer wesentlichen Erkenntnis über das Leben erscheinen.

So wie die pflanzerische Dema-Gottheit kulturgenetisch mit den polytheistischen Göttern der Hochkulturen zusammenhängt, so hat sich auch die mythische Welt der Pflanzer sehr lebendig durch die jüngeren Kulturschichten hindurch erhalten. Von daher ist es zu erklären, daß der Mond in der Gesamtheit der Mythen einen so wichtigen Platz einnimmt, daß die Ansicht aufkommen konnte, überhaupt alle Mythen seien ursprünglich durch die Erscheinung des Mondes inspiriert.

Aber auch in dieser mythischen Welt ist nichts gegeben, woraus die Selbständigkeit einer Vorstellung von einem Mond-Gott abgeleitet werden könnte. Das Kernproblem der Mythe ist so eindeutig durch die Lebenssituation von Mensch, Tier und Pflanze gegeben, daß es gewaltsam wäre, in der Gestalt des Mondes das primäre mythenbildende Faktum zu sehen. Vielmehr erscheint der Mond stets nur ganz am Rande meist in der Angabe, daß die mythische Persönlichkeit nach ihrem Wirken auf der Erde – und dieses Wirken ist die entscheidende mythische Aussage – als Mond an den Himmel geht. So gesehen ist die Angabe nicht bedeutungsvoller als die ebenfalls sehr häufige Wendung, daß ein Dema am Ende seiner irdischen Laufbahn als Stern an den Himmel geht.

Sofern der Mond die Mythen nur dadurch beeinflußt hat, daß das Bild seines Vergehens und Neuentstehens neben die Aussage der Mythe über das Stirb und Werde der lebendigen Kreatur gestellt wurde, handelt es sich nur um eine Allegorie, die fehlen könnte, ohne daß die Mythe dadurch an Wahrheit einbüßt. Es bleibt eine offene Frage, ob es andere Einflüsse des Mondes auf Mensch und Kreatur gibt, die von unmittelbarer Wirkung sind, wie sie durch alle Zeiten hindurch im Hinblick auf das Wetter oder auf den Pflanzenwuchs immer wieder volkstümlich behauptet worden sind. Viele dieser Behauptungen, besonders über den Wettereinfluß, lassen sich heute als falsch nachweisen. Vielleicht sind sie alle nur Reste aus jener allegorischen Hineinnahme des Mondes in die mythischen Aussagen der Pflanzer über den Sinn des Lebens; vielleicht auch nicht, und hierfür sprechen solche Erscheinungen wie die Abhängigkeit des Wohlbefindens mancher Menschen vom Stand des Mondes und andere möglicherweise konkreter belegbaren Zusammenhänge. Jedoch lassen wir diese Frage auf sich beruhen.

Diese Beispiele sollten lediglich anschaulich machen, was sie wegen der Dürftigkeit des hier vorgelegten Materials natürlich nicht beweisen können, daß im naturvölkischen Bereich Gottesvorstellungen, die man sinnvoll als Sonnen- oder Mond-Gott ansprechen könnte, nicht vorkommen, sondern daß es sich immer bei der Erwähnung dieser Gestirne um Begleiterscheinungen, um überwiegend äußerliche Assoziationen von Gottheit und Gestirn handelt.

Die entgegengesetzte Auffassung ist in der Völkerkunde am überzeugendsten von PAUL EHRENREICH (Heilbringer) vertreten worden. Er ist zweifellos einer der besten Kenner der Mythologie der Naturvölker gewesen. Es ist nicht leicht, sein Urteil über die ursprüngliche Bedeutung dieser Mythen abzulehnen; wirklich überzeugend könnte dies – so scheint es – nur geschehen, wenn man sein umfangreiches Material durch anderes entkräften könnte. Für unseren Gedankengang stellt sich jedoch diese Aufgabe etwas anders. Es geht uns nicht darum, Ehrenreichs vielfach belegte Behauptung zu bestreiten, daß die Helden der naturvölkischen Mythen in zahllosen Variationen außerordentlich oft mit den beiden großen Gestirnen verbunden erscheinen. Dies scheint uns vielmehr wirklich unbestreitbar. Unsere Kritik an seinen Thesen liegt jedoch in einer anderen Ebene; denn wir haben eine von der seinen grundverschiedene Auffassung vom Wesen der Gottheit. Für Ehrenreich sind die »Heilbringer«, die in der Mehrzahl der Fälle die Helden der

astral gedeuteten Mythen darstellen, keine Götter. Der Heilbringer ist vielmehr das »einer Naturkonzeption entsprungene
mythische Wesen«, aus dem nur dann eine »Gottheit werden
kann, wenn er dauernd wirksam und durch magische Handlungen (Kulte) beeinflußbar gedacht wird«. (Heilbringer,
S. 599)

Die mythische Gestalt des Heilbringers wurde hier jedoch
als Dema-Gottheit bezeichnet, zu deren Wesensmerkmalen es
gerade gehören sollte, daß sie nicht »dauernd wirksam« ist,
sondern ihre schöpferische Tätigkeit nur in der Urzeit ausübte
und ohne weitere Wirksamkeit nur noch in den Erscheinungen
der Welt und ihren Ordnungsprinzipien gegenwärtig ist. Wenn
Ehrenreich (S. 539) sagt, »Der Gott unterscheidet sich vom
Heilbringer durch Stetigkeit seines Wirkens«, so scheint sich
uns darin eine willkürliche und unberechtigte Begrenzung der
Gottesidee auszudrücken. Was das andere Merkmal, nämlich
die Kulte anbelangt, so sind sie, wie früher dargelegt wurde,
gerade in besonderem Maße mit dieser Gottesvorstellung verknüpft, aber sie sind eben keine magischen Handlungen, die
auf gegenwärtig gedachte Götter wirken sollen, sondern festliche Vergegenwärtigung der göttlichen Urzeittaten. Unsere
Deutung der Heilbringer wird aber keineswegs durch Ehrenreichs Material erschüttert, im Gegenteil, alle von ihm vorgebrachten Argumente erscheinen mir im wesentlichen als eine
Bestätigung dieser Auffassung. Offensichtlich war es Ehrenreich unmöglich, über die bekannten Gottesideen eines Höchsten Wesens und der polytheistischen Götter der Hochkulturen
hinaus eine andersartige, spezifisch naturvölkische Gottesvorstellung zu erkennen. Darum das Festhalten an der Bezeichnung Heilbringer, der nur als Gottheit angesprochen werden
soll, wenn er wie in den späteren Abwandlungen den Gegen-
wärtigkeitscharakter etwa der mexikanischen Götter angenommen hat. Daß aber die polytheistischen Götter der Hochkulturen kulturgenetisch auf die Heilbringer-Dema zurückgehen,
darin scheint Ehrenreich mit der auch hier vertretenen Auffassung einig zu sein, obgleich sich das explizit nicht bei ihm feststellen läßt.

Eine weitere Übereinstimmung mit Ehrenreich besteht in
der Frage des Verhältnisses zwischen Höchstem Wesen und
Heilbringer. Er wendet sich gegen die euhemeristische Theorie
von Kurt Breysig, der in dem Heilbringer die einzige Quelle

186

und Vorstufe des Gottesgedankens sieht, aus der sich über die polytheistischen Götter erst spät der Hochgottglaube entwickelt habe. Mit ähnlichen Argumenten, wie sie hier (Kap. IV, 5) vorgebracht wurden, sieht Ehrenreich ganz andere Wurzeln für die Entstehung der Heilbringeridee als für die des Höchsten Wesens. Er betont nicht zu Unrecht, daß der Heilbringer als von dem Höchsten Wesen abhängig gedacht wird und des öfteren als Abgesandter oder Gehilfe jenes Hochgottes bezeichnet wird, so daß sich die Idee des Höchsten Wesens nicht aus dem Heilbringer ableiten lasse, dieser vielmehr ohne die Gottesvorstellung vom Höchsten Wesen nicht denkbar sei. Ehrenreich lehnt sich bei diesem Gedankengang eng an die damals schon vorliegende Theorie von ANDREW LANG an.

Auch wir haben sehr nachdrücklich betont, daß die Vorstellung von einem Höchsten Wesen weder aus Geistern noch aus den Dema-Gottheiten abgeleitet werden kann. Aber es ist keineswegs so, daß die demahaften göttlichen Personen immer nur Abgesandte des Höchsten Wesens sind und also keine selbständige Gottheit darstellen. Gerade wegen der verschiedenartigen Wurzeln, aus denen beide Gottesvorstellungen hervorgegangen sind, stehen sie des öfteren bei ein und demselben Volke nebeneinander, ohne daß deshalb die eine von der anderen abgeleitet werden müßte. Die Angabe, daß der Heilbringer ein Abgesandter des Höchsten Wesens sei, die sich in solchen Fällen gelegentlich findet (vgl. das in Kap. IV, 5 erwähnte Beispiel von den Feuerlandindianern), ist nicht mehr als eine lose Verknüpfung der beiden Ideen, wobei dann dem Wesen nach selbstverständlich der Hochgott als die überlegene aber gleichzeitig auch die unlebendigere Gestalt erscheint. Daneben aber gibt es Beispiele für das völlige Fehlen der Idee des Höchsten Wesens und die alleinige Herrschaft der demahaften Gottheiten in Mythe und Kult. So haben die *Marind* von Neuguinea, deren Kulte ausschließlich von Dema beherrscht werden, keine Hochgottvorstellung (PAUL WIRZ, Bd. 1, Teil 2, S. 18) und dasselbe berichtet GUNNAR LANDTMANN (Folk-Tales, S. 13) von den weiter östlich wohnenden *Kiwai*. Auch auf Mentawai fehlt die Vorstellung von einem Hochgott (H. A. MESS, S. 79). Sowohl die These von Breysig, daß der Hochgott aus dem anthropomorphen Heilbringer hervorgegangen sei, wie die von Ehrenreich, daß dieser nur ein Mittler zwischen den Menschen und dem Höchsten Wesen und also nur von jener Gottesidee her zu verstehen sei, gehen an dem echt naturvölkischen Wesen der Dema-Gottheit vorbei, die eine für sich bestehende und eigenartige Konzeption des Göttlichen ist.

Zur Frage der Astralgottheiten ist damit auch bereits das Wichtigste gesagt. Für Ehrenreich ist es unbezweifelbar, daß die Personifizierung der Himmelskörper oder ihrer Eigenschaften wie Licht und Feuer der erste mythenbildende Prozeß gewesen sei. »Doch ist nicht jeder mythische Sonnen- oder Mondheld auch ein Heilbringer... Erst seine Teilnahme am Schöpfungswerk, sein spezifisches Wirken im Interesse des Menschen macht ihn dazu.« (S. 593) Er wird uns aber schwerlich in den älteren naturvölkischen Schichten Beispiele von mythischen Helden nennen können, die nur Personifikationen der Naturmächte sind und deren Schicksale etwa nur den Lauf der Gestirne widerspiegeln. Diejenigen Formen der Mythen, die dieser Abstraktion am nächsten kommen, gehören durchweg dem »versinnbildlichenden Zeitalter« an. Gerade deshalb wurde Breysig zu seiner – von Ehrenreich überzeugend widerlegten – Annahme geführt, alle astralen Bezogenheiten in den Mythen erst der »Altertumsstufe« zuzuschreiben. Sie sind hingegen bestimmt älteren, sogar ältesten Datums, aber dort geht es in der Mythe stets auch um Probleme, und zwar um die dem Menschen wichtigsten Probleme überhaupt. Die mythischen Helden sind Gottheiten, von denen Erscheinungen oder Ordnungen hervorgerufen wurden, die für die Menschen und alle Kreatur verbindlich sind. Sie sind außerdem direkt mit den großen Gestirnen identifiziert und tragen Attribute, die diese Verbindung mehr oder weniger deutlich werden lassen (vgl. Ehrenreich, S. 555f.). Daran läßt sich aber nur zeigen, daß alle gewaltigen Naturerscheinungen, insbesondere die beiden großen Gestirne, schon frühzeitig mit dem Erlebnis des Göttlichen verbunden wurden, aber die Bezeichnungen Sonnen- oder Mond-Gott, Gewitter- oder Wind-Gott etc. wären nur dann sinnvoll, wenn sich das Wesen der entsprechenden Gottheiten in der Gleichsetzung mit der Naturmacht erschöpft, während in Wahrheit die Mythen über sie höchstens mit Attributen und Andeutungen auf diese Beziehungen weisen, im übrigen aber ein viel umfangreicheres göttliches Wirken auf der Erde beschreiben.

In seiner Arbeit aus dem Jahr 1956 (Der Heilbringer) kommt GÖSTA KOCK zu einer sehr ähnlichen Auffassung über den Heilbringer, wie sie hier dargelegt wurde. Erst durch die Lektüre dieses Aufsatzes wurde ich auf eine frühere Arbeit (1943) desselben Autors aufmerksam, die schon in dem Titel ›Is »Der Heilbringer« a God or not?‹ seine Ansicht über den göttlichen Charakter der in Frage stehenden Gestalt zum Ausdruck bringt.

Daß der Mensch in der Frühzeit seiner Geschichte ein ganz anderes Verhältnis zum Tier hatte als heute, ist allgemein bekannt und durch umfangreiches Tatsachenmaterial belegt. Eines der grundlegenden Phänomene für das Verhältnis des Menschen zu seiner Umwelt – insbesondere zur lebenden Kreatur – ist immer die Möglichkeit der Verständigung. Wir gehen im allgemeinen von der Annahme aus, daß zwischen Mensch und Tier nur geringe Verständigungsmöglichkeiten bestehen, weil dem Tier die Sprache fehlt. Im Verhältnis zu einigen Haustieren, besonders zum Hund und zum Pferd, ahnen wir vielleicht noch etwas von jenen Bindungen, die das Tier als ein gleiches Wesen neben den Menschen stellen. Nur wenn wir versuchen, die Verständigungsmöglichkeiten zwischen Mensch und Tier weit höher zu veranschlagen, als es unserem üblichen Denken entspricht, können wir hoffen, mit Verständnis zu jenen fremdartigen kulturellen Gestaltungen vorzudringen, die den Menschen einer längst vergangenen Frühzeit dazu brachten, selbst das Erlebnis des Göttlichen vorwiegend mit dem Tier zu verbinden. Das Verstehen fremdartiger Kulturerscheinungen hängt, wie wir immer betonen müssen, davon ab, inwieweit es uns gelingt, die Erlebnisgrundlagen aufzudecken, die zu ihrer Gestaltung geführt haben. Für den Betrachter der vorabendländischen Kulturen ist dies eine der schwierigsten Aufgaben. Denn wenn das Wesen Mensch auch unzweifelhaft in seinen Grundanlagen immer gleich ist, so fällt die Antwort auf die Frage, wie die Welt beschaffen ist, in historisch unterscheidbaren Kulturen doch unterscheidbar aus, weil jede Kultur einen von ihr als vordringlich wichtig empfundenen Wert der Welt auf die ihr eigene Weise erlebt und gestaltet. Bei einer Beschäftigung mit altjägerischen Kulturen handelt es sich in erster Linie um das Verhältnis zwischen Mensch und Tier, das dem Verstehen aus unserer kulturellen Gebundenheit heraus nicht ohne weiteres zugänglich ist.

In diesem Buch ist nur selten von der älteren jägerischen Kulturform die Rede. Der Grund dafür liegt in der Überzeugung des Verfassers, daß uns gerade diese älteren Zeiten der

Menschheitsgeschichte, sofern sie noch heute bei Naturvölkern lebendig sind, mit den üblichen ethnologischen Methoden sehr schwer zugänglich sind. Es handelt sich fast ausschließlich um aussterbende Restvölker mit schweifender Lebensform, deren Erforschung schon aus technischen und äußerlichen Gründen besonders schwierig ist. Sie leben nur noch in dürftigsten Räumen, woraus geschlossen werden kann, daß diese letzten Reste einer einst auch unter anderen, reicheren Umweltbedingungen lebenden Kultur nicht gerade die repräsentativsten Vertreter ihrer Kulturepoche darstellen und daß die Härte ihrer heutigen Daseinsform die geistigen Inhalte, die zur Zeit der Blüte dieser Kultur die Lebensmitte jener Menschen bestimmt haben mögen, verändert und vermutlich größtenteils zum Erlöschen gebracht hat. Es wurde bereits bei der kritischen Betrachtung der urmonotheistischen Theorie darauf hingewiesen, daß das Material, das uns zur Beurteilung der Religion dieser Völker zur Verfügung steht, sehr trümmerhaft ist. Das liegt sicherlich nicht am Zufall oder an den Fähigkeiten der Forscher, sondern vorwiegend an den Schwierigkeiten, die der Stoff selbst der wissenschaftlichen Betrachtung entgegensetzt.

Schon diese Gründe – es gibt weitere, auf die wir hier nicht einzugehen brauchen – rechtfertigen es, wenn eine religionswissenschaftliche Betrachtung bei der Behandlung der ältesten Epochen der Menschheitsgeschichte zurückhaltend ist. Wenn hier trotzdem einige Bemerkungen über die alten jägerischen Religionsformen vorgetragen werden, so geschieht dies nur unter den größten Vorbehalten und unter Verzicht auf den Versuch, das Wesen dieser religiösen Gestaltungen »verstehen« zu wollen. Für den Fachmann wird jedoch kaum ein Zweifel darüber bestehen, wie vordringlich trotz der erwähnten Schwierigkeiten die Feldforschung gerade bei diesen aussterbenden Völkern heute ist. Es ist eines der vielen Verdienste der »Wiener Schule«, daß sie sich dieser Aufgabe in den letzten Jahrzehnten mit viel Energie angenommen hat. Aber Feldforschung ist erfolglos ohne gleichzeitige theoretische Arbeit. Es ist trotz der vorgebrachten Einschränkungen erfreulich, daß auch die theoretische Arbeit sich in den letzten Jahrzehnten viel stärker als früher den jägerischen Kulturen zugewandt hat, so daß sich auch hier die ersten Konturen abzuzeichnen beginnen.

1. Eine jägerische Gottesidee

Wir hatten es als das Verdienst der urmonotheistischen Theorie hervorgehoben, daß sie auch im ethnologischen Bereich die zentrale Bedeutung der Gottesvorstellung für das Wesen der Religion unterstrichen hatte. Sie will indessen nur eine einzige, nämlich eine in den wesentlichen Zügen der alttestamentlichen entsprechende Gottesidee gelten lassen, während es in der Menschheitsgeschichte sicherlich mehrere Gottesvorstellungen gegeben hat, die nacheinander und auch nebeneinander das Wesen der Religionen ausmachten. Das Wesen des Göttlichen hat sich dem Menschen im Ablauf seiner Geschichte auf die verschiedenste Weise offenbart. Wir haben bisher zwei typische Gestaltungen solcher Erlebnisse behandelt. Die These der urmonotheistischen Theorie, daß der Hochgott nicht nur die einzige, sondern auch die älteste Gottesidee darstelle, ist vorläufig wohl kaum beweisbar. Die Möglichkeit, daß es so sei, sollte nicht in Abrede gestellt werden. Demgegenüber hat die Vorstellung von einer *Dema*-Gottheit ihre eigentliche Blüte vermutlich in den altpflanzerischen Kulturen gehabt, wenn sie als Idee auch schon vorher konzipiert wurde, wofür, wie wir sahen, vor allem die australischen Verhältnisse, aber auch amerikanische Beispiele von »Kulturheroen« sprechen.

Die Frage, wieviele und welche Gottesvorstellungen in den Religionen der jägerischen Frühzeit vorhanden gewesen sein mögen, ist heute nicht beantwortbar. Aber es gibt ein recht umfangreiches Material, das uns eine bestimmte Idee vom Göttlichen nahebringt, die offensichtlich zu der Religion einer alten jägerischen Epoche gehört. Es handelt sich um ein Wesen, das als Herr und Schützer des Wildes und als Jagdhelfer des Menschen verehrt wird. Es sei in diesem Zusammenhang auf die Arbeiten von A. DIRR (Anthropos, 1925) und HERMANN BAUMANN (Buschgeister) hingewiesen, in denen bereits zahlreiche Belege für eine solche Idee aufgeführt sind. Auch ADOLF FRIEDRICH hat in seinen Arbeiten immer wieder die Aufmerksamkeit auf die religiösen Vorstellungen der Jägervölker gelenkt. In seinem Aufsatz, der die Forschung über die frühzeitlichen Jägervölker behandelt, hat er unter anderem eine Anzahl von Beispielen zusammengestellt, in denen Vorstellungen von einem göttlichen »Herrn der Tiere« und »Hüter des Wildes« deutlich hervortreten (S. 26 f., S. 32 f.). Ich verdanke ihm auch den Hinweis auf einige der folgenden Beispiele, mit denen jene eigentümliche Vorstellung anschaulich gemacht werden soll.

Zunächst sei eine mythische Erzählung der *Labrador-Eskimo* wiedergegeben, die ERNEST WILLIAM HAWKES (S. 154) berichtet: Es gab einst einen großen Schamanen, der den Platz finden wollte, zu dem die Karibu (Rentiere) gingen, wenn sie in großen Scharen ins Innere zogen. Sein Schutzgeist führte ihn in einer zwei Monate währenden Reise dorthin. Nach Sonnenuntergang sah der Schamane ein großes Haus, aus Rasen und Steinen erbaut. Im Tor stand ein großes Rentier. Es war der König der Karibu. Er war so groß, daß die anderen Karibu unter ihm hindurchgehen konnten, ohne ihn zu berühren. In großen Scharen kamen die Rentiere herbei, um unter ihm hindurch in das Haus zu gehen. Als das letzte Tier hineingegangen war, legte sich das große Karibu vor dem Tore nieder und bewachte so die anderen.

Von den benachbarten *Naskapi* in Labrador berichtet F. G. SPECK (S. 82 ff.) etwas ganz ähnliches von einem göttlichen Herrn der Rentiere. Dieses Wesen ist jedoch von menschlicher Gestalt, von weißer Hautfarbe und trägt schwarze Kleidung. In einem großen Felsenhöhlenhaus leben Tausende von Rentieren in einem Bezirk, in den der »Weiße Herr« niemanden hineinläßt. Der Beschwörer einer Jägergruppe bittet diesen Herrn der Rentiere um Beute für die Jäger. Die ihm mitgeteilten Vorschriften für die Jagd müssen genau eingehalten werden. Der Herr der Rentiere gewährt den Jägern nur eine bestimmte Zahl an Beutetieren. Darüber hinaus ist alle Jagd vergebens.

Hawkes (S. 124) berichtet auch von zwei Gottheiten, von denen die eine weiblich und Herrin der Landtiere, die andere männlich und Herr der Seetiere ist. Die beiden sind Ehegatten. Von ihrer Hilfe, um die der Schamane bittet, hängt das Ergebnis der Jagd ab.

Die hier zitierten Berichte sind außerordentlich typisch. Ähnliches finden wir bei vielen Jägervölkern, aber auch noch in jüngeren Kulturen, über die ganze Erde hin. Sehr oft ist es ein besonders großes Tier einer bestimmten Gattung, die für die Jagd von Bedeutung ist, oder es ist ein anthropomorphes Wesen von irgendwie auffälliger Gestalt, besonders groß oder auch zwergenhaft klein, das die Tiere in seiner Obhut hat. Bei den *Quiché* in Guatemala ist es ein Frevel gegen den Gott des Berges, der die Tiere im Innern der Erde in seiner Obhut hat und ihre Zahl kennt, wenn man Tiere mutwillig tötet (Leonhard Schultze-Jena, S. 20). Der Herr der Tiere ist der Beschützer der Jagdtiere. Gleichzeitig führt er meist dem Jäger die Jagdtiere zu und bestimmt überhaupt das Verhältnis zwischen Jäger und Beute, weil es ohne ihn eine erfolgreiche Jagd nicht gibt. Wichtig daran ist das begrenzte und maßvolle Töten der Tiere und die Beachtung vieler Regeln, deren Übertretung das religiöse Ethos verletzt. Manche dieser Vorschriften gelten der Wiederbelebung des getöteten Tieres, die von dem göttlichen Herrn vorgenommen wird, wodurch allein es möglich wird, daß immer wieder neue Beutetiere zu den Jägern kommen (vgl. Friedrich, Nordasien, S. 194f).

Über diese an sich sehr eindringlichen Züge hinaus sagen uns die Berichte jedoch nichts aus, wodurch uns die zugrundeliegende Gottesvorstellung deutlicher und lebendiger werden könnte. Eine Fülle des jägerischen Brauchtums, das im allgemeinen als »Jagdzauber« etikettiert wird, hängt zweifellos mit dieser Gottesidee zusammen und ist deshalb keineswegs magisch oder zauberisch, sondern echt religiös. Die Bezeichnung magisch wird ja leider meist dann angewandt, wenn uns der vernünftige Sinn einer Handlung nicht ohne weiteres zugänglich ist. Dies ist nun allerdings gerade bei den jägerischen Bräuchen meistens der Fall, was sich aus den oben dargelegten Gründen ganz von selbst ergibt. Wenn die Bezeichnung Jagdzauber verwendet wird, so sollte das nur in dem Bewußtsein geschehen, daß mit ihr nichts erklärt wird, sondern nur unverstandene Erscheinungen – wahrscheinlich falsch – benannt werden.

Es wäre ermüdend, viel Material über den Herrn der Tiere anzuführen, weil – wenigstens in den mir bisher zugänglichen Quellen – stets die gleichen Züge erwähnt werden. Es seien nur noch zwei Beispiele genannt, um daran einige sich aufdrängende Fragen zu erörtern. Bei Theodor Koch-Grünberg (Bd. 3, S. 176ff.) findet sich umfangreiches Material in seinen Beschreibungen der *Taulipang*, eines Karaiben-Stammes im nördlichen Südamerika. Es handelt sich dabei um Pflanzervölker, bei denen aber Jagd und besonders Fischfang eine wichtige wirtschaftliche Rolle spielen. Bei ihnen heißt der »Vater aller Tiere, Jagdtiere, Vögel u. a.« *Keyeme*. Wenn ein Tier stirbt, so geht seine Seele zu Keyeme (S. 174). Er ist wie ein Mann, aber er wird zu einer großen Wasserschlange, wenn er seine bunte Haut anzieht. Man sieht ihn im Regenbogen. Alle Wasservögel sind seine Enkel. Neben Keyeme, dem »Vater aller Tiere«, gibt es aber eine große Zahl von sehr ähnlichen »Geistern« mit ganz ähnlichen Funktionen. *Rato* zum Beispiel ist der »Vater aller Fische« und anderer Wassertiere. Er heißt auch »Wasservater« und seine Frau »Wassermutter«. Die Fische und Wassertiere sind »seine Söhne und Enkel«. Bevor die Leute fischen gehen, rufen sie Rato an, und zwar stets bei Nacht. Rato läßt sich die zu fangenden Fische mit Tabak bezahlen und ermahnt die Fischer, die Beute nicht faul werden zu lassen. Neben diesen »Tiergeistern« gibt es auch eine »Mutter des Fiebers« oder einen »Vater des Nebels«. Koch-Grünberg behandelt alle diese Wesen unter den »Geistern«. Das liegt nahe, weil die Göttlichkeit dieser Gestalt, die sich in den obigen Berichten über Jägervölker deutlich zeigt, in den jüngeren Kulturschichten verblaßt ist. Es ist keine Seltenheit, sondern meist der normale Ablauf, daß die göttliche Gestalt einer vorangegangenen Kulturepoche als »böser Geist« weiterlebt. Auch die Indianer sagen von allen diesen Wesen, daß sie böse seien, ohne daß aus den Berichten zu ersehen ist, daß sie sich tatsächlich böse oder feindselig gegen den Menschen verhalten. Es ließe sich wahrscheinlich sehr leicht zeigen, daß eine große Zahl von Geistern, die in den Erzählungen der nicht mehr wildbeuterischen Völker auftreten, ursprünglich göttliche Herren der Tiere waren, die in diesem Gewand weiter existieren. Man erkennt sie meist an ihrer absonderlichen Gestalt und vor allem an ihrem Verhältnis zum Jäger, dessen Jagdglück von ihnen abhängt. Noch bei HOMER (Odyssee, 4, 450 ff.) findet sich ein solcher Geist in der Gestalt des *Proteus,* der unter den Robben lebt, sie zählt und vermutlich ein Survival von einem »Herrn der Robben« ist (vgl. Kap. XVI, 5).

Auffällig ist an den Berichten aus jüngeren Kulturen, daß es eine große Zahl solcher Herren gibt, daß jede Tiergattung ihren eigenen Herrn hat und daß auch alle anderen Erscheinungen in der Natur einem Herrn unterstellt werden, der darüber verfügt, ob das Fieber, der Nebel, das Erdbeben oder das Gewitter in diesem oder jenem Sinne wirksam werden oder nicht. Bei den älteren Jägern scheint es im wesentlichen nur *einen* Herrn aller Tiere gegeben zu haben, von dem sich der Mensch in seinem Verhältnis zum Tier abhängig empfand (vgl. O. ZERRIES, Wild- und Buschgeister).

Eine wichtigere Frage als die, ob diese Gottheit ursprünglich in der Einzahl oder in der Vielzahl konzipiert wurde, ist die nach ihrem Verhältnis zu den anderen Gottesvorstellungen. WILHELM SCHMIDT hat die Meinung vertreten, daß es sich bei dem Herrn der Tiere nicht um eine selbständige Gottesidee handelt, sondern um das, was er eine Absplitterung von der Gestalt des Höchsten Wesens nennt. Nun reichen allerdings die wenigen charakteristischen Merkmale dieser Gottesvorstellung einerseits nicht aus, um sie in lebendiger Fülle zu fassen. Andererseits entsprechen einige sehr wesentliche Züge tatsächlich jenen, die auch dem Höchsten Wesen zugedacht werden, so die Nahrungsfürsorge, die hier in der Zuführung des jagdbaren Wildes besteht, die Gegenwärtigkeit der Gottheit, die mit den Menschen in Verbindung treten kann, ihr Eingreifen in das Leben des Menschen, um die gesetzte Ordnung aufrecht zu erhalten oder auch um Übertretungen zu strafen, und ihre väterliche Gesinnung gegenüber den Menschen. In der überwiegenden Zahl der Berichte steht nun aber die Nahrungsfürsorge so sehr im Mittelpunkt des menschlichen Verhältnisses zu dieser Gottheit, daß die Vorstellung vom Herrn der Tiere als eine Degenerierung jener viel umfassenderen Idee zu einer lediglich für die Befriedigung der wirtschaftlichen Bedürfnisse wichtigen Gottesvorstellung aufzufassen wäre. Eine solche Entwicklung liegt zweifellos im Bereich des Möglichen, und es ist schwierig, sie positiv zu widerlegen.

Mir erscheint jedoch die Gestalt des Herrn der Tiere von so eigener Art, daß sie nicht aus der Idee des Höchsten Wesens ableitbar ist. Vor allem gilt dies für die oft belegte Tiergestalt, die gar nicht zu dem Hochgott, wohl aber zu der jägerischen Weltbetrachtung vorzüglich paßt. Daß sich das Göttliche im Tier selbst offenbart, setzt eine geistige Haltung voraus, die an sich auch uns gelegentlich noch begreifbar ist, die aber im besonderen zu einer Menschheit gehört, die jene Fülle von lebendigen Beziehungen zwischen Mensch und Tier gestaltete, wie sie uns in den sogenannten proto-totemistischen Erscheinungen entgegentreten (vgl. Kap. VII, 2). Auch ist uns meines Wissens von dem Herrn der Tiere weder berichtet, daß er die Welt erschaffen hat, noch daß er allwissend und allmächtig sei. Es fehlt ihm offensichtlich das Charakteristische einer prima causa, das an der Idee des Höchsten Wesens so sehr in den Vordergrund tritt.

Trotzdem ist die Ideenverwandtschaft zu dem Höchsten Wesen zweifellos näherliegend als die zur Dema-Gottheit, mit der diese Gottesvorstellung kein entscheidendes Merkmal gemeinsam hat. Vor allem fehlt das von uns in den Vordergrund gestellte Charakteristikum der Urzeitwirksamkeit. Das Verhältnis des Herrn der Tiere zur Mythe, das in unserer Betrachtung über die Dema-Gottheit von so ausschlaggebender Bedeutung war, ist nicht deutlich greifbar. Die mythische Erzählung vom »Herrn der Rentiere« bei den Labrador-Eskimo, die wir oben wiedergaben, steht ziemlich vereinzelt da. Die zahlreichen Erzählungen von der eigentümlichen Gestalt des *Kagn* bei den Buschmännern, die W. H. J. BLEEK aufgezeichnet hat, sind von so besonderer Beschaffenheit, daß meines Erachtens ihre geistesgeschichtliche »Entdeckung« bisher noch aussteht. Die vielen Jägererzählungen von kulturgeschichtlich jüngeren Völkern, in denen der Herr der Tiere als Geistwesen auftritt, können für die Deutung des Wesens dieser Gottesidee nur sehr bedingt herangezogen werden, weil in ihnen die göttliche Gestalt bereits ihr eigentliches Wesen eingebüßt hat. Es erscheint mir jedoch unbezweifelbar, daß diese Tiergeister in der pflanzerischen Schicht, von denen sich der Jäger nicht selten die Auslieferung eines Jagdzaubers erzwingt, in einem kulturgenetischen Zusammenhang mit der echten Gottesidee des Herrn der Tiere stehen. Es sind nicht allein solche Degenerationsformen, die wir in großer Zahl in jüngeren Kulturschichten antreffen, oft haben sich auch sehr komplexe Formen religiöser Äußerungen gebildet, in denen die Gestalt des Herrn der Tiere mit verschiedenartigem anderen Ideengut eine enge Verbindung eingegangen ist.

So hat der japanische Ethnologe KYOSUKE KINDAICHI eine neue Auffassung von den Bärenfesten der *Ainu* vorgetragen. Er legt besonderen Wert auf die Feststellung, daß die (stets zeremoniell vorgenommene) Tötung eines Bären nichts mit seiner Opferung zu tun habe (S. 349). Der Bär selbst ist die Gottheit. Alle Tiere sind Götter, die in menschlicher Gestalt in einer anderen Welt leben, in der es sehr ähnlich zugeht wie in der unseren. Die Götter kommen gelegentlich in diese Welt um zu spielen. Sie erscheinen dann in der Gestalt und in dem Gewand der Tiere. Der Bär aber ist der oberste Gott. Sein Name bedeutet schlechthin Gott. Ein Tier, das nicht von den Ainu gefangen, getötet und gegessen wird, hat ein trauriges Los; denn es wandert vergeblich über diese Erde. Die Tötung der Tiere ist eine heilige Handlung, weil damit der Gott selbst als Geist ins Haus kommt; sein Fleisch und sein Fell sind die Geschenke, die er mitbringt. Die zeremoniellen Handlungen sind die gleichen, die man einem Gast des Hauses widmet. Das göttliche Tier aber ist ebenfalls sehr zufrieden, weil es nun in seine heimatliche Welt zurückkehrt.

Solche Berichte sind von großem Wert, weil sie uns ein viel echteres Bild von den schwer verständlichen Tierzeremonien entwerfen. Allerdings ist das in diesem Bericht dargelegte Ideengut sicherlich nicht ausschließlich altjägerisch, sondern eine anschauliche Verbindung von kulturgeschichtlich sehr verschieden alten Vorstellungen, wobei jedoch die Gestalt des Herrn der Tiere noch als zentrale Idee hindurchschimmert. Im ganzen bleiben aber alle Betrachtungen über den göttlichen Herrn der Tiere im wesentlichen unbefriedigend, weil sich die Gesamtheit der religiösen Vorstellungen, die mit ihm verbunden sind, nicht deutlich greifen läßt. Zwar zeigt sich eine sehr altertümliche Gottesvorstellung, die keine Gemeinsamkeiten mit der Idee von den Dema hat und vermutlich auch unabhängig von der Hochgottvorstellung bestand, deren eigentliches Wesen aber aus dem bisher vorliegenden Material schwer zu erschließen ist.

2. Das komplexe Wesen der Sedna

Wenn offensichtlich zwischen der ursprünglichen Idee vom Herrn der Tiere und der Konzeption von den *Dema*-Gottheiten, deren eigentliche Wirksamkeit in der Urzeit lag und die den schöpferischen Urgrund des sich immer aufs neue in der Welt verwirklichenden Göttlichen darstellen, keine wesentlichen Gemeinsamkeiten bestanden, so finden sich doch beide Ideen gelegentlich in einer bestimmten göttlichen Gestalt vereinigt. Als solche sehr lebendige, aber außerordentlich komplexe Gestalt tritt uns die *Sedna* der *Eskimo* entgegen, von der PAUL EHRENREICH (Heilbringer, S. 542) sagt, daß sie weder ein Tiergeist noch ein Heilbringer, sondern eine echte Göttin sei, was im Rahmen seiner Ausführungen überrascht, da er mit diesem Prädikat nicht sehr freigebig ist. Vermutlich kommt sein Urteil nur von der besonderen Lebendigkeit der Berichte, die wir über Sedna besitzen, und diese wiederum sind bedingt durch das auffällig aktive Geistesleben der Eskimo. Wir wollen versuchen zu zeigen, daß Sedna sowohl ein Tiergeist, nämlich Herrin der Tiere, wie auch ein Heilbringer, nämlich Dema, ist und daß sie gerade deshalb eine echte Göttin, wenn auch eine sehr komplexe Gestalt, ist. (Es mag, bevor eine solche analytische Behandlung vorgenommen wird, angebracht sein, hervorzuheben, daß sich damit nicht das spezifische Wesen der göttlichen Sedna aufhebt. Eine bestimmte göttliche Gestalt eines bestimmten Volkes hat ihren ureigensten Charakter in dieser Kulturgemeinschaft, deren Einheitlichkeit und Ganzheit niemals auflösbar ist. Aber eine kulturgeschichtliche Betrachtung ist immer nur mit einem Teil ihrer Fragestellungen an diesem spezifischen Wesen interessiert. Ihre – wenigstens für das heutige wissenschaftliche Interesse – wichtigen Fragen richten sich auf den Zusammenhang der jeweils individuellen mit anderen vergleichbaren Gestalten.)

FRANZ BOAS (Central Eskimo, S. 583 ff.) hat eine Anzahl von Berichten über Sedna und ihre Entsprechungen bei verschiedenen Eskimogruppen zusammengestellt. Weitere Varianten der Mythe finden sich bei KNUD RASMUSSEN (Iglulik, S. 63 ff.). Die markantesten Motive in diesen Überlieferungen sind folgende: Sedna, ein Mädchen, das mit seinem Vater zusammenlebte, verschmähte alle Bewerber. In manchen Überlieferungen wird sie daher auch »die, die keinen Gatten wollte« genannt. Schließlich heiratete sie einen Hund, mit dem sie auf einer Insel lebte. Sie gebar eine Anzahl Kinder, die teils Hunde, teils Menschen waren. Eines Tages tötete der Vater den Hundegatten, der ins Meer versank. Sedna sandte nun ihre Kinder, die sie nicht mehr ernähren konnte, in die Welt hinaus. Die Hunde schickte sie übers Meer. Sie wurden die Vorfahren der Europäer. Die menschlichen Kinder sandte sie über Land. Von ihnen stammen die Eskimo ab. Sedna lebte nun wieder bei ihrem Vater, bis sie von einem Sturmvogel in Menschengestalt entführt wurde. Der Vater holte sie in seinem Kajak zurück, wurde aber von dem Vogel verfolgt, der einen ungeheuren Sturm auf dem Meer entstehen ließ. In seiner Angst warf der Vater schließlich die Tochter über Bord. Sedna aber klammerte sich mit den Händen an das Boot. Darauf hieb der Vater ihr die Finger ab, die, als sie ins Wasser fielen, zu Seehunden und Walrossen wurden. Sedna sank auf den Meeresgrund, wo sie seither als »Mutter der Seetiere« haust. Auch der Vater wurde später vom Meer verschlungen und lebt in Sednas Haus. Der Eingang des Hauses ist von einem gewaltigen Hund bewacht, der in manchen Erzählungen als Sednas Gatte bezeichnet wird. Wenn die Menschen die Tabus nicht beachtet haben, hält Sedna die Seetiere zurück. Dann entsteht Mangel und Hungersnot bei den Menschen, und der Schamane muß Sedna besänftigen. In einigen Versionen heißt es, daß durch die Tabubrüche Unreinheiten auf Sednas Kopf entstehen, von denen sie nur der Schamane befreien kann. Sie hält die Seetiere dann zurück, damit der Schamane herabkommen muß. (Rasmussen, S. 127, 173; Boas, S. 586)

Sedna ist gleichzeitig die Herrin des Totenreiches. Die Menschen fürchten sie sehr und nennen sie häufig »die Schreckliche dort unten«! (Rasmussen, S. 94, 62; Boas, S. 588 ff.)

Die Anklänge an den Urtyp der pflanzerischen Mythe sind nicht zu übersehen: In der mythischen Urzeit wird eine Gottheit – auch bei den Pflanzern ist sie häufig weiblichen Geschlechts – von anderen Urzeitwesen getötet, und aus dem zerstückelten Leichnam – hier aus den zerstückelten Händen – entstehen die für den Menschen wichtigsten Naturspezies: dort die Nutzpflanzen, hier die den Seejägern unentbehrlichen Tiere des Meeres. Insofern würde Sedna in den Kreis der Dema-Gottheiten – sozusagen als deren jägerische Variante – gehören. Auch die Abstammung der Menschen von ihr und ihr Aufenthalt in der Unterwelt, wo sie die Herrscherin in einem der beiden Totenreiche ist, passen in dieses Bild.

Die Wirksamkeit der Sedna erschöpft sich indessen nicht in dem einmaligen Geschehen in der Urzeit. Sie ist vielmehr eine durchaus gegenwärtige Göttin, die erzürnt und versöhnt werden kann und die ständig in das Leben der Menschen eingreift. Als Mutter der Seetiere kann sie die Fangtiere zurückhalten und damit die Menschen in bittere Not und Verderben stürzen; sie kann die Tiere freigeben und Überfluß schenken. Durch den Schamanen treten die Menschen mit ihr in Verbindung. Er besucht sie auf einer gefahrvollen Reise in der Tiefe des Meeres, um die Freilassung der Fangtiere zu erwirken. Die Zurückhaltung der Tiere wird als Strafe aufgefaßt: Sedna ist erzürnt über die von den Menschen, insbesondere von den Frauen, begangenen Tabubrüche, die sich als Unreinheiten und Parasiten in ihrem Haar festgesetzt haben, von denen sie – da sie keine Hände hat – sich selbst nicht zu befreien vermag. Der Schamane muß sie beschwichtigen und ihr das Haar kämmen, bis sie sich bewegen läßt, die Tiere freizugeben. In der Versammlung wieder auftretend, verlangt dann der Schamane von allen Anwesenden, daß sie ihre Tabubrüche öffentlich bekennen, um Sedna zufriedenzustellen (Rasmussen, Iglulik, S. 123 ff.). Sedna ist also auch eine rächend und strafend eingreifende Gottheit, die über der Aufrechterhaltung der gesetzten Ordnung wacht.

Nach einer anderen – allerdings nur einmal belegten – Version muß der Schamane versuchen, Sedna die Finger abzuschlagen, worauf dann die von den Menschen so dringend gewünschten Seetiere freigelassen werden (LYON bei Boas, S. 585). Hier wird also der mythische Urzeitvorgang im Kult wiederholt, und zwar nicht wie wir es aus den pflanzerischen Kulturen kennen, von der Gemeinschaft, sondern von dem Schamanen allein als ihrem Exponenten, während die Gemeinschaft die »Aufführung« quasi als Auditorium miterlebt.

Neben der Sedna bestehen noch Vorstellungen von anderen göttlichen Wesen, die sie bei manchen Eskimogruppen sogar an Bedeutung überragen. Bei den Zentraleskimo allerdings ist sie bei weitem die wichtigste Gestalt, und die anderen göttlichen Gestalten scheinen zuweilen geradezu in ihrem Auftrag zu handeln, ohne ihr indessen ausdrücklich untergeordnet zu sein (Rasmussen, S. 62).

Diese Angaben mögen genügen, um einen Eindruck von dieser eigenartigen Gottesvorstellung zu vermitteln, die sehr markante Züge, die wir nach dem Befund in anderen Gebieten ganz verschiedenen Kulturschichten zurechnen müssen, in sich vereinigt. Vor allem weist sie spezifische Eigentümlichkeiten der Dema-Gottheiten auf, obwohl sie ihre hervorstechendsten Merkmale mit dem Herrn der Tiere gemeinsam hat.

Befremdend ist ein weiterer Wesenszug, der in dem Verhältnis der Menschen zu ihr zum Ausdruck kommt, wie schon aus ihrem Namen »die Schreckliche dort unten« hervorgeht. Dies wird noch deutlicher in einer Zeremonie, die Boas (S. 604) berichtet: Zur Zeit der Herbststürme, wenn die Natur in Aufruhr ist, muß Sedna durch besonders befähigte Schamanen »vertrieben« werden. Sie wird zunächst durch Gesänge herbeigelockt, und die Anwesenden glauben, daß sie aus ihrem Reich unter dem Meer durch die Felsen bis unter den Boden der Hütte emporsteigt und dort durch den Schamanen wie ein Seehund harpuniert und auf diese Weise vertrieben wird. Den gleichen Mangel an Ehrfurcht offenbart ein Bericht von Rasmussen (S. 100 f.): Sedna pflegt zuweilen aus Zorn über Tabubrüche den

Missetäter oder auch einen seiner Verwandten zu sich in die Tiefe zu holen. Es gibt Fälle, in denen ein mächtiger Schamane diese Opfer wieder ins irdische Leben zurückholen kann, und zwar muß er dabei Sedna, wenn sie ihren Raub nicht gutwillig freigibt, bedrohen und sogar verprügeln, bis sie nachgibt.

Dieses befremdende Verhältnis zwischen Mensch und Gottheit ist völlig verschieden von allem, was wir bisher aufführten. Es erinnert jedoch sehr lebhaft an viele Erzählungen, die wir aus pflanzerischen Kulturen kennen, in denen ein ganz ähnliches Verhältnis zwischen Menschen und einer Art von Tiergeistern geschildert wird, die über das Jagdglück verfügen und denen der Mensch den »Zauber« nicht selten mit ähnlichen Methoden abgewinnt. In diesen Tiergeistern hatten wir Survivalgestalten des Herrn der Tiere gesehen. Manche Berichte erwecken den Anschein, als ob auch bei der Sedna gewisse Anzeichen für diese Degenerierung zum Tiergeist bereits festzustellen seien. Vielleicht ist es zu sehr verallgemeinert, wenn wir folgendes sagen: Schon die Tatsache, daß Kulthandlungen ausschließlich in den Händen von berufenen Schamanen liegen, ist ein Kennzeichen für gewisse Degenerationstendenzen; denn der Schamane ist seinem Wesen nach ein Heilbringer oder ein Heilsvermittler. Ohne diesen »Nutzen« bedarf es nicht seiner besonderen psychischen Fähigkeiten, die im Rahmen rein religiöser Zeremonien von den Naturvölkern oft als störend empfunden werden (vgl. Kap. XI).

Wenn unsere Ansicht richtig ist, daß die Vorstellungen vom göttlichen Herrn der Tiere und von einer Dema-Gottheit ihrem Ursprunge nach aus ganz verschiedenen Quellen stammen und wenn es ferner richtig ist, daß Sedna ihrem vorherrschenden Wesen nach zum Bereich der Herren der Tiere gehört, aber doch deutliche Züge von einer Dema-Gottheit hat, so erhebt sich die Frage, wie diese Doppelgesichtigkeit der Sedna entstanden ist. Für die Beantwortung ergeben sich grundsätzlich drei Möglichkeiten: 1. Die dema-haften Züge – vor allem in der Mythe von der Entstehung der Seetiere – sind eine einmalige geistige Schöpfung der Eskimo ohne Zusammenhang mit irgendwelchen Erscheinungen bei anderen Völkern. 2. Sie sind bei den Eskimo oder in einer ihnen verwandten Kulturschicht erstmalig gestaltet und aus dieser Schicht in die vermutlich jüngere Pflanzerschicht übernommen worden. Oder 3. Dieser Prozeß war umgekehrt: Sie sind bei irgendwelchen altertümlichen

Völkern der Pflanzer erstmalig entstanden und von den Eskimo als ein Fremdgut übernommen worden.

Eine schlüssige Entscheidung zugunsten einer der drei Möglichkeiten wird sich – wie meistens in diesen schwierigen kulturgeschichtlichen Fragen – schwerlich treffen lassen. Die erste von ihnen wird man als Möglichkeit wohl immer gelten lassen müssen. Von den anderen beiden scheint mir die Wahrscheinlichkeit unbedingt für die dritte zu sprechen. Das mythische Motiv der Entstehung von Pflanzen aus den Körpern von getöteten Gottheiten ist bei Pflanzervölkern nicht nur weltweit verbreitet, es ist auch von einer erschütternden religiösen Verbindlichkeit in den Tötungskulten der betreffenden Völker. Die Entstehung von Tieren wird aber nur ganz vereinzelt auf diese mythische Weise begründet, und es fehlt bei diesen wenigen Völkern die Bezugnahme auf das Motiv in den kultischen Handlungen. Es scheint mir deshalb so, als ob gerade bei den Eskimo irgendein früher Kontakt mit Pflanzervölkern stattgefunden hat, dem die Gestalt der Sedna ihre dema-haften Züge verdankt. Aber das bleibt naturgemäß nur eine mögliche Erklärung.

Auf ein Einzelmotiv der Sedna-Mythe möchten wir hier noch kurz zurückkommen, weil es möglicherweise ein Licht auf eine eigenartige Sitte wirft, die in Amerika sporadisch verbreitet ist. Wie erwähnt, kann Sedna sich nicht selbst von den Unreinheiten in ihren Haaren befreien, weil sie keine Finger hat. Es besteht nun bei einzelnen Völkern in Nord- und Südamerika bei bestimmten Anlässen ein Verbot, sich mit den eigenen Händen den Kopf zu kratzen. Bei den *Hupa* in Kalifornien zum Beispiel gilt es für die Mädchen bei der ersten Menstruation (Pliny Earle Goddard, S. 53), ebenso bei den *Taulipang,* bei denen diese Vorschrift außerdem auch bei einem Todesfall für die Hinterbliebenen besteht (Theodor Koch-Grünberg, Bd. 3, S. 130, 168). Bei den benachbarten *Macuschi* dürfen Eltern in der ersten Zeit nach der Geburt eines Kindes sich weder am Kopf noch am Körper kratzen (Schomburgk bei Koch-Grünberg, Bd. 3, S. 130). In allen Fällen verwendet man statt dessen geeignete Instrumente. Bei Koch-Grünberg wurde das Verbot damit begründet, daß sich die davon Betroffenen in einem Zustand der Unreinheit befänden, was außerdem auch in verschiedenen anderen Bräuchen bei diesen Anlässen zum Ausdruck kommt.

Wenn wir nun unterstellen, daß die Sedna-Mythe einst weiter verbreitet war als wir heute feststellen können, ließe sich die unverständliche Sitte als ein Wiederholungsritus erklären. In den Grenzsituationen des Lebens besinnt sich der Mensch – hier insbesondere die Frau – auf ihre Wesensbeziehung zur Gottheit und spielt deren Rolle.

Man wird um so mehr verleitet, hier einen Zusammenhang zu vermuten, als gerade jene Vorstellungen von der Unreinheit der Frauen in bestimmten Lebensphasen in der Sedna-Mythe von Wichtigkeit sind: In der Zeit nach einer Geburt und während der Menstruation gilt der Zustand der Frau auch bei den Eskimo als unrein und gefährlich. Die Unreinheit geht wie eine Art unsichtbarer Dampf oder Rauch von ihr aus und vertreibt die Jagdtiere. Wenn sie in dieser Zeit Tabubrüche begeht – und das ist bei den zahllosen Vorschriften, denen die Eskimofrauen unterliegen, kaum zu vermeiden (vgl. Rasmussen, Iglulik, S. 132–141) – so sammelt sich dieser Dampf als Unreinheit in Sednas Haaren (Rasmussen, S. 173). Die Unreinheit der Frau in bestimmten Zuständen und die Unreinheiten, die Sedna plagen, sind also von gleicher Art, und dies läßt für die fragliche Sitte, soweit sie bei der Menstruation und nach einer Geburt vorgeschrieben ist, eine weitere Bezogenheit auf die Mythe vermuten.

Wir möchten mit dieser Deutung nicht mehr sagen, als daß sich in der Sedna-Mythe ein Sinn für jene merkwürdige Sitte anbietet. Sie mag auch in ganz andersartigen Vorstellungen begründet sein, jedenfalls aber muß sie ursprünglich in einer ähnlich sinnvollen Verbindung zu einer mythischen Wahrheit gestanden haben.

Kapitel VII
Sozialordnung und Totemismus in ihrer religiösen
Gebundenheit

In der religionswissenschaftlichen Literatur nehmen die Betrachtungen über den sogenannten Totemismus einen breiten Raum ein. Am ausführlichsten hat sich JAMES GEORGE FRAZER (Exogamy) mit dieser Erscheinung befaßt. Viel bekannter jedoch wurde die Theorie von SIGMUND FREUD, die mit Recht in der Ethnologie von vornherein auf die entschiedenste Ablehnung stieß, weil ohne Sachkenntnis dem Material eine Deutung unterlegt wurde, in der alle einzelnen Teile zwar vorzüglich zueinander passen, hingegen in den seltensten Fällen mit den bekannten Tatsachen übereinstimmen. Aber auch Ethnologen, die sehr viel mehr von der Sache verstanden, sind in ihren theoretischen Ausdeutungen totemistischer Erscheinungen nicht gerade zurückhaltend gewesen. Mehrere Forscher wollen jedenfalls in ihnen die älteste menschliche Religionsform sehen. Nach ÉMILE DURKHEIM war der Totemismus der Antrieb zur Bildung der menschlichen Gesellschaft, und diese war dem frühen Menschen so wichtig, daß er die Gesellschaft selbst zum Gott erhob.

Auch A. R. RADCLIFFE-BROWN (S. 33 ff.) hat in einem Vortrag das Wesen der Religion aus den sozialen Funktionen heraus erklären wollen, die einen positiven und wichtigen Faktor für die Entwicklung des Menschengeschlechtes dargestellt hätten, und zwar ganz unabhängig von der Frage nach der Wahrheit oder des Irrtums in den religiösen Inhalten. *»There is no doubt that the history of religions has been in great part a history of error and illusion.*[*] In all ages men have hoped that by the proper performance of religious actions or observances they would obtain some specific benefit: health and long life, children to carry on their line, material well-being, success in hunting, rain, the growth of crops and the multiplication of cattle, victory in war, admission of their souls after death to a paradise, or inversely, release by the extinction of personality from the round of reincarnation.« Er hält es mit Recht für sehr schwierig

[*] Von mir hervorgehoben.

für die wissenschaftliche Betrachtung, etwas darüber auszusagen, wie es in der Menschheitsgeschichte zur Formulierung und Annahme dieser Glaubensinhalte hat kommen können. Die Schwierigkeit dieser Frage – die meines Erachtens eben eine falsch gestellte Frage ist – glaubt er umgehen zu können, indem er das Wesen der Religion auf eine andere Ebene verschiebt und in ihr einen wichtigen Teil der »sozialen Maschinerie« sieht, durch die das Zusammenleben der Menschen geregelt wird.

Jedoch sehen wir es auch in diesem Teil unserer Darlegungen nicht als unsere Aufgabe an, eine Darstellung des Materials und der daraus erschlossenen Theorien zu geben. Wir beschränken uns im wesentlichen auf die Frage, ob es sinnvoll ist, die Erscheinung des Totemismus als eine besondere Religionsform anzusehen. Dabei müssen wir uns mit dem möglicherweise ursprünglichen Sinn von zwei grundlegenden Merkmalen der totemistischen Formen, nämlich der Exogamie und der unilateralen Abstammungsrechnung, beschäftigen.

Ausgangspunkt aller Betrachtungen über den Totemismus bildet nämlich eine soziologische Erscheinung, die mit kleinen Variationen bei zahlreichen Völkern über die ganze Erde hin in ähnlichen Formen festgestellt wurde: Völker oder Stämme sind in Clanverbände unterteilt, deren Mitglieder sich untereinander als Verwandte ansehen, obgleich von naher Blutsverwandtschaft in uns geläufigem Sinn keine Rede sein kann. Jeder Verband führt einen eigenen Namen, der der natürlichen Umwelt entnommen ist, wobei Tiernamen bei weitem überwiegen. Mit diesem Tier (bzw. mit der Naturspezies, nach der die Gruppe sich nennt) fühlen sich die Clanmitglieder ebenfalls verwandt. Im besonderen betrachten sie es als ihren Ahnherrn oder glauben, daß ihr anthropomorpher Clanbegründer sich in dieses Tier verwandelt habe oder daß er mit einem Tier dieser Gattung irgendein besonderes Erlebnis hatte, aus dem sie die innige Beziehung zwischen ihm bzw. seinen Nachkommen und dem Tier ableiten. Die *Bororo* (Brasilien), die als ganzer Stamm in einer solchen Beziehung zu einer bestimmten Papageienart, den Araras, stehen (Stammestotemismus), sagten sogar zu KARL VON DEN STEINEN (S. 352, 512): Wir [das heißt die lebenden Bororo selbst] *sind* rote Araras. Ebenso *sind* die roten Araras Bororo. Fleisch von einem solchen Tier darf meist von den Clanangehörigen nicht gegessen werden.

Als weiterer wichtiger Zug des Totemismus gilt das Heiratsverbot innerhalb des Clans. Die verschiedenen Clane eines Stammes sind also exogam. Der Ehepartner muß aus einem anderen, manchmal aus ganz bestimmten anderen Clanen genommen werden. Die Zugehörigkeit des Individuums zu einem Clan ist meist erblich geregelt in der Form, daß entweder alle Kinder zum Clan der Mutter (matrilinear) oder zu dem des Vaters (patrilinear) gehören; vereinzelt kommt es auch vor, daß Knaben zum Clan des Vaters, Mädchen zu dem der Mutter gehören.

Dieser soziologische Tatbestand bietet mit kleinen Abwandlungen fast ausschließlich das Material, auf dem die meisten theoretischen Betrachtungen über die totemistische Gesellschaftsordnung aufgebaut sind. Und hier setzt unser hauptsächliches Bedenken gegen solche Theorien ein. Niemand wird behaupten, daß wir diese soziologische Erscheinung ohne weiteres »verstehen«. Daß sich Menschen mit Tieren verwandt fühlen, daß sich Angehörige einer Gruppe untereinander als verwandt bezeichnen, ohne daß eine Blutsverwandtschaft im engeren Sinne besteht, daß die Heirat innerhalb dieser Gruppe verboten ist, während man andererseits ohne Bedenken eine nahe Blutsverwandte heiraten darf, wenn sie nur einem anderen Clan angehört, das alles sind Tatbestände, zu denen wir keinen selbstverständlichen Zugang haben. Nun wollen zwar auch jene Theorien die fremdartigen Erscheinungen erklären, aber gerade gegen jene Erklärungsversuche richtet sich unsere Kritik. Der allgemein vorgefundene Zustand, in dem uns der Totemismus entgegentritt, zeigt uns ein erstarrtes Endprodukt, das als solches überhaupt nicht verstehbar ist. Es wird auch von den Eingeborenen selbst nicht mehr verstanden. Über die Erkenntnis, die zur Entstehung dieser sonderbaren Kulturerscheinungen geführt hat, vermögen sie nichts auszusagen. Bestenfalls werden uns märchenhafte Erzählungen über Urahnen berichtet, in denen diese sich aus recht zufällig anmutenden Motiven in das Totemtier verwandeln. Soll es aber überhaupt gelingen, diese Erscheinung zu verstehen, so müßten uns ursprünglichere Formen zugänglich sein, die uns etwas über den Sinn der Erscheinung auszusagen vermögen.

1. Dual- und Clan-Organisation

Für unsere Betrachtungsweise kommt uns auch hier wieder eine neuere Arbeit von HELMUT PETRI zu Hilfe, die das Problem des Totemismus in ein ganz anderes Licht gerückt hat (Kult-Totemismus, S. 44 ff.). Petri behandelt darin den Kult-Totemismus in Australien. Das Material und die Gedanken dieser Arbeit bilden die hauptsächliche Grundlage für die folgende kurze Betrachtung über den Totemismus. Australien gilt neben Nordamerika als ein Land besonders ausgeprägter totemistischer Formen. Das Entscheidende für eine Betrachtung, die auf das Verstehen dieser Erscheinungen gerichtet ist, liegt vor allem darin, daß Petri auf Material hingewiesen hat, das viel echtere und ursprünglichere Formen zeigt als die oben beschriebenen, in erstarrten soziologischen Gestaltungen erhaltenen Spätformen.

Aus diesem Material ergibt sich deutlich, daß die totemistischen Ahnen der Australier, zu denen die bereits behandelten Wondjina gehören, in dem ganzen Umfange, den wir oben (Kap. IV, 2) gekennzeichnet haben, als *Dema*-Gottheiten anzusprechen sind. Sie sind, ebenso wie die Dema-Gottheiten in anderen Gebieten und anderen Kulturschichten, überwiegend von anthropomorpher Gestalt. Aber sie sind auch ebenso wie andere Dema gleichzeitig Tier. Ihre äußere Gestalt liegt also noch nicht fest; denn damals in der Urzeit waren Menschen noch Tiere und Tiere waren noch Menschen, und sie konnten wechselweise beide Erscheinungsformen annehmen. Dies ist ein wichtiges und immer wiederkehrendes Merkmal der Dema-Gottheiten, das wir gerade auch für die nordwestaustralischen *Wondjina*-Dema hervorgehoben haben (vgl. Kap. V, 1).

Die soziologischen Formen aber, die die frühe Menschheit verbindlich für sich gestaltet hat, spiegeln, wie oben (Kap. I, 5) ausgeführt, nur eine der Reaktionen wider, mit denen der Mensch eine als göttlich erkannte Ordnung der Welt auf seine eigenen Lebensordnungen übertrug. Weitere Reaktionen von gleicher Art sind alle religiösen Kulthandlungen; auch sie entspringen einem nachschöpferischen Verhalten gegenüber göttlichen Urzeittaten. Wie weitgehend die soziologischen mit den kultischen Reaktionen identisch sind, läßt sich am greifbarsten an den sogenannten Dual-Organisationen zeigen: Von den bereits erwähnten *Apinayé* in Ostbrasilien berichtet CURT NIMU-

ENDAJU (S. 158 ff.) beispielsweise eine Mythe, in der Sonne und Mond in der Urzeit als menschengestaltige Wesen auf der Erde wandeln. Die einzelnen Phasen der Erzählung erinnern außerordentlich an die in Amerika weit verbreitete Zwillingsmythe, in der der ältere Bruder der Geschickte und Fähige, der jüngere der tollpatschige Dummkopf ist. Diese Zwillinge werden ebenfalls sehr oft mit Sonne und Mond liiert. In dem hier behandelten Beispiel ist Sonne der Überlegene, der mit allerlei Tricks Mond hereinlegt. Schließlich läßt sowohl Sonne wie Mond je eine Gruppe von Menschen, die Vorfahren der Apinayé, entstehen, und zwar an zwei verschiedenen Stellen eines Flußlaufes. Die beiden verschiedenen Arten von Menschen werden dann in einem gemeinsamen kreisrunden Dorf angesiedelt, das aber im Hinblick auf die ursprüngliche Zweiteilung in zwei Hälften zerfällt: die der Sonnenmenschen auf der Nordseite, die der Mondmenschen auf der Südseite. In diese beiden Gruppen teilen die Apinayé sich noch heute und siedeln in den beiden Dorfhälften getrennt mit einem gemeinsamen Häuptling, der immer der Sonnengruppe entstammt.

Einige der Episoden der Mythe, in denen Mond von Sonne überlistet wird, kehren in den Zeremonien wieder. So fordert Sonne seinen Partner auf, eine Frucht von einem Baum zu holen, von der er weiß, daß es ein Wespennest ist, und Mond wird elendig zerstochen. Eine Szene in einer mit dem Feldbau in Verbindung stehenden Zeremonie nimmt offensichtlich darauf Bezug: Die Mitglieder der Sonnenhälfte tanzen bei diesem Anlaß mit roter Bemalung. Ein Tänzer aus der Mondhälfte hat das Gesicht schwarz bemalt und läuft in die Steppe, um ein Wespennest von einem Baum herunter zu schlagen, wobei er natürlich heftig zerstochen wird.

An einem Beispiel, das als eines für zahlreiche andere steht, sollte nur gezeigt werden, daß die menschlichen Verhaltensweisen, wie sie sich einerseits in dem Dual-System und im Zusammenhang mit diesem auch in weiteren Einzelheiten, wie zum Beispiel in der Dorfanlage, andererseits in den dramatischen Darstellungen der Zeremonien zeigen, im Prinzip die gleichen sind. Es ist in beiden Fällen die gleiche Grundhaltung gegenüber mythischen Urzeitbeschreibungen. Sonne und Mond sind in diesem Fall die Ahnen der beiden Gruppen. Bei den zur selben Stammesgruppe der *Timbira* gehörenden *Canella* gibt es sogar heute noch eine ganze Anzahl von nebeneinander bestehenden Dual-Systemen (Nimuendaju, Eastern Timbira, S. 79ff.), von denen die exogamen Stammeshälften in der Ost- und Westhälfte des Dorfes getrennt siedeln. Wie bei vielen Völkern mit solchen auf die Polarität der Welt bezogenen Ordnungen ist darüber hinaus die ganze Natur zweigeteilt, so daß zu der einen Gruppe Osten, Sonne, Tag, Trockenzeit, Feuer, Erde, rot, alle roten Pflanzen und Tiere, Mais und Maniok gehören und entsprechend zu der entgegengesetzten Westen, Mond, Nacht, Regenzeit, Feuerholz, Wasser, schwarz, alle schwarzen Pflanzen und Tiere, Süßkartoffeln und Kürbis (S. 84).

Wenn nun die Urzeit-Dema – wie es für die weitaus größere Zahl der Fälle tatsächlich zutrifft – außer in anthropomorpher Gestalt auch theriomorph auftreten, so ist es selbstverständlich, daß die dazu gehörige Menschengruppe auch zu diesem Tier in verwandtschaftlichen Beziehungen steht. Wenn also überhaupt unter den zahlreichen Formen, in denen der Mensch das göttliche Dema-Wirken wiederholt, auch solche soziologischer Art sind, so sollte dieser Bezug auf die mythischen Vorbilder für die religionswissenschaftliche Betrachtung die allein wichtige Tatsache sein. Ob die Stammeshälften oder Clane sich dabei auch ausdrücklich nach einem Tier oder einer anderen Naturspezies benennen oder nicht, ist im Hinblick auf die entscheidenden Beziehungen zwischen Dema-Gottheit und Mensch völlig belanglos. In der weit überwiegenden Zahl der Fälle wird der Tiercharakter der Dema sogar auch dann vorhanden und belegbar sein, wenn die Klassen und Clane dies nicht ausdrücklich in ihrem Namen hervorheben.

Ein typisches Pflanzervolk wie die *Marind-anim* an der Südküste von Holländisch Neuguinea, bei dem das mythische Weltbild dieser Kulturschicht besonders lebendig überliefert ist, zerfällt beispielsweise in eine Anzahl von Clanen, die sich auf die mit Namen bekannten Dema-Gottheiten zurückführen. So gibt es einen bedeutenden Dema, namens Geb, der in der Urzeit die Banane erstmalig entstehen läßt. Deshalb ist er der Bananen-Dema. Die Mythe erzählt von ihm, daß er häßlich und stachelig aussah, weil sein Körper ganz mit Seepocken überzogen war. Er lebte in einem Ameisen-Hügel und ging später als Mond an den Himmel (Paul Wirz, Bd. 2, S. 43ff.). Unter den heute lebenden Marind-anim gibt es einen totemistischen Clan, der sich von diesem Dema Geb als seinem Ahnherrn ableitet. Die Mitglieder nennen sich nicht nach einem Tier, sondern nach dem Dema

(*Geb-ze*) und fühlen sich mit allen Naturspezies durch gemeinsame Kräfte verbunden, die in der Mythe von Geb vorkommen, also mit der Banane, dem Mond, den Seepocken, Termitenhügeln und Ameisen (Wirz, Bd. 2, S. 49), eine Zusammenstellung von totemistischen Beziehungen, die ohne Kenntnis der Mythe unverständlich bleiben müßte. Diese verwandtschaftliche Bindung an den Urzeit-Dema äußert sich natürlich nicht nur in der Sozialordnung und in den totemistischen Beziehungen zu den in der Mythe erwähnten Naturspezies, sondern mit dem gleichen Sinn in verschiedenen Kulthandlungen.

Clan-Ordnungen und Dual-Systeme und zugleich die meist mit ihnen verbundene Exogamie und unilaterale Verwandtschaftsrechnung hängen dem inneren Sinn nach auf das engste zusammen. Wir werden auf das chronologische Verhältnis der beiden zueinander noch zu sprechen kommen. Beide werden jedenfalls – sofern es sich um echte und lebendige Verhältnisse und nicht um bereits völlig erstarrte Sozialordnungen handelt – mythisch auf demahafte Gottheiten als die Begründer der Gruppe zurückgeführt, und alles, was die Mythe über den Dema zu berichten weiß, ist für die menschlichen Mitglieder der Gruppe von Wichtigkeit. Die sogenannten totemistischen Beziehungen sind also nur ein Teil sehr vielseitiger Zusammenhänge, die wie in vielen anderen kulturellen Gestaltungen so auch in den Sozialordnungen ihren Niederschlag gefunden haben.

Nun kennen wir natürlich sehr viele kultische Wiederholungen von Urzeitvorgängen, ohne daß die Sozialordnung der Menschen im geringsten davon berührt wird. Es ist also von kulturgeschichtlich größter Bedeutung, in welcher Epoche seiner Geschichte der Mensch die Ausgestaltung der Sozialordnung nach den mythischen Gegebenheiten und insbesondere die beiden Grundideen der unilateralen Abstammungsrechnung und der Exogamievorschrift sozusagen entdeckt hat.

Die Exogamie beispielsweise ist schwerlich aus totemistischen oder aus ähnlichen Ideen von der Abstammung des Menschen von göttlichen Urzeitwesen abzuleiten. Im Gegenteil: Es müßte doch eine viel natürlichere Auffassung sein, den Ehepartner nach dem gleichen Totem auszusuchen. Sehr viel besser läßt sich die Idee der Exogamie aus den Dual-Systemen verstehen, die ja meistens exogam sind. Ihnen liegt eine Auffassung von der polaren Beschaffenheit der Welt zugrunde, von den aus der Wirklichkeit nicht fortzudenkenden Gegensätzen von Tag und

Nacht, Mann und Frau, rechts und links, oben und unten. Echte Polarität aber strebt nach Vereinigung, wie die geschlechtlichen Pole in der organischen Natur. Zu den Dual-Systemen paßt ihrem Wesen nach die Exogamie. Darum vermute ich in ihr die älteste Form solcher Sozialordnungen, während mir die Ordnungen mit einer Vielzahl von exogamen Clanen spätere Entwicklungen und Übertragungen zu sein scheinen, gleichsam Variationen über eine Grundidee, wie wir das auch für die Vielzahl einander ähnlicher Dema-Gestalten als möglich dargestellt haben.

Wie bei der Entstehung und Gestaltung jedes Kultes, bedurfte es naturgemäß auch bei der Entstehung dieser eigentümlichen sozialen Ordnungen eines besonderen schöpferischen Aktes des menschlichen Geistes. Wenn dieser aber einmal stattgefunden hatte, so waren die darin gestalteten Bindungen zwischen menschlicher und göttlicher Ordnung das allein Entscheidende. Wie wir gesehen hatten, sind die dazu gehörigen Dema-Gottheiten meist auch theriomorph. Ob diese Tatsache nun in der Bindung hervorgehoben wird – dann würde es sich nach der allgemeinen Auffassung um totemistische Ordnungen handeln – oder nicht, wie bei den sogenannten nicht-totemistischen Verbänden, ist bei der Frage nach dem Sinn dieser sozialen Ordnung ziemlich belanglos. Weil dem Hinweis auf das Tier aber keinerlei hervorgehobene Wichtigkeit gegenüber den anderen Bezügen zukommt, ist es sinnlos, die »nicht-totemistischen« von den »totemistischen« Clan- oder Klassensystemen zu unterscheiden. Meistens wird es von Zufälligkeiten abhängen, ob das eine oder das andere mehr oder weniger betont ist. Mit anderen Worten: Der sogenannte Totemismus umfaßt nur eine Gruppe von sehr zahlreichen Beziehungen zwischen den lebenden Menschen und ihren göttlichen Urahnen, und nichts spricht dafür, daß den sogenannten totemistischen Beziehungen dabei besonderer und für sich allein bestehender Wert zukommt.

Um diese Auffassung von der sogenannten totemistischen Sozialordnung noch an einem anderen Beispiel zu erläutern, beziehe ich mich auf eine Arbeit von JOSEF HAEKEL, einem Mitarbeiter der von WILHELM SCHMIDT begründeten »Wiener Schule«, über Zweiklassensysteme und Totemismus bei den *Sioux*-Indianern in Nordamerika. Für den Verfasser ist der Totemismus ein »organisches Ganzes«, das heißt, die darin eingeschlossenen Mensch-Tier-Beziehungen und die exogame

Clan-Verfassung gehören untrennbar zusammen. Diese Aussage ist aber nur eine Behauptung; denn in der ganzen, sonst sehr wertvollen Arbeit findet sich kein Versuch, diese organische Ganzheit zu »verstehen«. Eine komplexe Erscheinung wie den sozialen Totemismus kann man aber nur dann als organische Ganzheit bezeichnen, wenn auch für unser Verständnis die einzelnen Teile sinnvoll aufeinander bezogen sind. Genauso gut hätte der Autor annehmen können, daß die Dual-Organisation mit dem Totemismus zusammen ein organisches Ganzes bilde. Diese Behauptung wäre zum mindesten im Hinblick auf die meisten Sioux-Stämme viel berechtigter; denn tatsächlich zerfallen die Stammeshälften in einzelne totemistische Clane und beide sind als *eine* organische Sozialordnung auch für unser Verständnis durchaus begreifbar. Die Dual-Klassen aber sollen nach Haekel – entsprechend der bekannten Theorie der »Wiener Schule« – ursprünglich gar nichts mit den totemistischen Clanen zu tun gehabt haben. Beide sollen aus zwei verschiedenen Kulturschichten übernommen worden sein.

Nun zeigt gerade das Material über die Sioux, wie primär die Dual-Organisation mit den Grundelementen dieser Sozialordnung, nämlich mit der Exogamie und der unilateralen Abstammungsrechnung, zusammenhängt. Die Polarität der beiden Hälften wird vorwiegend durch die Gegensatzpaare: männlich-weiblich, Himmel-Erde, rechts-links ausgedrückt. Himmel wird männlich, Erde weiblich gedacht. Die »Verbindung der beiden Kräfte« wird als notwendig bezeichnet, so wie das erste Leben auf die Vereinigung zwischen dem männlichen Himmel und der weiblichen Erde zurückgeht (S. 797, 801). Kann die Exogamie uberhaupt sinnvoller begründet werden als durch diese Angabe, daß Männliches und Weibliches zwei Pole dieser Welt sind, deren Vereinigung für die Fortsetzung des Lebens notwendig ist? Wenn die Menschen sich analog dieser von der Gottheit gewollten Ordnung der Welt in zwei polare Gruppen einteilen, von denen die eine männlich, die andere weiblich ist, so ist die Exogamie die ganz natürliche Konsequenz eines solchen Verhaltens.

Wenn aber zwei exogame Gruppen existieren, so ist die unilaterale Abstammungsrechnung eine ebenso natürliche Konsequenz; denn der neugeborene Mensch muß ja zu einer der beiden Gruppen gehören, und da Vater und Mutter stets den entgegengesetzten angehören, so kann das Kind immer nur entweder zu der mütterlichen oder zu der väterlichen gehören. »Tertium non datur« (WILHELM MÜHLMANN, S. 177). Beide Lösungen finden sich annähernd gleich häufig und haben infolgedessen weder mit einem ursprünglichen Mutterrecht noch mit einem Vaterrecht etwas zu tun.

Die beiden grundlegenden Merkmale der Clan-Verfassung, die Exogamie und die unilaterale Abstammung, finden also ihre sinnvollste Erklärung in der Dual-Verfassung als Angleichung des Menschen an eine als göttlich erkannte polare Ordnung in der Welt. Die größere Wahrscheinlichkeit spricht – wenn dies richtig ist – unbedingt für das höhere Alter der Dichotomien und für eine sekundäre Entwicklung der Clane als Unterabteilungen der Zweiklassen. Die Exogamie würde sich dann ebenfalls erst später von den Stammeshälften auf die Clane verlagert haben.

Gegen diese Hypothese ist in neueren Arbeiten Stellung genommen worden. So schreibt ERHARD SCHLESIER (S. 115 f.) dazu: »Wenn überhaupt die eine Form aus der anderen abzuleiten ist, ... dann ist *sicher*[*] der Clan die erste und früheste unilaterale Gruppe gewesen.« Woher er das so »sicher« weiß, ist aus der Arbeit nicht zu erfahren. Haekel (Mutterrecht, S. 313) glaubt ebenfalls meine Ansicht als psychologisierenden und simplifizierenden Erklärungsversuch ablehnen zu müssen, weil sich »meist nicht erweisen [läßt], daß die Clans auf einstige exogame Dual-Gruppen zurückgingen«. Ich frage dagegen, ob es »erwiesen« sei, »daß als Voraussetzung für die Ausbildung von Dual-Systemen ... das Vorhandensein einer bereits bestehenden Clan-Organisation als maßgebend« angesehen werden muß? Nach meiner Meinung ist vorläufig noch gar nichts erwiesen, weder das eine noch das andere, und es können und müssen Gründe sowohl für die eine wie für die andere Lösung vorgetragen und gegeneinander abgewogen werden.

Eine dritte Lösungsmöglichkeit – und daran scheint Schlesier zu denken – wäre die, daß beide Komplexe – Dual-Systeme und Clan-Ordnung – gar nichts miteinander zu tun haben. Man muß natürlich auch diese Möglichkeit ins Auge fassen, besonders, wenn man auf dem Standpunkt steht, daß die Clane an jedem Ort der Erde unabhängig und jeweils neu entstanden sein können, wie Schlesier es in Anlehnung an HERMANN BAUMANN

---

[*] Von mir hervorgehoben.

tut. Das berührt den alten Streit zwischen Diffusionisten und Parallelisten. Von beiden Seiten sind genügend Argumente zur Stützung der eigenen Meinung vorgebracht worden, ohne daß die eine Seite die andere zu überzeugen vermochte. Ich persönlich stehe auf der Seite der Diffusionisten und gestehe, daß ich es mir schwerlich vorstellen kann, wie Clane – und noch viel stärker gilt dies für die Dichotomien – bei ihrer weitgehenden Übereinstimmung in allen Erdteilen zweimal oder gar hundertmal neu und unabhängig voneinander entstanden sein sollen.

Über die amerikanischen Verhältnisse hat Ronald L. Olson eine umfangreiche Untersuchung angestellt. Auch er kommt zu der Überzeugung, daß wenigstens in Amerika den Zweiklassen die Priorität gegenüber den Clanen zukommt, obgleich beide Einrichtungen in Nordamerika zwar gelegentlich auch für sich allein bestehen, überwiegend aber in enger Verschmelzung miteinander vorkommen (S. 405 ff.). In Afrika ist es merkwürdigerweise am spätesten zur Feststellung der Dual-Klassen gekommen. W. Koppers (S. 115) hatte noch 1944 angenommen, daß es im ganzen Erdteil Afrika keine Dichotomien gäbe. Ich selbst hatte in der ersten Auflage dieses Buches die Überzeugung ausgesprochen, »daß über die Dual-Systeme in Afrika noch nicht das letzte Wort gesprochen« sei. Diese Überzeugung ist nun inzwischen aufs schönste bestätigt worden. Zunächst erschien eine Arbeit von M. D. W. Jeffreys über ›Dual-Organization in Africa‹, in der er zwar zu wenig die jüngeren Formen von der echten alten Dichotomie trennt, aber doch sehr viel Literatur verarbeitet und damit erstmalig den schwarzen Erdteil mit Zweiklassensystemen in Verbindung bringt. Er vermutet für die Vorkommen von Dual-Organisationen entsprechend seiner Schulrichtung – den Ursprung im alten Ägypten.

Sodann hat Haekel das Thema der ›Dual-Systeme in Afrika‹ (1950) aufgegriffen. In der Hauptsache auf dem Material von Jeffreys fußend, kommt er zu der Auffassung, daß »Weiß-Afrika als Ausgangsgebiet der afrikanischen Dual-Systeme angesehen« werden muß (S. 23). Das würde bedeuten, daß wir in Afrika die Dichotomien einer völlig anderen Kulturschicht zurechnen müßten als in den übrigen Teilen der Erde. Auf der anderen Seite glaubt Haekel, daß in den meist exogamen Stammeshalbierungen in Nordostafrika »möglicherweise eine mehr ursprüngliche Prägung der Zweiklassen vorliegt und so der Anschluß an die Dual-Systeme anderer Erdgebiete ermöglicht wird«. (S. 24)

Gerade in Nordostafrika aber läßt sich das Material über Dichotomien beträchtlich vermehren (AD. E. JENSEN, Dual-Systeme). Vor allem habe ich das Material von zwei Expeditionen nach Südäthiopien auswerten können. Fast bei jedem der von uns besuchten Stämme fanden wir eine klare Dual-Ordnung. Durch alle diese Arbeiten stellt sich Afrika im Hinblick auf das Vorkommen der Dichotomien ganz ähnlich dar wie die anderen Erdteile. Zweifellos ist diese Sozialordnung sehr alt. Sie muß mit ihren ältesten Formen etwa an den Beginn oder in die erste Zeit des Neolithikums verlegt werden. In bezug auf Nordostafrika habe ich zwar die Meinung vertreten, daß sie der nilotischen Kultur – das würde heißen, einer mit Körnerfrucht und Rind verbundenen Wirtschaftsform – zuzuordnen sei (S. 752), aber es spricht doch auch manches dafür, daß sie bereits der pränilotischen Pflanzerkultur – mit Baum- und Knollenfrüchten – zugehört. Für Neuguinea hat CARL A. SCHMITZ (S. 404) in einer neuen Arbeit dargelegt, daß sie der altaustronesischen Kultur zuzurechnen ist, die aber eventuell auch mit einer voraustronesischen Schicht identisch sein könnte. Aber wie diese Frage sich auch jemals entscheidet – sicher ist die Kultur der Zweiklassensysteme vorhochkulturlich und in rein naturvölkischen Kulturen fest verankert.

Sehr schönes Material bieten im übrigen die Sioux für die von uns hier vertretene Auffassung, daß die Clan-Ordnung auf demahafte Urzeitwesen bezogen ist. Bei den Tiertotems wird ausdrücklich versichert, daß die Menschen einer Gruppe nicht mit den heute lebenden Tieren einer bestimmten Gattung verwandt sind, sondern mit einem Urzeitvertreter, von dem sowohl die Menschen wie jene Tiergattung abstammen – also von einer Dema-Gottheit –, die später zu diesem Tier wurde (Haekel, Totemismus, S. 501). Die Verstorbenen scheinen sich mit jener Gottheit wieder zu vereinigen, denn die Clane besitzen heilige Totengesänge und singen sie, damit der Verstorbene als Angehöriger des Clans erkannt wird, und aus demselben Grunde wird die Leiche in bestimmter Weise bemalt (S. 461, 490). Auch gehören ganz bestimmte Personennamen zu den jeweiligen Clanen, die ebenfalls auf die mythischen Urzeitwesen Bezug nehmen (S. 463, 493). Die Bestattungsformen sind für die Mitglieder der jeweiligen Stammeshälften verschieden, indem die Verstorbenen der auf den Himmel bezogenen Klasse auf Plattformen, die der Erdklasse in der Erde bestattet werden.

Es kann kaum ein geeigneteres Material als dieses über die Sioux geben, um zu zeigen, daß Clan-Verfassungen auf demahafte Urzeitwesen bezogen sind, die durchweg neben vielen anderen göttlichen Merkmalen auch Tiercharakter haben, und daß die Unterscheidung zwischen totemistischen und nichttotemistischen Clanen in keiner Weise das Wesentliche trifft. Exogamie und unilaterale Abstammung aber finden ihre sinnvollste Verankerung in den Dual-Systemen, während sie sich aus dem Totemismus selbst nicht ableiten lassen. Clan-Ordnungen mit diesen beiden Merkmalen sind deshalb sehr wahrscheinlich sekundäre Ableitungen aus der Dichotomie.

Gegen diese Auffassung vom Totemismus könnte eingewandt werden, daß es bei den sogenannten totemistischen Clanen eine Art von Ritus gibt, durch den sie sich von allen nichttotemistischen Clanen unterscheiden und die eben nur vom Totemismus als einer Sondererscheinung her zu verstehen ist, nämlich die sogenannten totemistischen Vermehrungszeremonien. Hierbei geht es angeblich nur um die Vermehrung einer bestimmten Spezies, und nur die Gruppe, die sich gerade mit dieser verbunden fühlt, kann die Zeremonie ausüben. Nun haben wir uns mit dem ursprünglichen Sinn der Vermehrungsriten bereits vorher befaßt (vgl. Kap. V, 1) und brauchen deshalb hier nur folgendes zu erwähnen: Das Material von Petri zeigt deutlich, daß der Kulttotemismus nicht nur Vermehrungsriten kennt, sondern daß eine Fülle von kultischen Verbindungen zwischen dem Individuum und seiner Gruppe einerseits und dem totemistischen Ahnen andererseits besteht. Wenn man allerdings die Vermehrungsriten als Zauberhandlungen deutet, die letztlich nur auf das Motiv zurückgehen, durch ein bestimmtes Tun mehr Nahrung zu gewinnen, so müßten wir das hier entwickelte Bild vom Totemismus fallen lassen. Das erscheint uns jedoch nicht gerechtfertigt, weil wir die Menschen, die solche bedeutungsvollen Zeremonien schufen, nicht für so töricht halten können, daß sie an die Erreichung solcher Ziele durch solche Mittel geglaubt haben könnten, auch dann nicht, wenn ihre heutigen Nachfahren die Ausübung dieser Kulte nur mit dem Satz zu begründen wissen »to make them plenty«. Man kann ja auch von Christen die Auskunft erhalten, die Einsegnung der Saat verursache eine reichliche Frucht. Nach unserer bereits dargelegten Auffassung (vgl. Kap. II, 1) sind Kulte ihrem Ursprung nach in erster Linie Darstellungen der mythisch erkannten Weltordnung. Über die australischen Dema-Gottheiten aber erfuhren wir, daß der auf sie bezogene zentrale mythische Gedanke auf die Frage nach der Entstehung neuen Lebens gerichtet ist. Die Urzeitgottheiten waren es, die die Geistkinder von Menschen, Tieren und Pflanzen hinterlassen haben oder neu hervorbringen. Der Kult findet an der Stätte ihres irdischen Wirkens statt und gilt im Ursprung nur der Besinnung darauf, daß göttliches Wirken die Entstehung neuen Lebens möglich gemacht hat. Dabei ist es nur natürlich, daß derjenige Dema, der zum Beispiel Känguruh war, auch Känguruh-Geistkinder hinterließ und daß für seinen Kult in besonderem Maße jene Menschengruppe zuständig ist, die selbst Känguruh »ist« und die von diesem Dema abstammt. Im übrigen aber sind, wie erwähnt, gerade diese vielen Spezialisierungen der Dema vermutlich gar nicht das Primäre, sondern Variationen der ursprünglich einzigen Melodie von einem großen Dema, der für alle Dinge in der Welt zuständig war (vgl. Kap. IV, 4). Dieselbe Idee von der Wichtigkeit des Totem-Ahnen für die heutige Entstehung neuen Lebens findet sich übrigens auch bei den Sioux, bei denen der Glaube herrscht, daß der menschliche Körper vom Totem her gemacht ist (Haekel, Totemismus, S. 494).

2. Mensch–Tier-Beziehungen im Proto-Totemismus

Das Thema des Totemismus kann nicht abgeschlossen werden, ohne noch eine damit eng verbundene Frage zu berühren. Wir haben bisher nur als ein feststehendes Merkmal der *Dema*-Gottheiten hervorgehoben, daß sie neben ihrer anthropomorphen Gestalt auch den Charakter und die Gestalt irgendeines Tieres haben. Sie stehen mit dieser Eigenschaft nicht allein. Viele Gottesvorstellungen der Menschen bis in die spätesten Hochkulturen hinein zeigen solche engen Verbindungen zwischen Gott und Tier. Das ist bestimmt im Wesen der Dema nicht mitgegeben; es brauchte durchaus nicht zu sein, ohne daß das über die Dema bisher Ausgesagte irgendeinen Schaden erlitte. Diese fast formelhaften Tierbeziehungen haben die Auffassungen vom Totemismus als einer wichtigen menschheitsgeschichtlichen Erscheinung in besonderem Maße gestützt, und man hat die Katze der Freya und die Wölfin in der Mythe von Romulus und Remus und viele andere solcher Gott–Tier-Beziehungen als totemistische Symptome gedeutet.

In dem bisherigen Gedankengang über den Totemismus haben wir die mit ihm verbundenen göttlichen Gestalten ausschließlich als Dema bezeichnet. Gerade der theriomorphe Charakter der Dema bedarf aber doch einer gesonderten Betrachtung, für die uns Material von Hermann Baumann über wildbeuterische Kulturerscheinungen in Afrika wichtige Aufschlüsse gibt. Der Verfasser hat dabei eine Fülle von wenig beachteten und sehr altertümlich anmutenden Erzählungen, Bräuchen und Vorstellungen im Auge, die durchweg die Beziehungen zwischen Mensch und Tier zum Gegenstand haben, und die er unter der Bezeichnung Proto-Totemismus zusammenfaßt (Baumann, Buschgeister).

Eine Verbindung aller dieser Vorstellungen mit den allgemein bekannten Formen des Gruppen-Totemismus ist nicht ohne weiteres gegeben und jedenfalls nicht sicher zu belegen. Nur bei den individual-totemistischen Gegebenheiten ist der kulturgenetische Zusammenhang mit den allgemein als Totemismus angesprochenen Formen der Sozialordnung insoweit überzeugend, als die Besonderheit der Mensch–Tier-Erlebnisse, die in vielen späteren kulturellen Gestaltungen nachwirken, auch in den Sozialsystemen spürbar ist. Baumann sieht in dem protototemistischen Komplex die ältere, echtere und ursprünglichere Vorform, aus der sich der erstarrte soziale Gruppen-Totemismus erst viel später, nämlich bei seßhaften Pflanzervölkern, entwickelt hat. »Je weiter der Gruppen-Totemismus von seinem Ausgangspunkt absteht, desto stärker treten seine sozialen Elemente hervor und bringen die religiösen und mythischen Sinngehalte, wie sie im Proto-Totemismus noch rein in Erscheinung treten, zum Erstarren oder gar zum Auslöschen. Der Gruppen-Totemismus wird aber um so älter und urwüchsiger sein, je mehr Elemente des proto-totemistischen Komplexes an ihm festzustellen sind, je größer die religiöse Auffüllung seiner Erscheinungsformen ist (Tierversöhnungsriten, Beopfern, fühlbares Zusammengehörigkeitsbewußtsein, Totemtier als hilfreiches Tier und Ahnherr usw.), je schwächer aber auch die soziale Seite ausgebaut ist (durch Individual-Totemismus begründeter Clan-Totemismus, Fehlen der Exogamie und bestimmter Heiratsregeln).« (Baumann, Buschgeister, S. 209).

Wie stark diese Mensch–Tier-Beziehungen besonders die frühen wildbeuterischen Kulturen beschäftigen, haben wir bereits bei der Behandlung des Herrn der Tiere gesehen (vgl. Kap.

VI, 1). Er scheint die zentrale göttliche Gestalt gewesen zu sein, um die alle diese Vorstellungen kreisen. Von einer solchen Gottesidee aus könnte vielleicht einmal ein besseres Verständnis für diese altertümlichen Vorstellungen gewonnen werden. Ein unmittelbarer Zusammenhang zwischen Proto-Totemismus und Gruppen-Totemismus besteht nur insofern, als eine solche auf individuellen, proto-totemistischen Erlebnissen basierende Beziehung eines Menschen zu einer bestimmten Tiergattung sich natürlich gelegentlich auf seine Gruppe übertragen oder auf seine Nachkommen vererben kann. Wird doch der Totemismus einer Gruppe in den Mythen, die seinen Ursprung erklären wollen, fast immer auf ein individual-totemistisches oder sonst ein proto-totemistisches Erlebnis zurückgeführt. Meist hatte ja der Clan-Begründer die besondere Begegnung mit dem Tier, nach dem der Clan sich nennt. In anderer Form zeigt sich dieser Zusammenhang zum Beispiel bei den Australiern. Wenn der Vater des noch ungeborenen Kindes seinen Traum von dem totemistischen Urzeitwesen hat und dabei das Geistkind »findet«, so ist dies ein individuelles Erlebnis totemistischer Art. Gleichzeitig wird damit das erwartete Kind bereits einer bestimmten Gruppe zugeordnet, und zwar in diesem Falle einer Gruppe, für die nicht die gemeinsame Abstammung, sondern die gemeinsame Bindung an einen bestimmten Kultplatz maßgebend ist.

Wenn also diese individuellen Mensch–Tier-Beziehungen sich auch zweifellos auf Gruppen übertragen haben, so läßt sich das spezifische Gepräge der üblicherweise als totemistisch bezeichneten Sozialordnung mit Exogamie und unilateraler Abstammungsrechnung schwerlich daraus erklären und muß auf andere Impulse zurückgeführt werden. Diese Auffassung vertritt auch RICHARD THURNWALD (S. 361), der betont, daß der Totemismus sich mit exogamen Einrichtungen verbindet, »jedoch ohne innerlich seinem Glauben nach irgend etwas mit Exogamie, Mutterrecht, Vaterrecht oder dergleichen zu tun zu haben«.

So unbezweifelbar nach unseren obigen Darlegungen die Sozialordnungen mythisch in dem Wirken der Dema-Gottheiten verankert sind, so wenig sind sie jedoch aus jenen Vorstellungen ableitbar, denen der Totemismus entstammt. Sie setzen vielmehr eine andersartige Wirklichkeitserkenntnis voraus, der der Mensch durch gerade diese Form von sozialer Ordnung zu entsprechen suchte. Die »totemistischen« Sozialordnungen müssen also ihre Wurzeln in einem von dem totemistischen Komplex unabhängigen kulturgeschichtlichen Prozeß haben.

Äußerst wichtig erscheint uns an diesem Material über die Jägerkulturen die große Bedeutung der Mensch–Tier-Beziehungen überhaupt, die deutlich machen, daß der Mensch jener frühen Zeit das Göttliche überwiegend in der Gestalt des Tieres gesehen hat. »Die Jagdtiere sind wie menschliche Wesen, nur heiliger«, sagen die *Navaho*-Indianer. »They are like Holy People.« (W. W. HILL, S. 98) Man könnte also den theriomorphen Charakter der Dema-Gottheiten durchaus als ein Fortleben der Idee vom göttlichen Tier ansehen. Dies allerdings kann nicht ausgesprochen werden, ohne auch auf eine andere Komponente hinzuweisen: In außerordentlich zahlreichen Berichten erfahren wir, daß die Völker, bei denen die Dema-Gottheiten im Vordergrund stehen, bei der Beschreibung des Urzeitzustandes ausdrücklich hervorheben, daß damals Menschen und Tiere einander viel näher standen. Hierin ist eine Idee enthalten, die den Tiercharakter der Dema auch aus sich heraus hervorgebracht haben könnte; eine Idee, die letzten Endes in der Gleichheit der biologischen Existenz von Mensch und Tier wurzelt. So sagen die *Luisenjo* in Südkalifornien, daß damals in der Urzeit alle Tiere noch Menschen waren. (CONSTANCE GODDARD DU BOIS, S. 133) Der Frosch war damals noch eine sehr schöne Frau (S. 132), Wiskun, das Eichhörnchen, war der stärkste Mann (S. 134), das Glühwürmchen eine alte Frau (S. 146) usw. Sehr anschaulich schildert bei KNUD RASMUSSEN (Netsilik, S. 217) ein *Eskimo* den Mensch–Tier-Charakter der mythischen Wesen, die in jener weit zurückliegenden Zeit lebten, »als die Tiere oft Menschen« und »alle lebendigen Dinge einander sehr ähnlich waren«.

Fassen wir das hier über die Erscheinung des sogenannten Totemismus Gesagte zusammen. Der eigentliche Totemismus tritt uns am lebendigsten in jener Phase entgegen, die Baumann proto-totemistisch genannt hat. In der späteren Phase der sogenannten totemistischen Clane erscheint der Totemismus verbunden mit einer bestimmten Sozialordnung, zu deren charakteristischen Merkmalen – Exogamie und unilaterale Abstammung – er indessen seinem Wesen nach so gut wie keine Beziehung hat und an deren Entstehung er daher auch nicht beteiligt sein kann. Der schöpferische Akt, dem diese Sozialordnung entstammt, muß vielmehr durch Erkenntnisse über die Wirklichkeit ausgelöst worden sein, die von ganz anderer Art sind als jene, die zur Gestaltung des echten Totemismus führten. Sie ist – das zeigten zum mindesten die angeführten Beispiele, denen sich viele ähnliche hinzufügen ließen – mythisch im Wirken urzeitlicher Wesen begründet und ist als die kultische Angleichung der Gesellschaftsformen an bestimmte, als göttliche Ordnung »erkannte« Gegebenheiten der Wirklichkeit zu verstehen. Insofern ist diese Sozialordnung das Ergebnis einer sittlichen Haltung des Menschen und ist als solches auch vielen anderen kulturellen Gestaltungen – insbesondere den kultischen Handlungen – verwandt. Wir sprachen die Vermutung aus, daß diese Sozialordnung zuerst, als Reaktion auf die Erkenntnis von der Polarität der Welt, in den Dual-Systemen Gestalt gewann und daß die Systeme mit zahlreichen Clanen spätere Varianten sind.

Totemistische und nicht-totemistische Sozialverbände können nicht lediglich auf Grund der Tatsache, daß im einen Fall Beziehungen zu einer Naturspezies genannt werden und im anderen nicht, voneinander unterschieden werden, weil beide Systeme die gleiche Sinnbezogenheit haben, nämlich auf göttliche Dema-Wesen, deren Tiercharakter fast immer neben ihrer vorherrschend anthropomorphen Gestalt gegeben ist. Für dieses theriomorphe Wesen der Dema kommen zwei Wurzeln in Betracht. Einmal ihre Verbundenheit mit Vorstellungen über eine andersartige Urzeit, in der Mensch und Tier noch enger miteinander verwandt waren. Zum anderen die sehr verbreiteten Formen einer innigen Mensch–Tier-Beziehung, die für die älteren jägerischen Kulturen typisch sind und die Baumann, hauptsächlich für Afrika, unter der Bezeichnung »Proto-Totemismus« beschrieben hat. Obgleich die Sozialordnungen nicht aus diesen Gestaltungen einer älteren Kulturschicht abgeleitet werden können, haben doch offensichtlich die Ideen von göttlichen Tieren in allen späteren menschheitsgeschichtlichen Epochen weitergewirkt und sind so auch im Wesen der Dema-Gottheiten enthalten. Hierfür spricht insbesondere, daß die mythischen Begründungen für die Tierverwandtschaft im Totemismus oft auf solche proto-totemistischen Erlebnisse hinweisen.

Die oben gestellte Frage, ob es im naturvölkischen Bereich ursprüngliche und echt religiöse Phänomene gibt, die von allen anderen verschieden und deshalb sinnvoll unter der Bezeichnung Totemismus abzusondern sind, erfährt hier also eine teilweise verneinende und teilweise bejahende Antwort: Was man gemeinhin Totemismus nennt, ist keine besondere Religionsform, sondern als Sozialordnung das Ergebnis eines menschlichen Verhaltens, das dem der kultischen Handlungen in allen entscheidenden Merkmalen entspricht. Das aber, was Baumann als Proto-Totemismus bezeichnet hat, ist der eigentliche Totemismus. Er enthält zweifellos ein Ideengut, das in sehr altertümlichen Kulturen einmal lebendig gewesen ist und heute noch besondere religiöse Inhalte widerspiegelt, die mit der Gottesvorstellung vom Herrn der Tiere eng zusammenhängen. Während JOSEF HAEKEL (Totemismus, S. 213), in der oben erwähnten Arbeit den Schutzgeisterglauben beispielsweise ganz und gar vom Totemismus getrennt wissen möchte, scheinen uns gerade dieser Glaube und viele mit ihm verwandte Erscheinungen das eigentlich Typische für den echten Totemismus zu sein. Insoweit ist der echte Totemismus auch als besondere Religionsform anzusprechen.

Unter allen Sitten nichtabendländischer Völker, die eine Kluft zwischen ihren kulturellen Gestaltungen und den unseren aufreißen, sind es besonders jene, in denen das Töten von Menschen oder Tieren vorkommt, die unser Urteil von der Barbarei früher Kulturen im besonderen gestützt haben. Sogenannte Menschenopfer, Kopfjagden, aber auch die Tötung von Tieren im Rahmen bestimmter Zeremonien, wirken immer aufs neue abschreckend für unser Empfinden. Dabei ist es keineswegs so, daß das Töten nur eine unvermeidliche Begleiterscheinung der jeweiligen Handlungen ist, während das eigentliche Motiv der gesamten Zeremonien in anderen Zusammenhängen gesucht werden müßte. Wenigstens bei sehr vielen der in Frage stehenden Erscheinungen ist es zweifellos so, daß es ganz wesentlich auf den Tötungsvorgang selbst ankommt, daß das Töten einen wichtigen, ja sogar den entscheidenden Teil der gesamten Vorgänge darstellt.

Überall, wo wir die Tieropfer kennen – und zwar fast ausnahmslos von Haustieren, denn es handelt sich dabei nur um bodenbebauende Kulturen –, gehört zwar auch das Verschmausen des Fleisches oder die Darbringung bestimmter Teile an bestimmte göttliche Wesen zur Gesamtheit der Handlungen, aber immer gehört auch dazu, daß das Tier lebendig an die Kultstätte gebracht wird, um dort getötet zu werden. Daß das keine zufällige Erscheinung ist, ergibt sich wenigstens für bestimmte naturvölkische Schichten eindeutig aus zahlreichen Feststellungen, wonach das Töten gepriesen und als eine für die Erhaltung der Weltordnung wichtige Tat herausgestellt wird.

Bei der eigentlichen Erscheinung der Menschenjagd hat man bisher meist die Aufmerksamkeit nur auf die zu gewinnende Trophäe – überwiegend der Kopf und die Genitalien – gerichtet und die Motive in dem Erwerb zauberkräftiger Substanzen oder dergleichen gesucht. So wichtig auch die Zeremonien im Zusammenhang mit den erbeuteten Trophäen sein mögen – sie werden in der Tat bei den Beschreibungen der Vorgänge meist bevorzugt behandelt –, so darf dies doch nicht darüber hinwegtäuschen, daß den Naturvölkern der Tötungsvorgang selbst von größter Wichtigkeit ist. Zwar bestehen gewisse Unterschiede zwischen der Kopf- und Genitalienjagd und dem sogenannten Opfer von Tieren und Menschen. Beispielsweise wird bei der Kopfjagd die Tötung nicht an der Kultstätte ausgeführt, was sich naturgemäß nur mit gezähmten Tieren ausführen läßt und den Begriff der »Jagd« schon ausschließt. Dies unterstreicht noch einmal die Tatsache, daß es ganz entscheidend auf das Töten allein ankommt. So gilt die erfolgreiche Teilnahme an einer Kopfjagd oft als Voraussetzung für die Ehefähigkeit eines jungen Mannes, und hierfür ist es ganz gleichgültig, ob er die Trophäe besitzt oder nicht; entscheidend ist allein die Tatsache, getötet zu haben. Bei äthiopischen Völkern gibt es eine sogenannte Rechnung der Tötungen im Rahmen religiöser Feste, wo jede Tötung mit bestimmten Punktwerten versehen wird, indem etwa die Tötung von Menschen nach deren Stammeszugehörigkeit verschieden hoch bewertet, aber auch das Töten von Tieren in die Rechnung einbezogen wird, ohne daß der Besitz irgendwelcher Trophäen dabei ausschlaggebend ist.

Die Zahl der Beispiele dafür, daß das Töten selbst einen der wichtigsten Faktoren innerhalb der entsprechenden Kulturerscheinungen darstellt, ist sehr groß. Am anschaulichsten hat der Gedanke wohl seine Gestaltung in einem Lied bei äthiopischen Völkern gefunden, das uns ENRICO CERULLI (Bd. 2, S. 125 f.) berichtet. Bei der Aufzählung der Dinge, die des besonderen Lobpreisens für wert gehalten werden, heißt es: »Mein Gada ist ein Gada der Fülle ... des Reichtums ... des Friedens ... möge Dein Milchgefäß voll sein ... Das Metgefäß soll Dir überlaufen. Dein Kalb möge so wachsen, daß es den Ochsen übertrifft. Wer noch nicht getötet hat, der soll töten. Wer noch nicht geboren hat, soll gebären ...«

1. Das Verhältnis der Jägerkulturen zum Töten

Die erwähnten und viele andere Beispiele entstammen Kulturen, die nicht die ältesten in der Menschheitsgeschichte sind. Das Preisen des Tötens findet sich vornehmlich bei älteren und jüngeren Pflanzervölkern, die auch überwiegend die Träger solcher Kulturerscheinungen wie Menschenjagd, Menschenopfer und Kannibalismus sind. Auch die frühen Hochkulturen verneinten die rituelle Bedeutung des Tötens nicht, was sicherlich

auf die pflanzerische Komponente dieser Kulturphase zurückzuführen ist.

Was zunächst unser sittliches Bedenken anbetrifft, so muß
hervorgehoben werden, daß die Tötungen nicht mit einem
schrankenlosen Morden verwechselt werden dürfen. Der Mord
ist in diesen Kulturen ebenso strafbar wie bei uns. Das gepriese-
ne Töten ist durch den religiösen Ritus streng geregelt. Es handelt sich also keineswegs um eine Tat, die über sittliche Bedenken hinweggeht oder gar solche überhaupt nicht kennt (vgl.
Kap. IX). Aber unser Erstaunen darüber bleibt doch insofern
bestehen, als es uns üblicherweise eine Verirrung des menschlichen Geistes zu sein scheint, das Göttliche mit der Vorstellung
zu verbinden, daß das Verhältnis des Menschen zu ihm in so
grausigen Handlungen seinen Ausdruck finden könnte. Auf
diese Frage werden wir später noch einzugehen haben.

Hier sollte zunächst auf eine kulturgeschichtlich wichtige Erscheinung im Zusammenhang mit dem Töten hingewiesen werden, auf die Tatsache nämlich, daß in den ältesten greifbaren
Schichten der menschlichen Kultur, und zwar bei den Völkern,
die uns heute noch als Jäger und Sammler entgegentreten, das
rituelle Töten nicht nur völlig zu fehlen scheint, sondern uns
auch offenbar eine ganz andere Geisteshaltung begegnet. Der
Jäger tötet sozusagen von Berufs wegen, und ein erfolgreicher
Jäger zu sein, das heißt also viel Wild zu töten, gehört zu den
ganz natürlichen, vom Selbsterhaltungstrieb diktierten Wünschen. In schroffem Gegensatz zu dieser Natürlichkeit des Tötens ist jedoch ein wesentlicher Teil des Zeremoniallebens der
Jäger gerade darauf gerichtet, die Tat des Tötens nicht zu preisen, sondern ganz im Gegenteil dieses unvermeidliche Tun sozusagen null und nichtig zu machen. Wir kennen ein entsprechendes Brauchtum aus allen Gegenden der Erde, in denen sich
noch solche Jägervölker aufhalten, von den Südspitzen der
Ökumene ebenso wie aus der Arktis.

Da wird uns etwa berichtet, daß die erfolgreichen Jäger die
»Schuld« von sich abzuwälzen suchen, indem sie dem getöteten
Tier erzählen, daß ihr Pfeil sich »nur verirrt« habe oder daß gar
nicht sie, die Jäger, sondern irgendein anderer, die Kröte oder
die Sonne, es getötet hätten. Gleichzeitig wacht bei vielen Jägervölkern jener göttliche Schützer des Wildes, den wir als den
Herrn der Tiere bereits behandelt haben, darüber, daß nicht
mehr Wild getötet wird, als notwendig ist. Aus diesen Bräuchen

und Vorstellungen geht deutlich hervor, daß das Töten hier keineswegs als eine erwünschte und rühmliche Tat angesehen wird, sondern eher als ein Übergriff in außermenschliche Bereiche, zu dem der Kampf um die Lebenshaltung den Menschen zwingt. Diese Beispiele mögen genügen, um die Feststellung zu ergänzen, daß wir das rituelle Töten in der ältesten Periode der Menschheitsgeschichte nicht nur nicht antreffen, sondern hier offenbar auch eine andere, in vielem entgegengesetzte Geisteshaltung annehmen müssen. (Vgl. hierzu ADOLF FRIEDRICH, Jägertum, S. 21 ff.)

2. Die Pseudobegründung für die rituelle Tötung

Wenn wir nach dem vorliegenden Material annehmen müssen, daß die Jäger, deren Kultur- und Wirtschaftsform wir als die älteste Stufe der Menschheitsgeschichte ansehen, das rituelle Töten von Tieren nicht ausübten, so müssen es außerordentlich erregende Erlebnisse gewesen sein, die den Menschen dazu gebracht haben, so grausame Handlungen in seine Lebensgestaltung neu einzuführen. Eine der Kernfragen der wissenschaftlichen Betrachtung, deren Beantwortung uns dem Verständnis solcher Erscheinungen näher bringen soll, ist naturgemäß diejenige nach den Motiven für ihre Entstehung. So erklärt zum Beispiel EDWARD B. TYLOR, der Begründer der sogenannten animistischen Theorie, die Entstehung der Tötungsrituale mit dem Wunsch nach Freisetzung von Seelen (Tylor, Bd. 1, S. 451 f.). Er bezieht sich vor allem auf die weitverbreiteten Tötungen von Menschen beim Tod eines Königs oder eines Vornehmen, dessen Seele ins Jenseits wandert, wo ihm die Seelen seiner getöteten Frauen, Diener und Sklaven weiterhin dienstbar sein sollen. Diese Deutung hat den Vorzug, sich auf entsprechende Angaben der Eingeborenen berufen zu können. Es ist auch kein Zweifel, daß sehr konkrete Vorstellungen über die mögliche Sonderexistenz von Seelen in bestimmten naturvölkischen Kulturen verbreitet sind. Auch die Idee der Dienstbarmachung solcher Seelen ist offensichtlich vorhanden gewesen. Jedoch begegnen wir gerade dieser Idee nur in verhältnismäßig späten Kulturen, die durch ein entwickeltes Staatssystem und komplizierte politische Machtverhältnisse gekennzeichnet sind, während sie in der Schicht der alten Pflanzervölker fehlt.

Es erhebt sich damit zunächst die Frage, ob das rituelle Töten in den beiden Kulturschichten überhaupt der gleichen Idee entstammt oder ob etwa das Mit-in-den-Tod-Schicken von Frauen, Sklaven und Dienern einem ganz anderen Vorstellungskomplex entsprungen sein kann als zum Beispiel die Kopfjagd. Meines Erachtens ist es nicht schwer, den Beweis zu erbringen, daß diese Sitte auf dieselbe Wurzel zurückgeht wie das rituelle Töten von Menschen und Tieren in der alten Pflanzerschicht. Dafür spricht vor allem die Tatsache, daß die entsprechenden Kulturen (sowohl in Amerika wie auch in Afrika) nicht nur räumlich den alten Pflanzerkulturen unmittelbar benachbart sind, sondern auch deutlich greifbar deren Ideengut in Mythen und Kulten bewahrt haben. Wenn aber die beiden Sittenkomplexe zusammenhängen, so kann uns naturgemäß nicht die Spätform den Aufschluß darüber geben, was den Menschen ursprünglich bei der rituellen Tötung vorgeschwebt hat. Vielmehr hat die spätere Kultur das Töten bereits als eine gestaltete Kulturerscheinung aus älteren Zeiten übernommen und sie in Verbindung mit anderen Vorstellungskreisen zu dem sogenannten Opfertod der königlichen Umgebung umgestaltet.

Eine andere Umgestaltung der ursprünglichen rituellen Tötungen wurde noch weitergehend zur Erklärung der gesamten Erscheinung herangezogen als die Beispiele von Tylor. In dem Töten von Menschen und Tieren bei den sogenannten blutigen Opfern sah man den ursprünglichen Sinn in der Idee des Opfers an eine Gottheit, wobei mit der Bezeichnung Opfer stets der Bedeutungsgehalt einer Gabe an eine Gottheit verbunden ist. Dieser Opfersinngehalt findet sich in weiter Verbreitung bis in die spätesten Hochkulturen hinein. Er wird uns in Indien ebenso wie in Griechenland sehr anschaulich als ein wesentlicher Bestandteil der Religion geschildert, wobei es nur ewig unverständlich bleiben wird, warum es bei den Göttern ein solches Wohlgefallen erweckt, daß die Menschen töten und es sich dann beim Schmause so wohlergehen lassen. Die Griechen selbst empfanden das Unmotivierte in der ungerechten Verteilung der Anteile an den Opfertieren zwischen Göttern und Menschen und führten es auf eine List des Prometheus zurück. Ganz ähnlich wie beim Opfertod der königlichen Umgebung bleibt auch hier in der theoretischen Betrachtung ein ungelöster Rest, der es uns unmöglich macht, die Entstehung einer so merkwürdigen kulturellen Gestaltung aus den genannten Motiven zu verstehen.

Aber auch die Idee eines solchen blutigen Opfers findet sich nicht in der alten Pflanzerkultur. Das Töten ist nicht verbunden mit einer Gabe an eine Gottheit. Es ist nur ebenso wie das Opfer ein religiös begründetes, sittliches Tun. Schon diese Verwandtschaft scheint mir dafür zu sprechen, daß auch Opfer und ursprüngliches rituelles Töten auf eine gemeinsame Wurzel zurückgehen, daß die blutigen Opfer ihren eigentlichen und tiefsten Sinn aus dieser gemeinsamen Wurzel erhalten und daß die Umgestaltung zum Opfer, das heißt zu einer Gabe, eine verhältnismäßig nebensächliche, späte und rationale Umdeutung darstellt. Auf diesen Zusammenhang zwischen Tötungsritual und Opfer werden wir noch ausführlicher zurückkommen und dabei unseren früheren Gedankengang (Kap. IV, 4) von der Verbindung zwischen den älteren *Dema*-Gottheiten und den polytheistischen Göttern der Hochkulturen wieder aufgreifen.

Es ist noch auf ein weiteres Element einzugehen, das fast immer untrennbar mit dem Töten verbunden erscheint und deshalb mit Vorliebe als das eigentliche Motiv für die Entstehung des Rituals angesehen wird. Es ist die heroische Geisteshaltung, die sich bis in unsere Tage als eine sittliche Forderung an die männliche Lebensgestaltung erhalten hat. Soldatische Tapferkeit im Kriege oder Duelle zur Verteidigung der Ehre stellen oder stellten bei uns wie in alten Kulturen hohe Werte dar, aber in den ältesten Pflanzerkulturen sind sie kein hervorstechendes Merkmal der Tötungsrituale. Wohl klingen sie hie und da an in Preisgesängen für die erfolgreichen Kopfjäger etwa, deren Mut und Tapferkeit hervorgehoben werden. In Wahrheit ist ja auch das Töten im Kampf mit Menschen oder starken Raubtieren kaum ohne Muthandlungen auszuführen und ihre Erwähnung deshalb ganz natürlich. Aber das heroische Gerichtetsein auf Mut und Tapferkeit, das bei den nordischen Völkern der Saga-Zeit etwa zu einem umfangreichen Codex für die Ausführung der Kämpfe (Verbot des Tötens bei Nacht oder des Angriffs auf einen Wehrlosen) geführt hat, fehlt in den alten Kulturen fast ganz. Die Tötungen werden oft in einer Weise ausgeführt, die wir als gänzlich unheroisch oder gar als feige bezeichnen müßten, wenn es auf diese Wertung ankäme. Es werden ebenso Wehrlose wie Frauen und Kinder getötet, und die Überfälle sind, um den Erfolg zu sichern und die eigene Gefährdung zu verringern, so hinterlistig wie irgend möglich. Das Preisen des erfolgreichen Tötens gilt deshalb zweifellos mehr der Tatsache, getötet zu haben, als dem dabei bewiesenen Mut, obgleich wie gesagt diese Auffassung gelegentlich anklingt.

Gemeinsam aber ist dem Tun des Kopfjägers und dem des germanischen Helden etwa auch, daß ihre Tat und deren Erfolg von der Gemeinschaft gebilligt und sogar gefordert wird, weil sie zur göttlichen Weltordnung gehört. Den schöpferischen Vorgang aber, der zu dieser besonderen Bewertung des Tötens geführt hat, die sich durch eine so lange Zeit der Menschheitsgeschichte mit zentraler Bedeutung für die menschlichen Gemeinschaften – wenn auch in mancherlei Umgestaltungen – erhalten hat, müssen wir in der ältesten Pflanzerschicht suchen.

3. Das rituelle Töten in den Pflanzerkulturen

Ich habe an anderer Stelle den Versuch unternommen, den ursprünglichen Sinn der Tötungsrituale aus dem Weltbild dieser Pflanzervölker heraus verständlich zu machen (vgl. AD. E. JENSEN, Weltbild). Es mag daher genügen, den dort ausführlich erläuterten Gedankengang hier nur kurz zu wiederholen und sich bei der Anführung des Materials, aus dem er hervorging, auf das Wichtigste zu beschränken.

Das Weltbild jener Kultur ließ sich aus einer Anzahl von Berichten erschließen, die eingehend das Zeremonialleben einiger ausgesprochen altertümlicher Pflanzervölker schildern und zugleich – dies ist das wichtigste – umfangreiche Sammlungen ihrer Mythen enthalten. Die Bezogenheit der Kulte auf die Mythen wird dabei verschiedentlich von den Feldforschern ausdrücklich hervorgehoben. Diese Berichte stammen von Völkern in Indien, Ostindonesien, Neuguinea und Nord- und Südamerika. Daß uns für afrikanische Völker entsprechende genaue Aufzeichnungen fehlen, ist zweifellos ein zufälliger Mangel in der Feldforschung; denn genügend Spuren zeigen uns, daß sich die gleichen Zusammenhänge auch in Afrika ausgewirkt haben müssen. Aber der Raum außerhalb Afrikas, bei dem wir uns auf klare Angaben stützen können, ist bereits groß genug, um deutlich zu machen, daß die in den religiösen Äußerungen zutage tretende Kulturzusammengehörigkeit auf die weltweite Verbreitung einer der ganz großen Kulturepochen der Menschheitsgeschichte zurückgeführt werden muß.

Wir haben im Vorhergehenden schon verschiedentlich einzelne Komplexe aus diesem Weltbild zu unseren Betrachtungen herangezogen und können uns daher hier auf wenige Stichworte beschränken. Bei all diesen Völkern besteht die Vorstellung von einer mythischen Urzeit, in der der heutige Zustand der Welt noch nicht bestand. Damals lebten auf Erden nicht Menschen, sondern *Dema*, die zuweilen als menschengestaltig, oft auch als pflanzen- oder tierhaft aufgefaßt zu werden scheinen. Unter ihnen ragen die Dema-Gottheiten hervor, mit deren spezifischen Wesenszügen wir uns schon vertraut gemacht haben (vgl. Kap. IV, 2). Das Kernstück der Mythe ist die Tötung der Dema-Gottheit. Das Motiv der Tötung bleibt in der Mythe undeutlich.

Wir können zunächst nur hinnehmen, daß sie von den Dema-Wesen getötet wird, womit die Urzeitverhältnisse beendet sind und die heutige Seinsordnung beginnt. Die Dema werden zu Menschen, und zwar zu sterblichen und sich fortpflanzenden (dies ist eine sehr wichtig genommene Erscheinung), die Gottheit existiert seitdem im Totenreich oder verwandelt sich selbst in das Totenhaus. Aus dem Leichnam der getöteten Gottheit entsteht die Nutzpflanze, und das Essen der Pflanze ist darum in Wahrheit ein Essen der Gottheit. Da jene oberste Dema-Gottheit neben ihrer menschlichen Gestalt auch die von Tieren – vor allem die des Schweines – hatte, so ist auch das Töten des Schweines eine vollgültige »Darstellung« jenes erschütternden Urzeitvorganges, den immer wieder darzustellen für die Menschheit nichts anderes bedeutet, als sich stets von neuem an jenes göttliche Geschehen zu erinnern, das am Anfang der Dinge steht, von dem sich alles das ableitet, was heute auf Erden ist.

Diese stets erneuerte Er-innerung ist die Grundlage einer ganzen Reihe von Kulthandlungen, die für diese Kultur typisch sind. So verschiedenartig sie auf den ersten Blick erscheinen, in Wahrheit beziehen sie sich alle auf das gleiche Ereignis in der Urzeit und alle wollen nur dieses Vorbild wieder lebendig werden lassen. So bedeuten die Reifezeremonien eine Besinnung darauf, daß die Zeugungsfähigkeit der Menschen in Verbindung mit dem ersten mythischen Tötungsakt entstand, aber auch darauf, daß die Sterblichkeit damit untrennbar verbunden ist. Die Totenzeremonien, die sich auf die Reise des Verstorbenen ins

Totenreich beziehen, sind Erinnerungsfeiern insofern, als jede Totenreise eine Wiederholung der ersten Totenreise der Dema-Gottheit ist. Der wichtigste Vorgang bei allen diesen Kulten ist die stete Wiederholung der Tötung selbst. Hier ist es zunächst unwichtig, ob Menschen getötet werden oder bestimmte Tiere, die mit jener Gottheit »identisch« waren. So sind die sogenannten Menschen- und Tieropfer, zu denen auch die Kopfjagd gehört, das in verschiedenen Formen am häufigsten wiederkehrende Motiv, und der Kannibalismus ist die festliche Erinnerung daran, daß das Essen der Nutzpflanzen in Wahrheit ein Essen der Gottheit ist, die sich bei deren Tötung in die Nutzpflanzen verwandelt hat.

Dies sind die für unseren Zusammenhang wesentlichen Züge dieser Religion, in der alles für die Menschen dieser Kultur Wichtige in der Welt auf die Setzung durch eine Gottheit zurückgeführt wird, deren unmotivierte Tötung den Grundgedanken dieser Mythologie darstellt. Es zeigt sich dabei, daß die eben erwähnten sogenannten Menschen- und Tieropfer bei den echten Vertretern dieser Kultur zunächst gar nichts mit der Bezeichnung Opfer in dem Sinne zu tun haben, wie ihn spätere Kulturen mit diesem Wort verbinden. Es ist bei ihnen nichts anderes als die festlich gestaltete Wiederholung des Urzeitvorganges selbst. Das göttliche Geschehen soll noch einmal geschehen – vor allem zur Erinnerung und auch, wie wir oben schon ausführlich erläutert haben, um die nachfolgende Jugend in die Ordnung der Welt einzuweihen. Insofern repräsentiert natürlich das getötete Wesen – Mensch oder Tier – die Gottheit selbst in dem gleichen Sinn, wie bei uns auf der Bühne ein Darsteller etwa den König Lear repräsentiert und während des Spieles mit ihm identisch ist. Die Gottheit wird nicht »sich selbst zum Opfer gebracht«, wie man gelegentlich gesagt hat. Es wäre vielmehr vorsichtiger und auch richtiger, wenn im Hinblick auf diese ganz bestimmten Tötungsvorgänge bei echten alten Pflanzervölkern die Bezeichnung Opfer überhaupt vermieden würde. Es läßt sich zeigen, daß gerade bei diesen Völkern auch in bestimmten Zeremonien ausgeführte Tötungen – im Zusammenhang mit der Fruchtbarkeit der Felder, der Herbeiführung des Regens oder der Behebung von Unfruchtbarkeit bei Mensch und Tier – nicht Regenopfer, Fruchtbarkeitsopfer oder dergleichen sind, sondern nur Darstellungen des Urzeitvorganges, die die Erinnerung lebendig erhalten.

4. Der Bedeutungswandel der rituellen Tötungen in den jüngeren Kulturen

Insoweit erscheinen die Tötungsrituale als sinnvolle Handlungen, vorausgesetzt, daß wir dieser mythischen Weltbetrachtung einen Wahrheitsgehalt zuerkennen. Wir werden uns noch mit der Frage befassen, inwieweit die hier zugrunde liegende mythische Aussage mit ganz andersartigen, beispielsweise mit wissenschaftlichen Aussagen und deren Wahrheit vergleichbar ist. Zunächst halten wir uns an die mythische Begründung der rituellen Tötungen in der ältesten Pflanzerkultur, wo die getötete Gottheit das Vorbild für sie abgab. Dadurch wurde das Töten zu einem kultischen und deshalb religiös-sittlichen Handeln. Nun gibt es aber die rituellen Tötungen nicht nur in dieser Kulturschicht, sondern in ganz ähnlicher Form auch in jüngeren Kulturen, wo sie meist als blutige Opfer bezeichnet werden. Es erhebt sich deshalb die Frage, inwieweit ein kulturgenetischer Zusammenhang zwischen diesen Formen des Tötens in den verschiedenen Kulturschichten besteht und ob hier etwa Bedeutungswandlungen vorliegen.

Im wesentlichen haben wir es bei der Behandlung dieses Themas mit drei großen menschheitsgeschichtlichen Epochen zu tun, von denen die beiden älteren die Kulturen der Knollen- und der Körnerfruchtpflanzer uns in fast allen Erdteilen noch heute lebendig begegnen, während die jüngste uns aus den zahlreichen Quellen über die archaischen Hochkulturen recht gut bekannt ist. Alle drei Epochen kannten die rituelle Tötung. Besonders auffällig aber ist, daß die äußeren Anlässe, bei denen die Tötungen stattfinden, trotz mancher Abweichungen doch merkwürdige Ähnlichkeiten aufweisen. Solche Anlässe sind der Tod eines Häuptlings oder eines Vornehmen, der Bau eines Hauses, besonders eines Tempels, die Herbeiführung des Regens oder die allgemeine Sicherung der Fruchtbarkeit, ferner die Vertreibung von Epidemien, Versöhnungsfeiern nach Kriegen, die Sühnung eines Vergehens usw.

Wir lassen die (für die Kulturgeschichte wohl schlechthin schwierigste) Frage unerörtert, wodurch es jeweils zu den großen Umbrüchen in der Menschheitsgeschichte gekommen ist, die uns nötigen, von verschiedenen Epochen zu sprechen. Wir können jedenfalls jede von ihnen durch eine Reihe von gemeinsamen Merkmalen gegenüber der vorhergehenden abgrenzen.

Es sind aber nicht nur die Tötungsrituale, die sich durch alle drei Epochen in sehr ähnlichen Formen hindurchziehen, sondern es sind – wie mir scheint – viele grundlegende Züge des religiösen Weltbildes, die sich ebenfalls in allen dreien feststellen lassen, oft in einem anderen Gewande, doch niemals so verändert, daß sich nicht der Stoff noch erkennen ließe, aus dem das Gewand gefertigt wurde. Kulturgeschichtliche Zusammenhänge sind nicht der eigentliche Gegenstand dieses Buches, das sich um den ursprünglichen Sinn der Erscheinungen bemühen will. Aber zur Frage nach der Bedeutung kultureller Gestaltungen gehört auch die Beachtung des Bedeutungswandels, und so mag es gestattet sein, einige überwiegend spekulative Gedankengänge vorzubringen, in denen ein Zusammenhang einerseits zwischen der altpflanzerischen Idee von der *Dema*-Gottheit und den göttlichen Gestalten der polytheistischen Religionen der Hochkulturen und andererseits zwischen den sinnbezogenen Tötungsritualen und den weitgehend sinnentleerten blutigen Opfern wahrscheinlich zu machen versucht werden soll.

Die Bezeichnung Opfer hat die wissenschaftliche Betrachtung von den Hochkulturen her auf ähnliche naturvölkische Erscheinungen übertragen. In Berichten über Kopfjagdzüge wird man selten das Wort Opfer finden, weil sie in ihrem äußeren Ablauf mehr an die Erscheinung Krieg und Jagd als an die des Opfers erinnern. Wenn aber etwa bei einem Kopfjägerstamm bei einer Totenfeier ein Schwein getötet und verspeist wird, so findet sich sogleich in dem Originalbericht die Bezeichnung Opfer. Nun ist aber diese Schweinetötung, wie ich an anderer Stelle (Weltbild, S. 54) gezeigt habe, in ihrer mythischen Sinnbezogenheit der Kopfjagd völlig gleichwertig. Die Bezeichnung Opfer müßte also mit dem Sinne einer heiligen Handlung (*sacrifice*) auch auf die Kopfjagd angewendet oder ganz fallen gelassen werden. Die Bezeichnung »rituelle Tötung« hebt genau das hervor, worauf es in der Kultur der alten Pflanzer im wesentlichen ankommt. Es fragt sich daher, ob die »Opfer« in den jüngeren Kulturen einen völlig anderen Sinn haben und vielleicht aus einer ganz anderen Wurzel kommen oder ob sie etwa nur sinnentleerte Survivals jener alten Ritualtötungen sind.

In bezug auf die Völker mit differenzierter sozialer Schichtung dürfte es kaum zweifelhaft sein, daß es sich bei den blutigen Opfern nur um ein Fortleben der Tötungsrituale handelt, und zwar in degenerierter Form. Aus den Kopfjagdzügen werden regelrechte Kriege mit dem hauptsächlichen Ziel, möglichst viele Gefangene als Sklaven heimzuführen, um sie an der Stätte des Kultes (dem Tempel) selbst zu töten, wie dies früher bereits mit den Opfertieren geschah. Daß die Sklaven auch wirtschaftlich genutzt wurden, gehört zu einem sehr charakteristischen Grundzug dieser Kultur. Hier wurde – wie TRIMBORN es einmal gekennzeichnet hat – zum ersten Mal die Idee verwirklicht, auch den Menschen auszunutzen (diese Äußerung fiel in einem Gespräch) und damit die soziale Schichtung einzuführen. Die Degenerierung der ursprünglichen Idee der rituellen Tötungen als Erinnerungstaten zeigt sich besonders deutlich an der Wichtigkeit, die bei diesen Völkern meist der möglichst hohen Zahl der Opfer beigelegt wird. Wir hatten bereits früher (Kap. IV, 9) die allgemein menschliche Heilserwartung als einen wichtigen Faktor bei dem Prozeß der Sinnentleerung beschrieben. Ist das Töten eine heilige Handlung, die das Heil einschließt, so wird der ursprüngliche Sinn durch die primitive (aber menschliche) Folgerung korrumpiert, daß man um so mehr Heil gewinnen könne, je mehr man getötet habe. Diese Korrumpierung durch die Anwendung des quantitativen Prinzips können wir überall bei den Völkern der jüngeren Kulturen beobachten. Dazu gehören auch die »Verdienstfeste«, die das erworbene Heil nach der Zahl der getöteten Tiere staffeln.

Ein anderer Faktor bei der Degenerierung der rituellen Tötungen ist die primitive Substantialisierung der Idee von der Totenreise. Bei den altpflanzerischen Kopfjägerstämmen fehlt die Kombination, daß der Getötete ein Diener seines Besiegers sei – schon deshalb, weil es in diesem sozialen Gefüge den Begriff Diener gar nicht gibt. Die Behauptung, daß die magischen Kräfte des Getöteten sozusagen als Siegesbeute an den erfolgreichen Kopfjäger übergehen, ist von den Vertretern der Zaubertheorie aufgestellt worden, und es besteht der Verdacht, daß sie, wo immer sie auftaucht, von dort her inspiriert ist. In der jüngeren, bereits an der Schwelle der schriftbesitzenden Hochkulturen stehenden Kultur jedoch werden beispielsweise die Tötungen aus Anlaß des Todes eines Vornehmen ausdrücklich damit begründet, daß die Opfer dem verstorbenen Herrn im Jenseits dienen sollen. Das ist an sich eine ganz natürliche Folgerung bei Völkern, die so konkrete Vorstellungen von der Fortsetzung des Lebens nach dem Tode haben (vgl. Kap.

XIV, 2). Aber es ist doch auch eine sehr simplifizierende, ja plumpe Ausgestaltung der sublimen Vorstellungen über die Totenreise – ein typisches »Anwendungsdenken« gegenüber den »Ausdrucksformen« der älteren Kulturschicht.

Das gilt jedoch mehr oder weniger für fast alle Erscheinungen in der sozial differenzierten Kultur. Nur als Behauptung sei hier vorgebracht: Die Weltbetrachtung dieser menschheitsgeschichtlichen Epoche basiert so gut wie ausschließlich auf den mythischen Erkenntnissen der älteren Pflanzerkultur ohne eine wesentlich neue Idee. Die kulturellen Gestaltungen sind ebenso ausschließlich »Anwendungen« jener mythischen Ideen und damit oft sehr »erfolgreiche« Ausgestaltungen in den sozialen, technischen und wirtschaftlichen Lebensformen. Von den Ideen her gesehen aber sind diese »erfolgreichen Entwicklungen« nur Verarmungen und Sinnentleerungen zu korrumpierten Formen. Im Hinblick auf die Opfer gibt es hier ebenfalls keine Idee, durch die sie von den rituellen Tötungen der alten Pflanzer unterschieden werden könnten oder die den Gedanken an eine andere Wurzel für ihre Entstehung nahelegten. Sie finden sich nur mit den gleichen Begründungen, sehr oft sogar in der gleichen Form der Kopfjagd oder der Genitalienjagd, wie man analog zur Kopfjagd sagen müßte, wenn die Genitalien oder die Vorhäute als die beachtete Trophäe nach Hause gebracht werden, wie in Nordostafrika (AD. E. JENSEN, Gada, S. 437 ff.) und im Alten Testament (2. Sam. 23, 8 ff.).

Die Bezeichnung Opfer ist – wie bereits gesagt – von den archaischen Hochkulturen her auf die naturvölkischen Verhältnisse übertragen. Wie sollen wir es aber, trotz aller Opfertheorien, jemals begreifen, daß es einem Gott oder den Göttern wohlgefällig sein kann, daß ihnen zu Ehren Menschen oder Tiere geschlachtet und verspeist werden? Durch einen Vergleich mit diesem zwar altvertrauten, aber doch völlig unverstandenen Tun wird uns das naturvölkische Verhalten nicht um das geringste begreifbarer. Viel weiter kommen wir meines Erachtens, wenn wir den umgekehrten Weg beschreiten und das an sich sinnvolle und deshalb begreifbare rituelle Töten der Pflanzer als das Ursprüngliche nehmen und die Opfer der Hochkulturen als späte, nicht mehr verstandene und sinnentleerte Survivals ansehen. Für das griechische Opfer hat diese Auffassung KARL MEULI in einer Arbeit (Opferbräuche) vertreten, die so überzeugendes Material heranzieht, daß mir ein Zweifel an seinen grundsätzlichen Darlegungen kaum möglich erscheint. Seine Aufmerksamkeit ist in erster Linie auf die Einzelheiten des Opferrituals gerichtet, und er zeigt uns, wie bei den Griechen, denen selbst bereits Sinn und Bedeutung dieser Opfer zweifelhaft erschienen, dieses Ritual, bis auf Kleinigkeiten, dem der asiatischen Hirtenvölker entsprach. Aber auch bei diesen waren die streng beachteten Riten bei den Tierverschmausungen nur noch ein Survival aus viel älterer Jägerkultur, die bereits alle jene Vorschriften bei der Tötung von Tieren beobachtete. Erst bei den Jägern aber stoßen wir auf echte Sinnbezogenheiten; denn dem Jäger ist die Wiederauferstehung, die Regeneration durch den Herrn der Tiere ein wichtiges (fast etwas zu praktisches), aber auf jeden Fall natürliches Anliegen, und dieser Regeneration sollen die meisten so streng beachteten Einzelvorschriften dienen. Das wenigstens ist der Eindruck nach dem bisher vorliegenden Material. Bei einer Betrachtung der Jägerkulturen ist es allerdings besonders wichtig, das endgültige Urteil über den ursprünglichen Sinn bestimmter Handlungen noch zurückzustellen; denn offensichtlich hat sich uns dieser in den meisten Fällen noch nicht erschlossen.

Nach Meulis Darlegungen reichen die einzelnen Handlungen beim hochkulturlichen Opfer mithin in noch ältere Zeiten der Menschheitsgeschichte zurück, als wir sie hier im Auge haben. Im Hinblick auf die rituelle Behandlung der einzelnen Teile des Opfers scheint mir der von Meuli durchgeführte Vergleich mit den Jägern gesichert; denn für die Beurteilung dieser Frage steht uns ein umfangreiches Material über die Jägerkulturen zur Verfügung. Jedoch fehlen entscheidende Züge des Opfers in den Jägerbräuchen, und gerade diese machen es erst zu einer heiligen Handlung. Die Tatsache, daß die Tiertötung überhaupt mit der Gottheit in Zusammenhang gebracht wird (sinnloserweise als eine Darbringung des Tieres, als ein Geschenk an die Gottheit), daß zahlreiche Völker ihre Haustiere überhaupt niemals profan töten und verzehren, auch nicht gewissermaßen sekundär die Verschmausung nachträglich zum religiösen Fest machen, sondern nur bei den wirklichen religiösen Anlässen töten und verspeisen, daß Tiertötungen ein sittliches Vergehen sühnen können – alles dieses erhält seinen eigentlichen Sinn erst aus der Beziehung zur mythischen Tötung der Gottheit. Das Verhältnis des Menschen zur Tatsache des Tötens ist, wie wir schon sahen, zwar auch für die Jäger ein wichtiger Inhalt ihrer geistigen Auseinandersetzung mit der Welt gewesen, indessen in einem ganz anderen Sinne, aus dem sich schwerlich die Idee des späteren Opfers ableiten läßt.

Auf jeden Fall hat das Töten und Verzehren eines Opfers nur einen vernünftigen Sinn, wenn es in sich selbst eine heilige Handlung ist, das heißt eine kultische Wiederholung göttlich-schöpferischer Vorgänge, deren lebendigste Erinnerung damit gegeben ist. Wie sollten wir sonst beispielsweise das Sühneopfer verstehen? Wie kann eine Schuld dadurch gesühnt werden, daß ein Tier getötet und verzehrt wird? Das kann nur dann sinnvoll geschehen, wenn die Schuld selbst darin besteht, daß die Erinnerung trotz bestimmten Anlasses unterblieben ist und eben deshalb aufs neue wachgerufen werden muß. Dies ist in der Tat das eigentliche sittliche Verschulden im religiösen Weltbild der Pflanzer. Alle bestehende Ordnung in der Welt und damit auch das Tun der Menschen, die sich nach dieser Ordnung zu richten haben, war das Ergebnis jenes Geschehens, und ein Durchbrechen der Ordnung – die Nichtbeachtung eines Tabu – ist deshalb als Schuld ein Vergessenhaben. Ein solches Vergessenhaben aber wird gesühnt durch eine besonders lebendige Erinnerung (vgl. Kap. IX, 3).

Ein Sühneopfer ist also nur solange sinnvoll, als es mit einem mythischen Urzeitgeschehen verknüpft wird, in dem das Töten einer der zentralen Vorgänge ist. Nicht anders ist es mit dem Bauopfer, das wir in den alten Kopfjägerkulturen am sinnvollsten antreffen, das sich aber durch alle Hochkulturen hindurch bis in die späte abendländische Geschichte erhalten hat, ohne seinen ursprünglichen Sinn bewahrt oder einen neuen begreifbaren bekommen zu haben. Auch hier ist der echte Sinn in dem pflanzerischen Mythologem gegeben; denn die getötete Gottheit tritt als erstes Wesen die Totenreise an und verwandelt sich selbst in das Totenreich, dessen Abbild auf Erden das Kulthaus ist, bei dessen Bau noch heute die Angaben der Mythe beobachtet werden (vgl. Gunnar Landtman über die *Kiwai*, S. 9 ff.). Der Tempel als Abbild des Totenreiches und die erste Tötung als Beginn der Weltordnung hängen also mythisch auf das engste zusammen, und es ist nicht verwunderlich, daß unter den verschiedenen Anlässen für die kultische Wiederholung des Urzeitdramas, das heißt der Ausführung einer rituellen Tötung, in weiter Verbreitung der Bau eines heiligen Hauses genannt wird.

Wenn wir den ursprünglichen, echten und begreifbaren Sinn

der blutigen Opfer nur im Zusammenhang mit dem pflanzeri-schen Mythologem von der getöteten Gottheit zuzugeben be-reit sind, so könnte man dem entgegenhalten, daß eine in einem bestimmten Zusammenhang erstmalig entstandene Erscheinung oft genug mit einem völligen Bedeutungswandel auch in ande-ren kulturellen Gebundenheiten mit einem neuen vernünftigen und begreifbaren Sinn weiterbesteht. Das soll keineswegs be-stritten werden, sondern das Opfer nur als eines der – allerdings nicht wenigen – Beispiele dafür angeführt werden, daß kultische Handlungen aus einer älteren echten, religiösen Gebundenheit übernommen und weiterhin ausgeführt worden sind, ohne daß das dazugehörige mythische Weltbild beibehalten, und ohne daß – in diesen Fällen – eine sinnvolle Einordnung der Hand-lungen in die neue Weltbetrachtung vorgenommen wurde. Dies wäre bei der weiten Verbreitung des Opfers wohl kaum mög-lich gewesen, wenn nicht schon vorher, in einem vermutlich lange dauernden Prozeß der Sinnentleerung, die rituellen Tö-tungen zu feststehenden, aber nicht mehr verstandenen Routi-nehandlungen degeneriert wären.

Es darf jedoch nicht unerwähnt bleiben, daß gewisse religiöse Bereiche in den Hochkulturen – wie es KARL KERÉNYI (Kore) an den eleusinischen Mysterien gezeigt hat – durchaus sinner-fülltes Kulturerbe aus älteren Schichten darstellen; nicht zuletzt gilt dies auch für manches wichtige Ideengut im Christentum; gerade dadurch wurde dem Kult als einer der tiefsten menschli-chen Ausdrucksformen auch in der abendländischen Geschichte und ihren Lebensgestaltungen noch Raum gegeben.

Die Wandlung der rituellen Tötungen zum Opfer scheint nun aber mit der viel entscheidenderen Wandlung der Gottesvor-stellung Hand in Hand gegangen zu sein, von der die Religio-nen der hier behandelten menschheitsgeschichtlichen Epochen jeweils beherrscht wurden. Schon bei Naturvölkern mit hoch-entwickeltem Staatswesen sind »die Götter« da und gleichzeitig das veränderte Verhältnis zwischen Gott und Mensch, zum Bei-spiel an der Westküste Afrikas und in Mexiko. Aber daneben haben diese Götter offensichtlich auch noch ganz und gar den *Dema*-Charakter. In Mexiko läßt sich dies mit aller Deutlich-keit zeigen, worauf wir noch zurückkommen werden.

Das gleiche Bild einer schwankenden Bedeutung zwischen individuellen Göttern gegenwärtiger Wirksamkeit und dem De-ma-Charakter längst vergangener Urzeittaten läßt sich auch in einem uns näher liegenden Gebiete, in Indien, zeigen, wie H. Lommel in einer interessanten Arbeit dargelegt hat. Die urarischen Götter Mitra und Varuna tragen das individuell-göttliche und stets gegenwärtige Wesen einer hochkulturlichen Gottheit bereits in den allerältesten Zeugnissen über sie, die bis ins zweite Jahrtausend v. Chr. zurückreichen. Es heißt von ihnen, wie von allen anderen Göttern, »daß sie das Recht hüten, Unrecht bestrafen, die Ordnung in der Welt aufrecht erhalten und ihren frommen« Verehrern vielfachen Segen zuwenden« (Mithra, S. 207). In der einen entscheidenden Mythe aber über die Einführung des Opfers zeigt sich uns ein ganz anderes Wesen der Götter. Hier unterscheiden sie sich so gut wie überhaupt nicht von den Dema-Gottheiten der Urzeit, die sich zu der entscheidenden Tat der Tötung eines Dema-Gottes entschließen und damit die heutige Seinsordnung in der Welt begründen. »Die Yajur-vedischen Texte berichten unzählige Male von Opfern, die die Götter vollzogen haben. Nach dem Urbild der Opfer oder der heiligen Handlungen der Götter muß das von den Menschen vollzogene Opfer geschehen.« »Um das Opfer vollziehen zu können, müssen die Götter ihren Mit-Gott *Soma* erschlagen, ermorden. Sie tun es gemeinsam, kein einzelner der Götter wird dabei genannt, außer gerade Mitra, und der, weil er sich weigert.« »Aber es gelingt den Göttern dennoch, den Mitra zur Beteiligung an der heiligen Untat, dem segensreichen Mord zu bewegen.« (S. 215)

Mit allen Einzelheiten entsprechen die indisch-iranischen Schilderungen der pflanzerischen Urzeitmythe. Gerade auch das Merkmal der Gemeinschaftstat ist sehr oft ein wesentlicher Zug der Mythe. So berichtet H. Schärer (Menschenopfer, S. 21 ff.) von den *Ngadju-Dayak* auf Borneo, daß die Marterung des Opfersklaven am Opferpfahl nur deshalb wichtig sei, weil *jeder* Teilnehmer am Totenfest das Opfer erstochen haben muß. Dies geschieht in einer genau festgelegten Reihenfolge. Auch bei Tieropfern ist der Vorgang der gleiche. Bei der Bestattung des getöteten Opfersklaven sind ebenfalls alle Festteilnehmer an dem Feststampfen der Erde über dem Grab beteiligt – genauso wie die Mythe von der ermordeten *Hainuwele* auf Ceram berichtet, daß alle Dema-Wesen der Urzeit die Erde über ihrem Grab gemeinsam feststampften. Ein neues Motiv in der indischen Mythe über Soma ist jedoch das anfängliche Bedenken des Mitra; solche Bedenken begegnen uns in den naturvölkischen Beispielen nicht. Wahrscheinlich zeigt sich darin bereits ein Zug aus einer neuen Geisteshaltung, die den urzeitlichen Mord in eine andere sittliche Wertung hineinbezieht.

Wir erfahren weiterhin bei Lommel, daß der Gott Soma (iranisch Haoma) identisch ist mit einem Urzeitwesen, das vor allem anderen Leben vorhanden war, und dessen Gestalt – wie es für alle Dema-Gottheiten typisch ist – nicht eindeutig bestimmt, bald mit dem Stier, bald mit einer Pflanze oder auch mit dem Mond in Verbindung gebracht wird. Sein Tod bringt alles Leben hervor, sowohl pflanzliches wie tierisches, und das Pressen der Somapflanze, das eine kultische Wiederholung jener Tötung ist, ergibt den Unsterblichkeitstrank, der den Göttern die individuelle Unsterblichkeit, den irdischen Lebewesen aber nur die Unsterblichkeit der Gattung vermittelt. »Es ist nun beim Soma-Opfer der alten Inder, dem höchsten und feierlichsten Opfer, deutlich, daß dabei die Darbringung einer Gabe für die Götter nicht das Wesentlichste war, sondern der Nach-Vollzug des Ur-Opfers der Götter.«

Das anfängliche Bedenken des Gottes Mitra gegen die Tat des Tötens erschien uns gegenüber der naturvölkischen Haltung als ein Merkmal veränderter Geisteshaltung und neuer sittlicher Wertung. Noch viel deutlicher wird dieses ganz andersartige Verhältnis zu dem alten Mythologem in den zoroastrischen Zeugnissen. Zarathustra wendet sich bei seiner Verurteilung der alten Götter und ihrer Anhänger ganz besonders nachdrücklich gegen die Rinderschlachtungen. Er bezeichnet seine Gegner als die »Lügenhaften«, die da sagen: »Der Stier muß getötet werden«. Alle Heftigkeit gegen die alten Götter hat aber nicht verhindern können, daß Mitra in dem späteren Zoroastrismus doch wieder zu Ehren kam. Da nun aber Rinderschlachtungen als Frevel gebrandmarkt waren, konnte die urzeitliche Tat nicht dem wieder verehrten Gott zugeschrieben werden, sondern es wurde erzählt, daß Ahriman, der böse Geist, bei seinem Angriff gegen die gute Schöpfung des Ormuzd den Urstier getötet habe. »Dennoch aber wurde die Heilswirkung, die der Tod des Stiers mit sich brachte, fromm und gutgläubig berichtet, freilich ebenfalls ohne die Haoma-Natur des Stiers zu erwähnen.« (S. 216)

Es ist ein besonders gut greifbares Beispiel dafür, wie aus den sinnbezogenen Glaubensinhalten einer Religion Widersinnigkeiten werden können, wenn der eigentliche Kerngedanke infolge einer historischen Veränderung verlorengeht und die äußeren Gestaltungen einer Idee doch ehrfürchtig bewahrt und mit neuen Vorstellungsgehalten in Zusammenklang gebracht werden. Es ist eine erstaunliche und in jeder kulturgeschichtlichen Betrachtung sich immer wieder aufdrängende Tatsache, daß eine kulturell gestaltete Idee über unbeschränkte Zeiträume fortzuleben vermag; selbst dann, wenn das, was wir ihre Wahrheit nennen dürfen, in ihren neuen Gewändern dem verstehenden Geist nicht mehr greifbar ist. Jede kulturelle Gestalt hat also außer ihrer ursprünglichen Wahrheit noch andere Merkmale, die ihre Lebendigkeit und ihre Existenz gewährleisten.

Die Mitra-Religion hat noch eine weitere historische Fortsetzung, ja, eine Art Renaissance erlebt in den hellenistisch-römischen Mithras-Mysterien, die ihre große Zeit im römischen Kaiserreich hatten und damals bis in unsere nördlichen Breiten vorgedrungen sind. Das Kernstück der bildlichen Darstellungen ist hier wiederum die Stiertötung, deren Heilswirkung unverkennbar ist, denn alle nährenden und heilsamen Pflanzen kommen aus dem getöteten Stier hervor. »Die Gottheit des Haoma ist in der hellenistisch-römischen Mithras-Religion nicht mehr bekannt. Die Stiertötung hat als lebend-erneuernd noch ihren hauptsächlichen Gehalt bewahrt, ist aber doch beträchtlich abgeschwächt, da es nicht mehr die Tötung eines Gottes ist, der durch seinen Tod das Heil bringt.« (Lommel, S. 214)

Diese lehrreiche Untersuchung von Lommel zeigt uns das Problem des Kulturwandels von vielen Seiten. Für unsere Betrachtung interessiert daran jedoch besonders das demahafte Wesen der indischen Götter, sofern sie als handelnde Personen in dem Mythologem von der Tötung ihres Mit-Gottes Soma auftreten. Sowohl im Zoroastrismus wie in den abendländischen Mysterien fehlt die entscheidende Idee von der Göttlichkeit des getöteten Stieres, der als ein Urzeitwesen vor allem anderen Leben da war. Im hellenistisch-römischen Kult steht vielmehr die sieghafte Gestalt des göttlichen Stiertöters strahlend im Vordergrund, wie der gefeierte Matador in spanischen Stierkämpfen. Es sei nur nebenbei erwähnt, daß auch in den naturvölkischen Kulten die Tötung des Opfers oft nur von einem hohen Amtsträger vorgenommen wird, der bei den *Marind-anim* den Titel trägt: der Vater, welcher tötet. Die indische Kulthandlung der Gewinnung des Soma-Trankes ist zwar noch deutlich auf die Urtötung des Soma bezogen, der beim Keltern wieder erschlagen wird. Es ist das »höchste und feierlichste

Opfer« der alten Inder. So lebendig uns aber auch das mythische Gut der alten Pflanzer entgegentritt, die Verschiebung des Akzentes im Verhältnis der Menschen zu den Göttern in allen wesentlichen Beziehungen ist bereits sehr deutlich. Trotz echter sinnbezogener Bewahrung des Alten stehen wir doch in einer anderen Welt.

Auch in anderer Hinsicht zeigt das auf Soma bezogene Ideengut seine besonderen indischen Merkmale, die in den bisherigen naturvölkischen Beispielen fehlen. Hierzu gehört der besondere Charakter der Pflanze, die nicht die hauptsächliche Nutzpflanze ist, sondern ein Rauschmittel. Diese besondere Variante des Mythologems, die sich vorwiegend auf die Entstehung von außergewöhnlichen Pflanzen, etwa von Heilpflanzen, Giften oder Rauschmitteln, bezieht, findet sich besonders häufig in Südamerika. Eine überraschende Parallele gerade zum indischen Soma-Kult findet sich bei den *Huichol* in Mittelamerika, die einer narkotischen Pflanze, dem Peyotekaktus, eine ganz ähnliche zeremonielle Aufmerksamkeit widmen, wie sie hier vom Soma berichtet wird (Carl Lumholtz, S. 17ff.). Nach der Mythe wurde die Pflanze in der Urzeit von einem Hirsch hervorgebracht, der nach dieser Tat »verschwand«. Noch heute unternehmen die Huichol zeremonielle Expeditionen, auf denen sie 43 Tage lang in entfernte Gebiete reisen, um die Pflanzen zu sammeln. Dabei schießen sie mit Pfeilen danach wie nach einem Wild, und der Urhirsch erscheint ihnen in Visionen. Außerdem ist der Hirsch bei allen religiösen Festen das hauptsächliche Opfertier. Die überragende Bedeutung des Peyotefestes, bei dem die narkotische Pflanze berauschende Wirkungen auf die Festteilnehmer ausübt, hängt mit der Landwirtschaft, dem Regen und der Fruchtbarkeit der Felder zusammen.

Dasselbe zwiespältige Wesen, das sich an den indischen Göttern offenbarte, zeigt sich, wie mir scheint, an vielen göttlichen Gestalten der Hochkulturen, besonders dann, wenn die entscheidende Mythe über die Tötung der Gottheit berichtet, wie etwa bei Osiris oder Dionysos. Besonders deutlich aber sehen wir es an der altmexikanischen Religion. Hier überwiegt bei weitem der Dema-Charakter der Götter, und die zahlreichen Menschenopfer sind ganz zweifellos noch überwiegend Darstellungen der Tötung der Gottheit selbst; und doch werden uns gegenwärtig gedachte Götter beschrieben, von denen die

Menschen ein günstiges Schicksal erhoffen und denen die Opfer in dieser Hoffnung dargebracht sein sollen. So ist *Xipe-Totec* – »unser Herr, der Geschundene« – einerseits zweifellos ein gegenwärtiger Gott, der Spezialgott der Zunft der Goldschmiede (EDUARD SELER, Bd. 2, S. 1073), zugleich ein Fruchtbarkeitsgott, den man um Regen anfleht (ebd. S. 1075) und dem man dafür die Erstlinge der Feldfrüchte verspricht (ebd. S. 1077f.). Aber schon sein Name deutet auf einen Mythos, bei dem an eine eigentümliche, aber nicht vereinzelt dastehende Doppelbedeutung gedacht werden muß, insofern, als sowohl der Gott selbst getötet und geschunden wurde, wie auch, daß er seinerseits tötete und die Haut des Getöteten übergezogen habe. Sein Name weist auf die erste Möglichkeit, aber im Kult, beim »Fest des Menschenschindens« überwiegt zunächst die zweite Deutung; denn bei der Tötung der Gefangenen treten priesterliche Amtsträger auf, die in der Gestalt von Göttern, im besonderen in der von Xipe-Totec, den grausamen Akt vollziehen. So erscheint bei der Zeremonie ein Priester in der Gestalt des Gottes *Opochtli* (FRAY BERNARDINO DE SAHAGUN, S. 70), und die Tötung selbst vollzieht der »Nachttrinker« (ein Beiname des Gottes Xipe) in der Gestalt Totecs (S. 68, 71). Diejenigen aber, die die Haut des getöteten Gefangenen überziehen, werden schon in ihrem Namen als Darsteller des Gottes Xipe gekennzeichnet (S. 67), wie auch der Gott selbst stets mit einer übergezogenen Menschenhaut abgebildet wird. Daß aber alle diese Handlungen im Kult auf eine uns nicht berichtete Mythe von Xipe bezogen wurden, ergibt sich aus folgendem Satz bei Sahagun: »Wie in dem Bericht über Xipe gesagt ist, in derselben Weise geschah nachher ...« (S. 67)

Andererseits aber wird der Besitzer des getöteten Gefangenen auf nicht genau erfaßbare Weise mit diesem gleichgesetzt; denn wenn das Fleisch des Opfers verzehrt wird, so darf sich derjenige an dem Schmaus nicht beteiligen, der den Gefangenen eingebracht hat. »Er spricht: Soll ich mich denn selber essen?« (S. 72) »Man nennt ihn (der den Gefangenen gemacht hat) Sonne, weiße Farbe und Federn, weil er gleich einem mit weißer Farbe Bemalten und mit Federn Beklebten (einen zum Opfer Geschmückten) ist.« Seine Verwandten begrüßen ihn mit Tränen (S. 65). Die unbekannte Mythe über den Gott Xipe muß also etwas berichtet haben, aus dem sich diese Doppelbedeutung erklärt, daß der Gott einerseits »der Geschundene«, andererseits offenbar selbst der Töter war und derjenige, der sich die Haut des Opfers überzog.

Die eigentümliche Stellung der polytheistischen Götter – einerseits als urzeitlich handelnde Dema, die selbst die Urtötung vollziehen, und andererseits als gegenwärtige Götter, denen die Opfer dargebracht werden (wie man an vielen Beispielen feststellen kann), spricht für ihren direkten kulturgeschichtlichen Zusammenhang mit den älteren Dema-Gottheiten. Fragen wir nun, wie sie sich von jenen unterscheiden und worin die Ursache dafür liegt, daß das ursprünglich sinnbezogene Tötungsritual zum sinnentleerten Opferbrauch werden konnte, so lassen sich zweifellos von jeder Einzelkultur aus viele Merkmale anführen, durch die sich die Götter von den Dema unterscheiden: denn jede Gottheit ist naturgemäß in die Ganzheit einer Kultur eingebettet. Aber ein Merkmal scheint mir doch in einem umfassenderen Sinne Gültigkeit zu haben: eben jene bereits erwähnte Gegenwärtigkeit der Götter. Trotz ihrer Urzeittaten sind sie nicht in den Erscheinungen aufgegangen, die sie hervorgerufen haben, wie es für die Dema charakteristisch ist, und ihre Gegenwärtigkeit ist nicht wie bei jenen auf ein fernes Totenland beschränkt, zu dem die Lebenden gewöhnlich keinerlei Verbindung haben. Diese Gegenwärtigkeit, als wesentlicher Charakterzug der polytheistischen Götter ist aber gerade das Merkmal, durch das sich auch das Höchste Wesen so grundlegend von der Dema-Gottheit unterscheidet (vgl. Kap. IV, 3).

Diese hier sehr abgekürzt dargelegten Gründe legen die Vermutung nahe, daß der Zwiespalt im Wesen vieler polytheistischer Götter durch die Verschmelzung von zwei ursprünglich ganz verschiedenen Gottesideen hervorgerufen wurde, nämlich der Idee von einer im Himmel thronenden Gottheit, der die Erschaffung der Welt zugeschrieben wird und die auch gegenwärtig noch das menschliche Schicksal belohnend und strafend in Händen hält, und der Idee von göttlichen Urzeitwesen, durch die die Dinge in der Welt so wurden, wie sie sind, und daher für alle Zeiten die Zeichen ihres göttlichen Ursprungs tragen, den wahrnehmen zu können die eigentlich menschliche Seinsform ausmacht. Kulturgeschichtlich würde eine solche Verschmelzung auf jenen besonderen Impuls deuten, dem wir die Entstehung jener jüngeren sozial differenzierten Kulturen zuschreiben möchten. Wir hatten bereits darauf hingewiesen, daß die Hochgottvorstellung zwar in den nordostafrikanischhamitischen Viehzüchterkulturen ihre deutlichste Ausgestaltung erfahren hat, daß sie aber auch in den jüngeren naturvölkischen Kulturen, das heißt in den Körnerfrucht anbauenden Schichten, die in der Alten Welt meist auch Rinderzucht kennen, meist neben den Dema-Gottheiten in Erscheinung tritt, wobei die Dema oft bereits jenes zwiespältige Wesen zeigen, das wir auch in den indischen und mexikanischen Göttern feststellten. In diesem Falle bedeutet das, daß die Dema vielfach bereits zu gegenwärtig gedachten Göttern abgewandelt sind. Wir lassen dabei die Frage unerörtert, wie es zu dem Auftreten des Himmelsgottes gekommen ist und wie jener Impuls beschaffen gewesen sein mag, der als religionsgeschichtliche Erscheinung den entscheidenden Wandel in der Vorstellung von den Dema herbeiführte. Auch wenn die hier ausgesprochene Vermutung, daß die Hochgottidee an diesem Wandel wesentlichen Anteil hatte, nur einen von wahrscheinlich vielen Zusammenhängen glaubhaft gemacht haben sollte, so hätte damit die summarische Behandlung von sicherlich sehr schwierigen Fragen eine gewisse Berechtigung.

Dieser meist ohne Beispiele und Materialbelege entwickelte Gedankengang bedarf noch einmal des Hinweises auf seinen hypothetischen Charakter. Auch unsere bestbelegten wissenschaftlichen Einzelergebnisse entstammen meist zu einem erheblichen Teil unserer unmerklich an zahlreichen Eindrücken und in steter Beschäftigung mit dem Stoff sich formenden Auffassung von der Kulturgeschichte in ihren großen und allgemeinen Zügen, ohne daß wir diese Grundlage unserer Gedanken ausreichend bewiesen vorzulegen vermöchten. Summarisch sind schon die Bezeichnungen Höchstes Wesen, Dema-Gottheiten und polytheistische Götter. Bei jedem Volk haben diese Glaubensinhalte naturgemäß ihr eigenes und ganz spezifisches Wesen, das jeweils deutlich herauszustellen sicherlich eine der wichtigsten Aufgaben der Einzelbeschreibungen ist.

Unser Versuch, den kulturhistorischen Zusammenhang zwischen den polytheistischen Göttern der Hochkulturen einerseits und den Dema-Gottheiten der alten Pflanzer andererseits aufzuzeigen, konnte sich nicht mit der Frage befassen, was die Hochkulturgötter ihrem eigensten Wesen nach sind und welches ihre eigentliche Stellung im großen menschheitsgeschichtlichen Prozeß ist. Unsere Absicht, sie mit den älteren Dema-Gestalten zu vergleichen, mußte ganz von selbst die sinnentleerten Seiten ihrer Erscheinung in den Vordergrund rücken. Mit anderer Absicht betrachtet wären sie uns zweifellos auch mit anderen Seiten ihres Wesens entgegengetreten. Es gehört nun einmal zu jeder kulturellen Gestaltung, daß sie neben ihrem eigentlichen Wesen, das dem schöpferischen Prozeß ihrer Entstehungsphase entstammt, auch – gleichsam wie Eierschalen – Reste vorhergehender Erscheinungsformen an sich trägt. Es liegt in der in diesem Abschnitt behandelten Frage begründet, daß wir uns hier ausschließlich mit diesen zu beschäftigen hatten.

Daß es aber trotzdem möglich ist, Gottesvorstellungen zu typisieren und über weite Entfernungen hin in ihren Gemeinsamkeiten zu vergleichen, beruht natürlich letzten Endes auf der Tatsache, daß Gottesvorstellungen nicht von ungefähr entstehen – etwa aus gelegentlichen Einfällen des Menschen, aus zufälligen Eingebungen seiner Phantasie – oder naturnotwendig aus jenen Anlagen des Menschen abzuleiten sind, die sich im alltäglichen Leben auswirken. Sie sind vielmehr das Ergebnis einmaliger und gewaltiger schöpferischer Vorgänge, die den Ablauf der menschlichen Geschichte bestimmten. Wie alle kulturellen Gestaltungen entwickeln sie, einmal zur Wirklichkeit geworden, innerhalb der Geschichte ihr Eigenleben. Hierdurch erst entstehen dann die zahlreichen Abwandlungen der Grundidee, die den Gegenstand einer phänomenologischen Betrachtung bilden. Wer diese Voraussetzung ablehnt, wird naturgemäß auch nicht bereit sein, die hier vorgetragenen Ansichten zu diskutieren.

5. Die mythische Aussage über die Tötung der Gottheit als Wirklichkeitserkenntnis

Unser Gedankengang hatte uns bisher dazu geführt, die rituellen Tötungen als kultische, das heißt als echt religiöse Erscheinungen aufzuzeigen. In einer vorwiegend spekulativen Abschweifung hatten wir im vorigen Abschnitt zu zeigen versucht, daß die blutigen Opfer in den jüngeren Kulturschichten nicht auf einer eigenen Opferidee beruhen, sondern im Grunde ein Survival der älteren rituellen Tötungen darstellen. Wenn wir dabei die Tötungsrituale als mythisch begründete und deshalb sinnbezogene Handlungen beschrieben haben, so verbleibt uns noch die Aufgabe, ihren Sinn nicht nur in den für uns fremdartigen mythischen Aussagen aufzuzeigen, sondern ihn auch im Rahmen unserer eigenen Erlebnisfähigkeiten begreifbar zu machen. Eine Sitte wird uns zweifellos verständlicher, wenn wir sie aus ihrer Isolierung lösen und in einen logisch widerspruchsfreien Zusammenhang mit anderen Äußerungen der gleichen Völker stellen können. Wenn uns aber eine Kulthandlung wie das Töten wegen ihrer Fremdartigkeit schwer verständlich ist, so ist diese Schwierigkeit nicht dadurch behoben, daß wir zu ihrem besseren Verständnis auf die Mythen verweisen. Zwar ist dadurch ein umfangreicheres Bild von der zugrunde liegenden Vorstellungswelt entworfen, aber im wesentlichen enthalten auch die Mythen die gleichen, für uns so schwer verständlichen Bilder. Soll sich uns ein volles Verständnis des ganzen Komplexes erschließen, so müßten wir uns selbst diesem mythischen Denken öffnen, und das eben ist gerade die unüberwindlich erscheinende Schwierigkeit.

a. Mythische und wissenschaftliche Erkenntnis

Wenn wir unserer Grundauffassung gemäß auch hier davon ausgehen, daß sich der Mensch im Ablauf seiner ganzen Geschichte in seinen wesentlichen kulturellen Schöpfungen sinnvoll verhielt und dem Sinnlosen auch in der Frühzeit seiner Geschichte keinen größeren Platz einräumte als etwa heute, so müßte es möglich sein, den Sinn seines Handelns auch in der Sprache einer anderen Zeit auszudrücken. Mit anderen Worten: Wir müßten auch aus unserer vom wissenschaftlichen Denken beherrschten Welt heraus verstehen, warum der Mensch in seiner Frühzeit dem Töten einen so wichtigen Platz in seiner Lebensgestaltung eingeräumt hat. Wir müßten den Aspekt der Wirklichkeit begreifen, von dem die Naturvölker ergriffen waren, als sie das Töten zum Gegenstand ihrer so wichtig genommenen kulturellen Gestaltungen machten.

Das ist an sich zweifellos möglich. Die Schwierigkeit liegt lediglich in dem großen Unterschied zwischen mythischem und wissenschaftlichem Verhalten. In dem Merkmal des Rationalen, das allem wissenschaftlichen Verhalten zukommt, liegt bereits etwas von dem Nüchternen – in extremen Äußerungen sogar Banalen –, das den wissenschaftlichen Urteilen im Gegensatz etwa zur dichterischen Schöpfung und ebenso zur mythischen

Weltbetrachtung eignet. Wenn wir uns also bemühen, die den mythischen Äußerungen zugrundeliegenden Erkenntnisse als wissenschaftliche Urteile anzusprechen, so müssen wir uns darüber klar sein, daß als Folge einer solchen Abstraktion der eigentliche und wesentliche lebendige Gehalt der Mythe verloren geht. Nehmen wir zunächst ein anderes Beispiel, bevor wir uns um den wissenschaftlichen Sinngehalt des Tötens bemühen.

Eine der auffälligsten Erscheinungen an fast allen Reifezeremonien der Naturvölker ist die damit verbundene Vorstellung, daß die Initianden sterben müssen, bevor sie zu neuem Leben erweckt als vollgültige und zeugungsfähige Mitglieder der Gemeinschaft aufgenommen werden können. Auf die gleiche Idee eines untrennbaren Zusammenhanges zwischen Zeugung und Sterben weisen auch noch zahlreiche andere Angaben. Als wissenschaftliches Urteil formuliert, besagen sie, daß alles Lebendige sterblich und sich fortpflanzend ist. Ohne den Tod wäre die Fortpflanzung in der Tat sinnlos und ebenso umgekehrt. Eine solche Feststellung ist nüchtern und vermag uns nicht zu bewegen, wenn wir sie gleichsam unbeteiligt treffen. Erst wenn wir uns vergegenwärtigen, daß es sich hier um das entscheidende Merkmal alles Lebendigen handelt, in dem wir einen Sinn und eine Bedeutung erkennen müssen, die für uns wichtig sind, wird die dem mythischen Denken adäquate Erlebnissphäre in uns angesprochen. Dem mythischen Denken offenbart sich in dieser Erkenntnis der göttliche Aspekt der Welt. Als das schöpferische Urprinzip zum ersten Mal Lebendiges schuf, da fiel die Entscheidung über das Sosein allen Lebens. Die Biologie vermag uns bis heute nicht mehr darüber auszusagen, als daß es eben so ist.

Sagt uns die Mythe mehr darüber als das wissenschaftliche Urteil? Zunächst ist die Feststellung vielleicht nicht unwichtig, daß sie uns jedenfalls nicht weniger sagt. Sie hat das gemeinsame Merkmal alles Lebendigen deutlich erkannt und es gegenüber der unlebendigen Wirklichkeit abgegrenzt. In Ceram erzählt eine Mythe (AD. E. JENSEN, Hainuwele, S. 39 f.) von einem Streit zwischen dem Felsen und dem Bananenbaum über die endgültige Seinsform der Menschen. Der Bananenbaum, der gewünscht hatte, daß die Menschen Kinder haben und sich fortpflanzen sollten, siegt in dem Kampf. Der resignierende Fels sagt: Gut, dann soll er auch sterben wie du. So ist der Mensch nicht wie der Stein geworden, sondern zu einem Teil der lebendigen Welt, und deshalb hat er Anteil an deren besonderem Schicksal. Hätte der Mensch zur Steinhaftigkeit der Welt gehören und steinhaftes Schicksal – im besonderen die Unsterblichkeit – haben können? Das ist etwa die mythische Fragestellung, und die verneinende Antwort bejaht die gegebene Wirklichkeit als die Verwirklichung eines göttlichen Prinzips.

Eine solche Mythe enthält tatsächlich ein Mehr gegenüber der phänomenologischen Feststellung des wissenschaftlichen Urteils. Dieses Mehr liegt zum Beispiel in den affektiven Erlebnissen, die aus dem wissenschaftlichen Urteil geflissentlich entfernt wurden. Deutlich zeigt sich dies unter anderem an der Art und Weise, in der die mythischen Erkenntnisse von Generation zu Generation weitergegeben werden. Wir haben schon dargelegt (Kap. II, 2), daß die Kulte das wichtigste Verständigungsmittel in jenen Kulturen sind. Die Erkenntnisse werden nicht nur durch mündliche Lehre vermittelt, sondern in ungemein erregenden Zeremonien und gemeinschaftlichen Aufführungen »erlebt«. Der heranwachsenden Jugend, die an solchen kultischen Festen teilnimmt, offenbart sich etwas Anderes, Hintergründiges, das ihr das Sosein der Welt als ein tiefes Geheimnis zeigt, für das beispielsweise unsere abendländische Kultur keine Ausdrucksformen hat. Das wissenschaftliche Urteil über die gleiche Erkenntnis – etwa der von der wechselseitigen Abhängigkeit von Zeugen und Sterben – kann man nur als nüchterne Feststellung weitergeben, und es ist deshalb untauglich, in solch eindringlicher Weise erlebt zu werden. Mythe und Kult sagen also insofern mehr aus, als sie nicht nur eine Erkenntnis vermitteln, sondern den Menschen in eine überaus lebendige Beziehung zu ihr stellen.

Während indessen die wissenschaftlich formulierte Erkenntnis im allgemeineren Sinne begreifbar bleibt, sind die mythischen und kultischen Darstellungen religiöser Erkenntnisse viel stärker kulturgebunden. Ein gutes Beispiel dafür, wie schwierig es für den Außenstehenden ist, den Inhalt solcher »Lehre« zu begreifen, wenn die weltbildgebundenen Voraussetzungen für das tiefere Verstehen nicht mehr gegeben sind, findet sich in den Berichten der christlichen Schriftsteller über die Kulthandlungen in Eleusis. KARL KERÉNYI (Kabiren, S. 55) schreibt darüber: Sie »sagen von der in Eleusis, auf einem Höhepunkt der Begehung schweigend gezeigten Ähre, oder vom so einfachen Doppelwort: ›Regne, bringe Frucht‹, spöttisch: ›Das ist das große und unaussprechliche eleusinische Mysterion!‹ Sie sind außer sich in der Aufzählung der Verehrung unwürdiger, gemeiner Gegenstände, die alle das ›Mysterion‹ bilden sollten. Sie beweisen damit, daß das heidnische Arreton für sie in dieser seiner Eigenschaft verschwunden ist.« Dabei ist zu bedenken, daß gerade die Vorgänge in Eleusis in ihrem tiefsten Grunde wie auch in ihrem Erkenntniswert mit den hier hauptsächlich gemeinten naturvölkischen Kulten eine enge geistige Verwandtschaft aufweisen.

b. Der Erkenntniswert

Nach diesen Vorbereitungen fragen wir nach dem Erkenntniswert der Tötungsrituale. Was ist es, das die Menschen so bewegte, daß sie ihresgleichen töteten – nicht als sittenloses und gedankenloses Tun einer halbtierischen Barbarei, die es nicht besser wußte und niederen Instinkten folgte, sondern als kulturgestaltender Erkenntnisdrang einer Menschheit, die sich des tiefsten Gehaltes der Welt bewußt zu werden trachtete und ihn in dramatischen Darstellungen als eine »Gestalt« an die nachfolgenden Generationen durch Jahrtausende hindurch weiterzugeben bemüht war? Wenn wir versuchen, diesen dem Tötungsritual zugrundeliegenden Erkenntnisgehalt in die Form eines Urteils, einer Aussage über die Wirklichkeit, zu kleiden, so müssen wir uns jener Feststellung bewußt sein, die uns gezeigt hat, wie blutleer und lebensarm solche Urteile gegenüber dem affektiven Erlebnis der mythischen Welterfahrung sind. Wie wir früher schon betonten, wendet sich das mythische Denken stets an das erstmalige Geschehen, an den Schöpfungsakt, in der richtigen Erkenntnis, daß sich in ihm das lebendigste Zeugnis eines Geschehens offenbaren muß. Wer sagen will, wie es um die Wirklichkeit im tiefsten Grunde bestellt ist, der muß berichten können, wie es dazu kam, daß dieser oder jener Bereich der Wirklichkeit gerade so und nicht anders in Erscheinung trat, wie er sich uns heute darbietet.

In dem Fall, den wir hier untersuchen wollen, ist das Kernstück des mythischen Weltbildes die Angabe, daß eine Gottheit getötet wurde, um damit die Wirklichkeit zu begründen, daß alles Lebendige sterblich ist. Ein für uns verständliches Motiv für diese Tötung fehlt in den Mythen. Alle gelegentlich angegebenen Motive in den Mythen werden dadurch aufgehoben, daß in zahlreich belegten Vorkommen der Mythe die Gottheit selbst die damals lebenden Vorfahren der Menschen, die *Dema*, auffordert, sie zu töten, und ihnen als Folge davon die herrlichsten Lebensgüter verheißt. Man könnte sich viele andere Formen der Mythe vorstellen, in denen scheinbar das gleiche ausgesagt werden könnte. Die Gottheit könnte sterben oder durch ihren Fortgang in das Totenreich oder durch Worte die nunmehrige Sterblichkeit und die Verheißung der neuen Lebensgüter ankündigen. Wenn aber die Mythe fast ausnahmslos das Töten der Gottheit berichtet und wenn in den dramatischen Wiederholungen dieses Vorganges, in den Kulten, das Töten einen so entscheidenden Platz einnimmt, so muß dieser Angabe zweifellos eine wichtige Bedeutung innewohnen.

Diesen Bedeutungsgehalt als eine wissenschaftliche Aussage über die Wirklichkeit wiederzugeben, war unser Anliegen. Sie lautet in ihrer nüchternen, aller affektiven Werte entkleideten Form: Alles tierhafte Leben vermag sich nur durch organische Stoffe zu erhalten, das heißt also nur dadurch, daß es anderes Leben vernichtet. Das Töten ist also ein grundlegendes gemeinsames Merkmal allen tierhaften Lebens, wobei zu bedenken ist, daß die Naturvölker mit Recht auch das Ernten der Pflanzen zum Bereich des Tötens, der Vernichtung von Leben, gerechnet haben, wie es ja auch uns noch in der Vorstellung des »Schnitters« Tod mit der Sense geläufig ist.

Diese Aussage ist uns so selbstverständlich, daß die meisten von uns ebenso wie jene oben erwähnten christlichen Schriftsteller über Eleusis sagen möchten: Eine solche Erkenntnis ist doch kein hinreichender Grund, um in jene Erregung zu geraten, die Menschen tötet. Was ist das schon für eine Erkenntnis, und welches Mysterium verbirgt sich darin? Das aber ist in Wahrheit kein Argument gegen das mythische Erleben. Es ist der Ausdruck des Nichtverstehenden gegenüber einer Erscheinung, deren Heiligkeit sich ihm nicht offenbart hat.

Als die Gottheit sich im tierhaften Leben verwirklichte, da fiel die Entscheidung, daß es so und nicht anders sein solle – nämlich, daß es eine lebenvernichtende Seinsform haben solle. Wäre es denkbar, daß es anders sein könnte? Zweifellos ist es denkbar. Warum sollte es nicht in einer anders gestalteten Welt menschenähnliches Leben geben, das nicht tötet? Vielleicht sogar kann es solches Leben hier auf Erden in irgendeiner fernen Zukunft geben. Aber die Welt, die wir kennen, der wir angehören, hat die Beschaffenheit, die sie von jener sich selbst verwirklichenden Gottheit erhielt, die tierhaftes Leben als tötendes Leben schuf.

c. Bejahende und verneinende Lebensauffassung

Die Möglichkeiten des menschlichen Verhaltens gegenüber dem Sosein der Welt sind vielgestaltig, besonders deutlich greifbar in zwei entgegengesetzten Haltungen, die kulturgeschichtlich oft feststellbar sind. Auf eine kurze Formel gebracht, sind es die bejahende und die verneinende Zwiesprache mit der Wirklichkeit. Alles was wir bisher über das Weltbild der alten Pflanzer vorgebracht haben, zeigt im wesentlichen eine bejahende Haltung gegenüber diesen bestimmten Aspekten der Wirklichkeit. Wohl klingen gelegentlich in den Mythen Sündenmotive für das erste Sterben an oder ein Bedauern darüber, daß nicht der Mensch, sondern die Schlange die Unsterblichkeitsmedizin erhielt. Sie könnten den Gedanken aufkommen lassen, als werde das wirkliche menschliche Schicksal als nicht richtig angesehen, als etwas, das vermeidbar gewesen wäre und das auch hätte vermieden werden sollen. Aber das sind doch alles nur Anklänge. Die Mehrzahl der Mythen läßt in den Beschreibungen des schöpferischen Vorganges keinen Zweifel darüber, daß die Gottheit dieses und kein anderes Schicksal wollte. Die Tatsache allein, daß in den Kulthandlungen immer wieder getötet wird, spricht für die im wesentlichen bejahende Haltung der alten Pflanzer gegenüber dem in der Natur gegebenen Tatbestand.

Man könnte sagen, daß dem Menschen auch gar nichts anderes übrig bleibt, als sich mit den Gegebenheiten abzufinden und sich in sein Schicksal zu fügen. Kulturgeschichtlich gesehen ist das aber durchaus keine Selbstverständlichkeit. Wir verstehen das sofort, wenn wir uns ein Beispiel aus unserer eigenen kulturellen Umgebung vergegenwärtigen: Wir beachten wenigstens in der jüngsten Phase der abendländischen Geschichte ein sehr strenges Tabu, das sich auf die menschliche Körperlichkeit bezieht. In extremen Fällen zeigt sich nahezu ein Bedürfnis, die Tatsache völlig zu übersehen, daß wir überhaupt einen Körper haben. Jedenfalls aber werden weite Bereiche, die mit dem Körperlichen zusammenhängen, verschwiegen und ihr tatsächliches Vorhandensein in der Wirklichkeit nur als peinlich empfunden. Alle auf den Stoffwechsel bezüglichen Erscheinungen, die Tatsache des Schwitzens oder des Vorhandenseins unangenehmer

Körpergerüche – ganz zu schweigen von dem umfangreichen Gebiet des sexuellen Lebens oder der Geschlechtsorgane selbst – werden im zwischenmenschlichen Verkehr und möglichst auch im Bewußtsein des einzelnen so behandelt, als seien sie nicht vorhanden. Zahlreiche sprachliche Umschreibungen dienen dazu, das tatsächlich Gegebene nicht bei seinem rechten Namen zu nennen.

Da andere Kulturen dieses Tabu meist nicht kennen, ist der Völkerkundler oft in der peinlichen Lage, entweder kulturelle Gegebenheiten nicht zu beachten oder ein Tabu seiner eigenen Gesellschaftsordnung zu brechen. Andere Kulturen haben beispielsweise gerade den sexuellen Vorgängen große Aufmerksamkeit gewidmet und ihnen einen wichtigen Platz in den kulturellen Ausdrucksformen eingeräumt. Dasselbe kann man in bezug auf die Körperausscheidungen feststellen (vgl. K. Th. Preuss, Ursprung, S. 325). Beiden in der kulturellen Gestaltung möglichen Haltungen liegen naturgemäß wirkliche Gegebenheiten in der Umwelt und in der menschlichen Natur zugrunde. Die unserem besonderen Tabu innewohnenden Empfindungen sind den Naturvölkern sicherlich nicht unbekannt, was sich schon daran zeigen läßt, daß selbst solche Völker, deren kultische Feste übermäßig erotisch geladen sind, doch ihr privates Liebesleben etwa gleichermaßen in die geheime Sphäre der Zweisamkeit verlegen wie die Menschen des Abendlandes. Das bejahende oder verneinende Verhalten gegenüber bestimmten Gegebenheiten in der Wirklichkeit beruht mithin auf ganz konkreten Entscheidungen der Menschen, die durch ihre jeweilige Kultur bedingt sind.

Unter diesem Gesichtspunkt müssen wir auch das Verhalten des Menschen zur Gegebenheit des Tötens betrachten. Trotz seiner unbestreitbaren Wirklichkeit ruft es doch deutlich faßbar auch eine bestimmte ablehnende Empfindung hervor. Die oben charakterisierte Haltung der Jägervölker scheint diese Seite der Tötungswirklichkeit in ganz ähnlichem Sinne zum Gegenstand kultureller Gestaltungen gemacht zu haben, wie das späte Abendland zu dem Tabu in bezug auf das Körperliche gelangte. Die an sich gegebene Wirklichkeit wird verschwiegen, weggeleugnet und durch Umschreibungen vertuscht. So tut der tötende Jäger so, als ob er nicht getötet habe. Es ist eine verneinende Haltung gegenüber einzelnen Wirklichkeitsbereichen, in der ausgedrückt wird, daß das Wirkliche besser nicht wirklich wäre.

d. Die besondere Schwierigkeit für das Verstehen des rituellen Tötens

Wenn wir demgegenüber zu der Feststellung kommen müssen, daß die alten Pflanzer die Tötungswirklichkeit als natürlich hingenommen und bejaht haben, so bleibt für unsere eigene Empfindungswelt doch ein ungelöster Rest. Wir können uns nämlich auch bei einem Einverständnis mit allen bisherigen Ausführungen schwerlich zu der Annahme entschließen, daß der Mensch dieser Kulturphase die uns und den Jägervölkern geläufigen ablehnenden Empfindungen so wenig gespürt haben soll, daß er sie außer acht lassen konnte und ohne Bedenken selbst jene grausame Konsequenz aus seinen Erlebnissen zog, die zum Töten von seinesgleichen als kultureller Gestaltung führte. Die Tatsache zwar ist unbestreitbar, aber wir sind geneigt, nach Entschuldigungsgründen zu suchen, die jener Kulturschicht bei der Abfassung des Urteils wenigstens mildernde Umstände zubilligen könnten. Selbst wenn wir in Rechnung stellen, daß die frühen Kulturen dem menschlichen Einzelleben nicht den einmaligen Wert beimaßen, den gerade wir damit verbinden, daß es sich bei anderer Kulturzugehörigkeit vielleicht sehr viel leichter stirbt als bei uns, so möchten wir doch dabei verharren, daß es noch eines Anderen, Besonderen bedurfte, um die Menschen jener Kultur dazu zu bringen, dem Töten diese realistische und folgenschwere Bedeutung in der Lebensgestaltung zuzuerkennen. Die Schwierigkeit, die sich unserem Verstehen der rituellen Tötung entgegenstellt, erhöht sich nämlich noch besonders dadurch, daß wir gerade bei Naturvölkern eine hochentwickelte Kunst der symbolischen Darstellung antreffen. Fast alle Kulthandlungen beruhen auf ihr; der Kult ist die große Sprache der Frühzeit und das bevorzugte Verständigungsmittel in der zwischenmenschlichen Aussprache über Sinn und Wesen der Welt – übrigens eine Sprache, die im Ablauf der Geschichte mehr und mehr in den Hintergrund getreten ist. Dem tatsächlichen Töten von Menschen jedoch eignet jenes Merkmal realistischen Verhaltens, das der symbolischen Sprache fremd ist. Auch die Initianden der Reifezeremonien sollen der Idee nach sterben und doch läßt man natürlich keinen Knaben wirklich sterben, während man eine Fülle von höchst anschaulichen, gelegentlich drastischen Mitteln der Darstellung zur Verfügung hat, die der Idee den gewünschten Ausdruck verleihen.

Selbst in Mexiko, das mit einer Hypertrophie von Menschenschlachtungen und Kannibalismus besonders grausame und übertriebene Kultformen entwickelt hatte, gab es die fast zu harmlose Form, daß die getöteten Götter beim »Opfer« in Form von geknetetem Teig gegessen wurden, wie es uns SAHAGUN (S. 218) so unübertrefflich überliefert hat. Bei der Schilderung des 16. Jahresfestes *Atemoztli* heißt es in der Selerschen Übersetzung: »An dem Feste ›Herabkommen des Wassers‹ wurden überall auf den Bergen (dem Regengotte) Opfer dargebracht. Man sagte, die Regengötter kämen neu (zum ersten Male) herab. Und in den Häusern der Reichen wurden die Gekneteten (Abbilder der Regengötter aus Teig) gemacht; um Mitternacht wurden die kleinen Berggötter geboren, und man sang Lieder zu ihren Ehren. Und zur Zeit der Morgenröte wurden die kleinen Berggötter geopfert, zu dieser Zeit wurden (den Regengöttern) Opfer dargebracht. Und der eine ließ entstehen zehn von ihm Geknetete, und der andere nur fünf; er gab ihnen das Ansehen von Menschen, versah sie mit einer aus Papier geschnittenen Krone und mit einer Papierkleidung. Und nachher schnitt man ihnen den Kopf ab mit dem Webemesser der Frauen; damit töteten (opferten) sie sie. Und ihre Papierkleidung wurde auf dem Tempelhofe verbrannt, und ihren aus Teig von Meldensamen bestehenden Leib aßen sie. Das Fest fand statt im Monat Dezember, am dritten Tage.«

Oder in einem anderen Beispiel, deren es in Mexiko eine Fülle gibt, heißt es, ebenfalls von Sahagun (S. 15 f.) berichtet, über den Gott *Omacatl,* daß er ein Gott der Gastmähler, des Einladens von Gästen und des Auftragens von Speisen sei: »Und wenn sein Fest gefeiert wird, wer am Gott-Essen sich beteiligt, der macht zuerst die Rolle des Gottes, die der Knochen des Gottes war. Nur Priester und Vorsteher der Gens machen ihn. Eine halbe Armlänge war er lang, sehr dick und wie eine Rolle (zylindrisch). Und bevor die Verteilung stattfindet, wird zuvor gegessen, getrunken, Wein getrunken. Und nachdem der Morgen angebrochen ist, stechen sie Omacatl in den Bauch und töten ihn. Darnach verteilt man ihn unter sich, man zerbricht die Rolle aus Backwerk in Stücke, dann werden die Stücke gegessen.«

Wir könnten also durchaus den Naturvölkern zutrauen, religiöse Kultformen zu entwickeln, die nicht in diesem Maße unser Grauen und unsere Abneigung hervorrufen. Es liegt auch keineswegs die Annahme nahe, daß ihnen dieses Grauen völlig unbekannt gewesen sei. Warum also mußte der Mensch jener Frühzeit die Erkenntnis von der Bedeutung des Tötens so unwiderruflich und nüchtern realistisch gestalten? Die tatsächliche Ausführung der Tötung im Kult unter Umgehung der Möglichkeit der symbolischen Darstellung paßt nicht zu unserem übrigen Bild von der Kultur der alten Pflanzer. Sie wirkt wie eine Hypertrophie, in irgendeiner Zeit durch wilde religiöse Eiferer hervorgerufen, die die zugrundeliegende Idee unerbittlich und rationalistisch bis zu ihrem äußersten Ende verfolgt haben. Solche zelotischen Vertreter dieses religiösen Weltbildes finden sich heute unter den entsprechenden Eingeborenenkulturen selten, wenn wir an die friedlichen Bilder denken, die uns gerade von den alten Pflanzervölkern entworfen worden sind. Das aber könnte in vergangenen Zeiten anders gewesen sein. Solche Gedankengänge allerdings bewegen sich im Hypothetischen, und vor allem bleibt ungewiß, ob das Bedürfnis, nach solchen besonderen Gründen zu suchen, nicht nur einer Voreingenommenheit entspringt, die unsere abendländische Scheu vor dem Töten zu sehr ins Allgemein-Menschliche überträgt.

Solche allzu wörtlich genommenen und in diesem Sinne realistischen Ausgestaltungen religiöser Grundideen finden sich auch in anderen Religionen. Die aufs Betteln angewiesene Armut als religiöses Ideal setzt voraus, daß nicht alle Menschen dieses Ideal zu dem ihrigen machen. Ebenso würde ein auf alle Menschen ausgedehntes Zölibat dem Leben des Menschen ein Ende bereiten, ohne daß dieses Ergebnis ein angestrebtes Ziel des Ideals wäre. Gemeinsam ist allen solchen gesteigerten Lebensformen, daß ihre Absurdität erwiesen ist, wenn sie jeweils von der gesamten Menschheit übernommen werden. Wenn sinnlos unbeschränkt getötet würde, weil es ein der Gottheit wohlgefälliges Tun ist, so würde sich die Menschheit gegenseitig umbringen, was nach der hier vorgetragenen Bedeutung des Ritus nicht in seiner ursprünglichen Absicht lag. Die ethnologisch jüngeren Kulturen waren anscheinend auf dem Wege zu solchem Absurditätsbeweis, weil sie das menschliche Maß und die in der Natur gegebene Ordnung außer acht ließen. Wie maßvoll wirken die Berichte über die Kopfjagden der alten Pflanzervölker im Vergleich zu denen über die Tötungen von Tausenden von Menschen im späten und »hochkulturlichen« Mexiko. So weist zum Beispiel J. P. MILLS, ein genauer Kenner der als Kopfjäger berüchtigten *Naga*-Stämme in Hinterindien, darauf hin, daß gewöhnlich, wenn von der Kopfjagd die Rede ist, nicht realisiert wird, wie gering die Zahl der Opfer ist. Er konnte zum Beispiel feststellen, daß zwei Naga-Dörfer, die sechzehn Jahre miteinander im Krieg lagen, in dieser Zeit insgesamt viermal einen Kopf erbeuteten. Ein Dorf, das längere Zeit hindurch etwa jedes Jahr einen Kopf verlöre, betrachte sich als von schweren Schicksalsschlägen heimgesucht – und dies, obwohl die mit der Kopfjagd verbundenen Vorstellungen bei diesen Stämmen im Mittelpunkt ihres Denkens stehen und ihr gesamtes Leben von dorther seine Spannung erhält (Ao-Naga, S. 209 f.).

In dieser Betrachtung wurden nur einzelne Fragen behandelt, die der echte Urzeitmythos von der getöteten Gottheit an uns stellt. Die Gesamtheit dieser Fragen ist viel umfangreicher, wie bei jedem wahrhaften mythischen Urbild. Es ist eine tiefsinnige Wirklichkeitsschau in ihnen eingefangen, deren Übertragung in eine andere Sprache nur in eingeschränktem Maße möglich ist. Andere Fragen stellen sich beispielsweise durch die mythische Feststellung, daß das Töten nur zum Männlichen gehört – eine Auffassung, die auch uns etwa im Hinblick auf Krieg und Jagd geläufig ist.

Unerörtert blieb auch die Frage nach dem Sinn der grausamen Quälereien, die so oft mit den Tötungsritualen verbunden sind. Als ein Beispiel für viele seien nur die Verdienstfeste der Naga (Hinterindien) erwähnt, bei denen das Opfertier auf grausamste Weise langsam zu Tode gequält werden muß. Bei den *Rengma-Naga* beispielsweise wird das Tier, das mit zerschlagenen Knieflechsen hilflos am Boden liegt, in qualvoller Weise mit Reisstampfern bearbeitet, ehe man es endgültig tötet (Mills, Rengma-Naga, S. 194). Bei den *Ao-Naga* wird das geschmückte Tier gefesselt, geprügelt und zu Boden geworfen. Dann tanzen die jungen Burschen darauf, bis es halbtot ist. Erst am nächsten Tag wird es nach weiteren Quälereien gespeert und dann – gleichgültig, ob es bereits tot ist oder nicht – aufgeschnitten und ausgeweidet (Mills, Ao-Naga, S. 259 f., 391). Aus der ganzen Schilderung drängt sich der Eindruck auf, daß das Quälen des Tieres nicht eine Begleiterscheinung einer zeremonienreichen rituellen Tötung ist, sondern daß es vielmehr mit dem eigentlichen Sinn des ganzen Vorganges zusammenhängt. So wie sich die rituelle Tötung auf mythische Vorbilder bezieht, wie wir glauben nachgewiesen zu haben, so könnte also auch der Folterung hier ein mythisches Vorbild zugrundeliegen. Gerade das Motiv, daß das Tier mit Reisstampfern bearbeitet werden muß, ließe sich vielleicht noch aus dem pflanzerischen Mythologem und seiner Bedeutung für die Entstehung der Nutzpflanzen verständlich machen, aber andere wie das Prügeln, das Tanzen auf dem hilflosen Tier, das Ausweiden bei lebendigem Leibe usw. bedürfen einer besonderen Untersuchung. Da den rituellen Folterungen überhaupt bei den Naturvölkern – etwa bei den Reifezeremonien oder bei der Initiation des Schamanen – eine auffallende Wichtigkeit zukommt und sie auch in höheren Kulturen eine bedeutende Rolle spielen, würde eine solche Untersuchung weit über die mit dem rituellen Töten verbundenen Vorstellungen hinausführen, wobei auch von seiten der Psychologie ein Beitrag zur Aufhellung des eigentümlichen Phänomens zu erwarten wäre.

Für diese Darlegung war es uns aber in der Hauptsache nur um jenen Kern des rituellen Tötens zu tun, der den Erkenntniswert der Idee wiedergibt. Wenn wir den Versuch unternommen haben, ihn in unsere eigene Sprache zu übertragen, so sei noch einmal daran erinnert, daß der echte Mythos mehr – sehr viel mehr – enthält als die sagbare Inhaltsangabe der zugrundeliegenden Erkenntnis über ein bestimmtes und sehr bedeutungsvolles Sosein der Wirklichkeit; der Tatsache nämlich, daß es das gemeinsame Merkmal alles tierhaften Lebens ist, sich nur durch Zerstörung von Leben erhalten zu können.

Kapitel IX
Das religiöse Ethos

Die Theorien über die Entstehung der Religion, in denen zugleich versucht wird, das Wesen der frühen Formen der Religion aufzudecken und für uns verständlich zu machen, kommen in merkwürdiger Übereinstimmung zu dem Ergebnis, daß das sittliche Element in den naturvölkischen Religionen völlig fehle. Da nach der üblichen Auffassung das Sittliche ein wesentlicher Bestandteil des religiösen Verhaltens ist, so ist man ganz folgerichtig zu dem Urteil gekommen, daß es sich bei den naturvölkischen Formen überhaupt noch nicht um Religion handelt. Neuere Autoren sprechen deshalb meist von Vorstufen, Vorhöfen oder Vorformen der Religion, aus denen sich ganz allmählich, das heißt ohne die Möglichkeit zu einer genauen Fixierung des Zeitpunktes der Wandlung, das entwickelt haben soll, was wir in den späteren Kulturen als Religion bezeichnen. Für EDWARD B. TYLOR beispielsweise ist »der niedere Animismus nicht unmoralisch, er ist nur ohne Moral«. Der Glaube an die sittliche Regierung des Universums sei kein Bestandteil der natürlichen Religion. Die Moralität sei erst im Laufe einer langen Geschichte der Religion angegliedert worden. Ursprünglich seien die Sittenvorschriften und Moralgesetze ganz unabhängig von den animistischen Glaubenssätzen und Riten gewesen. Eine solche ganz unreligiöse Moralität, die man oft sogar als trefflich und lobenswert gelten lassen müsse, sei bereits bei den rohesten Stämmen festzustellen. Erst auf einer viel späteren Stufe jedoch seien diese auf »Tradition und öffentlicher Meinung« beruhenden Sitten und Bräuche mit der Religion verbunden worden. Es hat naturgemäß auch viel härtere Urteile über die frühen Religionsformen gegeben. Besonders die Menschenopfer oder die Kopfjagd im Rahmen religiöser Zeremonien veranlaßten den Abendländer zu einer sehr ablehnenden Haltung.

Wenn wir uns hier auf Tylor berufen, obwohl dessen Arbeiten mehr als 80 Jahre zurückliegen, so ist das insofern gerechtfertigt, als seine Auffassung, wie wir schon in der Einleitung erwähnten, heute in der Ethnologie noch weithin Geltung hat und sich bei ihm immer noch die beste systematische Darstellung der naturvölkischen Religionen findet.

Eine Sonderstellung unter den Theorien über die Entstehung der Religion hat lediglich die Theorie vom Urmonotheismus. WILHELM SCHMIDT legt entgegen allen anderen Theorien großen Wert auf die Feststellung, daß zu der von ihm angenommenen Urreligion auch das Sittliche als wichtiger Bestandteil gehört. Jedoch ergibt sich dieses Bild eines den abendländischen Auffassungen so verwandten Ethos nur dadurch, daß entsprechend der hier schon mehrfach kritisierten Grundauffassung von Schmidt die meisten religiösen Äußerungsformen der Naturvölker als jüngere Entartungen unberücksichtigt bleiben, während sich die Belege für den echt sittlichen Charakter der von ihm postulierten Urreligion im wesentlichen auf einige Feststellungen über die Güte des Höchsten Wesens beschränken, die naturgemäß an seiner freundlichen Haltung zu den Menschen und der Erfüllung ihrer Wünsche gemessen wird. Ferner werden einige sittliche Gebote auf eine Setzung durch die Gottheit zurückgeführt, die ihrerseits die Einhaltung lohnend und bestrafend überwacht. Das Bild von dem eigentlich nicht-sittlichen Wesen der naturvölkischen Religionen in ihrer Gesamtheit, wie es die anderen Theorien entwerfen, wird also durch die urmonotheistische Theorie nur insoweit verändert, als gewisse in unserer eigenen kulturellen Umgebung zum Bereich des Sittlichen gehörige Handlungen auch bereits in den Lebensformen und Vorstellungen der ältesten Naturvölker festgestellt werden. Jedoch fallen hierunter nur vereinzelte Angaben, während das zeremonielle Leben der Naturvölker, wie es uns in der großen Fülle der Berichte entgegentritt, als Entartung gekennzeichnet und damit geradezu als unsittlich klassifiziert wird.

In den theoretischen Betrachtungen wird also den meisten naturvölkischen Religionen das sittliche Element abgesprochen. Im Gegensatz dazu wird das normale Leben der Naturvölker – wie wir schon von Tylor hörten – auch in allen theoretischen Betrachtungen als von sittlichen Normen beherrscht geschildert. Es fehlt nicht an umfangreichen Beschreibungen, die oft genug zu dem Schluß kommen, daß die Wilden doch bessere Menschen seien als wir. Das gütige Verhalten gegen Mitmenschen, die Hilfsbereitschaft in der Not, die Achtung oder gar Ehrerbietung gegenüber alten Menschen, die strenge Erziehung der Jugend zu höflichem und gesittetem Benehmen – im Grunde alles, was wir im Bereich des zwischenmenschlichen Verkehrs zum sittlichen Verhalten rechnen, ist zweifellos auch bei den Primitiven feststellbar. Es ist sogar in ganz besonderem Maße entwickelt und ausgeprägt vorhanden. Es fehlen zwar auch nicht Berichte und Hinweise auf ein entgegengesetztes Verhalten, besonders auf die den Naturvölkern oft eigene Grausamkeit. Jedoch fehlen solche Berichte auch nicht aus späteren Kulturen, denen man eine ethische Religion nicht abspricht, so daß sich die fehlende Moralität in den naturvölkischen Religionen schwerlich aus solchen Beispielen grausamen oder rohen Verhaltens erklären läßt.

Es klafft also eine bemerkenswerte Lücke zwischen den Angaben, daß die Wilden einerseits bessere Menschen sein sollen als wir und daß auf der anderen Seite ihre religiösen Äußerungen (bzw. die Vorstufen dazu) kein sittliches Element enthalten. Schon die Feststellung dieser Lücke muß Bedenken erregen und den Gedanken nahelegen, daß sich darunter eine Unklarheit über die angewendeten Grundbegriffe etwa der Religion, der Ethik, des göttlichen Gebotes und vielleicht noch anderer Bezeichnungen verbirgt. Wenn zum Beispiel in einer neueren Arbeit WILLY HELLPACH (Numen, S. 62 f.) die Ansicht vertritt, daß man den Inhalt der homerischen Dichtungen nicht mit Religion in Verbindung setzen dürfe, weil in ihnen zwar von Göttern, nicht aber von Pflichten gegenüber den Gottheiten die Rede sei, so werden die angedeuteten Zweifel über die richtige Verwendung der Grundbegriffe zur Gewißheit; denn wenn wir die Aussagen Homers nicht mit dem Begriff der Religion in Verbindung bringen dürfen, so schalten wir damit das im Sprachgebrauch Übliche aus unserer Betrachtung aus. Wollen wir also einer Antwort auf die Frage nach dem sittlichen Gehalt der frühen Religionsformen näher kommen, so ist es unerläßlich, den bei solcher Betrachtung angewendeten Begriffen eine größere Aufmerksamkeit zuzuwenden.

1. Sittlichkeit und Sitte

Die Bezeichnung Sittlichkeit hat sehr verschiedene Bedeutungen, von denen wir diejenige beiseite lassen, in der sie nur auf das sexuelle Verhalten eingeengt wird. FRIEDRICH NIETZSCHE versteht darunter das »Gefühl für die Sitte«, also die Lebensform, die sich nach der Sitte richtet, auf die Sitte achtet, und schreibt ihr eine verdummende Wirkung zu, weil sie der Entstehung neuer und besserer Sitten entgegenstehe. Halten wir uns aber an die Wortverbindungen sittliches Verhalten oder sittliche Entscheidung, so hebt sich die Sittlichkeit oder das Sittliche als das ursprünglichere, das echtere, das eigentlich Sitten-Schaffende deutlich gegenüber der Sitte ab. Im naturvölkischen Bereich haben wir es jedoch nach den vorliegenden Berichten in erster Linie mit Sitten zu tun, da uns sittliche Entscheidungen einzelner Persönlichkeiten so gut wie überhaupt nicht berichtet sind. Die eigentliche Aufgabe besteht also darin, aus den zahlreich überlieferten Sitten den sittlichen Kern herauszuschälen. Dies kann naturgemäß nur dann erfolgreich geschehen, wenn wir die Sitten selbst verstehen, das heißt wenn wir gemäß unserer stets erhobenen Forderung in uns selbst die adäquate Bewußtseinslage freilegen können, in der uns eine Sitte als eine natürliche, vernünftige, ja selbstverständliche Form des Verhaltens erscheint. Die entgegenstehende Schwierigkeit wird uns sogleich deutlich, wenn wir uns darauf besinnen, daß wir ein solches Verstehen nicht einmal unseren eigenen noch geübten und befolgten Sitten entgegenbringen. So natürlich uns auch infolge unserer Erziehung zum Beispiel die Sitte des Grüßens mit Verbeugung und Abnehmen des Hutes erscheinen mag, wer von uns könnte sagen, daß er sie in dem eben gekennzeichneten Sinne »versteht«?

Jede menschliche Sitte muß einmal im Laufe der Menschheitsgeschichte entstanden sein. Wie wir immer wieder hervorheben müssen, war sie im Zeitpunkt ihrer Entstehung der Ausdruck für ein ganz bestimmtes Verhalten des Menschen gegenüber seiner Umwelt. Ebenso sicher läßt sich wenigstens von den meisten Sitten sagen, daß sie, auch wenn ihr ursprünglicher Sinn mehr und mehr in Vergessenheit gerät, weiter gepflegt werden, ohne daß sich die sie Ausübenden auch nur mit einem Gedanken um jenen ursprünglichen Ausdruck kümmern, das heißt, wie alle Kulturerscheinungen gleiten sie unaufhaltsam vom Stadium des Ausdrucks in das der Anwendung hinüber. Es ist von größter Wichtigkeit, jede kulturelle Gestaltung vor einer eingehenden Betrachtung erst daraufhin zu prüfen, inwieweit sie den Zusammenhang mit dem, was ursprünglich und eigentlich in ihr ausgedrückt werden sollte, noch bewahrt hat. Es ist ein unausweichliches Gesetz, daß sich jede kulturelle Schöpfung, sofern sie überhaupt von weiter wirkendem Bestand für die menschliche Gemeinschaft ist, inhaltlich und formal von dem eigentlichen schöpferischen Vorgang entfernt und nur noch einen manchmal noch deutlich erkennbaren, manchmal nur blassen, oft völlig – bis ins direkte Gegenteil – abgewandelten Sinnzusammenhang mit dem ursprünglichen Ausdruck bewahrt. Zwischen Ausdruck und Anwendung als den beiden äußersten Polen liegt eine gleitende Skala von Zwischenwerten, die die Kulturerscheinungen bald dem einen, bald dem anderen Pol näherliegend erscheinen lassen. Für die Beurteilung irgendeiner überlieferten bestimmten Gestaltung ist es von entscheidender Wichtigkeit, ihre Stellung zwischen diesen Polen einzuschätzen, was meistens nur dadurch möglich ist, daß uns der gleiche Komplex bei verschiedenen Völkern mit mannigfaltig variiertem Bedeutungsgehalt begegnet. Dadurch werden wir in einzelnen Fällen in die Lage versetzt, den Prozeß der allmählichen Sinnentleerung einer Erscheinung auf dem Weg vom Ausdruck zur Anwendung ablesen zu können.

Die Sitte ist im allgemeinen eine Anwendungsformel, in der eine schöpferische Idee für die menschliche Gemeinschaft gebrauchsfähig gemacht wird. Die tief religiöse Erkenntnis, daß der Tod ein Bestandteil der göttlichen Weltordnung ist, hat eine Fülle von Sitten hervorgebracht, die sich auf das Verhältnis des Menschen zum Tod und zum Verstorbenen beziehen. Diese Sitten können auch dann noch von einer Menschheit mit dem Gefühl einer tiefen Befriedigung beachtet werden, wenn jeder Zusammenhang mit dem ursprünglichen Sinn verloren gegangen ist.

In der Sitte haben wir mithin eine für den menschlichen Gebrauch bestimmte Formel zu sehen, die ihren Ursprung einem kulturschöpferischen Vorgang verdankt, in dem Wirklichkeit wahrhaft gestaltet wird. Sie enthält daher mehr als das sogenannte sittliche Element, denn sie ist eine mehr oder weniger vollständige Darstellung der ganzen Idee, ist also Ritus oder Zeremonie. In der Tat ist der sittliche Gehalt in den religiösen Verhaltensweisen inbegriffen und insofern auch im naturvölkischen Verhalten feststellbar. Wir wissen, daß ihr Leben von einer ungewöhnlich großen Zahl von sogenannten Tabuvorschriften durchsetzt ist. Darin werden Handlungen verboten oder auch geboten, ohne daß sich ein vernünftiger Sinn dafür ohne weiteres angeben läßt. Wir sind geneigt, den Sinn von Verhaltensweisen ausschließlich in einem bestimmten angestrebten Zweck zu suchen. Es leuchtet uns ein, daß es verboten ist, einen anderen Menschen zu bestehlen, aber welchen Sinn soll es haben, daß ein Ehemann nicht mit seiner Schwiegermutter sprechen oder daß eine Person eine bestimmte andere nicht mit ihrem Namen rufen darf? Ein unmittelbarer Nachteil ist – nach unserer Kenntnis der Dinge – mit einer Übertretung solcher Tabuvorschriften weder für den Übertreter noch für einen anderen Menschen verbunden. Und doch verhalten sich die Naturvölker so, als seien sogar besonders schlimme Folgen zu erwarten, und dies nicht nur für den Übertreter, sondern oft auch für die ganze Gemeinschaft. Tabuvorschriften werden deshalb strengstens eingehalten, und wenn dies nicht geschieht, tritt die ganze Gemeinschaft in Aktion, um den Frevel zu sühnen. Es ist daher mit Händen zu greifen, daß nach dem Glauben der Naturvölker die Tabuvorschriften das richtige sittliche Verhalten, das auf die Vorstellung vom Göttlichen bezogene sittliche Gebot enthalten.

Die besondere Schwierigkeit liegt also darin, daß uns ein vernünftiger Sinn für diese, den sittlichen Gehalt der Religionen darstellenden Verhaltensvorschriften nicht einleuchtet. Diese Grenze für unser Verstehen wird so lange bestehen bleiben, wie wir nicht aufhören, nach einem Zweck für ihr Dasein zu suchen. Wenn wir den Sinn nur in einem praktischen Vorteil bei der Ausübung oder in einem greifbaren Nachteil bei ihrer Übertretung zu begreifen imstande sind, werden wir die Sitten als Ganzes ebensowenig verstehen, wie sich uns der ursprüngliche sittliche Gehalt offenbaren wird. Wir bewegen uns dabei in einem nicht auflösbaren Kreis, denn auf der Ebene der Zwecke, die zu allen Zeiten das alltägliche Leben der Menschheit beherrscht haben, fallen keine sittlichen Entscheidungen, wenigstens nicht solche religiösen Ursprungs. Suchen wir nach dem sittlichen Gehalt bestimmter Bräuche und Sitten, indem wir dabei den Blick nur auf einen praktischen Zweck gerichtet haben, so finden wir naturgemäß kein sittliches Verhalten, wie es in religiösen Geboten niedergelegt ist, sondern nur einen Geschäftsverkehr mit »bestechlichen und korrupten« Geistern (ANDREW LANG).

Es sei für diesen Zusammenhang nur nebenbei erwähnt, daß nach unserer Meinung zwar auch die den alltäglichen Zwecken dienenden Handlungen ursprünglich und ihrem tiefsten Grunde nach aus der Erkenntnis der göttlichen Ordnung der Welt stammen, denn sie verdanken ihr Dasein einem echten kulturschöpferischen Vorgang. Dies gilt in besonderem Maße auch von den Rechtsnormen, die ja bei aller Zweckgebundenheit doch in gewissen Zeitabständen mit dem Blick auf ihren Urquell erneut zu prüfen sind. Aber dieser Zusammenhang ist nicht der Gegenstand dieser Betrachtung. Er wurde auch schon in uralten Zeiten vergessen, als der Mensch sich selbst aus dem Paradies vertrieb, indem er sich unter die Herrschaft der Zwecke stellte. Zweckhandlungen werden mit dem Maß gemessen, das in dem Zweck selbst mitgegeben ist. Auf sie paßt der Satz von EDWARD B. TYLOR, daß sie zwar nicht unmoralisch, wohl aber ohne Moral seien. Die sogenannten sittlichen Regeln, denen sie unterliegen, sind irdisches Gesetz, das letzten Endes, bei uns und bei den Naturvölkern gleichermaßen, nur der Erreichung der gleichen Zwecke dient. Eine Übertretung solcher Gesetze ist an sich kein Frevel (obgleich sie es naturgemäß gelegentlich auch sein kann), sondern eine strafbare Handlung, im schlimmsten Falle ein Verbrechen, und die Strafe hat den ganz bestimmten Zweck, jene menschliche Ordnung zu sichern, in der allein das alltägliche Tun der Menschen gedeihen kann. Die Tabuvorschriften – auch die in unserer eigenen Kulturgemeinschaft lebendigen – bewegen sich auf einer tieferliegenden Schicht der menschlichen Lebensformen. Sehr richtig hat OTTO FRIEDRICH BOLLNOW (S. 65 ff.) die Tabuvorschriften mit dem Begriff der Ehrfurcht in Verbindung gebracht. Es ist deshalb nicht verwunderlich, daß unsere Affekte unter bestimmten Umständen durch eine in keinem Gesetz verbotene Freveltat heftiger berührt werden können als durch eine Übertretung eines gesetzlichen Verbotes. Einige solcher Freveltaten werden bei uns auch durch menschliche Gesetze erfaßt, zum Beispiel die Gotteslästerung oder die Schändung heiliger Stätten wie Kirche oder Friedhof. Nun trifft unsere oben gemachte Feststellung, daß die Übertretung bestimmter Tabus nach unserer Kenntnis keinerlei nachteilige Folgen für irgendwen haben könne – wir hatten dies zum Beispiel im Zusammenhang mit der Schwiegermutter-Meidung erwähnt – in dem gleichen Umfang etwa für eine Gotteslästerung zu. Im Bereiche unserer kausallogischen Kenntnisse finden wir für beide Vorschriften gleichermaßen keinen handgreiflichen Sinn. Beides sind gestaltete Sitten, das heißt sie bestehen in formelhafter Gültigkeit für die Gemeinschaft.

Der Unterschied zwischen den Verboten und Geboten der Naturvölker und den unseren scheint auf den ersten Blick der zu sein, daß das naturvölkische Leben viel intensiver von solchen Bindungen durchsetzt ist als das unsere. Wahrscheinlich ist das richtig; jedoch ist zu bedenken, daß auch bei uns nicht nur die gesetzlichen Vorschriften gelten; es gibt noch eine Fülle anderer, die für unser Leben nicht weniger wichtig sind, wenn wir auch sozusagen amtlich keine Kenntnis von ihnen nehmen. Der geheiligte Ort braucht nicht nur Kirche oder Friedhof zu sein, jeder von uns kennt solche heiligen Stätten irgendwo in der Welt, denen gegenüber er die gleiche Scheu und Ehrfurcht empfindet. Um nur noch eines von vielen anderen Beispielen zu erwähnen: In manchen Gegenden Deutschlands gilt es als schändlich, in einem geschlossenen Raum irgendwelche Speisen zu sich zu nehmen, ohne die Kopfbedeckung abzunehmen. Das Entblößen des Hauptes ist bei uns eine Ausdrucksform für Achtung und Ehrfurcht; das Essen wird also in dieser Sitte als ein nicht alltägliches Tun mit einer besonderen seelischen Haltung in Verbindung gebracht, was zweifellos bedeutungsvoll ist. Wie völlig die geistigen Grundlagen solcher Sitten verloren gehen können und damit dann schließlich auch eine Sitte verschwindet, zeigt jedes Automatenrestaurant in Europa.

Suchen wir also nach dem sittlichen Gehalt der Tabuvorschriften, so dürfen wir sie vor allem nicht mit den sittlichen Grundlagen unserer abendländischen Sozialordnung vergleichen, denn von diesen unterscheiden sie sich prinzipiell dadurch, daß sich für sie meistens kein vernünftiger, das heißt in der Ebene der alltäglichen Zweckhandlungen liegender Sinn angeben läßt. Hingegen zeigen einige andere Vorschriften, die auch bei uns ihren Sinn nicht in jener Ebene erhalten, eine gewisse Verwandtschaft mit den naturvölkischen Sitten, die zunächst rein negativ dadurch bestimmt ist, daß in beiden Fällen kein handgreiflicher Nachteil bei der Übertretung der Verbote nachweisbar ist. Trotzdem leuchten uns die abendländischen Sitten gemäß unserer Erziehung ohne weiteres ein: Eine Gotteslästerung, eine Kirchen- oder Friedhofsschändung sind Freveltaten, daran gibt es für jeden, der durch Erziehung einmal darauf gelenkt wurde oder bei dem durch andere Einwirkung einmal die entsprechende Wirklichkeit wachgerufen wurde, keinen Zweifel. Alle Versuche einer vernünftigen Begründung des Gegenteils lassen mindestens einen Rest von Scheu zurück. Die zahlreichen Tabuvorschriften der Naturvölker hingegen sind weder verbindlich noch ohne weiteres sinnvoll für uns. Diese Verschiedenheit ist jedoch beinahe selbstverständlich, wenn wir bedenken, daß die Primitiven in einer völlig andersartigen Kulturgebundenheit leben. Alle Sitten sind aber kulturelle Gestaltungen und können deshalb in ihrem Sinn nur dann begriffen werden, wenn uns die gesamten kulturellen Äußerungen eines Volkes von seiner Lebensmitte her verständlich sind und wir bestimmte Sitten als einen Teil des Ganzen einzuordnen vermögen.

2. Sitte als Besinnung auf die göttliche Weltordnung

Von diesem Ziel einer kulturwissenschaftlichen Betrachtungsweise sind wir weit entfernt. Es kann deshalb vernünftigerweise von der Ethnologie nicht erwartet werden, daß sie uns die an sich erstrebenswerte Aufklärung über den Sinn der Sitten eindeutig und klar vermittelt. Wenn im folgenden einige Andeutungen in dieser Richtung versucht werden, so geschieht das nur, um an Beispielen klarer hervortreten zu lassen, wo der sittliche Gehalt im naturvölkischen Brauchtum zu suchen ist, und um eine Anregung zu geben, wie das übliche methodische Verfahren bei entsprechenden ethnologischen Untersuchungen durch eine andere Betrachtungsweise ergänzt oder auch umgebildet werden könnte. Ich wähle als Beispiel die schon öfter erwähnten *Wemale* in Westceram (Indonesien). Das alles beherrschende Lebensgesetz heißt bei ihnen *holine*. Die Feststellung, daß dieses oder jenes holine sei, begegnet dem Ethnologen auf Schritt und Tritt, leider oft mit der Bedeutung, daß nicht darüber gesprochen werden dürfe. Gelegentlich sind sich die Eingeborenen nicht einig, ob etwas holine sei oder nicht. Wenn aber dann die Meinung durchdringt, daß eine Sache oder ein Vorgang holine sei, so ist es auf jeden Fall sicher, daß nach der holine-Vorschrift gehandelt werden muß. Darüber gibt es für kein Mitglied der Gemeinschaft den geringsten Zweifel.

Das holine erstreckt sich auf alle wichtigen Lebenserscheinungen, das heißt auf alles, was mit Geburt, Kindheit, Reife, Hochzeit, Tod zusammenhängt, aber auch auf zahlreiche Handlungen im Feldbau, Hausbau, bei der Speisebereitung usw. In Kürze seien einige Zeremonien bei der Geburt eines

Kindes erwähnt: Eine der wichtigsten Handlungen dabei ist das Hereinbringen einer Kokosnuß. Die Palme muß, vom Hause aus gesehen, auf der Seite stehen, die den Bergen zugewandt ist. Die entgegengesetzte Seite ist die, in der man das Meer sehen kann. Diese beiden Richtungen spielen im Denken des Volkes eine beträchtliche Rolle. Sie sind einerseits die beiden grundlegenden geographischen Orientierungsrichtungen, andererseits sind sie mit einer Fülle von religiösen und mythischen Vorstellungen verknüpft. Beim neugeborenen Kinde steht die Richtung »den Bergen zu« im Vordergrund, beim Tode eines Menschen, dessen Leiche »dem Meere zu« fortgetragen wird, ist es umgekehrt. Das Hereinbringen der Kokosnuß ist an weitere, sehr wichtig genommene Vorschriften gebunden. Der Mann, der die Palme erklettert, trägt ein wertvolles Tuch, den sogenannten sarong patola, bei sich. Die Nuß darf er nicht einfach mit dem Buschmesser abschlagen, so daß sie auf die Erde herabfällt, wie dies im alltäglichen Leben geschieht. Es ist sogar von ganz entscheidender Bedeutung für das Leben des Neugeborenen, daß die Nuß nicht herabfällt, sondern sie muß sorgfältig in das kostbare Tuch gewickelt und vorsichtig beim schwierigen Herabklettern aus der Palme gehütet werden. Im Hause wird dann das Kind mit der Milch der Nuß gewaschen.

Diese Sitte ist selbstverständlich holine und die Beachtung jeder Einzelvorschrift von größter Wichtigkeit. Daß sie unterbleiben könnte, ist ganz unvorstellbar. Nun ist es gerade bei dieser Sitte nicht schwer, ihre Bedeutung für die Eingeborenen aus dem Zusammenhang mit anderen religiösen Vorstellungen abzulesen. Eine ihrer hervorstechenden göttlichen Gestalten ist das Mädchen *Hainuwele*, das schon in seinem Namen (Kokospalmzweig) als Teil der Kokospalme bezeichnet wird. Aus der umfangreichen Mythe, auf die wir uns schon öfter bezogen haben, sei hier nur erwähnt, daß der Pflegevater das Mädchen nach seiner wunderbaren Entstehung, ebenfalls in einen sarong patola eingewickelt, sorgfältig aus der Palme, aus der es wie eine Frucht hervorgewachsen war, nach Hause trägt. Wie hätte er diese kostbare Frucht aus der Kokospalme einfach auf die Erde fallen lassen können? Aus ihr blüht das Mädchen auf, dessen göttliches Schicksal die auf der Erde gültige Welt- und Lebensordnung begründet. Die Parallelität der Vorgänge bei der Einholung der göttlichen Hainuwele und dem sorgfältigen Pflücken einer Kokosnuß bei der Geburt eines Menschenkindes zeigt deutlich, wie sich die Menschen aus diesem Anlaß an das erhabene Ereignis der Geburt der Gottheit erinnern. Das Wunder der Geburt wird auf das göttliche Geschehen bezogen, und das Teilhaben des menschlichen Schicksals an dem göttlichen wird in der Sitte dargestellt. Es bleibt nicht bei dieser einen Verbindung zwischen menschlichem und göttlichem Geschehen. Wesentliche Teile der Lebensablaufs-Zeremonien stellen die gleiche Parallelität zwischen Hainuwele und dem einzelnen Menschenschicksal dar.

Wenn uns auf diese Weise die Sitten verständlicher werden, nämlich als Darstellungen des göttlichen Schicksals in seiner Verbindung mit dem des Menschen, so stellt sich erneut die Frage nach dem sittlichen Gehalt dieses Tuns. Die Ausübung der eben beschriebenen Sitte ist holine. Ihre Unterlassung oder die nicht richtige Ausführung wären frevelhaft. Es wird also an das sittliche Bewußtsein der Menschen appelliert. Ein religiöses Gebot fordert ein bestimmtes Verhalten des Menschen. Die menschliche Gemeinschaft erhebt es zum gültigen Gesetz und überwacht seine Durchführung. Wir befinden uns also zweifellos im Bereich des religiösen Ethos. Welches ist nun die eigentliche sittliche Forderung, die an das Verhalten des Menschen gestellt wird? Legen wir das eben behandelte Beispiel zugrunde, so kann die Antwort nur in folgendem Gedankengang gesucht werden: Im Mythos wird die Lebensordnung, die nach dem Glauben dieser Kulturgemeinschaft gültig ist, auf ein erstmaliges göttliches Geschehen zurückgeführt. (Es muß vielleicht noch einmal ausdrücklich erwähnt werden, daß es sich bei dieser Glaubenslehre um eine echte kulturelle Gestaltung handelt, das heißt, es ist eine ewige Wahrheit »erkannt« und gestaltet und über das Wesen des Menschen eine Aussage gemacht worden, die als solche unwiderleglich ist und nicht »einer falschen Anwendung des Kausalprinzips ihr Dasein verdankt«.) Die sittliche Forderung, die jedes Mitglied dieser Kulturgemeinschaft an sich selbst und die Gemeinschaft an jeden einzelnen stellt, ist das Gebot, sein eigenes menschliches Dasein durch bestimmte Verhaltensweisen in diese Welt- und Lebensordnung einzugliedern. Sich sittlich verhalten heißt »der Weltordnung gemäß« leben. Frevelhaft und deshalb unsittlich ist es, die Einordnung des Selbst in das göttliche Lebensgesetz zu unterlassen oder ihm entgegen zu handeln.

Zu einer sehr ähnlichen Definierung des Sittlichen in den

naturvölkischen Religionen kam auch K. Th. Preuss in seiner Arbeit ›Glauben und Mystik im Schatten des Höchsten Wesens‹ (S. 52 ff.). Das Verhängnis für all seine wichtigen und wertvollen Beiträge zum besseren Verstehen der naturvölkischen Religionen ist sein unerschütterliches Festhalten an der – in seiner Jugend als richtig erkannten – Zaubertheorie, obgleich gerade sein eigenes Material ihn von der Unmöglichkeit solcher Betrachtungsweise hätte überzeugen müssen. So aber ist die göttliche Weltordnung für ihn ein Nützlichkeitsphänomen, das sich die Menschen zu ihrem Vorteil ersonnen haben. Das angeblich sittliche Verhalten beschränkt sich infolgedessen auf die mehr oder weniger zufälligen Formen, in denen sich das vermeintlich Nützliche unmittelbar vorteilhaft erweisen läßt. Das Urteil aber über den wirklichen Nutzen steht allein unserer abendländischen wissenschaftlichen Betrachtung zu und nicht den Naturvölkern. An diesen Darlegungen von Preuß läßt sich mit besonderer Deutlichkeit zeigen, wie selbst ein richtiger Ansatz sich in dem Augenblick in sein Gegenteil verkehrt, wo der Zweckgedanke als Maßstab in die Betrachtung eingeführt wird. Denn eine nützliche Handlung, die als Zweck den eigenen Vorteil im Auge hat und deshalb auch um der Erreichung dieses Zweckes willen geschieht, kann nicht das sittliche Verhalten widerspiegeln. Die Einführung dieses Zweckes als Motiv ist willkürlich, und nichts in seinem Gedankengang als nur die zaubertheoretische Voreingenommenheit nötigt Preuß zu dieser Willkür.

3. Frevel und Sühne

Wenn sich der sittliche Gehalt in den naturvölkischen Religionen an dem soeben zitierten Beispiel aus Ceram sehr deutlich offenbart, so erhebt sich die Frage, ob der so gewonnene Begriff Allgemeingültigkeit hat, ob sich jedes religiöse Ethos darunter begreifen läßt. Wir haben mit Bedacht ein Beispiel ausgewählt, bei dem uns der Sinn der Sitte im ganzen sehr viel verständlicher ist, als dies sonst bei den naturvölkischen Sitten der Fall ist. Jedoch ist es keineswegs so, daß das behandelte Beispiel in dieser Hinsicht allein steht. Es ließen sich noch viele andere naturvölkische Sitten in dem gleichen Gedankengang darstellen, und auch an ihnen würden wir den gleichen sittlichen Gehalt recht überzeugend feststellen können. Daneben steht eine Fülle von

Erscheinungen, die sich vorläufig unserem Verständnis hartnäckig verschließen. Warum beispielsweise haben so viele Völker die Sitte, Lippen und Ohren zu durchbohren oder ihren Körper auf andere Weise zu verunstalten oder zu verstümmeln? Die Ausführung der Verunstaltung ist eine *holine*-Vorschrift und damit ein sittliches Gebot, daran kann kein Zweifel bestehen. Sollten die Urheber solcher Sitten wirklich so töricht gewesen sein und sich in falscher Anwendung des Kausaldenkens davon einen praktischen Vorteil zauberischer Art versprochen haben (K. TH. PREUSS)? Ehe wir uns mit einer so künstlichen Erklärung beruhigen, sollten wir lieber ganz darauf verzichten, die Erscheinung theoretisch verstehen zu wollen. Das Bedürfnis des Menschen, sich selbst den erkannten göttlichen Ordnungsprinzipien der Welt anzugleichen, sich in diese einzuordnen, tritt in den frühen Kulturen so eindeutig zutage, daß wir hierin in erster Linie das Motiv für ihr oft so fremdartiges Handeln suchen müssen.

Ein anderes Beispiel solcher Art zeigt sich etwa in der oben erwähnten Bedeutung der beiden grundlegenden Richtungen »den Bergen zu« und »dem Meere zu«. Wir hatten bereits angedeutet, in welchem Maß diese Polarität der Richtungen im Lebenslauf der *Wemale* beachtet wird. Daß sich gerade die Bezugnahme auf die Polarität der Welt in den kulturellen Gestaltungen vieler Völker findet und ihre ganze Lebensordnung – die Gemeinschaftsform, die Siedlungsanlage usw. – bestimmt, haben wir schon dargelegt (Kap. II, 1; VII, 1). Dieses Bestreben, sich in die Zweiteilung der Welt einzuordnen, kann auch in zahlreichen Einzelbräuchen zum Ausdruck kommen. So ließe sich zum Beispiel die bei einzelnen dieser Völker bestehende Vorschrift, daß bei bestimmten Tänzen die eine Gruppe nur mit dem rechten, die andere nur mit dem linken Fuße aufstampfen muß, daraus erklären. Immer aber ist die Bezugnahme auf die göttliche Weltordnung als sittliches Verhalten zu werten, als die ständige Besinnung darauf, daß alles Wesentliche in der Welt einen göttlichen Aspekt hat, den zu erkennen und demgemäß sich zu verhalten das menschliche Leben auf die Ebene des göttlichen erhebt.

Einzelne Handlungen solcher Art stehen niemals allein, solange sie noch, wie bei dem hier als Beispiel behandelten Volk der Wemale, einen lebendigen Zusammenhang mit den wesentlichen Gestaltungen einer Kultur haben. Der göttliche Aspekt

der Welt ist nicht in lauter unzusammenhängende Einzeler-
kenntnisse zergliedert, sondern ist in einem einheitlichen, großartigen Bild gestaltet. Infolgedessen zeigen sich nicht nur die
Sitten bei der Geburt, sondern auch die meisten anderen wichtigen Sitten als einzelne Züge des gleichen Gesamtbildes, die untereinander in einen sehr vernünftigen, auch logisch in sich geschlossenen Sinnzusammenhang gehören. Es wurde bereits zu
zeigen versucht (Kap. VIII), in welchem Maße die rituellen Tötungen und selbst so grausame Sitten wie Kopfjagd und Kannibalismus den gleichen Sinn tragen wie diese Geburtszeremo-
nien, nämlich Darstellungen und Erinnerungsfeste zu sein, die
sich auf erstmaliges göttliches Geschehen beziehen, aus dem
menschliches Schicksal entstand. Es wäre hinzuzufügen, daß
ihnen auch der gleiche sittliche Gehalt innewohnt. Nur so löst
sich der scheinbare Widerspruch, daß die Naturvölker Handlungen als ein sittliches Gebot betrachten, die uns gerade sittlich
so verwerflich erscheinen.

Ein anderer Gedankengang mag uns das Verhältnis der frühen Menschen zum Frevel, zur Übertretung des sittlichen Gebotes, erläutern. Den Ausgangspunkt soll zunächst wiederum
eine Sitte der Wemale bilden. Eine besondere Wichtigkeit haben
ebenfalls die holine-Vorschriften im Zusammenhang mit der
Menstruation der Frauen. Sie halten sich während dieser Tage
entweder in gesonderten Menstruationshäusern auf oder an bestimmten Plätzen unter den Pfahlhäusern. Während dieser Zeit
ist jedes Gespräch oder sonstige Annäherung zwischen Männern und den isolierten Frauen verboten. Die Menstruation
selbst wird auf den Mond zurückgeführt. Der Mond aber gilt
bei den Wemale als Erscheinungsform der mythischen Gestalt
Rabie, einer der drei weiblichen *Dema*-Gottheiten, die im Mittelpunkt der religiösen Vorstellungen der Wemale stehen. Da
Rabie während der Neumondzeit ihre Menstruation hat und
mehrere Tage und Nächte unsichtbar bleibt, sind vermutlich die
verschiedenen Menstruationssitten, insbesondere die Isolierung
und Abgeschlossenheit, auf dieses göttliche Vorbild bezogen.

Werden diese holine-Vorschriften verletzt, so muß eine Sühnezeremonie stattfinden. Die Frau bringt einen Hahn, ein Fer-
kel oder gar ein Schwein – je nach Reichtum und nach Schwere
des Vergehens – zum Versammlungshaus, wo sich die einfluß-
reichen Männer, vor allem die priesterlichen Amtsträger, zur
Entgegennahme des Sühneopfers aufhalten. Die Frau bekennt

sich schuldig und entfernt sich wieder; nur die Männer führen die Zeremonie aus. (Wir befinden uns im Bereich der Geheimbundkultur, in der die Frauen auch von vielen anderen religiösen Handlungen ausgeschlossen sind.) Die Tötung, Röstung und Verspeisung des Opfertieres sind der Inhalt der Zeremonie, wobei der Rauch des Feuers von den Männern, »die den Rauch kennen«, beobachtet wird. Wie wir im vorigen Kapitel dargelegt haben, ist das Tötungsritual seinem ursprünglichen Sinn nach als eine festlich gestaltete Erinnerung zu verstehen.

Der eigentliche Inhalt des Frevels aber ist das Vergessenhaben des göttlichen Vorganges als Urbild allen menschlichen Tuns. Gegen eine holine-Vorschrift verstoßen, heißt ganz eigentlich »sich nicht erinnert haben«, daß das jeweilige menschliche So-sein (zum Beispiel die Menstruation der Frauen) auf ein entsprechendes erstes göttliches Geschehen und damit auf eine göttliche Ordnung des Seins zurückgeht. »Sich nicht erinnert haben« als menschliches Vergehen, als Frevel, wird sinnvoll dadurch gesühnt, daß man sich »in besonderem Maße erinnert«. Eine solche besonders eindringliche Erinnerung aber ist seinem ursprünglichen Sinne nach das blutige Opfer. So betrachtet ist es weder eine Gabe an bestechlich gedachte Götter, noch ein Beruhigungsmittel für zürnende Götter, die schulmeisterlich die Einhaltung ihrer Anordnungen überwachen. Natürlich gibt es genügend Beispiele, in denen das Opfer doch als das eine oder als das andere oder gar als beides erscheint. Es gibt überhaupt keine Kulturerscheinung, die nicht auf dem Wege vom Ausdruck zur Anwendung ähnliche Sinnverschiebungen aufweist. Uns ist es jedoch darum zu tun, den kulturschöpferischen Vorgang als einen ernsthaften und wesentlichen, das heißt eben als schöpferischen Prozeß zu verstehen, dessen Ergebnisse ebenfalls vernünftige und auch logisch sinnvolle Gestaltungen sind.

Man könnte – nicht zu Unrecht – darauf hinweisen, daß eine noch schlichtere Art der Sühne denkbar wäre, daß nämlich die Freveltat selbst einfach rückgängig gemacht wird. In der Ilias findet sich ganz am Anfang ein Beispiel solcher Art: Der Seher hat den Frevel festgestellt, daß ein Priester des Apollon dadurch beleidigt wurde, daß man ihm seine Tochter raubte. Die Griechen und besonders Achilles sind der Meinung, daß diese Tat rückgängig gemacht werden müsse. Die meisten Freveltaten aber sind irreversibel; denn mit einem Mann verbotenerweise gesprochen, eine tabuierte Speise genossen zu haben, läßt sich durch nichts ungeschehen machen. In allen diesen Fällen – ob sich das Vergehen rückgängig machen läßt oder nicht – ist es nicht so sehr die Tat selbst, als gerade das Vergessenhaben gegenüber dem göttlichen Urbild, das den Frevel darstellt. Auch in der Erzählung der Ilias gehört zur Sühne nicht nur die Rückführung der Tochter, sondern auch eine festliche Hekatombe, ein blutiges Opfer von zahlreichen Stieren. Hier allerdings ist das Opfer bereits ein feststehender Ritus, der kaum noch den Charakter der Erinnerung haben wird, wie auch der Frevel in einer persönlichen Beleidigung des Gottes gesehen wird – mithin also erhebliche Bedeutungsverschiebungen gegenüber den hier behandelten naturvölkischen Verhältnissen.

4. Das Verhältnis zum abendländischen Ethos

Es hat sich uns zunächst gezeigt, daß die naturvölkischen Religionen keineswegs des sittlichen Elements entbehren, wie üblicherweise angenommen wird. Der Nachweis des Gegenteils ist besonders leicht; denn da die Tabuvorschriften sich überall als göttlich begründete Gebote oder Verbote präsentieren, müssen sie auch den sittlichen Willen der frühen Gemeinschaften widerspiegeln. Es kam also nur darauf an, unser Verständnis für ihn durch eine natürlichere Betrachtung der Erscheinungen zu öffnen. Dies haben wir in dem bisher entwickelten Gedankengang versucht, der uns als das religiös-sittliche Element den menschlichen Willen offenbarte, der göttlichen Weltordnung gemäß zu leben. Dieses nicht zu tun und vor allem sich nicht bewußt zu sein, daß alles wahrhaft Menschliche auf göttliche Urbilder zurückgeht, ist Frevel. Die Sühne besteht darin, die Tat rückgängig zu machen, soweit das möglich ist, und vor allem, sich im Bewußtsein dieses Frevels nunmehr in besonderem Maße auf jene Urbilder zu besinnen.

Wenn diese Auffassung des sittlichen Gehaltes der religiösen Äußerungen richtig ist, so muß sie sich auch in anderen Zusammenhängen aufzeigen lassen. Es ist stets am lehrreichsten, Erkenntnisse über naturvölkische Verhältnisse an den wirklich entsprechenden Erscheinungen in unserer eigenen Kulturgemeinschaft zu prüfen. Wenn das Nichtbesinnen auf die göttlichen Urbilder frevelhaft ist, so wäre für weite Bereiche unseres kulturellen Lebens festzustellen, daß sie bis zum Rande mit Frevel angefüllt sind. Daß dem tatsächlich so ist, daran kann nicht der geringste Zweifel bestehen. Mit dem aus den wissenschaftlichen Erkenntnissen entlehnten Argument, daß nachteilige Folgen bei der Nichtbeachtung irgendeiner religiösen Sitte nicht feststellbar sind, ist seit mehr als 150 Jahren erfolgreich gegen jede Form von Sitte angekämpft worden. Über das eigentliche Ethos unserer Kultur wäre damit allein wenig ausgesagt; denn Sitte ist nicht Sittlichkeit, wie im Beginn unserer Ausführungen hervorgehoben wurde. Wir sind jedoch genötigt, auch das Fehlen dieses wahren Ethos in weiten Bereichen unseres Gemeinschaftslebens festzustellen. Dies ist aber auch gerade die Feststellung, die den abendländischen Geist beim Rückblick auf die verheerenden Konsequenzen des so erfolgreich fortgeschrittenen Rationalismus aufs tiefste hat erschrecken lassen. Der Mensch, der weder durch religiöse Bindungen irgendwelcher Art noch durch eine Erlebnisfähigkeit auf einem Gebiet der Kunst daran gehindert wurde, die Ebene der Zweckhandlungen als die allein gültige und das menschliche Sein ganz ausfüllende anzusehen, hat weite Gebiete unserer Lebensbereiche erobert und steht nicht selten an den führenden Stellen des öffentlichen Lebens. Sein Dasein wäre nach dem Glauben der Naturvölker ein einziger Frevel und der in ihrem Denken so wichtig genommene Eintritt in das Totenreich wäre ihm zweifellos verwehrt. Ob das rationale Argument, daß dieser Frevel keinerlei nachteilige Folgen habe, richtig ist, läßt sich durch kein rationales Mittel beweisen. Es ist nur eine Behauptung, die sich auf die Feststellung bzw. Nichtfeststellbarkeit unmittelbar sichtbarer Kausalzusammenhänge beruft. Die an die Wurzeln unserer Kultur reichende Verzweiflung des geistigen Abendlandes spricht unüberhörbar gegen diese Behauptung.

Jedoch hat jede Kulturgemeinschaft das Recht, nicht an ihren ungeistigsten Vertretern gemessen zu werden. Das von ihr als gültig Anerkannte spricht deutlicher aus den Werken der von ihr selbst herausgestellten schöpferischen Geister. Suchen wir aber nach einer Bestätigung für unseren Gedankengang bei Immanuel Kant, so erfahren wir anscheinend das gerade Gegenteil. Im vierten Stück der ›Religion innerhalb der Grenzen der bloßen Vernunft‹ gibt er folgende Definition: »Religion ist (subjektiv betrachtet) die Erkenntnis aller unserer Pflichten als göttlicher Gebote«. In der ausführlichen Erläuterung dazu wendet er sich gegen die »irrige Vorstellung«, als sei die Religion »ein Inbegriff besonderer, auf Gott unmittelbar bezogener Pflichten«, und will erreichen, »daß wir nicht … außer den ethisch-bürgerlichen Menschenpflichten (von Menschen gegen Menschen) noch Hofdienste annehmen«, um gar durch solche Dienste das fehlende sozial-ethische Verhalten zu ersetzen. Die direkte Ausschließung aus dem Bereich des Sittlichen dessen, was wir als den sittlichen Gehalt der naturvölkischen Religionen bezeichnet hatten, findet sich – dem Anschein nach – in den folgenden zwei Sätzen: »Es gibt keine besonderen Pflichten gegen Gott in einer allgemeinen Religion; denn Gott kann von uns nichts empfangen; wir können auf und für ihn nicht wirken. Wollte man die schuldige Ehrfurcht gegen ihn zu einer solchen Pflicht machen, so bedenkt man nicht, daß diese nicht eine besondere Handlung der Religion, sondern die religiöse Gesinnung bei allen unseren pflichtgemäßen Handlungen überhaupt sei.« Von dieser merkwürdig widerspruchsvollen Darlegung ist der letzte Satz uneingeschränkt auf die naturvölkischen Religionen anwendbar. Wenn wir die Tabuvorschriften der Naturvölker gerade als Verpflichtungen gegenüber dem Göttlichen gekennzeichnet hatten, so sollte das nichts anderes heißen, als daß sie die religiöse Gesinnung schlechthin zum Ausdruck bringen. Diese enthält aber bereits das sittliche Element, das eben darin und in nichts anderem zu suchen ist. Es braucht wohl nicht besonders hervorgehoben zu werden, daß die Gottesvorstellungen, die einerseits den Zeremonien der Naturvölker, andererseits den Schriften Kants zugrunde liegen, von ganz verschiedener Art sind. Jene in ganz unnahbarer Ferne thronende Gottheit, die allein bei Kant Beachtung findet, ist als das »Höchste Wesen« möglicherweise auch schon bei den ältesten Naturvölkern festzustellen (vgl. Kap. IV, 1). Wegen des abstrakten Charakters dieses Hochgottes und seiner Beziehungslosigkeit zu den Geschehnissen auf der Erde haben wir ihn aus dieser Betrachtung ausgeschlossen und uns nur auf die lebendigeren Wirkungsformen des Göttlichen in den naturvölkischen Religionen beschränkt. Aber auch für die von uns als *Dema*-Gottheiten bezeichneten göttlichen Mächte gilt der zweite Teil des ersten Satzes von Kant, daß sie nichts von uns empfangen können und daß wir auf sie und für sie nicht wirken können. Das von uns festgestellte sittliche Element in den naturvölkischen Religionen besteht nicht in einer Wirkung auf die Gottheit – wie die Zaubertheorie annimmt –, sondern in einer im Menschen tief verwurzelten Anlage, sich stets der Existenz des Göttlichen bewußt zu sein.

In dem letzten Satz klingt auch bei Kant derselbe Gedankengang an, der uns zur Bestimmung des sittlichen Gehaltes in
den naturvölkischen Religionen geführt hat; denn das, was er
religiöse Gesinnung nennt, enthält bereits das sittliche Element, das nicht in »einer besonderen Handlung der Religion«
zu suchen ist. Jedoch ist die Religion bei den Naturvölkern
sicherlich nicht die Erkenntnis der menschlichen Pflichten als
göttlicher Gebote, sondern die Erkenntnis des göttlichen Charakters der Wirklichkeit, und Ehrfurcht ist dann keine Pflicht,
sondern ein ganz natürliches Verhalten des Menschen gegenüber dem auf diese Weise Erkannten. Wohl aber kann der
Mensch es unterlassen, die ihm mitgegebene Fähigkeit zu solcher Erkenntnis anzuwenden, wie er auch das daraus resultierende natürliche (das heißt ehrfürchtige) Verhalten vergessen
kann. Diese beiden Unterlassungen bilden das dem Sittlichen
(nämlich natürlich Menschlichen) entgegengesetzte Unsittliche,
das heißt den Frevel, gegen den die religiös gebundene Gemeinschaft einschreitet.

Die für unsere Kultur verbindliche religiös-sittliche Grundlage ist besonders schwer zu bestimmen, weil wir das Ethos in
unserer Kultur in einer ausschließlich individuellen Haltung
suchen, und damit jegliche Fixierung dessen, was sittlich sei,
abzulehnen geneigt sind. Dies ist in der Tat eine wichtige Feststellung. Jede Normierung des Sittlichen führt zur Gestaltung
einer Sitte und entfernt sich damit vom echten ursprünglich
Sittlichen. Daß unsere Kultur die sittliche Entscheidung letzten
Endes dem Individuum anheimstellt, ist der überzeugendste
Ausdruck dafür, daß sie sich im schöpferischen, kulturell aktiven Zustand befindet. Die heutigen Naturvölker hingegen leben in völlig erstarrten Kulturverhältnissen, und das heißt
nichts anderes, als daß sich bei ihnen keine nennenswerte Zahl
von Mitgliedern der Gemeinschaft mehr findet, die ein selbstschöpferisches oder nachschöpferisches Verhältnis zu den geistigen Grundlagen ihrer eigenen Kultur haben. Gerade deshalb
sind wir darauf angewiesen, den wahren sittlichen Gehalt ihrer
Religionen indirekt aus den überlieferten Sitten zu erschließen.
Auf der anderen Seite ist das Individualethos unserer Gemeinschaft zweifellos viel kulturgebundener als wir denken. Eine

spätere Zeit wird sicherlich feststellen, wie eng auch für uns der Rahmen gesteckt ist, in dem die sittlichen Entscheidungen sich bewegen.

Die Anwendbarkeit der oben getroffenen Feststellungen über das religiöse Ethos der Naturvölker auf die sittlichen Entscheidungen in unserer Zeit sei aber doch an einem Beispiel erläutert: In Goethes ›Egmont‹ findet jenes für die Handlung wichtige Gespräch zwischen ihm und Oranien statt, das Egmont vor die Entscheidung über sein künftiges Verhalten stellt. Zwei Männer mit verschiedenartigen Anschauungen über Welt und Mensch und die Relation ihrer Werte stehen einander gegenüber. Die Entschlüsse werden keineswegs leichtfertig gefaßt. Die Folgen der möglichen Verhaltensweisen werden eingehend erörtert, und die Argumente des politisch klugen Oranien verfehlen ihre Wirkung auf Egmont nicht ganz. Jedoch er will »mit seinen eigenen Augen sehen« und er will »nicht unwürdig von einem Könige denken«. Das Schwanken wird nach Oraniens Fortgang durch Egmonts sittliche Entscheidung beendet, die von keiner Norm vorgezeichnet ist: »Daß andrer Menschen Gedanken solchen Einfluß auf uns haben! ... Das ist ein fremder Tropfen in meinem Blute. Gute Natur, wirf ihn wieder heraus!« Er will sich nicht durch Oraniens »Klugheit verführen« lassen, sondern macht seine Entscheidung allein abhängig von seinem eigenen Verhältnis zur Welt, wie es in seiner Vorstellung von der »guten Natur« gestaltet ist. Das Wesentliche dieser Haltung liegt in der Einordnung des Ichs in eine geschaute Ordnung der Welt. Oraniens andersartiges Verhalten ist ganz sicherlich nicht unsittlich. Es war auf jeden Fall klüger, wie die spätere Entwicklung zeigt. Trotzdem war es nicht sittlich, weil seine Entscheidung von den zu erreichenden Zwecken bestimmt war. Darum hatte er auch nicht das Wesen dieser Welt oder ihre Ewigkeit vor Augen, die uns in einigen von Egmonts Äußerungen entgegentreten, sondern das Tatsachenmäßige und die unmittelbare Gegenwärtigkeit der Geschehnisse.

Dieses eine Beispiel mag für viele andere stehen, an denen sich bei genauerer Betrachtung immer wieder zeigen läßt, daß das Sittliche sich in einem bestimmten Verhältnis zwischen dem Ich und der Welt offenbart, an dem das Besondere gerade darin liegt, daß intellektuelle Argumente und jede zweckmäßige Vorteilserwägung niemals den eigentlichen Kern der sittlichen Entscheidung treffen. Darum gehören auch Handlungen, die um eines Vorteils willen geschehen, den nicht der Handelnde selbst, sondern andere davon haben sollen, die sogenannten altruistischen Handlungen, nicht ohne weiteres zum Bereich des religiösen Ethos, da sie durchaus auf der Ebene der alltäglichen Zweckhandlungen geschehen können. Allerdings wird man gerade diesen Handlungen sehr viel häufiger bei echten sittlichen Persönlichkeiten begegnen, denen das Bild der höheren Weltordnung – nämlich der göttlichen – in unmittelbarer Gegenwärtigkeit lebendig ist, nicht infolge eines unerbittlichen Pflichtgefühls, wie Kant es mit dem wahrhaft Sittlichen stets verbunden sehen möchte, sondern gerade entgegengesetzt als die glückhafte Veranlagung eines zu Höherem geborenen Menschentums. Für Egmont ist die sittliche Entscheidung unausweichlich, weil er seiner Natur und seinem Schicksal nach vor einer Grundfrage seines Seins steht. Der Entschluß liegt völlig außerhalb aller Zweckerwägungen. Er beruft sich nur auf die gute Natur, was in der Sprache der Naturvölker heißen würde, daß das göttliche Vorbild ihm jede andere Entscheidung unmöglich macht. Bei Oranien hingegen führt uns der Dichter darüber hinweg, daß er in der Ebene der Zweckhandlungen verbleibt und das Klügere tut. Ganz offensichtlich will er uns ihn nicht als den frevelnden Menschen schildern, der nur in dieser Ebene zu leben vermag. Es ist vielmehr so, daß sich für Oranien in dieser Situation die entscheidende sittliche Frage nicht stellt.

Frevel aber ist immer, selbst wenn er als Merkmal verbrecherischer Handlungen auftritt, das völlige Vergessenhaben, daß der Mensch wie alles Lebendige und alle anderen Dinge in dieser Welt in bestimmten Situationen – besonders in den »Grenzsituationen« – mit anderem Maße zu messen sind als mit dem unserer alltäglichen Lebensnormen. Gerade darum kann es unter Umständen Frevel sein, ein Wasser zu trüben oder eine Speise ohne Bedacht zu essen. So erscheint uns die sittliche Grundlage unserer Kulturgemeinschaft zwar inhaltlich, nicht aber in ihrem eigentlichen Wesen verschieden von der der Naturvölker. Sich sittlich verhalten heißt, in bestimmten Lebenssituationen gemäß einer höheren (bei den Naturvölkern eindeutig gemäß einer göttlichen) Weltordnung leben, die sich sehr deutlich von der alltäglichen Ordnung dadurch abhebt, daß sie einerseits ohne jede intellektuelle Vermittlung durch unmittelbares Erleben gegeben ist, und andererseits mit keinerlei Maß aus der Ebene der Zwecke gemessen werden kann.

Dritter Teil
Über die Magie

Von den drei großen religionswissenschaftlichen Theorien, die die ethnologische Literatur immer noch weitgehend beherrschen, hat wohl keine soviel Unheil angerichtet wie die sogenannte Zaubertheorie; denn sie gilt nicht nur bei Ethnologen, sondern weit darüber hinaus in den Geisteswissenschaften als eine vernünftige Erklärung für einen weiten Bereich bestimmter schwerverständlicher Bräuche. Sie wird auch als Theorie des Präanimismus bezeichnet, weil man glaubte, mit ihr eine Phase der menschlichen Geistesgeschichte aufgedeckt zu haben, die der des Animismus voranging. Von ihren Anhängern wurde die Zaubertheorie daher als ein beträchtlicher Fortschritt gegenüber der animistischen Theorie EDWARD B. TYLORS angesehen. Besonders in der geisteswissenschaftlichen Literatur der zwanziger Jahre kann man immer wieder lesen, daß Tylor die geistigen Fähigkeiten des frühen Menschen bei weitem überschätzt habe und daß sich seine Thesen heute nicht mehr aufrecht erhalten ließen (vgl. etwa HANS NAUMANN, S. 18 f.). Demgegenüber läßt sich nur sagen, daß Tylor noch einen Rest von Achtung vor dem wahren Wesen des Menschen bewahrt hatte, während die Zaubertheorie überhaupt jeden Maßstab verlor. Das Törichteste war ihr gerade gut genug, um es dem frühen Menschen zuzutrauen.

Wir hatten im Verlauf unserer bisherigen Betrachtungen schon wiederholt Veranlassung, Einwände gegen ihre Thesen zu erheben. Da diese Theorie allenthalben bis in die jüngste Zeit eine weitreichende Gültigkeit zugebilligt wird, ist eine gesonderte Auseinandersetzung mit ihr unerläßlich. Ihre Urheber – R. R. MARETT (1900), K. TH. PREUSS (1904/5), A. VIERKANDT (1907) und andere, denen allen laut WILHELM SCHMIDT (Bd. 1, S. 493) der Engländer J. H. KING (1892) voranging – stimmen in ihren Grundauffassungen überein, und es genügt daher, auf die Ansichten von K. Th. Preuß, dem führenden deutschen Vertreter dieser Richtung, näher einzugehen.

1. Die präanimistische Zaubertheorie nach K. Th. Preuß

K. TH. PREUSS sieht schlechthin alle naturvölkischen Äußerungen religiöser Art als Ausflüsse eines primitiven Zauberglaubens an. Auf jeden Fall wollte er den Ursprung aller Religion aus ihm ableiten. Zur Begründung seiner These zieht er nicht so sehr die bei den meisten Autoren als Zauberhandlungen bezeichneten Erscheinungen heran, sondern, weit darüber hinausgreifend, alle religiösen Äußerungen der Naturvölker überhaupt. In ihrer Verbundenheit mit einem Zweck – wir haben schon dargelegt, wie weitgehend es sich dabei um Pseudozwecke handelt (vgl. Kap. I, 3) – sieht er ihr entscheidendes Merkmal. In einem frühesten Stadium soll der intellektuell noch nicht voll entwickelte Mensch bestrebt gewesen sein, diese Zwecke durch unmittelbare Einwirkung auf die Dinge zu erreichen; dies sollen die ersten – allerdings mißglückten – Versuche auf dem Gebiet der Naturwissenschaft und Technik gewesen sein. Der Glaube an unpersönliche Mächte soll dem an persönliche Götter vorhergegangen sein. Auch in dem Verkehr zwischen Mensch und Gottheit soll die zauberische Haltung vorherrschend gewesen sein. Der Mensch habe geglaubt, auf die Götter einwirken und die Erfüllung seiner Wünsche erzwingen zu können. Auf diese Weise erscheint alles Religiöse im Bereich der Naturvölker, besonders ihr Zeremonialleben, dem Begriff des Zaubers untergeordnet. Ich beziehe mich bei dieser Darstellung nicht nur auf seine ältere Schrift, sondern ebenso auf seine neueren Arbeiten aus den 20er und 30er Jahren, in denen er wesentlich andere und zweifellos tiefsinnigere Ansichten über das Wesen der Religion äußert. Auch in diesen neueren Arbeiten bleibt er aber bei seiner Grundansicht, daß das geistige Leben der Naturvölker zum Unterschied vom echt religiösen der späteren Kulturen von dem Glauben an Zauberwirkungen beherrscht sei.

Diesen Unterschied formuliert er in einer 1932 erschienenen Arbeit über ›Entwicklung und Rückschritt in der Religion‹ folgendermaßen (S. 242): »Nun ist es freilich nicht zu leugnen, daß ein fundamentaler Gegensatz zwischen ›Zauberei‹ und ›Religion‹ vorhanden ist; die Grundlage dafür ruht aber auf Seiten der ersteren (der Zauberei) lediglich darin, daß in der Magie die Tradition, der Mythus, die Sitte, also die Bezugnahme auf die Urzeit, überwiegt und Gottes Einrichtungen von der Urzeit her ihre Wirkung haben ... Beim Gebet dagegen kommt es nicht in erster Linie auf die urzeitliche Festlegung im Mythus und Kult an, sondern auf den gegenwärtigen Gott, an dessen Güte sich der Mensch mit seinem Anliegen wendet.« Dieser Vergleich bzw. die Feststellung der Ungleichheit kehrt bei Preuß in ähnlicher Form mehrfach wieder. Unter Religion versteht er dabei »die in Gebet, Dankbarkeit und demütigem Gehorsam sich ausdrückende Hingabe an die Gottheit« (S. 241) – eine Haltung, die in frühen Kulturen nur in leisen Andeutungen festzustellen sei und völlig überwuchert werde von den Zeremonien, die »als eine zwingende Ursache« (S. 247) von den Göttern und Heilbringern selbst eingesetzt, reinen Zaubercharakter haben sollen. Daß auch Zeremonien Dankbarkeit und demütigen Gehorsam gegenüber der Gottheit ausdrücken könnten, wird von ihm überhaupt nicht in Erwägung gezogen. Die reine Gebetsreligion soll in einem späteren Stadium den Sieg über die Zeremonie errungen haben, weil das Gebet für die Menschen bequemer erschien als die manchmal übermenschlichen Anstrengungen, die mit den Zeremonien verbunden waren, während nach JAMES GEORGE FRAZER (Goldener Zweig, S. 82) die Menschen durch die Einsicht in den Mißerfolg des Zaubers auf den Weg zur Gottesverehrung geführt wurden. (Vgl. die in Kap. IV, 2 bereits erwähnte entgegengesetzte Argumentation von ANDREW LANG.)

Es ist hier nicht zu untersuchen, wie es zu dieser eigenartigen Auffassung vom Wesen der frühen Religionen gekommen ist. Wie erwähnt, hat Preuß bis zuletzt an ihr festgehalten, obgleich gerade er durch die klare Erkenntnis von der Bedeutung der Mythen für das tiefere Verständnis der Kulthandlungen die ethnologische Religionsforschung so wesentlich gefördert hat. Aber auch die Heranziehung der Mythen zur Erklärung der Kulte ist für ihn nur ein Anlaß, von »Milderungen des magischen Elementes« in den naturvölkischen Religionsäußerungen zu sprechen (Mythen, S. 9). Der Kernpunkt bleibt für ihn die Tatsache, daß die Kulte der Primitiven ausgeführt werden, um irgendeinen Zweck zu erreichen.

Unbestreitbar ist die Tatsache, daß uns die Naturvölker wirklich fast immer einen Grund angeben können, der das Stattfinden des Kultes rechtfertigen soll. Es wird etwas getan, um die Unfruchtbarkeit der Frauen zu verhindern, um die Fruchtbarkeit der Felder zu garantieren, um genügend Regen herbeizuführen usw. Man kann dieses Zweckhafte der Kulte natürlich als magisch bezeichnen, wenn man mit dem Magischen im wesentlichen nur eine Willensäußerung des Menschen verbindet. Ein nur in diesem Sinne magischer Beigeschmack kennzeichnet wirklich die Kulte der Naturvölker, wenigstens in jener Form, in der sie uns heute meist entgegentreten. Jedoch bleibt es unbewiesen und daher reine Willkür, wenn dieser zweckhafte Beigeschmack der religiösen Kulte von den Zaubertheoretikern unbedingt als das zeitlich Primäre – und vor allem als das eigentlich Wesentliche an ihnen – angesehen wird.

Wir haben schon entwickelt, daß unserer Auffassung nach die Kulte diesen »Pseudozwecken« ihre Entstehung keinesfalls verdanken können (Kap. II und III, 1). Ebensowenig können wir der Auffassung von Preuß über das Gebet zustimmen, das er als Ausdruck echt religiöser Gesinnung in Gegensatz zu den Zeremonien stellt. Einmal haben jene Naturvölker, die eine gegenwärtig gedachte Gottheit verehren, gleichfalls Gebete, mit denen sie sich an diese wenden; zum anderen können natürlich auch Gebete in das Stadium der Anwendung hinübergleiten und damit den gleichen scheinbar magischen Charakter erlangen wie die zu Zweckhandlungen degenerierten Kulte. Man denke nur an die asiatischen Gebetsmühlen oder an die katholische Sitte, eine bestimmte Anzahl von Vaterunsern für die Seelenruhe eines Verstorbenen oder für irgendeinen anderen Zweck zu beten. Es ist also keine Frage, daß das gleiche magische Element, das sich in jenen Handlungen der Naturvölker fand, allenthalben und auch bei uns ein Kennzeichen vieler religiöser Verhaltensweisen ist. Nur zeigt sich mit aller Deutlichkeit, daß dieses magische Element nicht mit dem Ursprung des Rituals verbunden ist, sondern ganz im Gegenteil erst dann in Erscheinung tritt, wenn mit der ständigen gläubigen Wiederholung der Zeremonie die Heilserwartung in den Vordergrund tritt.

Das Bild vom Menschen, das die Zaubertheorie konstruieren mußte, um ihre Thesen überzeugend zu machen, haben wir schon ausführlich charakterisiert (Kap. I, 1). Außerstande seine tatsächlichen Fähigkeiten richtig zu beurteilen, soll der frühe Mensch auf rein assoziativem Wege, das heißt mit Hilfe irriger Kausalverknüpfungen, die seinem unentwickelten Intellekt entsprachen, zu einer völlig falschen Einschätzung seines Könnens gelangt sein. Er war nur auf die Erreichung praktischer Zwecke gerichtet. Die Mittel, die er dazu ersann – nämlich die Zeremonialhandlungen – erklären sich als Ergebnis falscher Denkprozesse. Auf unsere Einwände gegen dieses Bild brauchen wir hier nicht nochmals zurückzukommen.

Wie gesagt, die Zaubertheorie hat auf weite Kreise überzeugend gewirkt. In der Ethnologie wird heute meistens so verfahren, daß man die drei Haupttheorien – die urmonotheistische, die präanimistische und die animistische – nebeneinander bestehen läßt, ihre Erklärungsversuche mehr oder weniger billigt, jedenfalls keine besseren oder anderen an ihre Stelle setzt und sie auf die verschiedenen Gebiete religiöser Äußerungen der Naturvölker anwendet. Gibt es bei einem Volk eine mehr oder weniger deutliche Vorstellung von einem Hochgott, so wird für diese Tatsache die urmonotheistische Theorie zur Erklärung herangezogen; die weit verbreiteten Vorstellungen über Seelen, Geister und das Leben nach dem Tode werden meist einfach als animistische Glaubensinhalte bezeichnet und alles andere – vor allem solche Erscheinungen, mit denen sich überhaupt keine vernünftigen Ideen verbinden lassen – nennt man Magie oder Zauber, und man spricht von einem Zauberpriester, von Liebeszauber, Fruchtbarkeitszauber und vielem anderen Zauber in der Annahme, daß die dazugehörige Theorie die ihnen zugrundeliegenden Vorstellungen hinreichend geklärt habe. Mit der Bezeichnung präanimistischer Zauberglaube wird meist der Anspruch dieser Theorie anerkannt, die ältesten Zustände menschlicher Geistesgeschichte aufgedeckt zu haben, während Uneinigkeit höchstens darüber besteht, ob die Bezeichnung Religion auf diese Äußerungsformen zulässig sei. Häufig setzt man sich auch mit dem ungemein beliebten Kompromißausdruck »magisch-religiös« über alle Unklarheiten hinweg. Aber auch wenn diese Frage verneint wird, so betrachtet man doch den Präanimismus als einen Vorläufer der Religion und nimmt an, daß beides eng zusammengehört und die Religion sich aus dem Zauberglauben entwickelt habe.

Eine etwas abweichende Auffassung hat in der religionswissenschaftlichen Literatur gleichfalls eine gewisse Gültigkeit erlangt. Man stellt Magie und Religion als zwar verwandte, aber deutlich unterscheidbare und nicht auseinander ableitbare Lebensäußerungen der Menschheit nebeneinander. Bestimmte Geisteshaltungen sind auch bei den ältesten Völkern bereits als Religion anzusprechen, während die magische Geisteshaltung sozusagen als eine Schwester des Religiösen neben ihm existiert. So etwa KARL BETH in seinem bekannten Buch ›Religion und

Magie bei den Naturvölkern‹. Das Wesen der Religion wird auch hier in einer demütigen Haltung des Menschen zur Gottheit gesehen, an deren Güte er sich mit seinen Anliegen wendet, während die Magie sich in zahlreichen, auf bestimmte Zwecke gerichteten Praktiken äußert.

2. Der Begriff der Magie in neueren Arbeiten

In welchem Maße die Zaubertheorie bis in die jüngste Zeit hinein ihre Wirkung getan hat, soll uns zunächst noch eine Weile beschäftigen. Allein in einem Jahre (1947) erschienen in Deutschland drei Bücher, die in ihrem Titel bereits die Bezeichnung Magie enthalten und die alle von der Richtigkeit der Zaubertheorie ausgehen. Nun ist es zweifellos schwierig, von nicht-ethnologischer Seite aus die Grundlagen der Theorie zu überprüfen. Immerhin ist es überraschend, daß auch von philosophischer Seite der Begriff Magie im zaubertheoretischen Sinne ohne eine besondere Prüfung übernommen wird.

a. Willy Hellpach

In diesem Sinne verwendet WILLY HELLPACH die Bezeichnung Magie in einer Arbeit über ›Das Magethos‹. Die Dynomagie ist für ihn beispielsweise die Ausübung dinglicher Kraftwirkungen durch dingliche Veranstaltungen, die außerhalb der Dinge stattfinden, auf welche eingewirkt werden soll. Dazu rechnet er die Herbeiführung von Regen durch Ausgießen von Wasser, das nebst anderen ähnlichen Erscheinungen als Hokuspokus bezeichnet wird (S. 19). Dies ist nur eines von zahlreichen Beispielen aus der erwähnten Arbeit, an der sich zeigen läßt, daß das Wort Magie bereits in der wissenschaftlichen Literatur seinen Zauber ausgeübt hat und als Erklärung für viel Ungeklärtes steht, das heute mehr denn je einer erneuten Prüfung bedarf.

Jedoch werden die von der Ethnologie beigebrachten Materialien zur Religionsgeschichte der Menschheit in der genannten Arbeit nur sehr am Rande berührt und sind dem Verfasser offensichtlich nur wenig geläufig. Eine wirklich grundsätzliche religionswissenschaftliche Erörterung ist heute aber ohne eine Berücksichtigung des ethnologischen Materials schlechterdings nicht möglich, weil die Völkerkunde uns zu den eigentlichen

Quellen der Menschheitsgeschichte führt, aus denen alle jene geistigen Schöpfungen stammen, die uns in späteren Kulturen in anderem Gewande wieder begegnen.

Auf jener feststehenden Anschauung von Magie und von dem groben und rohen Charakter aller geistigen Äußerungen der Primitiven aufbauend, entwickelt Hellpach eine Geistesgeschichte der Menschheit, in der die Zwischenstufe des Magethos eine bedeutungsvolle Rolle gespielt haben soll. Im Ethos sieht er den entscheidenden Faktor aller Religion, der in der Magie als solcher und damit in allen frühen Religionen naturgemäß fehlt. Die »Mächte« werden vielmehr »ganz naiv je nach ihrer Nützlichkeit oder Schädlichkeit ... in ›gute‹ und ›böse‹ klassifiziert« (S. 49). »In langen, langsamen Metamorphosen wandelt sich dann das Mächtenützliche zum Guten, das Mächteschädliche zum Bösen ...« (S. 50) So stammen beispielsweise bestimmte Handlungen beim Kult, »etwa das Entblößen des Hauptes in den einen und umgekehrt das Bedecken in den anderen Religionen gewiß aus magischen Absichten«, aber sie zeigen eine enge Verflechtung des Magischen mit dem Ethischen; denn »Haltung, Gesten und Miene sind von eigentümlichster Wirksamkeit auf jeden Sprechenden selber. Sie beeinflussen ... seine Innerlichkeit« (S. 64).

So enthalten eine Reihe von magischen Praktiken (offenbar gewissermaßen zufällig) »eine gewisse moralische Einstellung desjenigen, der den magisch wirksamen Akt ausübt. Je regelmäßiger die Magie getätigt wird, desto gewohnheitsmäßiger wird mit ihr zugleich jene moralische Haltung eingenommen – hier graben wir geradezu bis an eine Wurzel des Magethos, aus der es sich weiterhin aufs mannigfachste verzweigt. Verpflichtender Zauberdienst: Du mußt dich so und so benehmen, wenn die Magie wirksam werden soll, und je regelmäßiger einer sich so benehmen lernt, desto mehr wird er auch tatsächlich so, wie sein Benehmen es ausdrückt.« (S. 65) An zahlreichen Beispielen wird dargetan, wie in ganz grobstofflichen Denkweisen und Praktiken ein Körnchen ethischen Verhaltens mitgegeben ist, dessen Sublimierung im Laufe der Menschheitsgeschichte erst zur eigentlichen Religion geführt habe.

Man sieht deutlich, wie maßgebend für alle Gedankengänge der Arbeit die Voraussetzungen der präanimistischen Zaubertheorie sind. Mit einer anderen Auffassung vom Wesen der frühen Religionen wäre kaum eine der Schlußfolgerungen von

Hellpach möglich. Die Zaubertheorie sieht bekanntlich den Anfang der Religion in einem intellektuellen Vorgang, der entsprechend den noch sehr wenig entwickelten intellektuellen Fähigkeiten des frühen Menschen zu einer Fülle von falschen Schlußfolgerungen führte. Um das nur an einem Beispiel von K. Th. Preuss (Ursprung, S. 322) zu erläutern: Das Auftreten des Junikäfers nur zu der Zeit, wenn die Sonne am höchsten steht, habe die frühen Menschen zu einer falschen Kausalität verführt. Sie hätten den Käfer selbst für die Hitze der Sonne verantwortlich gemacht und deshalb einige Praktiken mit dem Käfer erfunden, um sich auf direktem Wege der Hitze zu vergewissern, die für das Reifen des Korns nötig sei. Diese von Preuß selbst als »Urdummheit« bezeichnete Haltung enthält einige Widersprüche. Auf der einen Seite soll das Erfahrungswissen bereits den Zusammenhang zwischen Sonnenwärme und Kornreife richtig erkannt haben, zum anderen soll der Mensch so töricht gewesen sein, die einfache Assoziation von Junikäfer und Sonnenwärme auf das gröblichste zu mißdeuten.

Bei Hellpach findet sich im wesentlichen das gleiche Bild vom frühen Menschen. In einer anderen Arbeit (Numen und Ethos) spricht er, wenn auch nicht ausdrücklich von Urdummheit, so doch von den Elementargedanken »der Spezies Homo (jedoch nicht so sapiens als insipiens: man könnte sie Strukturelemente der Menschenunvernunft nennen!)« (S. 59). Ebenso wie in der Zaubertheorie wird angenommen, daß ein echtes Ethos in der Frühzeit noch nicht vorhanden war. Daß wir mit Auffassungen dieser Art nicht einig gehen können, haben wir schon dargelegt (Kap. IX).

Auch in dieser Arbeit von Hellpach begegnen wir der gleichen geringschätzigen und ablehnenden Beurteilung aller religiösen Äußerungen der Naturvölker. »Das Numinose ohne das Ethische (die Arbeit richtet sich wesentlich gegen das bekannte Buch von Rudolf Otto ›Das Heilige‹) kann weder das Religiöse schlechthin, noch das ›Urreligiöse‹, weder das religiöse Apriori noch das religiöse Prius oder Primum sein, weil dann sämtliche Animismen, Manaismen, Dämonismen und Fetischismen, Manismen und Animalismen, zu gut deutsch alle Zauber-, Geister-, Ahnen- und Tierkulte ›Religion‹ würden, womit sich deren Wesen gerade für die kühle wissenschaftliche Erkenntnis, nicht etwa nur für einen Affektionswert, völlig verwässerte.« (S. 70) Hier werden also ebenfalls alle religiösen Äußerungen der Naturvölker aus dem Reich der Religion ausgewiesen und in eine parareligiöse Vorstufe verlegt, und zwar – wie sich aus der Verwendung der geläufigen Bezeichnungen für die verschiedenen Theorien schließen läßt – unter Berufung auf die bekannten theoretischen Deutungen. Offensichtlich ist der Verfasser der Ansicht, daß jene Theorien über die religiösen Erscheinungen bei Naturvölkern das letzte Wort gesprochen hätten. »Der charakteristische Übergang (zur eigentlichen Religion) ist eben im Magethos gegeben, jener eigentümlichen Zwischenstufe, auf der der magische Zwang sich in geweihtes Verpflichtetsein sublimiert.« (S. 66) Das Wesen der Religion aber wird ausschließlich in den sogenannten Weltreligionen (Buddhismus, Islam, Christentum) gesucht.

b. Eduard Spranger

Auch in einer anderen Arbeit philosophisch-psychologischen Inhaltes von EDUARD SPRANGER erscheint die Bezeichnung Magie im Titel. Der Grundgedanke, der sich auf die religiösen Äußerungen der Frühzeit bezieht, ist hier ebenfalls der sogenannten präanimistischen Zaubertheorie entlehnt: »Magie ist ursprünglich mehr eine Praxis, eine Art der tätigen Einwirkung auf die Welt, als eine rein betrachtende Einstellung; diese ergibt sich erst im Laufe fortschreitender Arbeitsteilung. Der primitive Mensch will sich gegenüber der Welt erhalten; er glaubt Mittel zu besitzen, durch die er sich die verborgenen Mächte, die sein Dasein unheimlich umgeben, gefügig machen kann. Insofern ist die Magie die altertümliche Vorstufe der Technik.« (Magic der Seele, S. 66) Auch die übliche Annahme der Zaubertheoretiker über die Weiterentwicklung der religiösen Äußerungen von ihrem magischen Ursprung her wird ohne Kritik übernommen: »Das mythische Denken, das auf das magische Weltalter folgt, hat in dieser Richtung schon erhebliche Fortschritte gemacht« (S. 67), oder »Es geht schon über das primitive magische Stadium hinaus in ein späteres (animistisches), wenn der Mensch auf Grund gewisser Beobachtungen, zum Beispiel beim Sterben, dazu gelangt, die Seele von ihrem Leibe zu unterscheiden und ihr die Möglichkeit von Ausflügen aus ihrem Gehäuse, von Wanderungen zuzuschreiben, die mit der alten Kategorie der Verwandlung trotz Identität noch in nahem Zusammenhang bleiben« (S. 74), oder »Diese Auffassung weiter zu verfolgen, ist hier nicht der Ort. Sie kündigt sich schon in der bekannten magischen Ansicht an, daß ein Dämon die einfache Seele besitze, ihr Kraft gebe oder sie krank mache. Mögen die Völker es Mana oder Orenda nennen: es liegt darin die Vorstellung von einem höheren Prinzip, das sich mit der Seele identifiziert. Die Folge ist ein magischer Kraftzuwachs. *Hier wurzelt ferner die Vorstellung von einem geistigen göttlichen Wesen, die sich bis zu der lauteren Höhe steigern kann: der heilige Gott, der in uns selber lebt.*«[*] (S. 79 f.)

Es scheint also, daß auch Spranger die ethnologischen Theorien über den Ursprung der Religion in den magischen Praktiken und ihre Weiterentwicklung über Mana und Orenda und animistische Seelen- und Geistervorstellungen bis zur Gottesidee für einleuchtend und feststehend hält. Jedoch würde man das Wesen dieser Arbeit verkennen, wenn man nur die an sich völlig klaren und unbezweifelbaren Bezugnahmen auf jene Theorien für erwähnenswert hielte. Es ist von besonderem Interesse festzustellen, in welchem Maße die üblichen ethnologischen Theorien über das Wesen der Religion bereits in anderen Wissenschaften Fuß gefaßt haben und wie schwer es vermutlich sein wird, sie dort zu verdrängen, selbst wenn die Ethnologie auf Grund ihres Tatsachenmaterials bereits geschlossen von der in jenen Theorien niedergeschlagenen Geistigkeit abgerückt sein sollte (was beileibe noch nicht der Fall ist).

Die genannte Arbeit von Spranger läßt jedoch keinen Zweifel daran, daß er jene Theorien keineswegs zu seinen eigenen machen würde, wenn er sich mit den ihnen zugrundeliegenden Phänomenen aus erster Hand zu beschäftigen hätte. Die Erwähnung jener Theorien hängt kaum mit seinen eigenen Gedankengängen zusammen, da er fast keine Folgerungen daraus zieht. Vielmehr verbindet er mit der Magie einen völlig anderen Sinn, um einen brauchbaren Ausgangspunkt für seine Darlegung zu gewinnen: »Daß durch die Zauberhandlungen der Zweck erreicht werden kann, erscheint uns als ausgeschlossen. Auch der Primitive muß dies schließlich bemerkt haben. Entweder also führt er den Mißerfolg auf Fehler zurück, die beim Ritus gemacht worden sind – eine Deutung des Versagens, die in jedem Fall zur Verfügung steht –, oder der Zweck der Magie muß von vornherein anderswo liegen, als im gewünschten äußeren Er-

[*] Von mir hervorgehoben.

folg. Man hat mit Recht gesagt, daß sie eigentlich mehr eine Veränderung im Subjekt bewirkt als im äußeren Objekt. Noch nie hat die Nachahmung von Vorgängen beim Regen tatsächlich Regen bewirkt, noch nie ist ein Büffel deshalb erlegt worden, weil man vorher Büffeltänze aufgeführt hatte. Wohl aber wird eine Erhöhung des eigenen Wesens bewirkt, unter Umständen ein ekstatischer Zustand der Selbststeigerung und Machtsteigerung, der indirekt dem Zweck zugute kommen kann. In der Magie geht es mehr um die Gewinnung von Kraft, als schon um den Erfolg des Handelns. Sie wirkt auf die Seele, nicht auf Äußeres.« (S. 72)

Das ist eine wesentlich andere Auffassung von Magie, und diese liegt eigentlich dem Gedankengang der Arbeit zugrunde. Sie unterscheidet sich in allem Wesentlichen von der Auffassung der Zaubertheorie. Hier wird die Bezeichnung Magie auf bestimmte Verhaltensweisen eingeschränkt, und zwar gerade auf diejenigen außergewöhnlichen seelischen Zustände, die allein man sinngemäß und dem Sprachgebrauch folgend mit dem Worte verbinden sollte.

Die von Spranger erwähnten Büffeltänze haben zweifellos noch niemals bewirkt, daß ein Büffel durch sie erlegt worden ist. Aber ob Menschen durch Steigerung besonderer seelischer Fähigkeiten nicht imstande wären, auf Büffel einzuwirken, daß sie sich dem Ort des Tanzes nähern, sie »herbeizuzaubern« oder in sich und ihren Mittänzern die Fähigkeit zu entwickeln, die Büffelherde schnellstens aufzufinden, wissen wir nicht. Auf jeden Fall glauben die Magier an solche oder ähnliche Möglichkeiten, und deswegen führen sie ihre Handlungen aus. Und die Menschen glauben ihnen und haben Vertrauen zu ihren Praktiken, weil sie jederzeit die Beobachtung machen können, daß das jeweilige Können des Menschen außerordentlich abhängig ist von den individuellen seelischen Kräften und der besonderen Seelenlage im Zeitpunkt des Handelns. Gerade diese Ungewißheit über die Grenze der psychischen Möglichkeiten erschwert ein tieferes Verständnis des Wesens der Magie. Sicher ist lediglich, daß die Menschen zu allen Zeiten an die nicht-alltäglichen Fähigkeiten, besonders bei einigen herausgehobenen Individuen, geglaubt haben und daß, wie jeder selbst gelegentlich beobachten kann, erhebliche Unterschiede zwischen alltäglicher und magisch gesteigerter Seelenlage bestehen.

Im übrigen sind die erwähnten Tiertänze durchaus nicht immer ursprünglich magisch, selbst dann nicht, wenn als Grund für ihre Ausführung ein mit der Jagd zusammenhängender Zweck angegeben wird. Gerade bei den erwähnten Büffeltänzen ist ihr rein magischer Charakter für den Ursprung durchaus nicht erwiesen. Die heutige Begründung für ihre Aufführung (»making buffalo come«, wie GEORGE CATLIN von den *Mandan-Indianern* berichtet) kann durchaus eine späte »Anwendung« sein. Die eigentümliche Verkleidung der Tänzer mit dem Fell und dem Kopf des Tieres, die bei anderen Völkern oft im Rahmen von religiösen Kulten vorkommt, legt die Vermutung nahe, daß auch hier ein solcher religiöser Kult den eigentlichen Ursprung des Tanzes gebildet hat. Wir haben bereits die große Zahl der ursprünglich sicherlich zweckfreien Darstellungen erwähnt, die uns im Rahmen der engen Beziehungen zwischen Mensch und Tier begegnen und die gerade für die früheste Zeit der Menschheit so charakteristisch sind. Sie haben eine Fülle von kulturellen Schöpfungen der Frühzeit hervorgerufen oder beeinflußt und erlebten in den tiergestaltigen Göttern der Hochkulturen noch eine späte Blüte.

Mit seiner – vom ethnologischen Material her gesehen – richtigen Auffassung vom Wesen der Magie beseitigt Spranger selbst die zunächst völlig ernstgenommene Ansicht der präanimistischen Zaubertheorie und wendet sich seinem eigentlichen Gedankengang zu. Er versucht zu zeigen, daß Magie in solchem Sinne keineswegs ausschließlich der Vergangenheit angehört: »Jahrtausendelang haben die Menschen nicht anders als magisch denken können … Absoluter Unsinn kann es nicht gewesen sein. Vielleicht etwas, das auf Bezirke ausgedehnt worden ist, in denen es nicht angebracht war. Aber doch etwas, dem ein tiefes Recht für ganz wesentliche Angelegenheiten des menschlichen Lebens innewohnte, für die es uns zu unserem Schaden verlorengegangen ist.« (S. 65) »Sie (die magische Weltauffassung) reicht bis in fernste Urzeiten der Menschheit zurück, während die rationale Denkweise sehr jung ist und nur bei wenigen Völkern Wurzel geschlagen hat. Es ist daher, wie betont, unwahrscheinlich, daß in dem alten Geistestypus nicht wenigstens einige Motive erhalten gewesen seien, mit denen sich ein bleibender Sinn verbinden läßt. Dann aber käme es darauf an, ihn zu retten.« (S. 66)

Es ist hier nicht der Ort, die Gedankengänge Sprangers zu behandeln, in denen die ursprünglich magischen Gehalte des

Christentums aufgewiesen werden, um an unserer Sprache und an vielen Äußerungen unseres Seelenlebens zu zeigen, daß jene magische Welt nicht vergangen ist und zum Vorteil eines verinnerlichten christlichen Glaubens erneut und stärker in das Bewußtsein treten könnte. Unseren Fragestellungen entsprechend mußten wir uns hier auf den der Arbeit zugrundeliegenden Bedeutungsgehalt der Magie beschränken.

c. Carl Heinz Ratschow

Eine dritte, fast gleichzeitig erschienene Veröffentlichung ist das Buch über ›Magie und Religion‹ von CARL HEINZ RATSCHOW. Ganz ähnlich wie die Zaubertheoretiker faßt auch Ratschow alle religiösen Äußerungen der »vor- und außergeschichtlichen Völker« unter der Bezeichnung Magie zusammen und will diesen Bereich zeitlich getrennt wissen von dem der Religionen, die erst in späteren Kulturen auftreten und im wesentlichen in den gestifteten Religionen faßbar sind. Es wäre hier also wieder ein zeitliches Nacheinander von Magie und Religion festgestellt, wobei – ähnlich wie bei den Zaubertheoretikern – wohl auch an eine allmähliche Entwicklung der Religion aus der Stufe der Magie gedacht ist. »Dieser Vorgang des Absterbens des alten Weltbildes [nämlich des magischen] erstreckt sich über viele Jahrhunderte.« In Griechenland beispielsweise »lebt in der bäuerlichen Zurückgezogenheit Arkadiens eine ganze Fülle von Vorstellungen und Bräuchen, die sich mit der neuen Welt nicht vertragen«. »Andererseits zeigt schon Homer, daß das alte Lebensempfinden zerbrochen ist. Ansätze eines historischen Bewußtseins treten auf und die Gottheiten der Vorzeit wurden persönlich geschlossene Götter.« Eines Tages ist der historische Mensch zu historischem Bewußtsein erwacht und dies ist auch der eigentliche Beginn der religiösen Periode (S. 88 f.).

An diese beiden großen Epochen der Geschichte des menschlichen Geistes, der Magie und der Religion, schließt sich als Letztes eine dritte, die christliche Epoche an. Schon in dieser Dreiteilung zeigt sich, daß Ratschow den gesamten Bereich der Naturvölker als eine einzige große Epoche der Menschheitsgeschichte auffaßt, die durch ein einheitliches Lebensgefühl gekennzeichnet sein soll. Die Ethnologie ist aber inzwischen längst in der Lage, hier ganz verschiedene Kulturepochen zu unterscheiden und wehrt sich mit Recht mehr und mehr dage-

gen, die »vor- und außergeschichtliche« Menschheit geistesge-
schichtlich als eine Einheit aufzufassen. Die Tatsache, daß die
Äußerungen des geistigen Lebens aller Naturvölker uns fremdartig erscheinen und daß wir sie von unserer Welt aus nicht
ohne weiteres verstehen können, ist noch kein Beweis dafür,
daß es sich um eine einheitliche Geisteshaltung handelt. Die
Sitte, daß »eine Witwe den Schädel ihres verstorbenen Mannes
zeitlebens in einem Tuche mit sich herumschleppt« (S. 13),
zeugt zweifellos für Vorstellungen, die nicht mehr die unseren
sind. Wir würden hinzufügen, daß dasselbe für die Sitte eines
Jägervolkes gilt, das erlegte Tier wie einen Ehrengast in die
heimatliche Gemeinde einzuführen, bevor man es verzehrt, und
doch können beide Sitten ganz verschiedenartigen Lebensge-
fühlen entspringen. Wir können sogar sagen: Wahrscheinlich ist
das der einen Sitte zugrundeliegende Lebensgefühl so grundverschieden von dem der anderen, wie beide von dem unseren.

Die Feststellung, daß Ratschow sich in seiner Ansicht von
dem zeitlichen Nacheinander von Magie und Religion eng an
die übliche Auffassung der Zaubertheorie anlehnt, muß jedoch,
ähnlich wie bei Spranger, korrigiert werden, wenn wir genauer
betrachten, was er unter Magie versteht. Ratschow hätte kaum
eine irreführendere Bezeichnung wählen können für das, was er
darunter verstanden wissen will. »Die religiösen Riten und Vorstellungen der sogenannten Naturvölker sind der Ausgangspunkt dieser Untersuchung. Sie werden hier unter dem Begriff
der Magie zusammengefaßt, wie es weithin Brauch ist.« (S. 13)
Dieser Brauch basiert jedoch stets auf der Anerkennung der
Grundlagen der Zaubertheorie, die ganz auf dem Entwick-
lungsgedanken aufbaut, den Ratschow selbst auf der nächsten
Seite mit überzeugenden Argumenten ablehnt. Die Bezeichnung Magie soll hier also offenbar keineswegs in dem üblichen
Sinne der Zaubertheorie verstanden werden. Aber auch die eigentliche und echte Magie, für die man, wie wir noch sehen
werden, mit Fug und Recht diesen Namen verwenden sollte, ist
von Ratschow nicht gemeint, da er sich in seinem Buche mit ihr
überhaupt nicht befaßt. Ratschow gebraucht den Ausdruck Magie vielmehr lediglich als Kennzeichnung der Religionen aller
jener Völker, deren kulturelle Blüte vor dem Beginn der Hochkulturen angesetzt werden muß. Er gebraucht ihn eben deshalb,
weil er glaubt, daß allen diesen Religionen etwas Gemeinsames
eigne, wodurch sie sich von den späteren Epochen der mensch-

lichen Geschichte unterscheiden lassen. Er spricht an anderen Stellen des Buches deshalb auch sinngemäß von gewachsenen oder lebensgebundenen – im Gegensatz zu gestifteten – Religionen, woraus sich ergibt, daß er jene magische Stufe nicht in einen Gegensatz zur Religion schlechthin gesetzt haben will.

Ebenso wie Ratschow die landläufigen Entwicklungstheorien über die Entstehung der Religion mit guten Gründen ablehnt, wendet er sich auch gegen das Verfahren, die Andersartigkeit der frühen Religionen auf eine Verschiedenheit des Denkvorganges zurückzuführen, wie es besonders LUCIEN LÉVY-BRUHL getan hat (vgl. Kap. I, 4). Nicht das Denken der Naturvölker sei verschieden von dem der Menschen späterer Kulturen, sondern das Lebensgefühl sei ein anderes. Die Ausgangspunkte für die Abhandlung sind damit deutlich gekennzeichnet.

Überraschenderweise hat die Ablehnung jener Denktheorien den Verfasser nicht davor bewahren können, uns auseinanderzusetzen, daß der Satz der Identität, »diese Grundlage des rationalen Erkennens«, für die vor- und außergeschichtlichen Menschen keine Gültigkeit besitze. »Dieser Satz der Identität, A ist gleich A, setzt voraus, daß man ein Ding an zwei zeitverschiedenen Stellen als dasselbe zu setzen vermag: nämlich A im einen Moment gleich A im anderen. Dazu muß man aber überhaupt ein Ding als solches zu denken vermögen.« (S. 76) Ein Rabe von rechts sei für diese Menschen aber ein anderer als der Rabe von links und der Wolf am Tage ein anderer als der Wolf bei Nacht. »Der Satz der Identität ist dem vor- und außergeschichtlichen Menschen verschlossen.«

Die Ungeheuerlichkeit dieser Behauptung tritt ohne weiteres zutage, wenn man sich vergegenwärtigt, wie ein Mensch sich überhaupt noch in der Welt zurechtfinden soll, wenn ihm in diesem Sinne der Satz der Identität verschlossen ist. Jedoch muß berücksichtigt werden, daß diese Behauptung im Rahmen des Buches als Randbemerkung erscheint, von der dessen Grundgedanken nicht berührt werden.

Wichtig ist für uns, daß der Begriff der Magie von Ratschow nur scheinbar im zaubertheoretischen Sinne angewendet wird. Neben den ungeprüften Prämissen des Buches, die zaubertheoretisch anmuten, stehen ernsthafte Versuche, von dem Lebensgefühl jener Menschen her zu begreifen, wie es zu den magischen Riten hat kommen können. Bei einem Zaubertheoretiker wäre der folgende Satz von Ratschow (S. 148) undenkbar: »Eine

Erfassung des Wesens der Magie muß also immer davon ausgehen, einen Ritus, der uns aus den vor- und außergeschichtlichen
Kulturen überliefert wird, so zu verstehen, daß er im Ganzen
der Kultur sinnvoll verankert erscheint.«

In der Tat müßte dies die erste und wichtigste Aufgabe aller
Religionsforschung sein, wenn wir zu einem fruchtbaren Verstehen jener religiösen Äußerungen kommen wollen.

Da das Verständnis der Magie für uns von vordringlichem
Interesse ist, sei noch ein besonders fruchtbarer Ansatz des Buches hervorgehoben, der sich auf das Wesen des Kultes bezieht:
»Der Ritus erscheint von außen gesehen nur wie eine reflexarti-
ge Abwehr – oder Heischebewegung. Doch er ist eben mehr. Er
ist nicht nur mehr, sondern er ist anders. Er ist menschliches
Wirken im Banne der Unio magica«, wie Ratschow diese Einheitlichkeit der Lebensanschauung nennt, in die der Mensch
gebettet ist. »Er ist Wirken und nicht nur Bewirktsein. So wurde der Ritus als Darstellung der Unio [magica] in Krisenzeiten
sinnvoll deutbar.« (S. 150) Das gibt in der Tat dem Ritus einen
ganz anderen Sinn und bettet ihn in das Bild von der geistigen
Kultur eines Volkes, wie sie auch in den Mythen zum Ausdruck
kommt. Leider wird dieser fruchtbare Gedanke, in den Riten
Darstellungen zu sehen, nicht intensiver und vor allem konse-
quenter durchgeführt. Schon die mehrfach wiederholte Bemerkung, daß der Ritus nur in den Krisenzeiten lebendig wird,
deutet auf den Zweck (nämlich zur Behebung der Krise) hin,
und an mehreren Stellen des Buches leuchtet die Zwecktheorie
unverkennbar durch. »Und wenn die Sonne sinkt und sinkt, so
muß der Ritus ihr aufhelfen.« (S. 65) Wenn der Ritus der Sonne
aufhelfen kann, so ist er keine Darstellung, sondern eine Zauberhandlung. Im übrigen wird bei allen diesen Deutungen nicht
genügend beachtet, daß die Eingeborenen nicht nur die Abwendung von gespenstischen Gefahren als Motiv für ihre zeremoniellen Handlungen angeben. Ebenso oft begründen sie sie ausschließlich mit dem Hinweis darauf, daß ihre Väter bereits so
handelten. In dieser Bezugnahme auf eine bestehende Ordnung
äußert sich weit eher eine fromme als eine magische Gesinnung.

Diese Darlegungen sollen lediglich zeigen, daß die Grundan-
nahmen der Zaubertheorie auch noch in neuerer Literatur zur
Erklärung einer Fülle von Erscheinungen herangezogen werden
– nicht nur auf dem Gebiet der Ethnologie, sondern auch in
anderen Geisteswissenschaften einschließlich der Philosophie.

Die Zaubertheorie erhebt den Anspruch, den Ursprung der Religion oder die Vorform, aus der sie sich entwickelt hat, aufgedeckt und klargestellt zu haben. Auch wer diesen Anspruch nicht anerkennt, pflegt doch ihre Gültigkeit für sehr verschiedenartige Äußerungen und Gestaltungen des menschlichen Geistes nicht anzuzweifeln. Wenn wir uns im folgenden mit dem eigentlichen Problem der Magie beschäftigen, so müssen wir diese ganz verschiedenen Bereiche getrennt behandeln, weil auf jedem Gebiet ganz andersartige Gegebenheiten daraufhin zu prüfen sind, ob die Annahmen der Zaubertheorie zu Recht bestehen.

Da wir nicht bezweifeln, daß es eine echte Magie gibt – allerdings auf Grund ganz anderer geistiger Voraussetzungen als die Zaubertheorie sie annimmt –, so werden wir uns anschließend mit den Gegebenheiten der echten Magie beschäftigen und vor allem die Tätigkeit der sogenannten Schamanen, aber auch Erscheinungen der sogenannten schwarzen Magie, behandeln.

Man hat sich in der Ethnologie angewöhnt, einen bestimmten priesterlichen Amtsträger als Schamane zu bezeichnen. Sein hervorstechendstes Merkmal ist eine besondere psychische Befähigung, die ihm die Kraft verleiht, als Mittler zwischen den Menschen und ihren Gottheiten bzw. Geistern aufzutreten. Die Meinungen darüber, welche der verschiedenartigen Merkmale an der über weite Teile der Erde verbreiteten Erscheinung dieses Priesters besonders typisch sind, weichen beträchtlich voneinander ab. Für unsere Zwecke ist es nicht wichtig, eine genaue Definition des Schamanen zu geben, weil es, wie immer, viele gleitende Übergänge zu benachbarten Erscheinungen gibt. So ist eine der wichtigsten Aufgaben des Schamanen, bei Krankheitsfällen als Helfer aufzutreten, und daraus ergibt sich, daß die Medizinmänner, auch wenn wir sie nicht als Schamanen ansprechen wollen, nicht nur in dieser Funktion mit den Schamanen verwandt sind, sondern sehr oft auch vor dem gleichen geistigen Hintergrund erscheinen, der für das Verstehen dieser Erscheinung ausschlaggebend ist. Für unsere Betrachtung liegt das entscheidende Merkmal in der psychischen Fähigkeit, durch die sich ein bestimmter priesterlicher Typ von jenen Priestern abhebt, die in den Kulten, die wir bisher behandelt haben, hauptsächlich im Vordergrund stehen und deren Amt meist erblich ist. Im übrigen ist die Herkunft des Wortes Schamane ungewiß (vgl. GEORGE NIORADZE, S. 1; MIRCEA ELIADE, Schamanismus, S. 457f.) und über das Russische aus dem Tungusischen zu uns gekommen (Eliade, Schamanismus, S. 14). Es empfiehlt sich, die einmal in der Literatur eingeführte Bezeichnung auch in unserer Betrachtung beizubehalten. Es wird sich aus der Darstellung des Gedankenganges von selbst ergeben, was darunter zu verstehen ist.

Die Gebiete intensivster Verbreitung des Schamanismus sind das nördliche, aber auch das zentrale Asien, beide Amerika, Indien und Indonesien (hier auffälligerweise meist bei kulturgeschichtlich jüngeren Völkern, ebenso wie in Südamerika, wo er sich in der Hauptsache bei den Aruak, Karaiben und Tupi findet). Am schwächsten ist wohl die Form des echten Schamanismus in Afrika entwickelt. Auffallend ist, daß wir ihn in der altpflanzerischen Kulturschicht selten und auch dann meist nur in abgeschwächten Formen und nicht als Kernstück des religiösen Lebens antreffen.

Man hat sehr oft den Schamanismus als eine eigene Religionsform bezeichnet und behandelt. Auch in den amtlichen russischen Statistiken soll er neben Islam und Christentum als solche aufgeführt werden (Nioradze, S. 3). Eine Religion aber hat eine bestimmte Anschauung von der Welt, und zwar von allen dem Träger dieser Religionsform wichtigen Erscheinungen. Er sieht sie als das Werk göttlicher Mächte, dadurch »erkennt« er die Welt und liest aus diesen Erkenntnissen die Bindungen für das menschlich-sittliche Verhalten ab. Wenn der Schamanismus eine eigene Religionsform sein soll, so müßten wir überall dort, wo uns priesterliche Persönlichkeiten begegnen, die wir als Schamanen ansprechen, das gleiche religiöse Weltbild vorfinden. Wie sogleich darzulegen sein wird, ist aber das Bestehen der Kulterscheinung Schamanismus bei einem Volk offensichtlich nicht abhängig von dessen Religionsform; denn schamanistische Praktiken werden im Rahmen ganz verschiedenartiger religiöser Weltbilder ausgeführt. Die Formen und die Technik priesterlicher Tätigkeit bei den Schamanen sind allerdings weitgehend einheitlich und bis in kleinste Einzelheiten übereinstimmend, so daß es wohl berechtigt ist, einen kulturgeschichtlichen Zusammenhang zwischen den verschiedenen Gebieten, in denen er vorkommt, anzunehmen.

Wie bei jeder Ausbreitung von Kulturerscheinungen werden auch bei der des Schamanismus sehr verschiedene Faktoren maßgebend gewesen sein. Die besondere Seelenlage, die gerade bei der Ausübung schamanistischer Praktiken eine wichtige Voraussetzung bildet, macht es sehr wahrscheinlich, daß der Schamanismus in höherem Maße bestimmten Kulturformen zugerechnet werden muß, die RUTH BENEDICT als »patterns of culture« beschrieben hat. So wie der Stil einer Kultur in einigen Zügen durch das Temperament oder durch besondere Charaktereigenschaften von Völkern bestimmt wird, die möglicherweise sogar auf rassische Eigentümlichkeiten zurückgehen, so wird auch die Ausbreitung schamanistischer Praktiken teilweise von solchen Faktoren abhängig gewesen sein. Ein anderer Faktor, der ganz unabhängig vom sogenannten Volkscharakter ist und gleichfalls die Übernahme oder zunehmende Bedeutung des

Schamanismus begünstigt, ist ein herabgestimmtes oder bedrängtes oder in anderer Weise nicht ausbalanciertes Lebensgefühl, von dem ein Volk – etwa durch eine ausweglose historische Situation oder auch durch eine das Gemüt belastende Umwelt, beispielsweise die Wüste oder die Arktis – erfaßt werden kann. Hier zeigt sich gerade diese Form der religiösen Praxis in hohem Maße geeignet, dem Menschen über eine echte Verzweiflung hinwegzuhelfen und ihm ein Gefühl der Erlösung von dem Übel zu vermitteln. Inwieweit ähnliche Faktoren auch zur Entstehung der Kulturerscheinung Schamanismus beigetragen haben, wird sich schwerlich feststellen lassen. Sicherlich ist es zu einseitig, sie ausschließlich auf die arktische Hysterie zurückzuführen, wie das bei zahlreichen neueren Autoren üblich ist (vgl. Ake Ohlmarks, S. 19 ff.).

Man lese zum Beispiel in dem bereits erwähnten Bericht von Knud Rasmussen (Iglulik, S. 127 ff.) die Schlußszene jener Schamanen-Séance, die bei drohender Hungersnot oder in anderen Nöten abgehalten wird. Hier wird durch das öffentliche Bekenntnis der Tabubrüche, das der aus der Unterwelt zurückkehrende Schamane verlangt und nötigenfalls auch durch eindringliche und unerbittliche Befragung erzwingt, die von einer bevorstehenden Katastrophe beherrschte Stimmung der Gemeinschaft in ein allen sich mitteilendes Erlösungsgefühl und in neue Zuversicht umgewandelt.

Auch in vielen anderen Berichten wird uns diese soziale Funktion des Schamanen anschaulich geschildert, so daß es nicht zweifelhaft sein kann, daß dieses seelische Erlebnis, das die Gemeinschaft von einem auf ihr lastenden Druck befreit, einen wichtigen Bestandteil des Schamanismus bildet. Es ist deshalb sicherlich kein Zufall, daß das Amt des Schamanen in der Regel nicht erblich ist, sondern auf den sich offenbarenden, in einer Lehrzeit entwickelten und durch bestimmte Erscheinungen erwiesenen besonderen Fähigkeiten auserwählter Persönlichkeiten beruht und daß die Schamanen zur Krankenheilung, Seuchenabwehr und als Propheten vordringlich in Aktion treten, also in Situationen, in denen der Mensch der Erlösung – und zwar in einem ganz konkreten und unmittelbaren Sinn – in besonderem Maße bedarf.

1. Krankenheilung durch Kampf

Jedoch lassen wir einzelne Berichte selbst zur besseren Anschaulichkeit sprechen. Die Zahl der guten und ausführlichen Schilderungen ist außerordentlich groß. Da es uns hier nur um die Feststellung einiger typischer Merkmale zu tun ist und Vollständigkeit ihrer Verbreitung in keinem Falle angestrebt wird, beschränken wir uns auf wenige Berichte.

Eine sehr anschauliche Beschreibung der geistigen Kultur und insbesondere der Tätigkeit der Schamanen gibt uns THEODOR KOCH-GRÜNBERG von den *Taulipang*, einem *Karaiben*stamm im nordwestlichen Südamerika in der Gegend des Roraima. Es ist ein pflanzerisches Waldvolk, in dessen Wirtschaft jedoch Jagd und Fischfang eine hervorragende Rolle spielen. Aber nicht nur in der Wirtschaft: Koch-Grünbergs Beschreibung hinterläßt den Eindruck, daß auch das geistige Leben sehr stark von Gestaltungen beherrscht wird, die den Bereichen der Jagd und des Fischfangs angehören. Dazu gehört vor allem die große Bedeutung, die den Geisterwesen beigemessen wird, die in die Kategorie des »Herrn der Tiere« gehören (vgl. Kap. VI, 1). Es gibt eine große Zahl von ihnen, unter denen einige durch größere Bedeutung hervorragen. Als oberster erscheint *Keyeme*, der »Vater aller Tiere«, insbesondere der Wasservögel, die seine Enkel sind. »Er ist wie ein Mann, aber, wenn er seine bunte Haut anzieht, eine große Wasserschlange ...« Neben ihm steht *Rato*, der »Vater aller Fische«, auch »Wasservater« genannt, mit seiner gleichnamigen Frau, der »Wassermutter« (Koch-Grünberg, Bd. 3, S. 176 ff.).

Wenn wir für diese Wesen die Bezeichnung Geister, die der Verfasser verwendet, beibehalten, so tun wir das der Einfachheit halber. Man muß sich aber der Unbestimmtheit des Ausdrucks bewußt bleiben. Das gleiche gilt für die Bezeichnung Seele. Es ist zum Beispiel in den Berichten üblich, von der Seele des Schamanen zu sprechen, die die Jenseitsreise antritt, während sein Körper am Ort der Handlung verbleibt, ohne daß sich die Beschaffenheit dieser Seele näher bestimmen läßt. Gerade bei den Taulipang hängen die Vorstellungen von dieser sogenannten Seele und den Seelen der Verstorbenen mit denen der Geister offenbar eng zusammen. Mit dem Namen *Mauari* werden sowohl die bedeutenderen Geister, die Herren der Tiere, wie alle übrigen Geister, besonders die Seelen der verstorbenen

Medizinmänner und alle Arten von Hilfsgeistern, und ganz allgemein auch alle Seelen von Verstorbenen im Totenreich benannt. Die vom Körper bei Lebzeiten sich trennende Seele hat ganz und gar das Aussehen des ganzen Menschen, so daß sie oft mit einem Menschen verwechselt oder wenigstens als ein ganzer Mensch angesehen wird. Ebenso ist die Vorstellung von den Seelen im Totenreich viel konkreter als etwa unsere. Die Verstorbenen essen und trinken nicht nur, sie zeugen auch, die Frauen gebären Kinder, und alle können noch einmal sterben (Koch-Grünberg, Bd. 3, S. 170ff.). Es ist dies die typische monistische Auffassung vom Leben, wie wir sie bei den Altpflanzern finden, obgleich die Taulipang, als Karaibenstamm, vorwiegend zur Kultur der jüngeren Pflanzer gehören. Im letzten Teil dieses Buches sollen die Vorstellungen von den Seelen und den Geistern noch einer eigenen Betrachtung unterzogen werden, so daß wir uns hier damit begnügen, davor zu warnen, die jeweiligen Begriffe mit den unseren gleichzusetzen.

Die von einem Schamanen zur Krankenheilung vorgenommene Zeremonie hat bei den Taulipang folgenden äußeren Verlauf, der für viele schamanistische Praktiken typisch ist: In der völlig dunklen Hütte liegt der Kranke in der Hängematte, und auf einem in Tiergestalt geschnitzten Holzschemel sitzt neben ihm der Schamane. In seiner Rechten hat er ein Bündel Zweige mit frischen Blättern, das hier die Rolle der sonst bei den Indianern meist gebräuchlichen Rassel spielt. Während seines monotonen Gesanges klatscht er die Zweige im Takt auf den Boden. Er nimmt mächtige Züge aus einer langen Zigarre und bläst den Rauch mit lautem Pusten auf die schmerzenden Körperstellen des Kranken. Wichtigstes Narkotikum ist Tabaksaft, den er mit gurgelnden Lauten trinkt, bis seine Seele sich vom Körper gelöst hat und in die Höhe gestiegen ist. Er geht in das Reich der Geister, das man im Gebirge lokalisiert, und holt von dort einen Hilfsgeist, meist einen verstorbenen Schamanen. Von jetzt an stellt er durch eine unglaubliche Variationsfähigkeit seiner Stimme und durch Bauchrednerei für die Anwesenden dar, was er jeweils erlebt. Der herbeigekommene Hilfsgeist spricht durch ihn mit rauher Stimme wild hervorgestoßene Worte; er hat seinen Hund mitgebracht, einen Jaguar, den man knurren hört. Allmählich kommen immer mehr Geister, die sich in der völligen Dunkelheit durch Stimmen kundtun, darunter auch die Herren der Tiere, wie die Wassermutter. Die verschiedenen

Geister sprechen miteinander und auch die Anwesenden sprechen mit den Geistern, stellen Fragen und erhalten orakelhafte Antworten. Eine besondere Art von Geistern sind die *Ayug,* deren Stellung leider nicht ganz deutlich wird; sie hängen jedenfalls mit bestimmten Bäumen, aus denen man Heilmittel gewinnt, zusammen. Sie gelten als die mächtigsten Hilfsgeister. Die Wassermutter flieht sogar vor einem solchen Ayug, wie dieser selbst triumphierend feststellt, was von den Anwesenden laut belacht wird (Koch-Grünberg, Bd. 3, S. 190ff.).

So viel als sehr abgekürzte Beschreibung des äußeren Verlaufes. Koch-Grünberg ist überzeugt, daß die Tätigkeit des Schamanen eine starke suggestive Beeinflussung des Kranken darstelle. Er erwähnt (S. 200), daß der Reisende Im Thurn bei einer solchen Behandlung selbst nach kurzer Zeit in eine Art Betäubung verfiel, in der er keine Macht über seinen Willen und keine Erinnerung mehr hatte.

Es versteht sich von selbst, daß ein Mensch mit solchen außergewöhnlichen Fähigkeiten, die er sowohl nach seinem eigenen wie nach dem Glauben seiner Stammesgenossen besitzt, eine hervorgehobene Stellung in der menschlichen Gemeinschaft erlangt. Er kann in das jenseitige Reich nichtirdischer Geisterwesen reisen, kann diese Geister herbeirufen und ihnen Befehle erteilen, er kann sich selbst durch Anziehung des »Gewandes« in einen Jaguar, einen Tapir oder einen Königsgeier verwandeln; er geht nach seinem Tode nicht in das Reich der gewöhnlichen Sterblichen, sondern bleibt für immer in der Gebirgsregion jener Geister; er ist allwissend (zu WALTER E. ROTH, S. 343, sagte ein Schamane mit vernichtendem Blick: »Ich kenne alle Dinge!«), kann seine eigenen und die Träume der anderen richtig deuten und kennt die Mythen des Stammes besser als die gewöhnlichen Sterblichen. Das alles befähigt ihn, der geistige und nicht selten auch der politische Führer des Volkes zu sein.

Diesen außergewöhnlichen Fähigkeiten entspricht die Intensität der Ausbildung, die er durchzumachen hat und die manchmal bis zu 25 Jahren dauert. Unglaublich harte Proben hat er dabei zu bestehen: lange Zeiten der Einsamkeit, unmöglich erscheinende Dauer des Fastens und körperliche Peinigungen. Es ist kein Zweifel, daß es sich dabei nicht nur um psychotechnische Mittel zur Förderung der geistigen Konzentration handelt, sondern daß jede einzelne der Prüfungen auf mythische Vorbilder zurückgeht, wie es uns in vielen Fällen ausdrücklich berichtet wird.

Jedoch interessieren uns an den Beschreibungen von Koch-Grünberg insbesondere die Angaben, die er von einem Schamanen über das innere Wesen einer Krankenheilungs-Zeremonie erhielt (S. 211ff.): Als Verursacher der Krankheit gilt ein feindlicher Geist, der entsprechende »Waffen« besitzt. Der Prozeß der Behandlung ist ein sehr handfester Kampf im geistigen Bereich zwischen dem Schamanen und dem feindlichen Widersacher. Bei jedem Kampf kommt es darauf an, daß man kräftiger ist und bessere Waffen und Hilfstruppen besitzt als der Feind, wenn man siegen will. Dies alles wird offenbar sehr anschaulich und dinglich vorgestellt. Der Schamane muß mit Hilfe einer Leiter in das Haus der Geister steigen. Diese Leiter fertigt er dadurch an, daß er einige Stücke von einer Liane abschneidet, die er fein zerstößt, mit Wasser gemischt zu sich nimmt, bis er erbricht. (Die Liane als Himmelsleiter gehört zu den mythischen Vorstellungen der Taulipang. Nach einer Mythe soll auch der Mond früher einmal an einer Liane an den Himmel geklettert sein.) Um diese Leiter geht der erste Kampf. Der feindliche Geist, der auch ins Land der Geister kommt (es handelt sich meistens um die Seele eines lebenden bösen Schamanen, hauptsächlich von einem fremden oder feindlichen Stamm), versucht die Leiter abzuschneiden, damit der helfende Schamane nicht mehr zurück kann. Dies wird von den Hilfsgeistern des Schamanen, insbesondere von den Ayug, den Geistern der heilkräftigen Bäume, verhindert. Alle diese Hilfsgeister treten aber nur in Funktion, wenn der Schamane tatsächlich kräftiger ist als sein Feind. Stellen sie fest, daß das Kräfteverhältnis umgekehrt ist, wenden sie sich sogar gegen den Schamanen und schlagen seinen Geist tot. Im allgemeinen aber gilt der Feind von vornherein als schwächer.

Der eigentliche Zweikampf zwischen den beiden Gegnern beginnt zunächst mit einem Prahlgefecht, wobei sie sich gegenseitig ihre »Waffen« zeigen. Diese bestehen aus den verschiedensten Sorten von Tabak, bestimmten Kristallen, die als »Pfeile« der Hilfsgeister bezeichnet werden, und allen Blättern, die die Zauberärzte bei der Kur gebrauchen, ganz feine bis zu ganz dicken. Es wird dabei evident, daß der helfende Schamane weit mehr und bessere Waffen hat als sein Feind. Dann beginnt ein sehr handgreiflicher Kampf mit allerlei Verwandlungen der beiden Gegner, der mit einem Siege des helfenden Schamanen endet, der seinen Feind tötet. Dies hat meist zur Folge, daß der zu dem bösen Geist gehörende lebende Mensch auch stirbt, wenn er sich nicht noch durch entsprechende »Waffen« retten kann.

Alle diese Vorgänge im Reich der Geister erleben die Anwesenden mit, weil der darstellende Schamane sie ihnen anschaulich zur Kenntnis bringt. Die ganze Zeremonie ist also ein Schauspiel, in dem stereotyp wiederkehrende Vorgänge dargestellt werden, die sich auf das Wesen der Krankheit und ihre Heilung beziehen. Insofern unterscheiden sich die schamanistischen Séancen nicht von den meisten anderen religiösen Feiern, die ebenso dramatische Darstellungen von meist urzeitlichen Begebenheiten sind.

Und noch in einer anderen Hinsicht heben sich Schamanismus und andere religiöse Kulte von demselben Hintergrund ab: Die Erscheinungen dieser Welt, die in erfahrbaren Tatsachen feststellbar sind, werden als Parallelvorgänge zu nur auf besondere Weise erfahrbaren geistigen Prozessen aufgefaßt. Der Vorgang der Reife beim jungen Menschen wird nicht nur als eine biologisch feststellbare Erscheinung angesehen, sondern die Aufmerksamkeit ist auf einen geistigen Vorgang gerichtet, der Sterblichkeit und Zeugungsfähigkeit des Menschen als etwas Zusammengehöriges verstehen läßt. Deutlich kommt diese Auffassung zum Beispiel bei den Australiern zum Ausdruck. Für sie ist die Schwangerschaft der Frau nicht nur eine Folge des biologischen Zeugungsvorganges, sondern von größter Wichtigkeit ist der geistige Prozeß des Auffindens des »Geistkindes« durch den Vater und dessen Eindringen in den Leib der Mutter (vgl. Kap. I, 4). So ist auch bei den Taulipang die Krankheit nicht nur ein im Organischen sich abspielender Prozeß, sondern das Wesentliche ist der spirituelle Parallelvorgang, der hier als ein Kampf zwischen geistigen Mächten aufgefaßt wird, wobei zu den heilenden Waffen des Schamanen auch die Heilpflanzen gehören. Aber auch diese sind nicht nur konkrete pflanzliche Bestandteile, sondern zu ihnen gehört ein spirituelles Double wie die Ayug-Geister. »Wenn ein Mensch Fische faul werden läßt, schießen sie mit ihren Pfeilen auf ihn, daß er krank wird und Fieber bekommt. Der Mensch merkt den Schuß nicht. Erst wenn er nach Hause kommt, fühlt er Schmerzen im Bauch, im Kopf, in den Ohren, in den Armen und Beinen. Nur der Fisch, der den kleinen Pfeil abgeschossen hat, weiß davon« (Koch-

Grünberg, Bd. 3, S. 179). Wir würden sagen, das Essen von faulen Fischen kann eine gefährliche Fischvergiftung zur Folge haben. Diese konkrete Aussage ist in der Beschreibung der Indianer auch enthalten. Was aber sagt die Angabe, daß der Fisch einen Pfeil abgeschossen hat? Sind wir berechtigt, sie in plumpestem Sinne wörtlich zu nehmen und daraus dann die magische Mentalität des Primitiven abzuleiten? Ist es so sonderbar, daß ein pfeilschießendes Volk dieses anschauliche Bild verwendet, um damit einen Vorgang zu beschreiben, der nur auf einem »geistigen Umweg« erfahrbar ist? Um nicht vorzugreifen, sei hier lediglich noch erwähnt, daß auch die Hilfsgeister, insbesondere die mit den Heilbäumen zusammenhängenden Ayug, solche »Pfeile« haben. Besonders unterstrichen aber sei die Angabe, daß zu den Waffen des Schamanen auch alle Blätter gehören, die bei den Kuren gebraucht werden, weil wir auf diesen wichtigen Tatbestand und auf die naturvölkische Auffassung vom Wesen der Krankheit noch einmal zurückkommen werden (vgl. Kap. XVI, 3).

Das besondere Gepräge der schamanistischen Praxis ist uns aus dem Bericht von Koch-Grünberg deutlich geworden. Die meisten Züge davon kehren in unzähligen Berichten über andere Völker wieder: die gehobene soziale Stellung des Schamanen, seine harte Lehrzeit, die Verwendung von Narkotika, um die Seele des Schamanen von seinem Körper zu lösen, sein Umherirren in jenseitigen Bereichen, sein enger Kontakt mit den Hilfsgeistern, unter denen bestimmte Tiere (hauptsächlich große Raubtiere) den ersten Platz einnehmen, und vieles andere. Im Mittelpunkt dieser besonderen, hier beschriebenen Zeremonie aber steht die Idee des Kampfes und der Kraftproben zwischen zwei einander feindlichen Mächten, von denen der Schamane die dem Patienten und der engeren Gemeinschaft freundlichen anführt und dirigiert, während von außerhalb die feindlichen eindringen, wie sich an der Krankheit zeigt. Wenn sich der Kampf auch im geistigen Bereich abspielt, so ist er doch ganz eng mit den menschlichen Lebensformen verbunden. Der feindliche Geist wird meist als zu einem fremden Schamanen gehörend bezeichnet. Das Ganze wirkt wie ein Kampf zwischen menschlichen Gruppen, wobei die Freunde der einen zu dieser, die Freunde der anderen zu jener stoßen. Aber man spürt durch die ausführlichen Beschreibungen hindurch, daß das Denken dieser Menschen völlig von dieser Zweiteilung beherrscht wird, daß ihnen die Menschen, die Tiere, die Pflanzen und alle Dinge dieser Welt unter dem Gesichtspunkt entgegentreten, daß sie entweder Feind oder Freund sind. Alles Fremde ist dabei von vornherein Feind und alles Vertraute und zur eigenen Umgebung gehörende ist Freund.

Koch-Grünberg (Bd. 3, S. 216 ff.) erläutert den Begriff des *Kanaime,* der sich bei fast allen *Guayana*-Stämmen findet, in dem das Fremde und das Feindliche in eines zusammengefaßt werden. Alle feindlichen Nachbarstämme sind Kanaime. »Ein Stamm nennt immer den anderen so.« »Auch nahe Sprachverwandtschaft schützt nicht vor diesem Vorwurf.« Die schamanistische Zeremonie zeigt deutlich, daß diese Feindschaft nicht nur in dem nüchternen Sinne menschlicher Feindschaft verstanden wird, sondern daß sie in der Weltordnung verankert ist. Man wird unwillkürlich an Zarathustras Lehre von dem Kampf der guten gegen die bösen Mächte erinnert, wo ebenfalls alle Teile dieser Welt unter dem Gesichtspunkt der Zugehörigkeit zum Guten oder zum Bösen geordnet werden. Es handelt sich hier zweifellos um die ältere Form dieser dualistischen Einteilung der Wirklichkeit, wo an die Stelle von Gut und Böse noch sehr viel anschaulicher Freund und Feind, günstig und ungünstig treten, aber doch schon ganz und gar als der geistige Urgrund des Soseins in der Welt.

Wir werden noch sehen, daß sich die schamanistischen Zeremonien keineswegs immer auf diesem dualistischen Hintergrunde abspielen. Diese hier beschriebene Zeremonie aber stand ganz und gar unter dem Aspekt des realen Kampfes, und göttliche Gestalten scheinen dabei keine Rolle zu spielen; es sei denn, daß den zahlreichen Geistern in irgendeiner Form göttliche Qualitäten zugesprochen werden müßten. Dies läßt sich jedoch aus den Beschreibungen von Koch-Grünberg nicht entnehmen. Die großen Gestalten der mythischen Erzählungen der Taulipang kommen in ihrer schamanistischen Praxis nicht vor – mit Ausnahme der einen Erwähnung der Wassermutter, die unter den vom Schamanen zitierten Geistern erscheint, gestellte Fragen orakelhaft beantwortet und schließlich vor einem anderen Geist die Flucht ergreift, dessen sich dieser triumphierend rühmen kann. Die Wassermutter aber gehört zweifellos überwiegend zur göttlichen Gattung der Herren der Tiere, die in dieser Kulturschicht den Glauben nicht mehr beherrscht und deshalb als Geist ein Survival-Dasein führt. Wir sehen hier ähnlich wie bei der eskimoischen *Sedna,* daß dieser Typ eines göttlichen Wesens nicht oder nicht mehr in hohem Ansehen steht, wie die meisten Götterwesen dieser Art bei den Taulipang auch stets von vornherein als böse charakterisiert werden, ohne daß wir weitere Tatsachen erfahren, aus denen dieser böse Charakter deutlich wird (vgl. Kap. XVI, 5).

2. Übermittlung des göttlichen Heils

Obgleich im äußeren Verlauf weitgehend ähnlich, haben die schamanistischen Zeremonien bei anderen Völkern oft ganz andersartige geistige Hintergründe. War bei den *Taulipang* in den direkten Aussagen nichts von einer Verbindung zwischen den Schamanen und den göttlichen Mächten festzustellen, so stehen diese bei anderen schamanistischen Formen im Vordergrund. Um nur ein Beispiel solcher Art kurz zu behandeln, beziehe ich mich auf einen Bericht von VINCENCO PETRULLO (The Yaruros) über die *Yaruro,* ein aussterbendes Restvolk an kleineren Nebenflüssen des Orinoco im südlichen Venezuela. Die von Petrullo besuchte Gruppe zählte nur noch 150 Seelen, die als Flußnomaden ihr Dasein fristen, indem sie von Fischen, Krokodilen und Schildkröten, aber auch von den Ergebnissen der Landjagd und vom Sammeln von Pflanzen und wildem Honig leben.

In ihren dürftigen Schöpfungsmythen steht eine weibliche oberste Gottheit, *Kuma* mit Namen, im Mittelpunkt. Daneben stehen als göttliche Gestalten Schlange und Jaguar und eine menschengestaltige Göttin, *Hatschawa,* die die Menschen aus einer Höhle hervorgerufen hat. Der Schamane ist der politische Führer einer gemeinsam wirtschaftenden Horde. Den im Eilschritt herannahenden Volkstod vor Augen ist das Denken der Yaruro von der tröstlichen Vorstellung beherrscht, daß die göttliche Kuma sie nach ihrem Tod in ihr Reich aufnehmen wird und daß sie es dort als ihr auserwähltes Volk weit besser haben werden als ihre Todfeinde, die sogenannten *Racionales,* die Mischbevölkerung, die die Llanos des Orinoco bewohnt. Das Land der Kuma ist nicht genau lokalisiert. Man scheint es sich einerseits im Himmel vorzustellen, andererseits aber im Westen, wahrscheinlich unter dem Horizont, von wo gelegentlich eigentümliche Lichterscheinungen ausgehen, die als tröstliche Botschaft der Kuma angesehen werden.

Hatte THEODOR KOCH-GRÜNBERG nur die Krankenheilungs-Zeremonie der Schamanen ausführlich beschrieben, aber mehrfach hervorgehoben, daß die Schamanen auch Propheten, Seher und Traumdeuter sind, so berichtet Petrullo nur von solchen Zeremonien, in denen der Schamane als Verkünder von göttlichen Botschaften auftritt. Bei diesen aber geht er nicht in irgendein Geisterreich, sondern unmittelbar in Kumas Land, wozu ihm hauptsächlich eine Unmenge von Zigarren und Zigaretten – rituelles Rauchen spielt (wie überhaupt in Amerika) eine große Rolle – und alkoholische Getränke verhelfen. In dem Land der Göttin angekommen, begegnen ihm die göttlichen Gestalten der Urzeitmythen nacheinander, meistens zuletzt Kuma selbst. Sie sprechen durch den Schamanen zu den Versammelten, wobei dessen Kunst darin besteht, Verse zu dichten und zu komponieren, von denen er eine ungeheuer große Zahl (bis zu 6000) singend vorträgt, da die Séance immer die ganze Nacht hindurch andauert.

Sowohl der Stil der Dichtung und der Kompositionen wie auch der gedankliche Inhalt der Verse sind stets von gleicher Art, wenn auch leicht variierend. Der hauptsächliche Inhalt ist eine immer wiederholte Verheißung, daß die Gottheiten ihr Volk der Yaruro lieben und daß seine einzelnen Mitglieder es gut haben sollen, wenn sie nach ihrem Tode in Kumas Land kommen. Auch der stammesfremde Autor Petrullo, der es offensichtlich gut verstanden hat, die schwierige Aufgabe zu lösen, einem scheuen Volk dieses altertümlichen Kulturstiles freundschaftlich nahe zu kommen, wurde in die Verheißung aufgenommen. Kuma grüßte ihn durch das Medium des Schamanen folgendermaßen: »Grüße an Dich, Mann, viele Grüße. Deine Frau wartet auf Dich. Sie ist gesund, aber sie denkt, daß ihr Gatte so lange Zeit fort ist, daß er vielleicht tot ist ... Aber es ist gut, daß er bei mir (Kuma) ist und bei meinem Volke. Er ist gut. Er gibt mir eine Zigarre. Ich werde ihm ein Pferd geben, wenn er in meinem (Kumas) Lande wieder geboren wird. Ich werde ihm (dann) Silber geben ... Ich liebe ihn, den guten Mann und werde ihn in meinem Lande lieben ... er gab mir zu trinken wie Du, mein Volk. Wie Du, mein Volk, wird jener in mein Land kommen, in das Yaruro-Land.« (Petrullo, S. 252)

Diese Verheißung des Schamanen ist nur tröstlich. Eine echte Sehergabe hat der Schamane wenigstens in diesem Fall nicht entwickelt; denn Petrullo war gar nicht verheiratet, sondern hatte das nur der Einfachheit halber behauptet, ein kleiner Schwindel, den der Schamane jedoch nicht entdeckte.

Auch die Seelen der Verstorbenen, die bereits in Kumas Land sind, treten mit dem Schamanen in Verbindung und sprechen durch ihn mit ihren anwesenden Verwandten. Diese umarmen dann den Schamanen in dem Gedanken, daß sie ihren verstorbenen Verwandten umarmen und geben dem Schamanen eine Zigarre oder dergleichen, die auf diese Weise dem Verstorbenen gegeben wurde. Denn der Schamane weiß am nächsten Tage nichts mehr von seinen Erlebnissen. Er war nach seiner Meinung nur Medium, und alle bemühen sich, ihm genau zu schildern, was in der Nacht vorgegangen ist.

Hier haben wir also eine schamanistische Zeremonie, in der nicht von einem Kampf die Rede ist, vielmehr stehen die göttlichen Gestalten ganz im Vordergrund. Dabei wäre noch zu erwähnen, daß es von Kuma heißt, daß es in ihrem Lande von jeder Gattung Tiere und Pflanzen ein einzelnes jeweils besonders großes Exemplar gibt (Petrullo, S. 237) – ein Zug, der uns ähnlich schon als charakteristisches Merkmal des Herrn der Tiere begegnet ist.

Nun könnte man denken, daß das Fehlen der Kampfbeschreibungen damit zusammenhängt, daß es sich bei diesen Séancen nicht um Krankenheilungen, sondern um Prophezeiungen handelte. Jedoch kennen wir genügend andere Beschreibungen von anderen Völkern, bei denen es sich ausdrücklich um Krankenheilungen handelt und doch der innere Gehalt der Zeremonie mit dem eben beschriebenen ganz übereinstimmend ist. So berichtet JOSEF RÖDER (S. 49 ff.) von einer Zeremonie auf Ceram, wo der Schamane eine Himmelsreise antritt, um von der im obersten neunten Himmel thronenden Gottheit eine Schale mit Wasser in Empfang zu nehmen und bei der unten harrenden Gemeinde die ganze Spannung darauf gerichtet ist, ob der Schamane das Heil vermittelnde Wasser erhalten wird.

Himmelsreisen von Schamanen mit dem Ziel, die Gottheit aufzusuchen und von ihr das Heil im allgemeinsten Sinne wie auch das Heilmittel gegen Krankheiten zu erbitten, sind weit verbreitet. MIRCEA ELIADE (Schamanismus, S. 465) sieht in dieser Form die eigentliche und echte Praxis des Schamanismus, während andere Formen, wie die Reise des Schamanen in das unterirdische Totenreich, sekundär sein sollen. Zugunsten dieser Ansicht lassen sich aus unserem Gedankengang heraus einige Argumente anführen, während andere Tatsachen meines Erachtens gegen die Priorität der Himmelsreise im Schamanismus sprechen. Zunächst scheint wenigstens in einigen Gebieten, so besonders in Indonesien, die Verbreitung des Schamanismus für die Ansicht Eliades zu sprechen, insofern als man dieser Kulturerscheinung meist dort begegnet, wo die Vorstellung von einer Himmelsgottheit in den Vordergrund rückt, während sie bei Völkern fehlt, bei denen die Himmelsgottheit fehlt oder bedeutungslos ist.

Ferner gibt es Beispiele dafür, daß die mythische Begründung für die Entstehung des Schamanismus besonders deutlich auf die Himmelsreise hinweist. So berichtet CURT NIMUENDAJU (S. 327) von den *Apapocuva* im südlichen Brasilien, daß der Sohn des Schöpfergottes die schamanistische Praxis erfunden habe, um sich mit seinem »in die fernsten Fernen der ewigen Finsternis« entwichenen Vater in Verbindung setzen zu können. Dabei handelt es sich um jene otiose Schöpfer- und Himmelsgottheit, zu deren Wesensmerkmalen es gehört, daß sie keine Verbindung mehr mit den Menschen unterhält. Hier hängt also die mythische Begründung der Entstehung des Schamanismus so eng mit den herrschenden religiösen Vorstellungen zusammen, daß eine ursprüngliche Zusammengehörigkeit wahrscheinlich wirkt.

Bei der Behandlung der Himmelsgottheit haben wir ferner ihr a-mythisches Wesen hervorgehoben. Wenn man annehmen wollte, daß in irgendeiner sehr frühen Zeit diese Gottesidee allein die Religion beherrschte – was anzunehmen wir, wie früher dargelegt, auf Grund des ethnologischen Materials nicht geneigt sind –, so müßte man für eine solche Kulturepoche auch das Fehlen religiöser Kulte annehmen, denn der Kult basiert auf der mythischen Welterkenntnis. Bei einer solchen Annahme aber würde aus dem Wesen des Schamanismus heraus die Priorität der Himmelsreise sehr wahrscheinlich werden; denn gerade das Fehlen der Gemeinschaftskulte könnte der Wirksamkeit einzelner von der Gottheit inspirierter Persönlichkeiten einen bedeutenden Platz einräumen.

Ein weiteres Argument könnte zugunsten der Annahme von Eliade angeführt werden: Die Schamanenreise in das unterirdische Totenreich, die uns sehr oft berichtet wird, dient in demselben Sinne der Heilsvermittlung wie die Himmelsreise. Das Totenreich ist aber nur deshalb der Ort des Heils, weil es der

Aufenthalt der Gottheit ist, wie später noch zu zeigen sein wird (vgl. Kap. XIV, 2). Wir hatten schon dargelegt, daß es sich bei dieser im Totenreich lokalisierten Gottheit um eine ganz andere Gottesidee handelt, nämlich um die *Dema*-Gottheit. Bei ihrer Charakterisierung hatten wir nachdrücklich darauf hingewiesen, daß sie vorwiegend in der Urzeit wirksam war und nach dem Glauben der Menschen nicht gegenwärtig ist. Dieser besondere Charakter der Gottesidee könnte als im Widerspruch zur Tätigkeit der Schamanen geltend gemacht werden.

Andererseits ist das Totenreich nun einmal im Glauben vieler Völker – und zwar auch ganz unabhängig von schamanistischen Praktiken – der Ort des Heils, und die Schilderungen der Schamanenreisen ins Totenreich, wie etwa der schon erwähnte 16. Gesang der Kalewala, wirken keineswegs unecht. Überhaupt bleibt trotz der eben angeführten Argumente die Tatsache bestehen, daß sich die Tätigkeit der Schamanen in lebendigen Formen mit den verschiedensten Vorstellungsinhalten verbindet, ohne daß sich eine bestimmte als eine besonders echte schamanistische Vorstellung aufdrängt. Wir lassen deshalb die Frage nach der Priorität eines der Vorstellungskomplexe, mit denen verbunden uns heute der Schamanismus entgegentrat, und damit auch die Frage nach dem kulturgeschichtlichen Ursprung der Erscheinung unbeantwortet. Bei einem Volk wird oft nur eine Form der schamanistischen Technik vorkommen, und diese richtet sich nach den bei diesem Volk vorherrschenden religiösen Weltbildvorstellungen. Ein Volk, das schamanistische Praktiken kennt, hingegen der Idee einer Himmelsgottheit keine Aufmerksamkeit widmet, wird auch keine Himmelsreise des Schamanen kennen. Andererseits gibt es Beispiele dafür, daß die Schamanen ein und desselben Volkes sich auch der verschiedensten Formen bedienen können, wenn sich in der kulturellen Struktur dieses Volkes verschiedenartige Weltbildgehalte nebeneinander finden. Die auffällig komplexe Kultur der *Eskimo* ist ein gutes Beispiel für dieses Nebeneinander verschiedenartiger Formen des Schamanismus. Bei ihnen kann der Schamane sowohl eine Himmelsreise antreten, wie er auch in die Unterwelt, insbesondere zur *Sedna,* zu reisen vermag. Aber auch die bei den Taulipang im Vordergrund stehende Idee des Kampfes zwischen feindlichen und freundlichen Kräften, ohne die Mitwirkung von göttlichen Wesen, ist uns dort belegt.

So schildert uns KNUD RASMUSSEN (S. 43f.) zum Beispiel eine

solche Szene, die er bei den *Iglulik-Eskimos* erlebte: Eines Abends kam – ein an sich harmloser Vorfall – ein kleiner Junge weinend in die Hütte gelaufen, ohne daß sich feststellen ließ, warum das Kind weinte. Ein Schamane, der zufällig anwesend war, sprang plötzlich auf und rannte erregt aus der Hütte. Nach etwa einer halben Stunde kehrte er atemlos mit zerfetzter Kleidung und blutbeschmiert zurück und sank erschöpft zu Boden. Er behauptete, daß das Kind von einem bösen Geist angegriffen worden sei, den er soeben in einem furchtbaren Kampf besiegt habe. Obwohl die Vermutung nahelag, daß der Schamane selbst seine Kleidung zerrissen und sich mit dem vor der Hütte aufbewahrten Seehundsblut beschmiert hatte, bestand für die anwesenden Eskimo kein Zweifel, daß er einen realen Kampf mit jenem Geist gehabt und auf diese Weise das Leben des Kindes gerettet habe. Rasmussen, der diesen Schamanen näher kennenlernte, ist sogar überzeugt, daß dieser – trotz seiner groben Täuschungsmanöver – draußen in der Dunkelheit und Kälte einen imaginären Kampf mit Geistern erlebt habe.

Auch in einer Version der eskimoischen Schamanenreise zur Sedna, die wir (Kap. VI, 2) als eine göttliche Gestalt beschrieben hatten, in der sowohl die Gottesvorstellung vom Herrn der Tiere wie die Idee der Dema-Gottheit zu lebendiger Einheit verschmolzen scheint, tritt das Kampfmotiv in den Vordergrund. Der Schamane muß die Göttin gar mit einem Stock bedrohen und nötigenfalls verprügeln, um sie zur Freigabe einer geraubten Seele zu zwingen (Rasmussen, Iglulik, S. 101). Dies ist einerseits ein Beleg dafür, daß die Gestalt der Sedna den Nimbus des Göttlichen bereits verloren hat (sonst wäre diese respektlose Form der Heilsgewinnung, die uns sonst im naturvölkischen Bereich kaum begegnet, schwerlich möglich) und andererseits ein unmittelbarer Ausdruck für die Idee des Kampfes zwischen den feindlichen Mächten dieser Welt, die als Geister beschrieben werden.

3. Der Anwendungscharakter des Schamanismus

Wenn wir einen einheitlichen Ursprung des Schamanismus vermuten, so liegt die Annahme nahe, daß er an dem Ort seines Ursprungs zunächst nur in einer Form aufgetreten ist. Diese primäre Form müßte von den Gestaltungen des religiösen Weltbildes jenes Volkes abhängig gewesen sein, bei dem er zum ersten Mal in Erscheinung trat. Jedoch können wir diesen Urzustand schwerlich aus den heutigen Gegebenheiten rekonstruieren. Die Tätigkeit des Schamanen ist nämlich immer »Anwendung«, muß es von Anfang an gewesen sein, weil sie es ihrem Wesen nach ist. Es gibt keinen Schamanen, der nicht Heil vermitteln oder Unheil abwenden wollte. Die Grundlage dazu ist sein besonderes Können, das er immer nur im Rahmen der Vorstellungen wirksam machen kann, die etwas darüber aussagen, wo und wie man Heil gewinnen oder Unheil abwehren kann. Diese Vorstellungen aber können immer nur in dem Weltbild des betreffenden Volkes eingeschlossen sein, unabhängig davon, ob es einen Schamanismus gibt oder nicht.

Für die Beurteilung der schamanistischen Tätigkeit sind also zwei verschiedene grundlegende Fragen zu beachten: Einmal die Frage nach dem besonderen Können des Schamanen. Welche wirklichen Gegebenheiten sind es, durch die einzelne Menschen befähigt werden, in höherem Maße Heilsvermittler zu sein als andere? Beruhen die außergewöhnlichen Fähigkeiten der Schamanen nur auf lügenhaften Behauptungen, die von einer abergläubischen Menge geglaubt werden oder gibt es wirklich solche besonderen Befähigungen? Dies ist die Frage nach dem Wesen der echten Magie. Sie soll uns im nächsten Abschnitt beschäftigen.

Zum anderen bedarf die Frage nach den Vorstellungsinhalten, deren sich der Schamane bedient, noch einer Erörterung. Hierzu hatten die bisher angeführten Beispiele zwei deutlich unterscheidbare Komplexe aufgezeigt: Einmal handelte es sich bei der schamanistischen Praxis um einen Kampf zwischen freundlichen und feindlichen Mächten, im wesentlichen ohne eine göttliche Beteiligung. Zum anderen pflegt der Schamane in das Reich der Gottheit zu reisen, um von ihr unmittelbar das Heil zu empfangen und es den Menschen zu vermitteln. Für die grundsätzliche Frage brauchen wir dabei nicht zu unterscheiden, ob ihn die Reise in den Himmel oder in das unterirdische Totenreich führt. In beiden Fällen zeigt sich in der Idee einer Jenseitsreise des Schamanen mit dem Ziele, von der Gottheit das Heil zu erbitten oder zu erzwingen, keineswegs der großartige Aspekt der jeweiligen Religionsformen. Dieser offenbart sich zweifellos in jenen religiösen Ausdrucksformen, die in der Gottheit nicht vorwiegend den Heilsspender für die Menschheit sieht. Der göttliche Aspekt der Welt wird in ihnen als schlechthin großartig erfaßt, und erst sekundäre, menschliche Gedankengänge, die auf praktische Vorteile gerichtet sind, sehen ihn unter dem Gesichtspunkt der Menschenfreundlichkeit. Die Heilserwartung ist sicherlich dem menschlichen Wesen von Natur aus gegeben, aber ihr Eindringen in das ursprünglich nur erkennende religiöse Weltbild ist bereits der erste Schritt zu einer Umkehrung des echten religiösen Verhaltens. Der allgemein menschliche Wunsch, von der Gottheit das Heil zu erhalten, verführt zu der Annahme, es als ein Ergebnis der durchgeführten Zeremonien anzusehen.

In diesem Zusammenhange sei die Zwischenfrage erörtert, ob der Schamane sinnvoll als Priester zu bezeichnen sei. Die Antwort auf diese Frage wirft ein besonderes Licht auf die schamanistische Tätigkeit. Wenn wir in dem Priester den Führer einer Gemeinde sehen, die sich zu frommem Tun vereinigt, so ist der Schamane einfach deshalb kein Priester, weil weder seine Handlungen noch die Gesinnung seiner Gemeinde »fromm« sind. Frommes Verhalten ist – wie wir früher zu zeigen versuchten (Kap. IX, 2) – Besinnung auf göttliches Verhalten und göttliches Wirken, frommes Tun, das gläubige sich Einfügen in die göttliche Weltordnung, das deshalb das Heil in sich einschließt, weil es zum wahrhaften Menschsein gehört. Wenn jedoch das Heil als Folge des frommen Tuns erwartet wird, dann wird der Führer der Zeremonien zum Heilsvermittler. Nur in dieser Bedeutung steht der Schamane dem Priester nahe und nur daraus erklärt es sich meines Erachtens, daß der Schamane üblicherweise als Priester angesprochen wird. Wir werden noch Beispiele dafür kennenlernen, daß die Naturvölker zwischen dem echten Priester und dem Schamanen scharf zu unterscheiden wissen.

Wenn in der einen der beiden bisher behandelten Formen der schamanistischen Tätigkeit der Schamane wenigstens in sekundärer Weise als ein Priester angesprochen werden kann, so kann man ihm diese Bezeichnung bei seiner rein kämpferischen Tätigkeit meist nicht zubilligen. Vergegenwärtigen wir uns die Krankenheilungszeremonie der *Taulipang* und fragen wir nach den Wirklichkeitsbezogenheiten, die den darin zum Ausdruck kommenden Vorstellungen zugrundeliegen. Wir hatten gesehen, daß sich die Tätigkeit des Schamanen nicht auf das Wirken göttlicher Mächte bezieht, denn die Gestalten vom Typ des

Herrn der Tiere haben in der Zeremonie zweifellos keinen göttlichen Charakter mehr, sondern sind bereits zu Geistern degeneriert. Die eigentliche Grundlage der schamanistischen Tätigkeit liegt in der Erkenntnis, daß die Welt dem Menschen mit zwei Aspekten entgegentritt, einem freundlichen und einem feindlichen. Es ist die Erkenntnis von dem »Kampf« in der Welt, von dem Freund-Feind-Verhältnis, das alle Dinge dieser Welt zueinander zu haben scheinen, wenn man nur einmal beginnt, sie aus dieser Perspektive zu betrachten. Diese Form der schamanistischen Praxis, die ganz auf der Kampfidee beruht, ist eines der lebendigsten Zeugnisse dafür. Bei den Taulipang, ebenso wie in vielen anderen Beispielen, spricht nichts dafür, daß das Freund-Feind-Verhältnis zwischen den Dingen dieser Welt als ein Bestandteil in das religiöse Weltbild aufgenommen worden wäre. Es ist vielmehr offenbar ein Sosein der Welt, das nicht auf göttliches Wirken bezogen wird. Die mit dem Begriff des *Kanaime* bezeichnete Feindschaft kann ganz reale Formen haben wie etwa die im Krieg sich äußernde Feindschaft zwischen zwei Völkern. Aber sie ist viel mehr und vor allem auch anders als das. Kanaime beschreibt die Feindschaft zwischen allen Dingen dieser Welt; vor allem aber meint es die unsichtbaren spirituellen Wirksamkeiten, die sich feindlich gegeneinander stellen. Damit fällt vor allem die Krankheit unter diesen Begriff. Es ist ein vom Menschlichen her naheliegender und deshalb verständlicher Gesichtspunkt, unter dem die Welt dabei betrachtet wird. Er enthält auch eine Erkenntnis über das einander feindliche Sosein in der Welt, das vermutlich sogar zu konkreten kulturgeschichtlichen Errungenschaften führte, wie bei der Behandlung der Krankheit und der Heilpflanzen noch zu zeigen sein wird. Aber er enthält keine Erkenntnis über das eigentliche Wesen der Erscheinungen; denn eine Aussage über das Wesen der Stechmücke beispielsweise wird nicht von der Frage ausgehen, ob sie dem Menschen feindlich oder freundlich ist. Der Schamane ist daher, wenn er in diesen Widerstreit der Dinge und Vorgänge eingreift, insofern nicht als ein Priester anzusehen, als es hier nicht um eine göttliche Ordnung geht.

Eine andere Erkenntnis über das Wesen der Welt, die dem Schamanismus zugrundeliegt und ohne die er nicht denkbar wäre, ist – die Zeremonie der Taulipang zum Beispiel zeigt es deutlich – die des psychophysischen Dualismus, den wir indessen auch schon außerhalb des Schamanismus bei der Behandlung der Nordwestaustralier (Kap. V, 1) kennengelernt haben, und zwar in ihrer anschaulichen Idee von den Geistkindern. Die Erkenntnis von dieser Zweigeteiltheit der Welt in sinnlich erfahrbare Erscheinungen und ihre spirituellen Doubles ist an sich zweifellos unabhängig von der schamanistischen Technik gewonnen; denn wir begegnen ihren Ausdrucksformen in den verschiedenartigsten kulturellen Zusammenhängen. Aber wo immer schamanistische Praxis vorkommt, ist sie mit dieser dualistischen Weltbetrachtung verbunden, wie sich schon aus der charakteristischen Fähigkeit des Schamanen ergibt, daß sich seine Seele von seinem Körper zu lösen vermag.

Die dualistische Aufspaltung der Welt in sinnlich erfahrbare und davon getrennte, aber parallel verlaufende geistige Vorgänge ist zwar weit verbreitet, aber keineswegs Gemeingut aller Naturvölker. In der altpflanzerischen Schicht beispielsweise herrscht durchaus eine monistische Auffassung vom Leben vor (vgl. Kap. XIV, 3). Da aber der Schamanismus durch Technik und Wesen mit der dualistischen Betrachtungsweise der Welt verbunden ist, ist es ganz natürlich, daß er bei den echten altpflanzerischen Völkern selten anzutreffen ist. Wilhelm Schmidt (Bd. 9, S. 217), der zwar in einem wesentlichen Punkt eine mit der unsrigen übereinstimmende Auffassung vertritt, insofern als er darauf hinweist, daß sich der Schamanismus nicht nur der religiösen Vorstellungen von der Welt, sondern auch der echt religiösen Kulthandlungen in sekundärer Weise bedient, ist jedoch im Hinblick auf dessen Verhältnis zur Pflanzerkultur entgegengesetzter Ansicht. Die sowohl von ihm wie von vielen Vertretern der Wiener Schule oft ausgesprochene Überzeugung, daß alle nicht zur reinen Hochgottreligion gehörenden Züge nicht zu den sogenannten Urkulturen gerechnet werden dürfen, sondern erst in späteren Epochen, insbesondere in der Pflanzerkultur, entstanden seien, trifft zweifellos in vielen Fällen, beispielsweise bei der Kopfjagd, dem Kannibalismus oder bei den Menschenopfern, zu. Die Tatsachen, auf die soeben hingewiesen wurde, machen es jedoch meines Erachtens unmöglich, auch den Schamanismus den alten Pflanzern »in die Schuhe zu schieben«. Auch darf vielleicht wenigstens vermerkt werden, daß der Willens- und Machtfaktor, der mit dem Schamanismus und jeder echten Magie verbunden ist, nicht recht zu der religiösen Mentalität der Pflanzer passen will.

Es wären noch andere Vorstellungen, die in den schamanistischen Zeremonien von Wichtigkeit sind, zu beachten. So wäre vor allem nach dem Wesen der Geister zu fragen, gegen die und mit denen sich die Kämpfe abspielen. Jedoch soll das Problem der Geister später noch gesondert behandelt werden. Desgleichen soll eine Betrachtung des Wesens der Heilpflanze und die Frage nach dem naturvölkischen Verhältnis zur Krankheit erst dort erfolgen (vgl. Kap. XVI, 2, 3), obgleich alle drei Fragen kaum von der Tätigkeit des Schamanen zu lösen sind. Hier sei nur soviel vorweggenommen, daß die naturvölkischen Antworten auf die sich stellenden Fragen durchaus sinnvoll sind und eine durch andere Erkenntnis nicht zu ersetzende wahre Anschauung von den Gegebenheiten in der wirklichen Welt enthalten.

4. Das Wesen der echten Magie

Hatten uns im vorigen Abschnitt die Vorstellungen beschäftigt, die ganz unabhängig vom Schamanismus bestehen und in die sich die Tätigkeit der Schamanen nur einfügt, um den Menschen ein Heil zu vermitteln oder Unheil abzuwehren, so soll nunmehr der anderen der oben gestellten beiden grundsätzlichen Fragen eine kurze Betrachtung gewidmet werden. Es ist die Frage nach dem besonderen Können des Schamanen und nach den wirklichen Gegebenheiten, die einen Menschen befähigen, in höherem Maße Heilsvermittler zu sein als andere. Die Annahme, daß es sich bei der Behauptung der besonderen Fähigkeiten nur um Lügen handeln könne, dürfen wir, wenigstens für den Ursprung der Erscheinung, getrost ausschalten, selbst wenn in der Praxis viele Lügner unter den Schamanen nachweisbar sein sollten. Lügner sind zwar oft phantasiebegabt, aber nicht so produktiv, daß sie eine wirklich neue Erscheinung hervorrufen und in ihren Mitmenschen einen wirklichen Glauben daran erzeugen könnten; sie pflegen sich immer nur vorhandener Einrichtungen zu bedienen.

Wir hatten gesehen, daß alle schamanistischen Praktiken auf dem psychophysischen Dualismus basieren, obgleich die Vorstellung von den spirituellen Wesenheiten offensichtlich ganz unabhängig von aller Art von Schamanismus entstand. Im Schamanismus kommt eine weitere Vorstellung hinzu, die ihm sein spezifisches Gepräge gibt: Es ist die Erkenntnis, daß der

Mensch als spirituelles Wesen und als ein Glied in der Kette der geistigen Prozesse, die sich parallel zu den sinnlich wahrnehmbaren Erscheinungen abspielen, die Fähigkeit besitzt, auf diese geistigen Vorgänge durch psychische Konzentration einzuwirken. Alle Tätigkeit der Schamanen, sofern sie nicht in »faulen Zauber« abgeglitten ist, enthält dieses Merkmal, daß durch besondere psychische Fähigkeiten auf den Ablauf von Geschehnissen Einfluß ausgeübt wird. Die Schamanen können nach dem Glauben der Eingeborenen Krankheit und Tod verursachen, nicht indem sie durch konkrete Handlungen in das Geschehen eingreifen, sondern indem sie auf den geistigen Parallelvorgang Einfluß nehmen. Mit denselben Mitteln können sie Krankheiten heilen oder das im Geistigen schon vorgezeichnete zukünftige Geschehen oder die der Erfahrung nicht zugängliche Wahrheit ergründen.

Es besteht kein Zweifel, daß der Mensch tatsächlich solche Fähigkeiten besitzt. Allein die Möglichkeit der suggestiven Einwirkung auf den Ablauf irgendeines Geschehens macht es unbezweifelbar, daß psychische Konzentrationen wenigstens unter bestimmten Umständen Wirkungen ohne ein handgreifliches Tun hervorrufen können.

Die Bedeutung der suggestiven Wirkungen sowohl im allgemeinen als auch im besonderen, gerade bei bestimmten Krankenheilungsvorgängen, ist nicht zu leugnen. Damit aber ist die wichtigste Frage nach der Möglichkeit magischer Wirkungen grundsätzlich beantwortet. Ob alle vom Schamanen behaupteten Wirkungsmöglichkeiten auf solchen beglaubigten Zusammenhängen beruhen, kann man bejahen oder verneinen; am Grundsätzlichen wird dadurch nichts geändert. Daß viele dieser Behauptungen auf wirklichen Erfahrungen beruhen, daß es im psychischen Bereich viele Zusammenhänge gibt, über die wir wissenschaftlich nichts auszusagen vermögen, ist für mich persönlich eine Gewißheit, ohne daß ich mich irgendwelcher okkultischen Neigungen für verdächtig halte. Ich habe im Gegenteil eine tiefe Abneigung gegen den primitiven Zauber, der auf diesem Gebiete weite Kreise unserer abendländischen Gemeinschaft gefangenhält. Wenn man sich auf eigene Erfahrung beruft, so ist dabei gar nicht ausschlaggebend, wie oft der Zufall eine erfahrbare Bestätigung für Prophezeiungen oder Gesichte ergeben hat, sondern wichtig ist allein das Evidenzgefühl, das bei bestimmten psychischen Erlebnissen mitgegeben ist.

Für unseren Gedankengang kommt es ausschließlich auf die grundsätzliche Feststellung an, daß es die Einwirkungsmöglichkeit auf Grund rein psychischer Vorgänge gibt, gleichgültig wo man die Grenze für diese in der Wirklichkeit gegebenen Zusammenhänge zieht. Wenn die Schamanen in ihren Behauptungen eine solche postulierte Grenze weit überschritten haben sollten, so wäre dies kein grundsätzlicher Einwand gegen unsere Deutung der geistigen Grundlage des Schamanismus. So gut wie zahllose Mitglieder unserer Kulturgemeinschaft diese Grenze erheblich überschreiten, so gut können es Vertreter des Schamanentums auch in naturvölkischen Kulturen getan haben.

Die einzige Autorität, die über die tatsächlichen Fähigkeiten einer Persönlichkeit entscheidet, ist ihre Gemeinde, die ihr glaubt oder nicht glaubt. Eine lebendige Kulturgemeinschaft zeichnet sich dadurch gegenüber einer erstarrten aus, daß sie über eine genügend große Zahl von Mitgliedern verfügt, die sich mit den geistigen Grundlagen der eigenen Kultur schöpferisch-kritisch auseinandersetzt und die Fähigkeit besitzt, wahre Größe der Gedanken von unechten Nachahmungen zu unterscheiden. Je »primitiver« eine Gemeinschaft (in dem einzig möglichen Sinne dieses Wortes), um so leichter haben es Dummköpfe, ihre behaupteten Fähigkeiten glaubhaft zu machen. Zwar gehören die Kulturen der Naturvölker überwiegend zu den erstarrten – im Gegensatz zu unseren eigenen vorläufig noch lebendigen – Gemeinschaften, aber wir haben doch genügend glaubhafte Berichte, die bezeugen, daß sie sehr oft die Fähigkeit besitzen, echtes von unechtem Tun zu unterscheiden.

Wir hatten bereits darauf hingewiesen, daß der Schamanismus nicht nur dadurch mit religiösen Ausdrucksformen verbunden ist, daß er sich der in ihnen gestalteten Vorstellungen vom Wesen der Erscheinungen bedient, sondern ihnen auch gerade darin gleicht, daß der Schamane in einem Schauspiel die Vorstellungsinhalte eines religiösen Weltbildes darstellend wiedergibt. In der dramatischen Darstellung hatten wir das entscheidende Merkmal aller kultischen Handlungen gesehen. Welche tiefe Kluft aber trennt die schamanistische Praxis von dem religiösen Kult allein durch die Tatsache, daß hier ein einzelner als Darsteller an die Stelle der Gemeinschaft tritt, die sich gerade durch die gemeinsame Handlung auf ihr eigentliches Menschsein besinnt! Wenn wir früher die Frage nach der kulturgeschichtlichen Stellung des Schamanismus unbeantwortet ließen, so sei zum Schluß dieser Betrachtung doch wenigstens noch die viel erörterte Frage nach dem Verhältnis von echter Magie und Religion mit einigen Sätzen gestreift.

Wie bereits hervorgehoben, erscheint es uns ganz unmöglich, ein religiöses Weltbild aus der Geisteshaltung abzuleiten, die den Formen der echten Magie zugrundeliegt. Andererseits kann eine wahrhafte Form der Religion durchaus ohne jede magische Begleiterscheinung bestehen. Aus der Tatsache, daß die echt magischen Formen, die wir kennen, sich stets der Inhalte des religiösen Weltbildes bedienen, folgt der sekundäre Charakter der Magie. Dies soll nicht heißen, daß am Anfang ein religiöses Zeitalter stand, dem ein magisches folgte (wie die urmonotheistische Theorie behauptet); vielmehr handelt es sich um zwei ganz verschiedene Geisteshaltungen des Menschen, von denen nicht einzusehen ist, warum der Mensch die Fähigkeit zu beiden nicht von Anfang an gehabt haben soll. Aber eine willensmäßige Beeinflussung der Welt setzt die Erkenntnis dieser Welt voraus. Diese Erkenntnis war in der frühen Menschheitsgeschichte vorwiegend religiös. Die Magie verhält sich zum religiösen Weltbild wie die angewandte Physik zur Grundlagenforschung, wobei es sich keineswegs ausschließt, daß ein hervorragender Techniker auch ein hervorragender theoretischer Physiker ist. Dieser Vergleich gilt natürlich nur im allgemeinen Sinn und soll nicht etwa besagen, daß der Schamane ein geistiger Vorläufer des Technikers sei, der auf eine rationale Auswertung religiöser Erkenntnisse gerichtet sei.

Dieser, vom echt Religiösen her gesehen, sekundäre Charakter der Magie hat dem »Zauberpriester« auch bei Naturvölkern eine eigenartig schillernde Stellung gegeben. So sehr man sich auch seiner bedient, weil Not und Krankheit die Gedanken auf das Heil hinlenken, das bei jenen Völkern nur bei der Gottheit gesucht wird, so haben wir doch zahlreiche Beispiele dafür, daß Takt und Stilgefühl auch in den naturvölkischen Kulturen eine scharfe Grenze ziehen zwischen den nur auf das religiöse Weltbild bezogenen Zeremonien und der »anwendenden« Tätigkeit des Schamanen. Bei den unterworfenen Völkern im Reich der *Ba-Rotse* am oberen Sambesi beispielsweise ist der unter dem Namen *Nganga* bekannte Zauberpriester der Mann der Krankenheilung, der Prophezeiung und des Orakels. Aber er hat im Rahmen der rein religiösen Zeremonien, zum Beispiel bei den Reifefeiern und den Totenfesten, ausdrücklich keinerlei Funktion, sondern tritt gegenüber anderen, meist erblichen priesterlichen Amtsträgern zurück. Diese scharfe Trennung zwischen dem sogenannten Zauberpriester und den fast immer erblichen Priestern der Gemeinschaftskulte findet sich bei vielen Völkern Afrikas (vgl. ADOLF FRIEDRICH, Priester, S. 174 f.) und ähnlich auch in anderen Erdteilen. So betont J. P. MILLS (Ao-Naga, S. 244), daß die Medizinmänner der *Ao-Naga* (Hinterindien) nicht mit den Priestern zu verwechseln seien, da ihre Aufgaben und Fähigkeiten völlig verschieden seien. Die Medizinmänner ermitteln den Zeitpunkt einer Zeremonie und den Ort des Opfers, aber die Zeremonie selbst führt der Priester aus. Die einzige Zeremonie, die der Medizinmann – und nur er – ausführen kann, ist die Jenseitsreise. Die Priester seien für das normale religiöse Leben der Gemeinschaft zuständig, die Medizinmänner für das außergewöhnliche. Auch bei den *Giljaken* des Amurgebietes wird zwischen dem eigentlichen Kult und den schamanistischen Zeremonien deutlich unterschieden. L. VON SCHRENCK (S. 722) berichtet, daß bei ihnen in keinem Hause, in dem ein Bärenfest – das charakteristische Kultfest dieser Völker – begangen wird, schamanisiert werden darf. »Der Grund davon liegt vielleicht darin, daß die in den Augen der Giljaken unheimliche Kunst des Schamanen die Feststimmung stören und durch die Macht, die sie über die Geisterwelt wie über das menschliche Gemüt ausübt, Verwirrung und Unheil unter den am Fest Teilnehmenden anrichten könnte.«

Hierin zeigt sich uns der grundlegende Unterschied zwischen schamanistischer Praxis und feierlichem Kult. Der Schamanismus – wie er uns heute entgegentritt – ist nicht zu trennen von dem menschlichen Willensakt, der in extremen Formen auch nicht davor zurückschreckt, die Gottheit selbst dem menschlichen Willen dienstbar zu machen. Dies ist das »echt Magische«, das dem Schamanismus seine Sonderstellung verschafft; denn in seinem religiösen Weltbild hat sich der Mensch zu allen Zeiten nur erkennend, nachahmend und darstellend mit den wirkenden Mächten auseinandergesetzt. Die echte Magie aber wußte um die menschliche Fähigkeit, willensmäßig in die geistigen Prozesse einzugreifen. War es für das menschliche Wesen natürlich, von dieser Fähigkeit Gebrauch zu machen, insbesondere zu seinem eigenen Heil, so war es für ein echtes und ursprünglich religiöses Empfinden ebenso natürlich, Bedenken und Scheu dagegen zu hegen.

Die sich versenkende Mystik hat ebenso wie der ekstatische Rausch eine Fülle psychotechnischer Hilfsmittel entwickelt, die der menschlichen Willenskonzentration sehr dienlich sind. Vollständige Dunkelheit, monotoner Gesang oder Trommelrhythmus, stundenlange Dauer, Einsamkeit und Fasten, Narkotika der verschiedensten Art, körperliche Strapazen und Tanz – das alles sind Hilfsmittel, an deren Wirksamkeit in der gewünschten Richtung wir nicht zweifeln. Alle diese Mittel können aber nicht die willensstarke und die für das Spirituelle besonders empfängliche Persönlichkeit ersetzen, die die Grundvoraussetzung für alle echte Magie bildet. Schon die Anwendung dieser Hilfsmittel setzt solche Persönlichkeit voraus und trifft gewissermaßen schon eine Auswahl unter den Berufenen. Es ist deshalb kein Wunder, daß in den meisten Berichten hervorgehoben wird, daß die Schamanen tatsächlich starke Persönlichkeiten sind. Wenn hier als echter und wirklicher Magier nur der Schamane behandelt wurde, so ist dabei zu bedenken, daß das Wort Schamane im allgemeinsten Sinn gebraucht wurde. Unser Schamane ist jener Persönlichkeit gleich, die in den meisten Veröffentlichungen Zauberer oder Medizinmann genannt wird. Nur beruht nach unserer Meinung seine Wirkung auf besonderen psychischen Fähigkeiten, die sich natürlich sehr verschieden – je nach der Ernsthaftigkeit der Persönlichkeit, die dahinter steht – auswirken können. Nicht aber werden als Magie solche Praktiken verstanden, die sich zwar äußerlich den bestehenden Riten anschließen oder sie nachahmen, ihrem Wesen nach aber als unverstandene Überbleibsel ein Dasein von abergläubischen Handlungen fristen, die in keiner Kultur fehlen.

5. Die schwarze Magie

Die bisherigen Ausführungen über den Schamanismus lassen sich folgendermaßen zusammenfassen: Das Schamanentum ist nicht eine besondere Form der Religion, weil in ihm nicht ein einheitliches Bild von der Welt gegeben ist, in dem alle Erscheinungen dieser Welt, die einer menschheitsgeschichtlichen Epoche von Wichtigkeit waren, als das Wirken göttlicher Mächte verstanden werden. Vielmehr ist die Tätigkeit des Schamanen eine kulturgeschichtliche Erscheinung, deren Ausbreitung durch völkerpsychologische Faktoren und durch historische Situationen (zum Beispiel Aussterben des Volkes) begünstigt oder gehindert wurde und die auf jeweils vorgefundene religiöse Ausdrucksformen anwendbar ist. Der Schamane kann sowohl zu einem im Himmel thronenden Hochgott wie zu unterirdischen *Dema*-Gottheiten reisen und kann auch einen Kampf zwischen freundlichen und feindlichen Mächten inszenieren.

Besonders diese letzte Form der schamanistischen Tätigkeit tritt des öfteren in Zusammenhängen auf, die man von der übrigen Praxis der Schamanen getrennt behandelt hat. Man unterscheidet in der ethnologischen Literatur meistens weiße und schwarze Magie, je nachdem, ob die magischen Handlungen zum Nutzen oder zum Schaden der Menschen ausgeführt werden. Wir hatten hingegen Wert darauf gelegt, die echte Magie gegenüber all jenen Erscheinungen abzugrenzen, die nach unserer Meinung fälschlich als magisch angesprochen werden. Wir hatten die echte Magie an der hervorstechenden Gestalt des Schamanen zu erläutern versucht und den Begriff sinngemäß eingeengt auf diejenigen Erscheinungen, bei denen Menschen bestimmte Fähigkeiten besitzen und bewußt von ihnen Gebrauch machen, um Wirklichkeitsabläufe durch seelische Konzentrationsakte zu beeinflussen. Daß es diese echte Magie tatsächlich gibt, muß von dem Augenblick an zugegeben werden, in dem man suggestive Beeinflussungen, wenn Menschen oder Tiere in die Kette der Geschehnisse eingeschaltet sind, für möglich hält. In welchem Umfang man über die Suggestion hinaus Wirklichkeitsbeeinflussungen durch psychische Akte für möglich hält, kann dem einzelnen überlassen bleiben; am Grundsätzlichen wird dadurch nichts geändert.

Eine so geartete Magie kann selbstverständlich ebensosehr von der Absicht ausgehen, irgendwelchen Menschen zu schaden, wie der Medizinmann bemüht ist, einen Kranken zu heilen. Insofern ist eine gesonderte Behandlung der schwarzen Magie unnötig, weil sich aus ihren Erscheinungen keine besonderen Erkenntnisse über das Wesen der Magie ableiten lassen, die nicht auch im Bereiche der sogenannten weißen Magie festzustellen wären. Wenn wir ihr hier trotzdem eine kurze Betrachtung widmen, so hauptsächlich deshalb, weil uns das Verhalten der menschlichen Gemeinschaft dabei interessiert.

Allgemein hält man die auf Schädigung bedachten magischen Handlungen für unsittlich, wobei man sowohl die Gesinnung als auch die Störungen im zwischenmenschlichen Verkehr im Auge hat. Dieses Urteil stimmt im wesentlichen mit den Ansichten der Naturvölker überein, die diesen Gebrauch der Magie für ein schweres gemeinschaftsfeindliches Verbrechen halten. Nach der Meinung der Wissenschaft überschätzen sie die gemeingefährlichen Fähigkeiten eines schwarzen Magiers in demselben Maße, wie es die Urheber der abendländischen Hexenprozesse noch vor wenigen Jahrhunderten taten. Auch in dieser Hinsicht wird es in der Frage, wie weit oder wie eng die Grenzen magischer Wirksamkeit zu ziehen sind, niemals eine Einigung zwischen den beiden extremen Ansichten geben. Diese Grenzen sind auch vermutlich nicht konstant, sondern schwanken, nicht nur im Individuellen, sondern auch nach den jeweiligen historischen Situationen ganzer Völker. Die ständige Beschäftigung mit dem Gedanken an eine ewige Seligkeit im göttlichen Reich, die wir bei dem aussterbenden Volk der *Yaruro* kennengelernt haben, würde in dieser Form bei einem lebenskräftigen Volk kaum möglich sein. Im ganzen gesehen – obgleich es sicherlich Ausnahmen gibt – muß man den Naturvölkern wohl eine größere seelische Labilität und deshalb auch eine stärkere Anfälligkeit auf dem Gebiet echt magischer Vorgänge zusprechen.

Es wird noch dargelegt werden (Kap. XII, 3), daß auch die Zaubersprüche, denen wir den Zaubercharakter wegen ihres ursprünglich mythischen Gehaltes absprachen, in beiden Richtungen angewandt wurden. Da die Mythe sowohl die erstmalige Hervorbringung einer Krankheit als auch ihre urzeitliche Heilung berichtete, konnte man mit Hilfe der Worte sowohl jemandem die Krankheit anzaubern, wie ihre Heilung herbeiführen. Die Anwendung der mythischen Gehalte der Zaubersprüche zu magischen Zwecken ist offenbar keinen religiös-sittlichen Bindungen unterworfen. Sofern die Welt in freundliche und feindliche Bereiche eingeteilt wird, besteht auch das natürliche Bedürfnis, dem Feind zu schaden und dem Freund zu helfen. Die menschenfeindlichen Handlungen richten sich mit Einwilligung der Gemeinschaft vor allem auf die große Welt, die jenseits der Grenzen der eigenen Gemeinschaft liegt. Wir erwähnten bereits THEODOR KOCH-GRÜNBERGS Bericht über den Begriff *Kanaime* bei den Indianern Guayanas, der das Feindschaftsgefühl sehr deutlich zum Ausdruck bringt, mit dem man jedem Fremden begegnet. Der *Ba-Kuena*-Regenmacher, den wir in seinem

Gespräch mit David Livingstone kennenlernten (Kap. I, 2), sagte: »Wir lieben einander niemals. Andere Stämme setzen Arzneien um unser Land herum, um den Regen zu verhindern, damit wir durch Hunger zerstreut werden und zu ihnen gehen sollen, um ihre Macht zu vermehren« (Livingstone, Bd. 1, S. 31).

Diese Berichte über die feindseligen Gefühle gegenüber den Gemeinschaftsfremden ließen sich unermeßlich vermehren. Man müßte gerechterweise natürlich auch die vielen Formen der Höflichkeit und gebundenen Sitte gegenüber dem Fremden besonders im Rahmen der Gastfreundschaft erwähnen, die sich bei altertümlichsten Völkern finden. Sie wären wahrscheinlich nie hervorgebracht worden, wenn es nicht jenes menschliche Urbewußtsein von Kampf und Feindschaft gäbe. Ein wirklicher Verbrecher ist im allgemeinen nur derjenige schwarze Magier, der sein Können gegen die Mitglieder der eigenen Gemeinschaft richtet. Auf diesem Gebiete allerdings scheint allgemein die Ansicht verbreitet zu sein, daß es kein schwereres Verbrechen innerhalb der Gemeinschaft geben kann als diesen Mißbrauch der magischen Macht. Ein Mensch, der beispielsweise aus Leidenschaft oder auch nur aus Rauflust ein anderes Stammesmitglied umgebracht hat, wird fast immer viel milder beurteilt als jemand, der im Verdacht steht, magische Fähigkeiten mißbraucht zu haben.

Im Gegensatz zur Zaubertheorie sind wir bei unserer Betrachtung davon ausgegangen, daß die Magie nicht einem Denkfehler der Menschheit entsprungen ist, sondern daß es echt magische Erscheinungen wirklich gibt und daß deshalb die zur Magie zu rechnenden kulturellen Gestaltungen durchaus auf einer wahren Wirklichkeitserkenntnis beruhen – wie alle echten Erscheinungen in der Menschheitsgeschichte. Hier würde sich also die Frage erheben, ob es die Hexe, ob es den schwarzen Magier wirklich gibt. In unserem üblichen Sprachgebrauch würden wir die Frage zweifellos verneinen. Wenn uns jemand mitteilt, daß diese oder jene bestimmte Person (meist alte Frauen) eine Hexe sei, so werden wir das als Aberglauben ablehnen. Für das Gegenteil haben wir im Sprachgebrauch eine Bezeichnung, die wir nicht mit dem Aberglauben in Verbindung bringen. Wenn uns jemand sagt, dieser oder jener bestimmte Mensch übe mit seiner Persönlichkeit einen »Zauber« auf seine Umgebung aus, mit dem er alles »in seinem Banne halte«, so verstehen wir ohne weiteres, was gemeint ist. Tatsächlich aber betrifft diese Aussage etwas, das zweifellos zum Bereich des echt Magischen gehört. Es gibt Persönlichkeiten, die solchen Zauber ausüben, und wir meinen dieses Urteil in einem durchaus positiv bewertenden Sinne. Es ist nicht einzusehen, warum die parallele negative Aussage nicht genau so richtig sein sollte. Wir wehren uns zweifellos nur dagegen, weil wir die Hexenprozesse in allzu unangenehmer Weise in unserem historischen Bewußtsein mit uns tragen. Wenn wir die Mitteilung, dieser oder jener sei eine Hexe oder ein schwarzer Magier, in paralleler Weise verstehen wie die Aussage, dieser oder jener ziehe durch den Zauber seiner Persönlichkeit alles in seinen Bann, so wird sich schwerlich etwas dagegen sagen lassen, weil jedem von uns derartige Erlebnisse in hinreichender Zahl zur Verfügung stehen. Aber selbst wenn wir bereit sind, eine schwarze Magie in dem eben formulierten Sinne zuzugeben, so können wir ihr doch keineswegs das gleiche Ausmaß an Wirkungsmöglichkeiten zubilligen wie die Naturvölker, unter denen es zum Beispiel viele gibt, die den Tod jedes an sich noch lebenskräftigen Menschen auf das Wirken schwarzer Magier zurückführen.

CURT NIMUENDAJU (S. 13 f.) berichtet einen solchen Fall von dem ostbrasilianischen Stamm der *Apinayé,* die einen stammesfremden Mann im Verdacht hatten, an einer Häufung von Todesfällen nicht unbeteiligt zu sein. Der verdächtigte schwarze Magier erfuhr von der Absicht, daß man ihn töten wolle (dies gilt ganz allgemein als die angemessene Strafe oder Abwehrmaßnahme) und entfloh zu seinem eigenen Stamm, den er veranlassen konnte, wegen dieses Konfliktes gegen die Apinayé Krieg zu führen. Einige Jahre später aber wurde er von seinen eigenen Stammesgenossen umgebracht, weil er auch hier als schwarzer Magier mit Sterbefällen in Verbindung gebracht wurde. Man muß also wenigstens mit der Möglichkeit rechnen, daß dieser Mann wirklich etwas an sich hatte, das einen Verdacht auf böse Taten oder böse Gesinnung rechtfertigte, auch wenn man den Vorwurf der magischen Tötung für ungerechtfertigt hält.

Was jedoch diese nach unserer Meinung unbezweifelbare Überschätzung der Fähigkeiten des schwarzen Magiers anbetrifft, insofern man ihm auch das Töten von Menschen durch magische Mittel zutraut, so ist dabei zu bedenken, daß die Aussagen der Eingeborenen über angeblich magische Handlungen meistens von ganz andersartigen mythischen Vorstellungen durchsetzt sind. Wir hatten bereits bei der Behandlung des Schamanismus gesehen, daß die Vorstellungen, von denen der berufene Magier völlig beherrscht ist, so eng mit den jeweiligen mythischen Weltbildinhalten verschmolzen und von ihnen durchdrungen sind, daß im einzelnen meist nicht genau festzustellen ist, welcher Teil der Handlungen wirklich auf die besonderen psychischen Fähigkeiten des Magiers zurückgeführt wird und welcher Anteil daran nur den mythischen Vorstellungen entstammt. In dem Glauben der Beteiligten verschmelzen diese beiden Bereiche zu einer Einheit, und so werden die phantastischsten Erzählungen sowohl von den heilvermittelnden Schamanen als auch von den schwarzen Magiern berichtet. Was aber tatsächlich in den handelnden Personen erlebnismäßig vorgeht, läßt sich aus diesen Berichten schlechterdings nicht isolieren.

Um diese enge Verschmelzung von Berichten über magische Handlungen mit mythischen Gegebenheiten durch ein Beispiel zu erläutern, greife ich auf das schon mehrfach benützte Material von HELMUT PETRI über Nordwestaustralien zurück, wo wir ausführliche Beschreibungen sowohl der Vorgänge als auch ihrer mythischen Hintergründe finden. In engster Verbindung mit der schwarzen Magie stehen mächtige Geisterwesen, meist *Djanba* genannt, die nicht im eigenen Lande leben, sondern bei Nachbarstämmen. Dort bewohnen sie ein unterirdisches Labyrinth von Gängen, aus dem sie aufsteigen, um irgendein Opfer mit ihrem vogelköpfigen Bumerang zu töten. Durch magisches Singen lösen sie das Fleisch von den Knochen, um es zu verzehren, da Menschenfleisch ihre liebste Nahrung ist. Wenn sie aus der Erde herauskommen, so wandern sie ruhelos umher, wobei sie keine Fußspuren hinterlassen. In ihrem Innern tragen sie eine geheimnisvolle Kraft (*Groare*), die in der Gestalt eines spiralig aufgewundenen Fadens aus ihnen heraustreten kann (Petri, Sterbende Welt, S. 258 f.).

Auf diesen Bericht über schwer verständliche Geisterwesen werden von den Eingeborenen ausdrücklich mehrere Zeremonien bezogen, die zum Bereich der schwarzen Magie gerechnet werden müssen, ohne daß im übrigen der Zusammenhang zwischen den Zeremonialhandlungen und dem Wesen der Djanba-Geister deutlich wird. Es handelt sich um echt australische Zeremonien, von denen etwa das Tot-Singen in der Praxis folgendermaßen ausgeführt wird: Die Männer, die einen Feind zu

Tode singen wollen, isolieren sich von der Gemeinschaft auf einem im Busch verborgenen Platz. Dort wird eine kleine Grube ausgehoben, in der ein Feuer entzündet wird. Um die Feuerstelle herum werden Stücke von Papierrinde gelegt, auf die man die groben Umrisse von menschlichen Figuren gezeichnet hat. Sie sollen den Feind darstellen (obgleich die Vielzahl der Figuren damit nicht ganz übereinstimmt). Auf eine dieser roh wirkenden Malereien legt man eine Eidechse, der man die Glieder gebrochen hat. Die Teilnehmer bilden einen Kreis, entnehmen ihren Unterarmen Blut, lassen dieses auf die Eidechse spritzen und rufen mehrfach den Namen des Feindes. Darauf folgt das Absingen ganz bestimmter Lieder, und ein Mann sticht mit einem hölzernen Kultgerät solange auf die Eidechse ein, bis sie tot und ganz zerfetzt ist. Das Tier wird dann ins Feuer geworfen und das Ganze mit Sand zugedeckt. Als Folge dieser Handlungen soll derjenige sterben, gegen den die Zeremonie in Szene gesetzt wurde.

Es kann bei der Beurteilung dieser Vorgänge kaum zweifelhaft sein, daß die wichtigsten Bestandteile mythisch-kultischen Ursprungs sind, was sich im besonderen daraus ergibt, daß die Eingeborenen sie selbst auf die Schilderung von den Djanba-Geistern beziehen. Petri äußert die Vermutung, daß die Djanba-Geister vielleicht in ihrem Ursprungsland Kulturheroen, das heißt also Dema-Wesen waren. Entsprechend den früher entwickelten Gedankengängen dürften wir diese Zeremonien nicht als magisch bezeichnen, da es sich im wesentlichen um Wiederholungszeremonien handelt, also um Kulte im Stadium der Anwendung, während das Magische daran nur ein sekundäres Element wäre, das nicht auf den Ursprung der Sitte bezogen werden dürfte. Aber ein Merkmal daran scheint mir – ganz ähnlich wie beim Schamanismus – auf einen echt magischen Ursprung zu deuten: Das ist die Idee der Feindschaft und der imaginäre Kampf gegen den Feind. Wir hatten schon bei der Behandlung der Schamanen gesehen, wie stark sie von der Vorstellung beherrscht sind, daß Feinde den Menschen bedrohen und bekämpft werden müssen. Daran ist aber wieder das Entscheidende, daß es sich nicht um die greifbare Feindschaft handelt, die mit realen Waffen ausgetragen werden kann, sondern um den spirituellen Parallelvorgang, durch dessen Beeinflussung mit spirituellen Mitteln tatsächliche Vorgänge ausgelöst werden sollen. Die Realität solcher Wirksamkeit ist im bösen wie im guten

Sinne die eigentliche Grundlage der echten Magie, und hierin liegt auch ihre Wirklichkeitsbezogenheit. Da es sich um psychische Vorgänge handelt, kann sich der Mensch mit Willenshandlungen in sie einschalten. Jeder Magier aber, der dies tut, ist außerdem ein Mitglied seiner Kulturgemeinschaft und von allen Vorstellungen, die zu ihrem Weltbild gehören, beherrscht. Darum verschmelzen seine Handlungen so eng mit den kultischen Bräuchen.

Wenn wir trotz der engen Beziehungen, die zweifellos zwischen den geschilderten Vorgängen und mythischen und kultischen Gegebenheiten bestehen, geneigt sind, von schwarzer Magie zu sprechen, so hauptsächlich deshalb, weil diese Zeremonien ohne eine große seelische Konzentration kaum gedacht werden können. Wie weit die Macht des bösen Gedankens dabei tatsächlich reicht, lassen wir dahingestellt. Die Veranstaltung der Zeremonien aber ist nach dem Bericht ganz in den Dienst dieser spirituellen Wirkungen gestellt. Wenn es sich also selbst ursprünglich um echte Kulte handelt – was ich für wahrscheinlich halte –, so sind sie doch in einem ganz anderen Sinne magisch angewandt, als wir es etwa bei der Behandlung von Preuß' Ansichten kennengelernt haben. Wenn Eingeborene einen Menschen ohne physische Mittel töten wollen, so können sie dies sicher nur in Ausnutzung der mythisch religiösen Vorstellungen vom Wesen und von der eigentlichen Ursache des Todes. Darin wurzelt der kultische Aspekt der magischen Zeremonie. Wenn aber jemals eine entsprechende Wirkung der Handlungen tatsächlich ausgelöst wurde, so sicherlich nicht ohne die Macht des bösen Gedankens und den Glauben an seine Wirksamkeit. Sie aber ist die besondere psychische Fähigkeit der echten Magier und bestimmt deshalb den magischen Aspekt der Zeremonie.

Eine sehr anschauliche Schilderung von den realen Wirkungen, die dem Glauben an die schwarze Magie zugrundeliegen und sich auch dem Europäer in dieser Umwelt aufdrängen, gibt uns E. Pechuël-Loesche von der Loango-Küste: »Über das Hexenwesen, über die alle Gemüter mit Grauen und Abscheu erfüllenden menschlichen Unholde und Schwarzkünstler... über deren Fähigkeiten und Schliche, weiß man, ohne einmütig zu sein, sehr viel zu berichten. Es ist zweifellos das Unheimlichste und Fürchterlichste, das man kennt... Wir dürfen kaum bezweifeln, daß es in der Tat Personen gibt, die sich selbst für

Hexen im schlimmsten Sinne des Wortes halten und sich sogar als solche bekennen. Es genügt ja schon die feindselige Gesinnung, um vielleicht zu schaden, zu töten. Der böse Wille ist so gut wie die böse Tat. Er wirkt, wie die Sonnenstrahlen wärmen, wie die Winde kühlen...« (S. 335) An einer anderen Stelle seines schönen Buches schildert er uns einen konkreten Fall: Ein jung verheirateter Mann erhielt einen Vertrauensposten in einer Faktorei und siedelte deshalb in ein anderes Dorf über, wo seine junge Frau »fremd« war. Dank der Stellung ihres Mannes ging es ihr besser als den anderen Dorfbewohnern; sie besaß hübsche Kleider und lebte mit eigenen Bediensteten recht behaglich. Zu der Fremdheit kam also noch der Neid und die Mißgunst der anderen Dorfbewohnerinnen, und es gab viele Unzuträglichkeiten zwischen ihr und ihnen. Unter den »Feindinnen« tat sich eine Frau hervor, die lieber ihre eigene Tochter an der Stelle der jungen Frau gesehen hätte. Schließlich begann die junge Frau zu kränkeln. Der Autor hält für möglich, daß diese Feindschaftsverhältnisse ihr schlechtes Befinden verursachten. Der gleiche Verdacht entstand auch bei den Dörflern, als der Zustand sich trotz der Fähigkeit vieler Medizinmänner verschlimmerte. Allerdings wurde nicht nur die feindselige Gesinnung der Mitmenschen dafür verantwortlich gemacht, sondern man war überzeugt, daß jemand eigens eine magische Handlung vorgenommen haben müsse, um die junge Frau zugrunde zu richten. Gegen die Hauptfeindin, die Mutter der Konkurrentin, wurde nun Anklage auf schwarze Magie erhoben, und die Zauberpriester führten eine qualvolle Prozedur mit einer Giftprobe durch, die die Schuld oder Unschuld der Frau erweisen sollte (S. 423 ff.).

Mit diesen wenigen Berichten wollen wir uns begnügen, weil sich das Problem der schwarzen Magie nicht von dem der echten Magie unterscheidet. Es sind im wesentlichen dieselben Fragen, die sich stellen. Gibt es überhaupt eine magische Wirkungsmöglichkeit, so gibt es sie naturgemäß in beiden Richtungen. Die Anwendung magischer Mittel ist nicht von sittlichen Erwägungen abhängig. Auch die schwarze Magie ist durchaus legal, wenn sie nur gegen den »Feind« angewendet wird. Gegen den Freund angewendet allerdings gilt sie als das schwerste gemeinschaftsfeindliche Verbrechen. Die Abwehr der mit dem magischen Verhalten verbundenen ganz konkreten Gefahren für jedes Mitglied der Gemeinschaft vollzieht sich ganz im Rahmen der für den zwischenmenschlichen Verkehr gültigen Regeln, durch die man auch andere Gefahren für das Gemeinschaftsleben, wie Diebstahl, Mord usw., zu beseitigen trachtet. Diese Abwehr- und Abschreckungsmethoden unterscheiden sich grundsätzlich von der Haltung der Gemeinschaft etwa gegenüber einem Verstoß gegen die religiös-sittlichen Bindungen, die wir früher (Kap. IX) eingehend behandelt haben. Eine Nichtbeachtung religiöser Bindungen ist ein Frevel, gegen den sich die Gemeinschaft niemals nur mit Abwehrmaßnahmen sichern wird. Hier ist die menschliche Daseinsform selbst in Frage gestellt, und die Sühne enthält eine gesteigerte Besinnung auf die Grundformen menschlicher Erlebnismöglichkeiten. Gerade an diesem Unterschied im menschlichen Verhalten zeigt sich deutlicher als an irgendeinem anderen Symptom, wie verschiedenartig die geistigen Grundhaltungen sind, in denen einerseits die religiösen und andererseits die magischen Erlebnisse wurzeln.

Kapitel XII
Kult und Zauber

Es wurde bereits dargelegt (Kap. IV, 9), daß die allgemein menschliche Heilserwartung, obgleich sie an sich ein echt religiöses Erleben nicht zu beeinträchtigen braucht, doch in der historischen Wirklichkeit den Degenerationsprozeß aller Religionen wesentlich gefördert hat. Ganz bestimmte Heilserwartungen, die sich mit ebenso bestimmten Handlungen einmal verbunden haben, werden stets sehr zäh an diesen Handlungen haften, und sie tragen nicht wenig dazu bei, einem solchen zeremonialen Ablauf, noch dazu unter genauester Beachtung jeder Einzelheit, auch dann noch ein unerschütterliches Fortbestehen zu sichern, wenn aller ursprüngliche Sinn längst verloren gegangen ist.

1. Regenzeremonien

Wir brauchen jedoch die auf diesen Ablauf bezogenen Gedankengänge hier nicht noch einmal zu wiederholen. Es geht in diesem Zusammenhang ausschließlich um die Frage, ob die Zaubertheorie berechtigt ist, den Zustand, in dem uns das Zeremonialleben der Naturvölker heute meist entgegentritt, auch als den ursprünglichen anzusehen und daraus die bekannten Schlüsse über den Ursprung der Religion zu ziehen. Diese Frage mag zunächst an einem Beispiel näher erläutert werden. Der große Afrikaforscher DAVID LIVINGSTONE beschreibt uns (Bd. 1, S. 29 ff.) die Schwierigkeiten, die er als Missionar unter den *Ba-Kuena*, einem *Betschuana*-Stamm in Südafrika, hatte, weil eine lang anhaltende Dürre ihm zur Last gelegt wurde, da die Bekehrung zum Christentum die Tätigkeit des Regenmachers lahmgelegt hatte. Zur Herbeiführung des Regens besitzen sie »eine Fülle von Arzneien«. Einen Vorgang beschreibt Livingstone folgendermaßen: Der Regenmacher wählt eine besondere knollige Wurzel, zerreibt sie und gibt einen kalten Aufguß davon einem Schaf, das daraufhin in fünf Minuten unter Krämpfen verendet. Ein anderer Teil von derselben Knolle wird dann unter Rauchentwicklung verbrannt. Der zum Himmel

aufsteigende Rauch soll in ein oder zwei Tagen den Regen herbeiführen.

Nur nebenbei sei hier das Gespräch zwischen Livingstone
und einem Regenmacher erwähnt, das er im Anschluß daran
schildert. Es ist eines der trefflichsten Beispiele für die Fragwür-
digkeit der Annahme von dem unentwickelten Intellekt der Primitiven. Der Regenmacher hat eine Fülle von scharfsinnigen
Entgegnungen zur Verfügung; mehr als das, er trifft auch in
einem nach logischen Regeln geführten Gespräch so sehr das
Wesentliche, daß der europäische Partner nur die Waffen strek-
ken kann. Der Eingeborene ist der Überlegene, weil er um das
Wesen der Erkenntnis besser Bescheid weiß als der Abendländer, der immer noch von der irrigen Annahme ausgeht, daß
seine Kulturgemeinschaft die letzte und unwiderlegbare Erkenntnis gewonnen hat. Der Regenmacher aber weiß, daß jede
Erkenntnis an ein zugrunde liegendes Weltbild gebunden ist,
und er weiß darum auch, daß das für ihn Gültige nicht unbedingt für den Weißen gelten muß. Er sagt deshalb: »Gott hat
uns ein einziges unbedeutendes Ding gegeben, wovon ihr nichts
wißt – er gab uns nämlich die Kunde gewisser Arzneien, durch
welche wir Regen machen können. Wir unsererseits schätzen
diejenigen Dinge nicht gering, die ihr besitzt, obschon wir
nichts von ihnen verstehen. Wir verstehen zwar eure Bücher
nicht, aber dennoch verachten wir sie nicht. Ihr solltet daher
unsere geringe Kenntnis auch nicht verachten, obschon ihr
nichts davon wißt!« (S. 31 f.)

Betrachten wir jedoch die von Livingstone geschilderte Zeremonie, so besteht kein Zweifel, daß sie üblicherweise unter die
Rubrik des Zaubers eingeordnet werden würde, wie es Livingstone selbst schon tat. Das Verfahren zu ihrer Erklärung würde
so vorgehen: Der Rauch der verbrannten Knolle hat eine gewisse Ähnlichkeit mit Wolken. Das wird auch von vielen Völkern
ausdrücklich hervorgehoben. Auf Grund dieser Ähnlichkeit
soll das törichte Denken der Vorfahren der Ba-Kuena zu dem
Glauben geführt haben, man brauche nur solchen Rauch zu
machen, um die Regenwolken herbeizuziehen. Wir haben einen
typischen Fall von Analogiezauber vor uns. Eine solche Argumentation ist üblich und in der Literatur weit verbreitet.

Es ist ebenso üblich, daß der größere Teil des Berichtes dabei
völlig unbeachtet bleibt. Es wird nicht erklärt, warum es gerade
bestimmte »Medizinen« – in diesem Falle eine ganz bestimmte

giftige Knolle – sein müssen und warum vorher ein Schaf auf eine zweifellos ungewöhnliche und recht quälende Art getötet wird (Livingstone berichtet leider nicht, was weiter mit dem Schaf geschieht). Es wird in einer solchen Erklärung auch nicht berücksichtigt, daß der Regenmacher einen eventuellen Erfolg ausdrücklich auf göttliche Wirksamkeit zurückführt. Gott sei es, der den Regen sende. Es bleiben also alle entscheidenden Faktoren bei der Abstempelung zum Analogiezauber unbeachtet.

Nun ist der Bericht von Livingstone sicherlich nicht sehr ergiebig, und es wäre ganz unmöglich, irgend etwas Schlüssiges über den ursprünglichen Sinn dieser Zeremonie auszusagen. Aber bei einem rein phänomenologischen Vorgehen müßte jedenfalls der *ganze* Bericht, so dürftig er auch ist, berücksichtigt werden. Es wäre deshalb zweifellos richtiger zu sagen: Gott sendet den Regen, und der Regenmacher glaubt etwas zu tun, was Gott veranlassen könne, die Dürre zu beenden. Von der Ausübung eines Zwanges kann dabei keine Rede sein, denn der Regenmacher hält einen Mißerfolg durchaus für möglich. Wenn nun ein solches Vorgehen unserem Verstehen näher gebracht werden soll, so müßte die Frage zunächst lauten: Wie ist es möglich, daß der Regenmacher glauben kann, es sei ein Gott wohlgefälliges Tun, ein Schaf zu vergiften und einen Teil der Giftknolle zu verbrennen. Auf diese Frage nun wissen wir keine Antwort. Auch der Regenmacher hätte vermutlich Livingstone darüber keine Auskunft geben können. Aber ebensowenig gibt die Zaubertheorie eine Antwort auf diese Frage; sie hat noch nicht einmal die richtige Frage gestellt. Die Stellung einer richtigen Frage ist manchmal fruchtbarer und jedenfalls besser als eine falsche Deutung, die nicht den ganzen Tatbestand zugrundelegt. Es wurde absichtlich ein so karger Bericht wie dieser von Livingstone als Beispiel gewählt, weil der größere Teil des uns zur Verfügung stehenden Feldforschungsmaterials die gleiche Dürftigkeit hat. Wir werden also außerordentlich oft aus dem vorgelegten Bericht selbst keine Antwort auf eine vielleicht richtig gestellte Frage finden. Wir sind dann auf Parallelfälle in anderen Berichten und bei anderen Völkern angewiesen, bei denen sich die gleiche Frage stellt und gleichzeitig Angaben vorliegen, die eine Antwort möglich machen. Eine solche vernünftige und das ganze Tatsachenmaterial umfassende Antwort läßt sich gelegentlich, wenigstens als Mutmaßung, auch mit der gleichen unbeantworteten Frage bei dem ersten Volk in Verbindung bringen.

Gerade auf dem Gebiet der Regenzeremonien stehen uns genügend ausführliche Berichte zur Verfügung, die keinen Zweifel daran lassen, daß die Urheber dieser Handlungen sich sehr wohl etwas dabei gedacht haben, wenn sie gerade die Ausführung bestimmter frommer Handlungen für nötig hielten, wenn sie durch eine Dürre daran erinnert wurden, daß der Regen als Folge göttlicher Urzeittaten erstmalig entstanden ist. Um nur ein einziges Beispiel solcher Regenzeremonien zu erwähnen, sei auf den sehr umfangreichen Bericht von MATILDA COXE STEVENSON (S. 180–204) über ein solches Ritual bei dem *Pueblo*-Stamm der *Zuñi* verwiesen, aus dem mit aller wünschenswerten Deutlichkeit hervorgeht, daß auch jede Einzelheit der sehr mannigfaltigen Vorgänge in den großen dramatischen Aufführungen auf mythisch berichtete Urzeitbegebenheiten von göttlichen Wesen zurückgeht. Die einzelnen Handlungen sind also nicht zweckbedingte Mittel, die ersonnen worden sind, um auf Mächte zwingend einzuwirken, sondern sie sind Darstellungen, die der Erinnerung und Besinnung dienen. Erst die mit diesem frommen Tun verbundene Heilserwartung, die sich in diesem Fall auf den Regen richtet, macht die Zeremonie zu einer scheinbaren Zweckhandlung. Es ist deshalb, ebenso wie bei anderen Ritualhandlungen, auch bei Regenzeremonien berechtigt, ihre Erklärung in erster Linie in mythischen Zusammenhängen zu suchen.

Wenden wir diesen Grundsatz auf den viel dürftigeren Bericht von Livingstone an, so müssen wir den Weg zum Verständnis in ganz anderer Richtung suchen. Bei der ausführlichen Darlegung des pflanzerischen Weltbildes (Kap. VIII, 3) hatten wir die große Bedeutung der rituellen Tötungen hervorgehoben, weil erstmalig durch die Urtötung die heutige lebendige Seinsordnung hervorgebracht wurde. Es liegt deshalb bei allen Zeremonien, in denen Tötungen von Menschen oder Tieren zu den wichtigen Vorgängen gehören, nahe, auch an diesen mythisch-kultischen Zusammenhang zu denken.

So werden in der entsprechenden Mythe der *Khond* (Indien) die Tränen des getöteten Opfers mit dem Regen gleichgesetzt (S. CH. MACPHERSON, S. 130). Angewandt auf den Bericht von Livingstone würde das heißen, daß die bei der zaubertheoretischen Deutung unbeachtete Tötung des Schafes – noch dazu auf

eine ganz ungewöhnliche Weise durch Vergiftung herbeigeführt – der eigentlich zentrale Vorgang ist. Der Rauch der verbrannten Knolle kann außerdem erst nachträglich und ohne
Zusammenhang mit dem ursprünglichen Sinn mit den Wolken
assoziiert worden sein – nur auf Grund der Ähnlichkeit. Wir
kennen sehr viele Zeremonien bei Naturvölkern, in denen der auf
bestimmte Weise erzeugte Rauch eine wichtige Rolle spielt, ohne
daß es sich dabei um Regen oder Wolken handelt. Die zaubertheoretische Auslegung ist also selbst im Hinblick auf dieses
einzige herangezogene Merkmal nichts weiter als eine Deutung,
die zudem schlecht fundiert ist, so daß jedenfalls andere mögliche
Erklärungen die gleiche Beachtung beanspruchen können.

2. Fruchtbarkeitszeremonien

Die Wichtigkeit des rituellen Tötens in solchen rudimentären
Zeremonien, die dann stets als Zauber gedeutet werden, sei
noch an einem anderen Beispiel erläutert. Während meiner Expedition nach der Molukken-Insel Ceram erhielt ich einen Bericht über folgende Zeremonie: Bei Unfruchtbarkeit der Frauen
müssen drei Schweine geschlachtet werden und von jedem
Schwein ein Stück auf einige chinesische Porzellanteller gelegt
werden, die auf Ceram als sogenannte Pusaka-Stücke in vielen
Zeremonien benutzt werden. Diese nachweislich schon in sehr
früher Zeit zu den Inselvölkern importierten Handelsgüter werden von den dortigen Völkern nicht als solche angesehen, sondern sind in die mythische Welt verwoben und stammen als
Geschenke an die Menschen von den göttlichen Wesen der Urzeit.
    Diese Schüsseln mit den Fleischteilen der getöteten Schweine
werden in die Erde vergraben, während die Schweine in einem
zeremoniellen Mahl verzehrt werden. Später werden die Schüsseln wieder ausgegraben und mit Wasser gefüllt, das eine Nacht
hindurch stehen bleibt. Am andern Tag waschen sich die Teilnehmer an der Zeremonie mit diesem Wasser.
    Die entscheidenden Teile dieser Zeremonie sind das Töten
der Schweine, das zeremonielle Verzehren des Fleisches, das
Vergraben einzelner Fleischteile der getöteten Schweine und die
zeremonielle Waschung. Die dabei verwendeten Porzellan-
schüsseln werden gerade bei der Beschreibung dieser Zeremonie

noch einmal als Geschenk der Urzeit-Gottheit bezeichnet, die den Menschen die zeremonielle Behandlung des Geschenkes vorschreibt und sie den menschlichen Schamteilen gleichsetzt. Nach einer der Mythen entstehen sie aus den Leichenteilen der getöteten *Dema*-Gottheit auf die gleiche Weise wie die Nutzpflanzen. Sie kehren in vielen Zeremonien wieder und hängen besonders eng mit der Kopfjagd zusammen.

Eine solche Zeremonie wie die hier beschriebene wird in der Ethnologie auch dann bedenkenlos als Fruchtbarkeitszauber gedeutet, wenn in den Vorgängen nichts enthalten ist, das etwa der Wolken-Rauch-Analogie in dem Bericht von Livingstone entspricht. Man würde hier vermutlich annehmen, daß die Gleichsetzung der Porzellanteller mit den menschlichen Schamteilen bereits den Denkfehler enthalte und es im übrigen dabei bewenden lassen, daß man nicht alle abstrusen Gedankengänge der Eingeborenen verfolgen könne. Man kann aber nicht an der Frage vorbeigehen, wie menschliche Wesen jemals haben auf die Idee verfallen können, durch solche Handlungen die Unfruchtbarkeit der Frauen zu beheben. Die einzig mögliche Antwort auf diese Frage ist die Annahme, daß bei Einsetzung der Zeremonie kein Mensch daran gedacht hat, durch Zauber die Unfruchtbarkeit zu beheben.

Wir sind hier in der glücklichen Lage, dem Verstehen der Vorgänge näherkommen zu können. Die eben aufgezählten wesentlichen Handlungen beziehen sich so eindeutig auf die wichtigste Urzeit-Mythe, wie wir es nur wünschen können. Die Dema-Gottheit *Hainuwele* wird getötet, ihr Leichnam in Stükke geschnitten und vergraben. Durch diesen Akt, der die Urzeit beendete, wurde das menschliche und überhaupt das lebendige Schicksal begründet, und zu diesem gehörte als wichtigstes Gut die Fortpflanzungsfähigkeit und also auch die Fruchtbarkeit der Frauen. Aber nicht nur der Wunsch nach Kindersegen ist Anlaß für das Abhalten einer solchen Zeremonie. Ganz ähnliche Kulte finden statt beim Tod eines Menschen, bei einer Dorfgründung, bei der Initiation der Jugend und aus vielen anderen Anlässen, von denen wir ein wichtiges Beispiel, eine Sühnezeremonie, bereits bei der Behandlung des sittlichen Gehaltes der Religion kennengelernt haben (Kap. IX, 3). An die Stelle des Gebets zu einer Gottheit tritt in allen diesen Fällen die lebendige Besinnung auf den göttlichen Ursprung einer Lebenserscheinung. Das ist frommes Tun schlechthin. Wenn Frömmigkeit mit

Heilserwartung verbunden ist und wenn der lebendige Sinnzusammenhang in einer Kulturgemeinschaft nicht mehr gepflegt wird, dann kann eine kultische Handlung uns in einer Zweckbezogenheit entgegentreten, die tatsächlich auf den ersten Eindruck als ihr wesentliches Merkmal erscheinen kann und daher die Theoretiker veranlaßt hat, sie auf höchst umständliche Weise als Zauber zu erklären, freilich ohne daß damit tatsächlich etwas »erklärt« wird.

Nun könnte gegen die hier angebotenen Deutungen eingewandt werden, daß sie eben auch nur Deutungen seien, die in einzelnen Fällen berechtigt, in anderen zweifelhaft sein mögen. Ebenso habe die Zaubertheorie an einzelnen Fällen eine Geistigkeit aufzeigen können, die man eben nur als zauberisch bezeichnen könne, und da sie dies nun einmal aufgezeigt habe, sei es berechtigt, die gewonnenen Ergebnisse auch auf andere Erscheinungen zu übertragen, selbst wenn der genaue Zusammenhang nicht gleich nachgewiesen werden könne. Die Richtigkeit einer solchen Argumentation würde bedeuten, daß der Zauberbegriff höchstens eingeengt und die Möglichkeit einer anderen Erklärung jeweils auch erwogen werden müsse. Um dieses Argument zur Rettung der Zaubertheorie zu entkräften, müßte man alle von den Vertretern dieser Theorie entwickelten Erklärungsversuche einzeln als Irrtümer aufzeigen – eine Aufgabe, die hier weder gestellt noch erfüllt werden soll. In den meisten Fällen würde ein solches Verfahren auch daran scheitern, daß eine vernünftige Erklärung für die Erscheinung, wenigstens vorläufig, einfach nicht zu geben ist.

Es liegt uns jedoch daran, wenigstens an einem Beispiel zu zeigen, wie sehr die Zaubertheorie lediglich auf Deutungen beruht, die keineswegs gesicherte Ergebnisse darstellen. Wir greifen hierzu die Körperverstümmelungen heraus, bei denen es sich durchweg um sehr altertümliche Sitten handelt, über deren ursprünglichen Sinn wir außerordentlich wenig wissen. Gerade deshalb werden diese Sitten in der ethnologischen Literatur fast immer mit Selbstverständlichkeit als Zauberhandlungen bezeichnet. Über den Ursprung der Zahnverstümmelung sagt zum Beispiel K. Th. Preuss (Ursprung, S. 363) folgendes: »Der Grund dieser Sitte ist natürlich überall vollkommen vergessen und durch sekundäre Angaben ersetzt. Nur ein Mädchen auf Formosa gab die verhältnismäßig richtige Antwort: ›Damit sie besser atmen könnten und mehr Wind in sie hineinkäme‹.« Diese Angabe verbindet Preuß mit einigen anderen über die Notwendigkeit, daß beim Zeugungsakt gleichzeitig der Hauch des Mannes in den Mund der Frau gelangt, weil ein lebendiges (das heißt atmendes) Kind nur auf diese Weise geboren werden kann. Daraus folgert er ganz richtig, daß das Ausschlagen der Vorderzähne sinnvoll nur an den Frauen vorgenommen werden sollte, da diese dafür zu sorgen hätten, daß der männliche Atem in sie eindringe. (Es läge zweifellos näher, daß sie dafür einfach den Mund öffnen, womit derselbe Zaubererfolg erreicht werden könnte.) In Zentralcelebes gibt es tatsächlich drei Stämme, bei denen das Zahnausschlagen nur an den Mädchen in der Pubertätszeit ausgeführt wird. Sonst aber läßt sich bei der weiten Verbreitung dieser Sitte über die ganze Erde keine Bevorzugung des weiblichen Geschlechts feststellen. Der schwer verständliche Brauch soll uns hier nicht weiter beschäftigen (vgl. Kap. XII, 6); es liegt uns nur an dem Hinweis, daß sich die zaubertheoretischen Deutungen keineswegs etwa durch die Angaben der Eingeborenen von selbst aufdrängen, sondern daß sie meist sehr weit herbeigeholt sind.

Preuß als Amerikanist basiert vorwiegend auf mittelamerikanischem Material. In Mexico aber gibt es eine ausgesprochene Götter-Religion. Sein Gedankengang vollzieht sich folgendermaßen: Die in den Mythen geschilderten Handlungen der Götter sind ausschließlich Zauberhandlungen. Das »Leitmotiv in dem Stadium der Urreligion« ist der Satz, »daß Götter dieselbe Zaubermethode haben wie früher [das heißt in dem von ihm postulierten Stadium, als die Menschen noch keine Vorstellungen von Göttern gehabt haben sollen] gewöhnliche Wesen. *Kann man das nachweisen, so ist die Entstehung von Gottheiten aus ihnen [das heißt aus den Zaubermethoden] gesichert. Der Animismus bildet dann nur die Vermittlung zwischen beiden.*«[*] (Ursprung, S. 362) Auch diese Theorie über die Entstehung des Gottesglaubens basiert auf ähnlichen Deutungen. Dabei ist die Zaubertheorie zu einem Bilde vom frühen Menschen genötigt, das diesen intellektuell so unentwickelt erscheinen läßt, daß die von Preuß (S. 419) selbst eingeführte Bezeichnung der Urdummheit in vollem Umfang gerechtfertigt wäre. Gerechterweise wollen wir demgegenüber nicht verkennen, daß die ursprünglichen Kulthandlungen uns heute in der Tat in einem

---

[*] Von mir hervorgehoben.

Zustand entgegentreten, der eine solche Theorie nahelegen könnte. Solche Beispiele, wie die bisher hauptsächlich behandelten, in denen verhältnismäßig umständliche Begehungen mit gewisser Wichtigkeit und betonter Sorgfalt ausgeführt werden, mögen geeigneter erscheinen, einen religiös-kultischen Ursprung wahrscheinlich zu machen, als andere »abgekürztere« Handlungen. Wenn man etwa die Beschreibung über die Vorbereitungen zu einem Kriegszug bei irgendeinem Volke liest, so hat man den Eindruck, daß die meist zahlreichen und vielfältigen Einzelhandlungen, die dabei vorgenommen werden, untereinander gar nicht durch einen gemeinsamen Sinn verbunden sind. Es hat vielmehr den Anschein, als ob schlechterdings alles, was jemals in irgendeiner Periode der Menschheitsgeschichte als frommes oder auch nur als positives Tun gewertet wurde, in einem großen Topf aufbewahrt wurde, um es bei lebenswichtigen Anlässen wahllos hervorzuholen. Aber auch auf dem Gebiet dieser Sammelhandlungen ist es doch zu billig, sie einfach als Zauber abzutun. Man müßte wenigstens unterstellen, daß sie ursprünglich einmal einen Sinn gehabt haben können, der sich vielleicht – wenn nicht in allen, so doch in einigen Fällen – durch Einzelanalysen in mühevoller Kleinarbeit noch aufspüren läßt.

3. Zaubersprüche

Aber selbst die sogenannten Zaubersprüche, die so selbstverständlich zur Magie gerechnet werden, erscheinen bei einer kritischen Betrachtung keineswegs so eindeutig zauberisch, wie es fast immer dargestellt wird. Ganz allgemein muß auch auf diesem Gebiet vorweg die Frage gestellt werden, wodurch ein Spruch zu einem Zauberspruch werden kann. Von irgendwoher muß doch diesen Worten eine besondere Bedeutung zugekommen sein, die es überhaupt erst möglich macht, daß sie als Zaubersprüche angewendet werden können. Wenn sich diese Frage an einem bestimmten Material überhaupt beantworten läßt, so wird sich meistens zeigen, daß ihr zauberischer Charakter keineswegs ursprünglich ist, sondern daß sie ihrem Wesen nach mythisch-religiös sind und erst der Verlust dieser ursprünglichen Sinnbezogenheit sie als das erscheinen läßt, was ihnen den Namen Zauberspruch eingetragen hat.

Von dem südamerikanischen *Karaiben*-Stamm der *Taulipang* beispielsweise hat uns THEODOR KOCH-GRÜNBERG (Roroima, Bd. 3, S. 219 ff.) eine stattliche Zahl solcher Zaubersprüche berichtet und dabei selbst hervorgehoben, daß sie meistens – ähnlich wie bei den Merseburger Zaubersprüchen (S. 220) – von einer kurzen mythischen Erzählung ausgehen, die auf den formelhaften Spruch hinleitet. Die dabei auftretenden Tiere sind in der Mehrzahl mythische Tiere, die zum Teil auch bei den Beschwörungen der Zauberärzte eine Rolle spielen. Ein Teil dieser Sprüche bezieht sich auf Krankheiten. Koch-Grünberg sagt dazu (S. 221): »Das ›Mädchen der Vorfahren‹, der ›Jüngling der Vorfahren‹, das ›Mädchen der Savanne‹, der ›Jüngling der Erde‹ sind gewissermaßen Prototypen ihrer Gattung, *Urmenschen**, die *zum ersten Male** an ihrem Leib die menschlichen Leiden empfinden und denen ›das Volk von heute, die Kinder‹, das heißt ihre heutigen Nachkommen, gegenübergestellt werden, die den Zauberspruch *zur Anwendung** bringen sollen.« Schon diese einleitenden Bemerkungen von Koch-Grünberg zeigen, daß es sich bei den in den Sprüchen erwähnten Personen um *Dema*-Wesen handelt, die in der Urzeit zum ersten Mal eine menschliche Krankheit erlitten, über deren Ursache die Mythe berichtet. Dabei werden gleichzeitig auch die göttlichen Hilfskräfte erwähnt, die das Leiden wieder zu beseitigen vermochten.

So berichtet ein Zauberspruch (S. 233 ff.) von einem sehr schönen »Mädchen unserer Vorfahren«, das sehr spröde ist und einen der hervorragendsten Dema, den *Makunaima*, und seine beiden Brüder bei ihren Werbungen mit Beißen und Schlagen abweist. Dafür machen Makunaima und seine Sippschaft sie häßlich, indem sie ihr Fischeier ins Gesicht zaubern (vielleicht aber auch einfach setzen), sie also an Eiterpusteln leidet, »damit sie niemals wieder schön wird«. Gleichzeitig aber verbindet Makunaima diese Tat mit einem Zauberspruch: »Das Volk von heute, die Kinder, haben zu sagen diese Worte. Sie haben uns zu rufen bei unserem Namen, wenn sie andere krank machen wollen. Ich bin Makunaima!« Mythisch bedeutet dieser ganze Vorgang wohl nur, daß Makunaima als Urzeit-Dema die Eiterpusteln (die besonders häufig in der Pubertätszeit auftreten) erstmalig als menschliches Leiden hervorgebracht hat. Die Besin-

---

* Von mir hervorgehoben.

344

nung auf diesen mythischen Vorgang (in diesem Fall nicht durch eine darstellende Handlung, sondern durch ein wörtliches Zitieren der Mythe) soll dasselbe Leiden auch heute wieder hervorrufen. Auch eine menschliche Krankheit hat also in dem Urzeitgeschehen ihr Vorbild.

Die Mythe berichtet dann weiter, wie das »Mädchen unserer Vorfahren« verschiedenen anderen Dema-Wesen begegnet, vor allem den Personifikationen der verschiedenen Regenarten und einigen Pfeffersorten. Auf deren Fragen erzählt sie, wie Makunaima und seine Sippschaft sie mit Dornen im Gesicht krank gemacht hätten. Die Regen- und Pfefferarten sprechen darauf nacheinander einzeln: »Ich bin der und der Regen! Ich reinige das Angesicht des ›Mädchens der Vorfahren‹, damit sie niemals leidet an Dornen. Das Volk von heute, die Kinder, haben zu sagen diese Worte. Sie haben uns zu rufen bei unseren Namen. Mit meinem Wasser reinige ich ihr Antlitz.« Oder der Pfeffer sagt: »Ich schrecke diese Dornen. Ich mache den Schmerz vergehen . . .«

Dieser zweite Teil der Mythe ist der Zauberspruch zur Heilung von den Eiterpusteln. Der Spruch bringt dabei stets wörtlich die Anweisung, daß die späteren Nachkommen, die heutigen Menschen, diese Worte der Mythe zu sagen hätten. Das geschieht dann auch, wenn jemand an Eiterpusteln leidet: Man spricht sechs- bis siebenmal den »Spruch der Regen« und wäscht den Körper des Kranken mit lauwarmem Wasser sechs- bis siebenmal. Danach spricht man ebenso oft den »Spruch der Pfeffer« und streicht zerriebenen Pfeffer über den kranken Körper.

Von dieser Art sind die Zaubersprüche der Taulipang, wobei die Mythe bald ausführlich, bald nur sehr abgekürzt erscheint und in das mythische Geschehen die Anweisung an die heutigen Menschen eingebaut wird, diese Worte zu sagen. Nun ist es außerordentlich häufig, daß die Mythen die Anweisung an die Nachkommen enthalten, dies oder jenes Geschehen irgendwann zu wiederholen. Wir hatten gesehen, daß diese Wiederholung der mythischen Vorgänge recht eigentlich die fromme Handlung darstellt. Auch das Erzählen der Mythe gehört genau so wie die kultische Handlung zum frommen Verhalten. Wenn also hier das Erzählen der Mythe zum Zauberspruch geworden ist, so ist das der gleiche Vorgang, der die echte Kulthandlung zu dem gemacht hat, was von der Ethnologie als Zauberhandlung angesprochen wird. Es ist der gleiche Entartungsprozeß, der auf dem Wege über die Heilserwartung (hier über die Erwartung der Heilung) vom Ausdruck zur Anwendung führt. So jedenfalls stellt es sich nach den von den Taulipang selbst gegebenen Auskünften dar. Eine andere aus dem vorhandenen Material schwer zu klärende Frage wäre es, ob wir es dem Wesen nach mit echten Mythen zu tun haben. Mit anderen Worten: Enthalten die Mythen Aussagen über die Krankheiten, die man als Erkenntnisse des Wesenhaften ansprechen könnte? Koch-Grünberg ist selbst nicht dieser Meinung. »Es sind Zaubermittel, die noch fern von irgendwelchem Seelen- oder Geisterglauben durchweg in der Analogie des täglichen Lebens wurzeln und *daher zu den ältesten Vorstellungen gehören*.«[*] (S. 222) Er beruft sich also ausdrücklich auf die präanimistische Zaubertheorie. Aber seine Behauptung stimmt keineswegs mit dem von ihm selbst vorgelegten Material überein. Analogien kommen zwar vor, aber nicht einmal überwiegend, sondern sogar durchaus nur vereinzelt. Träfe es zu, daß die Vorstellungen tatsächlich »in der Analogie des täglichen Lebens wurzeln«, so hätten wir sie nicht hier, sondern unter der Ziffer 8 dieses Kapitels behandelt. Eine unvoreingenommene Lektüre der Mythe muß unbedingt zu der Überzeugung führen, daß hier viele echte mythische Motive anklingen, obgleich es nicht leicht sein würde, in einer analytischen Betrachtung bis zu einem wirklichen Verstehen vorzudringen.

4. Das Auspeitschen

Als ein anderes Zaubermittel der *Taulipang* erwähnt THEODOR KOCH-GRÜNBERG (Roroima, Bd. 3, S. 232, 375) die Geißelung. Sie wird ausgeführt, um die schlimmen Folgen – Krankheit und Geschwüre –, die die Verspeisung von Wildbret nach sich ziehen soll, zu verhüten. Wenn ein Tapir, Hirsch oder Wildschwein erlegt ist, werden alle Teilnehmer an der Mahlzeit vorher von dem ältesten Mann gepeitscht. Sie treten dabei vor den Kopf des erlegten Tapirs; Kinder erhalten nur einen, allerdings sehr schmerzhaften und heftigen Hieb, Jünglinge und reife Mädchen mehrere, von einem Bein bis zur Schulter und vom

[*] Von mir hervorgehoben.

anderen Bein bis zur anderen Schulter. Die Sitte der Geißelung ist in Südamerika sehr verbreitet. Koch-Grünberg (S. 375) gibt uns selbst einige weitere Beispiele. Danach findet die Auspeitschung aller Beteiligten als prophylaktisches Zaubermittel nicht nur bei der Verspeisung des Großwildes, sondern auch beim Beziehen eines neuen Hauses statt. Auch der Häuptlingskandidat wurde von den Anführern heftig ausgepeitscht. Bei den Hauptpflanzungsarbeiten wurden die jungen Leute durch die Alten gepeitscht. Bei den *Manao* am unteren Rio Negro und ebenso bei Stämmen am oberen Orinoco wurden bei einem Erntefest Männer und Frauen gegeißelt. Während sich die Krieger auf einem Kriegszug befanden, wurden bei den *Karaiben* zwei Knaben gepeitscht, um den Sieg herbeizuführen. Bei dem großen abschließenden Totenfest der *Aruak* peitschten sich alle Männer des Dorfes und ihre Gäste gegenseitig die Waden, bis die Fetzen herunterhingen. Die Liste läßt sich noch ergänzen. Bei einem *Timbira*-Stamm werden die Teilnehmer an einem zeremoniellen Wettkampf, dem sogenannten Klotzrennen, nach der Ankunft auf dem Festplatz von einem alten Mann gepeitscht. (CURT NIMUENDAJU, Eastern Timbira, S. 138). Dieses Motiv ist offenbar auch auf Gefäßmalereien der *Chimu*-Kultur dargestellt (vgl. KARIN HISSINK, wo sich noch weitere Beispiele für die rituelle Auspeitschung in Südamerika finden).

Mit der Kennzeichnung als prophylaktischer Zauber ist, besonders angesichts einer solchen Liste von sehr verschiedenartigen Anlässen für die Anwendung des Rituals, überhaupt nichts über die eigentümliche Erscheinung ausgesagt. Zunächst müßte doch die Frage gestellt werden, wie denn der Gedankengang irgendwelcher Menschen beschaffen gewesen sein müsse, der zu dem Glauben geführt haben kann, die Auspeitschung könne eine Wirkung im angegebenen Sinne haben, sie vermöge etwa eine Krankheit zu verhindern oder einen Sieg herbeizuführen. Ein anderer Autor, RAFAEL KARSTEN (Civilization), bei dem sich weitere südamerikanische Beispiele für die Geißelung finden, versucht eine solche Erklärung, indem er sich dabei eng an JAMES GEORGE FRAZER anschließt: Die Mädchen, die während der Initiation gepeitscht werden, sollen dadurch gegen den Einfluß böser Geister immun werden (S. 169f.); der Peitsche wird »wahrscheinlich« irgendeine übernatürliche Kraft zugeschrieben; im ganzen handelt es sich um eine Reinigungszeremonie, bei der böse Einflüsse weggepeitscht werden (S. 174). Es braucht nicht hervorgehoben zu werden, daß es sich dabei um reine Deutungen handelt, die durch nichts im Material belegt sind. Wenn wir phänomenologisch vorgehen wollen, so müssen wir zunächst zugeben, daß wir außer der Beschreibung der Geißelung selbst nur einen Tatbestand kennen, der uns auf dem Wege zum Verstehen dieser Erscheinung weiterhelfen könnte. Das sind die verschiedenen Anlässe, aus denen das zeremonielle Peitschen stattfindet. Damit ist auch von vornherein klar, daß ein Verständnis nur schwer und wenn überhaupt, dann nur hypothetisch zu gewinnen ist. Nun sagen uns aber in diesem Falle die Anlässe tatsächlich etwas, was wenigstens zu einer Vermutung berechtigt.

Die Anlässe sind: Nach der Tötung eines großen Jagdtieres, insbesondere des Tapirs, und vor seiner Verspeisung; vor dem Beziehen eines neuen Hauses; während der hauptsächlichen Pflanzungsarbeiten; beim Einbringen der reifen Früchte; bei den Reifezeremonien für Mädchen und Jünglinge; beim Totenfest; vor der Einsetzung eines Häuptlings; nach Abschluß eines Wettkampfes; vor dem ersten ehelichen Beischlaf; vor der Wiederverheiratung einer Witwe (die letzten Beispiele bei Karsten, Civilization, S. 169ff.). Die südamerikanischen Völker, bei denen diese Sitte vorkommt, sind überwiegend ausgesprochene Vertreter der alten Pflanzerschicht. Die Nebeneinander-Reihung der eben aufgezählten Anlässe für das rituelle Peitschen in Verbindung mit der Tatsache, daß es sich dabei um Pflanzervölker handelt, lenkt unsere Aufmerksamkeit in eine bestimmte Richtung. Die Anlässe sind nämlich fast vollzählig identisch mit denjenigen Lebenssituationen, in denen – wie schon häufiger ausgeführt – der *eine* große Kult dieser Völker stattfindet, der sich auf das *eine* bedeutende Mythologem bezieht: Die Tötung des Jagdtieres nimmt Bezug auf die Tötung der *Dema*-Gottheit; das neue Haus – insbesondere das Kulthaus und von dort oft übertragen auf alle Häuser – ist eine Nachahmung des Urbildes des Totenhauses; die Feld- und Erntearbeiten haben ihren Anfang genommen, als sich die Dema-Gottheit in die Nutzpflanzen verwandelte; die Reifefeiern sind Erinnerungsfeste an das Entstehen der Fortpflanzungsfähigkeit als Folge der Tötung der Gottheit; desgleichen die Hochzeitsriten; der Häuptling ist der lebende Repräsentant und direkte Nachkomme des Dema; der Wettkampf wurde als Zeremonie aus demselben Anlaß der Urzeittötung eingesetzt usw.

Die Anlässe weisen also eindeutig auf das große pflanzerische Mythologem. Um so erstaunlicher ist es, daß wir keine Form der Mythe kennen, in der die Peitschung als ein verständlicher Akt innerhalb dieses sehr bestimmten Urzeitgeschehens vorkommt. Ich verdanke es der Aufmerksamkeit von Herrn Dr. O. ZERRIES, daß ich wenigstens zwei Beispiele von allerdings märchenhaft anmutenden Erzählungen aus Südamerika anführen kann: ALFRED MÉTRAUX (Ensayos, S. 22 f.) erwähnt nach einer alten französischen Quelle eine Mythe der *Tupinamba* von Bahia, nach der bei einer großen Hungersnot eine arme Frau ihre Kinder aussendet, damit sie Kräuter zum Unterhalt des Lebens suchen. Diese begegnen einem fremden Kind, in dessen Gestalt sich unerkannt ein göttliches Wesen verbirgt. Sie stürzen sich auf das Kind und schlagen es. Da regnet es auf sie Bataten und andere Nahrungsfrüchte. Als die Kinder erstaunt innehalten, fordert das fremde Kind sie auf, weiter zu schlagen, damit sie noch mehr Nutzen hätten. Es verbietet ihnen, irgendjemandem etwas zu sagen. Doch die Mutter entdeckt das Geheimnis. Sie pflanzt, was die Kinder an Feldfrüchten übrig gelassen haben, und von nun an ist kein Mangel mehr an Nahrungsmitteln in dieser Gegend.

Eine andere Mythe berichtet GÜNTER TESSMANN (Menschen ohne Gott, S. 199 f.) von den *Schipibo* und *Conibo (Tschama)*, einem *Pano*-Stamm am Ucayali in der peruanischen Montaña. In jener Zeit, als die Menschen noch keine Nutzpflanzen kannten, ging ein Mann mit seiner Frau in den Wald und nur eine Tochter blieb zu Hause. Da kam ein Jüngling (der eigentlich ein Vogel war). Als das Mädchen seinen Wunsch nach Speise nicht befriedigen konnte, veranlaßte der Vogel-Jüngling es, mit einem Stock gegen seine Knie zu schlagen, worauf aus diesen reife Bananen fielen. Bei späteren Besuchen wiederholt sich der Vorgang: Das Mädchen schlägt gegen sein Bein und erhält dafür alle Nutzpflanzen, die es heute gibt.

Nun haben zwar diese beiden Beispiele mehr den Charakter eines Wundermärchens als einer echten Mythe, aber das merkwürdige Motiv von der Entstehung der Nutzpflanzen durch Schlagen eines Dema-Wesens zeigt doch auffallende Anklänge an das Hauptmotiv der pflanzerischen Mythe. Es wäre daher denkbar, daß es sich ursprünglich um eine Episode aus jenem Mythos – vielleicht um eine vorwiegend in Südamerika entwickelte Variante – gehandelt hat, die sich, wie das auch sonst für zahlreiche Mythenmotive belegt ist, als Erzählung in märchenhafter Form verselbständigt hat. Das Peitschen als Zeremonie bei den oben aufgezählten Anlässen wäre dann nur, wie jeder andere Kult auch, ein Wiederholungsritus einer mythischen Urzeitbegebenheit. Mit Zauber hätte er – seinem Ursprung nach – gar nichts zu tun.

Für eine Bezugnahme der Peitschzeremonie auf eine Mythe, die den beiden erwähnten Beispielen ähnlich war, spricht meines Erachtens auch die Angabe von Karsten (Civilization, S. 169f.), daß bei den *Uaupé*-Indianern im südamerikanischen Waldland die Peitsche nach der Operation in die Nahrung eingetaucht wird und daß das Mädchen die Nahrung zu sich nimmt, indem es sie von der Peitsche ableckt. Diese Sitte könnte sich ganz unmittelbar auf jene Mythe beziehen, in der durch die Peitsche und durch das Peitschen die Nahrungspflanzen erstmalig entstanden. Jedenfalls bietet sich hierdurch eine viel natürlichere Erklärung für die Zeremonie an als die umständliche und künstliche von Karsten und Frazer, die im Grunde auf den Voraussetzungen der Zaubertheorie basiert.

5. Bildzauber

Mit den bisher behandelten Erscheinungen angeblichen Zaubers sollte hauptsächlich beispielhaft eine andere Methode für die Betrachtung bestimmter geistesgeschichtlicher Phänomene angeregt werden. So wenig wie die Zaubertheorie in der Lage ist, für alle von ihr einfach als Zauber bezeichneten Erscheinungen Analogien des Raumes, der Zeit oder der Ähnlichkeit anzuführen, die das Denken der frühen Menschen angeblich in die Irre geführt haben sollen, so wenig kann mit der hier entwickelten Methode sogleich der mythisch-kultische Ursprung aller in Frage stehenden Erscheinungen aufgedeckt werden. In sehr vielen Fällen werden wir zunächst gar nichts aussagen können und einfach abwarten müssen, ob sich eines Tages durch besonderes Material ein Sinnzusammenhang offenbart. Von einigen wenigen Ausnahmen, die uns später (Kap. XII, 6–8) noch beschäftigen werden, abgesehen, möchte ich behaupten, daß alle in der Ethnologie üblicherweise als Zauber angesprochenen Zeremonien mit der sogenannten Zaubermentalität gar nichts zu tun haben, sondern daß sie, wie andere Phänomene der menschlichen Geistesgeschichte, ihrem Ursprung nach auf wahre Erkenntnisse der Wirklichkeit, meist mythisch religiöser Art, zurückgehen. Ihre Entartung zu nur noch »angewandten« Handlungsabläufen wurde durch viele Faktoren begünstigt, hauptsächlich aber durch die Hoffnung und Erwartung, für frommes Tun auch mit einem begehrten Heil belohnt zu werden. Dies gilt auch für die echt magischen Handlungen, mit denen wir uns bereits beschäftigt haben (Kap. XI). Je abgekürzter und mechanischer aber eine Ritualhandlung ausgeführt wird, um so schwieriger ist es, sie zu verstehen und um so leichter wird sie als Zauber angesprochen.

Eine andere in Vorgeschichte und Völkerkunde mit Vorliebe verwendete Bezeichnung ist die des Bildzaubers. Wo immer bei einem Ritual bildliche Darstellungen eine Rolle spielen, pflegt dieses Wort sich zur Erklärung einzustellen. Bei afrikanischen Pygmäen zum Beispiel hat LEO FROBENIUS (Kulturgeschichte, S. 127 f.) den Brauch beobachtet, daß sie vor der Jagd früh bei Sonnenaufgang eine Antilope in den Sand zeichnen und in dem Augenblick einen Pfeil auf das Bild schießen, wenn die ersten Sonnenstrahlen darauf fallen. Damit glauben sie, den Jagderfolg gesichert zu haben. Es ist in der Ethnologie gang und gäbe, eine solche Sitte als Bildzauber zu deuten und damit als befriedigend erklärt anzusehen. Unter allen denkbaren Deutungen scheint mir aber gerade diese zaubertheoretische die unwahrscheinlichste, weil sie uns zumutet, zu glauben, daß der Pygmäe wirklich nur auf Grund der Analogie glauben soll, ein Pfeilschuß auf ein Bild könne den erwünschten Pfeilschuß auf ein Tier herbeizaubern. Abgesehen davon, daß in dieser Deutung auch wieder ein vielleicht nicht unwichtiger Bestandteil der Zeremonie, nämlich der Zusammenhang mit der Sonne, außer acht gelassen wird, reichen die kärglichen Angaben des Berichtes nicht aus, sie überzeugend zu machen. Mit dem gleichen Recht könnte man behaupten, daß es sich um einen Wiederholungsritus handele, zu dem uns die Mythe fehlt.

Ganz unberechtigt aber ist es, auf Grund solcher Berichte, die vorgeschichtlichen Felsbilder als »magische« Kunst hinzustellen, wie das allenthalben mit der größten Selbstverständlichkeit geschieht (vgl. HUGO OBERMAIER, S. 145, 155). Tatsächlich wissen wir nichts über die Motive, denen sie ihre Entstehung verdanken. In der Hauptsache sind es nur die in die dargestellten Tiere eingezeichneten Pfeile, die als Parallele zu dem »Bildzauber« der Pygmäen und zu ähnlichen Zeremonien anderer Jägervölker gedeutet werden, aus denen der magische Charakter aller Felsbilder abgeleitet wird. Wenn ethnologische Tatbestände zur Aufhellung prähistorischer Parallelerscheinungen herangezogen werden, so können dafür nur gesicherte Feststellungen und nicht zweifelhafte Deutungen in Frage kommen. Ein solches weit besser fundiertes Vergleichsmaterial finden wir bei einigen altertümlichen Völkern, die noch heute Felsbilder anfertigen. Hier jedoch spricht alles dafür, daß wir es mit einer in echt religiöser Haltung vollzogenen Kulthandlung zu tun haben. Am anschaulichsten sind die Berichte über australische Felsbilder (Kap. V, 1). Hier hat die Gottheit selbst ein Bild von sich hinterlassen und die Erneuerung des Bildes ist eine fromme Handlung wie bei allen Kulten. Diese Motivierung der Felsbilderkunst entspricht in ihrer Großartigkeit sehr viel mehr unserer Auffassung vom Wesen der Kunst. Es wäre auch gar nicht einzusehen, warum der schöpferische Beginn der Kunst, die wir doch den erhabensten Bereichen menschlicher Lebensgestaltung zurechnen, in einer uns nicht verständlichen, in Irrtümern befangenen Geistigkeit wurzeln soll. Es ist um so weniger einzusehen, als uns ihre Dokumente – man denke an die paläolithischen Felsbilder Südwesteuropas – als Kunstwerke so unmittelbar ansprechen und dadurch im Gegenteil weit eher als Beweis für eine von jeher bestehende Gleichartigkeit der menschlichen Geistigkeit ins Feld geführt werden könnten.

Als weiteres Beispiel können wir den Brauch der *Kwakiutl* (Nordwestamerika) erwähnen, die eine Felsgravierung an der Stelle machen, an der man aus kultischem Anlaß einen Sklaven getötet und verzehrt hat (FRANZ BOAS, Kwakiutl, S. 439). Das Bild ist also ein Erinnerungsmal für eine religiöse Zeremonie, wie es sehr oft die aus ähnlichen Anlässen errichteten Megalithen sind. Als Kulthandlungen im Rahmen der Reifezeremonien werden bei den *Kissi* in Westafrika (PAUL GERMANN, S. 112 f.) Malereien auf Lehmwänden ausgeführt und ähnlich bei den Südkaliforniern auf Felswänden (CONSTANCE GODDARD DU BOIS, S. 96). Einen ausführlichen Bericht über die Erneuerung von Felsbildern im Rahmen einer umfangreichen Zeremonialhandlung auch bei den *Dogon* im Westsudan gibt uns MARCEL GRIAULE (Masques, S. 405 ff.). Alle diese Tatsachen sprechen keineswegs für einen magischen Ursprung der prähistorischen Malereien.

6. Der nachahmende Eifer

Bisher hatten wir im Gegensatz zur Zaubertheorie die mythischen Bezogenheiten der behandelten Erscheinungen in den Vordergrund gestellt und damit viele Handlungen, die von der Zaubertheorie für das Gebiet der Magie beansprucht wurden, auf einen sinnvollen Ursprung zurückzuführen versucht. Dabei hatten wir das echte religiöse Ethos gerade in jener Haltung des Menschen gefunden, die ihn zu aktiver Besinnung und Erinnerung an das als göttlich erkannte Geschehen veranlaßt und ihm bestimmte Handlungen als frommes Tun erscheinen läßt. Hier wäre nun auf einschränkende Tatsachen hinzuweisen, die wir in unserer eigenen Umwelt oft beobachten können und die es deshalb sicherlich auch in früheren Zeiten der menschlichen Geschichte gegeben hat, obgleich es sehr schwierig, wenn nicht sogar unmöglich ist, konkrete Fälle dieser Art eindeutig festzustellen.

Wir erwähnten zum Beispiel die Sitte des rituellen Auspeitschens (Kap. XII, 4) und hatten ihren zauberischen Charakter abgelehnt mit dem auf gewisse Materialbelege gestützten Hinweis auf ihren mutmaßlich mythischen Ursprung. Nun hatten wir alle echten Mythen ganz allgemein als wahre Wirklichkeitserkenntnisse angesprochen, die sich auf solche Existenzfragen beziehen, für die andere oder gar bessere Antworten nicht zur Verfügung stehen. Die große Mythe, die das Weltbild der Pflanzervölker in seinen wesentlichen Zügen wiedergibt und um die es sich nach unserer früher vorgetragenen Deutung bei der Peitschzeremonie handeln müßte, ist uns meines Wissens in keiner Variante überliefert, in der das Motiv des Peitschens vorkommt. Wir hatten jedoch auf Grund von märchenhaften Beispielen die Vermutung ausgesprochen, daß dieses Motiv in einer verhältnismäßig nebensächlichen Episode der mythischen Erzählung vorgekommen sei. Und doch wird das Peitschen zeremoniell bei vielen südamerikanischen Völkern trotz seiner schmerzhaften Folgen für die Betroffenen sehr streng durchgeführt. Dieser allerdings mit sehr vielen Mutmaßungen belastete Gedankengang sollte nur eine Möglichkeit andeuten, wie das sonst so sinnvolle Verhältnis zwischen Mythe und Kult sich auch von Anfang an mit einer ganz bestimmten Sinnlosigkeit ausgewirkt haben kann, die sich hauptsächlich darin ausdrückt, daß nebensächliche und äußerliche Erscheinungen mit großer

Wichtigkeit in den Vordergrund gerückt werden und demgegenüber der echte und tiefe Sinn einer Erkenntnis oft kaum noch feststellbar ist. Wir kennen dieses Mißverhältnis zwischen dem in schöpferischen Akten angestrebten Sinn und seiner Verwirklichung durch allzu begeisterte Anhängerschaft oder trockenes und erstarrtes Epigonentum auch in unserer Kulturgemeinschaft.

Wie schwierig es jedoch ist, für die naturvölkischen Verhältnisse solche Disharmonie in konkreten Fällen wirklich nachzuweisen, ergibt sich schon aus dem angeführten Beispiel der zeremoniellen Auspeitschungen. Auch wenn wir davon absehen, daß die Gedankenführung nur auf Vermutungen beruht und einmal die nur vermutete Erwähnung des Peitschens in der echten Mythe als gesichert ansehen, so wäre es doch fast unmöglich, die Nebensächlichkeit dieses Motivs in der Mythe mit Sicherheit festzustellen. Im Hinblick auf den großartigen Aspekt, der dem ganzen Mythologem zugrundeliegt, wäre ein solches Motiv sicherlich belanglos; denn in der Mythe handelt es sich um den ordnungschaffenden Akt in der Urzeit, in dessen Mittelpunkt die Tötung der *Dema*-Gottheit steht. Wer aber vermöchte zu sagen, in welchem Umfang das Peitschen oder andere Quälereien doch in den Urempfindungen des Menschen eine Entsprechung zu dem wesentlichen mythischen Geschehen darstellen? Für diese Frage ist wohl vor allem die Psychologie zuständig, die vielleicht geltend machen könnte, daß bei solchen rituellen Peinigungen elementare psychische Gegebenheiten ihren Ausdruck finden. Damit würde es zum mindesten unwahrscheinlich, daß sie von ungefähr und ohne eine überzeugendere Motivierung zu einem so streng beachteten Ritus innerhalb einer Kulthandlung wurden.

Bei einer anderen Gattung fremdartiger und unverständlicher Bräuche bei Naturvölkern ist jedoch auch von der Psychologie her schwerlich eine Aufklärung darüber zu erwarten, warum sie so wichtig genommen werden. Alle Körperverstümmelungen wie Zahnausschlagen, Beschneidung, Subinzision, Monorchie, Entfernung der Brustwarzen bei Männern usw. lassen sich ebensowenig mit einer wahren Erkenntnis wie mit einer allgemein menschlichen psychischen Veranlagung in Verbindung bringen und bleiben unserem Verständnis hartnäckig verschlossen. Wenn wir also davon ausgehen, daß der Sinn bedeutender schöpferischer Akte von jeher Entstellungen ausgesetzt gewesen sein kann, so könnten die uns unverständlichen Bräuche auch aus solchen Entstellungen der Mythen erklärt werden.

Einige Angaben, die zur Motivierung solcher abstrusen Sitten vorliegen, lenken uns dabei in eine bestimmte Richtung. So wird zum Beispiel von Mohammed berichtet, daß er in der Schlacht bei Ohod zwei Zähne verlor. 37 Jahre nach der Flucht des Propheten erschien der Erzengel Gabriel dem Oweis aus Karn in Yemen und befahl ihm, der Welt zu entsagen. Dieser Oweis ließ sich zu Ehren des Propheten und in Erinnerung an dessen Zahnverlust in der Schlacht alle seine Zähne ausreißen und verlangte dieses Opfer auch von seinen Jüngern. Wir können die Frage, ob die weitverbreitete und zweifellos in die Vorgeschichte zurückreichende Sitte der Zahnverstümmelung bei diesem Vorgang bekannt war und dabei Pate gestanden hat, oder ob wir es hier sogar mit einer spontanen Neuentstehung dieses Brauches zu tun haben, beiseite lassen. Wichtig ist uns hingegen, daß das Bedürfnis, sich einem verehrten Vorbild auch in den nebensächlichsten Zügen anzuähneln, einen Eiferer zur Einführung einer solchen Sitte veranlassen kann und daß dieses Motiv auch seinen Anhängern einleuchtend erscheint. Ähnlich ist die Begründung der *Herero* in Südwestafrika für ihren Brauch, den Knaben als Pubertätsritus zwei obere Schneidezähne abzufeilen und die vier unteren auszuschlagen; sie sollen dem heiligen Stierahnen ähnlich werden (J. IRLE, S. 105).

Ein anderes Beispiel, in dem auch als Motiv für einen Brauch eine solche Anähnlichung angegeben wird, finden wir bei den *Semang*, einem Jägerrestvolk auf der Malaiischen Halbinsel. Bei ihnen besteht der Glaube an eine Gottheit *Kari* im Himmel. Kari sitzt dort an den schrägen Stamm eines Baumes gelehnt, in dessen Zweigen die Seelen sitzen, die Kari aussendet, um sich in Menschen und Tieren zu inkarnieren. Entsprechend muß die Frau bei der Geburt gegen einen schräg gestellten Bambusstamm lehnen. »Man sagt, daß sie damit die Haltung von Kari nachahmt«, und der schrägliegende Baumstamm sei »der Baum, gegen den Kari sich lehnt« (WALTER WILLIAM SKEAT und CHARLES OTTO BLAGDEN , Pagan Races, Bd. 2, S. 3).

Wir können uns bei diesem Beispiel eine kurze Abschweifung nicht versagen. Es wäre sehr gut vorstellbar, daß die bei der Geburt vorgeschriebene Haltung als Sitte länger bestehen bleibt als die Mythe von Kari und daß man dann die Auskunft bekommt, die Frau müsse bei der Geburt diese Stellung einnehmen, »damit das Kind eine Seele bekommt«, womit der Kennzeichnung dieser Sitte als »Zauberhandlung« vermutlich nichts mehr im Wege stände.

Die oben aufgeführten Beispiele mögen zeigen, daß auch ganz unverständliche und rudimentäre Bräuche ihren Ursprung in mythischen Vorstellungen haben können. Wenn auch die Möglichkeit bestehen bleibt, daß ihre Bedeutung ursprünglich tiefsinniger war, so zeigt sich jedenfalls deutlich, daß die Berufung auf die Ehrwürdigkeit des Vorbildes ausreicht, auch aus dessen nebensächlichen Zügen Sitten dieser Art abzuleiten und daß sie sogar aus jenem Bedürfnis nach Anähnlichung entstanden sein können. Es liegt nahe, über diesen menschlichen Eifer zu lächeln. Man könnte ihn als ein Zeichen für eine gewisse Dummheit, für ein Unvermögen, das Wesentliche vom Unwesentlichen zu trennen, nehmen. Andererseits gehören alle diese Züge zweifellos zum Wesen des religiösen Verhaltens. Die große erzieherische Wirkung, die eine Gottesidee für die Menschheit hat, liegt ja gerade darin, daß der Mensch sein erhabenes Vorbild in der Gottheit sieht und – von ihr angesprochen – danach strebt, sich diesem Bilde anzugleichen. Wahrhafte Erziehung liegt nicht in den ordnungerhaltenden Akten des zwischenmenschlichen Verkehrs, sondern nur in dem ansprechenden Vorbild. Wenn eine schwärmerische Schülerin eine rote Bluse haben will, weil die von ihr verehrte Lehrerin eine solche trägt, oder wenn ein enthusiastischer Student nur mit schwarzer Tinte schreiben will, weil Schiller und Goethe eine solche Tintenart verwendeten, so mag man ebenso lächeln wie bei den aufgezählten naturvölkischen Beispielen. Aber man wird trotzdem zugeben müssen, daß auch in der roten Bluse oder in der schwarzen Tinte ein Stück von dem erstrebten Vorbild mitgegeben ist, wie mit dem Zahnausschlagen der Herero ein Teil des heiligen Wesens vom Ahnenstier verwirklicht werden soll. Wenn sich allerdings dieses Bestreben in der Nachahmung der äußeren Symptome und der unwesentlichen Züge erschöpft, fühlt man sich an die Soldaten Wallensteins erinnert, die sich dem bewunderten Feldherrn anzuähneln glauben, wenn sie nachahmen, »wie er räuspert und wie er spuckt«.

Möglicherweise also entspringen viele der unverständlichen Sitten einem nachahmenden Eifer, der nicht so sehr den tiefen Sinn der Mythe als vielmehr eine ihrer belanglosen, äußerlichen Begebenheiten im Auge hat; dann würden wir sie nur mit Einschränkungen als echt religiöse Phänomene ansprechen können. Das Wort Urdummheit allerdings wäre auch hier zu hart, denn in solchem Eifer steckt trotz der Dummheit zweifellos oft ein Funke echter Ehrfurcht.

Die Psychologie würde vielleicht den Anspruch erheben, auch diese unverständlichen Vorstellungen, die etwa den Körperverstümmelungen zugrundeliegen, als sinnvolle Äußerungen menschlicher Gegebenheiten zu deuten. Dagegen ließe sich schon deshalb nichts einwenden, weil der Mensch wohl niemals nur zufällig zu irgendwelchen Aussagen gelangte. Aber der eigentliche Sinn könnte dann doch immer nur an dem mythischen Vorbild selbst aufgezeigt werden. Der nachahmende Eifer bliebe auch bei solcher Sinngebung zwar ein Charakteristikum menschlichen Verhaltens, aber keineswegs eines primär schöpferischen Verhaltens, dem die wahren und großen Gestaltungen in der Kulturgeschichte ihre Entstehung verdanken. Bei anderen Gruppen der hier behandelten kulturellen Phänomene jedoch – wie bei den Auspeitschungen – könnte eine psychologische Deutung auch für die kulturelle Gestaltung selbst von Wichtigkeit sein und nicht nur für ein Verständnis des mythischen Vorbildes. Bei ihnen ließe sich vielleicht deutlich machen, daß nicht nur die mythischen Aussagen sinnvoll und wichtig sind, sondern auch die rituelle Wiederholung auf seelischen Gegebenheiten basiert, die in ihr einen adäquaten Ausdruck für die zentralen mythischen Vorgänge hervorgebracht haben.

Welche dieser Möglichkeiten auch immer ins Auge gefaßt wird, auf keinen Fall hätten die dazugehörigen Erscheinungen etwas mit Zauber zu tun; denn bei einer solchen Betrachtung jedenfalls ist nicht vorstellbar, was mit der Ausführung der Handlungen gezaubert werden könnte.

7. Die konservative Geisteshaltung

Eine zweite Gruppe von Erscheinungen soll nur ganz kurz berührt werden. Auch ihr Vorhandensein und die zu ihr gehörende Geisteshaltung können wir am besten in unserer eigenen Umwelt feststellen. Es handelt sich dabei um die Survival-Erscheinungen, deren besondere kulturgeschichtliche Stellung wir bereits mehrfach berührt haben. Die abendländische Kulturgemeinschaft ist keineswegs frei von ihnen – ganz im Gegenteil; es scheint, als ob sich bei uns Reste des Gedankengutes aus der ganzen langen Kulturgeschichte der Menschheit in irgendwelchen Rückzugsgebieten (die auch mitten in den Großstädten liegen können) erhalten haben. Wir haben schon mehrfach an Beispielen gezeigt, daß sie mit Zauber gar nichts zu tun haben, sondern meist ihre sinnvollen Ausdrucksformen in vorangegangenen Kulturepochen hatten, aus denen sie, oft völlig sinnentleert, ihrem äußeren Ablauf nach in spätere Perioden übernommen wurden. Die Geisteshaltung, die diesem Konservativismus zugrundeliegt, ist es, die uns veranlaßt, in diesem Zusammenhang von ihnen zu sprechen. Die Wahrheit jeder erkennenden Aussage ist an die weltbildgebundenen Grundlagen einer Kulturepoche gebunden. Der Glaube an ein System von Aussagen, das dieser Grundlage völlig entbehrt, entspringt mithin einer Geisteshaltung, die nicht nur nicht schöpferisch, sondern auch nicht mehr reproduktiv im Verhalten ist, jedenfalls aber nichts mehr mit echtem religiösen Erleben zu tun hat. Um dies nur an einem Beispiel aus unserer kulturellen Umwelt zu erläutern, sei auf den weit verbreiteten Spiritismus oder den Glauben an astrologische Prophezeiungen verwiesen. Beide Erscheinungen sind nachweislich ursprünglich mythisch verankert und tragen damit das Kennzeichen jener ursprünglichen Sinngeladenheit, die wir gegen die Zaubertheorie hervorgehoben haben. Und doch ist die heutige Praxis sowohl des Spiritismus wie der Astrologie abergläubisch und sinnlos, und zwar nur deshalb, weil die weltbildgemäßen Voraussetzungen, die einmal ihre Wahrheit verbürgten, nicht gleichzeitig mit übernommen wurden.

Dieser zuletzt genannte Gesichtspunkt ist deshalb so außerordentlich wichtig, weil die Übernahme einer einmal gestalteten kulturellen Äußerung in eine andere kulturelle Umwelt keineswegs ihre völlige Sinnentleerung unvermeidlich zur Folge haben muß. Die eleusinischen Mysterien in Griechenland beispielsweise basierten auf den geistigen Grundlagen des altpflanzerischen Weltbildes, wie ich aus den Darlegungen von Karl Kerényi (Kore, S. 361 ff.) schließe. Die olympische Götterwelt offenbart uns zweifellos eine ganz andersartige Welterkenntnis, die durch mehrere große menschheitsgeschichtliche Epochen von der der alten Pflanzer getrennt ist. Und doch ist Eleusis für die Griechen zu gleicher Zeit eine erlebte Wirklichkeit gewesen und durchaus nicht als eine Survival-Erscheinung anzusprechen. Aber dort wurde auch auf den echten und ursprünglichen geistigen Grundlagen aufgebaut. Die heutigen Astrologiegläubigen hingegen sind weit davon entfernt, auf den echten mythischen Ursprung dieser kulturellen Gestaltung und seine geistigen Grundlagen zurückzugreifen oder gar sie als erlebnismäßigen Inhalt zu besitzen. Sie berufen sich vielmehr auf den letzten, bereits völlig in das Stadium der Anwendung abgeglittenen Ausläufer der kosmologischen Mythologie. Und doch glauben sie an die Wahrheit dieser Aussagen, und darin liegt die Diskrepanz, die ihren Glauben zum Aberglauben macht.

Die Astrologie ist ein Aberglaube, der seine echten Vorbilder in einer – menschheitsgeschichtlich gesehen – gar nicht so weit zurückliegenden Kulturepoche hat, nämlich in den archaischen Hochkulturen. Ebenso aber haben sich auch Vorstellungen aus viel älteren, ja aus den mutmaßlich ältesten Phasen der Kulturgeschichte hier und da im Volksglauben erhalten. So wird zum Beispiel aus dem Dorfe Weisingen im Kreis Ober-Donau folgende Geschichte als eine wahre Begebenheit berichtet: Einem Bauern starben ohne ersichtlichen Grund viele junge Gänse. Ein orakelkundiger Mann aus dem Nachbardorf riet ihm, eine junge Gans bei lebendigem Leibe im Backofen zu braten, da sich der Schuldige dann melden werde. Es hatte auch den erwünschten Erfolg, da sich bald darauf eine Frau meldete, deren linke Gesichtshälfte verbrannt war, und ihn bat, die Gans aus dem Ofen zu nehmen, da sie sonst bei lebendigem Leibe verbrennen müsse. Was in diesem Falle tatsächlich vorgegangen ist, läßt sich sicherlich aus den Aussagen der Beteiligten nicht feststellen. Wichtig ist nur, daß hier heute noch Vorstellungen ein spukhaftes Dasein führen, die zweifellos Reste aus ältestem menschlichen Geistesgut sind, wie es uns in den bereits erwähnten proto-totemistischen Erscheinungen als echter Glaube entgegentritt (vgl. Kap. VII, 2). Eine solche innige Verbindung zwischen Mensch und Tier kann ihre kulturelle Gestaltung nur auf der Grundlage eines Weltbildes gefunden haben, das die Schicksalseinheit von Mensch und Tier als zentrales Erlebnis hatte.

Nun sind natürlich Astrologen und Spiritisten weit davon entfernt, die Grundlagen der Zaubertheorie zu stützen; denn sie zaubern nicht. Aber in ihrer geistigen Haltung rechtfertigen sie viele zaubertheoretische Behauptungen, und nur darum wurden sie in diesem Zusammenhang erwähnt. Das aber, was für unsere Kulturgemeinschaft gilt, hat natürlich auch für die frühen Zeiten der Menschheitsgeschichte weithin gegolten. Das ethnologische Material ist voll von solchen tatsächlichen Survivals, die jeder weltbildgebundenen Grundlage entbehren und durch die erstarrte und gläubige Beachtung, die sie finden, jene geistige Haltung bestätigen, die von der Zaubertheorie irrtümlich den schöpferischen Prozessen zugrundegelegt wurde.

8. Die unschöpferische Analogiementalität

Die beiden zuletzt behandelten Gruppen von Erscheinungen konnten ebenfalls die Zaubertheorie nicht bestätigen, weil sie nichts mit Zauber zu tun haben. Aber sie verrieten eine menschliche Geisteshaltung, die der Annahme der Zaubertheorie nahekommt, wodurch sich die Frage stellt, welches das hauptsächliche Kennzeichen dieses spezifischen Verhaltens ist. Darauf kann es nur eine Antwort geben: Es ist das ausgesprochen Unschöpferische, von dem weder heute noch zu irgendeiner Zeit jemals etwas Wesentliches hervorgebracht worden ist. Könnte man für die Gruppe von Erscheinungen, bei der uns der nachahmende Eifer kennzeichnend erschien, noch geltend machen, daß sie sich nachschöpferisch betätigt, insofern sie durch Handlungen im Kult die verwirklichende Gestaltung der mythischen Aussage erstrebt, so war doch gerade ihr hervorstechendes Merkmal, daß sie nicht den Sinn, sondern die buchstabengetreue Nachahmung in trockener und erstarrter Sinnlosigkeit im Auge hat. Für die zweite Gruppe aber konnte nicht einmal mehr diese eingeengte Reproduktivität in Anspruch genommen werden; denn sie enthält nur die Reproduktion von längst sinnentleerten Reproduktionen und hat keinerlei Verbindung mehr mit dem schöpferischen Ursprung.

Dieses Merkmal des Unschöpferischen haftet allen Erscheinungen an, die üblicherweise mit der Bezeichnung Zauber in Verbindung gebracht werden, natürlich mit Ausnahme derjenigen, die wir als echt magische behandelt haben. Die Zaubertheorie aber hat sehr wenig Sensibilität dafür entwickelt, den Hauch des Schöpferischen in den Erscheinungen zu verspüren, der ihnen auch bis in ihre spätesten Wiederholungen noch anhaftet, wenn sie überhaupt einmal ursprünglich von seinem Atem belebt worden sind. Bisher war unser Bemühen darauf gerichtet, diesen Hauch des Schöpferischen in allen kulturellen

Gestaltungen wahrzunehmen und sie damit dem tödlichen Zugriff einer Betrachtungsweise wie der zaubertheoretischen zu entziehen. Zum Abschluß dieser Betrachtung mag deshalb die Frage naheliegen: Gibt es überhaupt kulturelle Gestaltungen, die dem oben gekennzeichneten nichtschöpferischen Verhalten des Menschen ihre Entstehung verdanken?

Wenn diese Frage nur zögernd bejaht wird, so geschieht das nur unter mehreren Vorbehalten. Einmal erheben sich Bedenken dagegen, ob man überhaupt noch von »kulturellen Gestaltungen« sprechen kann; es mag immerhin mit der Einschränkung geschehen, daß wir in des Wortes weitester Bedeutung alles das darunter verstehen, was Menschen traditionsgebunden tun. Zum anderen dürfen wir die zugrundeliegende Geisteshaltung vielleicht nicht als absolut unschöpferisch bezeichnen. Auch sie ist letzten Endes nachschöpferisch – sozusagen im zweiten, dritten oder vierten Grade –, weil es eine Hervorbringung aus dem Nichts durch nichtschöpferisches Verhalten nicht gibt und nicht geben kann. Was diese der zaubertheoretischen Annahme nahekommende Geisteshaltung hervorgebracht hat und noch heute hervorbringt, sind völlig sinnlose, manchmal sinnwidrige Nachahmungen von Erscheinungen, die zum festen Kulturbestand gehören; und zwar sind sie deshalb sinnlos und sinnwidrig, weil der eigentliche Sinn des nachgeahmten Vorbildes nicht – oder nicht mehr – verstanden wird. Am Beispiel veranschaulicht heißt das: Wenn es schon Speisetabus gibt, so kann die von der Zaubertheorie postulierte Geisteshaltung neue erfinden, die sich von den echten dadurch unterscheiden, daß sie in sich keinen Sinn, sondern nur einen von außen herangetragenen besitzen. Ein dritter Vorbehalt schließlich stimmt mit der Einschränkung im vorigen Abschnitt überein: Selbst bei diesen Erscheinungen, die dem theoretischen Begriff des Zaubers am nächsten kommen, wissen wir nie mit Sicherheit, ob sie nicht – ebenso wie die im vorigen Abschnitt behandelten – ursprünglich doch in vernünftige Sinnzusammenhänge eingebettet waren und uns nur auf Grund nachträglicher Umdeutungen in diesem Gewande begegnen.

Es soll hier keine umfangreiche Aufzählung von Material erfolgen, weil die völkerkundliche Literatur voll davon ist. Der größte Teil dieser Beispiele beruht auf dem sogenannten Analogiezauber. Sehr oft werden etwa die Speiseverbote ähnlich wie in den folgenden Beispielen begründet: Bei den *Tschamakoko-*

Stämmen im Gran Chaco wird das Fleisch vom Reh nur vom Mann gegessen, weil er dann schnell laufen kann. Straußeneier essen nur die Alten und die Frauen; ißt sie ein junger Mann, so stirbt seine Frau und hinterläßt seiner Obhut viele kleine Kinder, weil es bei den Straußen das Männchen ist, das die Brutpflege übernimmt. Wenn man vom Wasserschwein ißt, so kann man bereits am nächsten Tag mit Meisterschaft schwimmen. Schildkröten werden zwar von Frauen, nicht aber von Männern gegessen, weil sie sonst schwerfällig würden und dann im Streit Schläge bekämen (HERBERT BALDUS, S. 96).

Alle diese Verbote treten uns mit Begründungen entgegen, die als Analogiezauber gedeutet werden. Die jeweils beachtete Eigenschaft eines Tieres soll durch das Essen seines Fleisches auf den Menschen zu dessen Gewinn oder Nachteil übergehen. Wenn diese Begründungen nicht nachträgliche Erklärungen für solche Sitten sind, deren ursprünglicher Sinn nicht mehr bekannt ist, so gehören sie in der Tat zum Bereich der Urdummheit. Der Verdacht jedoch, daß es sich gerade bei den Tschamakoko um solche sekundären Erklärungen handelt, wird durch folgende Angaben sehr bestärkt: Im normalen Leben essen die reifen Männer niemals vom Gürteltier, weil man dadurch angeblich alt wird. Es gibt aber eine geheime Männerzeremonie, die das hauptsächliche kultische Fest darstellt, und aus diesem Anlaß werden gerade – und zwar im Höhepunkt des Festes – Gürteltiere gegessen, wovon die Frauen aber nichts wissen. Andererseits essen die Greise von diesem Tier auch öffentlich. Das berührt sich mit einer weit verbreiteten Vorstellung, daß nur Greise (jenseits der Grenze der Zeugungsfähigkeit?) ohne Gefahr Menschenfleisch oder andere nur für zeremonielle Anlässe vorbehaltene Speisen essen können. Das gleiche gilt hier beispielsweise für das Tapirfleisch, und gerade der Tapir ist in Südamerika oft das hervorgehobene mythische Tier. Als Begründung aber wird wiederum gesagt, daß jüngere Männer sofort alt und gebrechlich würden, wenn sie vom Tapir essen. Diese sowohl beim Gürteltier wie beim Tapir wiederkehrende Begründung in Verbindung mit der ebenfalls für beide Tiere geltenden Angabe, daß Greise die Tiere ohne Gefahr auch in der Öffentlichkeit essen können, legt den Verdacht nahe, daß es sich bei diesen Speiseverboten ursprünglich doch um sinnbezogene Sitten handelt. Eine (meines Wissens) noch nicht unternommene Bearbeitung all dieser weit verbreiteten Vorschriften, daß Greise ohne Gefahr etwas essen können, was jüngeren Männern verboten ist, könnte zu dem Ergebnis kommen, daß diese Sitte in einer ganz bestimmten Kulturschicht mit den mythischen Vorstellungen vom Wesen der Zeugungsfähigkeit beim Mann zusammenhängt. Wir hatten bereits erfahren, daß in dem altpflanzerischen Weltbild die Fortpflanzungsfähigkeit auf einen göttlichen, ordnungschaffenden Vorgang in der Urzeit zurückgeführt wird, in dessen Mittelpunkt die Tötung eines *Dema*-Wesens steht. Die rituelle Tötung von Menschen und Tieren und das kultische Verspeisen von Menschen- oder Tierfleisch sind dramatisch aufgeführte Erinnerungshandlungen. Greise aber, die jenseits dieser Schicksalsordnung stehen, – so könnte durchaus gefolgert werden – dürfen auch außerhalb der kultischen Ordnung ohne Gefahr diese eigentlich kultischen Speisen verzehren. Diese Hinweise sollen die zunächst sinnlose Begründung für das Speisetabu der Tschamakoko einleuchtender machen. Die Zaubertheorie würde das Analogiedenken etwa mit dem Hinweis auf die runzelige Haut beim Gürteltier und beim Tapir für das Altern verantwortlich machen. Nach unserer Vermutung wäre der dem Tabu zugrundeliegende Gedankengang ganz anders. Greise können aus mythisch sinnbezogenen Gründen das Fleisch der Tiere ohne Schaden essen. Wenn ein junger Mann es verspeist, so ist er eben deshalb ein Greis, weil er Greisenhaftes tut.

Wenn es aber bei den Tschamakoko über dieses Beispiel hinaus Speiseverbote geben sollte, die tatsächlich nur auf dem Analogiedenken beruhen, so liegt die Vermutung nahe, daß es vor ihrer Entstehung bereits mythisch begründete Tabus gab, die ihrerseits schon in den Zustand der Anwendung degeneriert waren und eine abergläubische Haltung befruchten konnten, ähnliche angewendete Verbote zu erfinden. Dann wären aber die reinen Analogiehandlungen überhaupt nicht einem kulturschöpferischen Vorgang entsprungen, sondern reine Nachahmungen von bereits degeneriertem Kulturbestand, ein nachschöpferisches Verhalten dritten oder vierten Grades. Diese von der üblichen völlig abweichende Auffassung vom Analogiezauber sollte hier deutlich gemacht werden.

Wir haben uns in diesem Teil der vorliegenden Arbeit mit der sogenannten präanimistischen Zaubertheorie kritisch auseinandergesetzt, obgleich die Begründung dieser Theorie mehr als ein halbes Jahrhundert zurückliegt und ihre geistige Wurzel ganz und gar in dem auf anderen Gebieten längst überholten Denken der Jahrhundertwende liegt. Wir hatten jedoch gesehen, daß die Voraussetzungen dieser Theorie, die allen ihren Deutungen von geistesgeschichtlichen Phänomenen zugrundeliegen, auch heute noch die geisteswissenschaftliche Literatur einschließlich der philosophischen weitgehend beherrschen.

Unsere kritische Argumentation richtete sich einerseits gegen das der Theorie zugrundeliegende Bild vom frühen Menschen und legte andererseits Gewicht darauf, daß die zaubertheoretischen Erklärungen der geistigen Phänomene bei Naturvölkern nur Deutungen sind. Wir fühlten uns deshalb berechtigt, auch unsererseits Deutungen für solche Phänomene anzubieten, die von einem anderen Bild von den geistigen Fähigkeiten des frühen Menschen ausgehen. Darüber hinaus glauben wir, wenigstens in einigen Fällen, in dem überlieferten Material eine bessere Fundierung für unsere Art der Deutung gefunden zu haben. Noch wichtiger aber ist uns die Überzeugung, daß wir naturvölkische Ausdrucksformen nur dann verstehen, wenn wir uns die dazu gehörenden handelnden Personen als Menschen vorstellen können, die ähnliche Motive für ihr Handeln haben wie wir, deren Weltbetrachtung sich also nicht aus lauter Irrtümern zusammensetzt, die nur durch eine unvorstellbare Dummheit erklärt werden können, während andererseits dieselben törichten Urheber von kaum glaubhaftem Unsinn sehr vernünftige und weise Lebensordnungen gehabt haben und sehr begabte Techniker und Praktiker gewesen sein sollen.

Vierter Teil
Seelen, Ahnenkult und Geister

Selten hat auf geisteswissenschaftlichem Gebiet ein Buch eine solche Wirkung ausgeübt wie ›Primitive Culture‹ von EDWARD B. TYLOR (1871; deutsche Übersetzung 1873). Seither ist die Ansicht allgemein verbreitet und kaum mehr erschüttert worden, daß die mannigfaltigen Vorstellungen von Seelen, Verstorbenen und Geistern einen der wesentlichen Inhalte der naturvölkischen Religionen bilden. Selbst wenn andere Theorien den Ursprung der Religion von Tylor abweichend in anderen Erscheinungen suchten, so waren sie doch darin mit ihm einig, daß der sogenannte Animismus die im Vordergrunde stehende Religionsform bei den Naturvölkern sei. Man hat sich sogar angewöhnt, in Statistiken etwa neben der Zahl der Christen und Mohammedaner auch die Zahl der Animisten anzugeben. Aber nicht nur in der ethnologischen Literatur hat sich die Theorie Tylors ausgewirkt, auch in allen anderen kulturwissenschaftlichen Fächern bilden seine Gedankengänge weitgehend die Grundlage religionswissenschaftlicher Erörterungen.

Diese weit ausstrahlende Wirkung kommt natürlich nicht von ungefähr. Es besteht gar kein Zweifel, daß der überwiegende Teil des uns zur Verfügung stehenden Materials tatsächlich solche Vorstellungen beschreibt, wie sie Tylor in seiner Theorie über den Ursprung der Religion vorwiegend behandelte. Es kommt hinzu, daß er ein Wissenschaftler von bewundernswertem Formate war, dessen zwingender Gedankenführung man sich schwer entziehen kann – vorausgesetzt, daß man in den Prämissen mit ihm einig ist. Auch Tylor geht naturgemäß bei seinen Schlußfolgerungen nicht nur von dem Material aus, sondern vollzieht seinen Aufbau – wie es in der Natur des menschlichen Denkens liegt – auf nicht bewiesenen, als selbstverständlich angenommenen Voraussetzungen, die man als sein Bild von der Welt, im besonderen sein Bild vom Menschen bezeichnen könnte. Weltbild und Menschenbild des Forschers sind naturgemäß zeitgebunden. Sie sind in den seltensten Fällen eigenes Gedankengut, sondern entstammen meist den Vorstellungen, die im Zusammenwirken aller Kräfte einer Kultur entstehen und jedem Kinde seiner Zeit in die Wiege gelegt werden. Unsere kritische Betrachtung der Tylorschen Theorie richtet sich kaum gegen das von ihm verwertete Material, obgleich es natürlich seinem Umfang nach auch zeitgebunden ist, sondern gegen jene selbstverständlichen und unbewiesenen Voraussetzungen.

1. Die Seelenvorstellung

Die animistische Theorie ist so oft beschrieben worden, daß wir uns hier auf eine sehr abgekürzte Darstellung beschränken können. Unerläßlich aber ist es, hervorzuheben, wie positiv sich EDWARD B. TYLORS Anschauungen von den Dingen auf manchen Gebieten ausgewirkt haben, die vor ihm von einer offensichtlich irrtümlichen Betrachtungsweise beherrscht wurden. Er war einer der wenigen wirklichen Ethnologen seiner Zeit und erkannte die große Bedeutung dieser Wissenschaft für alle Fragen der Menschheitsgeschichte. So stammt von ihm der Satz: »Ebensowenig, wie Jemand, der nur eine Sprache kennt, diese Sprache ganz versteht, kann Jemand, der nur eine Religion kennt, diese verstehen. Die Basis der Theologie muß sowohl historisch wie logisch sein, ihre Argumentation muß die Entwicklung der religiösen Lehren erkennen und durch Trennung der Einflüsse der Tradition von den Einflüssen der direkten Überzeugung die Diskussion der objektiven Wahrheit ermöglichen. Keine Religion der Menschheit ist von den übrigen gänzlich isoliert, und die Gedanken und Prinzipien des Urchristentums knüpfen an geistige Fäden an, welche weit durch vorgeschichtliche Zeiten bis zum Ursprunge der menschlichen Zivilisation, ja vielleicht sogar bis zu dem der menschlichen Existenz zurückreichen.« (Bd. 1, S. 415)

Sein leidenschaftliches Bekenntnis zu einer historischen Betrachtungsweise der Phänomene basiert wesentlich auf ADOLF BASTIAN, dem er seinen eigenen Worten nach viel verdankt. Auch Tylor lehnt die Migrationstheorie mit denselben Argumenten wie Bastian ab. Aber gelegentlich ist doch auch er von den auffälligen Übereinstimmungen zwischen den Vorstellungen weit voneinander getrennt lebender Völker so beeindruckt, daß er doch wenigstens die Frage aufwirft, ob nicht solche Ähnlichkeiten durch Übertragungen der Ideen von Stamm zu Stamm erklärt werden müßten (Bd. 2, S. 43 f.).

Ein unschätzbares Verdienst seiner Arbeit ist ferner die Argumentation gegen die Degenerationstheorie, die in dem geistigen Leben der Naturvölker lediglich abgesunkenes Kulturgut aus den Hochkulturen wiederfinden wollte. Wo aber Gleichheiten zwischen den schriftlosen und den Hochkulturvölkern vorkommen, da finden sich die volleren, lebendigeren und sinnbezogeneren Formen bei ersteren. Das naturvölkische Geistesleben kann also nicht von den Hochkulturen her verstanden werden. Vielmehr lassen sich umgekehrt viele Erscheinungen in den jüngeren Schichten nur als weiterlebende Ideen älterer Herkunft begreifen. Die Bezeichnung Survival für viele dieser Erscheinungen geht auf Tylor zurück. Die darin eingeschlossene Anschauung von dem Eigenleben einer kulturellen Gestaltung gehört sicher zu den fruchtbarsten Ideen der Kulturwissenschaft.

In seinen Gedankengängen über den Ursprung der Religion geht Tylor von einer sogenannten Minimaldefinition aus: Religion sei der Glaube an geistige Wesen (Bd. 1, S. 418). Mit dieser Definition glaubt er jede Voreingenommenheit ausgeschlossen zu haben und doch alle Erscheinungen bei irgendwelchen Völkern erfaßt zu haben, die zu dem Gebiet der Religion gerechnet werden müßten. Diese geistigen Wesen finden sich im Glauben der Völker hauptsächlich in zwei verschiedenen Formen. Einmal als Seelen zunächst bei Menschen, später auch bei Tieren, Pflanzen und selbst leblosen Gegenständen und zum anderen als selbständige Seelen, die keine körperliche Erscheinung haben, sondern als Geister eine eigene Existenz führen. Die Geister sollen sich erst später aus den individuellen Seelen entwickelt haben. Eine wissenschaftlich vorurteilslose Antwort auf die Frage nach der Entstehung der Seelenvorstellung könne sich nur an die natürlichen Gegebenheiten halten. Der ursachenforschende Mensch habe nach dem Unterschied zwischen lebendem und totem Körper, zwischen wachendem und schlafendem Zustand und weiterhin nach dem Inhalt der Träume gefragt und habe zu der Antwort kommen müssen, daß es etwas – eben die Seele – gebe, was im Schlaf den Körper verlassen könne und was im Tod sich endgültig von ihm trenne. Diese endgültig fortgegangene Seele hat die Grundlage für den Glauben an nichtindividuelle, selbständig existierende Seelen, das heißt Geister gegeben, in denen man die verursachenden Kräfte für alle diejenigen Vorgänge in der Umwelt gesehen habe, für die eine andere Ursache nicht feststellbar war wie beispielsweise bei den meteorologischen Erscheinungen.

Zu diesen also ganz rational entstandenen Vorstellungen des Animismus gehöre immer der Glaube, daß geistige Wesen die Ereignisse der materiellen Welt, insbesondere das gegenwärtige und künftige Leben der Menschen, beeinflussen oder lenken und daß sie mit Menschen verkehren und von menschlichen Handlungen angenehm oder unangenehm berührt werden könnten. So mußte dieser Glaube »ganz naturgemäß, man könnte fast sagen unvermeidlich früher oder später zur activen Verehrung und Versöhnung« führen (Bd. 1, S. 420).

»Der Begriff einer persönlichen Seele oder eines persönlichen Geistes bei den niederen Rassen läßt sich folgendermaßen definieren: Es ist ein dünnes körperloses menschliches Bild, seiner Natur nach eine Art Dampf, Häutchen oder Schatten, die Ursache des Lebens und Denkens in dem Individuum, das es bewohnt; es besitzt unabhängig das persönliche Bewußtsein und den Willen seines körperlichen früheren oder jetzigen Besitzers; es vermag den Körper weit hinter sich zu lassen, um schnell von Ort zu Ort zu eilen; es ist meistens ungreifbar und unsichtbar, doch offenbart es auch physische Kraft und erscheint besonders den Menschen im wachenden oder schlafenden Zustande als ein von dem Leibe, dem es ähnlich ist, getrenntes Phantasma; endlich kann es in den Körper anderer Menschen, Tiere und selbst Dinge eindringen, sie in Besitz nehmen und beeinflussen.« (Bd. 1, S. 422)

Diese Ansichten über die altertümlichen Glaubensinhalte kann Tylor durch viel Material belegen. So sind schon die als Bezeichnung für die Seele gebrauchten Worte bei vielen Völkern identisch mit den Worten für Schatten oder Atem. Meistens kann genau angegeben werden, in welchem Teil des Körpers die Seele lokalisiert gedacht wird. Viele Völker glauben, daß bei schwerer Krankheit die Seele schon vor dem Tode den Körper verlasse, und es werden Vorkehrungen getroffen, um die Seele wieder einzufangen und sie dem Kranken zurückzubringen, worauf seine Genesung eintritt, wenn das Unternehmen erfolgreich war. Dieses umfangreiche Material ist weitgehend bekannt, findet sich teilweise noch in unserer eigenen kulturellen Umwelt und braucht deshalb hier nicht näher behandelt zu werden.

Die weitere Entwicklung der Religion von jenen aus den Totenseelen hervorgegangenen Geistern zu den Göttern der Hochkulturen schildert Tylor folgendermaßen: »Auch die höheren Gottheiten des Polytheismus finden in dem allgemeinen animistischen Systeme der Menschheit ihren Platz. Bei einer Nation wie bei der anderen ist es nicht schwer zu erkennen, wie der Mensch der Typus der Gottheit war, und wie die menschliche Gesellschaft und Regierung das Vorbild wurde, nach welchem sich die göttliche Gesellschaft und Regierung gestaltete. Was die Häuptlinge und Könige unter den Menschen sind, das sind die großen Götter unter den geringeren Geistern. Sie unterscheiden sich zwar von den Seelen und den niedrigeren geistigen Wesen, die wir bis jetzt hauptsächlich betrachtet haben, aber der Unterschied liegt mehr im Range als in der inneren Natur. Es sind persönliche Geister, die über persönliche Geister herrschen. Über den entkörperten Seelen und Manen, über den Lokalgenien von Felsen, Quellen und Bäumen, über der Schaar guter und böser Dämonen und den übrigen gemeinen Geistern stehen diese mächtigeren Gottheiten, deren Einfluß weniger auf lokale oder individuelle Interessen beschränkt ist, und die, je nachdem es ihnen beliebt, in dem weiten Bereich ihrer Herrschaft direct wirken, oder durch niedrigere Wesen ihrer Art, ihre Diener, Agenten oder Mittler, herrschen und handeln können. Die großen Götter des Polytheismus, deren Herrschaft über die ganze Welt verbreitet ist, sind aber ebensowenig, wie die niedrigeren Geister, Schöpfungen einer civilisirten Theologie. Bereits in den rohesten Religionen der niedrigen Rassen haben sich ihre Grundtypen ausgebildet und seitdem war es durch lange Perioden einer fortschreitenden oder zurücksinkenden Cultur das Werk des Dichters und des Priesters, des Legendenmachers und des Geschichtsschreibers, des Theologen und des Philosophen, die mächtigen Herrscher des Pantheons weiter zu entwickeln und zu erneuern, oder sie abzusetzen und abzuschaffen.« (Bd. 2, S. 249 f.)

2. Tylors Bild vom Menschen

Viele Gedankengänge in diesem Buche verweisen auf ein Material, das eine der Grundthesen EDWARD B. TYLORS bestätigen könnte. Zweifellos ist es nämlich eine frühe Entdeckung des Menschengeschlechtes, daß es geistige Wesen gibt, die für die Vorgänge in der natürlichen Umwelt von ausschlaggebender Bedeutung sind. Dagegen ist Tylors Entwicklungsreihe von den

Seelen über die Geister zu den Göttern eine reine Spekulation. Auch über die Vorgänge, die zur Entdeckung solcher geistigen Wesen führten, wissen wir nichts. Es ist sicherlich nützlich, auf solche ganz natürlichen Erscheinungen wie Schlaf, Traum und Tod hinzuweisen, weil die Anschauungsmittel des Menschen meist seiner natürlichen Umwelt entnommen sind. Trotzdem ist der Vorgang sicherlich nicht ganz so einfach, wie Tylor ihn uns darstellen möchte. Man versuche einmal, den geschilderten Vorgang nachzuerleben. Die »wissenschaftliche Vorurteilslosigkeit« spricht nach Tylor für einen frühesten Zustand des Menschen, in dem er als biologisches Wesen existiert ohne irgendeinen »Glauben an geistige Wesen«. In diesem ursprünglichen Zustand hat der Mensch auch geschlafen, hat geträumt und ist gestorben, ohne sich irgendwelche »Gedanken« darüber zu machen. Er hat diese Erscheinungen vielmehr ebenso hingenommen wie alle anderen Erscheinungen in der Welt auch, als Gegebenheiten der Wirklichkeit, und hat sich in ihnen mit derselben Sicherheit bewegt wie heute noch die Tiere oder die Kinder. Dieser Zustand hat vielleicht ungezählte Jahrtausende gedauert. Nun ist es doch zweifellos keine Selbstverständlichkeit, daß der frühe Mensch beim Nachdenken über diese Erscheinungen gerade auf die Idee einer Seele kommen mußte. Es ließen sich vielmehr ganz andere Arten der Erklärung denken, durch die sich der Mensch des Wesens dieser Erscheinungen bemächtigte. Das Bedenklichste an der Ableitung von Tylor ist der rein kausal-logische Charakter des postulierten Gedankenganges. Die Entdeckung der spirituellen Wesenheiten und des psycho-physischen Dualismus geht zweifellos auf einen bedeutenden schöpferischen Vorgang in der Menschheitsgeschichte zurück. Schöpferische Vorgänge aber beschränken sich niemals auf die Feststellung von kausal-logischen Zusammenhängen, sondern führen von der unmittelbaren Anschauung her zu lebendigen und für den Menschen verbindlichen Gestaltungen. Auch ist es eine reine Spekulation, anzunehmen, daß es gerade das Wesen von Tod und Schlaf war, an dem sich dem Menschen zuerst die Erkenntnis des Spirituellen offenbarte, denn ein kultureller Zustand, in dem es zwar eine Vorstellung von der Seele, nicht aber eine Idee vom Göttlichen gibt, ist heute auf der Erde nirgends nachzuweisen, was Tylor selbst sogar mit Nachdruck unterstrichen hat.

Es ist meine Überzeugung, daß es keineswegs der besonderen

Beobachtung von Schlaf und Tod bedurfte, um den Menschen von der Gegebenheit spiritueller Vorgänge und ihrer Wichtigkeit im Dasein der Welt zu überzeugen. Das, was wir die Stimmungen im seelischen Bereich des Menschen nennen, das Gefühl des Feierlichen, jenes »Schaudern«, das Goethe als »der Menschheit bestes Teil« bezeichnet hat, das Gewahrwerden der Erhabenheit bestimmter Erscheinungen in der Welt und der Nichtigkeit anderer – sie alle deuten auf spirituelle Gegebenheiten, die das Nursosein einer konkreten Erscheinung, wie wir sie in rein quantitativer Beschreibung erfassen, in eine Vielfalt von Spiegelungen im menschlichen Geiste auflösen, in der sie das eine Mal so und ein anderes Mal ganz anders erscheinen. Wenn es auch müßig erscheinen mag, darüber zu spekulieren, wie der Mensch zur Entdeckung der geistigen Wesen gekommen ist, weil wir darüber nichts wissen, so würde ich es doch immer für das natürlichste halten, sich das so vorzustellen, wie große neue Anschauungen auch in den historisch belegten Kulturen entstanden sind. Bei uns sind es schöpferische Geister, die die menschliche Aufmerksamkeit auf ein von jeher Vorhandenes lenken und ihm Ausdruck und Gestalt verleihen, die um so verbindlicher sind, je vollkommener sie den Wirklichkeitsbereich erkannt haben.

Die Frage, wie es ursprünglich zur Konzeption einer Seele habe kommen können, ist also doch insofern wichtig, als sich in ihrer Beantwortung sehr deutlich das zeitgebundene Menschenbild Tylors zeigt. Seine Haltung richtet sich gegen theologisch gebundene Antworten, die den Ursprung der Religion mit der Offenbarung begründen. In dem Bedürfnis, »wissenschaftlich vorurteilsfrei« zu sein, führt er selbst ein neues Vorurteil ein, nämlich die Annahme, daß der Mensch ein lediglich kausalforschendes Wesen sei. Die Philosophie von AUGUSTE COMTE und das Ideal eines wissenschaftlich abstrakten Menschen haben dabei Pate gestanden. Wir haben uns mit diesem viel zu engen Bild vom Wesen des Menschen schon beschäftigt und wiederholen hier lediglich noch einmal, daß diese Wesenseinschränkung weder für unsere Zeit noch für den Beginn der Menschheitsentwicklung zutrifft, daß auch der frühe Mensch weit umfangreichere Erlebnismöglichkeiten besaß, von denen viele ihn zu der Erkenntnis von der Wichtigkeit spiritueller Vorgänge führen konnten und mußten. Nur durch diese Einengung in seiner »vorurteilsfreien« Fragestellung konnte aber Tylor zu seinem Seelenbegriff kommen, der die Grundlage aller Religionen gewesen sein soll. Es ist ein »noch« völlig gottloser Mensch, der diese Konzeption gehabt haben soll.

Dies stimmt aber selbst bei dem sorgfältigen Tylor keineswegs mit dem Material überein, auch nicht mit dem von ihm selbst vorgelegten; denn gerade Tylor hat die immer wieder aufgestellten Behauptungen von der Gottlosigkeit der kulturgeschichtlich ältesten Völker mit guten Gründen zurückgewiesen und dargetan, daß sich bei besonders altertümlichen Völkern sogar Vorstellungen finden, die sehr an die auch uns vertraute Idee eines Hochgottes erinnern. Alle Gottesvorstellungen sollen sich andererseits jedoch nach seiner Theorie aus dem abstrakten Begriff von einer Seele erst entwickelt haben. Schon rein methodisch klafft hier eine Lücke in Tylors System.

Viel bedenklicher noch als sein Bild vom Menschen ist seine Auffassung von Gottesideen. Aus einem Pfirsich kann sich ein Pfirsichbaum entwickeln, weil dieser in der Frucht angelegt ist. Wie sich aber aus dem von Tylor entworfenen abstrakten Begriff von einer Seele eine Gottesidee entwickelt haben soll, das wird einem wirklich vorurteilsfreien Menschen wohl stets unverständlich bleiben. Der Missionar ALB. C. KRUIJT, der Verfasser eines Buches über den Animismus im Indischen Archipel, der Naturvölker in ihrem Leben und Wirken kennengelernt hat, sagt am Ende seiner Vorrede: »Aber es ist mir stets ein Rätsel geblieben, wie man das Christentum als eine Entwicklung aus diesem Naturgottesdienst hat ansehen können.« Hierin rückt er also mit Entschiedenheit von Tylor ab. Ich möchte hinzufügen: Hätte er diesen »Naturgottesdienst« nicht gar zu sehr mit den Augen Tylors gesehen, sondern als Ausdruck echter religiöser Wirklichkeitsschau, so wäre es ihm vielleicht gar nicht so rätselhaft geblieben, daß mindestens einige jener religiösen Ideen auch im Christentum erhalten geblieben sind und sogar zu den grundlegenden christlichen Anschauungen gehören.

Bei dem Gottesbild von Tylor verrät sich seine wissenschaftliche Voreingenommenheit noch bedenklicher als in seinem Menschenbild; denn daß eine Gottesvorstellung ihre Motivierung nur in dem kausal-forschenden Wesen des Menschen haben dürfe, ist ein Vorurteil, das weder in den Gegebenheiten religiöser Erlebnisse noch in dem wirklichen Wesen des Menschen begründet ist. Die Behauptung Tylors, daß selbständige Geister nur aus den Seelen der Verstorbenen kausal-logisch abgeleitet seien, stimmt nicht mit den Tatsachen überein, die uns vielmehr ein sehr komplexes Wesen der Geister zeigen, so eng auch oft die Verbindung mit den Verstorbenen gegeben ist. Gegen diese allzu schematische Ableitung aller Geister aus den Seelen hat sich bereits NATHAN SÖDERBLOM gewandt; wir werden auf den heterogenen Charakter der Geister noch zurückkommen (Kap. XVI). Daß die Geister wiederum auf rein kausal-forschende Weise mit unerklärten Naturerscheinungen in Zusammenhang gebracht worden seien, sie dadurch ihre Mächtigkeit erhielten und damit bereits Gottheiten nahekamen, ist eine reine Mutmaßung Tylors und in sich ganz unwahrscheinlich. Wenn Seelen oder Geister in Verbindung mit Gottesvorstellungen auftreten, so spricht (nach der hier vorgetragenen Ansicht) die weit größere Wahrscheinlichkeit dafür, daß vielmehr umgekehrt die Mächtigkeit primär mit der Gottesidee verbunden gewesen sein muß und sich von dorther erst auch auf Seelen und Geister übertragen haben dürfte. Das läßt sich zwar nicht beweisen, so wenig wie Tylor die von ihm behauptete Reihenfolge beweisen kann. Die Bevorzugung der einen oder anderen These ergibt sich ausschließlich aus dem Bild vom geistigen Wesen des frühen Menschen, das man seinen Betrachtungen zugrundelegt. Wir waren in dieser Betrachtung davon ausgegangen, daß weder Vorgeschichte noch Völkerkunde die übliche Behauptung zu stützen vermögen, daß der frühe Mensch – sofern wir ihn mit dem Begriff der Kultur in Verbindung bringen – noch kein Mensch in unserem Sinne gewesen sei. Da aber die Erkenntnis von der göttlichen Beschaffenheit der Welt von keinerlei technischem Fortschritt abhängig ist, sondern eine ausschließlich qualitative Wesensschau ausdrückt, so ist nicht einzusehen, warum der Mensch nicht immer eine Idee vom Göttlichen gehabt haben soll.

1. Die Seele stammt von der Gottheit

Das Material über die Seelenvorstellungen bei Naturvölkern ist umfangreicher als irgendein anderes. Aus den zahllosen Fragen, die sich aus diesem Material für die kulturwissenschaftliche Betrachtung ergeben, sollen hier nur einige herausgegriffen werden, die uns von besonderer Wichtigkeit sind. Wir haben eine dieser Fragen bereits berührt (Kap. V, 1) und einen Forschungsbericht ausführlicher behandelt, der in besonderem Maße geeignet ist, sie anschaulich zu beantworten. Hier sei nur kurz wiederholt, was sich bei der Behandlung der nordwestaustralischen *Dema*-Gottheiten ergeben hatte. Das grundlegende Problem, mit dem sich die Religion jener Völker auseinandersetzte, war die Frage nach den Voraussetzungen für die Entstehung neuen Lebens. Wie viele andere Völker sind auch die Australier der Überzeugung, daß der Geschlechtsakt allein keine hinreichende Erklärung für die Fortpflanzung bietet. Ihre Aufmerksamkeit ist vielmehr auf die spirituellen Wesenheiten gerichtet, die dieses natürliche Wunder durch die enge Verbindung zwischen Mensch und Gottheit begreifbar machen. Wir hatten erfahren, daß die Schwangerschaft einer Frau davon abhängig ist, daß der künftige Vater im Traume ein Geistkind »findet«. Dieses Geistkind könnte durchaus als »Seele« im EDWARD B. TYLORschen Sinne bezeichnet werden.

Entscheidend ist jedoch die Auskunft über den Ursprung dieses Geistkindes. Es stammt nämlich von den dema-haften Urzeitgottheiten, die diese Seelen an den heiligen Plätzen ihrer irdischen Wirksamkeit zurückgelassen haben oder dort aufs neue erzeugen. Dieses göttliche Geschenk ist das eigentliche Wesen des späteren Menschen. Es ist ferner zu bedenken, daß sich diese Ideenwelt bei höchst altertümlichen Völkern findet, die eine rein aneignende Wirtschaftsform haben, obgleich nicht behauptet werden soll, daß sie den Urzustand der menschlichen Gesellschaft widerspiegeln. Es ist auf jeden Fall sehr abwegig, eine solche Seelenvorstellung aus dem von Tylor beschriebenen, auf Kausalforschung beruhenden Gedankengang abzuleiten. Es ist natürlicher, sie so zu deuten, wie sie uns bei den Australiern und vielen anderen Völkern entgegentritt, nämlich als ein Zeugnis für die Fähigkeit des frühen Menschen, den göttlichen Aspekt der Wirklichkeit zu erleben und sich selbst als am Göttlichen teilhabend in die Welt einzuordnen. Aus solchen Beispielen drängt sich die Auffassung auf, daß der Mensch die Entdeckung der Seele nicht in einer ursprünglich gottlosen Zeit gemacht haben kann, sondern daß die Vorstellung vom Göttlichen das Primäre war und bei dieser Entdeckung Pate gestanden hat. Das spirituelle Wesen des Menschen und aller Dinge in dieser Welt offenbarte sich ihm gerade durch das Erlebnis von göttlichen Wesen, durch die den Menschen die Idee vom Spirituellen nahegelegt wurde.

Die ausdrückliche Angabe, daß das, was wir in den naturvölkischen Aussagen mit Seele übersetzen, von der Gottheit stammt und nach dem Tode wieder zu ihr zurückkehrt, findet sich bei zahlreichen Völkern. Hier sei noch ein anderes Beispiel angeführt, das wir, da es besonders anschaulich eine solche Vorstellungswelt nahebringen kann, etwas ausführlicher wiedergeben. Es stammt aus einem Bericht von CURT NIMUENDAJU über die *Apapocuva*, bei denen der deutsche Autor (Unkel) durch Adoption in die Stammesgemeinschaft aufgenommen wurde und seinen indianischen Namen erhielt. Nur dieser außerordentlich enge Kontakt, den er ganz besonderen Forschergaben verdankt, hat es ihm ermöglicht, so lebendige Monographien von den verschiedenen Indianerstämmen vorzulegen, die er untersucht hat. Die Apapocuva sind eine Horde, die zur Sprachgruppe der *Tupi-Guarani* gehört und im südlichen Brasilien lebt. Die zentrale Gestalt im religiösen Leben dieses Volkes ist, wie bei vielen Indianern, der Medizinmann. Eine der wichtigsten Kulthandlungen ist eine Art Taufzeremonie nach der Geburt eines Kindes. Jedoch sind die Vorgänge dabei nicht verständlich ohne einen Blick auf die Mythen der Apapocuva (S. 316 ff.).

Ein Hochgott ist »Unser Großer Vater«, der sich selbst inmitten der Finsternis »entdeckt«. Er »findet« seinen Gehilfen, der »Unser Vater, der Kenner der Dinge« heißt. Später »finden« beide zusammen ein Weib, »Unsere Mutter«, mit der sie beide Umgang pflegen, so daß sie mit Zwillingen schwanger wird, von denen der eine, der Sohn des Großen Vaters, der mächtigere ist, der andere, der Sohn des Kenners der Dinge, eine ähnliche Bedeutungslosigkeit hat wie sein Vater in der vorhergehenden Epoche der Schöpfungszeit. Die beiden Väter ziehen sich nach dem eigentlichen Schöpfungswerk zurück: der Große Vater in die fernsten Fernen, wo ewige Finsternis herrscht, von wo er nur noch beim Weltuntergang in das irdische Schicksal eingreifen wird.

Die schwangere Mutter bleibt auf der Erde zurück und wird beim Versuch, dem Großen Vater zu folgen, von den Jaguaren gefressen, wobei die Zwillinge in ihrem Leibe auf wunderbare Weise errettet werden. Nachdem der Große Vater sein Weib wieder zu sich gezogen hat, zeugt er mit ihr noch einen Sohn, einen jüngeren Bruder bzw. Halbbruder der Zwillinge, der *Tupan* heißt und keine eigentliche irdische Laufbahn hat, sondern am Himmel im »äußersten Westen« auf einem Boot sitzt, das ihm als Sitzbank dient. Seine Mutter wohnt hingegen im Osten, und wenn sie Sehnsucht hat, ihren jüngsten Sohn zu sprechen, so fährt er mit seinem Boot über den Himmel, wodurch ein Gewitter entsteht.

Von den Zwillingen heißt der Sohn des Großen Vaters »Unser älterer Bruder«, der Sohn des Gehilfen »Sein jüngeres Brüderchen«. Sie sind typische Dema-Gottheiten, die ihre ordnungschaffende Wirksamkeit in der Urzeit ausüben. Nach diesen Taten begibt sich der ältere an den Himmel, wo er im Zenit seinen Sitz hat, während der jüngere zu seiner Mutter im Osten geht, von wo er sich später zu seinem Vater, dem Kenner der Dinge, begeben haben soll, dessen Aufenthalt aber unbekannt ist. Der gewaltigere Dema ist Unser älterer Bruder, dessen größte Tat die Einführung des Medizintanzes ist, der – wie schon bei Behandlung des Schamanismus erwähnt – eine sehr echte mythische Begründung dadurch erfährt, daß der ältere Zwilling mit seinem entrückten Vater in Verbindung treten will, um Hilfe in der irdischen Verlassenheit zu erhalten. Er vermag es, die Verbindung bis in die fernsten Fernen der ewigen Finsternis herzustellen und dadurch die erbetene Hilfe zu bekommen. Die von ihm »erfundene« Technik, ins Jenseits zu reisen, hat der heutige Medizinmann ererbt, wobei wiederum zwei Seelenvorstellungen eine Rolle spielen, die wir gleich kennenlernen werden.

Der in viel zu entfernte Fernen entrückte Große Vater und sein Gehilfe sowie dessen Sohn unter den Zwillingen sind für die religiöse Praxis relativ bedeutungslos; nicht aber Unsere

Mutter, die im Osten, Unser älterer Bruder, der im Zenit, und Tupan, der jüngste Bruder der Zwillinge, der im Westen wohnt. Sie greifen auch in das heutige Leben der Menschen ein. Vor allem sind sie auf das engste verknüpft mit den Seelenvorstellungen dieses Volkes, von denen uns die Namengebungszeremonie (S. 302 ff.) einen Eindruck vermitteln kann.

Kurz nach der Geburt eines Kindes kommt die Horde möglichst zahlreich zusammen, und der Medizinmann leitet eine nächtliche Zeremonie, um festzustellen, »welche Seele zu uns gekommen ist«. Das neugeborene Kind ist nämlich schon lange vorher existent, und zwar entweder im Reiche Unserer Mutter im Osten oder bei Unserem älteren Bruder im Zenit oder bei Tupan im Westen. Aus einer dieser göttlichen Heimstätten kommt das Kind auf die Erde. Für den Medizinmann handelt es sich bei der Zeremonie darum, festzustellen, aus welchem dieser Bereiche der neue Mensch gekommen ist und ihm entsprechend den richtigen Namen zu geben. An diesen richtigen Namen – im Gegensatz zu den in der christlichen Taufe empfangenen, die ganz bedeutungslos sind, – kann man auch später die Herkunft eines Menschen aus einem der drei Reiche erkennen. Einige Namen haben einen unmittelbaren Bezug auf Dinge, die mit der entsprechenden Gottheit zusammenhängen. So ist ein Name von der Bezeichnung der bootförmigen Bank abgeleitet, auf der Tupan im Westen sitzt. Der Träger dieses Namens erhielt seine Seele aus dem Reiche des Tupan. Über den christlichen Priester, der bei der Taufe die Eltern nach dem Namen des Täuflings fragt, schütteln die Apapocuva den Kopf, da es doch gerade die Aufgabe des Priesters sei, den richtigen Namen herauszufinden. Ein Indianer dieses Volkes *heißt* nicht so und so, sondern er *ist* der und der. Dieser richtige Name wird meistens sogar geheim gehalten, denn er ist auf eine allzu enge Weise mit dem Wesen der Person verbunden, als daß man ihn ohne weiteres preisgeben könnte.

Die Namengebungszeremonie hält die ganze Nacht hindurch an, wobei der Medizinmann von Zeit zu Zeit übernatürliche Zauberkräfte von den Mächten empfängt, zu denen er singt. Diese Gaben werden offenbar sehr dinglich vorgestellt, etwa als ob es Zeugstoffe wären, nur daß sie eben dem gewöhnlichen Sterblichen unsichtbar bleiben. Der Medizinmann fängt sie über seinem Kopf in der Luft, wickelt sie zusammen und breitet sie dann über dem Kind aus. Auch scheint der Medizinmann die

Fähigkeit zu haben, aus sich selbst solche unsichtbaren Gaben für das Kind zu gewinnen: »Er zieht sie sich wie ein Hemd über den Rücken herauf oder nimmt sie aus seiner Brust, indem er mit der Hand im Kreis darüber hinfährt, und breitet sie dann sorgfältig über das Kind aus.«

Bei Sonnenaufgang erreicht der Gesang seinen Höhepunkt, eine besondere Art von ekstatischem Gesang, mit dem alle Zeremonien enden, und alle Anwesenden verbeugen sich mit aufgehobenen Händen, wobei sie leicht in die Knie sinken, in Richtung der emporsteigenden Sonne. Jetzt hat der Medizinmann den richtigen Namen »gefunden«, der sich meistens auf Personen, Gegenstände oder Handlungen aus der Mythologie und dem Ritus bezieht.

Unbezweifelbar ist also auch hier die Seele göttlicher Herkunft. Zugleich zeigt das ganze Ritual, wie ungemein wichtig diese Tatsache genommen wird. Unklar bleibt jedoch, was unter den übernatürlichen Zauberkräften zu verstehen ist. Vermutlich handelt es sich dabei um eine der typischen Handlungen, die dem Bedürfnis nach Anschaulichkeit entspringen. So wie der Körper eines neugeborenen Kindes der schützenden Hülle bedarf, so benötigt auch dessen Seele eine Ausstattung, wenn sie ihre irdische Laufbahn beginnt. Man scheint sich diese Ausstattung wie Tücher oder Decken vorzustellen – natürlich ebenso unsichtbar wie die Seele selbst –, die ihr aus dem göttlichen Bereiche nachgesandt werden und mit denen sie zum Teil auch der Medizinmann selbst versehen kann.

Die bisher behandelte Vorstellung der Apapocuva von einer menschlichen Seele bildet nur einen, wenn auch den wichtigsten Teil des spirituellen Wesens des Menschen. Zu dieser Pflanzenseele, wie Nimuendaju sie nannte, tritt einige Zeit nach der Geburt noch eine Tierseele, über deren Herkunft er uns keine näheren Angaben macht (S. 305 ff.). Die guten und sanften Regungen des Menschen sowie sein Appetit auf milde Pflanzenkost gehören zu jener aus dem göttlichen Bereiche stammenden Seele. Die schlimmen und gewalttätigen Regungen und der Appetit auf Fleisch gehören zur Tierseele. Auch die Tierseele wird später vom Medizinmann auf irgendeine Weise erkannt. Das Temperament eines Menschen wird wesentlich durch die Eigenschaften des Tieres bestimmt, dessen Seele er besitzt. Eine Frau, die die Lähmung ihrer Glieder mit großer Sanftmut ertrug, hatte die Seele eines Schmetterlings; eine andere, die lebhaft und ein wenig boshaft war, die eines Kapuzineraffen, was eine Medizinfrau schon in der frühesten Jugend dieser Frau daran erkannt hatte, daß sie aus ihrem Genick, dem Sitz dieser Tierseele, den Pfiff der Kapuzineraffen gehört hatte. Raubtierseelen sind gefährlich, weil sie vollständig über die Pflanzenseelen dominieren. Ein feindlicher Nachbarstamm hat nur solche Jaguarseelen. Sie sind »nicht etwa ›wie‹ Tiger (Jaguare) oder dem Tiger vergleichbar oder durch den Tiger symbolisiert, nein, sie sind an sich und ihrer Natur nach Tiger, eben nur in Menschengestalt« (S. 306).

Nach dem Tod eines Menschen zerfällt die Seele sofort wieder in ihre beiden Bestandteile. Über das Schicksal der Tierseele berichtet Nimuendaju nichts, abgesehen von einem besonderen Fall, von dem gleich noch die Rede sein wird. Die Pflanzenseele tritt die Reise ins Totenreich an, das heißt sie geht an ihren göttlichen Herkunftsort zurück. Wenn der Mensch noch sehr am Leben hing, so kann es sein, daß seine Pflanzenseele noch einmal zu einem Kinde wiederkehrt. Der Medizinmann vermag das zu erkennen und gibt diesem Kind dann den Namen des Verstorbenen. Wenn ein Kind stirbt, so nimmt man stets an, daß es ein zurückgekehrter Verstorbener war, der nur noch einmal seine Verwandten besuchen wollte.

Stirbt ein Mensch eines gewaltsamen Todes, so bleibt er meist als Gespenst in der Gemeinschaft der Lebenden. Es ist die Aufgabe des Medizinmannes, das außerordentlich gefürchtete Gespenst zu entfernen. Für die dabei nötige Prozedur ist es aber von größter Wichtigkeit zu wissen, ob es sich bei dem Gespenst um die Pflanzen- oder um die Tierseele des Toten handelt. Die Pflanzenseele gilt als die harmlosere; bei der Zeremonie kommt es darauf an, sie mit größter Schonung einzufangen und sie im Totenreich abzuliefern. Dann ist alles in Ordnung. Nimuendaju erlebte einen Fall, in dem es nicht gelang, das Gespenst zu entfernen, weil der Medizinmann fälschlich angenommen hatte, daß es sich um die Pflanzenseele handle. Nun mußte die viel schwierigere Prozedur gegen die Tierseele vorgenommen werden. Dabei gibt es keine schonende Behandlung. Man will sie auch gar nicht fangen, sondern einfach vernichten. Nimuendaju selbst gelang es, das Gespenst, das er natürlich nicht sah, zu erschießen, indem er nach den Anweisungen des aufgeregten Medizinmannes in die angegebene Richtung zielte. Das ganze Verfahren, das der Autor sehr anschaulich schildert (S. 309 ff.), zeigt, daß man sich die Geistwesen sehr dinglich vorstellt, aus dem einfachen Grunde, weil eine unanschauliche Geisthaftigkeit nicht vorstellbar ist.

Die beiden Seelenvorstellungen gehen nach Nimuendaju auf die in Amerika so verbreiteten Dichotomien zurück, auf die Erkenntnis von der polaren Beschaffenheit der Welt, und spiegeln die beiden entgegengesetzten Temperamente der Menschen, das phlegmatisch-melancholische und das sanguinisch-cholerische, wider. Auch die beiden Helden der Zwillingssage sollen meistens die beiden entgegengesetzten Temperamente vertreten, und die Mitglieder der auf sie zurückgeführten Dualklassen sollen jeweils das entsprechende Temperament haben (S. 314). Bei den Apapocuva ist die Dualität in die einzelnen Menschen verlegt. Der Medizinmann bedarf für seine Praktiken besonders der Pflanzenseele. Sie stellt die Verbindung zum Jenseits her. Darum muß er sich oft der Fleischnahrung enthalten, denn die Pflanzenkost macht ihn leicht.

Soweit der Bericht von Nimuendaju. Er wurde eben wegen seiner Anschaulichkeit hier so ausführlich dargestellt. Die Vorstellungen vom Wesen der Seele, wie sie hier mit der Pflanzenseele verbunden sind, finden sich jedoch in unzähligen ähnlichen Berichten mehr oder weniger deutlich wieder. Der wichtigste Grundgedanke scheint mir die Herkunft der Seele aus dem göttlichen Bereich und ihre Rückkehr an den gleichen Ort. Wichtig ist uns ferner, daß hier – entsprechend der herrschenden Vorstellung vom psychophysischen Dualismus – die Bindung des Menschen an das Göttliche allein auf sein spirituelles Wesen, eben auf seine Seele bezogen wird. Wir werden noch sehen, daß auf der Grundlage anderer Vorstellungen diese Ableitung vom Göttlichen anderer Art sein kann. Der Glaube an die Tier- und Pflanzenseelen ist eine Besonderheit der Apapocuva, die sich hier aus der (auch sonst sehr verbreiteten) Auffassung von der polaren Beschaffenheit der Welt ableiten läßt. Der Glaube an zwei oder mehr Seelen im Menschen ist auch sonst weit verbreitet und muß aus den jeweiligen kulturellen Gegebenheiten erklärt werden – eine Aufgabe, die sich im Rahmen unseres Gedankenganges nicht stellt, weil die grundsätzliche Frage nach dem Wesen der Seele von ihr kaum berührt wird.

Das Gespenst, an dessen Vernichtung der Autor sich beteiligte, gehört zu den Geistern, mit denen wir uns noch beschäftigen werden. Dieser Teil des Berichtes von Nimuendaju wurde schon hier gebracht, um den Zusammenhang bestimmter Geistererscheinungen mit den Seelenvorstellungen zu zeigen. Vorwegnehmend sei hier nur darauf hingewiesen, daß es sich bei dem Gespenst um die Seele eines Ermordeten handelt, ein Tatbestand, dem für die Deutung bestimmter Geister eine besondere Wichtigkeit zukommt (vgl. Kap. XVI, 4). Für die Seelenvorstellungen der Apapocuva aber zeigt sich an diesem Bericht sehr deutlich das Bedürfnis, eine rein geistige Erscheinung zu verdinglichen. Besonders die darstellerischen Gebärden des Medizinmannes, der das neugeborene Kind mit unsichtbaren Substanzen ausstattet, zeigen dieses gleiche allgemein menschliche Bestreben, unanschauliche Gegebenheiten in die Anschaulichkeit und damit in die Vorstellbarkeit hineinzuziehen.

Fassen wir diesen Teil der Betrachtung über die Seelenvorstellungen zusammen, so liegt die wichtigste Feststellung darin, daß wir keinerlei Beweise dafür sehen, daß der Mensch die Entdeckung der Seele zu einer Zeit gemacht haben müsse, als er noch keinerlei Gottesidee besaß. Der größte Teil des Materials spricht im Gegenteil dafür, daß die Vorstellungen von einer menschlichen Seele gar nicht unabhängig von einer Gottesidee gedacht werden können, weil die Seele jene spirituelle Wesenheit des Menschen ist, die unmittelbar von der Gottheit stammt, weil die Entstehung eines neuen Menschen überhaupt nicht möglich ist, ohne daß die Gottheit mit ihrem »Hauch« dazu beigetragen hat. Gerade diese »Gotteskindschaft« ist es, die den Menschen zu dem Erlebnis des Göttlichen befähigt. Die Seelenvorstellungen brauchen also keineswegs auf kausal-logisch erworbenen Begriffen zu beruhen, die noch dazu auf irrtümliche Weise gewonnen sein sollen, sondern erklären sich viel vernünftiger, wenn wir sie als die oft sehr dinglichen Veranschaulichungen von Erlebnisinhalten ansprechen, in denen sich der Mensch des geistigen und göttlichen Aspektes der Welt bewußt wurde und zu denen er durch seine natürlichen Gaben befähigt war.

Die Aussagen über die in den Seelenvorstellungen enthaltene Wirklichkeit beziehen sich wiederum – wie bei allen echten religiösen Gestaltungen – wesentlich nicht auf alltägliche Vorgänge als deren kausallogische Erklärung, sondern auf das ganz besondere Wesen menschlicher Existenz, nämlich auf die Erkenntnis, daß der Mensch ohne die Fähigkeit zum Erlebnis des Göttlichen gar nicht Mensch wäre und daß es zu dieser Fähigkeit des spirituellen Teilhabens am Göttlichen bedarf. Darum beziehen sich die Angaben über die Herkunft der menschlichen Seele so übereinstimmend auf die Gottheit als den Spender.

2. Das Totenreich

Dieser gleiche Sinn über das Wesen der Seelenvorstellungen offenbart sich uns auch in den ebenso zahlreichen Berichten über den Verbleib der Seele nach dem Tode. Die mannigfaltigen Schilderungen von der Reise eines Verstorbenen in das Land der Toten gehören zweifellos zum eindrucksvollsten, was das Erzählungsgut der Naturvölker enthält. Auch auf dem Gebiet der bildenden Künste stehen die großartigsten Leistungen der Naturvölker fast ausnahmslos in irgendeiner Weise mit dem Tod in Beziehung. Dies gilt mindestens für jenen weiten Zeitraum, der die Menschheitsgeschichte von dem ältesten Pflanzertum bis an die Schwelle der historischen Kulturen umfaßt. Überzeugend offenbart sich schon in dieser Tatsache die große Bedeutung, die dem Tode und dem Dasein nach dem Tode in der Gedankenwelt der meisten Naturvölker zukommt.

Im folgenden soll uns die Frage beschäftigen, welche Rolle die Seele bei den Vorstellungen vom Dasein nach dem Tode gespielt hat. Es soll versucht werden zu zeigen, daß sich aus der Mannigfaltigkeit der Berichte zwei Vorstellungskreise herausschälen lassen, die eine jeweils ganz andersartige Grundauffassung vom Wesen des Menschen widerspiegeln. Zunächst vergegenwärtigen wir uns die Einheitlichkeit der Vorstellungen über das Totenreich. Die Schilderungen über die Totenreise eines Verstorbenen lassen fast niemals einen Zweifel daran, daß es der ganze Mensch ist, der sich auf diese Wanderschaft begibt – der ganze Mensch in unsichtbarer Gestalt. Auch in den Schilderungen über die Jenseitsreisen, die die Seele des Schamanen unternimmt, stellt man sich diese Seele meist in Gestalt und Wesen ganz wie einen Menschen vor. Ebenso lassen viele Beschreibungen, die die Naturvölker vom Totenreich geben, die Daseinsform im Jenseits in allen Einzelheiten dem Diesseits vergleichbar erscheinen. Die Verstorbenen leben in Häusern, bestellen ihre Felder, feiern die traditionellen Feste, sind verheiratet, ja zuweilen gibt es die Vorstellung, daß ihr Aufenthalt dort wie im irdischen Leben vorübergehend ist: Sie zeugen, altern, sterben und gelangen in ein weiteres Totenreich.

Unter den Mythen, die Dr. Niggemeyer und ich in West-ceram aufzeichnen konnten, handeln viele vom Totenreich und schildern das Leben dort in dieser anschaulichen Weise. Eine der eindrucksvollsten Erzählungen (Ad. E. Jensen, Hainuwele, S. 88 ff.) berichtet von zwei Häuptlingen, die so befreundet mit-einander waren, daß sie sich in einer Zeremonie gegenseitig feierlich verpflichteten, einander im Tode zu folgen, um sich bei der beschwerlichen Totenreise – sie wird fast immer als gefahr-voll oder mühselig betrachtet – gegenseitig behilflich zu sein. Als der eine stirbt, hält der andere die Verpflichtung nicht ein, folgt aber heimlich dem Verstorbenen, um ihn zu töten, damit dieser die Einlösung des Versprechens nicht mehr fordern kann. Dies gelingt ihm zwar nicht, aber er vermag sein eigenes Leben zu retten. Während er dem Freunde, der genau so aussah wie zu Lebzeiten, folgte, erlebte er die einzelnen Etappen der Totenrei-se mit, die über einen benachbarten Fluß und über bestimmte Berge führte. Er hört den einsamen Wanderer unter der Last seiner mitgeführten Habe stöhnen und über die Treulosigkeit seines Freundes schelten. Schließlich, nach tagelanger Wande-rung am Totenberg angelangt – als dieser gilt ein bestimmter markanter Berg im unbewohnten Teil der Insel –, hört er die Stimmen der Toten, die dem Neuangekommenen entgegen-kommen und dessen Begrüßung durch einen Boten der Toten-göttin, die einst in der Urzeit die Beherrscherin der *Dema*-Wesen war und diese hervorgehobene Rolle jetzt im Totenreich spielt.

Aus solchem Beispiel, dem sich zahlreiche ähnliche aus vielen Gebieten der Erde zur Seite stellen ließen, wird ohne weiteres deutlich, daß man hier nicht von Seelenvorstellungen sprechen dürfte; denn es ist der ganze Mensch, der sein Dasein nach dem Tode fortsetzt, – aber ohne seinen irdischen Körper; denn die-ser ist nichts wert, »er verfault wie ein morscher Baum, wenn seine Zeit abgelaufen ist«.

Aus den ceramesischen Mythen ergibt sich aber doch ein Un-terschied zwischen der jenseitigen und der diesseitigen Da-seinsform. Es sind hauptsächlich die kleinlichen Ärgernisse des Lebens, aber auch die bösen Feindschaften dieser Welt, die im Jenseits fortfallen. Der Ärger über einen verlorenen Gegenstand oder der Hunger, die Lieblosigkeit der Menschen und auch die Furcht vor der Bosheit treiben die Helden der Erzählungen ins Jenseits. Dort gibt es diese Unannehmlichkeiten nicht. Das

»Land ohne Schlechtes« nennen die im vorigen Abschnitt behandelten *Apapocuva* das Reich der Toten. Oft steigert sich die Vorstellung vom Totenreich zu der eines Paradieses, wie es bei den aussterbenden *Yaruro* der Fall ist, die wir früher kennengelernt haben (Kap. XI, 2); für sie bedeutet das Totenreich die ewige Verbindung mit der obersten Gottheit und die Erfüllung aller denkbaren Wünsche. Mag auch die Anschaulichkeit der Schilderungen über das Leben im Jenseits zuweilen so weit gehen, daß die Erzählungen den ihnen sonst eigenen Charakter der Großartigkeit verlieren, weil sie nur noch die Fortsetzung des alltäglichsten Lebens im Auge haben, so können wir doch der Idee als solcher diesen Mangel nicht vorwerfen, wenn wir uns vergegenwärtigen, welche sittliche Bedeutung die Vorstellung vom Dasein nach dem Tode hat. Die Aufnahme in das Totenreich kennzeichnet das erfüllte Leben. Wir haben bereits bei der Behandlung des ethischen Gehaltes der Religion (Kap. IX, 2) darauf hingewiesen, daß im Glauben vieler Naturvölker die Vorstellung besteht, daß der Mensch nur insofern das wahre Menschsein gewinnt, als er sich des göttlichen Wesens der Welt bewußt wird. Auf andere Weise gibt es kein erfülltes Leben und deshalb auch keine Möglichkeit, in das Totenreich einzugehen.

Es ist deshalb ganz natürlich, daß der Verstorbene vor dem Eintritt in das Totenreich einer entsprechenden Prüfung unterworfen wird. Wir besitzen zahlreiche Berichte über die Art dieses Examens. Eine wesentliche Rolle spielen bei vielen Völkern die Nachweise darüber, daß der Tote bei Lebzeiten gewisse Zeremonien durchgemacht hat. Auf Borneo hat bei den *Kayan* die Tätowierung beispielsweise den Sinn, auf der Totenreise anzuzeigen, daß der Verstorbene im Leben ein erfolgreicher Kopfjäger war (Ch. Hose und W. McDougall, S. 41). Diese kultischen Handlungen schließen das Heil des erfüllten Lebens deshalb ein, weil der Mensch durch sie erst das wahre Menschsein gewinnt. John Layard (S. 255) schildert sehr anschaulich das umfangreiche Zeremonialleben der Eingeborenen der Neuen Hebriden, das ausdrücklich auf die große Schwierigkeit bezogen wird, mit der die Aufnahme in das Totenreich, wo ebenfalls eine weibliche Gottheit die Herrscherin ist, verbunden ist. Erst durch eine Korrumpierung dieser Handlungen wird die Zusammengehörigkeit in ein kausales Verhältnis aufgelöst und die Aufnahme in das Totenreich als eine Folge oder gar als eine Belohnung für das möglichst genaue Einhalten der Zeremonialhandlungen dargestellt. Es ist nicht verwunderlich, daß man nunmehr ängstlich auf das Abhalten der Zeremonien bedacht ist und große Opfer dafür bringt.

Es wird sich uns natürlich immer wieder die Frage aufdrängen, wie der Mensch zu diesen konkreten Vorstellungen vom Dasein nach dem Tode gekommen sein mag, über das er doch schwerlich jemals etwas hat erfahren können. Obgleich eine solche Frage naheliegt, ist es uns doch unmöglich, diese Vorstellungen nur als eine Verirrung des prälogischen Geistes zu verstehen. Mag die anschauliche Ausschmückung der Einzelheiten auf das alltägliche Denken einer Volksphantasie zurückgehen, die zugrundeliegende Idee ist sicherlich ein Urbestand des menschlichen Wesens, der in uns ebenso lebendig ist wie in der frühesten Menschheit, ganz unabhängig von jener Urteilsfähigkeit, die sich nur auf erfahrene oder erfahrbare Fakten gründen will. Goethe hat in seinen Gesprächen mit Eckermann mehrfach seine Gedanken über ein Leben nach dem Tode ausgesprochen, und was er darüber sagt, könnte sicherlich ein schöpferischer Geist vor ungezählten Jahrtausenden auch empfunden haben. Es war beim Anblick der untergehenden Sonne, als er einmal zu Eckermann äußerte: »Wenn einer 75 Jahre alt ist, kann es nicht fehlen, daß er mitunter an den Tod denke. Mich läßt dieser Gedanke in völliger Ruhe, denn ich habe die feste Überzeugung, daß unser Geist ein Wesen ist ganz unzerstörbarer Natur; es ist ein fortwirkendes von Ewigkeit zu Ewigkeit. Es ist der Sonne ähnlich, die bloß unsern irdischen Augen unterzugehen scheint, die aber eigentlich nie untergeht, sondern unaufhörlich fortleuchtet.« (Gespräch mit Eckermann, 2. Mai 1824)

3. Seele und Totengeister

Zeigt uns das Material über ein Dasein nach dem Tode eine Seelenvorstellung, die man eigentlich nicht als Seele bezeichnen kann, weil sie im Grunde den ganzen Menschen meint, so gibt es doch viele andere Zeugnisse, die tatsächlich auf eine im Tode sich vom Menschen trennende Seele hindeuten. Es war wohl ALB. C. KRUIJT, der zuerst im Gegensatz zu EDWARD B. TYLORS Theorie die Aufmerksamkeit darauf lenkte, daß der »Seelenstoff«, wie er es nennt, bei vielen Völkern Indonesiens gar nicht identisch ist mit der »Seele«, die den Körper nach dem

Tode verläßt. Nach Kruijt ist diese Seele (oder der Totengeist) vielmehr während der Lebenszeit des Menschen überhaupt noch nicht vorhanden. Sie tritt nämlich erst nach dem Tode in Erscheinung, während der Seelenstoff, der die eigentliche Lebenskraft des Menschen ausmacht, nach dem Tode ein anderes Schicksal hat als die Totenseele. Diese Unterscheidung ist seitdem in der ethnologischen Literatur vielfach beachtet worden und hat sich bei sehr vielen Völkern auch außerhalb Indonesiens bestätigt gefunden. Man pflegt sie seitdem als Lebens- und Totenseele oder gelegentlich auch unter anderen Namen voneinander zu unterscheiden (vgl. hierzu W. F. OTTO, Manen).

Betrachten wir kurz die unterschiedlichen Schicksale der beiden Wesen. Wir hatten erfahren, daß das Ziel der Totenreise die Vereinigung mit den früher verstorbenen Stammes- oder Clanangehörigen ist und vor allem die Vereinigung mit der Gottheit, die den Verstorbenen im Totenreich empfängt. Über den Seelenstoff oder die Lebensseele erfahren wir bei Kruijt (S. 166 ff.) (und vielen anderen), daß sie nach dem Tode des Menschen dorthin zurückkehrt, woher sie gekommen ist, und das bedeutet in der weit überwiegenden Zahl der Fälle, daß sie in den Himmel zur Gottheit zurückkehrt, wo sie bei der Geburt des Menschen ihren Anfang genommen hat. Auf der Insel Nias westlich Sumatra beispielsweise besteht die Vorstellung, daß der Sohn der höchsten Himmelsgottheit *Lowalangi* diesen Seelenstoff verwaltet, von dem er jedem Menschen seinen Anteil zuwiegt. Nach dem Tode kehrt dieses göttliche Geschenk wieder in jene Vorratskammer zurück, von wo es erneut ausgeteilt werden kann.

Nach anderen gleichfalls sehr verbreiteten Vorstellungen bleibt die Lebensseele oder der Seelenstoff nach dem Tode des Menschen in der Nähe des Grabes, nicht selten in Gestalt eines Vogels oder eines anderen fliegenden Tieres, um in ein neugeborenes Kind oder in ein Tier überzugehen, nach dessen Tode sie dann ebenfalls wieder ein menschliches Dasein beginnt. Sehen wir von dem hier mit der Seelenvorstellung verschmolzenen Gedankengut ab, das um die Schicksalsgemeinschaft von Mensch und Tier kreist, mit dem wir uns früher schon beschäftigt haben (Kap. VII, 2), so bleiben zwei Grundvorstellungen, die sich mit dem Verbleib der Lebensseele befassen: Sie kehrt zu ihrem göttlichen Ursprungsort zurück oder sie geht in andere Lebewesen über. Beide brauchen sich keineswegs auszuschließen und haben vor allem das Gemeinsame, daß diese Seele nicht sterblich ist. Sie stammt in ihrem allerersten Ursprung von Gott und kann entweder im göttlichen Bereich oder in immer neuen Inkarnationen ihre Bestimmung bis in alle Ewigkeit fortführen. Diese Idee vom psychophysischen Dualismus, wobei es die Seele ist, die den Menschen im besonderen mit der Gottheit verbindet, bedarf im Grunde nicht der Vorstellung von einem Totenreich, in dem der individuelle Mensch seine Existenz fortsetzt. Zu ihr gehört vielmehr offenbar jene Vorstellung von einem meist im Himmel lokalisierten Reich, in dem sich die Seelen der Verstorbenen aufhalten. Dieses Reich der Seelen ist (nach unserer Deutung) ursprünglich gar kein Totenreich in dem beschriebenen Sinne, sondern das göttliche Reich, von dem die Seele stammt und in das sie nach dem Tode zurückkehrt. Erst unter dem Einfluß jener anderen Idee vom echten Totenreich wurden die üblichen Beschreibungen des Totenreiches auch auf diesen Aufenthalt der Seelen übertragen.

Diese Idee von einem echten Totenreich finden wir vorwiegend bei den alten Pflanzervölkern. Sie haben eine durchaus monistische Auffassung vom Leben, die den Menschen als eine geistig-physische Einheit begreift und ihn in direkter, das heißt biologischer Abstammung von der Gottheit ableitet. Zu dieser Ideenwelt scheint der Verbreitung nach primär die Vorstellung von einem Totenreich zu gehören, in dem – wie wir im vorigen Abschnitt dargelegt haben – der Mensch seine individuelle Existenz fortführt. Der Verstorbene im Totenreich ist kein »lebender Leichnam«; denn es ist gerade der Mensch *ohne* seinen Körper, der dort im Bereiche der Gottheit eine ewige Existenz weiterführt.

Es ist hier nicht der Ort, um eine Einzeluntersuchung über die Seelenvorstellungen vorzulegen; aber es mag gestattet sein, eine Vermutung über das Wesen und die kulturhistorische Stellung dieser beiden Auffassungen vom Leben auszusprechen, die um so schwerer zu beweisen ist, weil die Gedanken über das Schicksal nach dem Tode die Menschheit zu allen Zeiten ihrer langen Geschichte ebenso beschäftigt haben, wie das noch heute der Fall ist, und infolgedessen eine Fülle von philosophischen Spekulationen schon in den ältesten Zeiten der Menschheitsgeschichte hervorgebracht wurden, die sicherlich immer wieder neue Nahrung fanden, so daß bei den meisten Völkern sehr verschiedenartige Vorstellungen existieren.

Aus der Mannigfaltigkeit der Berichte hebt sich vor allem der Glaube hervor, daß – ob mit oder ohne besondere Seelenvorstellung – der Mensch göttlichen Ursprungs ist und daß er nach dem Tode in die Gemeinschaft mit der Gottheit zurückkehrt. Mir ist bei der Behandlung des Materials die Vermutung zur Wahrscheinlichkeit geworden, daß es sich bei den verschiedenartigen Angaben über die Art der Weiterexistenz um ein historisches Nacheinander oder vielleicht um ein seit ältesten Zeiten bestehendes Nebeneinander zweier Auffassungen über das Wesen des Lebens handelt, derart, daß das Fortleben in einem Totenreich, das gleichzeitig der Aufenthalt der Gottheit ist, eine der ursprünglichen Konzeptionen ist, während das von Kruijt festgestellte verschiedenartige Schicksal zweier Seelen nach dem Tode eine Mischung von zwei Ideenkreisen darstellt. Die überzeugendsten Beschreibungen von den *Dema*-Gottheiten der ältesten pflanzerischen Kulturen erlauben den Schluß, daß die überragendste Gottheit selbst die erste Totenreise antritt und das Totenreich als dauernden Aufenthalt wählt. So verwandelt sich beispielsweise die bedeutendste Gestalt des *Sido* bei den *Kiwai* in Neuguinea selbst in das Haus, das das Totenreich darstellt, und dessen Nachbildung die Kulthäuser hier auf Erden sind. In Westceram ist es *Satene*, die Beherrscherin der Urzeitwesen, die heute im Totenreich die Herrschaft ausübt. Der Eingang ins Totenreich bedeutet also für den Verstorbenen nicht nur die Vereinigung mit den Ahnen der gleichen Gemeinschaft, sondern vor allem auch mit der Gottheit.

Bei diesen Völkern ist die Gotteskindschaft rein biologisch aufgefaßt. Man findet kein Geistkind, und es bedarf auch nicht einer besonderen Gabe von Lebensstoff, sondern jeder neugeborene Mensch ist durch die lange Kette der Ahnen direkt mit den göttlichen Urzeit-Dema verbunden. Er führt sich also in direkter Abstammung auf die Urzeitwesen zurück, und die Häuptlinge und die priesterlichen Amtsträger sind unmittelbar, das heißt auf Grund der biologischen Abstammung, Repräsentanten bestimmter göttlicher Persönlichkeiten. Wenn solche Häuptlingsahnen selbst als Gottheit verehrt werden – wie das manchmal auch bei historisch bestimmbaren Persönlichkeiten der Fall ist –, so sind sie meist nicht nachträglich zur Gottheit erhöht, sondern sie hatten immer schon, das heißt auch zu ihren Lebzeiten, auf Grund ihrer Abstammung göttlichen Charakter. Bei den *Herero* ist einer der Gottesnamen *Mukuru*. Er ist zusammen mit seiner Frau und den ersten Rindern aus einem Baum hervorgekommen. Nach ihm bezeichnet sich jeder Häuptling selbst als Mukuru. Der Missionar I. IRLE (S. 72 f.) schildert uns viele Gespräche mit solchen Häuptlingen, die stets versicherten »Bin ich denn nicht Mukuru, das ist Gott? Ich bin doch Mukuru meiner Leute!«

Bei solcher Auffassung des Lebens tritt naturgemäß eine eigentliche Seelenvorstellung gar nicht in Erscheinung. Die Geburtszeremonie in Westceram etwa verrät uns nichts von einer zusätzlichen Seele. Die Vorgänge dramatisieren vielmehr den Tatbestand, daß das neugeborene Kind durch eine lange Kette von Lebewesen mit der urzeitlichen *Hainuwele* verbunden ist (vgl. Kap. IX, 2). Nach dem Tode trennen sich hier auch nicht zwei Seelensubstanzen mit verschiedenem Schicksal, sondern der Tote, das heißt der ganze Mensch ohne seinen Körper, tritt die Reise ins Totenreich an und gewinnt die Erfüllung des Daseins, wenn ihm der Eintritt in die Gemeinschaft mit der Gottheit gewährt wird und er sein individuelles Leben im Totenreich fortsetzen kann.

Kehren wir zu der Betrachtung von Kruijt über Indonesien zurück, so scheint mir die Zweiheit der Seelenvorstellungen gerade in dieser Inselwelt ein jüngeres Element darzustellen, das mit dem Eindringen einer im Himmel lokalisierten Hochgottvorstellung verbunden ist. Gerade in Indonesien – und wie ich geneigt bin zu glauben, auch in Afrika – gehört die religiöse Bedeutung einer Himmelsgottheit zu einer jüngeren Schicht, die ich im Hinblick auf Indonesien die mittelmalaiische nennen möchte, da sie offensichtlich vor den eigentlich hochkulturlichen, jungmalaiischen Einflussen angesetzt werden muß. Die Himmelsgottheit hat jedoch die Dema-Götter nicht zu verdrängen vermocht, ebensowenig wie sie einen entscheidenden Einfluß auf das Kultleben ausgeübt hat; denn die Völker auf Celebes oder Borneo beispielsweise sind leidenschaftliche Kopfjäger geblieben, aber im sozialen Leben (Ansätze zur Sklaverei), in der Wirtschaft (Körnerbau und Rind) und vielen anderen Kulturbereichen (Megalithwesen) sind deutliche Unterschiede gegenüber der altpflanzerischen Schicht festzustellen (vgl. Kap. IV, 8).

Das Eindringen dieser anderen Gottesvorstellung hat zweifellos auch andere Auffassungen vom Leben zur Folge gehabt. Hierzu scheint mir der Glaube zu gehören, daß ein besonderer

Lebensseelenstoff von der Himmelsgottheit stammt, der nach dem Tode des Menschen wieder zu seinem Ursprung zurückkehrt, während entsprechend dem alten Glauben der Totengeist – und diese Vorstellung wurde auch in der jüngeren Kulturschicht neben der Idee der Lebensseele beibehalten – seine Reise ins Totenreich unternimmt. Diese historische Ableitung der zwei verschiedenen Seelen, die zunächst nur in Indonesien mutmaßlich festzustellen ist, soll keineswegs die Möglichkeit ausschließen, daß die Vorstellung von einer Himmelsgottheit überhaupt ein hohes menschheitsgeschichtliches Alter haben könnte. Noch wahrscheinlicher ist das hohe kulturgeschichtliche Alter bei dem Glauben, daß die Seele zur Gottheit im Himmel zurückkehrt, oder an präexistente Seelen oder überhaupt an die gesonderte Existenz spiritueller Wesen, die parallel zu den wahrnehmbaren Dingen wirken. So ist auch die schon dargelegte Lebensauffassung der Nordwestaustralier vermutlich vorpflanzerisch. In ihr verbindet sich mit dem Glauben an demahafte Gottheiten die Idee von der besonderen Seele, dem Geistkind, ohne das neues Leben nicht entstehen kann. Es ist aber sicherlich kein Zufall, daß gerade die altpflanzerischen Völker der spirituellen Wesenheit des Menschen eine geringere oder gar keine Aufmerksamkeit widmen und auch die individuelle Existenz überwiegend biologisch fassen, indem sie ein neugeborenes Kind als eine Ganzheit begreifen, das in direkter Abstammung von den göttlichen Urzeitahnen abgeleitet wird. Eine solche Auffassung vom Leben mußte in dem Zeugungsakt selbst das große und geheimnisvolle Wunder sehen und ihm deshalb auch in den religiösen Kulten große Bedeutung verleihen. Es liegt dem allen eine Auffassung zugrunde, die die Lebensform des Menschen als im Einklang stehend mit dem Stirb und Werde in der Natur, und zwar vor allem in der Pflanzenwelt, empfindet und der zugleich die Beachtung des Spirituellen fernliegt.

Es ist sicherlich verfrüht, die Mannigfaltigkeit der Lebensauffassungen historisch gliedern zu wollen. Ich halte es für möglich, daß zwei ganz verschiedene Auffassungen von Anfang an nebeneinander standen, von denen die eine Kulturgemeinschaft ihre Aufmerksamkeit zentral auf die spirituellen Wesenheiten richtete und sie in dualistischer Weltbetrachtung als parallele Erscheinungen neben die dinglichen stellte, während die andere das Leben als eine Einheit und das göttliche Wunder in den biologischen Lebensvorgängen selbst entdeckte. Gemeinsam aber ist beiden Auffassungen, daß der Mensch nicht ohne das Göttliche denkbar ist. In der dualistischen Auffassung vom Leben erhält er seine Seele von der Gottheit, in der monistischen stammt er auf direkte biologische Weise von ihr ab. In den jüngeren indonesischen Kulturschichten glaubten wir das Nebeneinanderbestehen beider Auffassungen als das Ergebnis eines kulturhistorisch bedingten Mischungsvorganges feststellen zu können, der sich auch in dem Nebeneinander der beiden verschiedenen Gottesvorstellungen – des Himmels-Hochgottes und der Dema-Gottheiten – ausdrückt. Der psychophysische Dualismus hat die Vorstellung von einem besonderen Seelenstoff hervorgebracht. Diese Auffassung bedarf nicht der Vorstellung von einem Totenreich, die nach unserer Deutung vielmehr zur monistischen Auffassung gehört. Beide Ideenkreise aber haben sich berührt und die Vorstellung erzeugt, daß eine besondere Lebensseele nach dem Tode zur Gottheit zurückkehrt, außerdem aber eine andere Seele – und dies ist im Grunde der gestorbene Mensch, wie er uns in der monistischen Auffassung begegnet – die Totenreise antritt.

Dieser Gedankengang konnte nur als eine Vermutung vorgetragen werden, die aus den Ideen selbst abgeleitet wurde, ohne zu versuchen, sie durch Material zu belegen. Eine Bezugnahme auf entsprechende Gegebenheiten im Material selbst ist deshalb in dieser Frage besonders schwierig, weil sich bei den meisten Völkern – wie bereits hervorgehoben – die verschiedensten Ideen über die Seele und über das Dasein nach dem Tode nebeneinander finden. So haben beispielsweise auch die alten Pflanzervölker als typische Vertreter der monistischen Auffassung vom Leben, meist doch in irgendeiner Form die Idee von spirituellen Wesenheiten, die zu den Dingen gehören. Trotz dieses oft zu beobachtenden Nebeneinanders von verschiedenartigen Vorstellungen bei ein und demselben Volk ist es für die Feldforschung keineswegs aussichtslos, die echten und verbindlichen Bestandteile der Kultur eines Volkes aus dem Gesamtbestand an Vorstellungen herauszulösen; denn die nur unverbindlich übernommenen Ideen lassen sich oft daran erkennen, daß sie in der praktischen religiösen Übung bedeutungslos sind. So läßt sich die für den Glauben eines Volkes zentrale Gottesidee neben anderen weniger wichtigen Erscheinungen oft deutlich erkennen, und es müßte ebenso möglich sein, die einem bestimmten Volk ursprünglich eigene Auffassung vom Leben und vom Dasein nach dem Tode gegen andere unverbindlichere Ideen darüber abzugrenzen. Jedoch versagt meines Erachtens das uns bisher zur Verfügung stehende Feldforschungsmaterial in der hier behandelten Frage weitgehend.

Kapitel XV
Ahnenkult und manistisches Opfer

Wenn wir uns im Rahmen dieser Betrachtungen dem Ahnenkult zuwenden, so kann das nicht mit der Absicht geschehen, eine umfassende Untersuchung über diese sehr komplexe Erscheinung vorzunehmen. Wir beschränken uns vielmehr darauf, der für uns im Vordergrund stehenden Frage nach seinem echt religiösen Gehalt nachzugehen.

1. Biologische Abstammung und Namenserbschaft

Es kann nach allem bisher Gesagten kaum zweifelhaft sein, daß auch die religiöse Bedeutung des Ahnenkultes aus der Besonderheit einer von sich aus tiefsinnigen Auffassung vom Leben heraus begriffen werden muß. Es besteht innerhalb der Ethnologie keine Meinungsverschiedenheit darüber, daß die manistischen Kulte ihre stärksten Ausdrucksformen bei den Pflanzervölkern gefunden haben. Ein großer Teil ihres Zeremoniallebens ist auf die Gemeinschaft mit den verstorbenen Ahnen gerichtet. Keine Feldbestellung, keine Hochzeit, aber auch keine Reifezeremonie für die heranwachsende Jugend kann stattfinden, ohne daß man sich auf irgendeine Weise mit den Verstorbenen in Verbindung setzt. Sie zählen nicht nur weiterhin zur Gemeinschaft der Lebenden, man muß sogar den Eindruck gewinnen, daß sie der wichtigere Teil der Gemeinschaft sind. Das Leben dieser Menschen ist in einer für uns kaum noch vorstellbaren Weise traditionsgebunden. Die Aufmerksamkeit ist in die Vergangenheit gerichtet, an deren fernstem Ende der göttliche Ursprung steht. Andererseits ist die näher liegende Vergangenheit naturgemäß stärker mit Leben erfüllt und enger mit der Gegenwart verknüpft. So beziehen sich die kultischen Handlungen, die sich mit den Verstorbenen befassen, in den tatsächlichen Vorgängen meist auf die letzten Glieder in der Kette der Ahnen, aber in der Idee sind sie alle angesprochen bis an das Ende der Urzeit hin. Dies wird noch wesentlich unterstützt durch ein unhistorisches Verhältnis zur Zeitdauer; denn in der Vorstellung der meisten Völker beginnt die Urzeit bereits dort, wo die unmittelbare Erinnerung aufhört, also nach unseren Begriffen etwa zu der Zeit, als der Urgroßvater lebte. Diese Unterscheidung zwischen den längst verstorbenen, unbekannten Ahnen und denen, an deren Leben noch eine Erinnerung besteht, wird zwar mit Recht oft in den Berichten über die Glaubensinhalte der Naturvölker hervorgehoben, ist aber doch nicht von grundsätzlicher Art, sondern ergibt sich nur aus dem persönlichen Verhältnis der Lebenden zu den Toten. Der Idee nach sind stets alle Ahnen gemeint.

Wichtiger ist eine andere Unterscheidung, der wir in vielen Berichten über den Ahnenkult begegnen. Ganz ähnlich wie unter den Lebenden auch schon in sehr altertümlichen Kulturen die priesterlichen Amtsträger von den einfachen Mitgliedern der Kulturgemeinschaft unterschieden werden, so finden auch unter den Verstorbenen hervorgehobene Persönlichkeiten eine betontere Beachtung als die Masse der unbekannten Ahnen. Für die Beurteilung des Ahnenkultes als echt religiöse Erscheinung ist die Beantwortung der Frage von Wichtigkeit, wodurch sich bestimmte Verstorbene ebenso wie ihre lebenden Nachfolger gegenüber der Masse der anderen Menschen abheben, und zwar auch bereits in kulturellen Verhältnissen, die sonst keine sozialen Schichtungen kennen. Bei der Antwort auf diese Frage wird sich zeigen, daß der Ahnenkult keine eigene Religionsform ist, sondern nur ein besonderer Ausdruck innerhalb des religiösen Verhaltens, das in erster Linie durch das Verhältnis zwischen Mensch und Gottheit bestimmt wird.

Schon im Totenkult, den wir im strengen Sinne nicht zum Ahnenkult rechnen dürfen, weil es sich dabei um jüngst verstorbene Menschen handelt, die noch nicht ins Totenreich gelangt sind, zeigt sich wenigstens in Ansätzen diese Unterscheidung. Er ist, wie wir bereits gesehen hatten, für jedes Mitglied der menschlichen Gemeinschaft von größter Bedeutung. Alle Aufmerksamkeit der Lebenden ist darauf gerichtet, daß es dem Verstorbenen gelingen möge, in das Totenreich zu kommen. Nur dadurch bleibt er ein Mitglied der lebenden Gemeinschaft und nimmt vor allem an ihren Festen teil, zu denen die Toten oft in feierlicher Form eingeladen werden. Wenn nun auch die Formen des Totenkultes für alle Verstorbenen mehr oder weniger gleich sind, so sind die verstorbenen Priester doch für die Gemeinschaft von ungleich größerer Bedeutung. Der priesterliche Amtsträger aber hat diese hervorgehobene Bedeutung nicht von

Amts wegen, sondern er hat umgekehrt deshalb das Amt, weil er in höherem Maße der lebende Repräsentant der *dema*haften Gottheit zu sein vermag – vor allem durch die Abstammung von ihr durch die lange Kette seiner Ahnen, die allesamt älteste Söhne waren. Diese Anfänge einer sozialen Schichtung, die sich interessanterweise nicht im wirtschaftlichen, wohl aber im geistigen Leben offenbaren, basieren auf der verschieden großen Bedeutung der Dema selbst. Wie früher dargelegt (Kap. IV, 3), stammen alle Menschen von der meist großen Zahl der Urzeit-Dema ab, die alle in irgendeinem Umfang göttlich-schöpferische Qualität hatten. Aber unter ihnen traten die bedeutenden Persönlichkeiten hervor, die wir im engeren Sinne als Dema-Gottheiten bezeichneten. Auf diese führen sich die priesterlichen Amtsträger meist zurück, woraus sich ihre größere Bedeutung für die Gemeinschaft ableitet. Dadurch sind sie beispielsweise auch oft befähigt, bei den kultischen Festen als diese Dema-Gottheiten selbst aufzutreten und sie darzustellen.

Das engere Verhältnis zwischen der Gottheit und bestimmten lebenden priesterlichen Amtsträgern und ihren Vorfahren oder Vorgängern ergibt sich aus vielen Berichten über die Glaubensinhalte der Naturvölker. So sehen die *Cora-Indianer* nach K. Th. Preuss (Nayarit, S. LIII) in ihren Verstorbenen eine Art Mittler zu den oberen Gottheiten. Man ruft aber – und hier sehen wir die lebendigere Beziehung zu den bekannten Toten – nur die Verstorbenen der letzten beiden Generationen zu diesem Zwecke an. Die früher Verstorbenen sind »lediglich ein Akzidens zu der Unmasse der niederen Naturgottheiten«, die als »Regengötter« zusammengefaßt und mit jenen Toten identifiziert werden, die als »unsere Alten« bei den Festen eine große Rolle spielen. Diese aber werden mit denselben Titeln benannt wie die heutigen Leiter der Zeremonien – also die Priester –, die nur ihre Nachfolger sind. Man sieht also, daß mit den Ahnen nicht immer alle Verstorbenen gemeint sind, sondern gelegentlich nur die hervorragenden Gestalten unter ihnen, wie in diesem Falle die Vorgänger der heutigen Priester. Diese Nachfolge in bestimmten priesterlichen Ämtern wird bei den verschiedenen Völkern manchmal in biologischer Erbfolge, manchmal auch durch Übertragung von Namen und Titeln ohne Blutsverwandtschaft bestimmt.

Veranschaulichen wir uns dieses besondere Verhältnis zu den Verstorbenen noch an einem anderen Beispiel. Die schon mehrfach erwähnten *Konso* in Südäthiopien haben eine außerordentlich komplizierte Sozialorganisation. Unter den zahlreichen Amtsträgern hat innerhalb eines Dorfes eine Art Dorfhäuptling die hervorgehobenste Stellung. Sein Amt ist erblich vom Vater auf den ältesten Sohn. Sein Gehöft liegt direkt außerhalb des mit Palisaden umzäunten Dorfes in der Nähe des heiligen Platzes, der nur bei Festen und von Frauen niemals betreten wird. Dieser jeweilige Dorfhäuptling trägt den Namen des mythischen Dorfgründers. Es ist sein Name und sein Titel. Er gilt als der direkte Nachkomme dieser mythischen Person, die wir als eine lokale Dema-Gottheit ansprechen können – gleichgültig ob es sich dabei um eine historische Person handelt oder nicht. Der Dorfgründer liegt auf dem heiligen Platz begraben, und diese Tatsache ist der wichtigste Grund für die Heiligkeit des Platzes. Der Thron, auf dem er sich »ausgeruht« hat, ist der Sitz des heutigen Nachkommen auf dem heiligen Platz während der Feste. Die verstorbenen Dorfhäuptlinge – seine Vorfahren – sind in unmittelbarer Nähe des Platzes begraben. Das Totendenkmal ist jedoch vom Grab getrennt und besteht aus Holzplastiken, die alle religiösen und sozialen Verdienste des Verstorbenen darstellen. Es wird meist an Wegkreuzungen oder sonstigen auffälligen Stellen aufgerichtet. Für den Dorfhäuptling aber werden die Figuren an den Rand des heiligen Platzes gestellt. Alle Figuren werden nach ihrer Errichtung nicht mehr berührt. So verfallen sie allmählich und werden von Termiten zerfressen. Wenn das Denkmal nach ein bis zwei Generationen verfallen ist, so ist auch die lebendige Erinnerung an den Toten vergangen, und er ist in das Heer der Ahnen eingegangen, die bei jedem großen kultischen Fest in der Idee mit angesprochen sind (AD. E. JENSEN, Gada, S. 563). Es ist das gleiche Bild wie bei den Cora-Indianern: Im Anfang die mythische Gestalt der Gottheit, auf die sich bestimmte Amtsträger in direkter Abstammung zurückführen. Der letzte lebende Nachkomme ist der Repräsentant sowohl der Gottheit wie aller von ihr abgeleiteten Ahnen. In besonderer Weise gegenwärtig sind die zuletzt Verstorbenen, deren Gedächtnis noch in lebendiger Erinnerung ist. Bei den Konso veranschaulicht der Verfall des Totendenkmals das allmähliche Erlöschen der lebendigen Erinnerung.

Sehr oft ist nicht die biologische Abstammung das entscheidende Merkmal, sondern die Namensgleichheit. Ursprünglich ist das zweifellos gleichbedeutend, so wie der Dorfhäuptling bei den Konso mit seinem Amtsantritt den Namen des Begründers als Titel- und Personennamen übernimmt und doch auch in direkter Erbfolge von ihm abstammt. Das schöne Material, das CURT NIMUENDAJU über die *Timbira* in Brasilien vorgelegt hat, zeigt besonders deutlich die große Bedeutung der Namensübertragungen. Wir erwähnten bereits früher, daß auch die Timbira eine außerordentlich komplizierte Sozialverfassung haben, die übrigens in einigen Zügen eine überraschende Ähnlichkeit mit der der Konso aufweist. Bei den Timbira stehen mehrere Systeme von Stammeshalbierungen nebeneinander. Bei einigen wird die Zugehörigkeit zu einer der Hälften matrilinear vererbt, bei anderen aber durch die Übertragung von Namen. Bei den östlichen Timbira gehören die männlichen Personennamen jeweils zu einer bestimmten Untergruppe der Stammeshälften. Durch den Namen, den eine Person von einem Verwandten ererbt hat, ist sein Sitzplatz auf dem Versammlungsplatz festgelegt (Nimuendaju, Eastern Timbira, S. 85 f.).

Daß diese Namenserbschaften ursprünglich eine Parallelerscheinung zur Abstammungsrechnung sind, zeigt sich sehr deutlich bei der westlichen Gruppe der Timbira, den *Apinayé*. Die Namen bleiben stets innerhalb einer der beiden Hälften und vererben sich von einem mütterlichen Onkel oder einer mütterlichen Tante auf den Neffen oder die Nichte. Die wichtigste Angabe aber, die uns einem Verstehen dieser Erscheinung näher bringt, bezieht sich auf die enge Verbindung zwischen Namen und zeremoniellen Funktionen. Ein Teil der Namen ist paarweise geordnet, so daß einem bestimmten Namen in der einen Stammeshälfte ein anderer in der entgegengesetzten Hälfte entspricht. Für dieses Beziehungsverhältnis zwischen bestimmten Namensträgern in den beiden Hälften haben die Apinayé sogar eine eigene Bezeichnung, woraus sich mit Deutlichkeit ergibt, daß der Sitte eine gewisse Wichtigkeit im Denken des Volkes zukommt. Die Zeremonialfunktionen der Namensträger sind sehr verschiedenartig. Bei bestimmten zeremoniellen Wettrennen, bei denen die Renner große Baumklötze tragen, bilden die beiden Stammeshälften die beiden Wettkampfparteien. Das erste Aufnehmen der Klötze beim Beginn des Rennens beispielsweise geschieht durch einander zugeordnete Namensträger aus den beiden Gruppen. Andere Paare von Namensträgern sind Anführer bestimmter Initiationsgruppen. Es gibt auch Namen, die nur in einer der Hälften Bedeutung und keine Beziehung zu entsprechenden Namen der anderen Hälfte haben. Aber auch die Träger solcher Namen haben bestimmte Zeremonialfunktionen im Feldbau, bei der Jagd, beim Steppenbrand und bei vielen anderen Anlässen (Nimuendaju, Apinayé, S. 21 ff.).

Obgleich Nimuendaju uns dies nicht berichtet, scheint mir kein Zweifel daran möglich, daß diese Zeremonialbedeutung der Namen auf mythische Begebenheiten zurückgeht, in denen bestimmte Dema-Wesen mit bestimmten Namen gewisse Taten vollbrachten, zum Beispiel das erste Klotzrennen ausführten. Durch die Namenserbschaft tritt nun der heute Lebende in besondere Beziehung zu diesem Dema, das heißt, er ist der lebende Repräsentant jenes Dema und tut in den Zeremonien das, was der Urträger seines Namens getan hat. Es ist immer das gleiche Bild des menschlichen Verhaltens: Der höhere Sinn des menschlichen Lebens, wie er sich in den festlichen Begehungen offenbart, liegt in der Bezugnahme auf das urzeitliche Wirken der Gottheit.

Es wird uns von den Apinayé nicht berichtet, ob sich der lebende Träger eines bestimmten Namens auch mit den Verstorbenen, die seinen Namen trugen, besonders verbunden fühlt. Das wäre in sich selbst nur folgerichtig. Ein dementsprechendes Denken findet sich bei den *Eskimo*, die zwar ihrer Wirtschaftsform nach ausschließlich Jäger sind, deren geistige Kultur aber – wie wir schon einmal hervorgehoben haben (Kap. VI, 2) – keineswegs nur den wildbeuterischen Zustand darstellt. Die Neugeborenen, so berichtet KNUD RASMUSSEN (Iglulik, S. 172), erhalten den Namen eines Verstorbenen und mit ihm auch alle dessen Eigenschaften. »... da alle Personen, die den gleichen Namen tragen, die gleiche Lebensquelle haben, erben sie auch die geistigen und physischen Eigenschaften von allen jenen, die in ferner Vergangenheit einmal diesen Namen trugen. Die Schamanen sagen, daß sie manchmal auf ihren Seelenreisen hinter jedem menschlichen Wesen gleichsam eine mächtige Prozession von Geistern sehen können, die ihnen helfend und lenkend beistehen, solange sie die Lebensgesetze treu beobachten«, und sich feindlich gegen ihre Namenserben wenden, wenn sie dagegen verstoßen (S. 58 f.). Sehr hübsch zeigt sich auch die Verbundenheit aller, die den gleichen Namen tragen, in dem Brauch, daß Personen gleichen Namens, wenn sie sich treffen, Geschenke austauschen müssen. »Das kräftigt ihre Seelen und erfreut alle ihre verstorbenen ›Namensvettern‹.« (S. 183)

Fassen wir diese kurze Betrachtung über den Ahnenkult zusammen, so ist die wichtigste Feststellung die folgende: Die Verstorbenen sind nicht aus sich selbst heraus Gegenstand kultischer Verehrung, sondern als Konsequenz einer religiösen Gesamtkonzeption, in der die Beziehung zwischen Gottheit und Mensch im Mittelpunkte der Weltbetrachtung steht. Bestimmte Verstorbene haben dabei eine besondere Beziehung zur Gottheit, die zwar auch bei bestimmten lebenden Personen bereits gegeben sein kann, die aber erst durch die Aufnahme in das Totenreich gleichsam ihre endgültige Bestätigung erfährt. Die eigentliche Grundlage für dieses religiöse Verhältnis zu den Toten liegt in der (durchaus richtigen) Auffassung, daß der Mensch ein Teil des Göttlichen ist, sei es, daß er nach dem Bilde Gottes geschaffen wurde, sei es, daß er eine spirituelle Wesenheit, die seine eigentliche Lebenssubstanz ausmacht, von der Gottheit empfangen hat oder sei es, daß er in direkter Abstammung von der Gottheit durch die Kette der Ahnen abgeleitet wird und durch das Wunder der Zeugung und der Geburt seinen Anteil am Göttlichen hat. Diese Auffassung von der Bindung zwischen Gottheit und Mensch führt ganz folgerichtig zu einigen Glaubensinhalten über das Verhältnis zwischen den Lebenden und den Verstorbenen. Diejenigen Verstorbenen, die in das Totenreich aufgenommen wurden, hatten – wie wir sahen – ein »erfülltes Leben«, und das bedeutet, daß sie zu ihren Lebzeiten das wahre Menschsein erlangten; sonst hätten sie in das Totenreich nicht gelangen können. An ihnen hat sich das Teilhaben am Göttlichen bereits erwiesen, was für die Lebenden noch ungewiß ist und ihre eigentliche Sorge bildet. Die Toten haben also einmal ihr höheres Menschsein ausgewiesen und zum anderen leben sie örtlich in Gemeinsamkeit mit den Urzeit-Gottheiten, die sich ja ebenfalls im Totenreich aufhalten. Dadurch sind sie berufene Mittler zwischen der Gottheit und den lebenden Menschen.

Unabhängig von dieser Quelle des göttlichen Charakters aller verstorbenen Menschen ist es die große Tat, durch die ein bestimmter Mensch längst vergangener Zeiten – der Dorfgründer oder der Anführer bei Stammeswanderungen – zu einem Urzeit-Dema wird, der gleich jenen mythischen Gestalten eine bestehende Ordnung, die für den Menschen von heute bedeutungsvoll ist, begründet hat. Das Schaffen einer neuen verbindlichen Ordnung, worin wir primär das Schöpferische im Menschen sehen, wodurch er sich von aller anderen Kreatur unterscheidet, ist im allgemeinen eine persönliche Tat. Aber im naturvölkischen Glauben wird die schöpferische Persönlichkeit mit ihrem Erben, dem Träger ihres Namens und Titels, ihrem lebenden Nachkommen identifiziert. Auch der demahafte Stammesführer und Dorfgründer war zu seiner Zeit ein Nachkomme und hatte schon als Lebender höheren Anteil am Göttlichen, weil er sich in direkter Abstammung von einer Gottheit ableiten konnte. Dieses Bild vom menschlichen Leben, das sich uns am deutlichsten in den pflanzerischen Kulturen darbietet, hat für die weitere Kulturgeschichte der Menschheit eine große Bedeutung gehabt. Am schwierigsten für unser Verständnis bleibt daran die meist sehr konkrete Vorstellung von dem Dasein der Verstorbenen im Totenreich. Wir könnten mit Recht danach fragen, wie die Erfahrungen der Menschen beschaffen gewesen sein sollen, die sie zu einem solchen Glauben geführt haben können. Wir haben an dem Zitat aus Goethes Gesprächen mit Eckermann gesehen, daß auch unserem abendländischen Denken insofern eine ganz ähnliche Auffassung natürlich ist, als das menschliche Denken an der Vorstellung von einer individuellen Fortexistenz nach dem Tode hängt. Auf jeden Fall also hat die frühe Menschheit einen Glauben gestaltet, der der menschlichen Empfindungswelt entspricht und der deshalb wohl durch keine rationale Argumentation jemals zu beseitigen ist. Für uns aber sind die Brücken zu jener Welt der Toten abgebrochen, und wir können nichts über sie aussagen. Die Naturvölker hingegen sagen sehr viel und sehr Konkretes über sie aus. Welcher Art aber die Erfahrungen – wenn es solche gibt – gewesen sein können, die sie zu solchen Aussagen veranlaßten, darüber wissen wir schlechterdings nichts.

2. Das manistische Opfer als Gabe

Es wurde an früherer Stelle (Kap. VIII) ausführlich dargelegt, warum wir das in der Religionswissenschaft so wichtig genommene Opfer nicht als eine sinnvolle Handlung anzusehen vermögen, sondern seinen Ursprung in ganz anderen Gedankengängen suchen. Die dort angestellten Betrachtungen bezogen sich jedoch nur auf das sogenannte blutige Opfer, dessen ursprünglichen Sinn wir in den rituellen Tötungen sahen, die sich auf die mythische Tötung einer Urzeit-Gottheit als Wiederholungsritus beziehen. Eine völlig andere Bedeutung haben zweifellos die sogenannten manistischen Opfer, die jedenfalls nichts mit dem Mythologem von der Tötung einer Gottheit zu tun haben können. Auch beim manistischen Opfer allerdings sind sehr verschiedene Formen zu unterscheiden, die einen verschiedenen Sinngehalt nahelegen. Wenn beim Tode eines Menschen oder, wie es meistens der Fall ist, im besonderen einer für die Gemeinschaft wichtigen Persönlichkeit, eines Häuptlings oder anderen Amtsträgers, ein Kopfjagdzug unternommen wird oder Sklaven oder Tiere getötet werden, so gehört dies zweifellos dem geistigen Ursprung nach zu jenen Tötungsritualen, die ein sacrificium, eine heilige Handlung, aber nicht ein Opfer in dem uns geläufigen Sinne sind. Wenn die altertümlichen *Sudanvölker* aus irgendeinem Anlaß – und deren gibt es viele im Feldbau oder im Lebensablauf des Menschen begründete – ein Huhn oder ein anderes Tier an einer Stelle, die den Ahnen gewidmet ist, schlachten, mit dem Blut besonders verfahren oder sonst irgendwelche Zeremonialhandlungen vornehmen, so wissen wir zwar nicht, welche Ideen sie ursprünglich damit verbanden; aber sicherlich weisen auch diese mehr in die Richtung der Tötungsrituale als in diejenige, die wir mit dem Wort Opfer verbinden.

Wenn aber am Grab eines Verstorbenen Getränke und Speisen deponiert werden – und dies ist das eigentliche manistische Opfer –, von denen die Eingeborenen sagen, daß der Tote sie zwar nicht esse oder trinke, aber ein »spirituelles Etwas« an ihnen genieße, so sind wir ganz im Bereich der Seelen- und Totenvorstellungen. EDWARD B. TYLOR hat mit vorzüglichem Material dargelegt, wie sich die Vorstellung von einer Seele nicht nur auf Menschen, Tiere und Pflanzen erstreckt, sondern auch auf leblose Dinge. Das ist an sich gar nicht verwunderlich. Ist der Begriff einer Seele für jenes spirituelle Etwas, das das besondere Wesen eines Dinges ausmacht, einmal existent, so läßt sich eben die Besonderheit einer jeden Erscheinung, in der sich ihr Wesen offenbart, am besten durch den Hinweis auf sie ausdrücken. Die Bezeichnung Seele in dieser allgemeinen Bedeutung aufgefaßt, wird auch bei uns oft in dem gleichen Sinn verwendet. Wenn wir von der Seele eines Baumes, eines Berges, einer Landschaft oder auch von der eines Bauwerkes oder irgendeines Kulturgerätes sprechen, so ist für jeden von uns der

Inhalt dieser Aussage durchaus verständlich. Ich sehe keinerlei Grund für die Annahme, daß die Naturvölker die Verwendung der von uns mit Seele übersetzten Bezeichnungen anders meinen als wir; nämlich als eine Bezeichnung für das besondere und einmalige Wesen einer bestimmten Erscheinung.

Diese von Tylor behauptete und nachgewiesene dualistische Auffassung von der Möglichkeit einer Trennung der Seele von der Substanz oder eines spirituellen Wesens von dem Ding selbst ist offensichtlich eine der geistigen Grundlagen für die Sitte, einem Verstorbenen Speisen, Getränke oder andere Dinge als Gaben anzubieten. Auffällig daran könnte vor allem sein, daß auch die Pflanzervölker, die im besonderen die Träger der manistischen Zeremonien sind und die wir als Völker mit einer monistischen Auffassung vom Leben gekennzeichnet haben, bei dem Gabenopfer für die Verstorbenen ausdrücklich auf das spirituelle Wesen an den Gaben hinweisen, das von den Toten angenommen wird. Wir hatten bereits hervorgehoben, daß sich die Idee von den spirituellen Wesenheiten außerordentlich verbreitet hat und sich – weniger in der Anwendung auf eine menschliche Seele als auf ein Spirituelles an den Dingen – auch bei Völkern mit einer ausgesprochen monistischen Auffassung vom Leben findet.

Ferner ist bei einer Gabe immer das Verhältnis der beiden Parteien zueinander von Wichtigkeit. Im Vordergrunde stehen dabei die konkreten Vorstellungen über die beschwerliche Totenreise, während der die Gedanken der Lebenden den Verstorbenen ständig begleiten. Wir hatten uns außerstande erklärt, über den Wirklichkeitsbereich und die möglichen Erfahrungen, die zu diesen Vorstellungen geführt haben können, irgend etwas auszusagen. Wir können deshalb nur zur Kenntnis nehmen, daß die Naturvölker in weiter Verbreitung des Glaubens sind, das Schicksal des Menschen unmittelbar nach seinem Tode genau zu kennen. Zu diesem Schicksal gehört es, daß der Verstorbene die Hilfe der Lebenden braucht, und diese besteht neben dem geistigen Beistand durch die zahlreichen Zeremonien in sehr konkreten Hilfsmitteln wie Nahrung, Kleidung, Werkzeug, Geld usw. Nach den meisten Berichten hören diese Gaben mit dem großen Totenfest auf, dessen eigentlicher Sinn es ist, das Ende der Totenreise, die Ankunft am Ziel und den Einlaß ins Totenreich feierlich zu begehen. Von seiten des Gebenden entspricht das Totenopfer in dieser Form vor allem dem Bedürfnis, den Verstorbenen mit Fürsorge zu umgeben. »Liebe zeigt die schenkende Gebärde.« Jedoch vermag die Gesinnung allein niemals die Sitte zu erklären ohne die ergänzende Vorstellung, daß der Verstorbene dieser Gaben bedarf. Neben dieser Fürsorge für den Toten während der Reise ins Jenseits gibt es zahlreiche weitere Gaben für die Verstorbenen in ihrer Gesamtheit, dargebracht an Heiligtümern, die den Ahnen geweiht sind. Sie mögen einen ähnlichen Sinn haben wie die Speisen für die Totenreise, besonders wenn man sich die Verstorbenen, wie es bei vielen Zeremonialfesten der Fall ist, anwesend vorstellt. Im ganzen gesehen ist das manistische Opfer viel weniger ein sacrificium als das Tötungsritual; denn es ist letzten Endes eine Gabe von Menschen an als nahrungsbedürftig gedachte Wesen und eine fast selbstverständliche Konsequenz der Auffassung, daß die Verstorbenen auch weiterhin zur Gemeinschaft gehören, daß sie als Gäste auch wirklich anwesend sein können und daß die spirituelle Form ihrer Existenz es ihnen möglich macht, von der spirituellen Wesenheit der Gaben Gebrauch zu machen. Eine phantastische und schaurige Konsequenz eines solchen Denkens offenbart sich – allerdings ausschließlich bei Völkern jüngerer, meist durch ausgesprochene Staatsbildungen gekennzeichneter Kulturschichten – in der Sitte, Menschen und Tiere zu töten, damit ihre Seelen dem Verstorbenen dienstbar sein können, oder sie mit einer Botschaft für den verstorbenen König ins Jenseits zu schicken. Das sind späte und abgeleitete Motivierungen, die sich sehr weit von dem Ursprung der zugrundeliegenden Vorstellungen und ihren echten Erlebnisgrundlagen entfernt haben.

Über das Primitialopfer, das bei vielen Naturvölkern eine zweifellos wichtige Rolle spielt und dem auch von der urmonotheistischen Theorie ein großes Gewicht beigelegt wird und das von ihr der ältesten Schicht des Hochgottglaubens zugeordnet wird, haben wir uns hier nicht geäußert, weil eine Sinndeutung dieser Sitte zu schwierig erscheint. Als Gabe an eine Gottheit, die dieser Gabe ausdrücklich nicht bedarf, scheint es mir ebenso wenig »verstehbar« wie andere ähnlich gedeutete Opfer.

EDWARD B. TYLOR hat darzulegen versucht, daß der frühe Mensch den Begriff der Seele am Menschen entdeckt hat. Auf einer späteren Stufe soll der Begriff des Geistes gebildet worden sein, der ursprünglich mit der Seele eines verstorbenen Menschen identisch war, die sich für immer vom Körper getrennt hatte und als selbständiges Wesen herumirrte. Aus diesen Geistern sollen dann später die Götter geworden sein. Wir zweifeln nicht daran, daß Tylor den engen Zusammenhang zwischen den Vorstellungen von Geistern in der Natur und von der Existenz der Verstorbenen im Glauben der Naturvölker mit sehr viel Berechtigung hervorgehoben hat. Aber schon NATHAN SÖDERBLOM hat darauf hingewiesen, daß es eine Fülle von Geistervorstellungen gibt, die nicht auf die Idee vom Fortleben der Verstorbenen zurückgeführt werden können. Es ist bedauerlich, daß wir immer noch keine genaueren Untersuchungen über das Wesen der Geister besitzen, die über diese allgemeinen Angaben hinausgehen; denn eine auch nur flüchtige Beschäftigung mit dem ungeheuer umfangreichen Material läßt nicht den geringsten Zweifel daran, daß das, was unter dem Namen der Geister in die ethnologische und religionswissenschaftliche Literatur eingegangen ist, aus den verschiedenartigsten Quellen stammt und schwerlich auf einen Nenner gebracht werden kann.

Dieser heterogene Charakter der Geistervorstellungen, der große Umfang des Materials und der Mangel an Einzeluntersuchungen bilden einen Teil der Schwierigkeiten, die sich einer Behandlung dieses Themas entgegenstellen. Eine andere wesentliche Schwierigkeit, nämlich von uns aus jene für die Naturvölker eindeutig gegebene Realität dieser Vorstellungen zu begreifen, haben wir bereits bei der Betrachtung ihrer Ideen über das Leben nach dem Tode kennengelernt. Kein Abendländer ist imstande, glaubhafte und konkrete Aussagen über die Art eines solchen Lebens nach dem Tode zu machen. Die Naturvölker aber machen diese sehr konkreten Aussagen nicht nur über das Dasein der Toten im Land der Verstorbenen, sondern auch über die sogenannten Geister. Es gibt viele Völker, bei denen kaum ein Mitglied in der Gemeinschaft vorhanden ist, das nicht im Laufe seines Lebens irgendein genau beschreibbares Erlebnis mit einem Geist gehabt hat. Die Geister erscheinen nicht nur im Traum, obgleich die Traumerlebnisse bei weitem überwiegen, man sieht sie gelegentlich auch bei hellem Tageslicht und hat die mannigfaltigsten Auseinandersetzungen mit ihnen.

1. Furcht und Feindschaft

Letzten Endes ist es mit unseren bisherigen Mitteln wohl unmöglich, das Phänomen der Geister, wie es sich in den Vorstellungen der Naturvölker darstellt, zu verstehen. Trotzdem wird immer die erste Frage bleiben: Wie kann es zu solchen anschaulich beschriebenen Erlebnissen mit Geistern überhaupt kommen? Die nächstliegende Antwort müßte lauten: Es kommt zu diesen Erlebnissen, weil es Geister wirklich gibt und weil die Naturvölker – im Gegensatz zum Abendländer – weitgehend die Gabe haben, mit solchen Geistwesen in Verbindung zu treten. Die mögliche Richtigkeit einer solchen Antwort kann theoretisch nie geleugnet werden. Aber sie bringt uns dem Verstehen der Erscheinung um keinen Schritt näher; denn dazu müßten wir Bewußtseinslagen in uns selbst entdecken, die uns zu gleichen Erlebnissen befähigten. So nützt uns diese Antwort für die hier gestellte Aufgabe offenbar nichts.

Eine weitere, uns sehr naheliegende Antwort lautet: Der Eingeborene, der ein Erlebnis mit einem Geist anschaulich beschreibt, ist einer Halluzination zum Opfer gefallen. Halluzinationen sind uns bekannt, sie kommen zweifellos vor, und insoweit muß diese Antwort durchaus sinnvoll erscheinen. Nur lehrt uns die Erfahrung, daß auch Halluzinationen niemals aus dem Nichts entstehen, daß sie vielmehr immer an bekannte Vorstellungen anknüpfen. Es ist nicht möglich, daß ein Mensch die Halluzination eines Geistes hat, wenn er nicht vorher die Vorstellung von einem solchen Geist hatte. Tatsächlich haben ja die Naturvölker mannigfaltige Vorstellungen von Geistern, die dem Menschen begegnen können, sie haben sie von ihren Vorvätern ererbt. Aber einmal muß die Idee bestimmter Geister zum ersten Mal in dem Menschen aufgeleuchtet sein, und diese Idee muß eine solche Überzeugungskraft gehabt haben, daß von da an auch Halluzinationen möglich wurden. Mit anderen Worten: Die eigentliche Wirklichkeit der Geister – gleichgültig ob sinnlich wahrnehmbar oder nicht – muß erkannt worden sein und wir müßten fragen, in welchen Bereichen des menschlichen Seelenlebens diese Erkenntnis ihre Wurzel gehabt hat. Die Frage nach der besonderen Art dieser Erlebnisgrundlagen ist vielleicht gar nicht, jedenfalls aber sehr schwer zu beantworten.

Wir lassen sie deshalb zunächst auf sich beruhen, um später (Abschn. 7) noch einmal zu ihr zurückzukehren und wenden uns den Erscheinungsformen der Geister zu. So irreführend sich oft der Vergleich zwischen Kindern und Naturvölkern ausgewirkt hat, so ist er doch gelegentlich berechtigt, besonders beim Vergleich von menschlichen Verhaltensweisen, die unabhängig von der Beeinflussung durch unsere Kultur beobachtet werden sollen. Solche Vergleiche können uns, die wir auch einmal Kinder waren und Erinnerungen an unsere damaligen Erlebnisse haben, bei dem Versuch helfen, naturvölkisches Verhalten zu verstehen. Wir alle wissen aus unserer Kindheit, daß es nicht schwer ist, die Welt mit Geistern oder Gespenstern anzufüllen, wenn nur jemand da ist, der das kindliche Gemüt darauf hinlenkt. Das Christkind, der Schutzengel, der Nikolaus oder die Hexe können dem Kind als Vorstellung so wirklich werden, daß ihm eine Begegnung mit ihnen durchaus möglich erscheint. Es ist immer wieder zu beobachten, daß die intensivsten Erlebnisse auf diesem Gebiet mit Furchtempfindungen verbunden sind, wie denn auch die Drohung mit geisthaften Schreckgestalten ein äußerst wirksames – wenn auch bedenkliches – Hilfsmittel der Erwachsenen bei fehlender Autorität gegenüber den Kindern ist. Obgleich dieser pädagogische Gesichtspunkt bei den Naturvölkern völlig fehlt, ist doch auch bei ihnen die Furcht ein primäres Element ihrer Geistererlebnisse. Wir hatten die oft wiederholte Behauptung bereits erwähnt, nach der die Naturvölker einer bestimmten Kulturschicht angeblich keinen Glauben an göttliche Wesen haben sollen, sondern nur die Geister fürchten und ihre Ahnen verehren, und tatsächlich läßt sich nicht bestreiten, daß in ihrem alltäglichen Leben die Geisterfurcht stark im Vordergrund steht. Auch wenn in unserer Kultur die Realität der Geister meist nicht mehr geglaubt wird, so haben sie sich doch mit diesem besonderen seelischen Hintergrund des Furchterregenden aus alter Zeit bis in unsere Tage hinüber gerettet.

Unsere Kindheitserlebnisse demonstrieren uns zunächst nur,

daß es nicht schwer ist, die Anschauungswelt eines Volkes mit Geisterwesen zu füllen. Besteht aber einmal die Vorstellung von Geistern, so können sie auch leicht wahrgenommen werden, ebenso wie es für ein Kind nicht schwierig ist, die Erscheinung eines Geistes (vielleicht noch häufiger die eines Einbrechers oder sonstigen »Feindes«) wahrzunehmen oder in einen Gegenstand des dunklen Zimmers hineinzusehen. Das Kind ist – auch hier ist der Vergleich mit den Naturvölkern durchaus berechtigt – viel unmittelbarer abhängig von der »biologischen Nähe« seiner vertrauten Umwelt und von der »Feindseligkeit« aller fremden Erscheinungen. Das Hineinwachsen in eine vertraute Umwelt schafft eine ins biologische hineinreichende Wertung, derart, daß alles bejaht wird, was zu dieser Welt gehört und umgekehrt alles das verneint, was fremd in diese einbricht. Daß dieser Vorgang biologisch verankert ist, zeigt sich nicht nur am Verhalten des Kindes, sondern noch deutlicher an dem des Hundes, der auch dann an seinem Herrn als dem Vertrauten hängt, wenn er ihn schlecht behandelt. Der Hund pflegt alles wütend anzukläffen, was fremd in diese Umwelt eintritt, auch wenn es sich um Menschen handelt, die ihm mit mehr Liebe entgegentreten als sein Herr. Diese im Biologischen verankerte Empfindung, die alles Fremde mit feindselig gleichsetzt, findet sich auch bei vielen Naturvölkern sehr ausgeprägt.

Wir sind ihr auch schon einmal bei der Behandlung des Begriffs *Kanaime* begegnet (Kap. XI, 1), der im Lebensgefühl der Völker Guayanas eine wesentliche Rolle spielt und in dem sich fremd mit feindlich völlig deckt. Andererseits ist Kanaime nicht nur das Fremde und Feindliche schlechthin, sondern auch das Unheimliche. Fremde Stämme, mit denen man verfeindet ist, können Kanaime sein. Aber im besonderen werden Geister in Menschengestalt, die meistens nur in der Nacht eine unheimliche und gefährliche Tätigkeit entfalten, wobei sie sich oft in Tiere verwandeln, so benannt. In dieser Bedeutung gehört der Kanaime zu den Geistern, wie die *Weddu* und die *Subachen*, auf die wir (Abschn. 6) noch zurückkommen. Diese Furcht gegenüber allem, was nicht zur vertrauten Umwelt gehört, die das Nicht-Vertraute als feindlich und bedrohlich darstellt, ist ein Merkmal, das fast immer zum Geisterglauben gehört. Feindschaft trachtet nach Schädigung dessen, dem man feindlich gesonnen ist. Sie ist ihrem Wesen nach gegenseitig. Man erwartet nichts Gutes von seinem Feind und sucht sich gegen ihn zu

schützen; am einfachsten dadurch, daß man ihm selbst so schadet, daß er die gefürchteten Taten nicht mehr vollbringen kann.
Die hauptsächlichen Schädigungen, die ein Mensch vom Feind
fürchtet, sind Verlust des Lebens, der Gesundheit oder des Besitzes. Am bedeutungsvollsten ist für den Geisterglauben die
Schädigung der Gesundheit, obgleich die geistige Beschäftigung
mit den anderen beiden Möglichkeiten der Schädigung auch zu
vielfachen kulturellen Gestaltungen geführt hat. Aber die Frage
nach dem Wesen der Krankheit hat den Menschen zweifellos
schon in der frühesten Zeit seiner Geschichte ganz besonders
beschäftigt, so wie sie ihn auch heute noch nicht in Ruhe läßt.

2. Das Wesen der Krankheit

Die Antworten der Naturvölker auf diese brennende Frage lassen sich auf zwei Formeln reduzieren, die sich nicht selten
nebeneinander finden. Da ihr Blick auf das eigentliche Wesen
und – wenn es sich um ein Volk mit der bereits beschriebenen
dualistischen Lebensauffassung handelt – auf die spirituellen
Parallelvorgänge der Erscheinungen gerichtet ist, beruhigen sie
sich keineswegs bei irgendwelchen feststellbaren biologischen
Erscheinungen, obgleich diese auch des öfteren beachtet werden. Die wesentlichere Ursache der Krankheit sehen die Naturvölker einerseits in der Störung der Weltordnung durch einen
willkürlichen menschlichen Akt. In diesem Fall gilt die Gottheit
selbst meistens als Verursacher der Krankheit. (Wie wir in der
Betrachtung über das religiöse Ethos gesehen hatten, ist die
ursprüngliche Idee vermutlich doch unmittelbarer: Eine Störung der Weltordnung – und dies ist das nichtsittliche Verhalten – schließt das Unheil schon ein, ohne daß es der strafenden
Gottheit bedarf.) Andererseits, und dies ist vermutlich viel verbreiteter, sind es die Geister, also spirituelle Wesenheiten, die
als Repräsentanten der feindlichen Welt ihre »Pfeile« geschossen haben oder auf andere, meist sehr handfeste, Weise die Erkrankung verursachten.

Man tut heute im allgemeinen diese naturvölkische Auffassung vom Wesen der Krankheit als abergläubisch oder töricht
ab. So kann man beispielsweise in der weit verbreiteten Zeitschrift ›Kosmos‹ (1950, S. 63) über die Epilepsie als »heilige
Krankheit« folgendes lesen: »Die Menschen früherer Kulturen,

von Angst und Hilflosigkeit überwältigt, kleideten das unverständliche Geschehen in ein mythisches Gewand und wähnten eine unsichtbare Geisterwelt hinter den krankhaften Geschehnissen der Epilepsie. Ähnlich wie bei anderen Krankheiten waren es auch hier schreckliche Dämonen, die in die Hütten der Bewohner schlichen und die Menschen heimlich anfielen. Durch Amulette, Tätowierungen und Opfer versuchten die Urvölker diese Geister zu vertreiben.« Derselbe Autor jedoch zitiert etwas später Dostojewski, der selbst Epileptiker war und der sich über die epileptischen Erlebnisse des Propheten folgendermaßen äußert: »Mohammed lügt nicht, zweifellos war er im Paradies, aber während eines Anfalls von Epilepsie; ich weiß nicht, ob diese Wonne Sekunden oder Stunden währt, aber glaubt mir, alle Freuden des Lebens würde ich nicht dafür eintauschen.« Die Erlebnisse des Propheten ähneln in allen wesentlichen Inhalten denen der naturvölkischen Schamanen, die nicht selten Epileptiker sind und die nach ihren Angaben in unirdische, oft als Paradies beschriebene, Welten zu wandern vermögen. Wir finden hier also noch in einer uns nahen kulturellen Umwelt über jene Krankheit eine Aussage – allerdings stammt sie von einem Dichter –, die der naturvölkischen verwandter ist als die des medizinischen Autors, für den die heutige Auffassung über diese Krankheit grundlegend anders ist, so daß »für eine mythische Betrachtungsweise« kein Platz mehr geblieben sei. Er hat mit dieser Feststellung zweifellos recht. Grundlegend falsch ist es nur, wenn er glaubt, daß die wissenschaftlichen Feststellungen über Vorgänge im Gehirn ein System von Aussagen enthielten, das an die Stelle der naturvölkischen Anschauungen treten könne. Es ist vielmehr ein völlig anderer Erlebnisbereich in der wissenschaftlichen Betrachtungsweise erschlossen, der so gut wie gar nichts mit den qualitativen seelischen Inhalten zu tun hat, die dem naturvölkischen Glauben zugrundeliegen.

Das gilt nicht nur für die Epilepsie, sondern mehr oder weniger für alle Krankheiten und die Auffassung von ihnen einerseits im naturvölkischen Glauben und andererseits in der medizinischen Wissenschaft. Wenn die schriftlosen Völker fast überall die Krankheit auf das Wirken von Geistern zurückführen, so heißt das zunächst nur, daß sie an spirituelle Kräfte glauben, die überall in der Natur wirksam sind. Selbst dann, wenn die Krankheit darauf zurückgeführt wird, daß ein Gegenstand in den Körper des Kranken hineinpraktiziert wurde, handelt es sich oft nur um die »Substantialisierung« des Glaubens an feindliche spirituelle Wirksamkeiten, worauf ERWIN H. ACKERKNECHT (S. 622) hingewiesen hat. Dies ergibt sich gelegentlich aus der Tatsache, daß die bei der Kur vom Medizinmann aus dem Körper des Kranken herausgeholten Substanzen unsichtbar sind. Mit den wissenschaftlichen Methoden hingegen glauben wir aussagen zu können, daß Geister oder spirituelle Wesenheiten als Ursache der Krankheit quantitativ nicht feststellbar sind. Wenn aber ein Mensch in der Blüte seines Lebens etwa an Krebs erkrankt und unaufhaltsam dahinsiecht, so ist es sicherlich nicht abwegig, an eine feindliche Macht zu denken, die das Leben dieses Menschen vernichtet hat. Die Rückführung der Krankheit auf einen bösen Geist erscheint zunächst nur als ein erklärendes Bild, dem keine größere Bedeutung zukommt, als wenn wir einer Krankheit einen Namen geben.

Andererseits stehen die Naturvölker bestimmten Krankheiten auch nicht hilfloser gegenüber als wir. Eine nur resignierende Haltung gegenüber der Krankheit kommt bei ihnen wohl nicht häufiger als bei uns vor. Sie haben ihre Ärzte und ihre medizinischen Hilfsmittel, und ihr Glaube an deren Wirksamkeit ist im allgemeinen wohl stärker als der entsprechende in unserer Kulturgemeinschaft. Die entscheidende Frage im Hinblick auf den Wahrheitsgehalt ihrer Auffassung vom Wesen der Krankheit wäre also die, ob sich damit verbundene Wirklichkeitserkenntnisse aufzeigen oder wahrscheinlich machen lassen.

Hiermit nähern wir uns einer der Kernfragen des Geisterglaubens. Unsere abendländische medizinische Wissenschaft hat sich in der Therapie bis in die neueste Zeit hinein zunächst ganz und später fast ausschließlich der sogenannten Hausmittel bedient. Diese Arzneikunde reicht nun zweifellos bis in das Dunkel vorgeschichtlicher Zeiten zurück und basiert auf einer Auffassung vom Wesen der Krankheit, die von der der Naturvölker nicht verschieden war. Auch deren Heilkunde bedient sich unzähliger solcher Medizinen oder therapeutischer Hilfsmittel wie Reiben, Schwitzen, Aderlaß usw. Es ist das bis heute zwar so gut wie gar nicht untersucht, aber in Anlehnung an die Geschichte der abendländischen Medizin ist die Annahme durchaus gerechtfertigt, daß unter den Arzneien der Naturvölker viele in demselben Sinne wirkungsvoll sind, wie wir es von unseren Arzneien annehmen. Wie ist es nun möglich, daß die Naturvölker mit einer Auffassung vom Wesen der Krankheit, die uns wegen des Geisterglaubens so töricht und abergläubisch anmutet, doch zu Ergebnissen gelangt sind, die, wenn wir an unsere eigenen Volksmedizinen denken, auch durch die medizinische Wissenschaft zunächst nicht überholt wurden? Diese Tatsache allein muß zum Nachdenken in anderer Richtung Veranlassung geben.

Wir zweifeln nicht, daß die medizinische Wissenschaft mit ihrer völlig anderen Einstellung zur Wirklichkeit und zur Frage nach dem Wesen der Krankheit zu Erkenntnissen befähigt ist, die nur durch sie und nicht durch die geistige Haltung der Naturvölker erschlossen werden können. Aber müßte man nicht mit der Möglichkeit rechnen, daß eine frühere Idee über das Wesen der Krankheit, in der die spirituellen Wesenheiten der Geister eine primäre Rolle spielten, auch ihrerseits zu Erkenntnissen führte, die eben nur ihr und keiner anderen geistigen Haltung möglich waren?

3. Arzneien und Gifte

Die *Itonama-Indianer* in Nordostbolivien glauben, daß jede Tierart mit einer Pflanzengattung in einem engen Verhältnis steht, das, nach der heutigen Begründung, nur aus der äußeren Ähnlichkeit der Pflanze mit dem Tier abgeleitet wird. Aber schon die Tatsache, daß sie für dieses besondere Tier–Pflanze-Verhältnis eine eigene Bezeichnung, nämlich *Huaboa*, haben, spricht dafür, daß die Erscheinung ursprünglich einen tieferen Sinn hatte. Die Huaboa-Pflanze des Alligators soll beispielsweise in ihren Blättern eine gewisse Ähnlichkeit mit dem Kopf dieses Tieres aufweisen. Wer eine solche Pflanze berührt, läuft Gefahr, von Alligatoren verfolgt zu werden. Das Gleiche gilt für die Huaboa-Pflanzen von Jaguaren und Giftschlangen (E. NORDENSKIÖLD, S. 195f.). Würden wir den Glaubensinhalt nur in dieser Form kennen, so müßten wir ihn wohl zu den Beispielen unverstandener Handlungen rechnen, die wir früher behandelt haben (Kap. XII, 8). Aber es läßt sich vielleicht wenigstens wahrscheinlich machen, daß sich unter diesen späten und sinnentleerten Aussagen eine ursprünglich echte Erkenntnis von Wirklichkeitsbeziehungen verbirgt. Dieselben gefährlichen Schlingpflanzen werden nämlich um die Felder herum in die Erde gesteckt, und dann wird kein Indianer von den Früchten stehlen. Sie sind also wahrscheinlich Eigentums- und Warnzeichen, wie wir sie beispielsweise aus Ostindonesien gut kennen (vgl. AD. E. JENSEN, Drei Ströme, S. 260ff.). Dort werden Zeichen errichtet, die ebenfalls meistens nach einem Tier benannt sind, gelegentlich auch nach Pflanzen oder Gegenständen. Wer diese Zeichen nicht beachtet und trotzdem stiehlt, wird von bestimmten Krankheiten befallen wie Bauchweh, Irrsinn oder Knieschmerzen. Die Deutung liegt nahe, daß die Nichtbeachtung solcher geheiligten Zeichen eine Bestrafung zur Folge hatte wie das Verfolgtwerden von Alligatoren, Jaguaren oder Schlangen, und daß damit erst sekundär auch das allgemeine Berühren der Pflanze seine gefährliche Bedeutung erhalten hat. Auch die Menschen haben übrigens ihre Huaboa-Pflanzen, und das sind interessanterweise die Medizinalkräuter.

Ganz ähnliches Material wie dieses über Bolivien bringt WALTER E. ROTH (S. 281ff.) von den *Guayana-Stämmen*, bei denen aber die zu einer Tiergattung gehörende Pflanze für den Menschen nicht gefährlich ist, sondern ihm auf der Jagd hilft, indem sie das entsprechende Tier anzieht. Der Jäger führt entweder einen Trieb der Pflanze bei sich oder reibt seine Waffen mit ihr ein oder läßt sie sich in Einschnitte an seinem Körper einreiben (F.P. und A.P. PENARD, S. 177ff.).

Über diese im Verhältnis zur Tierwelt stehenden Pflanzen bemerkt W. PELIKAN (S. 7): »Es ist auffällig, daß die zu solchen Zwecken verwendeten Pflanzen meist Caladium-Arten sind, also Aronstab-Gewächse der Tropen. Dies ist aber eine Pflanzenfamilie, die in der Tat sehr eigenartige Beziehungen zur Tierwelt hat. Sie entwickelt in sich Prozesse, die über das normale Pflanzenhafte hinaus gegen das Tierwesenhafte zu streben, zum Beispiel in den Blüten eine oft bedeutend über die Außentemperatur hinausgehende Eigenwärme entwickeln. Die Blüten sind tief in die Wurzel-Region hinabgezogen und bekommen manchmal ein pilz-artiges Aussehen. Die Blütenhülle wird eine richtige Tierfalle, sie entwickelt Gerüche wie faulendes Fleisch und zieht dadurch eine besondere Art Fliegen an, die durch Reusenhaare am Entweichen aus der ›Kesselfalle‹ gehindert werden.« Wenn dieses richtig ist, so würde es sich vermutlich bei diesem Verhältnis zwischen Pflanze und Tier viel weniger um die äußerlichen und meist in die Formen hineingesehenen Ähnlichkeiten, als vielmehr um erkannte Wesensbeziehungen zwischen Tier und Pflanze handeln.

Eine dritte Form der Beziehung zwischen Pflanze und Tier schließlich – und diese scheint mir die eigentliche und echte zu sein – bieten die Glaubensinhalte der *Apinayé* (CURT NIMUENDAJU, Apinayé, S. 146f.), nach denen es korrespondierend zu jeder eßbaren Tierart eine wildwachsende Pflanze gibt, die als Arznei verwendet werden kann, wenn dem Essenden durch den Genuß des Fleisches – bzw. durch die schädliche Wirksamkeit der mitverspeisten Seele des Tieres – eine Krankheit zustößt. S. MOONEY (S. 252) berichtet eine Mythe der *Tscherkio-Indianer* im Südosten von Nordamerika, in der gleichfalls die Krankheit und ebenso die Heilwirkung auf die Wirksamkeit spiritueller Wesenheiten von Tieren und Pflanzen zurückgeführt werden. Die Krankheiten wurden von den Geistern der Jagdtiere als Rache für ihre Verfolgung über die Menschen verhängt. Die Geister der Heilpflanzen beschlossen, sich den Menschen als Heilmittel gegen die Krankheiten zur Verfügung zu stellen. Dieser Glaube, daß der Mensch beim Essen bestimmter Pflanzen spirituelle Wesenheiten in sich aufnimmt, die mit der Pflanze verbunden sind und die in dem Menschen etwas bewirken, ist oft belegt. So haben narkotische Pflanzen oft die Wirkung, daß der ihnen einverleibte »Geist« dem Menschen Dinge verrät, die er ohne diese Hilfe nicht zu ergründen vermag, sei es die Zukunft, die Ursache einer Krankheit, die richtigen Heilmittel oder dergleichen.

Auf jeden Fall zeigt sich, daß die Arzneikunde der Naturvölker, auf die diese Beispiele deutlich hinweisen, von Vorstellungen ausgeht, in denen Beziehungen zwischen Erscheinungen gesetzt werden, die in unserer Art der Wirklichkeitsbetrachtung nicht vorkommen. Eine entscheidende Frage wäre die nach der tatsächlichen Wirksamkeit der Arzneien. Sie ist nicht beantwortbar, weil es so gut wie keine Untersuchungen darüber gibt. Zwei Gründe machen es wahrscheinlich, daß es sich in vielen Fällen um tatsächlich wirksame Arzneien handelt. Einmal der schon herangezogene Vergleich mit unseren Volksheilmitteln, zum anderen die Tatsache, daß die entgegengesetzt wirkenden Pflanzen, nämlich die Gifte, jedenfalls mit der gleichen Mentalität der Eingeborenen richtig erkannt wurden. Es gibt im tropischen Südamerika nicht weniger als über hundert Fischgifte pflanzlicher Art, deren tatsächliche Wirksamkeit niemand bezweifelt.

Dasselbe gilt für die weit verbreiteten Pfeilgifte, einschließlich des gefürchteten Curare. Die *Canelos* und *Jivaro* in Ecuador sagen, daß die Walddämonen in den Pflanzen hausen, aus denen das Pfeilgift gewonnen wird. Für die Herstellung zieht sich der Zauberer in den Wald zurück, um diese Geistwesen zu überwinden und sich dienstbar zu machen. (RAFAEL KARSTEN, Beiträge, S. 15 ff.)* Wie die Wirkung der Heilpflanzen auf in ihnen enthaltene Geister zurückgeführt wird, die dem Menschen freundlich gesonnen sind, so schreibt man die Wirkung der Gifte oft feindlichen spirituellen Wesenheiten zu. Bei dem altertümlichen Jägerrestvolk der *Semang* auf der Halbinsel Malakka zum Beispiel findet sich ein solcher Glaube verbunden mit sehr eigentümlichen Seelenvorstellungen: *Kari,* die oberste Gottheit, teilt allen Lebewesen ihre Seelen zu. Die Seelen der Tiere streut er wie Samen über die Erde, und wo sie niederfallen, entstehen Pilze. Ehe sie ihr Junges zur Welt bringt, frißt die Tiermutter einen Pilz, der eine ihrer Gattung entsprechende Seele enthält, und diese geht in das noch ungeborene Junge ein. Alle den Menschen schädlichen Wesen erhalten ihre Seelen von Giftpilzen, die unschädlichen von harmlosen. Wenn ein Mensch von Giftpilzen ißt, greift die in ihnen enthaltene Tierseele den Menschen so heftig an, als ob es ein ausgewachsenes Tier wäre (WALTER WILLIAM SKEAT u. CHARLES OTTO BLAGDEN, Bd. 1, S. 4 f.).

Ganz unabhängig von diesem Glauben an die Wirksamkeit der spirituellen Wesenheiten, die mit bestimmten Pflanzen verbunden sind, finden sich bei bestimmten Waldlandvölkern in Südamerika, bei denen das Mythologem von der Entstehung der Nahrungspflanzen aus den Körperteilen einer getöteten *Dema*-Gottheit verbreitet ist, gleichzeitig analoge Mythen über die Entstehung der Arzneien, Narkotika und Gifte. Auch sie sind oft aus dem Körper eines toten Geistes entstanden. Das ist bei der Wichtigkeit, die auch diesen Pflanzen im Leben der Indianer zukommt, an sich nicht verwunderlich. Wie bedeutungsvoll gerade die Narkotika auch im religiösen Leben sein können, haben wir bereits bei der Behandlung des *Soma-Haoma* und des *Peyote* (Kap. VIII, 4) gesehen.

Jedenfalls gibt es über die Giftpflanzen die gleichen Aussagen

---

* Alle in diesem Abschnitt herangezogenen Quellen über Amerika entstammen den im Literaturverzeichnis aufgeführten Arbeiten von O. ZERRIES.

wie über die Arzneien, und wenn wir die Wirksamkeit der Heilpflanzen bei den Naturvölkern auch nicht nachprüfen können, so zweifeln wir doch nicht an der Wirksamkeit der Gifte. Man könnte einwenden, daß die Giftwirkung auch tatsächlich viel offenkundiger und überzeugender ist als die eines Heilmittels und daß ihre Entdeckung kaum zu vermeiden war. Entscheidend scheint uns aber, daß die Vorstellungen über die Wirksamkeit der Gifte jenen über die der Heilpflanzen entsprechen und sich in ihnen insgesamt eine eigentümliche Auffassung vom Wesen der Pflanze verrät. Die Einordnung der Pflanzen in ein System, von dem wir annehmen, daß es im Hinblick auf die Wirksamkeit der Pflanzen richtig gesehen ist, basiert nämlich überwiegend auf einer Geisteshaltung, die in der Pflanze nicht chemisch wirksame Stoffe vermutete, sondern in ihr spirituelle Wesenheiten annahm, deren Wirkungsmöglichkeit aus Gründen der Anschaulichkeit ganz analog denen der anderen lebenden Wesen gedacht wurde. Wir beschränken uns auf die Feststellung, daß die darauf basierenden Aussagen durchaus sinnvoll sind. Darüber hinaus könnte gerade diese Geisteshaltung, die ihre Aufmerksamkeit auf die spirituell wirkenden Wesenheiten richtete, auch der schöpferische Urgrund dafür gewesen sein, daß der Mensch seine Entdeckungen über die Wirkungsart der Pflanzen überhaupt machen konnte, mit denen er die entsprechenden Fähigkeiten des Tieres bei weitem übertraf und zu denen wir heute nicht mehr in der Lage wären. Diese unsere Unfähigkeit zeigt unser verändertes Verhältnis zur Pflanze, und gerade deshalb ist es auch unmöglich, eine endgültige Aussage darüber zu machen, wie der Mensch zur Entdeckung der Heilpflanzen und Gifte gekommen ist; denn wir verstehen die zugrundeliegende Geisteshaltung nicht mehr.

Es könnte gegen diese Vermutung eingewendet werden, daß alle diesbezüglichen Angaben der Eingeborenen nur späteres abergläubisches Beiwerk seien, das mit der Entdeckung der Wirksamkeit der Pflanzen als Arzneien oder Gifte gar nichts zu tun habe. Diese Erkenntnis sei vielmehr auf dem ganz normalen Weg des Ausprobierens gewonnen worden, und erst das mystische Bedürfnis des frühen Menschen habe einfache Erfahrungen mit dämonischem Geisterglauben in Verbindung gebracht. Diese Reihenfolge ist natürlich theoretisch durchaus möglich. Aber man versuche einmal, sich den Prozeß auch ganz konkret vorzustellen: Es sind ja nicht nur einige tausend Pflanzen, die als

Arzneien oder Gifte auszuprobieren wären, sondern alle diese Pflanzen bestehen aus Teilen: Wurzeln, Stämmen, Blättern, Blüten, Früchten usw., und der Wirkstoff stammt im allgemeinen aus einem der Teile der Pflanzen. Bei der Anwendung dieses Teiles eröffnen sich wieder viele Möglichkeiten. Teils wird die Arznei innerlich, teils äußerlich angewandt, entweder wird sie eingerieben oder nur aufgelegt oder es wird ein Absud genossen usw. Ist also schon auf der Seite der Medizinen, die zu erproben wären, die Zahl der Möglichkeiten ungeheuer groß, so wächst sie geradezu ins Ungemessene dadurch, daß die Fälle der Schädigungen, gegen die eine Heilpflanze angewandt werden soll, diese erste Zahl der Möglichkeiten vielleicht noch übertrifft. Man stelle sich nun den Prozeß des Ausprobierens vor, der doch stets voraussetzt, daß die bereits gemachten positiven oder negativen Erfahrungen bei der Fortsetzung des Verfahrens berücksichtigt werden. Der Hinweis auf die Jahrtausende während der Geschichte der frühen Menschheit nützt also zur Stützung dieser Annahme nichts; denn es ist wohl vorstellbar, daß ein Ergebnis, das heißt eine bekannte Arznei, über Jahrtausende hin, nicht aber daß negative Erfahrungen über solche Zeiten hinweg weitergegeben werden.

Wenn das Ausprobieren als geistige Grundlage der Entdeckung der Arzneien ausscheidet, so bleibt noch der Zufall. Hier hilft der Hinweis auf die jahrtausendelange Geschichte durchaus; denn was an Zufälligkeiten in hundert Jahren nicht eintritt, das kann vielleicht im Ablauf von Jahrtausenden dem Menschen begegnen. Aber der Ausdruck Zufall ist, wo immer er gebraucht wird, ein Verlegenheitswort, das nichts zur Erklärung einer Erscheinung beiträgt. Wenn die Australier durch Zufall ein Stück Meteoreisen gefunden hätten und durch Zufall bemerkt hätten, daß es durch Behandlung im Feuer in eine andere Form gehämmert werden kann, so hätten sie vermutlich doch keine Eisenindustrie. Tatsächlich aber könnte es ein solcher Zufall gewesen sein, der irgendwo und irgendwann in der Kulturgeschichte dazu führte, daß die Menschen zur Eisenverarbeitung übergingen. Das setzt aber voraus, daß der Mensch diesem Zufall in einer geistigen Situation begegnete, in der er befähigt war, das als Zufall bezeichnete Erlebnis in seiner besonderen Wichtigkeit aufzunehmen und es seiner Anschauung von der Welt einzufügen. Bei der Entdeckung der Eisenverarbeitung kann der Zufall keine größere Rolle gespielt haben als etwa bei der Entdeckung

Amerikas, an deren historischer Bedingtheit niemand zweifelt. Anders aber kann es auch nicht mit dem Zufall der Entdeckung einer Arzneipflanze gewesen sein. Das Erlebnis kann nur Menschen zuteil geworden sein, denen dieser Zufall sehr zustatten kam. Das heißt aber nichts anderes, als daß diese Menschheit auf die Entdeckung der Arzneien geistig vorbereitet war und daß sie sie wohl auch entdeckt hätte, wenn kein Zufall dabei Pate gestanden hätte.

Es ist stets von großer Wichtigkeit, sich den Prozeß der Entstehung von Kulturgütern möglichst anschaulich vorzustellen. In diesem bestimmten Fall muß man von einem kulturellen Zustand ausgehen, in dem noch keine Heilpflanze bekannt war. Wie soll der Mensch zum ersten Mal auf die Idee verfallen sein, eine bestimmte Pflanze gegen ein bestimmtes Übel anzuwenden? Eine einmalige, rein zufällige Wirkung hätte er bestimmt gar nicht bemerkt, wenn nicht aus der historischen Situation heraus seine Aufmerksamkeit gerade auf diese Möglichkeit der gegenseitigen Wirkungen gerichtet gewesen wäre. Wenn wir nach kulturhistorischem Material suchen, aus dem wir eine Weltbetrachtung erschließen könnten, deren Aufmerksamkeit auf diese Erscheinungen gerichtet war, so liegt es zweifellos nahe, die umfangreichen und hier nur beispielhaft erwähnten Glaubensinhalte heranzuziehen, in denen Pflanze, Tier und Mensch mit ihren gegenseitigen Wirkungen aufeinander bezogen werden. In ihnen zeigt sich eine Betrachtung der Welt, die die Erscheinungen unter dem Gesichtspunkt ordnet, daß die Dinge in dieser Welt freundlich oder feindlich zueinander stehen. Sie ist ein deutlicher Beleg dafür, daß es tatsächlich eine historische Situation in der Frühgeschichte der Menschheit gab, in der ein wesentlicher Teil der Aufmerksamkeit auf diesen Aspekt der Wirklichkeit gerichtet war. Der *Kanaime*-Begriff der Guayana-Völker, auf den wir mehrfach aufmerksam machten, gibt nur einen kleinen Ausschnitt aus dieser Weltbetrachtung. Er basiert nur auf dem Gegensatz zwischen fremd und heimisch. Die Angaben über die Huaboa-Pflanzen gehen weit darüber hinaus und enthalten auch eine viel intensivere Erkenntnis über ein ganz bestimmtes Wesen der Dinge. Sie gehen nicht von dem eigentlichen biologischen Lebensgefühl aus, wie das beim Kanaime-Begriff der Fall ist, sondern sie ordnen Tiere und Pflanzen in ein objektives System nach ihrem Verhältnis zueinander und zum Menschen. Es ist kein Zweifel, daß es diese

Freund- und Feindschaftsverhältnisse zwischen den Dingen wirklich gibt und daß sich ein Teil ihres Wesens darin ausdrückt. Es basieren nicht nur die Gifte und Arzneien darauf, sondern auch viele andere Gegebenheiten der Wirklichkeit, wie etwa die Feststellung, daß bestimmte Farben zueinander passen und andere »sich beißen«, oder manche Beobachtungen über das chemische Verhalten der Stoffe. Dieses bestimmte Wesen der Dinge – besonders im Reich der Pflanzen und Tiere – richtig erkannt zu haben, ist offenbar das große Verdienst einer nicht genau bestimmbaren frühen Kulturepoche der Menschheit gewesen, die dazu nur auf Grund ihres besonderen Verhältnisses zur Umwelt, ihrer Anschauung von der Welt, befähigt war. Diese spezifische Fähigkeit besaßen andere Kulturepochen nicht, weil die kulturgebundene Anschauung von der Welt nicht die Voraussetzung für diese bestimmte Art der Entdeckung enthielt.

Die Vorstellungen über Wesen und Wirksamkeit der Naturspezies, wie sie sich in den oben angeführten Beispielen enthüllen, erscheinen uns also als ein Niederschlag dieser Weltanschauung, als eine ihrer kulturellen Gestaltungen. Als solche unterlagen sie natürlich auch dem Gesetz des Ablaufs vom Ausdruck zur Anwendung, und viele diesbezüglichen Bräuche und Praktiken der Naturvölker werden zweifellos nur als ihre sinnentleerten Survivals anzusprechen sein, wie wir das für das lediglich mit der äußeren Ähnlichkeit begründete Huaboa-Verhältnis zwischen Tier und Pflanze dargelegt haben. Hierher gehören meines Erachtens auch viele andere Erscheinungen, die in der Ethnologie üblicherweise als »Analogie«-Zauber etikettiert werden. Fragen wir also zusammenfassend nach einem charakteristischen Merkmal für die historische Situation, die zur Entdeckung der Heilpflanzen führen konnte, so möchten wir gerade jene spezifische Geisteshaltung hervorheben, die ihre Aufmerksamkeit auf die spirituelle Wesenheit der Dinge dieser Welt und ihrer Wirkungsmöglichkeiten aufeinander gerichtet hatte. Dann aber wäre es doch gerade der Glaube an sogenannte Geister gewesen, der die Menschheit zur Entdeckung der Wirkungsmöglichkeiten der Pflanzen zum Schaden und zum Frommen des Menschen befähigte.

Wenn wir von einem Geist sprechen, so denken wir dabei meistens an eine Person. Bisher haben wir jedoch nur von spirituellen Wesen gehandelt, die in der Literatur allerdings meistens auch unter den Geistern erscheinen. Im allgemeinen jedoch sind die hier behandelten Pflanzengeister nach dem Glauben der Naturvölker gestaltlos oder man stellt sie sich als winzig kleine Wesen vor. Trotzdem werden sie meistens auch als Personen gedacht, wie die früher behandelten *Ayug*-Geister der Bäume und Pflanzen (vgl. Kap. XI, 1). Aber ihr persönlicher Charakter ist viel unanschaulicher als etwa der der Totengespenster, die uns im nächsten Abschnitt beschäftigen sollen. Hierin stimmen die bisher behandelten Geister mit den typischen Krankheitsgeistern überein, auf die wir noch zurückkommen werden (Abschn. 6). Bei beiden Arten handelt es sich überwiegend um ein »Wirkendes« an den Erscheinungen, also um etwas Spirituelles, dessen Personifizierung zweifellos sekundär und im Grunde bedeutungslos ist.

4. Geister und schlimmer Tod

Wir hatten bereits hervorgehoben, daß EDWARD B. TYLOR zweifellos einen wichtigen Punkt getroffen hat, wenn er die Geister so eng mit den Vorstellungen über die Verstorbenen in Verbindung brachte. Er selbst hat eine Fülle von Material zur Stützung dieser These beigebracht, das sich seit seiner Zeit noch um vieles vermehrt hat. Für Tylor sind es die Seelen der Verstorbenen, die zu selbständigen Geistern werden und vor denen sich die Menschen fürchten. »Es ist eine ganz gewöhnliche Erscheinung, daß wilde Stämme die Seelen der Toten als schädliche Geister fürchten« (Bd. 2, S. 111), schreibt Tylor und bemerkt offenbar nicht, daß sich in dem gleich darauf von ihm aufgezählten Material ein merkwürdiger Widerspruch auftut; denn einerseits ist dort von scheußlichen Plagegeistern die Rede, die ausgesprochene Feinde der lebenden Menschen sind, und andererseits von »vergöttlichten Vorfahren ..., die man im allgemeinen als freundliche Schutzgeister, wenigstens ihren eigenen Verwandten und Verehrern gegenüber, ansieht« (Bd. 2, S. 113).

Die Furcht vor dem Toten soll angeblich überhaupt die natürlichste menschliche Empfindung sein und unzähligen geistigen Verhaltensweisen des frühen Menschen zugrundeliegen. Der Germanist HANS NAUMANN (S. 52 f.) hält den bösen Charakter der Verstorbenen für etwas ganz Natürliches; denn sie hätten das menschliche Verlangen nach menschlicher Gesellschaft, und deshalb holten sie von den Lebenden diejenigen, die ihnen am liebsten sind. So werden die Verstorbenen zu Todbringern, und deshalb sind sie so gefürchtet. Alle Totenbräuche sollen nur den Sinn haben, den Verstorbenen an seinem menschenfeindlichen Verhalten zu hindern. Die Leichenverbrennung beispielsweise entsprang diesem Willen zur völligen Vernichtung des Toten. »Aber da auch die Verbrennung im allgemeinen natürlich nichts half gegen Träume und Phantasien, da der Tote und vollkommen Vernichtete dennoch wiederkam, so ergab sich notwendig der Schluß, daß das Leben gar nicht im Leibe sitze, sondern« in der »Seele. Der ganze Animismus ist wohl nichts als eine Gefolgserscheinung des Leichenbrandes, ein logischer Schluß aus einem vergeblichen Abwehrritus.« (S. 59f.)

Dieser weit verbreiteten Ansicht von der Natürlichkeit einer Totenfurcht widersprechen die schon behandelten Erscheinungen des Ahnenkultes mit einer ganz anderen Grundhaltung gegenüber den Verstorbenen, die man zu den Festen einlädt, die man durch Maskenträger darstellt oder die unter der Erde am Fest teilnehmen. Dieser Widerspruch in den Angaben läßt sich nicht so lösen, wie Tylor es offenbar versucht, daß dieselben Toten eben einmal böse und einmal gut sein könnten, wie ein strenger Vater oder Herrscher, der straft und belohnt je nach seiner Laune und nach dem Verhalten der seiner Autorität Unterstellten.

Die geliebten und die gefürchteten Toten sind vielmehr zwei ganz verschiedene Arten von Verstorbenen, zu denen die Lebenden deshalb jeweils ein ganz anderes Verhältnis haben, weil sie ihrerseits verschiedenartige Schicksale haben. Schon die von Tylor (Bd. 2, S. 111ff.) selbst aufgeführten Beispiele von gefürchteten Toten zeigen in der größeren Zahl der Fälle, daß es sich um besondere Tote handelt: Unbeerdigte Leichen, Zauberer, die nach dem Tode zu bösen Dämonen werden, Schamanen, die zu einer besonderen Klasse von Geistern werden, Aussätzige und Bettler, Personen, die durch Pest oder Gewalt umgekommen sind, Frauen, die im Kindbett gestorben sind usw. Diese aus Tylors eigenem Material herausgezogene Liste ist nicht vollständig; aber sie genügt, um klar zu machen, daß die gefürchteten Toten eine besondere Kategorie darstellen, hauptsächlich von solchen Menschen stammend, die keines natürlichen Todes gestorben sind. Es ist sehr schwer, sich vorzustellen, daß der »schlimme Tod« selbst, daß die gewaltsame Todesart in sich die Ursache dafür sei, daß der davon Betroffene nach dem Tode ein so anderes Schicksal hat als der auf natürliche Weise Verstorbene.

Der Glaube, daß eine auffällige und insbesondere eine gewaltsame Todesart den Menschen zum Geist, Dämon oder Gespenst werden läßt, ist bei Naturvölkern so verbreitet und so vielfach belegt, daß der verallgemeinernde Schluß erlaubt erscheint, daß es sich überwiegend um die Opfer des schlimmen Todes handelt, wenn von den als Geistern gefürchteten Toten die Rede ist. Wir werden noch sehen, daß die zugrundeliegende Idee offensichtlich noch allgemeineren Charakter hat, daß es sich nämlich dabei stets um die nicht in das Totenreich aufgenommenen Menschen handelt. Ich erinnere an das früher (Kap. XIV, 1) behandelte Beispiel von den *Apapocuva*, das Curt Nimuendaju berichtet hatte, das uns einen solchen praktischen Fall demonstriert, in dem ein Gespenst aus dem Ermordeten wird, vor dem sich die Lebenden so fürchten, daß sie beschließen, ihre Wohnsitze zu verlassen und sich weit entfernt neu anzusiedeln, woran sie Nimuendaju nur dadurch hindern konnte, daß er sich selbst mit dem Schamanen vereinigte, um das Gespenst zu vernichten. Wie erwähnt, hätte, wenn es sich nicht um die Tier-, sondern um die Pflanzenseele gehandelt hätte, eine schamanistische Zeremonie den Erfolg haben können, für das Gespenst noch nachträglich die Aufnahme in das Totenreich zu erwirken.

Wie kann diese feindselige Haltung, diese Vernichtungswut gegenüber den so unglücklich ums Leben Gekommenen entstanden sein? Es scheint in der Literatur über Naturvölker nicht ein einziges Beispiel dafür zu geben, daß man ein solches Gespenst nicht als Feind betrachtet, von dem Wirken des Geistes nicht das Allerschlimmste für die Gemeinschaft der Lebenden erwartet. Dabei beruft man sich keineswegs auf Taten, die das Gespenst schon zu seinen Lebzeiten als einen Bösewicht oder Feind kennzeichnen. Erst die Todesart macht es deutlich, daß man es hier mit einem Feind der Menschengemeinschaft zu tun hat. Kann eine ungewöhnliche Todesart aus einem an sich harmlosen Menschen einen bösen Dämon machen oder ist sie nur ein Zeichen dafür, daß der Mensch immer schon ein Feind, daß das harmlose Äußere nur eine Tarnung war? Das naturvölkische Material spricht mit Entschiedenheit für die zweite Möglichkeit. Zur Vervollständigung des Gedankenganges beziehe ich mich zunächst auf eine Mythe aus Ceram, die die Entstehung der Geister zum Gegenstand hat. Bei der Beschreibung der großen mythischen Vorgänge, durch die die Urzeit beendet wurde, heißt es über die Entstehung der Geister folgendermaßen: *Satene,* die Beherrscherin der noch unsterblichen Urzeit-*Dema,* vollführt eine Zeremonie, als durch den Mord an der göttlichen *Hainuwele* die Urzeitdaseinsform beendet war. Sie errichtet ein großes Tor in der Gestalt einer neunfachen Spirale (Labyrinth?), und läßt alle Dema sich jenseits des Tores versammeln, während sie selbst diesseits des Tores steht. Die Dema müssen nun durch das Tor hindurch zu ihr kommen. Alle Dema, die durch das Tor zu Göttin Satene gelangten, wurden normale sterbliche Menschen. Diejenigen aber, denen die Lösung dieser Aufgabe nicht gelang, wurden zu Geistern oder zu Tieren. Dieser mythische Urzeitvorgang ist zweifellos das Urbild für die Vorstellung von der Totenreise; denn Satene residiert heute im Totenreich, und der sterbliche Mensch muß zu ihr gelangen, wenn es ihm vergönnt sein soll, das erfüllte Leben im Totenreich fortzusetzen. Das Passieren des Tores entspricht dabei offensichtlich einer jener bekannten Proben vor dem Einlaß in das Totenreich. Daß bei dem Urzeitvorgang jene Dema, die die Probe nicht bestanden, nicht zu sterblichen Menschen, sondern zu Geistern wurden, entspricht also genau der sehr oft berichteten Angabe, daß jene menschlichen Verstorbenen, die wegen der nicht bestandenen Probe nicht ins Totenreich gelangen, zu Geistern werden. Die Probe aber hat ursprünglich zweifellos nicht den Sinn, aus einem harmlosen Wesen, wenn es sie nicht besteht, einen bösen Dämon zu machen, sondern ein Prüfstein zu sein, der anzeigt, welcher Mensch ein erfülltes Leben hatte.

Es ist sehr auffallend, daß der schlimme Tod offenbar die gleichen Konsequenzen hat wie das Nichtbestehen dieser Probe vor dem Eintritt ins Totenreich. Dies sei zunächst an einigen Beispielen aus Hinterindien veranschaulicht, aus denen in ihrer Gesamtheit die mit dem schlimmen Tod verbundenen Vorstellungen deutlich hervorgehen.

J. P. MILLS (Ao-Nagas, S. 283 ff.) schildert uns ausführlich die Maßnahmen, die bei den Ao ergriffen werden müssen, wenn einer der ihren dem schlimmen Tod zum Opfer fällt. Wie alle *Naga* nennen auch die Ao bestimmte Todesarten *apotia,* das heißt verflucht. Als solche Todesarten gelten Ertrinken, vom Felsen oder vom Baum Stürzen, Verbrennen, durch wilde Tiere Umkommen, im Kindbett Sterben usw. Der Verstorbene muß ohne die üblichen und sonst sehr wichtig genommenen Totenzeremonien sofort, und wenn der Tod außerhalb des Dorfes eintrat, an Ort und Stelle begraben werden. Sein Name darf bei den großen Zeremonialfesten nicht mit denen der bedeutenden Verstorbenen aufgezählt werden, auch nicht, wenn sein Rang, den er im Leben hatte, dies eigentlich erforderlich macht. Auch darf sein Name nie mehr für einen Nachkommen verwendet werden (S. 286). Die Dorfgemeinschaft muß umfangreiche Reinigungszeremonien vornehmen (S. 254). Für die Familie des Betroffenen aber bedeutet das Ereignis Schande und vollständigen Ruin. Alle Haustiere müssen getötet werden, man zerschlägt allen Schmuck, zerreißt alle Kleider und verwüstet die ganze Habe der Hausgemeinschaft (S. 285). Es ist bemerkenswert, daß bei den *Rengma-Naga* diese Verwüstung des Hauses als Strafe für schwere Verbrechen verhängt wird (Mills, Rengma-Nagas, S. 147). Der Getreidespeicher wird vom Priester aufgeschnitten, und man läßt das Getreide herausrinnen; bestellte Felder läßt man vermodern. Die Familie des Verstorbenen muß ohne alle Habe unter bestimmten Zeremonien das Dorf verlassen und im Wald eine eigens errichtete kleine Blätterhütte beziehen. Dort müssen sie ihre Kleider ablegen und dafür alte anziehen, die ihnen die Clangenossen hingelegt haben. Diese stellen ihnen auch täglich Essen vor die Hütte, aber ohne mit ihnen zu sprechen. Erst nach längerem Aufenthalt außerhalb des Dorfes können sie wieder dorthin zurückkehren. Sie gelten dann als von ihrer Unreinheit befreit, sind aber bettelarm und auf die Barmherzigkeit ihrer Freunde angewiesen.

Wie die Bezeichnung für diese Todesarten, so zeigen auch diese mit ihnen verbundenen Zeremonien, daß der Verstorbene als verflucht angesehen wird. Alles, was an ihn erinnern könnte, muß ausgelöscht werden. Die Verweigerung der Totenzeremonien zeigt, daß er nicht ins Totenreich gelangen kann oder soll. Er ist ausgestoßen aus der Gemeinschaft der Toten wie auch seine Angehörigen aus der Gemeinschaft der Lebenden ausgestoßen werden müssen, bis sie »gereinigt« sind. Alles mutet an wie die Reaktion auf einen schweren Frevel.

Tatsächlich wird bei verschiedenen Völkern der schlimme Tod als ein Zeichen dafür angesehen, daß der Verstorbene eines furchtbaren Vergehens schuldig ist. So glauben die den Naga benachbarten *Mikir*, daß jemand, der vom Tiger getötet wird, ein schweres Verbrechen begangen haben muß und nicht ins Totenreich gelangen kann, wenn nicht besondere Zeremonien vorgenommen werden (CHARLES LYALL, S. 37f., 71). Ebenso heißt es beispielsweise auf der Insel Ceram (Indonesien), daß ein durch Unfall Umgekommener schwere Schuld auf sich geladen habe (JOSEF RÖDER, S. 70). Dieser Zusammenhang zwischen schlimmem Tod und Verbrechen geht auch aus verschiedenen Angaben hervor, die P. R. T. GURDON (S. 77, 94, 122f., 135) über die *Khasi* (Assam) macht. Als schwerstes und unsühnbares Verbrechen gilt bei diesem Volk, das eine exogame Sozialordnung hat, die Blutschande, das heißt die Heirat bzw. der Geschlechtsverkehr innerhalb der eigenen Gruppe. Ein solches Vergehen wird mit Ausstoßung aus der Gemeinschaft, Verweigerung der Totenzeremonien und Verweigerung der Bestattung in der Clanbegräbnisstätte bestraft. Gleichzeitig glaubt man, daß für die Schuldigen selbst eine jener Todesarten (durch Blitz oder Tiger umkommen oder im Kindbett sterben und dergleichen) die Folge sein könne, die auch bei den Khasi als unheilvoll gelten und besondere, langwierige Zeremonien notwendig machen, um die Beisetzung im Clanbegräbnis zu ermöglichen. Aus diesen Beispielen, denen sich zahlreiche weitere aus anderen Gebieten zur Seite stellen ließen, geht deutlich hervor, daß der schlimme Tod, ebenso wie das Versagen bei der Probe vor der Aufnahme in das Totenreich, nicht den Menschen zu einem Verfemten macht, sondern vielmehr ans Licht bringt, daß er ein Gezeichneter ist, von dem sich die Gemeinschaft mit Entsetzen abwendet und dem der Eintritt ins Totenreich versagt ist. Uns will sogar scheinen, daß gerade dies letztere das Entscheidende ist, aus dem sich die Ausstoßung aus der Gemeinschaft, der Abscheu und die Furcht als Konsequenzen ergeben. Entsprechend unserer früheren Darlegung über das religiöse Ethos würde sich daran zeigen, daß der Mensch schon zu Lebzeiten nicht das wahre Menschsein gewonnen hatte, weil er die entscheidende menschliche Fähigkeit nicht besaß (oder keinen Gebrauch von ihr machte), die Weltordnung als göttlich zu erleben.

Es fügt sich sinnvoll in diese Glaubensvorstellungen, wenn ein solcher Verstorbener, der keine Bleibe im Totenreich findet, als ein feindlicher Geist gefürchtet wird, wie das vielfach belegt ist. Wir verweisen nur auf die oben erwähnten Beispiele von Tylor, in denen die gefürchteten Totengeister meist Opfer eines schlimmen Todes waren und auf den Bericht von Nimuendaju über jenes Totengespenst der Apapocuva, als das ein Ermordeter die Gemeinschaft bedrohte.

Die Gemeinschaft ist zweifellos eine der unmittelbarsten Ausdrucksformen für eine Art der Zweiteilung der Welt, die uns schon oft begegnet ist. Die biologische Nähe, die alles zur Gemeinschaft Gehörende freundschaftlich verbindet, erzeugt aus sich heraus das Feindschaftsgefühl gegenüber dem Fremden. Derjenige Verstorbene, der Einlaß ins Totenreich findet, gehört auch weiterhin zur Gemeinschaft. Nicht zur Gemeinschaft gehören heißt friedlos sein mit allen entsetzlichen Folgen, die sich daraus für den Lebenden und für den Toten ergeben. Ein Gespenst ist ein Friedloser, feindlich den Menschen, wie diese in ihm den Feind schlechthin erblicken.

Läßt sich auf diese Weise ein sinnvoller Zusammenhang erkennen zwischen der Ausschließung aus dem Totenreich und dem Fortleben eines davon Betroffenen als feindliches Gespenst, so ist der Zusammenhang, den diese Vorstellungen mit dem schlimmen Tod haben, vorläufig nur als Phänomen festzustellen, ohne daß sich die Fremdartigkeit dieser Erscheinung für unser Verständnis restlos auflösen läßt. Auch uns erscheint zwar ein Leben sinnerfüllter, das nach einem reichen Dasein durch einen natürlichen Tod beendet wird, wenn wir nur dieses biologische Dasein selbst ohne Beziehung auf Werte außerhalb desselben betrachten. Aber es würde uns schwer fallen, die Todesart als Maßstab für den Sinn eines Lebens anzusehen. In jüngeren Kulturschichten kommen übrigens ganz andere Wertungen von vielfach den gleichen Todesarten vor, so daß beispielsweise die im Kriege Gefallenen zwar in ein anderes Totenland ziehen, damit aber vielmehr eine Ehrung und nicht mehr die Vorstellung von der Verwandlung in böse Geister verbunden ist.

Jedoch sollen diese sehr komplizierten Fragen nach dem Verhältnis des Menschen zur Art des Todes hier nicht Gegenstand von weiteren Untersuchungen sein. Es bleibt uns zunächst nichts anderes übrig, als die Tatsache hinzunehmen, daß diejenigen Geister, die als verstorbene Menschen gelten, als besonders feindselig aufgefaßt werden. Ihre Existenz ist nach dem Glauben dieser Völker eine andere Form der Fortsetzung des

Lebens als die natürliche im Totenreich. Es sind nur bestimmte Verstorbene, die diesem Schicksal anheimfallen, und das Kennzeichen ist überwiegend die außergewöhnliche Todesart. Furcht vor den Toten und vor ihrer Wiederkehr ist also keineswegs ein allgemein gültiges Merkmal für das naturvölkische Verhältnis zu den Verstorbenen. Die Gefühle gegenüber den toten Vorfahren sind im Gegenteil vorwiegend von dem Glauben an ihre Gottesnähe beherrscht und deshalb ehrfurcht- und liebebetont. Nur eine spezifisch sittlich wertende Auffassung vom Sinn des Lebens hat den Glauben hervorgebracht, daß das erfüllte Leben die ewige individuelle Fortexistenz im göttlichen Bereich zur Folge habe, von der jedoch der Mensch ausgeschlossen bleibt, der die Probe nicht bestanden hat und der als Feind der Lebenden sein gespenstisches Dasein als böser Geist auf der Erde fortsetzen muß.

Diese Art von Geisterglauben macht jedenfalls deutlich, daß es sich bei den ihm zugrunde liegenden Wesenheiten um etwas ganz anderes handelt als etwa bei den Tier- und Pflanzengeistern, die wir am Beispiel der Arzneien und Gifte im vorigen Abschnitt behandelt haben. Dort sind es jene spirituellen Essenzen, die das eigentliche Leben an Tier und Pflanze ausmachen, vor allem das Wirkende an ihnen. Für sie paßt unsere Bezeichnung Seele zwar nicht vollständig, aber doch besser als für diese Totengespenster, die den ganzen Menschen umfassen mit Ausnahme seines Leibes.

5. Degenerierte Gottheiten als Geister

Hatte sich in den bisherigen Ausführungen schon gezeigt, daß sich der Geisterglaube auf ganz verschiedenartige Wesen bezieht, so ist die Aufzählung der Typen und ihrer verschiedenen Wurzeln noch keineswegs vollständig. Wenn sich auch bei weit voneinander entfernt lebenden Völkern – etwa bei amerikanischen und afrikanischen – sehr oft ganz ähnliche Typen von Geistern finden, die deutlich für einen gemeinsamen Ursprung der zugrundeliegenden Ideen sprechen, so ist es doch bei dem heutigen Stand unseres Wissens unmöglich, eine auch nur annähernd vollständige Beschreibung dieser Typen anzustreben, ganz abgesehen davon, daß wir bei vielen Geisterbeschreibungen nicht die Möglichkeit haben, die mit ihnen verbundenen

Vorstellungen zu verstehen. Es mag im folgenden nur noch kurz eine sehr oft vertretene Gruppe von Geistern erwähnt werden, deren Gemeinsamkeit zunächst nur dadurch gekennzeichnet sei, daß sie weder mit den spirituellen Doubles der lebendigen Erscheinungen noch mit den Totengeistern in Verbindung gebracht werden kann, sondern offensichtlich auf eine ganz andere Wurzel zurückgeführt werden muß. Viele solcher Geister, die vorwiegend in mythischen oder märchenhaften Erzählungen auftreten und oft durch irgendeine körperliche Besonderheit gekennzeichnet werden, müssen meines Erachtens als ursprünglich göttliche Gestalten gedeutet werden, die nach einem langen Degenerationsprozeß als Geisterhelden in einer Erzählung auftreten, die gelegentlich noch einen matten Abglanz der ursprünglichen mythischen Beschreibung göttlicher Taten aufweist.

Um diese Art von Geistern nur an einem Beispiel zu erläutern, zitiere ich eine Erzählung, die ich in Westceram aufzeichnete (Hainuwele, S. 371 f.). Darin ist von einem Mann die Rede, dessen Genitalien so gewaltig anwuchsen, daß er schließlich zwei Körbe tragen mußte, einen auf dem Rücken, einen anderen auf der Brust, um darin seinen Penis zu verbergen. Dieses Motiv von den übermäßig angewachsenen Genitalien eines männlichen Wesens findet sich im naturvölkischen Erzählungsgut sehr häufig, und zwar meistens als Kennzeichen von Geisterwesen. Ein anderes Beispiel berichtet ROBERT MOWRY ZINGG (S. 538) von den *Huichol* in Mittelamerika über ein Geistwesen, dessen Penis bis zur Länge von hundert Metern wuchs, so daß er ihn um den Leib wickeln und in einem Korb auf dem Rücken tragen mußte.

Was nun diese männliche Gestalt mit den übergroßen Genitalien in der märchenhaften Erzählung von Westceram anbetrifft, so ist sie zweifellos ein später Nachkomme einer sehr bedeutenden *Dema*-Gottheit. Dies läßt sich deutlich an den Mythen zeigen, die GUNNAR LANDTMAN von den *Kiwai* in Neuguinea aufgezeichnet hat. Dort ist eine der bedeutenden Dema-Gottheiten *Soido*, dessen Genitalien außergewöhnlich angeschwollen sind, weil er die Feldfrüchte verschlungen hat, ohne sie vorher zu kauen. In der Mythe wird geschildert, wie die ersten Pflanzen dadurch entstanden, daß der Dema seinen, die Früchte der Pflanzen enthaltenden Samen über die Erde verstreut. Die ungewöhnlich angewachsenen Genitalien dieser fruchtbarkeitbringenden Gottheit sind also nicht nur symbolisch zu verstehen, sondern erklären sich auch aus der ganz konkreten Angabe der Mythe, daß alle Früchte darin verborgen sind (Folk-Tales, S. 119 ff.). Soido ist nur eine der mythischen Varianten von einer anderen Dema-Gottheit, die *Sido* heißt. Er ist es, den ersten Tod erleidet und die erste Totenreise antritt und der sich selbst in das Haus verwandelt, das das Totenreich darstellt. Wie meistens ist diese Dema-Gestalt auch mit dem Mond mythisch verbunden. Eine ganz ähnliche Erscheinung wie Sido-Soido ist ein anderer Dema, namens *Ganumi,* der später als Mond an den Himmel fliegt. Bei ihm kehren sogar die zwei Körbe wieder, die in der ceramesischen Erzählung nur zum Tragen der Genitalien dienten. Bei Ganumi aber heißt es, daß er ebenfalls einen Korb vorne, einen anderen hinten trägt und daß er sich (als Mond) bald hinter dem einen, bald hinter dem anderen verbirgt, was auf den zu- und abnehmenden Mond hindeuten soll. Der göttliche Charakter der großen Dema-Gestalten bei den Kiwai ergibt sich aus den von Landtman aufgezeichneten echten Mythen. Bei der überzeugenden Parallelität der nicht mehr echten Mythe der Ceramesen von dem Geisterwesen mit dem langen Penis – die Übereinstimmungen sind noch zahlreicher als hier erwähnt (vgl. AD. E. JENSEN, Religiöses Weltbild, S. 58 ff.) – und im Hinblick auf die räumliche Nähe der beiden Völker ist es wohl berechtigt, den ceramesischen Geist mit den Dema-Gottheiten der Kiwai in Verbindung zu bringen.

Dieses Beispiel sollte zeigen, wie oft in recht belanglosen Erzählungen Geister oder ähnliche Gestalten auftreten, die nur aus den echt mythischen Beschreibungen von Gottheiten und ihren Taten verständlich werden. Meistens handelt es sich dabei um körperlich abnorm gebildete Geister, bei denen ein ursprünglich echt mythisch begründetes Merkmal nur noch um des Greulichen willen beibehalten wird. So sind zum Beispiel halbseitig gebildete Geister-Menschen ein in allen Erdteilen verbreitetes Mythenmotiv. Ich habe an anderer Stelle[*] dargelegt, daß dieses in vielen Erzählungen nur als gruseliges Geistermerkmal wiederkehrende Motiv ebenfalls in seinem Ursprung auf ein göttliches Merkmal, nämlich auf die Vorstellung

[*] Die Arbeit erschien unter dem Titel ›Die mythische Vorstellung vom halben Menschen‹ in der Zeitschrift ›Paideuma‹ 5 (1950).

von der Höherbewertung der rechten Körperhälfte der Gottheit zurückgeht.

Im einzelnen lassen sich solche Zusammenhänge zwischen Geistern, die in Erzählungen auftreten und irgendeine ungewöhnliche körperliche Beschaffenheit haben, und Gottheiten, bei denen diese körperlichen Merkmale einen mythisch begründeten Sinn haben, naturgemäß nur durch umfangreiche Mythenvergleiche überzeugend machen. Besonders lohnend wären Untersuchungen über die zahlreichen Geister, die engste Tierbeziehungen haben und bei denen die Vermutung berechtigt ist, daß es sich um korrumpierte Formen der Gottesvorstellung vom Herrn der Tiere handelt. Allein schon die Tatsache, daß eine Fülle von Geistern stets mit überraschend gleichen Merkmalen in den verschiedensten Teilen der Erde wiederkehren, spricht bei vielen von ihnen für eine gemeinsame Quelle. Geister mit einem Stirnauge, mit einem eisernen Schwanz, mit zugespitzten Beinen, solche, die nur aus einem Kopf bestehen und viele andere sind Vorstellungen, die eine weite Verbreitung haben. In der ursprünglichen Vorstellung aber muß die Angabe über die körperliche Beschaffenheit sinnbezogen gewesen sein, während sie in den Geistererzählungen meist nur um der grotesken Züge willen berichtet wird. Es mag also wenigstens die Vermutung gestattet sein, daß es sich bei allen diesen Geistern ursprünglich um mythisch echte Gestalten – und diese sind ja meist Gottheiten – gehandelt hat. Hier wäre also der Degenerationsprozeß der, daß ein mythisch begründetes, besonderes körperliches Merkmal einer Gottheit zu der Grundlage einer Geistervorstellung geworden ist. Auch hier ist also – entgegen der Theorie von EDWARD B. TYLOR – sie umgekehrte Entwicklungsrichtung wahrscheinlicher: Die Götter gingen nicht aus den Geistern hervor, sondern einige Typen dieser Geister sind degenerierte Gottheiten.

6. Verschiedenartige Geister im Glauben der Ceramesen

Die sehr verschiedenartigen Quellen für die Geistervorstellungen können unmöglich vollständig erfaßt werden. Wir wollen zum Abschluß dieser Betrachtung über die Geister in aller Kürze am Beispiel eines Volkes erläutern, welche Typen von Geistern bei diesem hauptsächlich auftreten.

Ich greife dafür das Volk der *Wemale* in Westceram heraus, weil es mir auf Grund meines Aufenthaltes dort am vertrautesten ist (vgl. AD. E. JENSEN, Drei Ströme, S. 192 ff.). Die Religion dieses Volkes wird durch den Glauben an *Dema*-Gottheiten beherrscht. Die Seelenvorstellungen sind sehr unklar und für das geistige Leben auch nicht von besonderer Wichtigkeit. Von großer Bedeutung sind hingegen die Beziehungen zum Tode und zu den Verstorbenen. Alle Gottheiten werden ausdrücklich auch als Verstorbene bezeichnet, nur seien sie vor sehr langer Zeit gestorben. Der normale Tod führt den Menschen ins Totenreich, wo das irdische Leben fast unverändert fortgesetzt wird. Gewaltsamer Tod aber kann den Menschen in ein gefürchtetes Gespenst verwandeln, das sich durch heulende Geräusche kundgibt.

Von den Gottheiten und den Verstorbenen werden die Geister, besonders in dem Verhalten der Menschen ihnen gegenüber, deutlich unterschieden. Die Bezeichnung für eine Geistergattung, *Halita*, wird oft als Sammelname für alle Arten von Geistern verwendet. Aus den Aussagen sowohl wie aus den Erzählungen über die Halita geht jedoch ihre Sonderstellung und die Trennung gegenüber anderen Geistern hervor. Zunächst einmal werden sie nicht als Krankheitsbringer beschrieben. Trotzdem gelten sie meist als gefährlich und feindlich, weil sie auf Menschenraub aus sind und sich besonders gern der Kinder bemächtigen, um sie zu verspeisen. Schon dieser Zug zeigt ihre Verwandtschaft mit dem menschenverschlingenden Ungeheuer, das in den Reifefeiern vieler Völker auftritt und auch bei den Wemale in den Einweihungszeremonien für einen Geheimbund eine wichtige Rolle spielt. Alle weiteren Merkmale der Halita bestätigen die Vermutung, daß sie die märchenhafte Degenerationsform jener Dema-Gottheit sind, der das Ritual des Geheimbundes gewidmet ist. So zeigen viele Angaben, daß die Halita mondmythologische Gestalten sind in demselben Sinne, wie es die Dema-Gottheit ist. Sie sind im Besitze großer Reichtümer, unter denen die auf Ceram importierten, sehr beliebten Gongs am häufigsten vorkommen. Nach den Angaben der Eingeborenen sind diese auch ausdrücklich Mondsymbole. Die Tiere, mit denen die Halita am häufigsten vergesellschaftet auftreten, sind der Marder und die Maus, die in vielen Erzählungen mit deutlich lunaren Zügen vorkommen.

Die Halita als ein Typ der ceramesischen Geister scheinen

demnach in ihrem Ursprung keine Geister gewesen zu sein, sondern stellen Survivals des menschenverschlingenden Ungeheuers dar, das ursprünglich nicht den Geisteraspekt hatte; denn so gefährlich auch die Wirksamkeit dieser mit dem Totenreich identischen Gottheit für die Menschen war, die Haltung ihr gegenüber ist völlig verschieden, ja entgegengesetzt zu der Haltung, mit der die Menschen den Geistern begegnen. Der verschlingende Tod ist ein Bestandteil der Weltordnung und läßt sich nicht unter dem Gesichtspunkt betrachten, ob er den Menschen angenehm ist oder nicht. Großartigkeit und Erhabenheit der damit verbundenen Geschehnisse machen es dem Menschen unmöglich, mit seinen egozentrischen und wertenden Empfindungen darauf zu reagieren. Das Doppelantlitz dieser Gottheit mit ihrem hellen und dunklen Aspekt schimmert auch noch in den märchenhaften Erzählungen über die Halita durch. Sind sie wegen ihrer Menschenfresserei gefürchtet, so treten sie doch oft auch als freundliche Helfer auf.

Deutlich verschieden von diesen Halita-Geistern sind die eigentlichen Krankheitsgeister, deren es eine große Zahl im Himmel, auf der Erde und unter der Erde gibt. Ihr geläufigster Name bedeutet: der in den Eingeweiden Hausende. Der Hinweis auf ihre kleine Gestalt und ihre Bewegungen, die so schnell sind wie der Wind, zeigt bereits, daß wir es hier mit den spirituellen Wesenheiten zu tun haben, die wir bei der Behandlung der Arzneien und Gifte (vgl. oben Abschn. 3) bereits kennenlernten. Sie sind die Personifikationen der dem Menschen feindlichen Wirkstoffe in der Natur. Mit ihnen kämpft man so, wie man mit Feinden kämpft, wofür die Medizinmänner die geeigneten Waffen und Verfahren besitzen. Die Haltung des Menschen zu diesem ihm feindlichen Aspekt der Natur hat sich niemals geändert; noch heute kämpft die Menschheit mit den Mitteln der medizinischen Wissenschaft gegen die Krankheiten, ohne doch mehr über ihre Ursachen aussagen zu können, als daß eben gewisse Dinge in dieser Welt sich nicht miteinander vertragen, wie beispielsweise bestimmte Bakterien mit manchen Organen unseres Körpers. Es ist immerhin ein auffälliges Merkmal des naturvölkischen Verhaltens, daß die Krankheit niemals als etwas unabänderlich Schicksalhaftes hingenommen wurde wie andere Erscheinungen des Lebens, sondern daß sie auf der Ebene der Feindschaft und des Kampfes verstanden wurde.

Von diesen spirituellen Wesenheiten, die eigentlich nur als

Krankheitserreger in Erscheinung treten, muß noch eine andere Gruppe von Geistern unterschieden werden, die von den Wemale als *Waitete* bezeichnet werden. Ihre Stellung ist nicht ganz klar. Ihre anthropomorphe Erscheinung ist ähnlich wie die der Halita. Aber zum Unterschied von ihnen gelten sie auch als Krankheitsbringer. Ihre hauptsächliche Betätigung liegt auf geschlechtlichem Gebiet. Sie erscheinen einem Menschen in der Gestalt von dessen Ehepartner, so daß die Frau oder der Mann annehmen, daß sie es mit ihrem Ehegatten zu tun haben. Kommt es zum Geschlechtsverkehr, so ist eine schwere Erkrankung der Geschlechtsteile die Folge.

Ein alter Wemale, der viel unter einem solchen Waitete-Geist zu leiden hatte, bat mich, ihm mit unseren Instrumenten bei der Vernichtung des Waitete behilflich zu sein. Er führte mich in der Nähe des Dorfes an Stellen des Waldes, wo die Wohnung des Waitete sein sollte, wo dessen Vorräte lagerten oder wo er seine Felder bestellte. Er kannte auch den persönlichen Namen des Geistes, den dieser ihm selbst im Traum gesagt hatte. Der Waitete besaß auch Weib und Kinder, und gelegentlich waren sie alle zu sehen, wie sie in ihrem Feld arbeiteten. Seine feindselige Tätigkeit gegen dieses Dorf übte der männliche Waitete hauptsächlich dadurch aus, daß er in der Gestalt eines sehr gut aussehenden Mannes den jungen Frauen begegnete. Einige, die seinem Liebesverlangen nachgegeben hatten, waren schwer erkrankt und gestorben. Jedes Vorbeigehen an seiner Wohnung war gefährlich. Der Sohn des alten Mannes, der sein Anliegen bei mir vorbrachte, war kürzlich an jener Stelle seines Weges schwindlig geworden. Der Vater hatte darauf im Traum den Waitete gefragt, warum er seinen Sohn schwindlig gemacht habe, und dieser habe darauf geantwortet, daß sein Sohn auf den Vorrat an Palmwein des Waitete uriniert habe. Dieser Vorrat ist natürlich unsichtbar, kann aber doch durch Handlungen des Menschen beschädigt werden. Der alte Mann fühlte sich darauf verpflichtet, mehrere Bambusköcher mit Palmwein an verschiedenen Stellen des Waldes für den Waitete zu deponieren, um weitere Gefahren für seinen Sohn abzuwenden. Hier hat also das sogenannte Geisteropfer den ausgesprochenen Charakter einer Entschädigung zur Erhaltung des Friedens. Die Gesinnung des Wemale-Mannes, der den Waitete samt seiner ganzen Familie vernichten wollte, ließ keinen Zweifel sowohl an dem nichtgöttlichen wie auch an dem menschenfeindlichen Charakter des Geistes. Aber es ist aus den Angaben trotzdem nicht deutlich zu ersehen, welche ursprüngliche Idee der Existenz des Waitete zugrundeliegt. Mit dem Halita teilt er die vollkommen menschliche Gestalt und die menschliche Lebensweise. Auch besitzt er ein besonderes körperliches Merkmal, nämlich einen faustgroßen Knorpelauswuchs an der oberen Stirn und auf dem Rücken. Die Verursachung von Krankheit und Tod hingegen verbindet ihn mit jenen Geistern, die »in den Eingeweiden hausen«.

Man sieht an der Beschreibung des alten Mannes, daß manche Erlebnisse der Eingeborenen auf wichtigtuerischen Übertreibungen oder volkstümlich phantastischen Ausschmückungen beruhen. Wenn beispielsweise dieser alte Wemale uns die Stellen zeigte, an denen der Waitete-Geist seine Wohnung und seine Vorräte hatte, so hat er dieses Wissen vermutlich »erschlossen« aus den verschiedenen Ereignissen, die jeweils an den Stellen des Waldes eingetreten sind. Den größten Teil seiner anschaulichen Kenntnisse hatte er aus Träumen erfahren, und diese waren sicher von dem Gedankengut beeinflußt, das allen Mitgliedern seines Stammes über das Dasein der Geister vertraut ist. In der überwiegenden Zahl der Fälle geht das Wissen um die Geister überhaupt auf Traumerlebnisse zurück. Es ist oft belegt, daß die Naturvölker zwischen den Träumen unterscheiden, die ihnen bestimmte Wahrheiten offenbart haben, und den anderen allnächtlichen, bedeutungslosen Träumen. Aber es ist im Einzelfall, genau wie bei uns, natürlich schwer zu entscheiden, ob der jeweilige Erzähler zu einer Unterscheidung des Echten vom Unechten, des Bedeutenden vom Belanglosen befähigt ist oder nicht.

Eine andere sehr gefürchtete Art von Geistern sind die *Weddu*. Sie sind mit einem Teil ihres Wesens durchaus eine Parallele zu den *Kanaime*-Geistern in Guayana, die wir bereits kennengelernt haben. Wie jene sind sie nicht unsichtbare Geister, sondern wenigstens dem äußeren Anschein nach leibhaftige Menschen, die aber in Wahrheit Geister sind, die in der Nacht ihr Unwesen treiben. Ganze Dörfer sind früher von solchen Weddu bevölkert gewesen. Der Kampf gegen sie ist ein ganz realer Kampf mit Waffen. Die Leichen der erschlagenen Weddu verwandeln sich über Nacht in Holzstücke und Steine. Natürlich sind es, genau wie in Guayana, immer entfernt liegende Dörfer oder einzelne Individuen in entfernten Dörfern, die als Weddu verrufen sind. Insofern ist die geistige Grundlage für ihre Existenz zweifellos das Feindschaftsgefühl gegenüber dem Fremden, mit dessen Wichtigkeit für das Leben der Naturvölker wir uns bereits befaßt haben.

Daneben aber haben die Weddu noch ein besonderes Wesen, mit dem sie jedoch ebenfalls keineswegs allein stehen. Ihre menschenfeindliche Tätigkeit äußert sich hauptsächlich auf zweierlei Weise. Sie gelten als Leichenesser, und kaum ist ein Toter bestattet, so kommen sie des Nachts angeflogen, graben die Leiche wieder aus und verzehren sie. Mit der gleichen Absicht machen sie sich auch an lebende Menschen heran, indem sie in der Nacht ihren eigenen Kopf vom Körper ablösen, dergestalt, daß alle Eingeweide am Kopf hängen bleiben, und nur der leere Körper auf ihrem Lager zurückbleibt. Ein solcher Kopf mit den daranhängenden Eingeweiden fliegt als Eule oder als große Fledermaus in andere Siedlungen, um schlafenden Menschen den Leib aufzuschneiden und die Eingeweide aufzufressen. Ein auf diese Weise überfallener Mensch bemerkt nach dem Erwachen die Anzeichen einer schleichenden Krankheit. Diese unheimlichen Geister, die von außerhalb des Hauses mit Röhren das Leben aus den schlafenden Menschen heraussaugen, als Eulen in ferne Dörfer fliegen, um sich stets auf jene besondere Art zu betätigen, daß sie den Opfern im Schlafe etwas rauben, was deren eigentliches Leben ausmacht – obgleich der Tod meist nicht die unmittelbare Folge ist, sondern ein langsames Dahinsiechen –, finden sich in erstaunlicher Ähnlichkeit der Vorstellungen in allen Teilen der Erde. Für den Westsudan hat sie Leo Frobenius unter dem Namen der *Subachen* beschrieben. Sie erinnern an unsere Vorstellungen von Alpträumen und gehören zu den in der schwarzen Magie behandelten Typen von geistig mächtigen Persönlichkeiten, die in diesem Fall jedoch ganz bestimmte Fähigkeiten entwickelt haben, um ihre menschenfeindlichen Triebe zu befriedigen. Die weitgehende Übereinstimmung in den Beschreibungen dieser besonderen Fähigkeiten läßt ihren gemeinsamen Ursprung in einer sehr alten Kulturschicht vermuten, ohne daß es bisher möglich ist, die ihnen zugrundeliegenden Vorstellungen unserem Verständnis näher zu bringen. Zweifellos haben jedoch mythische Beschreibungen auf die Art dieser Vorstellungen entscheidenden Einfluß gehabt.

Schließlich ist noch eine letzte Gruppe von ebenfalls menschlichen Geisterwesen zu erwähnen, über die wir allerdings wenig in Erfahrung bringen konnten, weil die an sich schon fließende Grenze zwischen Mensch und Geist hier besonders unklar verläuft und die lebenden Menschen mit ihren eigenen Empfindungen zu stark an der Erscheinung beteiligt sind. In einem großen Dorf, das den Christianisierungsbestrebungen der Kolonialverwaltung schon weitgehend hatte nachgeben müssen, erfuhren wir, daß der frühere Dorfhäuptling als ein sogenannter *Habubunita* ohne menschliche Gemeinschaft für sich allein im Walde lebe aus Trauer und Gram darüber, daß die alte traditionsgebundene Welt seines Volkes dahingeschwunden war. Der Name deutet mit seinem zweiten Bestandteil (nita) darauf, daß der Mann als ein Geisterwesen aufgefaßt wurde. Die wenigen Angaben über sein Dasein bestätigen dies. Wahrscheinlich hatte er die Fähigkeit eines Geistes an sich entdeckt, was nach dem Glauben dieses Volkes durchaus im Bereich der Möglichkeiten liegt.

7. Die Realität der Geister

Wenn wir versuchen, das hier über die Geister Dargelegte zusammenzufassen, so müssen wir zunächst noch einmal auf die oben gestellte Frage nach der besonderen Art der Erlebnisgrundlage des Geisterglaubens zurückkommen. Unser Ziel bei der Behandlung solcher Fragen ist immer das gleiche, nämlich Wirklichkeitsbeziehungen aufzuzeigen, die den geistigen Gestaltungen der Naturvölker zugrundeliegen. Die uns nicht mehr begreifbare Realität der Geister ist grundsätzlich nicht verschieden von der Frage nach der Realität der Gottesvorstellungen. In beiden Fällen sind sicherlich nicht Hilfsbegriffe zur Erklärung bestimmter Erscheinungen der Welt irrtümlich zu konkreten Vorstellungen verdichtet. So stark auch das Bedürfnis nach Anschaulichkeit bei der Personifizierung mitgewirkt haben mag, so unbezweifelbar ist es doch, daß es erregendste Erlebnisse gewesen sein müssen, die zu der Konzeption auch der Geisterideen geführt haben.

Die begriffsgeschichtliche Seite des Glaubens hat EDWARD B. TYLOR im besonderen interessiert. Daß die Entdeckung dessen, was er Seele nennt, menschheitsgeschichtlich am weitesten zurückverfolgt werden kann, erscheint uns nicht zweifelhaft. Zu dieser Entdeckung bedurfte es aber nicht der rationalen Beobachtung von Schlaf, Traum und Tod. Sie drängt sich dem menschlichen Erleben viel unmittelbarer auf. Die spirituelle Wesenheit aller Dinge, in der eine Grundlage des Geisterglaubens gesucht werden muß, offenbart sich gerade dadurch dem Menschen, daß sie Wirkungen ausübt. Eine Heilpflanze bewirkt ebenso wie ein Gift etwas am oder im Menschen, und dieses Wirkende wurde der spirituellen Wesenheit der Pflanze zugeschrieben. Wir haben versucht, die Entdeckung von ganz bestimmten Wirkungen bestimmter Pflanzenteile als das Ergebnis einer Weltbetrachtung hinzustellen, die ihre Aufmerksamkeit gerade diesen spirituellen Wesenheiten widmete. Daraus wäre aber zu folgern, daß der Geisterglaube so wenig wie andere ernsthafte Schöpfungen, die der menschliche Geist im Laufe seiner Geschichte hervorbrachte, als eine törichte Verirrung gedeutet werden darf, sondern daß diese Auffassung von der Welt ihn zu ganz bestimmten Erkenntnissen befähigt hat, die sich nur dieser und keiner anderen erschließen konnte.

Diese Art von Geistern wird hauptsächlich mit der Krankheit in Verbindung gebracht. Es ist von besonderem Interesse festzustellen, daß in vielen – aber anscheinend nicht in allen – naturvölkischen Kulturen die Krankheit nicht in demselben Sinne als ein Bestandteil der göttlichen Weltordnung aufgefaßt wird wie die unabänderlichen Erscheinungen Tod, Geburt, Wachstum, Reife und Zeugung. Das Verhalten der Menschen zu diesen Elementen der Seinsordnung ist grundsätzlich verschieden von dem, das sie der Krankheit gegenüber einnehmen. Am deutlichsten greifbar ist der Unterschied in den Wirkungsmöglichkeiten der echten Magie, die eine ihrer zentralen Aufgaben in der Krankenbehandlung hat. Wir hatten die verschiedenen Formen kennengelernt, in denen der Schamane seinen spirituellen Kampf gegen die »Feinde« seiner eigenen Gemeinschaft aufnimmt. Es ist sicher nicht belanglos, daß der Schamane in den Fällen, in denen er mit der Gottheit selbst in Verbindung tritt, nicht mehr Feindbekämpfer, sondern Heilserbitter oder Übermittler von tröstlichen Prophezeiungen ist. Gerade die Fähigkeit des Schamanen, mit seiner eigenen spirituellen Wesenheit in einen Abwehrkampf mit spirituellen Feinden einzutreten, ist letzten Endes die Grundlage für seine Sonderstellung, die ihn oft von echten religiösen Zeremonien ausschließt, wofür wir bereits Beispiele angeführt haben (vgl. Kap. XI, 4).

Bei der Behandlung der mythischen Weltbetrachtung war es

unser besonderes Anliegen, darzutun, daß mythische Aussagen über das Wesen der Wirklichkeit auf einer besonderen Art der menschlichen Erkenntnisfähigkeit basieren und daß sie nicht unzulängliche Vorläufer einer wissenschaftlichen Erkenntnis sind. Wir hatten in mehreren konkreten Fällen darauf hingewiesen, daß es sich bei den echten und großartigen Gestaltungen der kulturgeschichtlich frühen Zeiten fast ausnahmslos um solche Erkenntnisse handelt, die gar nicht durch entsprechende wissenschaftliche zu ersetzen sind. Dasselbe gilt auch für die Aussagen über das Wesen der Krankheit und für die verschiedenen Arten der Krankenbehandlung. Unsere medizinische Wissenschaft könnte keine Aussage über das Wesen der Krankheit machen, die als die allein richtige Erkenntnis die Absurdität der entsprechenden naturvölkischen Aussagen aufzeigen würde. Die Neuropathologie etwa bedient sich naturgemäß einer anderen Terminologie, aber ihre Erkenntnis über das Wesen der Krankheit ist inhaltlich nicht sehr verschieden von dem, was die Naturvölker unter Bezugnahme auf ihren Geisterglauben darüber sagen.

Das, was wir die Wirkung einer Arznei nennen, ist im Hinblick auf die Vorgänge, die sich dabei vollziehen, nach wie vor in völliges Dunkel gehüllt. Wenn wir gegen eine Erkältung Kamillentee trinken, so tun wir etwas, was die ältesten Völker ganz ähnlich auch bereits getan haben. Wir sind aber keineswegs in der Lage, die physikalischen oder chemischen Prozesse beim Genuß vom Kamillentee so zu beschreiben, daß sich die heilende Wirkung der Arznei daraus kausallogisch ableiten ließe. Die Umschreibungen, mit denen wir uns den eigentlichen Heilungsprozeß anschaulich zu machen suchen, sind, wissenschaftlich gesehen, genau so dunkel wie die Schilderungen der Naturvölker von der Wirksamkeit der Geister. Es ist also nicht nur keine abergläubische und törichte Aussage der Naturvölker, wenn sie von der spirituellen Wesenheit der Heilpflanze sprechen, die ihre »Pfeile« auf die »feindlichen Geister« schießt, sondern es ist eine (für sie) durchaus anschauliche Redeweise, die einen in Dunkel gehüllten Sachverhalt wiedergibt, über den es eine bessere oder richtigere Aussage nicht gibt. Auch die nüchternste wissenschaftliche Beschreibung einer Krankheit kann ihr dämonisches Wesen nicht aus der Welt schaffen, weil es in der Wirklichkeit mitgegeben ist. Deshalb ist die Feststellung, daß ein feindlicher Geist sie verursacht habe, eine durchaus sinnvolle

Aussage, auch wenn sie in den wissenschaftlichen Sprachgebrauch nicht übernommen wurde.

Eine völlig andere Erlebnisgrundlage jedoch haben die Totengeister, die nach Tylor die primäre Form des Geisterglaubens darstellen, aus der sich alle anderen Geister entwickelt haben sollen. Ich vermag jedoch keinen Zusammenhang zwischen ihnen und den pfeilschießenden Geistern der Pflanzen und Tiere zu sehen, die die Krankheiten oder anderes Übel verursachen. Gemeinsam ist ihnen nur das Merkmal der Unsichtbarkeit und des Furchterregenden. Die Totengeister sind nicht im gleichen Maße spirituelle Wesenheiten; sie stellen die ganze Persönlichkeit mit allen ihren Eigenschaften, nur ohne den dazu gehörenden Körper, dar. Sie haben also im wesentlichen die gleiche Erscheinungsform wie die Verstorbenen im Totenreich, die ebenfalls ihre individuelle Persönlichkeit weiterhin behalten.

Wie es zu den realen Vorstellungen von diesen Gespenstern gekommen ist, darüber wird schwerlich etwas auszusagen sein. Aber der geistig-sittliche Hintergrund, vor dem sie sich abheben, ist deutlich. Es handelt sich um Menschen, die nach dem Glauben jener Völker von der Gottheit verworfen sind, und die Furcht, die die Lebenden vor ihnen haben, ist wahrscheinlich weniger eine Furcht vor handgreiflichen Gefahren, als die Furcht vor dem ganz Andersartigen, vor der Stellung jener im schlimmen Tod Gezeichneten, die jenseits der Gemeinschaft von Gottheit und Mensch eine im übrigen nicht genauer beschriebene Existenz haben.

Wiederum eine ganz andere seelische Realität haben solche Geister, die wir als korrumpierte Beschreibungen göttlicher Personen zu verstehen versucht haben. Sie sind erst durch den üblichen historischen Prozeß der allmählichen Sinnentleerung zu jenen sonderbaren Gestalten geworden, als die sie uns in märchenhaften Erzählungen entgegentreten und die mit der Bezeichnung Geist etikettiert zu werden pflegen. Sie haben also weder etwas mit den Toten- noch mit den krankheitbringenden Geistern zu tun; es sei denn, daß jene Gestaltungen bei bestimmten Beschreibungen ihres Wesens Pate gestanden haben. Damit ist jedoch die Liste der verschiedenen Quellen für den Geisterglauben keineswegs erschöpft. Eine Vollständigkeit wurde weder angestrebt, noch wäre sie bei dem augenblicklichen Stand der Untersuchungen erreichbar.

Der hohe Grad der Realität der Geister zeigt sich besonders

deutlich an der fließenden Grenze zwischen Geist und Mensch im naturvölkischen Glauben, ganz zu schweigen von der meist noch viel innigeren Verbindung zwischen Tier und Geist. Die Tatsache, daß auch lebende Menschen böse Geister sein können wie die beschriebenen *Weddu* und *Subachen,* mag hauptsächlich auf das Erlebnis der Feindschaft zwischen den Dingen dieser Welt zurückgehen. Aber die Erscheinung des zuletzt beschriebenen ceramesischen *Habubunita,* der keineswegs böser Geist ist, sondern nur schlechthin die Wandlung der Seinsform eines lebenden Menschen zu der eines Geistes widerspiegelt, offenbart, wie im Glauben dieser Kulturgemeinschaften die Geisterexistenz zur Realität dieser Welt gehört.

Wenn ich zum Abschluß dieses Buches versuche, einige mir wichtige Gedankengänge noch einmal kurz zusammengefaßt darzustellen, so möchte ich, ebenso wie in der Einleitung, von einem Beispiel ausgehen, das ich einem Buch entnehme, das eine reichhaltige ethnologische Feldforschungsarbeit wiedergibt: J. P. MILLS (Ao, S. 225) berichtet uns von den *Ao-Naga* in Burma den Glauben, daß die Seele, die den Menschen immer begleitet, ihren Sitz im Kopf habe. Hierzu bemerkt J. H. HUTTON (in dem gleichen Buch in einer Fußnote), daß »this theory is clearly the basis of head-hunting, at any rate in this area«. Die Seelen der Toten würden benötigt, um alles pflanzliche und tierische Leben fruchtbar zu machen und um den Vorrat an Lebensessenz, den jedes Dorf besitzt, zu vermehren. Der Kopf sei vor allen anderen Körperteilen der Sitz der Seele, und darum werde der Kopf mit dem Seeleninhalt auf jeden Fall ins Dorf gebracht, allerdings auch deshalb, weil es leichter sei, den Kopf allein zu transportieren als den ganzen Leichnam. Hutton (bei Mills, Ao, S. 254) beruft sich auf eine Schilderung von MARSHALL, nach der die benachbarten *Karen* sehr genaue Angaben darüber machen, wie dieser Prozeß im einzelnen zu denken sei. Die menschliche Seele verwandle sich nach dem Glauben der Karen in ein eiförmiges Gebilde, das mit einer dampfartigen Substanz gefüllt sei. Wenn dieses Gebilde platze, so verbreite sich der Inhalt über die Felder. Weil der dampfartige Inhalt aber die eigentlich befruchtende Substanz darstelle, so trüge das Feld viel Frucht und auch Menschen und Tiere würden zu fruchtbaren Wesen, weil sie mit dem Essen der Frucht ebenfalls diese befruchtende Substanz in sich aufnähmen.

Es gibt wohl wenige Theorien über eine so schwer verständliche Sitte wie die Kopfjagd, die sich in solchem Maße auf eigene Angaben der Naturvölker berufen können, wie diese von Hutton. Wenn man die Seelenvorstellungen der Karen mit den Angaben der Ao-Naga über die Kopfjagd verknüpfen darf, so scheint eine lückenlose Auskunft darüber vorzuliegen, welcher Sinn sich für die *Naga* mit der Ausübung der Kopfjagd verbindet. Danach wäre die Kopfjagd ein echter Raubmord; denn nicht genug, daß man den Feind tötet, man beraubt ihn auch seines wichtigsten Vermögens, um es den eigenen Zwecken nutzbar zu machen: »Head-hunting is really life-hunting, and implies the capture of the soul and its utilization to increase the stock of life-essence already possessed by the village ...«

Nach einem späteren Buch von Mills (Rengma, S. 160 f.) scheint diese Theorie jedoch bei den Naga keineswegs so sicher belegt, wie Hutton es darstellt. Mills beruft sich dort auf die Ansicht von Hutton und findet eine weit überzeugendere Bestätigung für sie in der Angabe der *Rengma-Naga,* daß die erbeuteten Köpfe für die Fruchtbarkeit der Pflanzen, Menschen und Tiere wichtig seien. Diese Angabe aber haben wir nicht nur von den Naga, sondern noch von sehr vielen anderen Völkern. Sie sagt aber nichts über eine geraubte Substanz, die mit dem Kopf in das Dorf gebracht wird.

Aber auch wenn die von Hutton kombinierten Angaben bei den Naga-Völkern selbst belegt wären, was durchaus möglich sein könnte, so würden wir uns doch nicht entschließen, diese Pseudobegründung auch für den Ursprung der Sitte anzuerkennen. Zwischen solchen Angaben der Eingeborenen und den im Menschen verankerten Möglichkeiten für die Entstehung neuer Kulturgüter scheint uns eine unüberbrückbare Lücke zu klaffen. Viele Forscher haben nämlich mit eindrucksvollen Worten darauf hingewiesen, daß die Kopfjagd zu den elementaren religiösen Äußerungen in einer bestimmten Kulturschicht gerechnet werden müsse. Wenn aber der Raubmord eine so elementare Basis einer Religion bilden kann, so gehören dazu Menschen als Träger dieser Religion, mit denen uns keine geistigen Gemeinsamkeiten verbinden. Diese Pseudozwecke, die uns für erstarrte Kulturerscheinungen von den Eingeborenen selbst angegeben werden, ebenso wie die abendländischen Theorien, die ausschließlich auf ihnen aufbauen, lassen den naturvölkischen Menschen als ein lebendiges Wesen erscheinen, das einerseits seine verbrecherischen Neigungen in religiösen Überzeugungen verherrlicht, andererseits aber in seinen Lebensformen die gleiche menschliche Gesittung verwirklicht, die auch unseren Lebensauffassungen zugrundeliegt.

Eine der wichtigsten Aufgaben dieses Buches war der Versuch, durch eine andersartige Betrachtungsweise diese Lücke zu schließen. Dabei wurde allerdings davon ausgegangen, daß es sich bei den religiösen Äußerungen der Naturvölker überwiegend um ernst zu nehmende Phänomene handelt, die letzten

Endes auch aus unserer Welt heraus zu verstehen sein müssen, wenn wir uns nur die Mühe geben, zu einem Bilde vom frühen Menschen vorzudringen, das wir zu Recht mit dem Namen Mensch verbinden dürfen. Wir haben also auch für eine so grausame Sitte wie die Kopfjagd nach echteren Motiven für ihre Entstehung gesucht, durch die sie uns verständlicher werden könnte als in der angeführten Betrachtung darüber.

Darum haben wir uns im ersten Teil ausführlicher mit den menschlichen Verhaltensweisen als solchen beschäftigen müssen, um darzulegen, daß der Mensch in dem langen Zeitraum seiner Geschichte im wesentlichen stets die gleiche, nämlich die menschliche Haltung eingenommen hat, die ihn in der Auseinandersetzung mit der ihn umgebenden Wirklichkeit zu immer neuen kulturellen Gestaltungen geführt hat.

Als grundlegendes Merkmal für die religiösen Äußerungen haben wir die Bezugnahme der kultischen Handlungen auf mythische Erkenntnisse herausgestellt. Die Feststellung, daß der Mensch ein darstellendes Wesen ist, findet ihre lebendige Bestätigung in dem unübersehbaren Material aus den naturvölkischen Bereichen, das diesen Zusammenhang zwischen Kult und Mythe bestätigt. Nicht nur das kultische Verhalten im engeren Sinne, auch alltägliche Vorschriften, die soziale Struktur und selbst ein gesetzmäßiges Verhalten in Technik und Wirtschaft gehen auf diese gleiche menschliche Grundhaltung zurück. Man kann von Mythe und Kult geradezu sagen, daß sie zwei bedeutenden und elementaren menschlichen Fähigkeiten entspringen, nämlich dem erkennenden Wesen des Menschen, das ihn befähigt, das eigentliche Sein der Wirklichkeit anschauend zu ergreifen und dem darstellenden Wesen, das ihn ewig bestrebt sein läßt, sich handelnd in die erkannte Ordnung einzugliedern. Erkannte Tiefe und Größe veranlassen den Menschen zur Nachahmung, und daraus erklären sich der Kult ebenso wie alle anderen menschlichen Ordnungen und das Sittliche im menschlichen Tun.

Es hängt mithin für eine neue religionswissenschaftliche Betrachtungsweise alles davon ab, ob es gelingt, die mythischen Aussagen über die Wirklichkeit als sinnvoll und verstehbar zu begreifen; denn auf sie gehen ja auch die meist so schwer verständlichen kultischen Handlungen zurück. Daß der Mensch vom Anfang seiner Geschichte an etwa auch ein intellektuelles oder ein wirtschaftendes Wesen war, erscheint uns nach den darüber vorliegenden Zeugnissen unbezweifelbar. Aber in diesen Bereichen tritt uns der frühe Mensch mit einem auch für uns verständlichen Tun gegenüber. Die auf reine Erkenntnis gerichteten mythischen Aussagen jedoch bilden die eigentliche Schwierigkeit für unser verstehendes Bemühen. Die Sackgasse, in die wir dabei geraten sind, wurde einmal durch den bereits gekennzeichneten falschen Ausgangspunkt verursacht, als man die von den Eingeborenen selbst angegebenen Pseudozwecke der gesuchten Erklärung für die Erscheinungen zugrundelegte. Ein anderer grundlegender Irrtum war die Annahme, daß die mythischen Aussagen, da sie sich auf die Wirklichkeit beziehen, mit den entsprechenden, nämlich den naturwissenschaftlichen Aussagen in irgendeiner Form vergleichbar seien. Demgegenüber haben wir darzulegen versucht, daß es sich bei den echten mythischen Erkenntnissen (die Bezeichnung Erkenntnis haben wir nicht ohne Überlegung dafür gewählt) um Aussagen über das Wesen der Wirklichkeit handelt, über die es vergleichbare naturwissenschaftliche Aussagen deshalb nicht geben kann, weil deren Methode auf ein ganz anderes Wesen der Wirklichkeit gerichtet ist, nämlich auf ihre quantitativ meßbare Beschaffenheit, die niemals in unmittelbarer Anschauung, sondern nur auf dem Wege der Entanthropomorphisierung begreifbar wird.

Schließlich haben wir noch, auf LEO FROBENIUS basierend, ein drittes Merkmal der mythischen Aussagen hervorgehoben, das bei den Versuchen, sie zu verstehen, gar nicht oder zu wenig beachtet wurde. Alle kulturellen Gestaltungen, einmal durch einen schöpferischen Akt in Erscheinung getreten, haben eine eigene Geschichte. Dem schöpferischen Verhalten des Ausdrucks für Erkenntnisse über das Wesen der Wirklichkeit stehen allerdings die degenerierten Formen der Anwendung gegenüber, die erst einem historischen Ablauf ihre Entstehung verdanken, der durch den Prozeß der allmählichen Sinnentleerung gekennzeichnet ist. Zu solchen von den Eingeborenen selbst nicht mehr verstandenen Anwendungsformen gehören dann auch zahllose Nachahmungen von mythischen Zufälligkeiten, die nicht unbedingt zum Wesen der Erscheinungen zu rechnen sind. Im Bereich der religiösen Ausdrucksformen ist es vor allem die allgemein menschliche Heilserwartung, die den Degenerationsprozeß wesentlich beeinflußt. Es ist deshalb nicht verwunderlich, daß uns gerade bei den Naturvölkern mit ihren meist erstarrten kulturellen Formen die religiösen Gestaltungen oft mit Zweckbegründungen entgegentreten, die meist so abwegig sind, daß ihre nachträgliche Erfindung leicht zu erraten ist. Daß durch einen erbeuteten Kopf ein großes Feld nicht fruchtbar werden kann, muß sich für ein Bauernvolk aus der einfachsten Erfahrung ergeben. Und doch hängt dieser Pseudozweck auch nach unserer Auffassung mit dem Ursprung der Sitte zusammen, aber nicht in direkter Kausalverknüpfung, sondern auf dem Umweg über eine mythische Welterkenntnis, in der Sterblichkeit und Fortpflanzung – also das Wesen der Fruchtbarkeit – auf die Urtötung eines göttlichen Wesens zurückgeführt werden.

Die ständige Wiederholung solcher von göttlichen Wesen in der Urzeit vollbrachten Taten ist die wichtigste Grundlage aller Kulthandlungen. Es ist die menschliche Haltung par excellence. Die Besinnung auf göttliches Wirken und die Nachahmung göttlich inspirierter Taten bilden die Grundlage aller wahren Erziehung. Sie sind das religiöse Ethos schlechthin und schließen das erwartete Heil deshalb in sich ein, weil der Mensch durch diese Besinnung erst das wahre Menschsein erlangt. In den erstarrten Degenerationsformen allerdings hält sich der Mensch vorwiegend an den äußeren Ablauf der Geschehnisse und erwartet das Heil oder die Abwehr des Unheils von der Handlung selbst und von der Beachtung auch der kleinsten Äußerlichkeit dabei. Ein diesem Vorgang verwandter Faktor bei der Degenerierung ursprünglich echt religiöser Gestaltungen ist die allgemein menschliche Neigung zur Substantialisierung rein geistiger Vorgänge, wie sie sich an der Geschichte der Symbole sehr deutlich zeigen läßt. Schon das Bedürfnis, Gegenständliches wie Fahne oder Ring mit rein geistigen Erscheinungen in Verbindung zu bringen, also die Entstehung eines Symbols, zeigt diese Neigung zur Substantialisierung. Der eigentliche Degenerationsprozeß aber vollzieht sich in ganz ähnlichen Formen wie im Zusammenhang mit der Heilserwartung, nämlich durch eine Umkehrung des ursprünglichen Verhältnisses zwischen den Erscheinungen und durch eine Hinwendung zu äußeren Abläufen und sichtbaren Gegenständen. Das ursprünglich in die Handlung eingeschlossene Heil wird als deren Folge hingestellt, das Symbol als sichtbarer Ausdruck für ein geistiges Phänomen als seine substantialisierte Ursache, etwa als ein »wirksamer Zauber« beschrieben.

Im zweiten Teil haben wir die Aufmerksamkeit besonders auf

die Art der Gottesvorstellungen im naturvölkischen Bereich gelenkt. Das Material bietet uns kaum die Möglichkeit, dabei irgendeine Vollständigkeit zu erreichen. Uns war es besonders um die Darstellung einer Gottesidee zu tun, die von der Vorstellung eines Höchsten Wesens, das von der urmonotheistischen Theorie für die älteste Religionsform aufzuzeigen versucht wurde, deutlich unterschieden werden muß. Wir haben sie unter dem Namen einer *Dema*-Gottheit beschrieben, während sie bisher meist als Heilbringer, Kulturheros oder Stammesahne bezeichnet wurde. Es ist eine unserer eigenen Kultur fremde, aber ihrem Wesen nach auch für uns verständliche Gottesidee, die jedenfalls in der jüngeren Menschheitsgeschichte von ausschlaggebender Bedeutung war, vielleicht aber auch bis in ihre ältesten Phasen zurückreicht. Nach unserer Darstellung hat diese Gottesidee auch die Götter der polytheistischen Religionen in ihrem eigentlichen Wesen nachhaltig beeinflußt. Die große Bedeutung, die diese Gottesidee in der Religionsgeschichte gehabt hat, ließ uns auch eine so wichtige Kulturerscheinung wie das blutige Opfer in anderem Licht erscheinen. Wir haben es als eine sinnentleerte Degenerationsform der Tötungsrituale dargestellt, die ihrem Wesen nach echt religiöse Erinnerungsfeiern sind. Dabei erhebt sich allerdings die Frage, wie es dazu kommen kann, daß Kulturerscheinungen auch dann noch weiter existieren, wenn ihr ursprünglicher Sinn verloren ging und auch eine neue Sinngebung, das heißt eine vernünftige Einordnung in das Weltbild einer späteren Kulturepoche nicht erfolgte. Wir haben uns mit dieser Frage mehrfach beschäftigt und festgestellt, daß eine Fülle von Faktoren für das sinnentleerte »Survival« verantwortlich zu machen sind. Ein wichtiger Faktor ist der formale Spielcharakter der Kulte. In ihnen sind nämlich die Wirklichkeitserkenntnisse auf ganz besondere Weise gestaltet, insofern nicht nur ein Sosein der Wirklichkeit beschrieben wird, sondern auch das eigene Wesen des Menschen in ihnen seinen Ausdruck findet. Dieses Merkmal, das naturgemäß für alle menschlichen Handlungen gilt, ist der eigentliche Ansatzpunkt dafür, daß die Psychologie bei der Frage nach dem Sinn der Kulte wichtige Beiträge liefern könnte. Überspannt wird dieser an sich richtige Ausgangspunkt jedoch durch die Behauptung, Kulte seien nur Ausdruck für die Gegebenheiten der menschlichen Psyche.

Der Mensch ist ein darstellendes Wesen. Kulturgeschichtlich

bedeutungsvoll ist die Frage danach, was jeweils in einer Kulturepoche dargestellt wird. Die besondere Weise, in der es dargestellt wird, gewährt dem Menschen auch deshalb eine tiefe Befriedigung, weil sie einer Gegebenheit des menschlichen Wesens zu einer Ausdrucksmöglichkeit verhilft. So können etwa Ballspiele auch dann noch in erregter Begeisterung aufgeführt werden, wenn die Wirklichkeitserkenntnisse, die zur ihrer Entstehung führten, verlorengingen und das einmal Gestaltete sein Eigenleben fortsetzte.

In einem dritten Teil haben wir uns mit dem Verhältnis zwischen Magie und Religion beschäftigt. Die vorherrschende Theorie, die sich vordringlich mit den Erscheinungen der Magie beschäftigt hat, ist die sogenannte präanimistische Zaubertheorie. Von ihr werden alle religiösen Phänomene auf ursprünglich magische Handlungen zurückgeführt. Sie sollen vorzüglich zu der Mentalität des frühen Menschen gepaßt haben. Die Konsequenz, zu der diese Theorie unvermeidlich führen mußte, wurde von einem ihrer hervorragendsten Vertreter, K. TH. PREUSS, in unmißverständlicher Deutlichkeit ausgesprochen. Für ihn liegt der Ursprung von Religion und Kunst – also der beiden erhabensten Schöpfungen, die der Mensch im Laufe seiner Geschichte hervorgebracht hat – in der »Urdummheit« des Menschen.

Wir haben versucht, den Begriff der Magie auf seine eigentliche Bedeutung einzuschränken. Wie alle echten kulturellen Gestaltungen wirklichkeitsbezogen sind, so ist es auch die echte Magie. Sie beruht auf besonderen seelischen Fähigkeiten aller oder bestimmter Menschen, die ihre großartigste Gestaltung in der Persönlichkeit des Schamanen gefunden haben. Es ist für die prinzipielle Frage nach dem Wesen der Magie gleichgültig, ob alle von den Schamanen behaupteten und von den Naturvölkern geglaubten Fähigkeiten nachweisbare Entsprechungen in der wirklichen Welt haben. Über die Grenzen der magischen Möglichkeiten sind sich die naturvölkischen Menschen offensichtlich ebenso uneinig wie die modernen Abendländer. Für die Richtigkeit der magischen Konzeption genügt aber die unbestrittene Tatsache der suggestiven Möglichkeiten. Sie befähigen den Menschen, Geschehensabläufe durch rein psychische Einwirkungen zu beeinflussen. Hierin aber liegt die Basis für die echte Magie.

Im übrigen ist der Schamanismus keine eigene Religionsform.

Er ist vielmehr eine über weite Teile der Erde verbreitete, recht einheitliche Praxis, die sich jeweils derjenigen religiösen Vorstellungen bedient, die zum Weltbild des betreffenden Volkes gehören. So sind die Techniken bei einer vorgestellten Jenseitsreise in der Form der »Darstellung« durch den Schamanen und in den dabei benutzten Hilfsmitteln untereinander sehr ähnlich, aber der Ort des Heils, um dessen Gewinnung es dem Schamanen zu tun ist, liegt einmal im Himmel als dem Wohnort eines Hochgottes und ein anderes Mal in der Unterwelt als dem Aufenthalt der Ahnen und der Urzeit-Dema. So ist das Ziel der Jenseitsreise abhängig von den jeweiligen religiösen Vorstellungen, die bei einem Volk im Vordergrund stehen.

In einem vierten Teil haben wir uns mit den Seelen und Geistern beschäftigt, die seit Tylor im Mittelpunkt der religionswissenschaftlichen Theorien stehen, die sich mit den naturvölkischen Gegebenheiten auseinandersetzen. Tylors Darlegungen haben zweifellos noch heute weitgehend Gültigkeit. Aber in seiner grundlegenden Konzeption, daß die Gottesvorstellungen erst aus den Begriffen der Seele und der Geister in späteren Stadien der Menschheitsgeschichte hervorgegangen seien, haben wir ihm nicht folgen können. Der größte Teil des naturvölkischen Materials läßt keinen Zweifel daran, daß umgekehrt die Seele als eine spirituelle Wesenheit von der Gottheit stammt und meistens auch zu ihr zurückkehrt. Seelenvorstellungen sind menschheitsgeschichtlich sehr alt und verdanken ihre Entstehung der menschlichen Entdeckung von den spirituellen Parallelvorgängen zu den sichtbaren Erscheinungen.

Geister aber sind keineswegs nur aus den Vorstellungen von den Seelen der Verstorbenen hervorgegangen. Sie entstammen vielmehr sehr verschiedenartigen Wurzeln. So verbergen sich unter den Geistern oft die göttlichen Gestalten einer vergangenen Kulturepoche. Wenn es sich bei ihnen tatsächlich um die Vorstellung von wiedergekehrten Verstorbenen handelt, so sind es meist solche Menschen, die den »schlimmen Tod« erlitten haben, während die große Zahl der Toten im Totenreich weiterlebt und auch weiterhin zur menschlichen Gemeinschaft gehört. Ganz andersartige Geister wiederum sind die spirituellen Wesenheiten von Tieren und Pflanzen, die das Subjekt all jener Wirksamkeiten bilden, durch die das wechselseitige Geschehen in der Welt bestimmt wird. Wenn etwa eine Heilpflanze oder ein Gift eine Wirkung auf den Menschen auszuüben vermögen, so sind es nach jener sehr anschaulichen Weltbetrachtung spirituelle Wesenheiten an den Pflanzen und am Menschen, die einander freundlich oder feindlich gegenübertreten. Solche Angaben enthalten eine Beschreibung von Gegebenheiten der Wirklichkeit, die nicht nur anschaulich, sondern auch wesensmäßig richtig ist; zum mindesten ist sie nicht durch andersartige, etwa wissenschaftliche Beschreibungen zu ersetzen.

Alle Erkenntnisse, mit denen es die Religionswissenschaft zu tun hat, sind überhaupt immer auf das Wesen der Erscheinungen gerichtet. Die mythischen Aussagen über das Sosein in der Welt sind keine unvollkommenen Vorläufer der wissenschaftlichen Erkenntnisse; denn sie können durch diese weder ersetzt noch verdrängt werden. Das wichtigste methodische Hilfsmittel, dessen wir uns zur Deutung schwer verständlicher Erscheinungen bedient haben, bildete das Begriffspaar Ausdruck und Anwendung. In ihm offenbart sich die Unmöglichkeit, die Bezeichnung Kulturerscheinung in einem feststehenden Sinne zu verwenden, ohne sich mit der Frage zu beschäftigen, ob ein bestimmtes Phänomen in der überlieferten Gestalt geeignet ist, auch eine Auskunft über seinen ursprünglichen Sinngehalt zu geben. Wir haben diese Frage immer dann verneint, wenn die vorliegende Gestalt einer Kulturerscheinung den Theoretiker dazu nötigt, als den Urheber solcher Phänomene einen Menschen zu konstruieren, der in seinem Verhalten gegenüber der Wirklichkeit grundsätzlich verschieden ist von dem Wesen des Menschen, wie es uns in der beglaubigten Geschichte entgegentritt. Wir haben demgegenüber an Beispielen zu zeigen versucht, daß es sehr wohl möglich ist, zu einem vernünftigen Verständnis der Erscheinungen zu gelangen, auch wenn man in der theoretischen Betrachtung den Menschen der Frühzeit als wahren Menschen mit allen unseren Erlebensmöglichkeiten begreift. Alles in allem möchte das vorliegende Buch als ein Versuch gewertet werden, zu einer neuen, nämlich zu einer kulturmorphologischen Religionswissenschaft zu gelangen.

Ackerknecht, Erwin H.: Medical Practices. In: Handbook of South American Indians. Smithsonian Institution. Bureau of American Ethnology, Bulletin 143. Washington 1949

Baldus, Herbert: Indianerstudien im nordöstlichen Chaco. Leipzig 1931

Baumann, Hermann: Lunda. Bei Bauern und Jägern in Inner-Angola. Berlin 1935

Ders.: Schöpfung und Urzeit des Menschen im Mythus der afrikanischen Völker. Berlin 1936

Ders.: Afrikanische Wild- und Buschgeister. In: Zeitschrift f. Ethnologie, 70. Berlin 1938

Ders., Richard Thurnwald und *Diedrich Westermann:* Völkerkunde von Afrika. Essen 1940

Benedict, Ruth: Patterns of Culture. Boston 1934 (ed. 1955: Urformen der Kultur)

Bernatzik, Hugo Adolf: Akha und Meau. Innsbruck 1947

Beth, Karl: Religion und Magie bei den Naturvölkern. Berlin 1914

Blanc, Alberto Carlo: Ethnolyse. In: Paideuma, 3. Bamberg 1948/49

Bleek, W. H. J. und *L. C. Lloyd:* Bushman Folklore. London 1911

Boas, Franz: The Central-Eskimo. Smithsonian Institution. Sixth Annual Report of the Bureau of Ethnology 1884–85. Washington 1888

Ders.: The Social Organization and the Secret Societies of the Kwakiutl Indians. U.S. National Mus. Rep. 1895. Washington 1897

Bollnow, Otto Friedrich: Die Ehrfurcht. Frankfurt a. M. 1947

Breysig, Kurt: Die Entstehung des Gottesgedankens und der Heilbringer. Berlin 1905

Brown, A. R.: The Andaman Islanders. Cambridge 1922

Catlin, George: Letters and Notes on the Manners and Conditions of the North American Indians. London 1841

Cerulli, Enrico: Etiopia occidentale. Bd. 1–2. Rom 1927/28

Chaves, Milciades: Mitos, tradiciones y cuentos de los Indios Chami. In: Boletin de Arqueologia. Bd. 1, 2. Bogotà 1945

Dieterlen, Germaine: Les âmes des Dogons. Paris 1941

Dilthey, Wilhelm: Gesammelte Schriften. Bd. 8: Weltanschauungslehre. Abhandlungen zur Philosophie der Philosophie. Göttingen ⁵1977

Dirr, A.: Der kaukasische Wild- und Jagdgott. In: Anthropos, 20. Wien-Mödling 1925

Dostal, Walter: Ein Beitrag zur Frage des religiösen Weltbildes der frühesten Bodenbauer Vorderasiens. In: Archiv für Völkerkunde, 12. Wien 1957

Du Bois, Constance Goddard: The Religion of the Luiseno-Indians of

Southern California. In: University of California Publications in American Archaeology and Ethnology, 8, 3. Berkeley 1908

Durkheim, Émile: Les formes élémentaires de la religion. Paris 1912

Ehrenreich, Paul: Die Mythen und Legenden der Südamerikanischen Urvölker. In: Zeitschrift f. Ethnologie, 37. Suppl. Berlin 1905

Ders.: Götter und Heilbringer. In: Zeitschrift f. Ethnologie, 38. Berlin 1906

Eliade, Mircea: Le problème du chamanisme. In: Revue de l'Histoire des Religions, 131. Paris 1946

Ders.: Traité d'histoire des religions. Paris 1949

Ders.: Schamanismus und archaische Ekstasetechnik. Zürich, Stuttgart 1957

Fischer, H. Th.: Indonesische Paradiesmythen. In: Zeitschrift f. Ethnologie, 64. Berlin 1932

Frazer, James George: Totemism and Exogamy. Bd. 1–4. London 1910

Ders.: Der Goldene Zweig. Leipzig 1928

Freud, Sigmund: Totem und Tabu. Leipzig, Wien, Zürich 1913

Friedrich, Adolf: Afrikanische Priestertümer. Studien zur Kulturkunde, 6. Stuttgart 1939

Ders.: Die Forschung über das frühzeitliche Jägertum. In: Paideuma, 2. Leipzig 1941/43

Ders.: Knochen und Skelett in der Vorstellungswelt Nordasiens. In: Wiener Beiträge zur Kulturgeschichte und Linguistik, 5. Wien 1943

Frobenius, Leo: Das unbekannte Afrika. München 1923

Ders.: Kulturgeschichte Afrikas. Zürich 1933

Ders.: Denkformen vergangener Menschheit. In: Scientia, 3. Serie, Bd. 64. Mailand 1938

Ders.: Atlantis, Bd. 1–12. Jena 1921/28

Gahs, A.: Kopf-, Schädel- und Langknochenopfer bei Rentiervölkern. In: Festschrift P. W. Schmidt. Wien 1928

Germann, Paul: Völkerstämme im Norden von Liberia. Leipzig 1933

Goddard, Pliny Earle: Life and Culture of the Hupa. University of California Publications in American Archaeology and Ethnology, 1. Berkeley 1903

Graebner, F.: Die melanesische Bogenkultur und ihre Verwandten. In: Anthropos, 4. Wien-Mödling 1909

Griaule, Marcel: Masques Dogons. In: Université de Paris. Travaux et mémoires d l'Institut d'Ethnologie, 33. Paris 1938

Ders.: Notes sur l'agriculture des Goula et des Koulfa. In: Bull. de l'Institut Français d'Afrique Noire, 7. Dakar 1946

Ders.: Dieu d'Eau. Entretiens avec Ogotemmêli. Paris 1948

Gurdon, P. R. T.: The Khasis. London 1914

Gusinde, Martin: Die Feuerland-Indianer. Bd. 1: Die Selknam. Wien-Mödling 1931

Haekel, Josef: Totemismus und Zweiklassensystem bei den Sioux-Indianern. In: Anthropos, 32. Wien 1937

Ders.: Die Dualsysteme in Afrika. In: Anthropos, 45. Freiburg (Schweiz) 1950

Ders.: Zum Problem des Mutterrechtes. In: Paideuma, 5. Wiesbaden 1950/54

Hatt, Gudmund: The Corn-Mother in America and in Indonesia. In: Anthropos, 46. Freiburg (Schweiz) 1951

Hawkes, Ernest William: The Labrador Eskimo. In: Geological Survey of Canada Memoir, 91. Ottawa 1916

Heine-Geldern, Robert: Urheimat und früheste Wanderungen der Austronesier. In: Anthropos, 27. Wien-Mödling 1932

Hellpach, Willy: Numen und Ethos. In: Zeitschrift für philosophische Forschungen, 1, 1. Reutlingen 1946

Ders.: Das Magethos. In: Schriftenreihe zur Völkerpsychologie, 3/4. Stuttgart 1947

Hill, W. W.: The Agricultural and Hunting Methods of the Navaho-Indians. In: Yale University Publications in Anthropology, 18. New Haven 1938

Hissink, Karin: Motive der Mochica-Keramik. In: Paideuma, 5. Bamberg 1950/54

Höltker, Georg: Zum Problem der Fadenspiele, speziell in Neuguinea. In: Bulletin der Schweizerischen Gesellschaft für Anthropologie und Ethnologie 1942/43. Bern 1943

Hose, Ch. u. *W. McDougall:* The Pagan Tribes of Borneo. London 1912

Howitt, A. W.: The Native Tribes of South East Australia. London 1904

Huizinga, Johan: Homo Ludens. Amsterdam [3]1939

Hutton, J. H.: The Sema Nagas. London 1921

Irle, I.: Die Herero. Gütersloh 1906

Janssens, P. A.: Het ontstaan der dingen in de Folklore der Bantu's. In: Anthropos, 21. Wien-Mödling 1926

Jeffreys, M. D. W.: Dual Organization in Africa. In: African Studies, 5. Johannesburg 1946

Jensen, Ad. E.: Beschneidung und Reifezeremonien bei Naturvölkern. In: Studien zur Kulturkunde, 1. Stuttgart 1932

Ders.: Die staatliche Organisation und die historischen Überlieferungen der Barotse am oberen Sambesi. In: Festschrift und 50. Jahresbericht 1931 bis 1932 des Württ. Vereins für Handelsgeographie e. V., Museum für Länder- und Völkerkunde, Linden-Museum. Stuttgart 1933

Ders.: Im Lande des Gada. Wanderungen zwischen Volkstrümmern Südabessiniens. Stuttgart 1936

Ders.: Hainuwele. Volkserzählungen von der Molukkeninsel Ceram. Frankfurt a. M. 1939

Ders.: Wettkampf-Parteien, Zweiklassen-Systeme und geographische Orientierung. In: Studium Generale, 1. Heidelberg 1947

Ders.: Die drei Ströme. Züge aus dem geistigen Leben der Wemale. Leipzig 1948

Ders.: Das religiöse Weltbild einer frühen Kultur. In: Studien zur Kulturkunde, 9. Stuttgart 1948

Ders.: Dual-Systeme in Nordost-Afrika. In: Anthropos, 48. Freiburg (Schweiz) 1953

Jettmar, Karl: Zur Herkunft der türkischen Völkerschaften. In: Archiv für Völkerkunde, 3. Wien 1948

Jung, C. G. und *Karl Kerényi:* Einführung in das Wesen der Mythologie. Amsterdam, Leipzig 1941

Kalewala: Nach der Übertragung von Anton Schiefner. Berlin 1921

Karsten, Rafael: Beiträge zur Sittengeschichte der südamerikanischen Indianer. In: Acta Academiae Aboensis Humaniora 1, 4. Abo 1920

Ders.: The Civilization of the South American Indians. London 1926

Ders.: The Head-Hunters of Western Amazonas. In: Societas Scientiarum Fennica Commentationes Humanarum Litterarum, 7, 1. Helsingfors 1935

Kerényi, Karl: Vom Wesen des Festes. In: Paideuma, 1. Leipzig 1938–40

Ders.: Kore – Zum Mythologem vom göttlichen Mädchen. In: Paideuma, 1. Leipzig 1938–40

Ders.: Was ist Mythologie? In: Europäische Revue, 15. Stuttgart, Berlin 1939

Ders.: Mysterien der Kabiren. In: Die Geburt der Helena. Albae vigiliae, N. F. 3. Zürich 1945

Kindaichi, Kyosuke: The Concepts behind the Ainu Bear Festival. In: Southwestern Journal of Anthropologie, 5, 4. New Mexico 1949

King, J. H.: The Supernatural, its Origin, Nature and Evolution. Bd. 1 bis 2. London 1892

Koch-Grünberg, Theodor: Vom Roroima zum Orinoco. Bd. 1–4. Suttgart 1916–1928

Ders.: Zwei Jahre bei den Indianern Nordwest-Brasiliens. Stuttgart 1921

Kock, Gösta: Is »Der Heilbringer« a God or not? In: Ethnos, 8. Lund 1943

Ders.: Der Heilbringer. In: Ethnos, 21. Lund 1956

Koppers, W.: India and Dual Organisation. In: Acta Tropica, Bd. 1. Basel 1944

Kruijt, Alb. C.: Het Animisme in den Indischen Archipel. 'S-Gravenhage 1906

Landtman, Gunnar: The Folk-Tales of the Kiwai Papuans. Helsingfors 1917

Ders.: The Kiwai Papuans of British New Guinea. London 1927

Lang, Andrew: The Making of Religion. London 1898

Lang, Karl: Mund-, Hand- und Beinverlängerungsgeräte. In: Völkerkunde, 3. Wien 1927

Layard, John: Totenfahrt auf Malekula. In: Eranos Jahrbuch, 5. Zürich 1937

Leeuw, G. van der: Phänomenologie der Religion. Tübingen 1933

Lehmann-Nitsche, Robert: Studien zur südamerikanischen Mythologie. Die ätiologischen Motive. Hamburg 1939

Lévy-Bruhl, Lucien: Die geistige Welt der Primitiven. München 1927

Ders.: Les carnets de Lucien Lévy-Bruhl. Paris 1949

Lindblom, K.G.: The Use of Stilts. Rikmuseets Etnografiska Avdelning. Stockholm 1927

Livingstone, David: Missionsreisen und Forschungen in Süd-Afrika. Deutsche Übersetzung von Hermann Lotze. Leipzig 1858

Lommel, H.: Mithra und das Stieropfer. In: Paideuma, 3. Bamberg 1949

Lowie, R.H.: Primitive Religion. New York 1922

Lumholtz, Carl: Symbolism of the Huichol. In: Memoirs of the American Museum of Natural History, 3. New York 1900

Luschan, Felix von: Die Altertümer von Benin. Berlin, Leipzig 1919

Lyall, Charles: s. Stack, Edward

Macpherson, S. Ch. (Hrsg.): Memorials of Service in India. London 1865

Marett, R.R.: Preanimistic Religion. In: Folk-Lore, 11. London 1900

Ders.: Glaube, Hoffnung und Liebe in der primitiven Religion. Stuttgart 1936

De Martino, Ernesto: Religionsethnologie und Historizismus. In: Paideuma, 2. Leipzig 1941/43

Melland, Frank H.: In witch-bound Africa. An Account of the Primitive Kaonde Tribe. London 1923

Mess, H.A.: De Mentawei-Eilanden. In: Tijdschrift voor Indische Taal-, Land- en Volkenkunde, 26. Den Haag 1881

Métraux, Alfred: Myths and Tales of the Matako Indians. In: Ethnologiska Studier, 9. Göteborg 1939

Ders.: A Myth of the Chamacoco-Indians and its Significance. In: Journal of American Folklore, 56. New York 1943

Ders.: Twin Heroes in South American Mythology. In: Journal of American Folklore. Philadelphia 1946

Ders.: Ensayos de Mitologia Comparada Sudamericana. In: America Indigena, 8, 1. Mexico 1948

Meuli, Karl: Griechische Opferbräuche. In: Phyllobolia für Peter von der Mühll. Basel 1945

Ders.: Der Ursprung der Olympischen Spiele. In: Die Antike, 17. Berlin 1941

Mills, J.P.: The Ao Nagas. London 1926

Ders.: The Rengma Nagas. London 1937

Mooney, S.: Myths of the Cherokee. 19th Annual Report of the Bureau of American Ethnology (1897/98). Washington 1900

Mühlmann, Wilhelm: Methodik der Völkerkunde. Stuttgart 1938

Müller, Werner: Weltbild und Kult der Kwakiutl-Indianer. In: Studien zur Kulturkunde, 15. Wiesbaden 1955

Naumann, Hans: Primitive Gemeinschaftskultur. Jena 1921

Nieuwenhuis, A. W.: Quer durch Borneo. Bd. 1–2. Leiden 1904–07

Nimuendaju, Curt: Religion der Apapocuva-Guarani. In: Zeitschrift f. Ethnologie, 46. Berlin 1914

Ders.: The Apinayé. In: The Catholic University of America. Anthropological Series Nr. 8. Washington 1939

Ders.: The Eastern Timbira. In: University of California Publications in American Archaeology and Ethnology, 41. Berkeley 1946

Nioradze, Georg: Der Schamanismus bei den sibirischen Völkern. Stuttgart 1925

Nordenskiöld, Erik: Forschungen und Abenteuer in Süd-Amerika. Stuttgart 1923

Ders.: Indianerleben. Leipzig 1912

Obermaier, Hugo: Paläolithische Wandkunst. In: Ebert Real-Lexikon der Vorgeschichte, 7. Berlin 1926

Ohlmarks, Ake: Studien zum Problem des Schamanismus. Lund 1939

Olson, Ronald L.: Clan and Moiety in Native America. Berkeley, California 1933

Otto, Rudolf: Das Heilige. Über das Irrationale in der Idee des Göttlichen und sein Verhältnis zum Rationalen. Breslau 1917

Otto, Walter F.: Die Manen oder Von den Urformen des Totenglaubens. Berlin 1923

Ders.: Dionysos. Mythos und Kultus. Frankfurt a. M. 1933

Paideuma. Mitteilungen zur Kulturkunde 1–6. Hrsg. v. Frobenius-Institut. Frankfurt a. M. 1938–1958

Paulitschke, Ph.: Ethnographie Nordost-Afrikas. Bd. 2. Berlin 1896

Pechuël-Loesche, E.: Volkskunde von Loango. Stuttgart 1907

Pelikan, W.: Geheimnisvolle Beziehungen zwischen Tier und Pflanze. In: Weleda-Nachrichten Nr. 23. Arlesheim (Schweiz), Schwäb. Gmünd 1950

Penard, F. P. und *A. P. Penard:* De Menschetende Aanbidders der Zonneslang. Paramaribo 1907

Petri, Helmut: Mythische Heroen und Urzeitlegende im nördlichen Dampierland, Nordwest-Australien. In: Paideuma, 1. Leipzig 1939

Ders.: Seelenvorstellungen u. Totemismus im nördlichen Dampierland, Nordwest-Australien. In: Studium Generale, 1. Heidelberg 1948

Ders.: Das Weltende im Glauben australischer Eingeborener. In: Paideuma, 4. Bamberg 1950

Ders.: Kurangara. In: Zeitschrift für Ethnologie, 75. Braunschweig 1950

Ders.: Sterbende Welt in Nordwest-Australien. Braunschweig 1954

Ders.: Kult-Totemismus in Australien. In: Paideuma, 5. Bamberg 1950/54

Petrullo, Vincenco: The Yaruros of the Capanaparo River, Venezuela. In: Smithsonian Institution, Bureau of American Ethnology, Bulletin 123. Anthropological Papers, No. 11. Washington 1939

Pettazzoni, Raffaele: La confessione dei peccati. Bd. 1–3. Bologna 1929–36

Planck, Max: Physikalische Rundblicke. Gesammelte Reden und Aufsätze. Leipzig 1922

Preuß, K. Th.: Der Ursprung der Religion und Kunst. In: Globus, 86. Braunschweig 1904/05

Ders.: Die Nayarit-Expedition. Bd. 1: Die Religion der Cora-Indianer. Leipzig 1912

Ders.: Religion und Mythologie der Uitoto. Bd. 1–2. Göttingen 1921/23

Ders.: Glauben und Mystik im Schatten des Höchsten Wesens. Leipzig 1926

Ders.: Forschungsreise zu den Kagaba. Wien-Mödling 1926

Ders.: Entwicklung und Rückschritt in der Religion. In: Zeitschrift f. Missionskunde und Religionswissenschaft, 47. Berlin 1932

Ders.: Der religiöse Gehalt der Mythen. Tübingen 1933

Radcliffe-Brown, A. R.: Religion and Society. In: Journal of the Royal Anthr. Institute, 75. London 1945

Radin, Paul: Primitive Man as Philosopher. New York, London 1927

Ders.: Primitive Religion. Its Nature and Origin. London 1938

Rasmussen, Knud: Intellectual Culture of the Iglulik Eskimos. Report of the fifth Thule-Expedition 1921–1924, 7, No. 1. Kopenhagen 1929

Ders.: The Netsilik Eskimos. Social Life and Spiritual Culture. Report of the fifth Thule-Expedition 1921–1924, 8, No. 1–2. Kopenhagen 1931

Ratschow, Carl Heinz: Magie und Religion. Gütersloh 1947

Röder, Josef: Alahatala. Die Religion der Inlandstämme Mittel-Cerams. Bamberg 1948

Roth, Walter E.: An Inquiry into the Animism and Folk-Lore of the Guiana Indians. In: Annual Report of the Bureau of American Ethnology, 30. Washington 1915

Sahagun, Fray Bernardino de: Übersetzt aus dem Aztekischen von Eduard Seler. Stuttgart 1927

Schaden, Egon: Ensaio etno-sociologico sôbre a mitologia heroica de algumas tribos indigenas do Brasil. In: Universidade de S. Paolo, Faculdade de Filosofia, Ciências e Letras. Boletim 61, Antropologia Nr. 1. S. Paolo-Brasil 1946

Schärer, H.: Die Bedeutung des Menschenopfers im Dajakischen Totenkult. In: Mitteilungen der Deutschen Gesellschaft für Völkerkunde, 10. Hamburg 1940

Schlesier, Erhard: Die Grundlagen der Klanbildung. Göttingen 1956

Schmidt, Wilhelm: Der Ursprung der Gottesidee. Bd. 1–12. Münster 1926–1949

Schmitz, Carl A.: Zum Problem des Kannibalismus im nördlichen Neuguinea. In: Paideuma, 6. Wiesbaden 1954/58

Schrennck, L. von: Reisen und Forschungen im Amur-Lande. Bd. 3:
Die Völker des Amur-Landes. St. Petersburg 1881

Schultze-Jena, Leonhard: Indiana. Bd. 1: Leben, Glaube und Sprache
der Quiché von Guatemala. Jena 1933

Schulz, Agnes S.: Northwest-Australian Rockpaintings. In: Memoirs of
the National Museum of Victoria, 20. Melbourne 1956

Seler, Eduard: Gesammelte Abhandlungen. Bd. 2. Berlin 1904

Shirokogoroff, S. M.: Psychomental Complex of the Tungus. London
1935

Skeat, Walter William und *Charles Otto Blagden:* Pagan Races of the
Malay Peninsula. Bd. 1–2. London 1906

Söderblom, Nathan: Das Werden des Gottesglaubens. Leipzig 1916

Speck, F. G.: Naskapi. The Savage Hunters of the Labrador Peninsula.
Oklahoma 1935

Spencer, Baldwin und *F. J. Gillen:* The Northern Tribes of Central
Australia. London 1904

Spencer, Herbert: Die Prinzipien der Sociologie. Bd. 1–3. Deutsche
Ausgabe von B. Vetter. Stuttgart 1877

Spranger, Eduard: Die Magie der Seele. Tübingen 1947

Stack, Edward: The Mikirs. From the Papers of the Late Edward Stack
edited by Sir Charles Lyall. London 1908

Steinen, Karl von den: Unter den Naturvölkern Zentral-Brasiliens. Rei-
seschilderung und Ergebnisse der zweiten Schingu-Expedition 1887
bis 1888. Berlin 1894

Steller: In: Handwörterbuch des Deutschen Aberglaubens, Bd. 6. Berlin, Leipzig 1934/35. Stichwort: Pferdefleisch, S. 1652 f.

Stevenson, Matilda Coxe: The Zuni Indians. In: Annual Report of the
Bureau of American Ethnology, 23, 1901–02. Washington 1904

Strehlow, Karl und *Mor. v. Leonhardi:* Die Aranda-Loritja-Stämme in
Zentralaustralien. Frankfurt a. M. 1908

Stuebel, O.: Samoanische Texte. Berlin 1896

Talbot, P. Amaury: In the Shadow of the Bush. London 1912

Tessmann, Günter: Die Pangwe. Bd. 2. Berlin 1913

Ders.: Menschen ohne Gott. Stuttgart 1928

Thurnwald, Richard: Totemismus (Soziologie). In: Ebert Real-Lexikon
der Vorgeschichte, Bd. 13. Berlin 1929, S.348–363

Torday, E. und *Joyce:* Notes ethnographiques sur les peuples commu-
nément appelés Bakuba, ainsi que sur les peuplades apparentées. Les
Bushongo. Bruxelles 1910

Tylor, Edward B.: Die Anfänge der Kultur. Bd. 1–2. Leipzig 1873

Uexküll, Jakob von: Der Sinn des Lebens. Godesberg 1947

Vierkandt, A.: Die Anfänge der Religion und Zauberei. In: Globus, 92.
Braunschweig 1907

Wirz, Paul: Die Marind-anim von Holländisch-Süd-Neu-Guinea. Bd. 2 u. 3 (Hamburg. Universität, Abhandlungen a.d. Gebiet der Auslandskunde, Bd. 10 u. 16). Hamburg 1922/1925

Wissmann, H.: Im Innern Afrikas. Leipzig 1888

Zerries, O.: Geheimnisvolle Beziehungen zwischen Tier und Pflanze. In: Die Umschau, 50. Frankfurt a.M. 1950, S. 80ff.

Ders.: Wild- und Buschgeister in Südamerika. In: Studien zur Kulturkunde, 11. Wiesbaden 1954

Zingg, Robert Mowry: The Huichols. Primitive Artists. o.O., o.J.

Autorenverzeichnis

Verzeichnis der Begriffe und Ethnien

Kulturgeschichte Brasiliens

**Gilberto Freyre:
Herrenhaus
und Sklavenhütte**

Ein Bild der brasilianischen Gesellschaft

dtv/Klett-Cotta

**Gilberto Freyre:
Das Land in der Stadt**

Die Entwicklung der urbanen
Gesellschaft Brasiliens

dtv/Klett-Cotta

Gilberto Freyre erzählt vom Alltag
in der brasilianischen Kolonial-
gesellschaft, von der Lebensart der
weißen Herren und der Plackerei
der schwarzen Sklaven, zu Hause,
auf der Straße, in der Kirche und
auf der Plantage, von der Kleidung
der Menschen, vom Essen und von
der Liebe, von ihren Bräuchen
und Riten, ihrer Religiösität und
Magie.

Faszinierend berichtet er von der
schwarzen Volkskultur und ihrem
enormen Einfluß auf den Kultur-
wandel Brasiliens. Für Freyre, der
sich immer auch als Schriftsteller
und Poet verstand, liegt darin die
wichtigste Erklärung für die
»ethnische Demokratie« Brasiliens,
in der es weder Rassenhaß noch
Rassenkampf gibt.
dtv/Klett-Cotta 4554

In dem Folgeband zu seiner epoche-
machenden Studie ›Herrenhaus
und Sklavenhütte‹ untersucht der
große Soziologe und Kulturanthro-
pologe die Entwicklung Brasiliens
im 18. und 19. Jahrhundert zu einer
städtischen Gesellschaft: Das Interesse der Kolonialmacht Portugal an
seiner bisher ausschließlich agrari-
schen und daher wenig einträg-
lichen amerikanischen Kolonie
wurde durch die Entdeckung von
reichen Bodenschätzen neu ge-
weckt. Die Veränderungen, die
diese Re-Europäisierung mit sich
brachte, beschreibt Freyre so lebendig, anschaulich und kunstvoll, daß
sich der Leser in einen Roman versetzt fühlt. Auch in diesem Buch
dient das »Casa grande«, das
Herrenhaus, als Modellfall für den
Wandel der Kultur- und Lebensformen. dtv/Klett-Cotta 4537

Religion und Theologie

dtv
Wörterbuch
der
Kirchen-
geschichte

**Georg Denzler
Carl Andresen**

Georg Denzler und
Carl Andresen:

dtv-Wörterbuch
der
Kirchengeschichte

Originalausgabe
dtv 3245

...Dieses kaum genug zu lobende Unternehmen sei... als verläßliches, wohlfeiles und...handliches Handbuch bezeichnet, das deutlich mehr als »Grundkenntnisse der Kirchengeschichte« vermittelt und das Zeug zu einem Standardwerk hat. (FAZ)

...in seiner ökumenischen Ausgewogenheit ist das Buch vorbildlich.
(Neue Zürcher Zeitung)

...Das neue Wörterbuch wird...dazu beitragen, geschichtliches Bewußtsein zu heben und vereinfachte volkstümliche Urteile abzubauen.
(Christ in der Gegenwart)

...Das Wörterbuch wird...am effektivsten genutzt werden können, wenn es im Unterricht, Seminar oder beim Selbststudium herangezogen wird, um Fakten zu finden, Grundlagen zu gewinnen, Fundamente zu sichern.
(forum religion)

...Es gibt nichts Vergleichbares (auch im Blick auf den moderaten Preis bei dtv).
(Das Historisch-Politische Buch)